Die Reform des aktienrechtlichen Aufsichtsrats

Europäische Hochschulschriften
Publications Universitaires Européennes
European University Studies

Reihe II
Rechtswissenschaft

Série II Series II
Droit
Law

Bd./Vol. 3428

PETER LANG
Frankfurt am Main · Berlin · Bern · Bruxelles · New York · Oxford · Wien

Alexander Holl

Die Reform des aktienrechtlichen Aufsichtsrats

PETER LANG
Europäischer Verlag der Wissenschaften

Die Deutsche Bibliothek - CIP-Einheitsaufnahme

Holl, Alexander:

Die Reform des aktienrechtlichen Aufsichtsrats / Alexander Holl.
- Frankfurt am Main ; Berlin ; Bern ; Bruxelles ; New York ; Oxford ;
Wien : Lang, 2002
(Europäische Hochschulschriften : Reihe 2,
Rechtswissenschaft ; Bd. 3428)
Zugl.: Passau, Univ., Diss., 2002
ISBN 3-631-39566-3

D 739
ISSN 0531-7312
ISBN 3-631-39566-3

www.peterlang.de

Meiner Familie

Vorwort

Die vorliegende Arbeit wurde im Wintersemester 2001/2002 von der Juristischen Fakultät der Universität Passau als Dissertation angenommen. Den Anstoss für die Arbeit gab das 1998 in Kraft getretene Gesetz zur Kontrolle und Transparenz im Unternehmensbereich (KonTraG) und die darin in Angriff genommene Reform des Aufsichtsrats. Dass das Thema dieser Arbeit aber auch nach Inkrafttreten des KonTraG kaum etwas an Aktualität eingebüßt hatte, wurde spätestens im Juli 2001 deutlich, als - im bereits fortgeschrittenen Stadium der Anfertigung dieser Arbeit - eine von der Bundesregierung eingesetzte Kommission unter dem Vorsitz von Prof. Dr. Baums einen Bericht vorlegte, der zahlreiche Vorschläge zur Verbesserung der Überwachung durch den Aufsichtsrat enthielt. Der auf der Basis dieses Kommissionsberichts erarbeitete Referentenentwurf eines Transparenz- und Publizitätsgesetzes (TransPubG), der erst nach Einreichen der Arbeit veröffentlicht wurde, sowie der jüngst vorgelegte Regierungsentwurf wurden noch eingearbeitet. Rechtsprechung und Literatur sind auf dem Stand von Ende Januar 2002.

Tiefen Dank schulde ich meinem langjährigen akademischen Lehrer und Betreuer dieser Arbeit Prof. Dr. Jan Wilhelm, der nicht nur als fachlich höchst kompetenter Diskussionspartner, sondern vor allem auch durch menschlichen Zuspruch die Vollendung dieser Arbeit erst ermöglicht hat. Sehr herzlich bedanken möchte ich mich auch bei Prof. Dr. Holger Altmeppen, der die Zweitkorrektur dieser Arbeit vornahm. Weiter gilt mein Dank besonders meiner Familie, meiner Freundin Nikola Breu sowie meinen Freunden, insbesondere Christian Pettenkofer, Markus Schümmelfeder und Stefan Bungenberg, die mir alle in der nicht immer von Sonnenschein begleiteten Zeit den nötigen Rückhalt gaben und mit viel Geduld so manches Stimmungstief ertrugen. Dank gebührt schließlich auch dem langjährigen Freund meiner Familie Prof. Dr. Gerhard Schlund, der keine Gelegenheit ausließ, mich zur Vollendung der Arbeit zu motivieren.

München, im Februar 2002 — Alexander Holl

Inhaltsverzeichnis

Einleitung

Am 01.05.1998 ist das Gesetz zur Kontrolle und Transparenz im Unternehmensbereich (KonTraG)[1] in Kraft getreten, dessen erklärtes Ziel es war, das Kontrollsystem in der Aktiengesellschaft, insbesondere die Überwachung durch den Aufsichtsrat, zu verbessern[2]. Mit der Novelle fand eine durch einige spektakuläre Unternehmenskrisen, namentlich die der Metallgesellschaft, des Bremer Vulkan und der Balsam AG losgetretene Diskussion um die Reform des Aufsichtsrats ein vermeintliches Ende: Gewichtige Stimmen in der juristischen Literatur waren der Ansicht, das KonTraG habe die sich in den genannten Unternehmenskrisen manifestierenden Mängel des Aufsichtsrats behoben und den Standard der Corporate Governance in Deutschland deutlich erhöht[3].
Wer aber kurze Zeit nach Inkrafttreten eines Reformgesetzes die Reformfrage erneut aufwerfen will, bedarf einer gewissen Rechtfertigung. Für die vorliegende Arbeit waren dabei zwei Aspekte maßgeblich: Während die Diskussion um den Aufsichtsrat nach Einführung der Mitbestimmungsgesetze für einige Zeit versiegt war, lösten die genannten Unternehmenskrisen eine wahre Flut von Reformvorschlägen aus: Von einer Erhöhung der Berichtsfrequenzen, über die Festlegung eines Kataloges zustimmungspflichtiger Rechtsgeschäfte, weiter über die Pflicht zur Bildung bestimmter Ausschüsse oder die Begrenzung von Mehrfachmandaten, die Festlegung einer Altersgrenze für die Mitgliedschaft im Aufsichtsrat sowie die Einführung eines Aufsichtsratsassistenten, um nur einige zu nennen, fanden sich zahlreiche Empfehlungen an den Gesetzgeber[4]. Das KonTraG hat nur einen Bruchteil dieser Vorschläge umgesetzt, so dass es sich bereits aus diesem Grund zu untersuchen lohnt, ob das KonTraG die Reformfrage umfassend gelöst hat oder nicht.
Ferner haben verschiedene Unternehmenskrisen nach Inkrafttreten des KonTraG erneut die Aufmerksamkeit der Öffentlichkeit auf das aktienrechtliche Überwachungsorgan gelenkt. Zu nennen sind etwa die Immobilienaffäre bei der HypoVereinsbank[5], die Affäre der bayerischen Landeswohnungs- und Städtebaugesellschaft (LWS) um Bauträgergeschäfte in den neuen Bundes-

---

[1] Gesetz vom 27.04.1998, BGBl. I 786 vom 30.04.1998.

[2] Allgemeine Begründung des Referentenentwurfs zum KonTraG, ZIP 1996, 2129.

[3] Vgl. nur *Hommelhoff/Mattheus*, AG 1998, 249; *Lutter*, ZGR 2001, 228; *Seibert*, AG 1999, 339.

[4] Vgl. die Aufzählungen etlicher Reformvorschläge bei *Dreher*, RWS-Forum GesR 1997, 16; *Lingemann/Wasmann*, BB 1998, 856; *Seibert*, in: Dörner u.a., Reform des Aktienrechts, S. 7ff.

[5] Nach der Fusion der Hypo-Bank und der Bayerischen Vereinsbank war ein Wertberichtigungsbedarf für die Immobiliengeschäfte der ehemaligen Hypo-Bank i.H.v. 3,5 Mrd. DM aufgedeckt worden. Dem Vorstand der ehemaligen Hypo-Bank waren erhebliche Pflichtverletzungen vorzuwerfen, vgl. *BDO*, Bericht über die Sonderprüfung nach §§ 142 ff. AktG, S. 132; SZ vom 27.10.1999, S. 25. Der Aufsichtsrat der ehemaligen Hypo-Bank war von dem Wertberichtigungsbedarf ebenso überrascht wie die Öffentlichkeit, vgl. SZ vom 28.08.2001, S. 19.

ländern[6] oder der Beinahezusammenbruch der Philipp Holzmann AG[7]. Wenngleich einige dieser Fälle ihren Ursprung vor Inkrafttreten des KonTraG haben mögen, zeugen jüngst die Krisen der Bankgesellschaft Berlin[8] sowie des Neuen Markt-Unternehmens EM.TV[9] davon, dass die Diskussion um den Aufsichtsrat keineswegs als abgeschlossen betrachtet werden kann.
Diese Ansicht hat sich nun auch in der Politik durchgesetzt: Bereits knapp zwei Jahre nach der letzten Aufsichtsratsreform hat die Bundesregierung eine Sachverständigenkommission (Regierungskommission Corporate Governance) eingesetzt, die in ihrem am 10.07.2001 vorgelegten Bericht u.a. zahlreiche Maßnahmen zur Verbesserung der Überwachung durch den Aufsichtsrat empfiehlt[10]. Auf der Basis dieses Berichtes hat das Bundesjustizministerium am 26.11.2001 den Referentenentwurf für ein Transparenz- und Publizitätsgesetzes (TransPubG) vorgelegt[11], der am 06.02.2002 in kaum verän-

---

[6] Mitte 1999 deckte der Bayerische Oberste Rechnungshof bei der staatlichen Landeswohnungs- und Städtebaugesellschaft (LWS), an der der Freistaat Bayern wesentlich beteiligt ist, einen Gesamtverlust i.H.v. 367 Mio. DM durch Bauträgergeschäfte in den neuen Bundesländern auf. Dem Aufsichtsrat, dem namhafte bayerische Politiker, insbesondere der derzeitige bayerische Ministerpräsident angehörten, warf der Rechnungshof vor, zu lang zu unkritisch gegenüber der Geschäftsführung der LWS gewesen zu sein. Vgl. SZ vom 06.09.2001, S. 2 und SZ vom 09.09.2001, S. 23.

[7] Mitte 1999 war der Baukonzern Philipp Holzmann, der aufgrund eines Verlustes i.H.v. ca. 2,4 Mrd. DM in erhebliche Schieflage geraten war, nur noch durch ein gemeinsames Eingreifen von Politik und Banken zu retten gewesen. Dem Aufsichtsrat des Baukonzerns wurde vorgeworfen, den drohenden Zusammenbruch zu spät erkannt zu haben, vgl. Die Woche vom 03.12.1999, S. 13; HB vom 09.12.1999, S. 19; Der Spiegel 50/1999, S. 90ff.

[8] Eine Tochtergesellschaft der Bankgesellschaft Berlin hatte Immobilienfonds vertrieben, die aufgrund langjähriger Mietgarantien mit einem sehr hohen Risiko belastet waren. Die Verwirklichung dieser Risiken hat letztlich zu Verlusten von mehr als 2 Mrd. DM geführt, vgl. SZ vom 07./08.07.2001, S. 23. Der Aufsichtsrat der Bankgesellschaft wirft dem Management schwerste Versäumnisse und Fehlentscheidungen vor (vgl. SZ vom 18.07.2001, S. 24), hatte selbst allerdings keinen Beitrag geleistet, die Milliardenverluste zu verhindern oder die negative Geschäftsentwicklung rechtzeitig aufzudecken.

[9] Das Unternehmen, das mit Filmrechten handelt, war vor der Krise eines der Vorzeigeunternehmen am Neuen Markt. Unkontrolliertes Wachstum führte letztlich zum Kollaps: Während das Management im Vorfeld für das Geschäftsjahr 2000 einen Gewinn von 600 Mio. DM prognostiziert hatte, musste nach Abschluss des Geschäftsjahres ein Verlust von 2,7 Mrd. DM eingeräumt werden, vgl. SZ vom 19.10.2001, S. 33 und FAZ vom 04.12.2000, S. 23. Dem Aufsichtsrat wurde vorgeworfen, den Vorstand nicht intensiv genug überwacht zu haben, vgl. FAZ vom 28.12.2000, S. 20.

[10] *Baums*, Bericht der Regierungskommission Corporate Governance: Unternehmensführung - Unternehmenskontrolle - Modernisierung des Aktienrechts, Köln, 2001.

[11] Abgedruckt mit Auszügen aus der Begründung und mit einer Einführung von Ministerialrat Prof. Dr. Seibert in: ZIP 2001, 2192. Die Begründung des Referentenentwurfs kann vollständig im Internet unter http://www.bmj.bund.de/images/11112.pdf abgerufen werden.

derter Form als Regierungsentwurf vorgelegt wurde[12]. Mit Rücksicht auf das Ende der Legislaturperiode im Herbst 2002 setzt der Gesetzesentwurf nur einen Teil der Vorschläge des Berichts der Regierungskommission Corporate Governance um, darunter allerdings die Vorschläge zu Verbesserung des Aufsichtsrats[13].

Diese Arbeit hat zum Ziel, die Diskussion um die Reform des Aufsichtsrats aufzugreifen und auf wissenschaftlicher Basis weiterzuentwickeln. Da mit dem KonTraG erst vor kurzem eine Reform des Aufsichtsrats durchgeführt worden ist, ist den eigenen Reformgedanken zunächst eine Auseinandersetzung mit diesem Reformgesetz voranzustellen. Da ferner das Gesetz letztlich eine Reaktion auf diverse Unternehmenskrisen darstellt, soll neben der abstrakten Diskussion der einzelnen Reformmaßnahmen anhand dieser Fälle aus der Praxis untersucht werden, ob das KonTraG wesentliche Verbesserungen für das System des Aufsichtsrats gebracht hat.
Im zweiten Teil dieser Arbeit wird sodann ein eigener Reformansatz entwickelt. Dabei ist der Gedanke leitend, dass in der jüngsten Diskussion zwar eine Fülle von Reformvorschlägen vorgelegt wurde, die Diskussion jedoch die analytische Entwicklung eines Konzeptes zur Reform des Aufsichtsrats vermissen lässt. Das Hauptanliegen dieser Arbeit besteht daher nicht in einer bloßen Zusammenstellung von einzelnen Reformmaßnahmen. Es gilt vielmehr, die Defizite im System des Aufsichtsrats zu lokalisieren und daraus eine schlüssige Konzeption für eine Reform des Aufsichtsrats abzuleiten. Quasi als Endkontrolle des herausgearbeiteten Reformmodels soll eine Prognose gewagt werden, wie sich die hier unterbreiteten Vorschläge auf diejenigen praktischen Fälle ausgewirkt hätten, die auch Auslöser für das KonTraG waren.

---

[12] Soweit ersichtlich als Volltext mit Begründung derzeit nur im Internet abrufbar unter http://www.bmj.bund.de/images/11313.pdf.

[13] Vgl. *Seibert*, ZIP 2001, 2192. Vgl. auch die Begründung des RegE für ein TransPubG (Fn. 12), S. 18.

1. Teil: Die Reform des Aufsichtsrats durch das KonTraG

1. Die Entstehungsgeschichte des KonTraG

Wie eingangs erwähnt, geht die Initiative für das KonTraG letztlich auf den Druck der Öffentlichkeit zurück, welche von den Krisen diverser deutscher Großunternehmen, namentlich den Krisen der Metallgesellschaft AG, der Bremer Vulkan Verbund AG und den Vorfällen bei der Balsam AG überrascht worden war:
Während der auf der Hauptversammlung Anfang 1993 vorgestellte Konzernabschluss der Metallgesellschaft 1991/1992 noch ein positives Ergebnis vor Steuern von 245 Mio. DM angab[14], musste ein Jahr später die Metallgesellschaft im Bundesanzeiger die Aufzehrung der Rücklagen und das Bestehen eines die Hälfte des Grundkapitals i.H.v. 442 Mio. DM übersteigenden Verlustes anzeigen[15]. Die aufgrund eines Gesamtverlustes i.H.v. 2,4 Mrd. DM und eines Jahresfehlbetrages von 1,87 Mrd. DM[16] drohende Insolvenz des Unternehmens konnte in einer „dramatischen Rettungsaktion" in Kooperation mit den Gläubigerbanken gerade noch abgewendet werden[17]. Der Aufsichtsrat gab sich selbst überrascht und exkulpierte sich mit der Behauptung, er sei vom Vorstandsvorsitzenden durch bewusste Falschaussagen getäuscht und am rechtzeitigen Eingreifen gehindert worden[18].
In die Zeit, als die Öffentlichkeit noch von der Krise bei der Metallgesellschaft sensibilisiert war, fiel der Zusammenbruch der Balsam AG, deren Vorstand am 10.06.1994 Konkursantrag stellen musste. Bis Anfang Juni 1994 war ein Jahresfehlbetrag von über 1 Mrd. DM aufgelaufen, der zu einer Überschuldung von 2,48 Mrd. DM führte[19]. Banken und das Factoring-Unternehmen Procedo hatten letztendlich einen Schaden von ca. 1,6 Mrd. DM zu tragen[20]. Wiederum war der Aufsichtsrat von den Umständen des Zusammenbruchs völlig überrascht worden.
Ähnlich überrascht wurde die Öffentlichkeit durch die Eröffnung des Vergleichsverfahrens über den Bremer Vulkan aufgrund eines Konzernverlustes von über 1 Mrd. DM am 21.02.1996. Dabei hatte der Vorstand des damals größten deutschen Schiffsbaukonzerns mit ca. 28.000 Beschäftigten auf der Hauptversammlung vom 29.06.1995 noch operative Gewinne in allen Ge-

---

14 Geschäftsbericht der Metallgesellschaft AG 1991/1992, S. 78.

15 Bundesanzeiger Nr. 9 vom 14.01.1994. *Hansen*, AG-Report 1994, R44.

16 Geschäftsbericht der Metallgesellschaft AG 1992/1993, S. 7 und 34.

17 Metallgesellschaft (Hrsg.), Die Bewältigung einer Krise - Der Weg der Metallgesellschaft aus dem Öl-Debakel in den USA, S. 16.

18 Vgl. FAZ vom 25.02.1994, S. 16: „Aufsichtsrat der MG am Pranger" und „Zweifelnde Aktionäre nach blassem Auftritt der Aufseher" ; HB vom 13.09.1994, S. 1 „bewußte Täuschung durch Vorstand bei MG"; Die Welt vom 21.11.1994, S. 18 „MG-Aufsichtsrat spricht sich von Mitschuld frei"; Die Presse vom 22.11.1994, S. 18 „MG-Aufsichtsrat weist Mitschuld an Krise zurück".

19 Urteilstatbestand der Entscheidung des LG Bielefeld, ZIP 2000, 20f.

20 Vgl. FAZ vom 14.06.1994, S. 14.

schäftsbereichen verkündet[21]. Der Aufsichtsrat wies die alleinige Schuld dem Vorstandsvorsitzenden zu, der den Aufsichtsrat „dramatisch und über lange Zeit belogen" habe[22].

Die Öffentlichkeit nahm neben den Wirtschaftsprüfern, die die Jahresabschlüsse der oben genannten Unternehmen jeweils uneingeschränkt testiert hatten, vornehmlich den Aufsichtsrat für die Unternehmenskrisen in die Verantwortung[23]. Der Aufsichtsrat sei das nach dem AktG originäre Überwachungsorgan der Aktiengesellschaft und habe dafür zu sorgen, dass existenzbedrohende Entwicklungen eines Unternehmens nicht erst dann offenkundig würden, wenn es bereits zu spät sei. In der Politik reagierte die SPD als erste Partei auf die Kritik am Aufsichtsratswesen und brachte am 26.01.1995 den „Entwurf eines Gesetzes zur Verbesserung von Transparenz und Beschränkung der Gestaltung von Machtkonzentration in der deutschen Wirtschaft (Transparenz- und Wettbewerbsgesetz)" in den Bundestag ein[24]. Die Unternehmensverwaltung weise offenkundige Defizite auf, die darauf beruhten, dass aufgrund wechselseitiger Verflechtungen der großen Kapitalgesellschaften untereinander einerseits und des starken Einflusses der Großbanken andererseits die gesellschaftsrechtlich vorgesehenen Kontrollmechanismen durch die privaten Unternehmenseigentümer versagten[25]. Kernstück des Gesetzesentwurfs waren daher Regelungen zur Beschränkung der Stimmrechtsausübung durch Kreditinstitute[26]. In Bezug auf den Aufsichtsrat sah der Gesetzesentwurf lediglich eine Reduzierung der Anzahl zulässiger Aufsichtsratsmandate pro Person, die Übertragung der Zustimmungskompetenz bzgl. Verträgen zwischen Gesellschaft und Aufsichtsratsmitgliedern auf die Hauptversammlung, die Erleichterung der Haftungsdurchsetzung durch Aktionärsminderheiten, die Teilnahmepflicht des Abschlussprüfers an der Bilanzsitzung des Aufsichtsrats und die Pflicht, Jahresabschluss, Lagebericht und Abschlussprüfungsbericht jedem Aufsichtsratsmitglied unaufgefordert zuzusenden, vor[27].

---

21 SZ vom 30.06.1995, S. 26.

22 Die Welt, 20.06.1997, S. 14.

23 „Der Aufsichtsrat ist für die Katz", FAZ vom 27.08.1994, S. 11; „Die ratlosen Räte", SZ vom 12.01.1994, S. 3; „Die Schlafmützen", Der Stern 6/1994, S. 20f.; „Versager der Nation", Capital 3/94, S. 23; „Club der Amateure", mm 8/93; S. 33; „Weder Aufsicht noch Rat", HB vom 24.01.1994, S. 3; „Schlafmützen und Versager", HB vom 13.04.1994, S. 18. Vgl. bereits Der Spiegel Nr. 10 vom 06.03.1989, S. 122 zu den Vorfällen bei Girmes, Nino, Krupp und coop „Bilanzen manipuliert, Unternehmen in den Ruin getrieben und der Aufsichtsrat äußerst überrascht".

24 BT-Drucks. 13/367 = ZIP 1995, 332.

25 Begründung des Entwurfes zum Transparenz- und Wettbewerbsgesetzes, BT-Drucks. 13/367, S. 16.

26 Vgl. die vorgeschlagenen Änderungen zu § 128, 135 AktG und die Einführung der §§ 135a-f AktG, BT-Drucks. 13/367, S. 4ff.

27 Vgl. die Vorschläge zu §§ 100, 114, 147, 170 und 171 AktG, BT-Drucks. 13/367, S. 3ff.

Die damalige Regierung antwortete auf diese Gesetzesinitiative mit dem Referentenentwurf zum KonTraG[28], der nach geringfügigen Modifizierungen durch einen Regierungsentwurf[29] und Empfehlungen des Rechtsausschusses[30] am 05.03.1998 vom Bundestag verabschiedet wurde. Dabei hatte ein Gesetzesentwurf auf Initiative des Landes Rheinland-Pfalz vom 01.08.1997[31] keine Berücksichtigung mehr gefunden.

2. Die Regelungen des KonTraG

2.1. Überblick über die Regelungen des KonTraG

Im Gegensatz zum Gesetzesentwurf der SPD rückt das KonTraG den Aufsichtsrat in den Mittelpunkt der Reform[32]. Dabei ging der Gesetzgeber davon aus, dass sich das bisherige Kontrollsystem der Aktiengesellschaft bestehend aus unternehmensinterner Kontrolle durch den Vorstand (Interne Revision, Controlling) und dem vom Abschlussprüfer unterstützten Aufsichtsrat, der Hauptversammlung und dem Kapitalmarkt grundsätzlich bewährt habe und nur gezielter Korrekturen bedürfe[33]. Der Gesetzgeber ließ sich bei den vorgenommenen Korrekturen von der Vorstellung leiten, dass gegenüber zwingenden gesetzlichen Verboten der Selbstorganisation der Unternehmen der Vorzug zu geben sei[34]. Zur Berücksichtigung der unterschiedlichen Bedürfnisse der Unternehmen wurden die im Gesetz für kleine Aktiengesellschaften[35] eingeführten Differenzierungen der Aktiengesellschaften um die Unterscheidung zwischen börsennotierten und nicht börsennotierten ergänzt[36].

Im Folgenden sollen die Regelungen des KonTraG dargestellt und einer kritischen Würdigung unterzogen werden. Auf die zahlreichen Bestimmungen soll

---

[28] ZIP 1996, 2129 und 2193.

[29] BT-Druck. 13/9712 = ZIP 1997, 2059 und 2100.

[30] BT-Drucks. 13/10038 = ZIP 1998, 487.

[31] Entwurf eines Gesetzes zur Steigerung der Effizienz von Aufsichtsräten und zur Begrenzung der Machtkonzentration bei Kreditinstituten infolge von Unternehmensbeteiligungen (Entwurf Rheinland-Pfalz), BR-Druck. 561/97.

[32] Neben der Reform des Aufsichtsrats erstrecken sich die Regelungen des KonTraG auch auf die Erhöhung der Transparenz, auf die Stärkung der Kontrolle durch die Hauptversammlung unter ausdrücklicher Aufrechterhaltung und Fortentwicklung des Vollmachtsstimmrechts der Kreditinstitute, auf eine Verbesserung der Qualität der Abschlussprüfung und der Zusammenarbeit zwischen Abschlussprüfer und Aufsichtsrat, sowie auf eine kritische Prüfung des Beteiligungsbesitzes der Kreditinstitute, vgl. die Allg. Begr. des Referentenentwurfs zum KonTraG, ZIP 1997, 2129.

[33] Allg. Begr. des Referentenentwurfs zum KonTraG, ZIP 1997, 2129.

[34] *Hommelhoff/Mattheus*, AG 1998, 250 sprechen von „Anregungsnormen", die die Verantwortlichen für bestimmte Probleme und deren Lösungsmöglichkeiten sensibilisieren sollen. Vgl. auch *Feddersen*, AG 2000, 386.

[35] BGBl. I, 1994, S. 1961.

[36] § 3 Abs. 2 AktG n.F. Vgl. dazu *Claussen*, DB 1998, 177f.; *Hüffer*, § 3 Rn. 5 ; *Lingemann/Wasmann*, BB 1998, 853f.; *Zimmer*, NJW 1998, 3522.

hier allerdings nur insoweit eingegangen werden, als sie den Aufsichtsrat betreffen. Dies gilt insbesondere hinsichtlich der Regelungen zur Verbesserung der Abschlussprüfung, die nur in Bezug auf ihre Relevanz für die Überwachung durch den Aufsichtsrat dargestellt werden.
Bevor die Regelungen nach ihrer Zugehörigkeit zu verschiedenen Themenkomplexen diskutiert werden, soll nachstehender numerologischer Überblick der Veranschaulichung dienen:

betroffene/eingefügte Norm	Regelungsinhalt
§ 90 I 1 Nr. 1 AktG	Vorstandsbericht über die Unternehmenspla-nung (insbes. die Finanz-, Investitions- und Personalplanung)
§ 91 II AktG, § 317 IV HGB	Einführung eines Früherkennungssystems durch den Vorstand; der Abschlussprüfer hat in amtlich notierten Gesellschaften die Geeignetheit der Maßnahmen zu prüfen
§ 100 II 2 AktG	Aufsichtsratsvorsitze werden bzgl. der Anzahl zulässiger Mehrfachmandate doppelt gezählt
§ 110 III	in börsennotierten Gesellschaften muss der Aufsichtsrat mind. 2 mal im Kalenderhalbjahr tagen
§ 111 II 3 AktG	Erteilung des Prüfungsauftrags durch den Aufsichtsrat
§ 124 III 3 AktG	Angabe des „ausgeübten" Berufs bei Wahlvorschlag eines Aufsichtsrats
§ 125 I 3 AktG	Mitteilungen an Aktionäre müssen bei Aufsichtsratswahl andere Aufsichtsratsmandate des Kandidaten angeben
§ 147 III AktG	Erleichterte Geltendmachung von Ersatzansprüchen gegen Organmitglieder bei dringendem Verdacht von Unredlichkeiten
§ 170 III AktG	Aushändigung von Vorlagen und Prüfungsberichten an jedes Aufsichtsratsmitglied
§ 171 I 1, § 337 I AktG	Erweiterung der Prüfungspflicht auf Konzernabschluss
§ 171 I 2 AktG	Teilnahmepflicht des Abschlussprüfers an Bilanzsitzung des Aufsichtsrats
§ 171 II 2 AktG	bei börsennotierten Gesellschaften muss Bericht des Aufsichtsrats Angabe über die Zahl seiner Sitzungen und die Bildung von Ausschüssen enthalten
§ 285 Nr. 10 HGB	Angabe von anderen Aufsichtsratsmandaten im Anhang des Jahresabschlusses von börsennotierten Gesellschaften
§ 289 I, 317 II HGB	Lagebericht hat auf Risiken der künftigen Entwicklung einzugehen; die Plausibilität der Darstellung ist vom Abschlussprüfer zu prüfen
§ 317 I 3 HGB	Abschlussprüfung ist so anzulegen, dass Unrichtigkeiten und Gesetzesverstöße erkannt werden
§ 321 I 1 HGB	Prüfungsbericht muss klar und für Nicht-Sachverständige verständlich sein

2.2. Erweiterung der Überwachungsaufgabe des Aufsichtsrats

2.2.1. Überwachung des vom Vorstand einzurichtenden Risikofrüherkennungssystems

Der durch das KonTraG neu geschaffene § 91 II AktG verpflichtet den Vorstand zur Einführung geeigneter Maßnahmen, insbesondere zur Einrichtung eines Überwachungssystems zur Früherkennung existenzgefährdender Entwicklungen. Mit dieser Regelung ist aber nicht - wie es zunächst den Anschein haben mag - eine Erweiterung der Vorstandspflichten und korrespondierend damit eine Ausweitung der Überwachungsaufgabe des Aufsichtsrats verbun-

den. Denn nach ganz überwiegender Ansicht oblag bereits bisher dem Vorstand im Rahmen seiner allgemeinen Leitungsverantwortung die Einrichtung eines Überwachungssystems, welches der Aufsichtsrat dementsprechend zu überwachen hatte[37]. Der Gehalt der Neuregelung liegt demnach darin, die Verantwortung des Vorstandes für ein angemessenes Risikomanagement und die diesbezügliche Überwachungsaufgabe des Aufsichtsrats klarstellend hervorzuheben[38].
Wenn es bereits methodisch nicht unproblematisch erscheint, lediglich aus Gründen der Klarstellung punktuell Bereiche der allgemeinen Vorstandsverantwortung einer gesetzlichen Regelung zuzuführen[39], ist dem Gesetzgeber diese Klarstellung auch nicht sonderlich gelungen. Denn weder der Wortlaut der Norm noch deren Begründung zeigen, was sich der Gesetzgeber konkret unter den Maßnahmen zur Früherkennung vorgestellt hat[40]. Die in der Gesetzesbegründung verwendeten Begriffe *Risikomanagement* und *interne Revision* haben in der Betriebswirtschaftslehre eine unterschiedliche Bedeutung, und so nimmt es nicht wunder, dass über den Umfang der sich aus § 91 II AktG ergebenden Pflichten heftig gestritten wird[41].

Um die Informationsgrundlage des Aufsichtsrats über die Existenz und die Qualität des Risikomanagements zu verbessern, erweitert das KonTraG - zumindest in amtlich notierten Gesellschaften[42] - den Umfang der Abschlussprüfung. Nach § 317 IV HGB n.F. hat der Abschlussprüfer in amtlich notierten Gesellschaften zu prüfen, ob der Vorstand Maßnahmen zur Risikofrüherkennung getroffen hat und ob diese dafür auch geeignet sind. Im Prüfungsbericht ist dieser Beurteilung ein gesonderter Abschnitt zu widmen, wobei insbesondere auszuweisen ist, ob ein Verbesserungsbedarf besteht, § 321 IV HGB n.F. Mit diesen Regelungen ist eine einschneidende Erweiterung der Abschlussprüfung verbunden, da nach überwiegender Interpretation der Neuregelung nicht nur

---

37 *Altmeppen*, ZGR 1999, 300; *Götz*, AG 1995, 338; *Hommelhoff/Mattheus*, AG 1998, 251; *Hopt*, AG/S 1997,44; *Kuhl/Nickel*, DB 1999, 133; Köln.-Komm./*Mertens*, § 76 Rn. 12ff.; *Zimmer*, NJW 1998, 3524. *Claussen*, DB 1998, 181, *Lenz/Ostrowski*, BB 1997, 1527 und *Theisen*, in: Dörner u.a., Reform des Aktienrechts, S. 215 sprechen sogar von einer Selbstverständlichkeit.

38 Begr. des Regierungsentwurfs zum KonTraG, § 91 RegE AktG, ZIP 1997, 2061; *Feddersen*, AG 2000, 388; *Hommelhoff/Mattheus*, AG 1998, 251.

39 So die Kritik des *DAV*, ZIP 1997, 165.

40 Kritisch in diesem Sinne auch *Claussen*, DB 1998, 181; *Dörner*, DB 1998, 2; *Theisen* in: Dörner u.a., Reform des Aktienrechts, S. 212.

41 Für ein umfassendes Risk-management: *Brebeck/Herrmann*, Wpg 1997, 387; *Kromschröder/Lück*, DB 1998, 1573; *Kuhl/Nickel*, DB 1999, 133; *Lück*, DB 1998, 8f.; enger demgegenüber: *Hoffmann-Becking*, ZGR 1998, 513; *Hommelhoff/Mattheus*, AG 1998, 251; *Hüffer*, § 91 Rn. 8; vermittelnd: *Drygala/Drygala*, ZIP 2000, 299.

42 Begriff enger als Börsennotierung i.S.v. § 3 II AktG. Nicht erfasst sind Aktiengesellschaften mit nur im geregelten Markt, im Freiverkehr oder im Neuen Markt gehandelten Aktien, vgl. § 71, 78 BörsG; *Hopt*, § 317 Rn. 9.

das interne Kontrollsystem, sondern darüber hinaus die Risikofelder sämtlicher Unternehmensabläufe zu prüfen sind, was eingehende betriebswirtschaftliche Analysen erfordert[43]. Wahrscheinlich[44] aufgrund des damit verbundenen erheblichen Kostenmehraufwandes ist diese Regelung auf amtlich notierte Gesellschaften beschränkt[45].
Was nach einer erheblichen Unterstützung für den Aufsichtsrat und damit nach einer wesentlichen Verbesserung der Überwachung aussieht, ist letztlich aber nur die Konkretisierung einer bereits bestehenden Pflicht des Aufsichtsrats[46]. Denn - wie bereits erwähnt - hatte der Aufsichtsrat bereits bisher darauf zu achten, dass der Vorstand ein angemessenes Risikomanagement einrichtet. Vor allem in großen Gesellschaften dürfte der Aufsichtsrat, der in aller Regel nebenamtlich tätig ist, dieser Aufgabe aber nicht *in persona* nachkommen können[47], sondern wird meist einen Sachverständigen mit dieser Aufgabe betrauen müssen[48]. Die Entscheidung, wie der Aufsichtsrat seiner Prüfungsverantwortung nachkommen will, ist ihm in amtlich notierten Gesellschaften nunmehr zumindest teilweise abgenommen worden. Nur teilweise deshalb, weil nicht übersehen werden darf, dass mit dieser Plausibilitätsprüfung durch den Abschlussprüfer der Überwachungsaufgabe des Aufsichtsrats noch nicht genüge getan ist[49]. Der Aufsichtsrat hat vielmehr den Bericht des Abschlussprüfers ggf. zur Grundlage weitergehender Prüfungshandlungen zu machen[50].

Damit ist festzuhalten, dass die Regelung in Bezug auf den Aufsichtsrat materiell keine Änderung darstellt[51]. Für amtlich notierte Gesellschaften hat der Gesetzgeber die Überwachungsaufgabe des Aufsichtsrats jedoch dahingehend

---

[43] So *Böcking/Orth*, Wpg 1998, 359; *Dörner*, DB 1998, 2; *Dörner/Schwegler*, DB 1997, 287; *Gelhausen*, AG/S 1997, 80; *Hopt*, § 317 Rn. 10; *IDW*, PS 340 , Wpg 1999, 658ff.; *Mattheus*, ZGR 1999, 703; *Schindler/Rabenhorst*, BB 1998, 1892. Vgl. auch *Giese*, Wpg 1998, 452ff.

[44] Die Begr. des Regierungsentwurfs zum KonTraG, § 317 RegE HGB, ZIP 1997, 2102 nimmt zu dieser Differenzierung keine Stellung. Kritisch daher *Theisen*, in: Dörner u.a., Reform des Aktienrechts, S. 214.

[45] Zu dem mit der Prüfungausweitung verbundenen Zeit- und Kostenmehraufwand vgl. *Dörner/Schwegler*, DB 1997, 287; *Ludewig*, DB 2000, 636.

[46] Vgl. auch *Lenz/Ostrowski*, BB 1997, 1527.

[47] *Dörner*, DB 2000, 103; *Forster*, Wpg 1998, 47; *Schindler/Rabenhorst*, BB 1998, 1892.

[48] Diese Möglichkeit bestand bereits vor Inkrafttreten des KonTraG in Form von § 111 II 2 AktG. *Gelhausen*, BFuP 1999, 395 empfiehlt, dass der Aufsichtsrat nicht amtlich notierter Gesellschaft den Prüfungsauftrag gem. § 111 II 3 AktG dahingehend erweitern soll; dazu unten 2.3.2.1.

[49] Im Gegensatz zum Aufsichtsrat hat der Abschlussprüfer nicht auch die Zweckmäßigkeit des Überwachungssystems zu prüfen, *Hopt*, § 317 Rn. 10; *Mattheus*, ZGR 1999, 705. A.A. *Schindler/Rabenhorst*, BB 1998, 1892.

[50] Vgl. auch *Mattheus*, ZGR 1999, 705.

[51] *Hoffmann-Becking*, ZGR 1998, 513 schätzt daher den Nutzen der Vorschrift eher gering ein.

konkretisiert, dass er sich zur Erfüllung seiner Prüfungsaufgabe primär des Abschlussprüfers bedienen muss.

2.2.2. Erweiterung der Prüfungspflicht auf Konzernabschluss und Konzernlagebericht

Während der Aufsichtsrat nach dem Wortlaut des § 337 I 1 AktG a.F. von Konzernabschluss und -lagebericht lediglich Kenntnis zu nehmen hatte, erweitert § 171 I 1 AktG n.F. die formale Prüfungspflicht des Aufsichtsrats auf diese Vorlagen[52].

Entgegen allem Anschein kommt dieser Regelung jedoch kein materieller Gehalt zu, sondern stellt lediglich klar, was ohnedies galt: Bereits vor Inkrafttreten des KonTraG war allgemein anerkannt, dass die Sorgfaltspflicht bei Überwachung des Vorstandes eine intensive Auseinandersetzung, oder mit anderen Worten eine Prüfung des Konzernabschlusses erforderte[53]. Denn der Konzernabschluss ist für den Aufsichtsrat eine wesentliche Informationsquelle zur Überwachung des Vorstandes im Konzern, weil er gegenüber dem Einzelabschluss wichtige Informationen über Beteiligungen und verbundene Unternehmen enthält und damit die maßgebliche Grundlage zur Beurteilung der Entwicklung des gesamten Konzerns darstellt[54]. In der Praxis konzentriert sich der Aufsichtsrat der Konzernmuttergesellschaft sogar in aller Regel auf die Diskussion des Konzernabschlusses, während der Einzelabschluss, der eigentliche Gegenstand des Feststellungsbeschlusses, in den Hintergrund tritt[55].

Die diesbezügliche Änderung durch das KonTraG geht also über eine Klarstellung der Überwachungspflicht des § 111 I AktG, die zudem in der Praxis bereits ausreichende Beachtung findet, nicht hinaus[56].

---

[52] Eine Beschlussfassung i.S.e. Billigung ist auch weiterhin nicht vorgesehen, da der Einzelabschluss die maßgebliche Grundlage für die Gewinnverwendung ist, § 174 I 2 AktG. Vgl. Begr. des Regierungsentwurfs zum KonTraG, §171 RegE AktG, ZIP 1997, 2067; *Hoffmann-Becking*, ZHR 1995, 338.

[53] *Adler/Düring/Schmaltz*, § 337 AktG, Rn. 15; *Hoffmann-Becking*, ZHR 1995, 338.; *Hüffer*, § 337 Rn. 5; Geßler-Hefermehl/*Kropff*, § 337 Rn 44f.; *Scheffler*, DB 1994, 799; *ders.*, FS Havermann, S. 671. Vgl. auch Begr. zu § 337 RegE AktG 1965, bei Kropff, S. 453, wonach der Konzernabschluss die „wichtigste Unterlage für den Aufsichtsrat der Obergesellschaft" sei. Es ist daher anzunehmen, dass die ursprüngliche Formulierung des § 337 AktG („zur Kenntnisnahme vorzulegen") nur klarstellen sollte, dass über den Konzernabschluss keine feststellende Beschlussfassung erforderlich ist.

[54] Zum Informationsgehalt des Konzernabschlusses aufgrund vom Einzelabschluss abweichender Bilanzpolitik vgl. *Scheffler*, DB 1994, 799.

[55] Vgl. *Hoffmann-Becking*, ZHR 1995, 338.

[56] Nach der Begr. des Regierungsentwurfs zum KonTraG, § 171 RegE AktG, ZIP 1997, 2067 sollten die gesellschaftsrechtlichen Möglichkeiten den praktischen Bedürfnissen angepasst werden. Die gesellschaftsrechtlichen Möglichkeiten bestanden indes bereits nach altem Recht, da dem Aufsichtsrat Konzernabschluss und -lagebericht vorzulegen waren, § 337 I AktG a.F.

2.3. Verbesserung der Informationsmöglichkeiten des Aufsichtsrats

2.3.1. Konkretisierung des Vorstandsberichts i.S.v. § 90 I 1 Nr. 1 AktG

Gem. § 90 I 1 Nr. 1 AktG n.F. hat der Vorstand nunmehr über „andere grundsätzliche Fragen der Unternehmensplanung (insbesondere Finanz-, Investitions- und Personalplanung)" zu berichten. Damit wurde gegenüber der alten Fassung keine inhaltliche Erweiterung, sondern lediglich eine sprachliche Klarstellung vorgenommen[57]. Zwar war man sich in der Literatur darüber einig, dass mit „sonstigen grundsätzlichen Fragen der künftigen Geschäftsführung" im Sinne der alten Fassung des § 90 I 1 Nr. 1 AktG auch die Unternehmensplanung gemeint war[58]. Der Gesetzgeber des KonTraG war aber der Ansicht, mit dieser sprachlichen Klarstellung besser zum Ausdruck zu bringen, dass die Überwachung nicht nur retrospektiv sein dürfe, sondern in die Zukunft zu richten sei[59].

Abgesehen von dieser Erkenntnis, die aber bereits seit BGHZ 114, 127 (130) auch in der Rechtsprechung unstreitig war[60], lässt die Regelung entscheidende Problemfragen weiterhin unbeantwortet: So ist weiterhin strittig, ob nur eine tatsächliche Planung vorgelegt werden muss[61] oder ob der Vorstand vielmehr zu einer Planung verpflichtet ist[62]. Weiterhin ist umstritten, welche Planungsbereiche in die Planung mit einbezogen werden müssen: man unterscheidet üblicherweise zwischen kurz-, mittel- und langfristiger Planung[63]. Schließlich ist umstritten, wie detailliert dem Aufsichtsrat über die Planung zu berichten ist[64].

---

57 Begr. des Regierungsentwurfs zum KonTraG, § 90 RegE AktG, ZIP 1997, 2061. Zum lediglich klarstellenden Charakter der Norm vgl. auch *Claussen*, DB 1998, 181; *DAV*, ZIP 1997, 164; *Fey*, DStR 1995, 1325; *Hommelhoff*, in: Picot, Corporate Governance, S. 8; *Hommelhoff/Mattheus*, AG 1998, 253; *Hopt*, AG/S 1997, 43; *Lambsdorff*, in: Universität Passau, Unternehmensverfassung, S. 37; *Lingemann/Wasmann*, BB 1998, 857; *Lutter*, AG/S 1997, 54; *Seibert*, AG/S 1997, 66.

58 Geßler-Hefermehl/*Hefermehl*, § 90 Rn 8; *Lutter*, AG 1991, 251; Großkommentar/*Meyer-Landrut*, § 90 Anm. 1; Köln.-Komm./*Mertens*, § 90 Rn. 30; *Semler*, ZGR 1983, 17.

59 Begr. des Regierungsentwurfs zum KonTraG, § 90 RegE AktG, ZIP 1997, 2061.

60 *Boujong* AG 1995, 203; *Bea/Scheurer*, DB 1994, 2147; *Biener*, BFuP 1977, S. 493; *Götz* AG 1995, 350; *Henze*, NJW 1998, 3309; *Hüffer*, § 111 Rn. 5; *Lutter* ZHR 1995, 292; Köln.-Komm./*Mertens*, § 111 Rn. 11, 34; *Prühs*, AG 1970, 349; *Semler*, Leitung und Überwachung, Rn. 252ff.; *ders.*, ZGR 1983, 1ff.; *ders.* BFuP 1977, 529; *Wilhelm*, Kapitalgesellschaftsrecht, Rn. 945. Vgl. auch die Begr. zu § 90 RegE AktG 1965, bei *Kropff*, S. 116.

61 So *Hüffer*, § 90 Rn. 4a; *Kallmeyer*, ZGR 1993, 107f.

62 So zutreffend die h.M., vgl. *Albach*, ZGR 1997, 33; *Feddersen*, ZGR 1993, 117; *Götz*, AG 1995, 338f.; *Kropff*, NZG 1998, 613; *Lutter*, AG 1991, 250f.; *Semler*, ZGR 1983, 12; *Theisen*, in: Dörner u.a., Reform des Aktienrechts, S. 216. Zur Ausstrahlung der Regelung auf die GmbG vgl. *Altmeppen*, ZGR 1999, 303.

63 Vgl. dazu *Lutter*, AG 1991, 251; *Semler*, ZGR 1983, 3f.; *ders.*, Leitung und Überwachung, Rn. 16. Die Gesetzesbegründung könnte man dahingehend (miss-)verstehen, dass der zeitliche Planungsbereich völlig in das Ermessen des Vorstandes gestellt sein soll, vgl. Begr. des Regierungsentwurfs zum KonTraG, § 90 RegE AktG, ZIP 1997, 2061:

Abgesehen davon, dass der Gesetzgeber es unterlassen hat, diese Unklarheiten zu beseitigen, ist auch der Klammerzusatz zu kritisieren. Denn die exemplarische[65] Aufzählung bildet nicht einmal einen kleinsten gemeinsamen Nenner der Bereiche, über die in jeder Gesellschaft unabhängig von Größe und Branche des Unternehmens berichtet werden muss[66], sondern ist eher als willkürlich[67] bzw. zufällig[68] zu bezeichnen. Eine - wenn auch nicht abschließende - Aufzählung möglicher Planbereiche kann in der Praxis nur zu Missverständnissen führen. Wenn die Regelung nicht bereits dazu führt, dass über andere Planungsbereiche überhaupt nicht berichtet wird, so kann zumindest der Eindruck entstehen, in den aufgezählten Bereichen müsse wenigstens der Schwerpunkt der Planung bzw. Berichterstattung liegen, Szenarien, die vom Gesetzgeber gerade nicht erwünscht sind. Man hätte daher auf den Klammerzusatz verzichten sollen.

Damit ist festzustellen, dass die Regelung inhaltlich keine Verbesserung, sondern eher die Gefahr von Missverständnissen mit sich bringt. Ob die Praxis, die hinsichtlich einer prospektiven Überwachung durch den Aufsichtsrat an-

---

„Beispielhaft zu nennen sind die kurzfristige, die mittelfristige (Mehrjahresplan) und langfristige Planung (Unternehmensplan). In der Regel wird ein Unternehmen eine kurzfristige Planung (Jahresplan) haben." Denn wenngleich der Umfang der Planungspflicht umstritten war, bestand Konsens darüber, dass zumindest eine kurzfristige Planung (Budgetplanung) zu erfolgen habe, vgl. *DAV*, ZIP 1997, 164; *Hüffer*, § 90 Rn. 4a; *Lutter*, a.a.O.; *Semler*, a.a.O. Dass durch die Neuregelung die Planungspflicht nicht vermindert werden sollte, zeigt sich nicht zuletzt daran, dass sich die Formulierung der Begründung im Referentenentwurf noch ausdrücklich auf *Semler* bezieht, vgl. ZIP 1996, 2131.

64 Im Sinne einer Pflicht zur Vorlage konkreter Planrechnungen *Feddersen*, ZGR 1993, 115f.; *Lutter*, Information, S. 13; *ders.* AG 1991, 252f.; wohl auch *Semler*, ZGR 1983, 17. Enger dagegen *Kallmeyer*, ZGR 1993, 112. Weiter ist strittig, ob der Vorstand auch Unterlagen zu Planungsprämissen vorlegen muss, oder ob nur die Planungsergebnisse mitgeteilt werden müssen. Für ersteres *Lutter*, Information, S. 13; *Lutter/Krieger*, § 3 Rn. 62; *Semler*, ZGR 1983, 17. Für letzteres *Hüffer*, § 90 Rn. 4b, der sich durch die Beschränkung des Wortlautes des § 90 I 1 Nr.1 AktG n.F. auf grundsätzliche Fragen in seiner Ansicht bestätigt sieht; *Kropff*, NZG 1998, 614; Köln.-Komm./*Mertens*, § 90 Rn. 33; *Wiesner*, in: HdbGesR AG, § 25 Rn. 4.

65 So ausdrücklich die Begr. des Regierungsentwurfs zum KonTraG, § 90 RegE AktG, ZIP 1997, 2061.

66 Genauso gut könnte man die Ergebnisplanung aufführen, vgl. *Kropff*, NZG 1998, 614. Zu Recht weist *Theisen*, in: Dörner u.a., Reform des Aktienrechts, S. 218 darauf hin, dass sich ein Mindestplanungssystem nicht definieren lässt.
Die Aufzählung geht letztlich auf *Semler*, ZGR 1983, 4 zurück (vgl. Begr. des Referentenentwurf zum KonTraG, § 90 RegE AktG, ZIP 1996, 2131), der diese Bereiche zur Veranschaulichung nennt, und wurde auf die Kritik hin, die Aufzählung sei zu industriebezogen (vgl. *DAV*, ZIP 1997, 164; *Mertens*, AG/S 1997, 70) auf die jetzige Fassung gekürzt.

67 *Claussen*, DB 1998, 181; *Kropff*, NZG 1998, 614; *Mertens*, AG/S 1997, 70; *Theisen*, in: Dörner u.a., Reform des Aktienrechts, S. 218.

68 *Hüffer*, § 90 Rn. 4a.

scheinend Defizite aufweist[69], durch diese „Anregungsnorm“[70] nachhaltig beeinflusst wird, mag zu Recht bezweifelt werden[71].

2.3.2. Informationen in Bezug auf Abschlussprüfung und Lagebericht[72]

2.3.2.1. Verbesserung der Kooperation von Aufsichtsrat und Abschlussprüfer

Das KonTraG versucht durch drei Regelungen, das Verhältnis von Aufsichtsrat und Abschlussprüfer zu intensivieren: Erstens wurde die Kompetenz der Auftragserteilung an den von der Hauptversammlung gewählten Abschlussprüfer auf den Aufsichtsrat übertragen, § 111 II 3 AktG n.F., weshalb zweitens der Aufsichtsrat konsequenterweise zum ersten Adressaten des Prüfungsberichts wurde, § 321 V HGB n.F. Drittens normiert § 171 I 2 AktG nun die Pflicht des Abschlussprüfers zur Teilnahme an der Bilanzsitzung des Aufsichtsrats und seiner Ausschüsse.

Mit der Neuregelung des § 111 II 3 AktG beseitigt der Gesetzgeber eine seit langem kritisierte Systemwidrigkeit im Kompetenzgefüge der Aktiengesellschaft[73]: Da der Aufsichtsrat den entsprechenden Sachverstand vermissen ließ, hatte die NotVO von 1931[74] dem Aufsichtsrat zur Unterstützung bei der Prüfung der Rechnungslegung einen unabhängigen Sachverständigen, nach heutiger Terminologie den Abschlussprüfer, zur Seite gestellt[75]. Der Abschlussprüfer, dem keine Organstellung in der Aktiengesellschaft zukommt, übte daher seit jeher eine Hilfsfunktion gegenüber dem Aufsichtsrat aus. Die Regelung der Beauftragungskompetenz trug diesem Aspekt bislang jedoch keine Rechnung. Denn vor Inkrafttreten des KonTraG erteilte der Vorstand dem von der Hauptversammlung gewählten Abschlussprüfer den Prüfungsauftrag und handelte mit diesem das Honorar aus, §§ 318 I 4 HGB a.F., 78 AktG.

---

[69] Vgl. *Feddersen*, AG 2000, 388; *Hommelhoff/Mattheus*, AG 1998, 253; *Lück*, zfbf 1990, 1006; *Scheffler*, ZGR 1993, 74; *ders.*, DB 2000, 435; *Seibert*, WM 1997, 2.

[70] Zu dieser Bezeichnung vgl. *Feddersen*, AG 2000, 386; *Hommelhoff/Mattheus*, AG 1998, 250.

[71] *DAV*, ZIP 1997, 164; *Mertens*, AG/S 1997, 70; *Thümmel*, DB 1997, 262; *Zimmer*, NJW 1998, 3524.

[72] Ein wesentlicher Teil des KonTraG widmet sich dem Lagebericht, der Abschlussprüfung und der Beziehung des Abschlussprüfers zum Aufsichtsrat. Auf die umfangreichen Änderungen soll im Folgenden nur insoweit eingegangen werden, als sie für die Überwachung durch den Aufsichtsrat wesentlich sind.

[73] *Bleicher/Paul*, DBW 1986, 285; *Clemm*, FS Havermann, S. 98; *Dörner/Schwegler*, DB 1997, 288; *Fey*, DStR 1995, 1326; *Forster*, AG 1995, 2; *Gelhausen*, AG/S 1997, 77; *Götz*, AG 1995, 343; *Theisen*, Wpg 1994, 818f.

[74] Erste Notverordnung des Reichspräsidenten vom 19.09.1931, RGBl. I/1931, 493.

[75] Zur historischen Entwicklung vgl. *Potthoff/Theisen*, FS 40 Jahre Der Betrieb, S. 61f.; *Theisen*, Wpg 1994, 810; *Wiethölter*, 44f. Weitere Nachweise bei *Mattheus*, ZGR 1999, 683 Fn. 2.

Dies hatte zur Folge, dass in der Praxis der Abschlussprüfer eine wesentlich stärkere Beziehung zum Vorstand aufbaute als zum Aufsichtsrat[76]. Das äußerte sich u.a. darin, dass der Aufsichtsrat in der Praxis fast keinen Kontakt zum Abschlussprüfer hielt[77] und ihn nur selten zur Beratung über den Jahresabschluss hinzuzog[78]. Anregungen zur Abschlussprüfung oder zum Abschlussbericht waren in der Vergangenheit selten[79].
Die nahezu einhellig begrüßte[80] Änderung der Beauftragungskompetenz stärkt gegenüber der alten Rechtslage nicht nur die Unabhängigkeit des Abschlussprüfers vom Vorstand[81], sondern ermöglicht dem Aufsichtsrat auch, im Vorfeld Schwerpunkte der Prüfung festzulegen[82] und weitere, über den üblichen Rahmen hinausgehende Prüfungsaufträge zu erteilen[83]. Die Gesetzesänderung begründet die Möglichkeit, verbunden damit aber auch die Verantwortung des Aufsichtsrats, die Abschlussprüfung aktiv mitzugestalten und dadurch die Abschlussprüfung zur gezielten Kontrolle des Vorstandes einzusetzen[84].
Ob von der Regelung allerdings eine „Signalwirkung"[85] für die Praxis ausgeht, die das Rollenverhältnis des Aufsichtsrats in Bezug auf die Abschlussprüfung

---

[76] Vgl. die Begr. des Regierungsentwurfs zum KonTraG, § 111 RegE AktG, ZIP 1997, 2062; *Funke*, ZIP 1996, 1603; *Schindler/Rabenhorst*, BB 1998, 1887 sowie die in Fn. 73 Genannten.

[77] Nach einer Untersuchung von *Söllner*, S. 171 Tab. 16 hielt der Aufsichtsrat in 84,9% der untersuchten Gesellschaften während der Prüfung überhaupt keinen Kontakt zum Prüfer.

[78] Nach der Untersuchung von *Söllner*, S. 200 Tab. 35. nahm der Abschlussprüfer in 26,1% der untersuchten Gesellschaften nie und in 51,3% nur selten an der Bilanzsitzung teil.

[79] Nach *Söllner*, S. 175 Tab. 19 hat der Aufsichtsrat in 58% der untersuchten Gesellschaften noch nie Anregungen zur Abschlussprüfung, a.a.O., S. 177 Tab. 20 in 41,5% noch nie Anregungen zum Abschlussbericht gemacht.

[80] Vgl. *Baums*, AG/S 1997, 31; Beschluss des 61. DJT, NJW 1996, 2999; *Dörner*, DB 1998, 5; *Fey*, DStR 1995, 1326; *Forster*, Wpg 1998, 42; *Götz*, AG/S 1997, 39; *Hommelhoff*, in: Picot, Corporate Governance, S. 17; *ders.*, BB 1998, 2569; *Hopt*, AG/S 1997, 46; *Hüffer*, § 111 Rn. 12a; *Lambsdorff*, in: Feddersen u.a., Corporate Governance, S. 231; *Lutter*, ZHR 1995, 300; *Mattheus*, ZGR 1999, 707; *Mertens*, AG/S 1997, 70; *Möllers*, ZIP 1995, 1728; *Semler*, RWS-Forum GesR 1995, 235; *Schreib*, BFuP 1996, 290; *Theisen*, DB 1999, 346: „Kernvorschrift des KonTraG".

[81] *Forster*, AG 1999, 194; *Hommelhoff/Mattheus*, AG 1998, 257; *Schindler/Rabenhorst*, BB 1998, 1887; *Theisen*, DB 1999, 346. Der Abschlussprüfer wird jedoch auch weiterhin auf ein gutes Verhältnis zum Vorstand bedacht sein, weil er „auf umfassende und wahrheitsgetreue Unterrichtung durch den Vorstand angewiesen (ist)", *Dörner/Schwegler*, DB 1997, 289; vgl. auch *Gelhausen*, in: Feddersen u.a., Corporate Governance, S. 64; *Peemöller/Finsterer/Mahler*, DB 1999, 1566f.

[82] Begr. des Regierungsentwurfs zum KonTraG, § 111 RegE AktG, ZIP 1997, 2062.

[83] Vgl. dazu *Theisen*, DB 1999, 344.

[84] *Dörner*, DB 2000, 101; *Forster*, Wpg 1998, 43; *Hommelhoff*, BB 1998, 2569; *Mattheus*, ZGR 1999, 709; *Theisen*, DB 1999, 344.

[85] *Mattheus*, ZGR 1999, 707.

wesentlich verändert[86], bleibt abzuwarten[87]. Denn die Gesetzesbegründung räumt die Möglichkeit der Delegation vorbereitender Gespräche auf den Vorstand ein[88] und lässt damit befürchten, dass sich an der bisherigen Praxis nichts ändert, sondern vielmehr der Aufsichtsrat lediglich durch formalen Rechtsakt bestätigt, was zwischen Vorstand und Abschlussprüfer längst beschlossen ist[89]. Dass die Befürchtung, die bloße Zuständigkeitsverlagerung werde die Praxis nicht automatisch verändern, nicht völlig unbegründet ist, zeigt sich beispielsweise an der Wahl des Abschlussprüfers: Formal gesehen obliegt dem Aufsichtsrat das ausschließliche Vorschlagsrecht für die Person des Abschlussprüfers, § 124 III 1 AktG. In der Praxis hat sich indes gezeigt, dass der Wahlvorschlag meist auf eine Initiative des Vorstandes zurückgeht und der Aufsichtsrat ihn lediglich bestätigt[90].
Damit ist festzustellen, dass die Regelung des § 111 II 3 AktG zwar grundsätzlich zu begrüßen ist, deren Wirkung auf die Praxis nicht zuletzt aufgrund der Begründung des Gesetzgebers aber zurückhaltend zu beurteilen ist.

In Konsequenz dieser Kompetenzverlagerung sieht das KonTraG nunmehr auch den Aufsichtsrat als ersten Adressaten des Abschlussberichts vor, § 321 V HGB n.F.[91] Damit sollte der Praxis entgegengewirkt werden, dass der Abschlussbericht zunächst mit dem Vorstand besprochen und auf Veranlassung des Vorstandes ggf. kritische Passagen herausgenommen werden, bevor der Bericht erstmals dem Aufsichtsrat vorgelegt wird[92]. Zynisch wurde diese Praxis so erläutert, dass manchmal beim Vergleich von Entwurf und Endfassung der

---

[86] *Mattheus*, ZGR 1999, 709 und *Hommelhoff*, BB 1998, 2569 sehen in dieser Regelung eine Unterstreichung der Rolle des Aufsichtsrats als „Herrn der aktienrechtlichen Überwachung."

[87] Diesbezüglich zurückhaltend auch *Theisen*, DB 1999, 346; *ders.*, in: Dörner u.a., Reform des Aktienrechts, S. 225.

[88] Begr. des Regierungsentwurfs zum KonTraG, § 111 RegE AktG, ZIP 1997, 2062; vgl. auch *Hüffer*, § 111 Rn. 12c. Daneben ist auch die Delegation dieser Arbeiten auf einen Aufsichtsratsausschuss zulässig, a.a.O.; vgl. dazu *Hommelhoff*, BB 1998, 2570; *Theisen*, DB 1999, 344f.; *Ziemons*, DB 2000, 77ff.

[89] Kritisch auch *Dörner*, DB 1998, 5; *Hommelhoff*, BB 1998, 2570; *Lenz/Ostrowski*, BB 1997, 1524; *Theisen*, DB 1999, 345; *ders.*, in: Dörner u.a., Reform des Aktienrechts, S. 225.

[90] Vgl. *Clemm*, FS Havermann, S. 98: „Es gehört wohl eher zu den Ausnahmen - z.Bps. bei Krisenunternehmen oder bei internen Spannungen zwischen Aufsichtsrat und Vorstand -, dass sich der Aufsichtsrat bei seinem Vorschlag an die Hauptversammlung zur Wahl und Person des Abschlussprüfers über die Anregung und Wünsche des Vorstandes hinweggesetzt."; Vgl. auch *Dörner*, DB 1998,5; *Forster*, AG 1995, 2; *Gelhausen*, AG/S 1997, 77; *Scheffler*, FS Havermann, S. 668; *Theisen*, Wpg 1994; *ders.*, DB 1999, 342.

[91] Vgl. Begr. des Regierungsentwurfs zum KonTraG, § 170 RegE AktG, ZIP 1997, 2066.

[92] *Forster*, AG 1995, 14; *Hommelhoff*, in: Picot, Corporate Governance, S. 15; *ders.*, BB 1998, 2628; *Lenz/Ostrowski*, BB 1997, 1525.

Eindruck entstehen könne, es würden zwei völlig unterschiedliche Unternehmen mit zufällig dem gleichen Namen beschrieben[93].

Die Regelung ist grundsätzlich zu begrüßen, vor allem weil dadurch verdeutlicht wird, was seit jeher galt, aber durch die praktische Entwicklung in den Hintergrund trat: nämlich, dass der Abschlussbericht an den Aufsichtsrat, der den Jahresabschluss zu prüfen und über dessen Feststellung zu befinden hat, und nicht an den Vorstand gerichtet ist. Der Umweg bei der Vorlage des Prüfungsberichts über den Vorstand war im AktG 1965 aus rein praktischen Gründen eingeführt worden[94], ohne den Inhaltsadressaten des Berichts verändern zu wollen. Dadurch besteht die Hoffnung, dass in Zukunft Änderungen des Prüfungsberichts, vor allem in Bezug auf kritische Äußerungen über die Darstellung der Risiken und künftigen Entwicklungen der Gesellschaft, nicht unter vollständiger Umgehung des Aufsichtsrats vorgenommen werden.

Anlass zu Zweifeln, ob sich diese Hoffnung auch realisieren wird, hat der Gesetzgeber aber selbst gegeben: Denn nach § 321 V 2.HS HGB ist „dem Vorstand (ist) vor Zuleitung (des Prüfungsberichts) Gelegenheit zur Stellungnahme zu geben“. Diese, wie die Gesetzesbegründung hervorhebt[95], Selbstverständlichkeit wird von Seiten der Praktiker[96] so ausgelegt, dass dem Vorstand vor Zuleitung des endgültigen Prüfungsberichts ein unverbindliches Vorabexemplar zugeleitet werden darf, was genau der oben kritisierten, bisherigen Praxis entspricht. Insoweit dürfte sich also wenig daran ändern, dass der Vorstand auch weiterhin entscheidenden Einfluss auf den Inhalt des Prüfungsberichts unter Umgehung des Aufsichtsrats nimmt.

Die dritte Maßnahme des KonTraG zur Intensivierung des Kontaktes zwischen Aufsichtsrat und Abschlussprüfer ist die in § 171 I 2 AktG n.F. nunmehr begründete Pflicht des Abschlussprüfers zur Teilnahme an der Bilanzsitzung des

---

[93] So eine Stellungnahme im Rahmen des Diskussionsberichts von *Kleindiek*, in: Feddersen u.a., Corporate Governance, S. 98.

[94] Begr. zu § 170 RegE AktG 1965, bei *Kropff*, S. 276. Vgl. auch *Theisen*, DB 1999, 341 wonach häufig wegen eingeschränkter Adressenkenntnis Schwierigkeiten bei der Zustellung des Berichts an Aufsichtsratsmitglieder entstanden seien.

[95] Begr. des Regierungsentwurfs zum KonTraG, § 170 RegE AktG, ZIP 1997, 2066.

[96] *Böcking/Orth*, Wpg 1998, 360; *Forster*, Wpg 1998, 53; *ders.*, AG 1999, 197 :"dies entspricht der bisherigen Praxis und dient in erster Linie dazu, unklare oder unzutreffende Passagen und Fakten richtigzustellen"; *Gelhausen*, AG/S 1997, 78; *ders.*, BFuP 1999, 400; *Schindler/Rabenhorst*, BB 1998, 1888.
A.A. Teile der Lehre, vgl. *Hommelhoff*, BB 1998, 2628, nach dem die Stellungnahme erst zur abgeschlossenen und unterzeichnete Endfassung des Abschlussberichts erfolgen darf; *Lenz/Ostrowski*, BB 1997, 1524; wohl auch *Theisen*, in: Dörner u.a., Reform des Aktienrechts, S. 231. Zu Recht wird von letzter Ansicht zwar der Kontakt von Vorstand und Abschlussprüfer zur Behebung von Missverständnissen nicht in Abrede gestellt, die Notwendigkeit einer abschließenden Besprechung über den Prüfungsbericht unter Ausschluss des Aufsichtsrats jedoch in Zweifel gezogen.

Aufsichtsrats oder seines Ausschusses[97] und zur Erläuterung der wesentlichen Ergebnisse seiner Prüfung. Zwar bestand bereits nach altem Recht für den Aufsichtsrat die Möglichkeit, den Abschlussprüfer zu seiner Bilanzsitzung hinzuzuziehen, um sich die Prüfung genau erläutern zu lassen, § 171 I 2 AktG a.F. Davon wurde aber in der Praxis nicht ausreichend Gebrauch gemacht[98]. Da der Abschlussprüfer dem Aufsichtsrat die Prüfungsergebnisse nunmehr zwingend zu erläutern hat, wird nicht nur der Kontakt zum Abschlussprüfer, sondern auch die Informationsbasis des Aufsichtsrats verbessert. Die Regelung ist daher zu Recht - soweit ersichtlich - einstimmig befürwortet worden[99].

Damit ist festzuhalten, dass der Gesetzgeber des KonTraG durch mehrere Maßnahmen versucht hat, den Kontakt zwischen Aufsichtsrat und Abschlussprüfer zu intensivieren. Leider haben die sinnvollen Regelungen an einigen Stellen unnötige Einschränkungen erfahren, die nun befürchten lassen, dass sich an der bisherigen kritisierten Praxis im Wesentlichen nichts ändert.

2.3.2.2. Stärkerer Risikobezug des Lageberichts

Damit vor allem existenzbedrohende Risiken eines Unternehmens früher erkannt würden, hat nunmehr der Lagebericht gem. § 289 I 2 HGB n.F. „auch auf die Risiken der künftigen Entwicklung einzugehen."[100] Es entsprach zwar be-

---

[97] Die Begr. des Regierungsentwurfs zum KonTraG, § 171 RegE AktG, ZIP 1997, 2067 stellt klar, dass der Aufsichtsrat entscheiden kann, ob der Abschlussprüfer nur an der Sitzung des Ausschusses oder auch an der Plenumssitzung teilzunehmen hat. Vgl. auch *Gelhausen*, AG/S 1997, 79. Kritisch dagegen *Schindler/Rabenhorst*, BB 1998, 1888. Zwar obliegt die Prüfung des Jahresabschlusses zwingend dem Plenum, § 107 III 2 AktG, dies erfordert jedoch nicht zwingend die Teilnahme des Abschlussprüfers an der Sitzung des Gesamtaufsichtsrats. Nimmt der Abschlussprüfer nur an der Sitzung des Ausschusses teil, haben die Ausschussmitglieder dem Plenum über die Ausführungen des Abschlussprüfers zu berichten. Zum Verhältnis Plenum-Ausschuss vgl. umfassend *Rellermeyer*, S. 207ff.

[98] Begr. des Regierungsentwurfs zum KonTraG, § 171 RegE AktG, ZIP 1997, 2067. Vgl. die Untersuchung von *Söllner*, oben Fn. 77.

[99] Vgl. Beschluss des 61. DJT, NJW 1996, 2999; *DAV*, ZIP 1997, 170; *Dörner*, DB 1998, 6; *Fey*, DStR 1995, 1326; *Forster*, AG 1999, 197; *Gelhausen*, AG/S 1997, 79; *Hommelhoff*, in: Picot, Corporate Governance, S. 17; *Lambsdorff*, in: Feddersen u.a., Corporate Governance, S. 230; *Lutter*, ZHR 1995, 299; *ders.*, NJW 1995, 1133; *Reichelt*, Aufsichtsrat, S. 218; *Scheffler*, BFuP 1996, 315; *Schindler/Rabenhorst*, BB 1998, 1888; *Schreib*, BFuP 1996, 291; *Schulte*, BFuP 1996, 300; *Seibert*, AG/S 1997, 67; *Theisen*, Wpg 1994, 815; *Timm*, RWS-Forum GesR 1995, 248. Vgl. auch die Stellungnahmen in: DSW, Aufsichtsräte in Deutschland, S. 49ff.

[100] Wenngleich der Wortlaut sehr allgemein gefasst ist, hat der Lagebericht nicht auf jegliche, rein theoretische Risiken, sondern nur auf bestandsgefährdende bzw. solche Risiken einzugehen, die einen wesentlichen Einfluss auf die Vermögens-, Finanz- oder Ertragslage des Unternehmens haben. Vgl. *Hopt*, § 289, Rn. 1; *IDW* RS HFA 1, Wpg 1998, 654; *Küting/Hütten*, AG 1997, 252.

reits nach altem Recht einer zu befürwortenden Meinung in der Literatur, dass der Bericht über die „voraussichtliche Entwicklung der Kapitalgesellschaft" i.S.v. § 289 II Nr. 2 HGB auch das Eingehen auf künftige Risiken erforderte[101]. Durch die Neuregelung wird diese Pflicht jedenfalls deutlich hervorgehoben. Flankiert wird diese Vorschrift durch eine Erweiterung der Abschlussprüfung. Der Abschlussprüfer hat gem. § 317 II HGB n.F. den Lagebericht nicht nur daraufhin zu überprüfen, ob der Lagebericht mit dem Jahresabschluss in Einklang steht und keine falsche Vorstellung von der Lage der Gesellschaft vermittelt[102]. Er hat darüber hinaus sogar zu prüfen, ob der Lagebericht mit allen bei der Prüfung gewonnenen Erkenntnissen übereinstimmt und eine zutreffende Vorstellung von der Lage der Gesellschaft vermittelt und die künftigen Geschäftsrisiken zutreffend dargestellt sind, wodurch die Darstellungen des Vorstandes „verobjektiviert" und damit deren Aussagekraft für den Aufsichtsrat erhöht werden soll[103]. Die Ergebnisse der Prüfung sind im Eingangsteil des Abschlussberichts darzustellen, § 321 I 2 HGB n.F., so dass sie dem Aufsichtsrat besonders vor Augen zu führen sind[104].

Ob allerdings diese teilweise geradezu euphorisch begrüßten Änderungen[105] tatsächlich eine wesentliche Verbesserung der Überwachung durch den Aufsichtsrat mit sich bringen, bleibt abzuwarten[106]. Zum einen darf der Aufsichtsrat die Informationsquelle Lagebericht nicht überbewerten: Adressat des Lageberichts ist neben dem Aufsichtsrat vornehmlich die Hauptversammlung, § 175 II AktG, und damit - zumindest in größeren Gesellschaften - auch die Öffentlichkeit[107]. Wegen der weitreichenden Folgen, die schlechte Nachrichten für die weitere Geschäftsentwicklung haben können, besteht ein Anreiz für den Vorstand zu einer nur sehr zurückhaltenden Darstellung von Risiken. Ein Unternehmen, das zum Beispiel drohende Liquiditätsengpässe bekannt gibt, riskiert das Vertrauen der Anleger und erhöht damit die Wahrscheinlichkeit der Risikoverwirklichung[108]. Bei Beurteilung des Lageberichts darf also nicht übersehen werden, dass der Vorstand versucht sein wird, das Unternehmen und seine künftige Entwicklung in einem äußerst positiven Licht darzustellen. Zudem enthält der Lagebericht lediglich eine subjektive Einschätzung der Risiken durch

---

[101] Beck-Bilanzkommentar/*Elrott*, § 289 HGB Rn. 36; *Kirsch*, FS Baetge, S. 970; *Küting/Hütten*, AG 1997, 253f.; *Moxter*, BB 1997, 722.

[102] So noch die alte Fassung des § 317 I 3 HGB.

[103] *Hommelhoff*, BB 1998, 2571; *Mattheus*, ZGR 1999, 700; *Möllers*, AG 1999, 440.

[104] Vgl. Begr. des Regierungsentwurfs zum KonTraG, § 321 RegE HGB, ZIP 1997, 2102f.; *Forster*, AG 1999, 196.

[105] *Matteus*, ZGR 1999, 698 :„Zentrum der jüngsten Prüfungsreform"; *Theisen*, in: Dörner u.a., Reform des Aktienrechts, S. 228: „wesentliche Verbesserung".

[106] Kritisch *Dörner*, DB 2000, 103; *Lenz/Ostrowski*, BB 1997, 1524.

[107] Gem. § 325 I HGB ist der Lagebericht grundsätzlich zum Handelsregister einzureichen. Dies gilt gem. § 326 HGB nicht für kleine Kapitalgesellschaften i.S.v. § 267 I HGB.

[108] Zum Problem der sog. „self-fulfilling prophecy" vgl. *Gelhausen*, AG/S 1997, 74; *Wolz*, WPK-Mitt. 1998, 131.

den Vorstand, die nicht unbedingt mit den tatsächlichen Risiken übereinstimmen muss.
Diesen Umständen trägt das KonTraG zwar durch Erweiterung der Abschlussprüfung Rechnung. Dabei darf andererseits aber nicht übersehen werden, dass der Abschlussprüfer nicht seine Einschätzung von der Lage der Gesellschaft an die des Vorstandes setzen soll, sondern lediglich die Darstellungen des Vorstandes auf ihre Plausibilität und Vollständigkeit zu überprüfen hat[109]. Im Wesentlichen geht es also um die Überprüfung des Verfahrens durch den Vorstand bei der Prognose der künftigen Entwicklung und der Einschätzung der potentiellen Risiken und nicht um die Prüfung der Risiken selbst[110]. Zwar hat der Abschlussprüfer auch die Vollständigkeit der Risikodarstellung zu überprüfen. Die Einschätzung, welche Risiken berichtspflichtig sind, unterliegen aber einem nicht zu vernachlässigenden Ermessensspielraum[111].
Im Vergleich zur Rolle des Abschlussprüfers als Hilfsorgan des Aufsichtsrats, die durch das KonTraG hervorgehoben werden sollte, ist demgegenüber die Erwartungshaltung in Bezug auf die Lageberichtsprüfung sehr hoch angesetzt[112]. Denn zur Prüfung der Vollständigkeit der Risikoberichterstattung wird vom Abschlussprüfer verlangt, dass er sich ein selbständiges Bild von der Lage des Unternehmens macht, wozu er sich in die branchenspezifischen Besonderheiten einarbeiten und die Marktentwicklung analysieren soll[113]. Dies bedeutet eine nicht unerhebliche Erweiterung der Prüfungspflicht, mit der ein erheblicher Zeitmehraufwand verbunden ist[114]. Die so verstandene Erweiterung des Umfangs der Abschlussprüfung läuft Gefahr in der Praxis missverstanden zu werden: Es könnte nämlich der Eindruck entstehen, die Risikoanalyse sei nunmehr vornehmlich vom Abschlussprüfer zu vorzunehmen und der Aufsichtsrat könne sich auf die Richtigkeit und vor allem Vollständigkeit der Darstellungen ohne weitere Prüfungen verlassen. Dass dem so aber nicht ist,

---

[109] Vgl. Begr. des Regierungsentwurfs zum KonTraG, § 317 RegE HGB, ZIP 1997, 2101. Vgl. auch die Prüfungsstandards des *IDW* PS 350, Wpg 1998, 664f.; *Dörner*, DB 2000, 102; *Hommelhoff*, BB 1998, 2572; *Hopt*, § 317 Rn. 7; *Kirsch*, FS Baetge, S. 971; *Mattheus*, ZGR 1999, 700.

[110] Vgl. die Erläuterungen in der Begr. des Regierungsentwurfs zum KonTraG, § 317 RegE HGB, ZIP 1997, 2101.

[111] Vgl. Begr. des Regierungsentwurfs zum KonTraG, § 317 RegE HGB, ZIP 1997, 2101; *Dörner*, DB 2000, 103; *IDW* RS HFA 1, Wpg 1998, 654; *Schindler/Rabenhorst*, BB 1998, 1890.

[112] Zur Befürchtung einer noch größeren „Erwartungslücke" vgl. *Böcking/Orth*, Wpg 1998, 358; *Dörner*, Wpg 1998, 304; *ders.*, DB 1998, 2; *Gelhausen*, AG/S 1997, 80; *Kirsch*, FS Baetge, S. 971; *Schindler/Rabenhorst*, BB 1998, 1891; *Schmidt*, Wpg 1998, 321 sieht den Abschlussprüfer mit einer umfassenden Risikoanalyse überfordert.

[113] Vgl. Prüfungsstandards des *IDW* PS 350, Wpg 1998, 664; *Böcking/Orth*, Wpg 1998, 359; *Forster*, Wpg 1998, 46; *Hommelhoff*, BB 1998, 2571f.; *Mattheus*, ZGR 1999, 701.

[114] Vgl. *Forster*, Wpg, 1998, 346; *Ludewig*, DB 2000, 635f. schätzt einen Mehraufwand bis zu 25% des bisherigen Honorars.

ergibt sich aus der allgemeinen Überwachungspflicht des Aufsichtsrats sowie der Hilfsfunktion des Abschlussprüfers.

Zwar ist die Änderung in Bezug auf die Lageberichterstattung grundsätzlich zu begrüßen, weil die Lageberichterstattung dem Aufsichtsrat eine von sachverständiger und unabhängiger Seite überprüfte Informationsbasis für eine prospektive Überwachung schafft. Eine Verbesserung der Überwachung durch den Aufsichtsrat ist aber nur dann zu erwarten, wenn der Aufsichtsrat sich der Schwächen von Lagebericht und dessen Prüfung bewusst ist und diese Informationsquelle kritisch hinterfragt[115]. Denn insgesamt wird im Lagebericht, der wie gesagt auch an die Öffentlichkeit gerichtet ist, keine allzu detaillierte Darstellung der Risiken zu erwarten sein[116]. Im Prüfungsbericht hat der Abschlussprüfer nur die Darstellung des Vorstandes zu bewerten und keine eigene Einschätzung von der Lage der Gesellschaft und den Risiken der künftigen Entwicklung abzugeben. Der Aufsichtsrat hat diese Ausführungen insbesondere unter Berücksichtigung der Ermessensspielräume bei Aufstellung und Prüfung des Lageberichts zur Grundlage weiterer Prüfungsmaßnahmen zu machen.

2.3.2.3. Stärkere Problemorientierung von Abschlussprüfung und größere Klarheit des Abschlussberichts

Durch das KonTraG wurden die §§ 317 und 321 HGB völlig neu gefasst. Neben den oben bereits angesprochenen Änderungen sind für die Überwachungsaufgabe des Aufsichtsrats im Wesentlichen zwei weitere Aspekte von Bedeutung: Zum einen ist die Abschlussprüfung so anzulegen, dass wesentliche Unrichtigkeiten und Gesetzesverstöße der Rechnungslegung erkannt werden, § 317 I 3 HGB n.F. Zum anderen ist der Prüfungsbericht mit der gebotenen Klarheit abzufassen, § 321 I HGB n.F.

Mit der Modifizierung des Prüfungsauftrages wollte der Gesetzgeber eine stärkere Problemorientierung der Abschlussprüfung erreichen[117], was aufgrund der Berichtspflicht gegenüber dem Aufsichtsrat konsequenterweise auch eine verbesserte Informationsbasis für das Überwachungsorgan mit sich bringen soll.

---

[115] *Hönig*, DStR 1997, 1144 empfiehlt daher eine relativierende Klarstellung im Abschlussbericht.

[116] Vgl. *Dörner*, DB 2000, 103. Vgl. dazu die empirische Untersuchung von *Kajüter*, DB 2001, 105ff.: Über bestandsgefährdende Risiken wurde überhaupt nicht oder nur verklausuliert berichtet (vgl. etwa zum angeschlagenen Philipp Holzmann-Konzern a.a.O., S. 108: „Minderung der bilanziellen Widerstandsfähigkeit"). In lediglich 61% der untersuchten Lageberichte sind die Risiken überhaupt benannt. Nur 17% enthalten Angaben über negative Folgen des Risikoeintritts, begnügen sich dabei aber meist mit inhaltsleeren Aussagen (S. 109). *Kajüter* kommt daher zu dem Ergebnis: „Zusammenfassend ist ein geringer Informationsgehalt der Risikoberichte festzustellen"(S. 109).

[117] Begr. des Regierungsentwurfs zum KonTraG, § 317 RegE HGB, ZIP 1997, 2101.

Die Neuerung durch das KonTraG ist jedoch marginal. Denn es ist ureigenste Aufgabe der Abschlussprüfung, die Ordnungs- und Gesetzmäßigkeit der Rechnungslegung zu prüfen, und so entsprach es bereits den bisherigen Anforderungen an eine ordnungsgemäße Berufsausübung, die Prüfung so anzulegen, dass Unrichtigkeiten und Gesetzesverstöße der Rechnungslegung aufgedeckt werden[118]. Die Novellierung ist daher primär als Antwort auf die Kritik der Öffentlichkeit am Berufstand der Wirtschaftsprüfer[119] aufzufassen, der kein materieller Gehalt, sondern vielmehr rein psychologische Wirkung zukommen soll[120]. Ob sich durch die Änderung die Informationsbasis für den Aufsichtsrat also wesentlich verbessert, ist fraglich.

Auf den ersten Blick erstaunlich ist die gesetzliche Betonung einer klaren Abfassung des Prüfungsberichts in § 321 I 1 HGB n.F. Denn dies ist eigentlich eine Selbstverständlichkeit[121], und auch ohne diese Anordnung entsprach es den Grundsätzen ordnungsgemäßer Berufsausübung der Wirtschaftsprüfer, dass der Bericht an den Aufsichtsrat klare, d.h. verständliche und eindeutige Darlegungen enthalten musste[122]. In der Praxis war anscheinend der Prüfungsbericht aber häufig sprachlich so abgefasst, dass er nur von einem in Bezug auf Bilanzanalyse sachverständigen Aufsichtsratsmitglied verstanden werden konnte. Nach der Gesetzesbegründung soll der Bericht nunmehr auch für nicht sachverständige Aufsichtsratsmitglieder verständlich sein[123]. Diese Erläuterung in der Gesetzesbegründung ist entscheidend: Denn dadurch wird die Verantwortung jedes einzelnen Aufsichtsratsmitglieds für die Prüfung des Jahresabschlusses hervorgehoben, vgl. § 107 III 2 AktG[124]. Durch eine verständlichere Abfassung erhöht sich auch die Wahrscheinlichkeit, dass sich jedes Auf-

---

[118] Vgl. *Adler/Düring/Schmaltz*, § 316 Rn. 18; *Böcking/Orth*, Wpg 1998, 358; *Dörner*, Wpg 1998, 317; *ders.*, DB 2000, 102; *Dörner/Schwegler*, DB 1997, 286; *Forster*, Wpg 1998, 45; *Gelhausen*, AG/S 1997, 79; *IDW* FG 1/1988, Wpg 1989, 10 noch sehr allgemein; konkreter nun *IDW* HFA 7/1997, Wpg 1998, 7ff.; *Mattheus*, ZGR 1999, 697; *Moxter*, BB 1997, 724. Offen *Langenbucher/Blaum*, DB 1997, 441. Ablehnend wohl *Wolz*, WPK-Mitt. 1998, 130. Eingeschränkt für Unterschlagungen OLG Düsseldorf, ZIP 1997, 788.

[119] „Komplizen der Konzerne", mm 6/94, S. 34; „Hakelmänner im Zwielicht", Die Zeit vom 17.06.1994, S. 23; „Nichts hören, nichts sehen, nichts sagen", Die Zeit vom 21.10.1988, S. 26; „Wirtschaftsprüfer siegeln wertlos für viel Geld", SZ vom 28.06.1994, S. 23.

[120] *Gelhausen*, AG/S 1997, 79. So auch *Dörner*, DB 2000, 102; *Schindler/Rabenhorst*, BB 1998, 1889.

[121] *Gelhausen*, AG/S 1997, 80.

[122] *IDW* FG 2/1988, Wpg 1989, 20.

[123] Begr. des Regierungsentwurfs zum KonTraG, §321 RegE HGB, ZIP 1997, 2102.

[124] Damit setzt sich der Gesetzgeber m.E. auch nicht in Widerspruch zu BGHZ 85, 293 (Hertie), wonach ein Aufsichtsratsmitglied die zur Erfüllung seiner - gem. § 111 IV AktG höchstpersönlichen - Überwachungsaufgabe erforderlichen Mindestkenntnisse und -fähigkeiten besitzen muss. Denn die Erfüllung seiner Aufgaben obliegt dem Aufsichtsrat als Organ. Dazu bedarf es nicht ausgereifter Bilanzkenntnisse jedes einzelnen Mitglieds. Es genügt, wenn jedes Aufsichtsratsmitglied sich an der Diskussion beteiligen kann.

sichtsratsmitglied damit auseinandersetzt, und sich nicht lediglich auf den Sachverstand der übrigen Aufsichtsratsmitglieder verlässt.

2.3.2.4. Aushändigung von Jahresabschluss und Prüfungsbericht an jedes Aufsichtsratsmitglied

Nach § 170 III 2 AktG a.F. musste ein Aufsichtsratsmitglied, das den Jahresabschluss und den Prüfungsbericht außerhalb der Geschäftsräume der Gesellschaft prüfen wollte, die Aushändigung der Vorstandsvorlagen vom Aufsichtsratsvorsitzenden verlangen, was aber durch Beschluss oder durch die Geschäftsordnung des Aufsichtsrats ausgeschlossen werden konnte. Da in der Praxis in den wenigsten Unternehmen die Vorlagen den Aufsichtsratsmitgliedern ausgehändigt wurden[125], ändert das KonTraG § 170 III 2 AktG dahin, dass die Aushändigung der Vorlagen auch ohne ausdrückliches Verlangen zu erfolgen hat und allenfalls auf die Mitglieder eines Ausschusses beschränkt werden kann[126].

So sehr die Änderung bzgl. einer automatischen Aushändigung der Unterlagen an alle Aufsichtsratsmitglieder grundsätzlich zu begrüßen ist, ist andererseits die Beschränkung zu kritisieren. Denn der Gesetzgeber hatte erkannt, dass ohne eine Kenntnis von Jahresabschluss und Prüfungsbericht eine sinnvolle Erfüllung der Kontrollaufgabe kaum möglich ist[127]. Bei der Beschränkung auf Ausschussmitglieder hat er jedoch offenbar übersehen, dass die Prüfung des Jahresabschlusses nicht abschließend auf einen Ausschuss übertragen werden kann, § 107 III 2 AktG. Ein Bilanzausschuss kann die Prüfung des Jahresabschlusses zwar vorbereiten, die Prüfungsverantwortung liegt jedoch beim Gesamtaufsichtsrat, d.h. jedes Aufsichtsratsmitglied muss sich ein eigenes Bild von der Ordnungs- und Zweckmäßigkeit des Jahresabschlusses machen[128].

---

[125] Vgl. Begr. des Regierungsentwurfs zum KonTraG, § 170 RegE AktG, ZIP 1997, 2066; *Claussen*, DB 1996, 488; *Dörner*, DB 1998, 5; *Forster*, AG 1995, 3; *Gelhausen*, AG/S 1997, 78; *Kropff*, in: Semler, Reformbedarf, S. 20; *Theisen*, in: Dörner u.a., Reform des Aktienrechts, S. 230.

[126] So die überwiegende Interpretation der Neuregelung, vgl. *Dörner*, DB 2000, 104; *Forster*, AG 1999, 197; *Gelhausen*, AG/S 1997, 78; *Hüffer*, § 170 Rn. 13; *Lenz/Ostrowski*, BB 1997, 1524; *Theisen*, in: Dörner u.a., Reform des Aktienrechts, S. 230. Die dahingehende Auslegung *Hommelhoffs*, BB 1998, 2572, dass die Beschränkung nur für die *automatische* Aushändigung, nicht aber die Aushändigung an sich gelte, ist unter Berücksichtigung der Begr. des Regierungsentwurfs zum KonTraG, § 170 RegE AktG, ZIP 1997, 2066 („...kann der Aufsichtsrat beschließen, daß die Unterlagen nur den Mitgliedern eines Ausschusses...auszuhändigen sind") kaum haltbar.

[127] Begr. des Regierungsentwurfs zum KonTraG, § 170 RegE AktG, ZIP 1997, 2066.

[128] RGZ 93, 340; BGHZ 84, 216 (für bergrechtliche Gewerkschaften); *Funke*, ZIP 1996, 1604; *Hüffer*, § 171 Rn. 10; *Hommelhoff*, BB 1981, 947; *Lutter*, ZHR 1995, 299 bezeichnet dies als unstreitig; Köln.-Komm./*Mertens*, § 107 Rn. 148; *Möllers*, ZIP 1995, 1732 m.w.N.; *Rellermeyer*, S. 209f.

Will das „ausschussfremde“ Aufsichtsratsmitglied seiner Prüfungspflicht ausreichend nachkommen, wozu eine Durchsicht der Vorlagen während der Bilanzsitzung des Plenums wohl nicht ausreicht[129], muss es in den Geschäftsräumen der Gesellschaft Einsicht nehmen. Dies ist eine unverständliche Erschwerung der Amtsausübung, für die keine Rechtfertigung ersichtlich ist[130]. Der Gesetzgeber sah die Einschränkung vor, „wo dies sinnvoll ist“, ohne allerdings Beispielsfälle anzugeben[131]. Den einzig denkbaren, weil im Vorfeld diskutierten Grund, nämlich Vorbehalte aus Gründen der Vertraulichkeit[132], hat der Gesetzgeber - im Hinblick auf die Notwendigkeit einer intensiven Durcharbeitung des Jahresabschlusses und die Strafandrohung des § 404 AktG bei Vertrauensbruch - ausdrücklich zurückgewiesen[133].

2.4. Regelungen hinsichtlich der Organisation und Struktur der Aufsichtsratstätigkeit

2.4.1. Erhöhung der Sitzungsfrequenz des Aufsichtsrats

Um die Überwachungsintensität der Aufsichtsratspraxis zu erhöhen, versucht das KonTraG die Sitzungsfrequenz des Aufsichtsrats durch zwei Maßnahmen zu erhöhen: Für börsennotierte Gesellschaften wird in § 110 III AktG n.F. die Mindestsitzungsfrequenz des Aufsichtsrats von einer Sitzung auf zwei Sitzungen im Kalenderhalbjahr festgelegt. Ebenfalls nur in börsennotierten Gesellschaften hat der Aufsichtsrat im Bericht an die Hauptversammlung die Anzahl seiner Plenarsitzungen anzugeben, 171 II 2.HS AktG n.F.

Im Vergleich zum Praxisdurchschnitt mit 3,8 Sitzungen jährlich[134] ist die Erhöhung der Mindestsitzungsfrequenz nicht nur marginal, sondern auch aufgrund der Differenzierung nach der Börsennotierung der Gesellschaft im Hinblick auf die Berichtsfrequenz in § 90 II Nr. 3 AktG nicht unproblematisch[135]. Denn der Inhalt der in § 111 I AktG nicht definierten Überwachungsaufgabe des Aufsichtsrats wird nach wohl allgemeiner Meinung durch die Vorstandsberichte

---

[129] Vgl. Begründung des Entwurfes zum Transparenz- und Wettbewerbsgesetzes, § 170 AktG SPD-Entwurf, BT-Drucks. 13/367, S. 23.

[130] Vgl. *Hommelhoff*, BB 1998, 2572; *Lenz/Ostrowski*, BB 1997, 1524; *Strieder/Graf*, BB 1997, 1945; *Theisen*, in: Dörner u.a., Reform des Aktienrechts, S. 230. Der entsprechende Vorschlag des Entwurfes zu einem Transparenz- und Wettbewerbsgesetzes, § 170 AktG SPD-Entwurf, BT-Drucks. 13/367, S. 8 sah diese Einschränkungsmöglichkeit nicht vor.

[131] Begr. des Regierungsentwurfs zum KonTraG, § 170 RegE AktG, ZIP 1997, 2066.

[132] *Forster*, AG 1995, 3; *Funke*, ZIP 1996, 1604; vgl. auch *Kropff*, in: Semler, Reformbedarf, S. 23.

[133] Begr. des Regierungsentwurfs zum KonTraG, § 170 RegE AktG, ZIP 1997, 2066.

[134] Von *Bleicher*, Aufsichtsrat im Wandel, S. 41 aufgrund einer empirischen Untersuchung ermittelter Durchschnittswert.

[135] Vgl. dazu auch Geßler-Hefermehl/*Geßler*, § 110 Rn 43.

determiniert[136]. Dies entspringt der Überlegung, dass das Gesetz nicht eine ausdrückliche Berichtspflicht des Vorstandes anordnen würde, wenn Gegenstand der Berichte nicht auch wesentliche Grundlage der Überwachungsaufgabe des Aufsichtsrats sein müsste. Aus der in § 90 II AktG festgelegten Berichtsfrequenz folgt dann aber konsequenterweise eine Pflicht für den Aufsichtsrat, sich mit den Vorstandsberichten innerhalb angemessener Zeit auseinanderzusetzen[137]. Denn die Pflicht des Vorstandes zu Quartalsberichten wäre sinnlos, wenn sich der Aufsichtsrat nur jedes halbe Jahr damit beschäftigen müsste. Da der Aufsichtsrat die abschließende Prüfung der Quartalsberichte nicht auf einen Ausschuss delegieren kann[138], muss sich folglich das Plenum mindestens einmal im Quartal mit dem Quartalsbericht in einer Beratung auseinandersetzen[139].

Diese bei Einführung der Vorstandsberichte durch das AktG 1965 nicht bemerkte Normenkollision[140] lässt sich mittlererweile durch technische Errungenschaften lösen. Denn die Beratungen des Aufsichtsrats finden zwar üblicherweise in Sitzungen statt[141], können aber auch in Telefon- oder Videokonferenzen erfolgen[142]. An eine solche Konferenz mit modernen Telekommunikationsmitteln sind allerdings hohe Anforderungen zu stellen. Denn der Aufsichtsrat genügt seiner Überwachungspflicht nicht dadurch, dass er über den Quar-

---

[136] *Biener*, BFuP 1977, 493; Geßler-Hefermehl/*Geßler*, § 111 Rn . 19; *Hanau/Ulmer*, § 25 MitbestG Rn. 50; *Hüffer*, § 111 Rn. 3; *Lutter/Krieger*, Rn. 18, 21; Köln.-Komm./*Mertens*, § 111 Rn. 28; *Prühs*, AG 1970, 349; *Semler*, Leitung und Überwachung, Rn. 111; *Steinbeck*, S. 83.

[137] Überwachungspflicht des § 111 I AktG erfordert, dass sich der Aufsichtsrat eine eigene Meinung über den Berichtsinhalt bildet und diesen ggf. mit dem Vorstand diskutiert, vgl. Geßler-Hefermehl/*Geßler*, § 111 Rn. 19f.; Köln.-Komm./*Mertens*, § 11 Rn. 29.

[138] OLG Hamburg, ZIP 1995, 1675; Köln.-Komm./*Mertens*, § 107 Rn. 132; *Rellermeyer*, S. 36ff.; *Semler*, AG 1988, 62; *Steinbeck*, S. 83.

[139] Im Ergebnis auch Geßler-Hefermehl/*Geßler*, § 110 Rn 43f. Ohne auf diesen Widerspruch zu § 90 II Nr. 3 AktG einzugehen a.A. *Hoffmann-Becking* in: HdbGesR AG, § 31 Rn. 30; *Hüffer*, § 110 Rn. 10.

[140] Die Regelung des § 110 III geht auf § 84 III BetrVG 1952 zurück und sollte die Geltung der Mitbestimmung sicherstellen, vgl. *Baumbach/Hueck*, 8. Aufl., 1954, § 94 AktG 1937 Anm. 5; *Hüffer*, § 110 Rn. 1. Der Gesetzgeber sah daher wohl keinen sichtbaren Zusammenhang zwischen § 110 III und § 90 II Nr. 3 AktG.

[141] *Hoffmann*, Rn. 139. Fernmündliche oder schriftliche Beschlussfassungen allein genügen nicht der Überwachungspflicht i.S.v. § 111 I AktG, wonach der Aufsichtsrat über die Geschäftsführung zu beraten und auf dieser Grundlage die Qualität der Vorstandstätigkeit und die Lage der Gesellschaft zu beurteilen hat, vgl. *v. Godin-Wilhelmi*, § 110 Anm. 6; Geßler-Hefermehl/*Hefermehl*, § 110 Rn. 44; Großkommentar/*Meyer-Landrut*, § 110 Anm. 13; Köln.-Komm./*Mertens*, § 76 Rn. 29.

[142] Jüngst durch das Gesetz zur Namensaktie und Erleichterung der Stimmrechtsausübung (Namensaktiengesetz - NaStraG) auch für die Beschlussfassung zugelassen, vgl. die Begründung des NaStraG, § 108 AktG, BT-Drucks. 14/4051, S. 12.

talsbericht lediglich einen zustimmenden Beschluss fasst[143]. Erforderlich ist vielmehr eine eingehende Beratung unter gleichzeitiger Beteiligung aller Aufsichtsratsmitglieder, was bei Videokonferenzen nur in kleinstem Rahmen (maximal 6 Aufsichtsratsmitglieder) möglich sein dürfte.
Da die Gesetzesbegründung des KonTraG zur Änderung des § 110 III AktG sich mit dieser Frage nicht beschäftigt, bleibt allerdings zu befürchten, dass in der Praxis überhaupt nicht wahrgenommen wird, dass die Quartalsberichte vier Beratungen, sei es nun in Sitzungen oder in Videokonferenzen, erfordern. Die Begründung des KonTraG leitet sogar fehl, wenn es die Unterscheidung zwischen börsen- und nichtbörsennotierten Gesellschaften daraus herleitet, dass in mittelständischen Gesellschaften häufig der maßgebliche Anteilseigner selbst in der Geschäftsführung sei[144]. Denn nicht den Anteilseignern, sondern dem Aufsichtsrat obliegt die Überwachung des Vorstandes, und so darf die Aktionärsstruktur der Gesellschaft keinen Einfluss auf die Intensität der Überwachung durch den Aufsichtsrat haben.
Wenngleich sich also die Normenkollision zwischen § 110 III und § 90 II Nr. 3 AktG durch die Möglichkeit von Videokonferenzen lösen lässt, gibt die Differenzierung des § 110 III AktG nach der Börsennotierung und die entsprechende Begründung des Gesetzgebers Anlass zur Befürchtung, dass sich der durch die Quartalsberichte begründete Beratungsbedarf nicht in der Anzahl der Beratungen niederschlägt.

Im Gegensatz zu der strikten Anordung in § 110 III AktG versucht der Gesetzgeber mit der Ergänzung des § 171 II 2.HS AktG durch mehr Transparenz den Aufsichtsrat mittelbar zu höherer Sitzungsfrequenz zu veranlassen[145]. Damit kommt der Gesetzgeber einer langjährigen Forderung seitens der Literatur nach[146]. Die Differenzierung nach der Börsennotierung liefert allerdings eine unerwünschte Grundlage für ein *argumentum e contrario* hinsichtlich nicht börsennotierter Gesellschaften. Der Gesetzgeber begründet diese Unterscheidung unter Bezugnahme auf den Deregulierungsgedanken damit, dass in nicht börsennotierten Gesellschaften die Kommunikation zwischen Aufsichtsrat und Eigentümern „weniger formal verläuft" als in börsennotierten Gesellschaften[147]. Ungeachtet der Zweifel, ob die pauschale Behauptung der Wirklichkeit entspricht, ist diese Differenzierung unnötig. Denn die Angabe der Sitzungsfre-

---

[143] Insbesondere fernmündliche oder schriftliche Beschlussfassungen i.S.v. § 108 IV AktG a.F. sind nicht ausreichend, da über die Vorstandsberichte nicht Beschluss gefaßt, sondern beraten werden muss.

[144] Begr. des Regierungsentwurfs zum KonTraG, § 110 RegE AktG, ZIP 1997, 2062.

[145] Begr. des Referentenentwurf zum KonTraG, § 171 RefE AktG, ZIP 1996, 2137.

[146] *V. Godin-Wilhelmi*, § 171 Rn. 3; Großkommentar/*Brönner*, § 171 Anm. 10; *Theisen/Salzberger*, DB 1997, 115; *Trescher*, DB 1989, 1983. Seit langem kritisch gegenüber dem ungenügenden Informationsgehalt der Berichterstattung des Aufsichtsrats *Theisen*, Überwachung, S. 157ff.; *ders.*, BB 1988, 705ff.

[147] Begr. des Referentenentwurfs zum KonTraG, § 171 RefE AktG, ZIP 1996, 2137.

quenz ist das Mindeste, um die Leistung des Überwachungsorgans auch nur annähernd beurteilen zu können und hat daher in jedem Aufsichtsratsbericht Erwähnung zu finden[148]. Es kann demgegenüber auch nicht ernsthaft behauptet werden, diese Angabe würde hinsichtlich kleiner Aktiengesellschaften zu einer unnötigen Überregulierung führen, da der Aufsichtsrat ohnedies den Bericht zu verfassen hat.

2.4.2. Ausschüsse des Aufsichtsrats

Bei börsennotierten Gesellschaften hat in Zukunft gem. § 171 II 2 2.HS AktG der Bericht des Aufsichtsrats an die Hauptversammlung anzugeben, welche Ausschüsse der Aufsichtsrat gebildet hat. Unter dem Motto der „Deregulierung" wollte der Gesetzgeber damit „behutsam verhaltenssteuernd auf eine vermehrte Bildung von Ausschüssen... hinwirken."[149]

Wenngleich die Bildung von Ausschüssen sicherlich positiv zu beurteilen ist[150], ist auch hier die Differenzierung zwischen börsennotierten und nicht börsennotierten Gesellschaften bereits deshalb zu kritisieren, weil hier ein falscher Ansatzpunkt gewählt wurde: Die Größe des Aufsichtsrats - und damit die Notwendigkeit einer Ausschussbildung - richtet sich gem. § 95 AktG nach dem Grundkapital der Gesellschaft bzw. gem. § 7 MitbestG nach der Anzahl der Arbeitnehmer und nicht nach der Börsennotierung. Der Gesetzgeber sah sich zu dieser Differenzierung veranlasst, weil Aktionäre von nicht börsennotierten Gesellschaften aufgrund eines weniger formellen Kontakts zwischen Aktionären und Aufsichtsrat auch ohne diese Berichterstattung über diese Kenntnisse verfügen würden[151].

Unabhängig von der Richtigkeit dieser pauschalen Vermutung gehört die Bildung von Ausschüssen als wesentliche organisatorische Maßnahme zu den Pflichtangaben des Aufsichtsratsberichts in *jeder* Gesellschaft[152]. Die durch das KonTraG vorgenommene Differenzierung lässt auf der Grundlage eines *argumentum e contrario* befürchten, dass sich Aufsichtsräte nicht börsennotierter Aktiengesellschaften nicht nur zu einer diesbezüglich ungenügenden Berichterstattung, sondern auch weniger stark zu einer Ausschussbildung veranlasst sehen.

---

[148] Vgl. die Angaben in Fn. 146.

[149] Begr. des Referentenentwurfs zum KonTraG, § 171 RefE AktG, ZIP 1996, 2137.

[150] Vgl. *Deckert*, ZIP 1996, 987; *dies.*, NZG 1998, 711; *dies.*, JuS 1999, 738; *Feddersen*, AG 2000, 393f.; *Hommelhoff*, in: Picot, Corporate Governance, S. 4f.; *Lambsdorff*, in: Feddersen u.a., Corporate Governance, S. 227f.; *Lutter*, ZHR 1995, 298; *Möllers*, ZIP 1995, 1730; *Potthoff/Trescher*, Aufsichtsratsmitglied, S. 151; *Rürup*, AG 1995, 222; *Scheffler*, AG 1995, 120.

[151] Begr. des Referentenentwurfs zum KonTraG, § 171 RegE AktG, ZIP 1996, 2137.

[152] *Arbeitskreis „Externe und Interne Überwachung" der Schmalenbach-Gesellschaft*, DB 1995, 4 (Abschnitt VI. These 2); *Trescher*, DB 1989, 1982.

2.5. Regelungen über die Zusammensetzung des Aufsichtsrats

Das KonTraG sieht mehrere Änderungen vor, die sich auf die Zusammensetzung des Aufsichtsrats beziehen. Zum einen werden für die Bestimmung der zulässigen Aufsichtsratsmandate einer Person die Aufsichtsratsvorsitze doppelt gezählt, § 100 II 2 AktG. Zum anderen soll durch mehr Informationen über die Aufsichtsratsmitglieder deren Beurteilung durch die Hauptversammlung erhöht und damit die Zusammensetzung des Aufsichtsrats optimiert werden[153].

Entgegen vehementen Forderungen in Politik und Literatur, die zulässige Mandatszahl weiter zu reduzieren[154], beschränkt sich das KonTraG auf die Doppelzählung des Aufsichtsratsvorsitzes, § 100 II 2 AktG n.F. Die Wirkung dieser weit hinter den Forderungen zurückbleibenden Regelung in Bezug auf die in der Praxis tatsächlich wahrgenommene Anzahl von Aufsichtsratsmandaten dürfte eher gering sein. Die Bedeutung der Änderung ist vielmehr darin zu sehen, dass der erheblich höhere Arbeits- und Zeiteinsatz, den der Vorsitz mit sich bringt, im Gesetz Berücksichtigung gefunden hat[155]. Wie die Gesetzesbegründung hervorhebt, soll diese Differenzierung nach dem tatsächlichen Einsatz des betreffenden Aufsichtsratsmitglieds zum Anlass für eine leistungsbezogene Differenzierung der Aufsichtsratsvergütung gemacht werden[156]. Da dieser Gedanke aber bereits in § 113 I 3 AktG seit langem verankert ist, bleibt abzuwarten, ob dieser vorsichtige Hinweis Einfluss auf die Vergütungspraxis haben wird.

Sehr verhalten sind auch die Versuche des KonTraG, die Möglichkeit der Aktionäre, die Eignung des einzelnen Aufsichtsratsmitglieds zu beurteilen, durch Erhöhung der Transparenz zu verbessern. So ist im Wahlvorschlag gem. § 124 III 3 AktG n.F. und im Anhang des Jahresabschlusses gem. § 285 Nr. 10 HGB n.F. statt wie bisher die allgemeine Berufsbezeichnung nunmehr der tatsächlich ausgeübte Beruf des Kandidaten bzw. des Aufsichtsratsmitglieds anzugeben. Statt der pauschalen Bezeichnung wie z.Bsp.: „Kaufmann" muss nun der

---

[153] Begr. des Regierungsentwurfs zum KonTraG, § 124, 125, 127 RegE AktG, ZIP 1997, 2062f.

[154] Gefordert wurden: 2-3 Mandate: *Bleicher/ Paul*, DBW 1986, 284; *Witte*, DBW 1986, 530. 3 Mandate: *Wenger*, AG/S 1997, 58. 3-5 Mandate: *Dreist*, S. 271. 5 Mandate: Entwurf eines Transparenz- und Wettbewerbsgesetzes, § 100 AktG SPD-Entwurf, BT-Drucks. 13/367, S. 4; Gesetzesentwurf Rheinland-Pfalz zu § 100 AktG, BR-Drucks., 561/97, Anlage, S. 1; *Adams*, AG/S 1997, 9; *Baums*, AG/S 1997, 26f.; *ders.*, ZIP 1995, 17; *Hansen*, AG 1996, R136; *Hommelhoff*, in: Picot, Corporate Governance, S. 14; *Lutter*, AG/S 1997, 54; *ders.*, ZHR 1995, 302; *ders.*, NJW 1995, 1133f.; *ders.*, AG 1994, 177; *Schulte*, BFuP 1996, 297.

[155] Vgl. Begr. des Referentenentwurf zum KonTraG, § 100 RefE AktG, ZIP 1996, 2132; *Feddersen*, AG 2000, 286; *Lambsdorff*, in: Feddersen u.a., Corporate Governance, S. 225; *Schreib*, BFuP 1996, 287; *Theisen*, in: Dörner u.a., Reform des Aktienrechts, S. 239f.

[156] Begr. des Referentenentwurf zum KonTraG, § 100 RefE AktG, ZIP 1996, 2132. Vgl. dazu *Theisen*, in: Dörner u.a., Reform des Aktienrechts, S. 240.

konkrete Beruf, also „Finanzvorstand bei der X-AG" angegeben werden[157]. Ob sich allerdings aufgrund dieser „Mehrinformation" die Qualifikation eines Kandidaten entscheidend besser beurteilen lässt, muss stark bezweifelt werden. Ist das Unternehmen bekannt und übt der Kandidat darin eine herausgehobene Position aus, mag die Mitteilung dieser Informationen gewisse Rückschlüsse zulassen. Möglicherweise ist auch die Branche, in der der Kandidat tätig ist, aus der Angabe des konkreten Berufs erkennbar, was im Hinblick auf immer häufiger anzutreffende Fantasiefirmen aber keineswegs zwingend ist. Eine angemessene Beurteilung der Qualifikation und Eignung des Kandidaten wird auf dieser Informationsbasis jedenfalls in den seltensten Fällen möglich sein.

Im Grundsatz zu begrüßen ist die Erhöhung der Transparenz in Bezug auf personelle Verflechtungen der Aufsichtsratsmitglieder bzw. Kandidaten. Nach § 285 Nr. 10 HGB n.F. und § 125 I 3 AktG n.F. müssen nun sämtliche Aufsichtsratsmandate eines amtierenden oder noch zu wählenden Aufsichtsratsmitglieds im Anhang des Jahresabschlusses bzw. in der Mitteilung an die Aktionäre angegeben werden. Denn der Aktionär muss wissen, ob die Überwachung gerade durch ein Aufsichtsratsmitglied erfolgen soll, das auch im Aufsichtsrat eines Konkurrenzunternehmens sitzt. Aufgrund dieser Information lässt sich auch die individuelle zeitliche Belastung eines Aufsichtsratsmitglieds besser beurteilen.
Unverständlich ist allerdings wiederum die Beschränkung der Regelung auf börsennotierte Gesellschaften. Denn selbst wenn in kleineren Aktiengesellschaften der Kontakt zwischen Anteilseignern und Verwaltung weniger formell wäre, kann nicht pauschal davon ausgegangen werden, dass die Anteilseigner über jene Kenntnis verfügen würden. So kann nicht ohne weiteres angenommen werden, in kleineren Aktiengesellschaften würde der Aktionär automatisch informiert, wenn ein Aufsichtsratsmitglied nachträglich ein Konkurrenzmandat annimmt. Auch darf für die Wahl des Aufsichtsrats einer nicht börsennotierten Gesellschaft der Informationsbedarf des Aktionärs in dieser Hinsicht nicht bedenkenlos als erfüllt unterstellt werden. Denn wenn der Aktionär nicht an der Nachfolgeplanung aktiv beteiligt war, ist keineswegs sicher, dass er von sich aus Konkurrenzmandate nachfragt. Gleichwohl dürfte eine entsprechende Mitteilung für ihn von Interesse sein.
Wenngleich also die Erhöhung der Transparenz in Bezug auf Konkurrenzmandate grundsätzlich positiv zu beurteilen ist, ist die Differenzierung nach der Börsennotierung zu kritisieren

2.6. Erleichterung der Haftungsdurchsetzung

Der Gesetzgeber sah in dem aufgrund zu hoher Anforderungen an die Haftungsdurchsetzung faktisch nicht bestehenden Haftungsrisiko eine Ursache für

---

[157] Begr. des Referentenentwurfs zum KonTraG, § 124 RefE AktG, ZIP 1996, 2133.

die mangelnde Kontrolleffizienz des Aufsichtsrats und versuchte, dem durch Erweiterung der Minderheitsrechte des § 147 AktG Rechnung zu tragen[158]. Bei dringendem Verdacht von Unredlichkeiten oder schweren Pflichtverletzungen von Vorstand oder Aufsichtsrat hat nun gem. § 147 III AktG das Gericht i.S.v. § 14 AktG auf Antrag von Aktionären, die zusammen 5 % des Grundkapitals oder insgesamt 500.000 Euro (ca. 1 Mio. DM) auf sich vereinigen, einen besonderen Vertreter zu bestellen, der nach pflichtgemäßem Ermessen über die Geltendmachung von Schadensersatzansprüchen gegen Organmitglieder entscheidet.

Diese Absenkung des Quorums ändert aber sicherlich nichts an der seit langem kritisierten faktischen Unmöglichkeit, Organmitglieder außerhalb eines Insolvenzverfahrens in die Haftung zu nehmen[159]. Denn auch das reduzierte Quorum ist in der Praxis ohne Unterstützung durch die stimmrechtsausübenden Kreditinstitute kaum erreichbar. Diese haben in der Vergangenheit aber relativ wenig Interesse an einem Haftungsprozess gezeigt, was nicht zuletzt damit zusammenhängen wird, dass Kreditinstitute häufig Vertreter in den Aufsichtsrat entsenden[160].

Zur Veranschaulichung seien die Anforderungen des neuen § 147 III AktG am Beispiel der Volkswagen AG (VW) verdeutlicht: Das gezeichnete Grundkapital von VW betrug zum Jahresende 2000 ca. 1 Mrd. Euro aufgeteilt in 418.308.000 nennwertlosen Stückaktien[161] mit einem Börsenwert von 55,60 Euro je Aktie[162]. Die für § 147 III AktG n.F. erforderlichen 5% des Grundkapitals würden sich demnach auf ca. 50 Mio. Euro mit einem Börsenwert von ca. 1,16 Mrd. Euro[163] belaufen.

Aber auch die alternative Minderheit mit Aktienbesitz im Nennwert von 500.000 Euro ist kaum zu erreichen. Dafür wären nämlich immer noch 209.154 Ak-

---

[158] Begr. des Regierungsentwurfs zum KonTraG, § 147 RegE AktG, ZIP 1997, 2065.

[159] So die überwiegende Beurteilung der Neuregelung, vgl. *Baums*, AG/S 1997, 27f.; *Bayer*, NJW 2000, 2615; *Bork*, RWS-Forum GesR 1997, S. 68 („legislatorische Totgeburt"); *Dekker*, JuS 1999, 740; *Götz*, AG/S 1997, 39; *ders.*, AG 1997, 220; *Hanke*, Die Zeit vom 07.06.1996, S. 22 „kosmetische Korrekturen"; *Hopt*, AG/S 1997, 43; *Lutter*, AG/S 1997, 55 („Kosmetik"); *Mertens*, AG/S 1997, 71; *Theisen*, in: Dörner u.a., Reform des Aktienrechts, S. 246; *Thümmel*, DB 1997, 263; *Ulmer*, ZHR 1999, 294; *Wenger*, AG/S 1997, 58; *Zimmer*, NJW 1998, 3527. Vgl. auch *Seibert*, in: Dörner u.a., Reform des Aktienrechts, S. 15 „Mit einer erheblichen Zunahme von Klagen wird nicht zu rechnen sein."

[160] Nach *Hansen*, AG-Report 1994, R78 stellten Kreditinstitute im Jahr 1994 73 Aufsichtsratsmandate in den 100 DAX-Gesellschaften. Vgl. auch die Untersuchungen von *Leimkühler*, Wpg 1996, 310; *Mülbert*, Gutachten zum 61. DJT, E-57; *Pfannschmidt*, S. 192. Vgl. auch Der Spiegel Nr. 10 vom 06.03.1989, S. 122.

[161] Zur Vereinfachung wird nicht auf die Differenzierung zwischen Stammaktien und Vorzugsaktien eingegangen.

[162] Die Angaben beruhen auf einer telefonische Auskunft bei der VW AG.

[163] Der Börsenwert errechnet sich wie folgt: 418.308.000 Aktien mit einem Börsenwert je Aktie von 55,60 Euro entsprechen einem Börsenwert des gezeichneten Grundkapitals von ca. 23,26 Mrd. Euro, davon 5% ergeben einen Betrag von ca. 1,16 Mrd. Euro.

tien[164] mit einem Börsenwert von 11,6 Mio. Euro[165] erforderlich. Wie schwer eine solche Minderheit in der Praxis zu mobilisieren ist, zeigt ein Blick auf die Anzahl der Aktionäre, die sich für einen solchen Antrag zusammenfinden müssten, wobei hier das Land Niedersachsen als Hauptaktionär ausser Betracht bleiben soll: Zum Jahresende 2000 befanden sich ca. 81,36% der VW-Aktien in Streubesitz, verteilt auf ca. 728.000 Aktionäre. Von diesen 728.000 Aktionären hielt damit jeder Aktionär durchschnittlich 467 Aktien[166] mit einem Börsenwert von ca. 26.000 Euro[167]. Für einen Minderheitsantrag nach § 147 III 2. Alt. AktG wären daher 448 Aktionäre[168] mit jeweils einem Aktienpaket im Wert von 26.000 Euro erforderlich.

Dabei ist schon fraglich, wie sich bei einem dringenden Verdacht, also bei *großer Wahrscheinlichkeit*[169] von Unredlichkeiten das Erfordernis eines Quorums von 5 % des Grundkapitals oder 500.000 Euro dafür, dass erst noch ein Vertreter bestellt wird, in dessen Ermessen die Geltendmachung gestellt ist, überhaupt rechtfertigen lässt. Für den Aufsichtsrat besteht in einem solchen Fall seit BGHZ 135, 244 (ARAG/Garmenbeck)[170] grundsätzlich die Pflicht zur Durchsetzung der Ersatzansprüche gegen den Vorstand. Der Aufsichtsrat darf ausnahmsweise von einer Geltendmachung der Ansprüche absehen, wenn zumindest gleichwertige Belange der Gesellschaft dem entgegenstünden[171]. Letzteres hat der Vertreter i.S.v. § 147 III AktG dagegen überhaupt nicht zu prüfen. Entscheidend ist allein die Beurteilung der Erfolgsaussichten unter Berücksichtigung prozessökonomischer Gesichtspunkte[172]. Die Neuregelung führt damit zu einer Inkongruenz der Haftungsdurchsetzung für Vorstand einerseits und Aufsichtsrat andererseits.

---

[164] 418.308.000 Aktien entsprechen einem Grundkapital von ca. 1 Mrd. Euro. Nach Anwendung des mathematischen Dreisatzes ergibt sich, dass 209.154 Aktien einem Anteil des Grundkapitals von 500.000 Euro entsprechen.

[165] 209.154 Aktien mal den Börsenwert pro Aktien i.H.v. 55,60 Euro.

[166] Von den 418.308.000 Aktien befanden sich 81,36% mithin 340.335.388 Aktien in Streubesitz. Diese 340.335.388 Aktien verteilten sich auf 728.000 Aktionäre, so dass jeder Aktionär im Durchschnitt ca. 467 Aktien hielt.

[167] 467 Aktien mal 55,60 Euro (Börsenwert je Aktie).

[168] Die für den Antrag erforderliche Anzahl der Aktionäre ergibt sich aus der Anzahl der dafür erforderlichen Aktien (209.154 Aktien) geteilt durch den durchschnittlichen Aktienbesitz je Aktionär (467 Aktien). Dabei handelt es sich allerdings nur um einen theoretischen Wert, da für die Rechnung ein durchschnittlicher Aktienbesitz zugrunde gelegt wurde, was natürlich nicht für die Praxis angenommen werden kann.

[169] Im Vergleich zu § 142 II AktG sieht § 147 III AktG sogar eine qualifizierte Form des Verdachtes vor. *Dringender Verdacht* wird im allgemeinen mit großer Wahrscheinlichkeit gleichgesetzt, vgl. *Meyer-Goßner*, § 112 StPO Rn. 5.

[170] = ZIP 1997, 883.

[171] BGH, ZIP 1997, 886.

[172] Begr. des Regierungsentwurfs zum KonTraG, § 147 RegE AktG, ZIP 1997, 2066.

Zudem muss der Antrag durch Tatsachen begründet werden, die, wenn sie nicht der Aufsichtsrat in seinem Bericht i.S.v. § 171 II AktG von sich aus liefert, in der Regel nur im Wege einer Sonderprüfung gem. § 142 AktG gewonnen werden können. Eine solche erfordert aber ein Quorum von 10 % bzw. 1 Mio. Euro, § 142 II 1 AktG[173]. Faktisch ist damit in der Regel also das gleiche Quorum wie in § 147 I AktG erforderlich, so dass die Regelung des § 147 III AktG überhaupt keine Wirkung verspricht.

Das KonTraG hat daher zwar ein neues Minderheitsrecht geschaffen, eine Verbesserung der Haftungsdurchsetzung ist damit jedoch nicht verbunden. Somit ist auch weiterhin ein Haftungsrisiko für Aufsichtsratsmitglieder faktisch nicht existent.

2.7. Zwischenergebnis

Der Gesetzgeber offenbarte mit dem Ziel der Deregulierung als Leitgedanken der Reform, dass er nur behutsam in das bestehende System einzugreifen gedachte. Es verwundert daher nicht, dass die Regelungen des KonTraG weitgehend nicht über die bereits davor geltende Rechtslage hinausgehen. Der Gesetzgeber wollte damit eine Entwicklung in der Praxis anregen[174]. Für den Juristen wirkt jedoch befremdlich, wenn Normen ihren Regulierungscharakter verlieren und ohne Veränderung des materiellen Rechts zur Anregung Klarstellungen enthalten[175].

Zudem werfen die eingeführten Differenzierungen zwischen börsennotierten und nicht börsennotierten Gesellschaften mehr Widersprüche auf, als dass davon ein Anstoß für die Praxis unter Wahrung einer Deregulierung zu erwarten wäre.

3. Bewertung des KonTraG anhand der reformauslösenden Krisenfälle

3.1. Vorgehensweise der folgenden Untersuchung

Die Entstehungsgeschichte des KonTraG hat gezeigt, dass die jüngste Reform des Aufsichtsrats auf bestimmte Unternehmenskrisen zurückgeht. Es fragt sich daher, wie sich die Regelungen des KonTraG auf diese Fälle ausgewirkt hätte. Im Folgenden sollen daher die Krisen der Metallgesellschaft AG, der Bremer Vulkan Verbund AG und der Balsam AG dargestellt und anhand dessen bewertet werden, wie sich das KonTraG in diesen Krisen ausgewirkt hätte. Dazu wird zunächst die Entwicklung der Krise dargestellt. Danach wird die Rolle des Aufsichtsrats in dieser Krise ausgeführt, um herauszuarbeiten, warum die Krise nicht früher bekannt bzw. verhindert wurde. Anhand dieser Ergebnisse wird die Reform des Aufsichtsrats durch das KonTraG bewertet.

---

[173] Vgl. *Baums*, Gutachten zum 63. DJT, F-247; *Krieger*, ZHR 1999, 253.

[174] Vgl. dazu *Feddersen*, AG 2000, 386; *Hommelhoff/Mattheus*, AG 1998, 250.

[175] *Möllers*, AG 1999, 439 kritisiert zu Recht den Charakter eines „Symbolgesetzes".

3.2. Der Fall Metallgesellschaft

3.2.1. Die Krise der Metallgesellschaft und die Ursachen für die existenzbedrohenden Verluste

Am 06.12.1993 meldete die FAZ akute Liquiditätsprobleme bei der Metallgesellschaft AG (MG), die zur schwersten Krise in deren Unternehmensgeschichte heranwachsen sollten. Denn der Vorstand war gezwungen, am 14.01.1994 im Bundesanzeiger die Aufzehrung der Rücklagen und das Bestehen eines die Hälfte des Grundkapitals i.H.v. 442 Mio. DM übersteigenden Verlustes anzuzeigen[176]. Ein von der Hauptversammlung in Auftrag gegebenes Sondergutachten ergab sogar einen Gesamtverlust i.H.v. 2,4 Mrd. DM.

Die letztlich existenzbedrohenden Verluste der MG resultierten überwiegend aus Öltermingeschäften der MG Refining & Marketing Inc. (MGRM), einer 100%igen Tochtergesellschaft der MG Corp., die wiederum eine 100%ige Tochtergesellschaft der MG ist. Das Management der MGRM hatte sich Anfang der Neunziger das ehrgeizige Ziel gesetzt, das bis dahin am amerikanischen Ölmarkt schwach positionierte Unternehmen zu einem der führenden Lieferanten für Ölprodukte in den USA zu machen. Da der amerikanische Ölmarkt zu diesem Zeitpunkt ungefähr zu 90% von multinationalen Ölgesellschaften dominiert wurde[177], versuchte das Management durch eine aggressive Strategie in Form eines sog. „verbraucherorientierten Risiko-Management-Programms"[178] in den amerikanischen Ölmarkt einzudringen.
Dazu wurde den Kunden der MGRM der Bezug von Ölprodukten zu besonders günstigen Konditionen angeboten, die vor allem darin bestanden, dass für die Lieferung von Öl über eine Laufzeit von bis zu 10 Jahren feste Bezugspreise zugesagt wurden[179]. Da die MGRM weder über eigene Ölquellen noch über eigene Raffinerien verfügte, war mit dieser Preiszusage bei einer insoweit ungewöhnlich langen Vertragslaufzeit ein immenses Preisrisiko verbunden[180], gegen das sich die MGRM mittels verschiedener teils an der New Yorker Terminbörse NYMEX teils außerbörslich gehandelter Einkaufs-Terminkontrakte absichern wollte[181].
Stark vereinfacht lässt sich die Sicherungsstrategie wie folgt beschreiben: Da die MGRM das Öl ihrerseits am Markt beschaffen musste, hätte ein Ansteigen

---

[176] Bundesanzeiger Nr. 9 vom 14.01.1994. *Hansen*, AG-Report 1994, R44.

[177] Vgl. die Feststellungen des Sondergutachtens der *C&L Treuarbeit Deutsche Revision/Wollert-Elmendorff Deutsche Industrie-Treuhand*, S. 29.

[178] Jahresabschluss der MG 1991/1992, S. 40.

[179] Zu den verschiedenen Vertragsgestaltungen siehe *C&L Treuarbeit Deutsche Revision/Wollert-Elmendorff Deutsche Industrie-Treuhand*, S. 33ff.

[180] *C&L Treuarbeit Deutsche Revision/Wollert-Elmendorff Deutsche Industrie-Treuhand*, S. 44; *Kropp*, ZBB 1995, 16.

[181] Zu den verschiedenen Sicherungsgeschäften siehe *Knopp*, ZBB 1995, 16f.; *Metallgesellschaft* (Hrsg.), Die Bewältigung einer Krise - Der Weg der Metallgesellschaft aus dem Öl-Debakel in den USA, S. 7.

des Ölpreises über den eigenen Verkaufspreis zu einem Verlust geführt. Um sich gegen einen Preisanstieg abzusichern, wollte die MGRM das zu liefernde Öl bereits im Zeitpunkt des Vertragsschlusses mit dem Kunden erwerben. Dieser Erwerb sollte aber nicht in Form einer realen Öllieferung, sondern über sog. Einkaufs-Terminkontrakte erfolgen, die die MGRM zum Bezug von Öl in der von ihr zu liefernden Menge und in dem von ihr einzuhaltenden Lieferzeitpunkt berechtigten[182]. Diese Einkaufs-Terminkontrakte sollten ebenfalls nicht real erfüllt werden, d.h. der Verkäufer des Öl-Terminkontraktes sollte nicht tatsächlich das Öl liefern. Die Öl-Terminkontrakte haben vielmehr ihrerseits einen Marktwert und sollten kurz vor Ende der Laufzeit weiterveräußert werden. Da der Wert des Terminkontraktes am Ende seiner Laufzeit immer dem aktuellen Marktwert der Ware entspricht[183], entstünde aus dem Verkauf des Terminkontraktes bei Ansteigen des Ölpreises ein Gewinn. Dieser Gewinn hätte einen Verlust, der infolge des Preisanstieges aus der realen Lieferverpflichtung von Öl gegenüber den Kunden entstanden wäre, ausgeglichen.
Dies sei an einem Beispiel verdeutlicht: Nehmen wir an, die MGRM hätte 1000 bbl. Öl zu einem Preis von 24 US$/bbl. in drei Monaten zu liefern. Der derzeitige Ölpreis betrage 21 US$/bbl. Ein Einkaufskontrakt für die Lieferung von 1000 bbl. Öl in drei Monaten koste 22 US$/bbl., also 22.000 US$. Steigt der Ölpreis in drei Monaten auf 26/bbl. US$, entsteht der MGRM aus dem realen Liefergeschäft ein Verlust von 2/bbl. US$ (24 US$/bbl. - 26 US$/bbl.), mithin 2.000 US$. Da der Wert des Einkaufskontrakts bei Ende der Laufzeit dem aktuellen Wert der Ware entspricht, hat der Einkaufskontrakt der MGRM nach drei Monaten einen Wert von 26 US$/bbl., also 26.000 US$. Aus dem Verkauf des Einkaufskontraktes entstünde ein Gewinn i.H.v. 4.000 US$ (26.000 US$ - 22.000 US$ das entspricht 4 US$/bbl.). Insgesamt entstünde damit aus dem Liefergeschäft und dem Einkaufskontrakt-Geschäft ein Gesamtgewinn von 2.000 US$ (-2.000 US$ + 4.000 US$), mithin 2 US$/bbl. D.h. es würde die Marge zwischen dem Einkaufskontrakt und dem späteren Verkaufspreis gesichert werden[184].

Das Problem der von der MGRM angewandten Strategie war, dass Terminkontrakte mit einer den eigenen Lieferverbindlichkeiten entsprechenden Lauf-

---

[182] Mit dem Lieferanten individuell ausgehandelte Terminkontrakte nennt man *Forwards*, in standardisierter Form an einer Warenterminbörse gehandelte Terminkontrakte nennt man *Futures*. Beispiel für ein Futures: Lieferung von 1000 bbl. Öl mit bestimmten Merkmalen in 3 Monaten.

[183] Mit Ende der Laufzeit des Terminkontraktes ist aus einer zukünftigen Lieferverbindlichkeit eine gegenwärtige Lieferverbindlichkeit geworden, so dass sich der Wert des Warentermin-Lieferkontraktes konsequenterweise nach dem gegenwärtigen Warenpreis richtet. Vgl. dazu grundlegend *Stoll/Whaley*, Futures and Options, Theory and Applications, S. 64; *Culp/Miller*, ZBB 1995, 5.

[184] Dies ergibt sich bereits aus der Überlegung, dass der Einkaufs-Terminkontrakt so wirkt, als hätte man das Öl bereits zu Beginn der dreimonatigen Vertragslaufzeit erworben.

zeit am Markt nicht angeboten wurden. Dem wollte man durch ein „Vorwärtsrollen" kurzfristiger Einkaufs-Terminkontrakte begegnen (sog. stakked hedging) [185]. D.h. die kurzfristigen Einkaufs-Terminkontrakte sollten kurz vor Ende der Laufzeit verkauft werden, und sofort wieder neue, kurzfristige Einkaufs-Terminkontrakte gekauft werden. Entspricht der Preis des Einkaufs-Terminkontraktes bei Beginn der Laufzeit dem Marktwert der Ware, hier dem Preis für Öl, kann durch den hintereinander geschalteten Erwerb der kurzfristigen Einkaufs-Terminkontrakte der Erwerb eines langfristigen Terminkontraktes simuliert und damit das Preisrisiko voll abgesichert werden.
Dazu folgendes Beispiel: Angenommen, die MGRM hätte 1000 bbl. Öl in einem Jahr zu einem Preis von 24 US$/bbl. zu liefern. Ein Einkaufs-Terminkontrakt über 1000 bbl. Öl mit einer Laufzeit von 3 Monaten koste entsprechend dem aktuellen Marktwert für Öl 21 US$/bbl., also 21.000 US$. Der Ölpreis (und entsprechend der Preis für den Erwerb von Einkaufskontrakten) soll sich wie folgt entwickeln: Nach drei Monaten beträge der Ölpreis 22 US$/bbl., nach 6 Monaten 23 US$/bbl., nach 9 Monaten 24 US$/bbl. und nach 1 Jahr 25 US$/bbl. Bei Lieferung der 1000bbl. nach einem Jahr würde der MGRM aus dem Liefergeschäft ein Verlust von 1 US$/bbl., also 1.000 US$ entstehen. Bei Kauf und Verkauf der Einkaufs-Terminkontrakte wären dagegen Gewinne i.H.v. 4.000 US$ angefallen:
Erster Kontrakt: 1.000 US$ (Erwerb bei 21 US$/bbl., mithin 21.000 US$, Verkauf bei 22 US$/bbl., mithin 22.000 US$)
Zweiter Kontrakt: 1.000 US$ (Erwerb bei 22 US$/bbl., mithin 22.000 US$, Verkauf bei 23 US$/bbl., mithin 23.000 US$)
Dritter Kontrakt: 1.000 US$ (Erwerb bei 23 US$/bbl., mithin 23.000 US$, Verkauf bei 24 US$/bbl., mithin 24.000 US$)
Vierter Kontrakt: 1.000 US$ (Erwerb bei 24 US$/bbl., mithin 24.000 US$, Verkauf bei 25 US$/bbl., mithin 25.000 US$)
Insgesamt wäre in diesem Fall aus dem Liefergeschäft und dem „Vorwärtrollen" der Einkaufskontrakte ein Gewinn von 3.000 US$ (-1.000 US$ + 4.000 US$) entstanden. Dies entspricht dem Gewinn, der entstanden wäre, wäre am Markt ein Einkaufs-Terminkontrakt mit einer Laufzeit von 1 Jahr zu 21 US$/bbl. also 21.000 US$ angeboten worden (Gewinn aus dem Verkauf des Einkaufskontrakt entspräche ebenfalls 4.000 US$).

Die Strategie des „Vorwärtsrollens" ist aber nur dann risikolos, wenn der Preis für Einkaufs-Terminkontrakte dem aktuellen Marktpreis der Ware entspricht. Liegt dagegen der Preis für Einkaufs-Terminkontrakte über dem aktuellen Marktpreis der Ware, entsteht durch jedes Vorwärtsrollen ein neuer Verlust. Dies liegt daran, dass der Preis für den Einkaufs-Terminkontrakt am Ende seiner Laufzeit dem Marktwert der Ware entspricht.

---

[185] *C&L Treuarbeit Deutsche Revision/Wollert-Elmendorff Deutsche Industrie-Treuhand*, S. 36. Zur Strategie des stacked hedging vgl *Culp/Miller*, ZBB 1995, 4ff.; *Kropp*, ZBB 1995, 21ff.

Zur Veranschaulichung folgendes Beispiel: Angenommen, die MGRM soll 1000 bbl. Öl in einem Jahr zu US$ 24/bbl. liefern. Der aktuelle Marktpreis für Öl betrage 21 US$/bbl. Der Preis für Einkaufskontrakte liege bei 22 US$/bbl., ein 1000bbl.-Kontrakt koste damit 22.000 US$. Weiter angenommen, der Ölpreis bleibe über die gesamte Vertragslaufzeit konstant bei 21 US$/bbl. und der Preis für neue Einkaufs-Terminkontrakte bleibe ebenfalls konstant bei 22 US$/bbl., also 22.000 US$, dann entstünde durch jedes „Vorwärtsrollen" der Einkaufsverträge ein Verlust i.H.v. 1.000 US$:
Erster Kontrakt: 1.000 US$ (Erwerb bei 22 US$/bbl., mithin 22.000 US$, Verkauf bei 21 US$/bbl., mithin 21.000 US$).
Zweiter Kontrakt: 1.000 US$ (Erwerb bei 22 US$/bbl., mithin 22.000 US$, Verkauf bei 21 US$/bbl., mithin 21.000 US$).
Dritter Kontrakt: 1.000 US$ (Erwerb bei 22 US$/bbl., mithin 22.000 US$, Verkauf bei 21 US$/bbl., mithin 21.000 US$).
Vierter Kontrakt: US$ 1.000 (Erwerb bei US$ 22/bbl., mithin US$ 22.000, Verkauf bei US$ 21/bbl., mithin US$ 21.000)
Aus der Lieferverbindlichkeit entstünde zwar ein Gewinn von 3 US$/bbl. (24 US$ - 21 US$), also 3.000 US$. Aus dem „Vorwärtsrollen" ergäbe sich jedoch ein Gesamtverlust i.H.v. 4.000 US$. Insgesamt wäre dadurch ein Verlust i.H.v. 1.000 US$ angefallen.
Andererseits bietet das Auseinanderfallen von Marktpreis der Ware und dem Preis für Einkaufs-Terminkontrakte auch eine Gewinnchance. Nämlich dann, wenn Einkaufs-Terminkontrakte billiger sind als der aktuelle Marktpreis der Ware. Beträgt im obigen Beispiel der Preis für Einkaufs-Terminkontrakte konstant 20 US$/bbl. (also 20.000 US$ für einen 1000bbl.-Kontrakt) führt jedes „Vorwärtsrollen" zu einem Gewinn von 1.000 US$.

In einer normalen Marktsituation liegt der Preis für Einkaufs-Terminkontrakte über dem Marktpreis der Ware (sog. Contango-Situation). Denn statt eines Einkaufs-Terminkontraktes könnte ebenso die Ware sofort gekauft und bis zur Lieferung eingelagert werden. Der Preis des Einkaufs-Kontraktes müsste daher konsequenterweise um diese Lagerkosten höher sein als der Marktwert der Ware[186]. Ebenso könnte man annehmen, der Verkäufer eines Einkaufs-Terminkontraktes müsse für das von ihm eingegangene Preisrisiko vergütet werden[187].
Es gibt aber auch Marktsituationen, in denen der Preis für Einkaufs-Terminkontrakte unter dem Marktpreis der Ware liegt. Man spricht dann von einer umgekehrten Marktsituation, oder Backwardation-Situation[188]. Die Ursache dafür kann einerseits darin liegen, dass der Erwerb und die Einlagerung der

---

[186] Vgl. *Becker*, Lexikon Terminhandel, → normale Marktstruktur; *Kropp*, ZBB 1995, 24f.; *Stoll/Whaley*, Futures and Options, Theory and Applications, S. 49f. und 64f.
[187] *Stoll/Whaley*, Futures and Options, Theory and Applications, S. 65.
[188] *Becker*, Lexikon Terminhandel, → umgekehrte Marktstruktur; *Kropp*, ZBB 1995, 25.; *Stoll/Whaley*, Futures and Options, Theory and Applications, S. 64.

Ware für die Marktteilnehmer günstiger ist, als die Sicherung über Einkaufs-Terminkontrakte. Die sinkende Nachfrage nach Einkaufs-Terminskontrakte führt dann zu einem Sinken des Preises für Einkaufs-Terminkontrakte. Die Ursache für eine Backwardation-Situation kann auch in der derzeitigen Knappheit der Ware liegen, die zu einer Verteuerung des aktuellen Warenpreises führt[189].

Die Strategie der MGRM war aufgrund eigener Markbeobachtungen darauf ausgerichtet, dass sich der Ölmarkt überwiegend in einer Backwardation-Situation befindet[190]. Dann wären durch das „Vorwärtsrollen" der Einkaufs-Terminkontrakte laufend Gewinne entstanden. Tatsächlich schwächte sich die zu Beginn der Strategie im September 1992 vorliegende Backwardation-Situation unmittelbar darauf stark ab und wechselte bereits im Dezember 1992 bei kontinuierlich sinkendem Ölpreis in eine Contango-Situation, die das gesamte Jahr 1993 hindurch anhielt[191], so dass dadurch entsprechende Verluste anfielen.
Bei der von MGRM angewandten Strategie muss zudem berücksichtigt werden, dass jeweils das gesamte Vertragsvolumen abgesichert werden musste[192]. D.h. bei einem Vertrag, der die sukzessive, z.Bsp. monatliche Lieferung einer bestimmten Menge Öl über eine Laufzeit von 10 Jahren vorsah, musste das Liefervolumen für die gesamten 10 Jahre durch entsprechende Einkaufs-Terminkontrakte abgesichert werden. Dies führte dazu, dass die Verluste aus der anhaltenden Contango-Situation ungleich höher waren, als die Gewinne aus den laufenden Öllieferungen an die Kunden[193].
Insgesamt hatte die MGRM auf diese Weise bis September 1993 Verluste i.H.v. 413 Mio. US$ eingefahren. Trotz der seit Anfang 1993 anhaltenden Verluste war das Volumen der Lieferverträge und damit der Sicherungsbedarf an der Terminbörse von Juli 1993 bis September 1993 sogar mehr als verdoppelt

---

[189] Vgl. *Becker*, Lexikon Terminhandel, → umgekehrte Marktstruktur; *Knopp*, ZBB 1995, 25.

[190] *C&L Treuarbeit Deutsche Revision/Wollert-Elmendorff Deutsche Industrie-Treuhand*, S. 38.

[191] *C&L Treuarbeit Deutsche Revision/Wollert-Elmendorff Deutsche Industrie-Treuhand*, Anlage 3. Da die MGRM Lieferverbindlichkeiten von erheblichem Umfang eingegangen war, und damit einen erheblichen Sicherungsbedarf an der NYMEX hatte, wird in Fachkreisen angenommen, die MGRM habe durch die extreme Nachfrage nach Einkaufs-Terminkontrakten den dafür zu zahlenden Preis selbst in die Höhe getrieben und damit die Contango-Situtation selbst verursacht, a.a.O. S. 52; vgl. auch *Kropp*, ZBB 1995, 26.

[192] *C&L Treuarbeit Deutsche Revision/Wollert-Elmendorff Deutsche Industrie-Treuhand*, S. 35; *Culp/Miller*, ZBB 1995, 4; *Kropp*, ZBB 1995, 21.

[193] Beispiel: Monatliche Lieferung von 1000bbl. Öl über 10 Jahre zu einem Preis von 24 US$. Ölpreis bleibt konstant bei 21 US$/bbl.; der Preis für 1-Monats-Terminkontrakte beträgt 22 US$/bbl., mithin 22.000 US$ je 1000bbl.-Kontrakt. Daraus folgen Gewinne aus den laufenden Lieferungen i.H.v. jeweils 1.000 US$ pro Monat. Da das gesamte Vertragsvolumen von anfangs 120.000 bbl. Öl abgesichert werden muss, fallen aber im ersten Monat 120.000 US$, im zweiten Monat 119.000 US$ usw. Verlust an. (Das Sicherungsvolumen sinkt pro Monat um 1000 bbl.).

worden[194]. Dies führte zu einer Erhöhung der Verluste und einer damit verbundenen Steigerung des Liquiditätsbedarfs. Den aus den verlustreichen Terminkontrakten verursachten Liquiditätsbedarf konnte Anfang Dezember 1993 schließlich weder die MGRM noch die MG aus eigener Kraft decken, was den gesamten Konzern an den Rand der Zahlungsunfähigkeit brachte. Die Kündigung der Lieferverträge und die Auflösung der Sicherungsgeschäfte[195] ergaben schließlich einen Gesamtverlust von ca. 1,8 Mrd. DM.

3.2.2. Das Überwachungsverhalten des Aufsichtsrats

Das von der Hauptversammlung in Auftrag gegebene Sondergutachten konnte nicht belegen, dass der Aufsichtsrat tatsächlich über die Entwicklung des Ölgeschäftes der MGRM informiert war[196]. Die folgende Untersuchung konzentriert sich demnach auf die Frage, ob die Krise für den Aufsichtsrat erkennbar war oder nicht, und wenn nicht, aus welchen Gründen sie nicht erkennbar war. Hauptinformationsquelle des Aufsichtsrats sind die Vorstandsvorlagen, insbesondere die Berichte gem. § 90 AktG sowie Lagebericht und Jahresabschluss. Über das Engagement der MGRM auf dem Ölmarkt wurde der Aufsichtsrat wohl nur in der Sitzung vom 28.01.1993 informiert, wobei allerdings keine Details der Strategie erläutert wurden. Vielmehr spricht die schriftliche Vorlage lediglich von „Risk-Management-Produkten“ und „innovativen Finanzierungsmodellen“, mit denen die MG erwarte, in den USA zu einem der größten unabhängigen Verteiler für Heizöl und Benzin zu werden[197]. Auch der dem Aufsichtsrat in dieser Sitzung vorliegende Geschäftsbericht enthielt nur eine allgemeine Beschreibung des Geschäfts unter Hinweis darauf, dass die physischen Aktivitäten mittels Börsengeschäften abgesichert werden sollten[198]. Details zu den physischen Lieferverträgen und der Sicherungsstrategie wurden dem Aufsichtsrat nicht übermittelt[199]. In der Folgezeit wurde der Aufsichtsrat über die Entwicklung des Ölgeschäfts nicht weiter informiert. Gegenstand der Berichterstattung und Diskussion im Aufsichtsrat waren vielmehr die vom Vor-

---

[194] *C&L Treuarbeit Deutsche Revision/Wollert-Elmendorff Deutsche Industrie-Treuhand*, S. 32 (Juli 93: Lieferverbindlichkeiten i.H.v. 93 Mio. barrel; September 93: 208 Mio. barrel; Dezember 93: 204 Mio. barrel).

[195] Über die Auflösung der Sicherungsstrategie herrscht wissenschaftlicher Streit. Für die Auflösung als einzigen Ausweg aus der Krise *C&L Treuarbeit Deutsche Revision/Wollert-Elmendorff Deutsche Industrie-Treuhand*, S. 56; *Knopp*, ZBB 1995, 30f. Gegen eine Auflösung und für eine Fortführung der Strategie unter Inanspruchnahme weiterer Kredite *Culp/Miller*, ZBB 1995, 11f.

[196] *C&L Treuarbeit Deutsche Revision/Wollert-Elmendorff Deutsche Industrie-Treuhand*, S. 19ff.

[197] *C&L Treuarbeit Deutsche Revision/Wollert-Elmendorff Deutsche Industrie-Treuhand*, S. 165.

[198] Geschäftsbericht MG 1991/1992, S. 40.

[199] *C&L Treuarbeit Deutsche Revision/Wollert-Elmendorff Deutsche Industrie-Treuhand*, S. 167.

stand dargestellten Probleme anderer MG-Tochterunternehmen[200]. Zusammenfassend beurteilt das Sondergutachten die Berichterstattung des Vorstandes zum amerikanischen Ölengagement als nicht offenkundig unplausibel, überwiegend von einem positiven Grundtenor geprägt und insgesamt unauffällig[201]. Die ausdrückliche Frage, ob es weitere Risiken gäbe, über die zu berichten wäre, wurde am 19.11.1993 vom Vorstandsvorsitzenden mit stillschweigender Zustimmung des Finanzvorstandes wider besseren Wissens verneint[202].

Mit dem Wechsel im Aufsichtsratsvorsitz war ein umfangreicheres Informationsverlangen verbunden. So mussten ab dem 21.04.1993 dem Aufsichtsratsvorsitzenden die Berichte des zentralen Controllings vorgelegt werden[203]. Diese enthielten jedoch lediglich eine Aggregation der von den dezentralen Controllingstellen übermittelten Zahlen ohne eine Bewertung dieser Zahlen[204]. Aus ihnen war daher weder die Ausweitung des Ölgeschäfts[205] noch die Tatsache, dass realisierte Verluste mit unrealisierten Gewinnen aus der Ausweitung des Geschäftes verrechnet wurden, erkennbar zu entnehmen[206].

Ab dem 27.05.1993 ließ sich der Aufsichtsratsvorsitzende zudem die Protokolle der Vorstandssitzungen vorlegen. Die vorgelegten Ergebnisprotokolle ließen jedoch im Gegensatz zu den ebenfalls angefertigten Verlaufsprotokollen nur eine allgemeine negative Tendenz des Ölgeschäfts erkennen[207]. Entschei-

---

200 *C&L Treuarbeit Deutsche Revision/Wollert-Elmendorff Deutsche Industrie-Treuhand*, S. 167.

201 *C&L Treuarbeit Deutsche Revision/Wollert-Elmendorff Deutsche Industrie-Treuhand*, S. 177.

202 *C&L Treuarbeit Deutsche Revision/Wollert-Elmendorff Deutsche Industrie-Treuhand*, S. 169 und 142.

203 *C&L Treuarbeit Deutsche Revision/Wollert-Elmendorff Deutsche Industrie-Treuhand*, S. 171.

204 *C&L Treuarbeit Deutsche Revision/Wollert-Elmendorff Deutsche Industrie-Treuhand*, S. 81.

205 Insoweit ist zu beachten, dass der Finanzvorstand die Berichterstattung über die amerikanischen Ölgeschäfte gegenüber dem zentralen Controlling zu einer Zeit eingefroren hat, in der das Engagement entscheidend ausgeweitet wurde, vgl. *C&L Treuarbeit Deutsche Revision/Wollert-Elmendorff Deutsche Industrie-Treuhand*, S. 86. Das Sondergutachten enthält allerdings keine Angaben darüber, ob über diese Maßnahme im Bericht des zentralen Controllings berichtet worden war.

206 So das Ergebnis des Sondergutachtens der *C&L Treuarbeit Deutsche Revision/Wollert-Elmendorff Deutsche Industrie-Treuhand*, S. 178. Danach wäre dies nur aus den Berichten der dezentralen Controllingsstellen ersichtlich gewesen, a.a.O., S. 85. Da das Sondergutachten keine näheren Angaben über den Inhalt der Monatsberichte enthält, kann hier nicht weiter festgestellt werden, ob sich daraus doch Hinweise auf eine Ausweitung des Geschäftes oder steigende Verluste ergeben hätten.

207 *C&L Treuarbeit Deutsche Revision/Wollert-Elmendorff Deutsche Industrie-Treuhand*, Anlage 12: 20.07.93: enttäuschendes Monatsergebnis, aber Einstellung des Jahresbudgets erwartet; 31.08.93: unbefriedigende Situation infolge fallender Ölpreise; 21.09.93: hoher

dende Passagen, die Hinweise auf die Verrechnung realisierter Verluste mit unrealisierten Gewinnen enthielten, wurden in die Ergebnisprotokolle nicht übernommen[208].
Am 23.07.1993 unternahm der Aufsichtsratsvorsitzende einen Besuch bei der MG Corp. in New York und traf dort auch mit dem Management der MGRM zusammen. Im Mittelpunkt des Treffens stand allerdings nicht das Ölengagement der MGRM, sondern ein beabsichtigtes Methanol-Projekt, das der Aufsichtsratsvorsitzende kritisch beurteilte[209]. Nur am Rande wurde auf die Ölgeschäfte eingegangen, ohne dass Details zur Sicherungsstrategie bekannt gegeben wurden. Auf Nachfrage seitens des Aufsichtsratsvorsitzenden wurden zwar die ungünstigen Marktbedingungen und das negative Ergebnis der MGRM bestätigt, konkrete Zahlen wurden jedoch nicht genannt[210].
Bereits am 15.07.1993 hatte der Aufsichtsratsvorsitzende gegenüber dem Vorstandsvorsitzenden erstmals den Wusch geäußert, die MG Corp., die bislang durch Arthur Andersen geprüft wurde, einer Sonderprüfung durch die KPMG zu unterziehen. Nach seinem Besuch in New York unterstrich er seine Forderung, weil sich die MG Corp. seiner Ansicht nach in Nicht-Kernaktivitäten beschäftigte, die risikoträchtig seien[211]. Das am 08.12.1993 dem Aufsichtsratsvorsitzenden übermittelte Ergebnis dieser Prüfung offenbarte erhebliche Vorbehalte gegen die Bilanzierung der Ölgeschäfte und führte in Verbindung mit dem Liquiditätsengpass der MG, der ohne fremde Hilfe nicht zu bewältigen war, letztlich zur Aufdeckung der Krise.

Dem Aufsichtsrat, insbesondere seinem (neuen) Vorsitzenden ist nach obigen Ausführungen zunächst ein relativ intensives Informationsverhalten zu bescheinigen. Denn der Aufsichtsratsvorsitzende hielt nicht nur regen Kontakt zum Vorstand, sondern erweiterte die Vorlagen auf Controllingberichte und Vorstandsprotokolle. Zudem besuchte der Aufsichtsratsvorsitzende die MG Corp. vor Ort. Das Sondergutachten kommt daher zu dem Ergebnis, dem Aufsichtsrat sei keine Pflichtverletzung vorzuwerfen, da der Aufsichtsrat engagiert überwacht habe und die Vorlagen keine Anhaltspunkte für eine intensivere Untersuchung der Ölgeschäfte ergeben hätten[212].

Verlust des Bereichs Energierohstoffe auf weiteren Ölpreisverfall zurückzuführen; 05.10.93: kurzfristige Bankverbindlichkeiten von DM 2,7 Mrd. (Gesamt DM 5,6 Mrd.).

[208] *C&L Treuarbeit Deutsche Revision/Wollert-Elmendorff Deutsche Industrie-Treuhand*, S. 172.

[209] *C&L Treuarbeit Deutsche Revision/Wollert-Elmendorff Deutsche Industrie-Treuhand*, S. 174.

[210] *C&L Treuarbeit Deutsche Revision/Wollert-Elmendorff Deutsche Industrie-Treuhand*, S. 175.

[211] *C&L Treuarbeit Deutsche Revision/Wollert-Elmendorff Deutsche Industrie-Treuhand*, S. 175.

[212] *C&L Treuarbeit Deutsche Revision/Wollert-Elmendorff Deutsche Industrie-Treuhand*, S. 21.

Richtig ist sicherlich, dass der Vorstand von sich aus keine deutlichen Hinweise auf die Risiken und die existenzgefährdende Entwicklung des Ölgeschäfts gegeben hat. Andererseits hat sich der Aufsichtsrat offenbar mit den nichtssagenden Informationen über das Ölgeschäft durch die Vorstandsvorlagen zufrieden gegeben. Denn dem Protokoll der Aufsichtsratssitzung, in der der Aufsichtsrat über das Ölgeschäft informiert wurde, lässt sich nicht entnehmen, dass Fragen hinsichtlich der Art der geplanten Geschäfte und der Strategie gestellt worden wären[213]. Dabei war im Geschäftsbericht die Laufzeit von bis zu 10 Jahren angesprochen worden, die einem fachkundigen kritischen Leser das enorme Preisrisiko der Geschäfte anzeigen musste. Dem Aufsichtsrat war zudem der erhebliche Finanzierungsbedarf der MG Corp. aufgrund der Ölgeschäfte bekannt. Denn der Aufsichtsrat sollte der Gründung einer Finanzholding, der MG Capital Corp., zur Deckung eines erheblich zunehmenden Finanzierungsbedarfs hinsichtlich des stark expandierenden Distributionsgeschäfts für Heizöl und Benzin in den USA zustimmen[214].
Zwar gaben die Berichte des zentralen Controllings die Entwicklung der Ölgeschäfte nicht wieder, andererseits musste für den Aufsichtsratsvorsitzenden erkennbar sein, dass die Berichte keine Bewertung des Zahlenmaterials enthielten, wie dies für ein Controlling an sich typisch ist[215]. Ihm hätten daher die Mängel des management-internen Überwachungssystems auffallen können bzw. sogar müssen. Spätestens mit Vorlage des Vorstandsprotokolls vom 21.09.1993 musste dem Aufsichtsrat bewusst sein, dass die MG Corp. hohe Verluste im Bereich der Energierohstoffe in Bezug auf Ölgeschäfte einfuhr.
In Anbetracht des extrem hohen Finanzierungsbedarfs für das amerikanische Ölgeschäft muss sich der Aufsichtsrat fragen lassen, ob er sich mit den pauschalen Hinweisen auf Risiko-Management-Produkte und Börsengeschäfte als Sicherungsinstrument zufrieden geben durfte oder ob er sich die Strategie hätte detaillierter darlegen lassen müssen.

Die Frage nach einer Pflichtverletzung des Aufsichtsrats kann und soll hier jedoch nicht abschließend geklärt werden. Im Hinblick auf die Reformfrage ist vielmehr entscheidend, welche Punkte des Überwachungsverhaltens ursächlich dafür waren, dass sich für den Aufsichtsrat keine deutlicheren Hinweise auf die existenzbedrohende Krise ergeben haben.
Der Aufsichtsrat hat sich, was das Ölgeschäft betrifft, auf die positive Vorstandsberichterstattung verlassen. Dafür, dass diese Geschäfte nicht kritischer hinterfragt wurden, dürfte wohl entscheidend gewesen sein, dass die Aufmerksamkeit des Aufsichtsrats auf andere Problemfelder der MG gelenkt war. Denn

---

[213] *C&L Treuarbeit Deutsche Revision/Wollert-Elmendorff Deutsche Industrie-Treuhand*, S. 167.

[214] *C&L Treuarbeit Deutsche Revision/Wollert-Elmendorff Deutsche Industrie-Treuhand*, S. 165.

[215] *C&L Treuarbeit Deutsche Revision/Wollert-Elmendorff Deutsche Industrie-Treuhand*, S. 102f.

seit 1990 befand sich der Konzern in einer wirtschaftlich angespannten Lage, die das Management mit Kenntnis des Aufsichtsrats zu bilanzpolitischen Maßnahmen mit dem Zweck einmaliger Ergebnisverbesserungen veranlasste. So wurden die Verluste im operativen Geschäft seit dem Geschäftsjahr 1990/91 durch Einmal-Erträge kaschiert[216]. Da über die Tätigkeit der MG Corp. nur positiv berichtet wurde, konzentrierte sich der Aufsichtsrat auf die vom Vorstand genannten Problemfelder des MG-Konzerns und die damit verbundenen „dringlichsten Einzelprogramme, das Kostensenkungsprogramm und die Beseitigung von Verlustbringern wie Schiess etc."[217] Der Vorstand bestimmte damit entscheidend die Überwachungstätigkeit des Aufsichtsrats.
Mit fünf Sitzungen am 28.01., 18.03., 15.07., 23.09. und 19.11.1993 bis zur Aufdeckung der Krise hat der Aufsichtsrat der MG die Soll-Sitzungsfrequenz des § 110 III AktG a.F. überschritten und damit zumindest formal eine an der wirtschaftlichen Lage des Konzerns orientierte Überwachungstätigkeit aufgewendet. Ob allerdings die Sitzungsdauer von nur 2 bis 4 Stunden eine intensive Beschäftigung mit allen Problemen des Konzerns zuließ, ist mehr als fraglich. Sie lässt jedenfalls nicht unbedingt darauf schließen, dass die Vorstandsvorlagen kritisch hinterfragt worden wären. Dass dieser Befund allerdings, wie behauptet wird[218], auf die Anzahl der Aufsichtsratsmandate der Anteilseignervertreter der MG zurückzuführen ist, erscheint nicht zwingend.
Über die Struktur des Aufsichtsrats der MG enthält das Sondergutachten nur spärliche Angaben. Dem Jahresabschluss ist zu entnehmen, dass der Aufsichtsrat aus 20 Mitgliedern bestand[219]. Offenbar existierte auch ein Vorbereitungsausschuss, der zweimal jährlich im Januar und Oktober zusammentrat[220]. Ansonsten lassen die Ergebnisse des Sondergutachtens keine den Überwachungsfeldern des Konzerns angepasste Struktur des Aufsichtsrats erkennen. Ein Ausschuss sollte - zumindest dem Namen nach - die Sitzungen des Aufsichtsrats vorbereiten. Im Hinblick auf die unterschiedliche Sitzungsfrequenz von Plenum und Ausschuss konnte der Ausschuss jedoch nicht jede Sitzung vorbereiten, sondern allenfalls die Hälfte. Im Übrigen beschäftigte sich der gesamte Aufsichtsrat mit allen Problemfeldern des Konzerns. Der MG-Konzern bestand aus mehreren Teilkonzernen, von denen einer die MG Corp. bildete. Offenbar wurde keine Aufgabenverteilung in der Weise vorgenommen, dass die Überwachungsfelder verschiedenen Aufsichtsratsausschüssen zugewiesen worden wären. Auch dieser Befund legt die Vermutung nahe, dass die Über-

---

[216] *C&L Treuarbeit Deutsche Revision/Wollert-Elmendorff Deutsche Industrie-Treuhand*, S. 161; vgl. auch die Gegenüberstellung von Geschäftsergebnis und Gesamtergebnis vor Steuern auf S. 26.

[217] *C&L Treuarbeit Deutsche Revision/Wollert-Elmendorff Deutsche Industrie-Treuhand*, S. 162. Zur Problematik der Schiess AG, vgl. *Hansen*, AG-Report 1994, R44.

[218] So *Hansen*, AG-Report 1994, R44f.; *Reichelt*, S. 159.

[219] Jahresabschluss 1991/92 S. 5.

[220] *C&L Treuarbeit Deutsche Revision/Wollert-Elmendorff Deutsche Industrie-Treuhand*, S. 162.

wachungstätigkeit im Wesentlichen vom Vorstand determiniert wurde und sich der Aufsichtsrat nur mit dem beschäftigte, was ihm vorgelegt wurde.

Zur Rolle des Aufsichtsrats der MG ist damit zusammenfassend festzuhalten, dass er zwar formal seine Überwachungsaufgabe relativ intensiv wahrgenommen hat. Bezeichnend ist jedoch, dass seine Tätigkeit im Wesentlichen vom Vorstand gelenkt wurde. Die Krise wurde wohl daher nicht rechtzeitig erkannt, weil die Aufmerksamkeit des Aufsichtsrats durch die Berichterstattung des Vorstandes auf andere Problemfelder gelenkt war. Die positiven Berichte über die Ölgeschäfte wurden dagegen nicht kritisch genug hinterfragt. Die gesamte Struktur des Aufsichtsrats begünstigt die Möglichkeit des Vorstandes, die Überwachungstätigkeit des Aufsichtsrats zu lenken. Denn eine konkrete Aufgabenzuweisung hinsichtlich bestimmter Geschäftsfelder fand nicht statt, so dass sich im Aufsichtsrat niemand konkret für die Geschäfte der MG Corp. zuständig fühlen musste. Da der Vorstand keine deutlichen Hinweise auf die kritische Entwicklung bei der amerikanischen Tochtergesellschaft gab, sah sich der Aufsichtsrat auch nicht veranlasst, diesbezüglich nähere Untersuchungen anzustellen.

3.2.3. Bewertung des KonTraG anhand der gefundenen Ergebnisse

Da der Gesetzgeber den Fall der Metallgesellschaft u.a. zum Anlass für eine Reform genommen hat, fragt sich, wie sich die Neuerungen des KonTraG auf den Fall der Metallgesellschaft ausgewirkt hätten.
Führt man sich die Regelungen des KonTraG vor Augen, scheinen in erster Linie die Modifizierungen in Bezug auf den Lagebericht für diesen Fall von Bedeutung zu sein. Danach hätten die Risiken des Ölgeschäfts im Lagebericht dargestellt werden müssen. Ob die Darstellung allerdings sehr ausführlich ausgefallen wäre, kann anhand obiger Ausführungen zur Änderung des Lageberichts[221] bezweifelt werden. Denn es kann kaum angenommen werden, dass die hoch komplizierte Hedging-Strategie im Lagebericht ausführlich erläutert worden wäre.
Dennoch muss wohl davon ausgegangen werden, dass sich dem Aufsichtsrat zumindest deutlichere Hinweise auf die Risiken des Ölengagements geboten hätten. Denn der Abschlussprüfer hätte sich, da er die Plausibilität der Darstellung zu prüfen hat, intensiver mit den Sicherungsgeschäften befassen müssen. Über die Ergebnisse hätte er dem Aufsichtsrat in exponierter Stelle des Prüfungsberichts berichten, § 321 I 2 HGB n.F., und sie persönlich erläutern müssen, § 171 I 2 AktG n.F.
Da es sich bei der MG um eine amtlich notierte Gesellschaft handelt, hätte auch die Pflicht zur Prüfung des Risikomanagements durch den Abschlussprüfer entscheidend sein können, 317 IV HGB n.F. Dem Abschlussprüfer hätte auffallen müssen, dass das Controlling die Unternehmenszahlen lediglich zu-

---

[221] Vgl. die Bewertung des § 289 HGB n.F., oben 2.3.2.2.

sammenfasste, ohne diese zu bewerten. Darüber hätte er dem Aufsichtsrat berichten müssen, § 317 IV HGB n.F.

Insofern scheint das KonTraG tatsächlich Antworten auf die Krise der MG zu geben. Dabei darf allerdings nicht übersehen werden, dass diese Neuerungen auf eine Passivität des Aufsichtsrats im Wesentlichen durch eine Verlagerung der Prüfungsverantwortung reagieren. Dort wo eine Prüfung durch den Aufsichtsrat angezeigt war, ist nun der Abschlussprüfer gesetzlich zur Prüfung verpflichtet und hat dem Aufsichtsrat darüber zu berichten. D.h. da sich der Aufsichtsrat der MG mit den wenig aussagekräftigen Informationen über die Ölgeschäfte zufrieden gegeben hatte, muss sich nun nach dem KonTraG statt dessen der Abschlussprüfer mit den Geschäftsrisiken auseinandersetzen, um dem Aufsichtsrat weitergehenden Überwachungsbedarf vor Augen zu führen. Entsprechendes gilt für die Prüfung des Risikomanagements. Bereits vor Inkrafttreten des KonTraG hatte der Aufsichtsrat der MG die Funktionsfähigkeit des Controllings ggf. durch Sachverständige zu prüfen, zumal die dem Aufsichtsratsvorsitzenden vorgelegten Berichte des Controllings bereits Anlass dazu gaben. Nach dem Konzept des KonTraG hat der Abschlussprüfer dem Aufsichtsrat einen dahingehenden Handlungsbedarf zu signalisieren.
Am Beispiel der Metallgesellschaft wird also deutlich, dass die Regelungen des KonTraG darauf abzielen, die Passivität des Aufsichtsrats dadurch zu beheben, dass sie den Abschlussprüfer dazu verpflichten, dem Aufsichtsrat deutliche Hinweise zu geben, was dieser zu prüfen habe. Abgesehen davon, dass sich der Aufsichtsrat bei seiner Überwachung noch stärker als bisher auf die Tätigkeit des Abschlussprüfers verlassen wird, stellen diese Regelung keine effektive Antwort auf die Untätigkeit des Aufsichtsrats dar. Denn die jährliche Abschlussprüfung kann die Tätigkeit des Aufsichtsrats nur unterstützen, die laufende Überwachung durch den Aufsichtsrat aber nicht ersetzen. Dies wird am Fall der MG besonders deutlich, da die Krise erst durch die kurzfristige Ausweitung des Ölgeschäfts im Frühherbst 1993 existenzbedrohende Ausmaße erreicht hat. Eine intensive Überwachung der Ölgeschäfte wäre nur bei einer entsprechenden Strukturierung der Aufsichtsratsarbeit durch konkrete Aufgabenzuweisung innerhalb des Gremiums möglich gewesen.
Ob sich die „behutsam verhaltenssteuernde" Regelung des § 171 II 2 2.HS AktG[222] n.F. in diesem Sinne auf die Tätigkeit des Aufsichtsrats der MG ausgewirkt hätte, ist zweifelhaft. Denn der Aufsichtsrat der MG verfügte über einen Vorbereitungsausschuss und erfüllte damit bereits die in der Gesetzesbegründung enthaltenen Anforderungen. Entscheidend sind letztlich Eigeninitiative des Aufsichtsrats und Planung seiner Überwachungstätigkeit, wofür das KonTraG keine entscheidenden Anreize setzt.

---

[222] Nach der Begr. des Referentenentwurfs zum KonTraG, § 171 RefE AktG, ZIP 1996, 2137 will diese Regelung „behutsam verhaltenssteuernd" auf eine vermehrte Bildung von Ausschüssen hinwirken. Eine Planung der Überwachung und eine dementsprechende Strukturierung des Aufsichtsrats wird demgegenüber nicht verlangt.

3.3. Der Fall Bremer Vulkan[223]

3.3.1. Der Zusammenbruch der BVV und seine Ursachen

Am 21.02.1996 beantragte die Bremer Vulkan Verbund AG (BVV), die Holdinggesellschaft des größten deutschen Schiffsbaukonzerns mit insgesamt rund 28.000 Beschäftigten, die Eröffnung des Vergleichsverfahrens. Der Zusammenbruch dieses seit 1893 existierenden Traditionsunternehmens sorgte nicht nur aufgrund der dramatischen Auswirkungen für die Arbeitnehmer, sondern auch wegen fehlgeleiteter Subventionen für den Aufbau Ost im Zusammenhang mit Werften in Mecklenburg-Vorpommern für Aufmerksamkeit und war Mitauslöser für das KonTraG. Die Öffentlichkeit war von der Unternehmenskrise und dem letztendlichen Zusammenbruch völlig überrascht worden. Denn der Vorstand hatte auf der Hauptversammlung vom 29.06.1995 einen Jahresüberschuss von 56,5 Mio. DM und operative Gewinne in allen Geschäftsbereichen angegeben. Tatsächlich musste für das Geschäftsjahr 1995 ein Konzernverlust von über 1 Mrd. DM festgestellt werden[224].

Dem Zusammenbruch der BVV war folgende Entwicklung vorausgegangen: Die deutsche Schiffsbauindustrie befand sich seit Beginn der achziger Jahre in einer sich verschärfenden Strukturkrise. Vornehmlich mit dem Ziel der Sicherung von Arbeitsplätzen betrieb die Freie Hansestadt Bremen (FHB) eine Konzentration der bremischen Werften unter der Führung des 1893 als Werft und Maschinenfabrik gegründeten Bremer Vulkan. Das Resultat war die Bremer Vulkan Verbund AG (BVV), an der die FHB zu 25,1 % beteiligt war[225]. Dieser Konzentrationsprozess wurde aufgrund „notorisch roter Zahlen" des Unternehmens und der „in letzter Minute vorgetragenen Hilfeersuchen" des Vorstandes durch laufende Subventionen seitens der FHB getragen, deren Summe sich bis Ende 1987 auf 438 Mio. DM beliefen[226]. Seit langem bestanden gegenüber der ausländischen Konkurrenz, insbesondere in Südostasien aber auch in Japan und Polen, Produktivitätsdefizite von bis zu 30%[227].

Den Ausweg aus dieser Krise sah der 1987 zum Vorstandsvorsitzenden bestellte und bereits als Senatsdirektor der FHB mit dem Werftenverbund befasste Dr. Hennemann in einer aggressiven Expansions- und Diversifikationsstrategie in Richtung eines „maritimen Technologiekonzerns"[228]. Der Konzern

---

[223] Wesentliche Grundlage der nachfolgenden Darstellungen bildet ein Gutachten des von der Bremischen Bürgerschaft eingesetzten Untersuchungsausschusses (Bericht des parlamentarischen Untersuchungsausschusses „Bremer Vulkan", Bremische Bürgerschaft Drucks. 14/1147 im Folgenden: *Untersuchungsausschuß „Bremer Vulkan"*, Bd., S.).

[224] Angabe des Konkursverwalters *Wellensiek*, ZGR 1999, 236.

[225] *Untersuchungsausschuß "Bremer Vulkan"*, Band I, S. 20.

[226] Tabellarische Aufstellung des Aufwandes der Maßnahmen der FHB in: *Untersuchungsausschuß "Bremer Vulkan"*, Band II, S. 736. Saldiert mit den Rückzahlungen an die FHB durch die BVV beliefen sich die Subventionen auf ca. 208 Mio. DM.

[227] *Wellensiek*, ZGR 1999, 235.

[228] *Untersuchungsausschuß "Bremer Vulkan"*, Band II, S. 796.; *Hansen*, AG/S 1996, 54; *Wellensiek*, ZGR 1999, 234.

wuchs von 1989 bis zu seinem Zusammenbruch 1996 auf ca. 100 Unternehmen mit insgesamt 28.000 Beschäftigten[229]. Die dafür erforderlichen finanziellen Mittel stammten teilweise aus Kapitalerhöhungen[230], zum Großteil aber auch aus Subventionen[231]. Vor allem die Übernahme der ehemals volkseigenen Werften in Mecklenburg-Vorpommern Ende 1992 brachten dem Unternehmen durch Treuhandgelder hohe Summen an freier Liquidität, weil die mit den Zuschüssen verbundenen Investitionsverpflichtungen erst mehrere Jahre später anfielen[232].
Als Folge des Expansionskurses konnte zwar der Umsatz des Konzerns erheblich gesteigert, die Ertragsfähigkeit des Konzerns jedoch nicht langfristig gesichert werden. Denn gekauft wurden Unternehmen vornehmlich deshalb, weil sie billig waren. Die Rentabilität der Unternehmen stand im Hintergrund[233]. Häufig waren aber gerade diese Unternehmen mit Strukturproblemen belastet[234]. Die akquirierten Unternehmen wurden zudem nur unzureichend in den Konzern integriert, so dass die zu erwartenden Synergieeffekte nicht erzielt werden konnten[235]. Fataler Nebeneffekt der Expansionsstrategie war, dass die für die Neuerwerbungen verwendeten finanziellen Mittel nicht mehr für Innovationen zur Verfügung standen, welche aber dringend erforderlich gewesen wären, um den Kernbereich des Unternehmens, den Schiffsbau, auf dem Weltmarkt wieder konkurrenzfähig zu machen[236]. Nach dem Zusammenbruch der BVV lieferte der Konzern daher folgendes Bild: Sechs der sieben Werften arbeiteten nicht kostendeckend. Die Produktivität lag weit hinter der angestreb-

---

[229] Für eine Übersicht über die Beteiligungen zum 31.12.1993 siehe *Untersuchungsausschuß "Bremer Vulkan"*, Band I, S. 189. Eine Abbildung der Konzernstruktur zum 31.03.1994 findet sich in: *Untersuchungsausschuß "Bremer Vulkan"*, Band I, S.279.

[230] Es fanden folgende Kapitalerhöhungen statt: 1989 um DM 148 Mio. auf DM 444 Mio. DM; 1990 um DM 148 Mio. auf DM 592 Mio.; 1991 auf DM 732 Mio. durch Einbringung der Geschäftsanteile der Krupp Atlas Elektronik. Die 1992 von der Hauptversammlung beschlossene Ermächtigung für ein „genehmigtes Kapital" i.H.v. DM 268 Mio. wurde vom Vorstand nicht umgesetzt. Vgl. *Untersuchungsausschuß "Bremer Vulkan"*, Band I, S. 187.

[231] Allein die FHB wendete bis 1998 insgesamt DM 2,5 Mrd. (saldiert mit Rückzahlungen und Gegenleistungen DM 1,6 Mrd.) auf, vgl. die Tabelle in: *Untersuchungsausschuß "Bremer Vulkan"*, Band II, S. 736.

[232] *Untersuchungsausschuß "Bremer Vulkan"*, Band II, S. 799.

[233] So die Bewertung des Untersuchungsausschusses, *Untersuchungsausschuß "Bremer Vulkan"*, Band II, S. 796.

[234] So die Bewertung des Konkursverwalters *Wellensiek*, ZGR 1999, 235. So wurde u.a. von der Metallgesellschaft die Schiess AG gekauft, die bekanntlich eines der größten „Sorgenkinder" der MG war, siehe oben 3.2.2. Fn. 208. Ferner wurde die Bremer Stahlhütte des Klöcknerkonzerns übernommen, um diese vor der drohenden Stilllegung zu bewahren, *Untersuchungsausschuß "Bremer Vulkan"*, Band I, S. 315ff.

[235] Aussage des damaligen Chefs der Bremer Staatskanzlei Dr. Fuchs, *Untersuchungsausschuß "Bremer Vulkan"*, Band I, S. 262. Vgl. auch *Wellensiek*, ZGR 1999, 236.

[236] Vgl. die Aussage des damaligen bremischen Senators für Umweltschutz und Stadtentwicklung Fücks, *Untersuchungsausschuß "Bremer Vulkan"*, Band I, S. 263.

ten Weltspitze. Aufträge wurden teilweise durch Preise erkauft, die 15% unter den Kosten lagen[237].

Die mangelnde Rentabilität des Konzerns konnte zunächst durch positive Konzernergebnisse überspielt werden. So erzielte der Konzern 1990 einen Jahresüberschuss von 35 Mio. DM, 1991 von 74 Mio. DM und 1992 von 75 Mio. DM[238]. Das operative Geschäft dagegen war bereits in dieser Zeit negativ. 1991 erwirtschaftete die Schiffsbausparte, wie erwähnt, der Kernbereich des Konzerns, 40 Mio. DM Verlust[239]. 1992 betrug das „bereinigte operative Ergebnis" des Konzerns „minus 110 Mio. DM"[240]. 1993 schlugen sich die grundlegenden Probleme des Konzerns dann auch im Jahresabschluss nieder, der einen Jahresfehlbetrag von 191 Mio. DM auswies.

Wenngleich auf der Hauptversammlung vom 29.06.1995 der Jahresabschluss 1994 mit einem Gewinn von 57 Mio. DM vorgestellt[241] und mit der Behauptung von positiven operativen Ergebnissen in allen Kernbereichen des Konzerns die seit 1977 ausgesetzte Zahlung einer Dividende in Aussicht gestellt[242] wurde, war keineswegs der „Turnaround" geschafft[243]. Denn tatsächlich beruhte der Gewinn überhaupt nicht auf einer Steigerung der Produktivität des Unternehmens, sondern auf der Auflösung von Rückstellungen[244].

Bereits im August 1995 geriet die BVV in Liquiditätsnöte, die zunächst noch durch ein „300-Mio.-DM-Hilfspaket" durch Banken und das Land Bremen aufgefangen werden konnten[245]. Kurz darauf entstand die nächste Liquiditätskrise durch Verluste einer Konzerntochter i.H.v. 200 Mio. DM. Da mittelfristig insgesamt ein ungedeckter Finanzbedarf von rund 1 Mrd. DM zu bewältigen war[246], schlugen letztendlich alle Rettungsversuche fehl, so dass am 21.02.1996 Vergleichsantrag gestellt werden musste.

Zusammenfassend muss festgestellt werden, dass es dem Management der BVV nicht gelungen war, den Konzern aus der schwierigen Lage Ende der achtziger Jahre in die Zone der Rentabilität zu führen. Entscheidend war, dass anstatt die Produktivität des Konzerns mit den bereitgestellten öffentlichen

---

[237] Vgl. *Gaulke*, S. 65; WiWo 9/1996, S. 39; *Wellensiek*, ZGR 1999, 236. Zur schlechten Produktivität der Werften 1993 siehe *Untersuchungsausschuß "Bremer Vulkan"*, Band I, S. 285f.

[238] *Untersuchungsausschuß "Bremer Vulkan"*, Band I, S. 344. *Wellensiek*, ZGR 1999, 235.

[239] Protokoll der Aufsichtsratssitzung vom 06.04.1992, *Untersuchungsausschuß "Bremer Vulkan"*, Band I, S. 287.

[240] Papier des Konzern-Controlling vom 22.04.1993, *Untersuchungsausschuß "Bremer Vulkan"*, Band I, S. 287.

[241] *Untersuchungsausschuß "Bremer Vulkan"*, Band II, S. 427.

[242] Aussage des Vorstandsvorsitzenden auf der Hauptversammlung vom 29.06.1995, *Untersuchungsausschuß "Bremer Vulkan"*, Band II, S. 435.

[243] So aber die Aussage des Vorstandsvorsitzenden auf der Hauptversammlung vom 29.06.1995, *Untersuchungsausschuß "Bremer Vulkan"*, Band II, S. 435.

[244] *Untersuchungsausschuß "Bremer Vulkan"*, Band II, S. 438.

[245] *Untersuchungsausschuß "Bremer Vulkan"*, Band II, S. 806.

[246] *Untersuchungsausschuß "Bremer Vulkan"*, Band II, S. 808.

Mittel zu verbessern, ein extremer Expansionskurs verfolgt wurde, bis schließlich die auflaufenden Verluste nicht mehr durch Reserven oder Subventionen bewältigt werden konnten. Ob es für das Management der BVV tatsächlich möglich gewesen wäre, langfristig die Strukturkrise im deutschen Schiffsbau zu überwinden, mag bezweifelt werden[247]. Eine kostenträchtige Expansion ohne Lösung der strukturellen Probleme des Konzerns ließ den Zusammenbruch jedoch unvermeidbar werden.

3.3.2. Die Rolle des Aufsichtsrats in der Krise

Für die Beurteilung der Rolle des Aufsichtsrats in dieser Krise ist entscheidend, inwieweit der Aufsichtsrat über die tatsächliche Entwicklung des Konzerns informiert war. Der Aufsichtsrat hat sich damit exkulpiert, er sei von der Krise überrascht worden, weil er vom Vorstandsvorsitzenden Dr. Hennemann „dramatisch und über lange Zeit belogen worden" sei[248]. Im Folgenden soll daher zunächst die Informiertheit des Aufsichtsrats näher untersucht werden.
Dem Aufsichtsrat waren zu Beginn der Expansionsphase, Ende der achtziger Jahre, die Probleme des Konzerns, namentlich dessen kritische Finanzlage[249], aber auch die mangelnde Kostendeckung vieler Aufträge bekannt[250]. Die Strategie zur Expansion und Diversifikation des Konzerns war Bestandteil eines sog. Strukturkonzepts und wurde vom Aufsichtsrat insgesamt mitgetragen[251]. Im Aufsichtsrat wurden viele der Unternehmenskäufe auch beraten[252]. Dabei wurde über die Akquisitionen allerdings nicht konkret berichtet, sondern nur abstrakt im Rahmen der Konzernumstrukturierung[253]. Offenbar wurden

---

[247] Der Konkursverwalter *Wellensiek*, ZGR 1999, 236 sieht die Hauptursache der Vulkan-Insolvenz in der Strukturkrise des Werftenstandortes Deutschland und der Rezession im deutschen Maschinenbau, die letztendlich den kostendeckende Bau von Handelsschiffen am Standort Bremen auch bei entsprechenden Korrekturen im Managementbereich nicht möglich gemacht hätten.

[248] Die Welt, 20.06.1997, S. 14.

[249] Vgl. Auszug aus dem Protokoll der Aufsichtsratssitzung vom 16.12.1988, *Untersuchungsausschuß "Bremer Vulkan"*, Band I, S. 169.

[250] Aussage des ehemaligen Aufsichtsratsmitglieds Dr. Fuchs (bis März 1989), *Untersuchungsausschuß "Bremer Vulkan"*, Band I, S. 145.

[251] *Untersuchungsausschuß "Bremer Vulkan"*, Band II, S. 816.

[252] Zum Bsp.: die Übernahme der Guehring Automation (Aufsichtsratssitzung vom 06.04.1992, *Untersuchungsausschuß "Bremer Vulkan"*, Band I, S. 212), Dörris Scharmann (*Untersuchungsausschuß "Bremer Vulkan"*, Band I, S. 211), Schiess AG (Aufsichtsratssitzung vom 30.06.1993, *Untersuchungsausschuß "Bremer Vulkan"*, Band I, S. 213), Klöckner Stahl GmbH (*Untersuchungsausschuß "Bremer Vulkan"*, Band I, S. 317).

[253] Aussage des Aufsichtsratsmitglieds Dr. Theye, *Untersuchungsausschuß "Bremer Vulkan"*, Band I, S. 257. Zum Erwerb der (verlustreichen) Schiess AG heißt es in einem internen Papier: „Auch der Aufsichtsrat der BVV AG hätte erst zur Sitzung (über die Beschlussfassung zur Zustimmung, Anm. d. Verf.) eine Tischvorlage zur Akquisition der Schiess AG erhalten", *Untersuchungsausschuß "Bremer Vulkan"*, Band I, S. 214.

dem Aufsichtsrat auch keine konkreten Planungsberichte und Berichte zu deren Umsetzung geliefert, sondern nur allgemeine Prognosen zur Konzernentwicklung[254]. Dabei wusste der Aufsichtsrat aber zumindest, dass sich die Lage des operativen Geschäftes in dieser Zeit nicht verbessert hatte. Wenngleich der Jahresabschluss von 1991 einen Jahresüberschuss von 74 Mio. DM auswies, waren dem Aufsichtsrat die hohen Verluste der Schiffsbausparte bekannt[255]. Zwar geht aus dem Gutachten des Untersuchungsausschusses nicht eindeutig hervor, ob der Aufsichtsrat auch das negative operative Ergebnis für 1992 von minus 110 Mio. DM kannte, der Vorstandsvorsitzende hatte jedoch für das Jahr 1992 einen operativen Verlust von 24 Mio. DM prognostiziert, so dass es zumindest Anlaß gab, den im Jahresabschluss 1992 ausgewiesenen Jahresüberschuss i.H.v. DM 75 Mio. kritisch zu hinterfragen. Insoweit dürfte auch das negative Ergebnis des Jahresabschlusses von 1993 i.H.v. minus DM 191 Mio. eigentlich nicht überrascht haben. Vielmehr stellt es sich als konsequente Fortsetzung der bisherigen Entwicklung des Konzerns dar.
Obwohl der Jahresabschluss von 1994 ein positives Ergebnis auswies, musste der Aufsichtsrat wissen, dass sich der Konzern immer noch in einer kritischen Lage befand. Zwar hatte der Aufsichtsrat am 29.09.1994 einem Finanzkonzept des Vorstandes zugestimmt, das eine Kehrtwendung der bisherigen Strategie durch Rückbau der Expansion und einen rigiden Sparkurs vorsah[256]. Der Aufsichtsrat durfte jedoch nicht darauf vertrauen, dass sich dieses Finanzkonzept bereits tatsächlich im positiven Jahresabschluss niederschlug. Denn der Aufsichtsrat hatte sich den Jahresabschluss vom Abschlussprüfer erläutern lassen[257]. Der Aufsichtsrat musste daher wissen, dass das Jahresergebnis auf die Auflösung von Rückstellungen und nicht auf die Durchführung des Finanzkonzepts oder eine Steigerung der Produktivität zurückzuführen war. Dem Aufsichtsrat war auch bewusst, dass die Behauptung des Vorstandsvorsitzenden auf der Hauptversammlung vom 29.06.1995, alle Kernsparten würden positive operative Ergebnisse erzielen, nicht der Wahrheit entsprach[258].
Hinsichtlich des Informationsstandes des Aufsichtsrats ist damit festzuhalten, dass dem Aufsichtsrat die schwierige Lage des Konzerns aufgrund anhalten-

---

[254] Aussage des Aufsichtsratsmitglieds Müller-Gebel, *Untersuchungsausschuß "Bremer Vulkan"*, Band I, S. 258. Vgl. auch die Aussage des Aufsichtsratsmitglieds Dr. Theye, *Untersuchungsausschuß "Bremer Vulkan"*, Band I, S. 257f.: „...wie man den Vulkan auf Zack bringt, wurde immer nur erörtert a) in Strukturproblemen und Strukturumstellungen und b) in abstrakten Projektionen, also, das Jahr 2000 bringt soundso viel Schiffsbedarf. Das wissen wir heute ganz genau... und wir müssen nur diese zwei kleinen Voraussetzungen schaffen, also 30 Prozent Kosten herunter und 70 Prozent Vertriebskraft erweitern. Wenn wir das machen und 220 Millionen DM von der Stadt bekommen, dann läuft das."

[255] Auszug aus dem Protokoll der Aufsichtsratssitzung vom 06.04.1992, *Untersuchungsausschuß "Bremer Vulkan"*, Band I, S. 287.

[256] *Untersuchungsausschuß "Bremer Vulkan"*, Band I, S. 350f.

[257] *Untersuchungsausschuß "Bremer Vulkan"*, Band II, S. 806.

[258] Aussagen der Aufsichtsratsmitglieder Teichmüller, Dr. Theye und Dr. Voss, *Untersuchungsausschuß "Bremer Vulkan"*, Band II, S. 436.

der operativer Verluste die gesamte Zeit über bewusst war. In der entscheidenden Phase, nämlich während der Expansion des Konzerns, hat sich der Aufsichtsrat nur oberflächlich mit der Strategie und deren Durchführung beschäftigt. Anstatt die wesentlichen Maßnahmen konkret zu überprüfen, beschränkte sich der Aufsichtsrat auf die Entgegennahme unbestimmter Entwicklungsprognosen.

Aus diesem Befund ergibt sich die Frage, wie der Aufsichtsrat auf das Bewusstsein der anhaltenden Krise des Konzerns reagiert hat. Obwohl dem Aufsichtsrat die schwierige Lage des Konzerns bekannt war, hat er dem Vorstand bei der Geschäftsführung weitgehend freie Hand gelassen. So ist dem Gutachten des Untersuchungsausschusses zu entnehmen, dass der Aufsichtsrat den Vorstand nur von Zeit zu Zeit mehr oder weniger vehement eine Verbesserung des operativen Ergebnisses gefordert hat[259], ohne jedoch Konsequenzen daraus zu ziehen, dass sich die Produktivität des Konzerns über längere Zeit nicht verbesserte. In Aufsichtsratssitzungen geäußerte Bedenken gegenüber einzelnen Maßnahmen, insbesondere in Bezug auf diverse Akquisitionen, wurden vom Vorstandsvorsitzenden kurzer Hand zurückgewiesen und konnten sich jedenfalls nie gegen den Vorstandsvorsitzenden durchsetzen[260]. Die passive Haltung gegenüber dem Vorstandsvorsitzenden offenbart sich nicht zuletzt auch in Bezug auf den Jahresabschluss 1994: Der Aufsichtsrat gab sich, ohne weiter mit dem Vorstand zu diskutieren, mit dem uneingeschränkten Testat des Abschlussprüfers zufrieden, obwohl ihm die Verluste im operativen Bereich bekannt waren[261].
Versuche des Aufsichtsrats, den Vorstandsvorsitzenden einer stärkeren Kontrolle zu unterziehen, waren zaghaft und blieben erfolglos. So stellte der Aufsichtsrat dem Vorstandsvorsitzenden zur stärkeren Kontrolle der Finanzlage des Konzerns erst ab April 1992 einen Finanzvorstand zur Seite. Bis zu diesem Zeitpunkt hatte der Vorstandsvorsitzende seit seinem Amtsantritt im Jahre 1987 die Funktion des Finanzvorstandes selbst wahrgenommen[262]. Aufgrund heftiger Auseinandersetzungen mit dem Vorstandsvorsitzenden schieden aber

[259] Vgl. Protokoll der Aufsichtsratssitzung vom 06.04.1992, *Untersuchungsausschuß "Bremer Vulkan"*, Band I, S. 287: „Vom Vorsitzenden des Aufsichtsrats wurde mit Nachdruck darauf hingewiesen, dass ein negatives Ergebnis der Schiffsbausparte ... nicht fortgeschrieben werden könne"; Papier des Vorstandes zur Aufsichtsratssitzung vom 15.12.1993, *Untersuchungsausschuß "Bremer Vulkan"*, Band I, S. 343f.: Herr Müller-Gebel (Bankenvertreter im Aufsichtsrat, Anm. d. Verf.) zeigte Verständnis für die wirtschaftlich schwierige Lage. Festzustellen sei, dass alle Bereiche negative Ergebnisse zeigten... Er stelle sich die Frage, wo im einzelnen Einschnitte zu machen seien."

[260] Vgl. zum Erwerb der Dörris Scharmann GmbH, *Untersuchungsausschuß "Bremer Vulkan"*, Band I, S. 212.

[261] *Untersuchungsausschuß "Bremer Vulkan"*, Band II, S. 436.

[262] Aussage des ehemaligen Aufsichtsratsvorsitzenden, *Untersuchungsausschuß "Bremer Vulkan"*, Band I, S. 304.

innerhalb kurzer Zeit drei Finanzvorstände wieder aus ihrem Amt aus[263]. Personelle Konsequenzen gegenüber dem Vorstandsvorsitzenden wurden dagegen erst kurz vor dem Zusammenbruch des Konzerns gezogen, als der Vorstandsvorsitzende Dr. Hennemann am 15.11.1995 auf Drängen des Aufsichtsrats sein Amt niederlegte[264].

Bei der Bewertung der Rolle des Aufsichtsrats muss allerdings auch die ungewöhnlich starke Position des Vorstandsvorsitzenden der BVV gegenüber dem Aufsichtsrat berücksichtigt werden. Diese gründete sich zum einen auf der früheren Tätigkeit des Vorstandsvorsitzenden als Senatsdirektor des Wirtschaftsressorts im Dienst der FHB. Der Großaktionär der BVV, der zwei Vertreter in den Aufsichtsrat entsandte, übte mit dem Ziel der Arbeitsplatzerhaltung erheblichen politischen Druck aus[265] und unterstützte dadurch die Expansionsstrategie des Managements. Zum anderen sicherte sich der Vorstandsvorsitzende durch seine Expansionsstrategie die Unterstützung der Arbeitnehmervertreter im Aufsichtsrat. Diese starke Stellung drückte sich zum Beispiel darin aus, dass er sich 1993 im Streit mit dem damaligen Aufsichtsratsvorsitzenden durchsetzen konnte, der schließlich auf Drängen des Bürgermeisters der FHB sein Amt niederlegte[266]. Insgesamt hatte der Vorstandsvorsitzende maßgeblichen Einfluss auf die Zusammensetzung des Aufsichtsrats, der jedoch nicht allein auf seinen engen Kontakt zum Großaktionär gegründet war. So bot der Aufsichtsrat dem Vorstandsvorsitzenden die Gelegenheit, einen Vorschlag für die Besetzung der Aufsichtsratsmandate infolge einer Vergrößerung des Aufsichtsrats von 16 auf 20 Mitglieder zu unterbreiten und damit seinen Einfluss auf den Aufsichtsrat auszuweiten[267]. Auch auf die Aufsichtsratsneuwahlen vom 22.06.1993 hatte der Vorstandsvorsitzende durch entscheidende Mitwirkung bei der Auswahl der Kandidaten maßgeblichen Einfluss[268]. Schließlich wurde im Juni 1994 Dr. Schäffler als Aufsichtsratsvorsitzender gewählt, der aufgrund langjähriger Bekanntschaft als enger Freund des Vorstandsvorsitzenden galt[269]. Welch dominante Stellung der Vorstandsvorsitzende innehatte, offenbart sich besonders deutlich daran, dass es trotz der sich im Spätsommer 1995 deutlich abzeichnenden akuten Existenzbedrohung des Konzerns nicht

---

[263] Herr Endler (April 1992 bis April 1993), Prof. Dr. Timmermann (April 1993 bis Oktober 1993) und Herr Schneider (Juni 1994 bis September 1994), vgl. *Untersuchungsausschuß "Bremer Vulkan"*, Band I, S. 304, 307 und 313.

[264] *Untersuchungsausschuß "Bremer Vulkan"*, Band II, S. 531.

[265] *Wellensiek*, ZGR 1999, 236.

[266] Das Gutachten des Untersuchungsausschusses geht davon aus, dass der Vorstandsvorsitzende Dr. Hennemann maßgeblich an der Intervention gegen den Aufsichtsratsvorsitzenden beteiligt war, *Untersuchungsausschuß "Bremer Vulkan"*, Band II, S. 800.

[267] *Untersuchungsausschuß "Bremer Vulkan"*, Band I, S. 188.

[268] *Untersuchungsausschuß "Bremer Vulkan"*, Band I, S. 301ff.

[269] *Gaulke*, S. 69f.

gelang, die sofortige Abberufung des Vorstandsvorsitzenden im Aufsichtsrat durchzusetzen[270].
Dieser Befund darf jedoch nicht zu der Annahme verleiten, dem Aufsichtsrat sei eine strengere Überwachung nicht möglich gewesen. Denn es ist schwer vorstellbar, dass ein Verlangen nach konkreteren Informationen und detaillierten Planungsvorgaben im Aufsichtsrat keine entsprechende Mehrheit gefunden hätte und sich nicht hätte durchsetzen lassen. Der Aufsichtsrat begnügte sich vielmehr mit der oft unzureichenden Informationsgrundlage und hatte aufgrund dessen dem als charismatisch beschriebenen Vorstandsvorsitzenden nichts entgegenzusetzen.

Das passive Überwachungsverhalten des Aufsichtsrats drückt sich auch in der ungewöhnlich niedrigen Sitzungsfrequenz von drei Sitzungen im Jahr aus[271]. Damit blieb die Sitzungsfrequenz bereits nach altem Recht hinter den Erwartungen des Gesetzgebers zurück[272]. Dabei ist seit langem anerkannt, dass die Überwachung in Krisenzeiten zu intensivieren ist[273]. In den Sitzungen selbst standen häufig Personalfragen im Vordergrund, so dass teilweise nur ein Viertel der Zeit über Sachfragen der Geschäftsführung diskutiert wurde[274]. Beredtes Beispiel für die ungenügende Überwachungsintensität liefert auch die Aufsichtsratssitzung vom 29.06.1995. Diese fand morgens vor der Hauptversammlung statt, wurde dann für die Hauptversammlung von 11:00 Uhr bis 15:00 Uhr unterbrochen. Obwohl der Vorstandsvorsitzende in der anschließenden Fortsetzung der Aufsichtsratssitzung seine zuvor gezeichnete positive Geschäftsentwicklung teilweise revidieren musste und einigen Aufsichtsratsmitgliedern die Unrichtigkeit der Behauptung von operativen Gewinnen in allen Bereichen bekannt war, dauerte diese Fortsetzung nur 25 Minuten[275].

Über die Struktur des Aufsichtsrats enthält das Gutachten des Untersuchungsausschusses nur sehr wenige Informationen. So ist lediglich zu entnehmen, dass der Aufsichtsrat aus 20 Mitgliedern bestand und über einen Personalausschuss[276] sowie einen Finanzausschuss[277], der sich wohl mit dem Jahresabschluss und dem oben erwähnten Finanzkonzept zu beschäftigten hatte, verfügte. Andererseits enthält das Gutachten keine Aussage darüber, ob Aus-

---

[270] *Untersuchungsausschuß "Bremer Vulkan"*, Band II, S. 473ff.

[271] Aussage des Aufsichtsratsmitglieds Teichmüller, zitiert von *Gaulke*, S. 61

[272] Vgl. § 110 III AktG a.F.

[273] Statt vieler *Hüffer*, § 111 Rn. 7 m.w.N.

[274] Aussage des Aufsichtsratsmitglieds Dr. Theye, *Untersuchungsausschuß "Bremer Vulkan"*, Band I, S. 257.

[275] *Untersuchungsausschuß "Bremer Vulkan"*, Band II, S. 435f.

[276] Aussage des Aufsichtsrats Schönberger, *Untersuchungsausschuß "Bremer Vulkan"*, Band I, S. 259.

[277] Aussage des Zeugen Dr. Buschmann, *Untersuchungsausschuß "Bremer Vulkan"*, Band I, S. 348.

schüsse systematisch zur Überwachung der Geschäftsführung eingesetzt worden wären, zum Beispiel für eine intensive Prüfung bestimmter Unternehmenskäufe. Da das Gutachten andererseits die Rolle des Aufsichtsrats nur als Nebenfrage zu behandeln hatte, kann nicht ohne weiteres davon ausgegangen werden, Ausschüsse seien nicht systematisch eingesetzt worden. Mangels ausreichender Informationsbasis kann damit die Struktur des Aufsichtsrats nicht abschließend beurteilt werden.

Zur Rolle des Aufsichtsrats in der Krise der BVV ist damit zusammenfassend festzuhalten: Auf die anhaltende Krise des Unternehmens wurde nicht energisch genug reagiert. Der Aufsichtsrat hat sich mit der Geschäftsführung nicht ausreichend intensiv auseinandergesetzt und dem Vorstand weitgehend freie Hand gelassen. Selbst wenn man eine nur oberflächliche Informationsversorgung des Aufsichtsrats unterstellt, ist zu konstatieren, dass sich der Aufsichtsrat damit jedenfalls zufrieden gegeben und das vom Vorstand zu positiv gezeichnete Bild des Konzerns nicht kritisch hinterfragt hat. Die Ursache dafür ist keineswegs allein in den faktischen Machtverhältnissen zwischen Vorstand und Aufsichtsrat zu sehen, sondern in einer allgemeinen unkritischen Haltung dem Vorstand gegenüber[278].

3.3.3. Bewertung des KonTraG anhand der Ergebnisse

Vergegenwärtigt man sich, dass der Fall der BVV Mitauslöser des KonTraG war, stellt sich die Frage, ob sich durch die im KonTraG vorgenommene Reform des Aufsichtsrat dieser Fall hätte vermeiden lassen.
Die Erhöhung der Sitzungsfrequenz in § 110 III AktG n.F. hätte sicherlich zu einer zumindest formal intensiveren Überwachung geführt, weil der Aufsichtsrat des BVV als börsennotierter Gesellschaft zumindest viermal statt dreimal im Jahr hätte tagen müssen. Wenngleich der Vorstand bereits nach altem Recht dazu verpflichtet war, hätte die Klarstellung in § 90 I 1 Nr.1 AktG vielleicht dazu geführt, dass dem Aufsichtsrat ein Planungsbericht übermittelt worden wäre, der über allgemeine Prognosen der Geschäftsentwicklung hinausgegangen wäre. Möglicherweise wären aufgrund der Änderungen des § 289 HGB und der §§ 317 ff. HGB der Lagebericht und der Jahresabschluss von 1994 weniger positiv ausgefallen.
Diese Änderungen hätten m.E. jedoch nicht die Krise bei der BVV zu verhindern vermocht. Denn die Ursache dafür lag darin, dass die durch Kapitalerhöhungen und Subventionen bereit stehenden finanziellen Mittel nicht in Innovationen, sondern in eine Konzernexpansion investiert wurden und sich damit die Produktivität des Konzerns nicht verbesserte. Dass der Konzern im operativen Bereich verlustreich arbeitete, war dem Aufsichtsrat aber bewusst. Das KonTraG hätte daher die Informationsbasis des Aufsichtsrat nicht über das hinaus

---

278 So auch das Ergebnis des Untersuchungsausschusses, *Untersuchungsausschuß "Bremer Vulkan"*, Band II, S. 816f.

verbessert, was der Aufsichtsrat ohnedies schon wusste. Erforderlich wäre gewesen, dass der Aufsichtsrat eigene Initiativen entwickelt und gezielt die Geschäftsführung überwacht hätte. D.h. über die abstrakte Auseinandersetzung mit der Unternehmensstrategie hinaus wäre eine laufende Kontrolle der Strategieimplementierung anhand detaillierter Berichte über die Planerfüllung und eine Analyse der Planabweichungen erforderlich gewesen[279]. Dies wäre aber nur bei einer deutlich höheren Sitzungsfrequenz als der von vier Sitzungen jährlich zu realisieren gewesen.
Im Vergleich zum Fall der Metallgesellschaft offenbart der Zusammenbruch der BVV noch deutlicher die Schwächen des Konzeptes des KonTraG. Entscheidend ist nicht eine Automatisierung der Informationsversorgung des Aufsichtsrats in einer bestimmten Hinsicht, sondern dass der Aufsichtsrat Eigeninitiativen bei der Überwachung entwickelt und die Vorstandsvorlagen kritisch hinterfragt. Dazu ist erforderlich, dass der Aufsichtsrat seine Überwachung plant und die Aufgaben innerhalb seines Gremiums verteilt. Die Erweiterung der Pflichtangaben im Bericht des Aufsichtsrats an die Hauptversammlung gem. § 171 II AktG n.F. stellt diesbezüglich nur einen zaghaften Ansatz dar. Anreize für eine intensive Überwachung liefert das KonTraG nicht.
Demnach kann bezweifelt werden, ob durch die Regelungen des KonTraG die Krise der BVV verhindert worden wäre.

3.4. Der Fall Balsam AG

3.4.1. Der Zusammenbruch der Balsam AG und seine Ursachen[280]

In die Zeit, als die Öffentlichkeit noch von der Krise bei der Metallgesellschaft sensibilisiert war, fiel der Zusammenbruch der Balsam AG, deren Vorstand am 10.06.1994 Konkursantrag stellen musste. Grund war, dass bis Anfang Juni 1994 ein Jahresfehlbetrag von über 1 Mrd. DM aufgelaufen war, der zu einer Überschuldung von 2,48 Mrd. DM führte[281]. Der Fall sorgte für Aufsehen, weil die Existenzbedrohung des Unternehmens bis Anfang Juni 1994 dem Aufsichtsrat unbekannt geblieben war und letztlich die Banken und das Factoring-Unternehmen Procedo einen Schaden von ca. 1,6 Mrd. DM zu tragen hatten[282].
Für den Zusammenbruch des mittelständischen Herstellers von Sportböden mit einem Grundkapital von DM 30 Mio. waren vornehmlich drei Faktoren ursächlich: hohe Verluste im operativen Bereich, Zinsen und Gebühren für die

---

[279] Dies wurde zwar ab 1994 anscheinend gegenüber dem Vorstand gefordert, aber nicht konsequent durchgesetzt, vgl. die Aussage des Aufsichtsratsmitglieds Müller-Gebel, *Untersuchungsausschuß "Bremer Vulkan"*, Band I, S. 258.

[280] Die folgende Darstellung erfolgt vornehmlich auf der Grundlage des Tatbestandes des Urteiles des LG Bielefeld, ZIP 2000, 20, das über die Haftung eines Aufsichtsratsmitglieds in diesem Fall zu entscheiden hatte, sowie auf der Grundlage von Presseberichten.

[281] Urteilstatbestand der Entscheidung des LG Bielefeld, ZIP 2000, 20f.

[282] Vgl. FAZ vom 14.06.1994, S. 14; Die Zeit v. 17.06.1994, S. 23.

Refinanzierung durch Factoring der Werklohnforderungen in hohem Umfang und erhebliche Verluste aus Devisenoptionsgeschäften.
Das operative Geschäft lief seit Mitte der achtziger Jahren verlustreich, weil zur Steigerung des Umsatzes voluminöse Aufträge zu Preisen angenommen worden waren, welche die Kosten nicht deckten[283]. Der aus den Verlusten resultierende Finanzbedarf sollte zum einen durch Factoring der Auftragsforderungen, die dafür zum Teil fingiert wurden, zum anderen durch Spekulationen mit Devisenoptionsgeschäften beschafft werden. So wurden sog. Luftforderungen auf der Grundlage von Scheinrechnungen in doppelter Höhe des tatsächlichen Auftrags an das Factoring-Unternehmen Procedo, an dem, wie sich später herausstellte, der Vorstandsvorsitzende mit einem Geschäftsanteil von 14% beteiligt war, verkauft[284]. Der Umfang dieses Factoring belief sich im Jahre 1991 auf 1,3 Mrd. DM, 1992 auf 2 Mrd. DM und 1993 auf 2,47 Mrd. DM. Durch das Factoring fielen Zinsen und Gebühren i.H.v. 153,2 Mio. DM für das Jahr 1992 und 185,8 Mio. DM für das Jahr 1993 an[285]. Zum anderen wurde mit Devisenoptionsgeschäften zur Erwirtschaftung von Erträgen spekuliert. Der Umfang der Devisenoptionsgeschäfte belief sich 1991 auf 36,5 Mrd. DM, 1992 auf 57,9 Mrd. DM, 1993 auf 68,4 Mrd. DM und bis Mitte 1994 auf DM 32 Mrd.[286]. Anstatt der erhofften Gewinne erwuchsen aus diesen Geschäften Verluste, die letztlich zur gewaltigen Überschuldung von 2,48 Mrd. DM führte.

3.4.2. Die Rolle des Aufsichtsrats

Nicht nur die Öffentlichkeit, sondern auch der Aufsichtsrat war von dem plötzlichen Zusammenbruch des Unternehmens überrascht. Denn die Jahresabschlüsse und die Vorstandsberichte der letzten Jahre wiesen durchweg positive Zahlen und steigende Gewinne aus. Den (gesetzwidrig) uneingeschränkt testierten Jahresabschlüssen waren Jahresüberschüsse für das Jahr 1991 von 8,67 Mio. DM, für das Jahr 1992 von 16,46 DM und das Jahr 1993 von 14,64 Mio. DM zu entnehmen, während tatsächlich Jahresfehlbeträge i.H.v. 389,09 Mio. DM (1991), 477,24 Mio. DM (1992) und 420,74 Mio. DM (1993) erwirtschaftet worden waren[287]. Die positiven Jahresergebnisse wurden durch entsprechende, positive Quartalsberichte des Vorstandes unterstrichen[288]. Dabei wurden dem Aufsichtsrat nicht nur über die Geschäftsentwicklung, sondern auch über den Umfang der Factoring- und Devisenoptionsgeschäfte falsche Zahlen vorgelegt. Das Factoringgeschäft wurde für 1991 statt mit 1,3 Mrd. DM

---

[283] WiWo 26/1996, S: 45. Vgl. Der Spiegel 17/1996, S. 113 wonach das Unternehmen bereits seit Mitte der 80er konkursreif gewesen sei.

[284] Urteilstatbestand der Entscheidung des LG Bielefeld, ZIP 2000, 22. Vgl. auch Der Spiegel 17/1996, S. 114.

[285] Urteilstatbestand der Entscheidung des LG Bielefeld, ZIP 2000, 21f.

[286] Urteilstatbestand der Entscheidung des LG Bielefeld, ZIP 2000, 22. Vgl. auch WiWo 26/1994, S. 44.

[287] Urteilstatbestand der Entscheidung des LG Bielefeld, ZIP 2000, 20.

[288] Urteilstatbestand der Entscheidung des LG Bielefeld, ZIP 2000, 20.

mit 600 Mio. DM, für 1992 statt mit 2 Mrd. DM mit 430 Mio. DM und für 1993 statt mit 2,47 Mrd. DM mit 450 bis 470 Mio. DM (300 Mio. US$) angegeben. Statt der tatsächlich vorgenommenen Erweiterung des Geschäftes in erheblichem Umfang musste der Aufsichtsrat also von einer Reduzierung bzw. Stagnation des Factoring ausgehen.
Gleiches gilt für die Berichterstattung über den Handel mit Devisenoptionen. Dieser stellt im globalen Wirtschaftsverkehr ein gebräuchliches Mittel zur Absicherung von Kursrisiken dar und war als solcher für die international tätige Balsam AG an sich nicht ungewöhnlich. Der Charakter als Sicherungsgeschäft bleibt aber nur solange gewahrt, als der Umfang des Devisenoptionshandels dem Umfang des abzusichernden Grundgeschäfts entspricht. Dies war nach den Vorstandsvorlagen auch der Fall. Denn danach entsprach der Umfang der Devisenoptionsgeschäfte dem Umfang der Forderungen aus den übernommenen Aufträgen[289]. Tatsächlich war der Umfang der Devisenoptionsgeschäfte mit 36,5 Mrd. DM (1991), 57,9 Mrd. DM (1992) und 68,4 Mrd. DM (1993) um ein Vielfaches höher als der angegebene Umfang des Factoring. Dabei muss man zudem bedenken, dass der Umfang des Factoring nicht einmal dem Umfang des Grundgeschäfts entsprach, weil das Factoring gerade mit fiktiven sog. Luftforderungen betrieben wurde.
Der Aufsichtsrat wurde also durch die bewusste Angabe falscher Zahlen, die aus unerklärlichen Gründen vom Abschlussprüfer verifiziert worden waren, getäuscht.

Dies wirft die Frage auf, ob für den Aufsichtsrat Anhaltspunkte für die Unrichtigkeit der Vorstandsberichte gegeben waren. Den Feststellungen des LG Bielefeld zufolge, das die Haftung eines Aufsichtsratsmitglieds zu prüfen hatte, waren der Berichterstattung des Vorstandes keine offensichtlichen Unstimmigkeiten zu entnehmen. Vielmehr gaben die vorgelegten Zahlen eine in sich schlüssige positive Entwicklung des Unternehmens wieder[290].
Ende 1992 wurden jedoch einem Aufsichtsratsmitglied durch ein Kreditinstitut das Gerücht von hohen operativen Verlusten und unseriösen und unkorrekten Geschäften zugetragen[291]. Der darauf angesprochene Vorstandsvorsitzende erklärte, die Gerüchte stammten wahrscheinlich von einem Mitarbeiter, von dem sich die Balsam AG vor einiger Zeit getrennt hatte. Die vorgeworfenen unseriösen Geschäfte würden sich wahrscheinlich auf ein früheres Geschäft mit Kuba beziehen, das aber abgeschlossen sei und von dem Nachwirkungen nicht zu erwarten wären. Das LG Bielefeld ließ offen, ob dieses Gerücht den

[289] Nach den Feststellungen des LG Bielefeld, ZIP 2000, 21 und 24 bildete das Factoring-Volumen den Ansatz für die Devisengeschäfte, da sämtliche Forderungen aus den übernommenen Aufträgen an den Factor verkauft wurden, der Factor aber nicht das Kursrisiko der angedienten Fremdwährungsforderungen übernommen hatte.
[290] Vgl. LG Bielefeld, ZIP 2000, 23: „...die vorläufigen Zahlen für das Jahr 1992...passten nahtlos in das bisherige Bild".
[291] Urteilstatbestand der Entscheidung des LG Bielefeld, ZIP 2000, 21.

Aufsichtsrat zu weitergehenden Prüfungsmaßnahmen, etwa einer Sonderprüfung i.S.v. § 111 II AktG, hätte veranlassen müssen. Denn das Gerücht beschränkte sich auf allgemein gehaltene Behauptungen, die im diametralen Widerspruch zum bisherigen Erkenntnisstand des Aufsichtsratsmitglieds standen. Zudem war dem Aufsichtsratsmitglied bekannt, dass sich die Balsam AG im Streit von dem betreffenden Mitarbeiter getrennt hatte, weil diesem Unredlichkeiten vorgeworfen worden waren, so dass die Quelle des Gerüchts nicht sehr glaubwürdig erscheinen musste[292]. Im Ergebnis ging der Aufsichtsrat diesem Gerücht jedenfalls nicht weiter nach.

Auch in Bezug auf den Devisenoptionshandel gab es gewisse Unstimmigkeiten. So ließ das oben erwähnte Aufsichtsratsmitglied bereits 1988 die Devisenoptionsgeschäfte einer Analyse durch einen seiner Angestellten unterziehen, welche ergab, dass es sich dabei nicht um eine Kurssicherung im engeren Sinne handelte[293]. Anfang 1990 erhielt das Aufsichtsratsmitglied Kenntnis von einer bankinternen Bewertung dieser Geschäfte, wonach ein sinnvoller Zusammenhang zur Absicherung von Währungspositionen nicht erkennbar war und es vielmehr den Anschein hatte, als ginge es um die Vereinnahmung einer Prämie[294]. Die schriftliche Aufforderung an den Vorstand, er solle detaillierte Auskunft erteilen über Art und Umfang der Devisengeschäfte, die Vorgehensweise in den letzten Jahren, die beteiligten Kreditinstitute und die konkrete Veranlassung durch bestimmte Geschäftsvorfälle, wurde bis Anfang 1993 nicht vollständig und befriedigend beantwortet[295]. Wegen dieser Zweifel an der Ordnungsmäßigkeit der vorgenommenen Devisenoptionsgeschäfte beauftragte der Aufsichtsrat mehrmals den Abschlussprüfer der Gesellschaft mit einer Begutachtung. Der Abschlussprüfer kam aber jedesmal zu dem Ergebnis, dass über einen Kurssicherungsbedarf hinaus keine spekulativen Devisengeschäfte getätigt wurden und bestätigte damit nicht nur den Sicherungscharakter, sondern auch den vom Vorstand berichteten Umfang der getätigten Geschäfte[296]. Als der Aufsichtsrat im Dezember 1993 von einem bankinternen Vermerk Kenntnis erhielt, wonach das Devisenengagement nicht nur zur Absicherung des Kursrisikos, sondern auch zur Erwirtschaftung von Erträgen betrieben wurde, beauftragte der Aufsichtsrat wiederum den Abschlussprüfer der Gesellschaft mit einer entsprechenden Prüfung der Geschäfte. Abermals wurde bestätigt, dass die Optionsgeschäfte nur zur Absicherung des Kursrisikos verwendet würden und dem Umfang des Grundgeschäfts entsprächen[297].

Im März 1994 wurde einem Aufsichtsratsmitglied aus zuverlässiger Quelle zugetragen, dass das Volumen des Factoringgeschäfts bis Ende 1993 nicht, wie bisher vom Vorstand berichtet, mit ca. 450 bis 470 Mio. DM, sondern mit 2

---

[292] LG Bielefeld, ZIP 2000, 23.

[293] Urteilstatbestand der Entscheidung des LG Bielefeld, ZIP 2000, 21.

[294] Urteilstatbestand der Entscheidung des LG Bielefeld, ZIP 2000, 21.

[295] LG Bielefeld, ZIP 2000, 24.

[296] Urteilstatbestand der Entscheidung des LG Bielefeld, ZIP 2000, 21f.

[297] Urteilstatbestand der Entscheidung des LG Bielefeld, ZIP 2000, 22.

Mrd. DM zu beziffern sei. Der daraufhin unmittelbar angesprochene Vorstand verwies diese Zahl jedoch „in das Reich der Fabeln."[298] Eine Information der übrigen Aufsichtsratsmitglieder unterblieb und auch auf der letzten Aufsichtsratssitzung vor dem Zusammenbruch der Balsam AG am 01.06.1994 wurde die Unstimmigkeit der Vorstandsberichterstattung nicht besprochen[299].

Damit ist festzuhalten, dass der Aufsichtsrat zwar laufend mit falschen Informationen und Unternehmenszahlen versorgt wurde, andererseits gab es auch Hinweise auf gewisse Unstimmigkeiten hinsichtlich der Geschäftsführung und damit auch hinsichtlich der Berichterstattung durch den Vorstand. Der Aufsichtsrat ist diesen Hinweisen aber meist nur bis zu einer Befragung immer wieder desselben Prüfers und zu einer Rückfrage beim Vorstand nachgegangen.
Dafür, dass der Aufsichtsrat der Prüfer- sowie Vorstandsberichterstattung nicht kritischer gegenüberstand, sind wohl zwei Faktoren maßgeblich: Einerseits befand sich das Unternehmen nach den in den Jahresabschlüssen ausgewiesenen steigenden Gewinnen seit längerem in einer positiven Entwicklung, so dass für den Aufsichtsrat an und für sich kein Anlass zu einer intensiveren Überwachung bestand. Zum anderen wurde der Aufsichtsrat nicht nur vom Vorstand, sondern auch vom Abschlussprüfer getäuscht[300]. So hat dieser nicht nur die Jahresabschlüsse mit dem uneingeschränkten Testat versehen, sondern auch mehrmals die Ordnungsmäßigkeit der Devisenoptionsgeschäfte bestätigt.

3.4.3. Bewertung des KonTraG anhand der bisherigen Ergebnisse

Wenn man fragt, ob der Zusammenbruch der Balsam AG durch die im KonTraG vorgenommene Reform des Aufsichtsrats hätte verhindert oder zumindest früher erkannt werden können, so weist der Fall der Balsam AG darauf hin, dass der Aufsichtsrat nicht nur mit unvollständiger, sondern auch bewusst wahrheitswidriger Berichterstattung durch den Vorstand konfrontiert werden kann. Ein Schutz gegen geschickte oder gar kriminelle Verschleierungspraktiken durch den Vorstand ist nur durch Inanspruchnahme vom Vorstand unabhängiger Informationsquellen möglich. Als solche sieht das Aktiengesetz die vom Aufsichtsrat selbst oder durch einen Sachverständigen durchgeführte Sonderprüfung i.S.v. § 111 II AktG oder die Befragung von anderen Auskunftspersonen, insbesondere Angestellten des Unternehmens gem. § 109 I AktG vor. In erster Linie stellt jedoch der Abschlussprüfer den Garant für die

---

[298] Urteilstatbestand der Entscheidung des LG Bielefeld, ZIP 2000, 22.

[299] Urteilstatbestand der Entscheidung des LG Bielefeld, ZIP 2000, 22.

[300] Der Abschlussprüfer wurde zwar vom Vorwurf der Beihilfe zum Betrug freigesprochen, vgl. LG Bielefeld, Urt. Vom 25.05.1999 - 9 KLS M 1/99, zit. bei *Brandi*, ZIP 2000, 174. Die Bilanzfälschungen waren jedoch mehr oder weniger offensichtlich, vgl. Der Spielgel 17/1996, S. 114: Auf der Originalrechnung wurde eine „1" vor den Betrag geklebt, dem Abschlussprüfer nur die Kopie vorgelegt.

Unabhängigkeit der Informationen vom Vorstand dar. Auf diese Informationsquelle hat sich der Aufsichtsrat der Balsam AG verlassen, und genau diese hat ihn im Stich gelassen.
Das KonTraG enthält in § 111 II 3 AktG n.F., wonach der Aufsichtsrat dem Abschlussprüfer den Prüfungsauftrag zu erteilen hat, diesbezüglich eine sinnvolle und wichtige Verbesserung, durch die die Krise möglicherweise früher erkannt worden wäre. Zwar dürfte es keiner gesetzlichen Regelung gelingen, kollusives oder gar kriminelles Zusammenwirken von Vorstand und Abschlussprüfer völlig auszuschließen. Die Neuregelung erschwert dies jedoch durch Intensivierung des Kontaktes zwischen Abschlussprüfer und Aufsichtsrat. Denn der Aufsichtsrat hat nun nicht nur die Aufgabe, das Honorar für die Abschlussprüfung auszuhandeln, sondern auch die Möglichkeit, Prüfungsschwerpunkte festzulegen, und ist zudem erster Adressat des Prüfungsberichts.
Gerade der vorliegende Fall hat aber auch gezeigt, dass sich der Aufsichtsrat nicht allein auf die Informationen des Abschlussprüfers verlassen darf. Sind Hinweise auf Unredlichkeiten oder Unstimmigkeiten gegeben, so muss der Aufsichtsrat diesen selbst nachgehen[301]. Das KonTraG enthält dahingehend keine Verbesserungen. Es enthält weder Hinweise noch sonstige Anreize für eine intensivere Inanspruchnahme unabhängiger Informationsträger durch den Aufsichtsrat.
Wiederum zeigt sich, dass eine effektive Überwachung durch den Aufsichtsrat eigene Initiativen hinsichtlich der Informationen verlangt. Das KonTraG verstärkt vor allem durch Erweiterung der Abschlussprüfung die Automatisierung der Informationsversorgung des Aufsichtsrats. Anreize für mehr Eigeninitiative bei der Überwachung fehlen.

4. Fazit

Die vorstehenden Ausführungen haben gezeigt, dass das KonTraG den Aufsichtsrat nur oberflächlich reformiert hat. Viele Regelungen enthalten lediglich Klarstellungen bereits davor geltender Pflichten. Signifikant ist, dass auf die Untätigkeit und Passivität des Aufsichtsrats in der Praxis mit einer Erweiterung der Abschlussprüfung reagiert wird. Dies konnte am Fall der Metallgesellschaft, den der Gesetzgeber insbesondere zum Anlaß seiner Reform gemacht hat, gezeigt werden. Der Gesetzgeber gibt zwar vordergründig an, die Arbeit des Aufsichtsrats durch bessere Unterstützung seitens des Abschlussprüfers intensivieren zu wollen[302], offenbart damit jedoch lediglich, dass er dem Aufsichtsrat keine intensivere Überwachung zutraut. Entscheidende Anreize für eine intensive Überwachung, die sich nicht nur auf eine Entgegennahme von Informationen beschränkt, sondern in einer planvollen und durch Aufgabenverteilung strukturierten Tätigkeit besteht, liefert die jüngste Reform nicht.

---

[301] So auch *Westermann*, ZIP 2000, 26.

[302] Allgemeine Begründung des Referentenentwurfs, ZIP 1996, 2129.

Das KonTraG enthält zwar richtige Ansätze, wenn es die Zusammenarbeit mit dem Abschlussprüfer zu intensivieren versucht oder durch Erhöhung von Transparenz auf eine verstärkte Ausschussbildung hinwirken will. Diese positiven Ansätze verlieren jedoch durch unverständliche Einschränkungen, teilweise im Gesetz, teilweise in der Begründung wieder an Wirkung[303]. Vor allem die Differenzierung nach der Börsennotierung der Gesellschaft ist meist verfehlt. Insgesamt ist daher die Reform des Aufsichtsrats durch das KonTraG als halbherzig und damit als gescheitert anzusehen.

[303] Siehe oben 2.3.2.1. hinsichtlich der Erteilung des Prüfungsauftrages, § 111 II 3 AktG sowie hinsichtlich der Zuleitung des Prüfungsberichts, § 321 V HGB; siehe oben 2.3.2.4. hinsichtlich der Aushändigung des Prüfungsberichts an Aufsichtsratsmitglieder, § 170 III 2 AktG.

2. Teil: Eigener Reformansatz

1. Kapitel: Methodik der Reform

Im ersten Teil dieser Arbeit konnte aufgezeigt werden, dass dem Gesetzgeber mit dem KonTraG die angestrebte Reform des Aufsichtsrats nicht gelungen ist. Ziel dieser Arbeit ist es daher, im Folgenden die Reformdiskussion durch einen eigenen Reformansatz weiterzuentwickeln.

Ausgangspunkt für die Reform einer bestimmten Gesetzesmaterie muss die Frage sein, ob die betreffende Gesetzesmaterie überhaupt reformbedürftig ist. Dies ist an und für sich keine tiefschürfende Erkenntnis sondern eine Selbstverständlichkeit. Führt man sich jedoch das Vorgehen des Gesetzgebers hinsichtlich des KonTraG vor Augen, wird ersichtlich, dass man die Reformdiskussion zunächst wieder auf diesen Kern der Fragestellung einer jeden Gesetzesreform zurückführen muss: Der Gesetzgeber des KonTraG hatte einen Reformbedarf des Aufsichtsrats aus den Unternehmenskrisen namhafter Großunternehmen abgeleitet[1]. Einzelfälle können zwar einen Reformbedarf aufzeigen. Sie dürfen jedoch nur dann zur Grundlage einer Reform gemacht werden, wenn hinreichend geprüft wurde, ob diese Einzelfälle Ausdruck eines Mangels im gesetzlichen Systems oder lediglich Ausnahmeerscheinungen sind. Nimmt man Einzelfälle zum Anlass einer Reform muss man zudem genau prüfen, ob die Reformmaßnahmen lediglich auf bestimmte Symptome abzielen oder ob sie die Ursache eines systematischen Mangels treffen. Vergegenwärtigt man sich, dass das KonTraG inhaltlich kaum Änderungen gebracht hat, statt dessen mittels sogenannter Anregungsnormen versucht wurde, einen anhand von Einzelfällen festgestellten Reformbedarf zu lösen, wird deutlich, dass sich der Gesetzgeber mit der Grundsatzfrage des Reformbedarfes offensichtlich nicht beschäftigt hat.

Will man also nicht Gefahr laufen, mit einer Reform lediglich auf Einzelfälle zu reagieren oder Symptome zu bekämpfen und möglicherweise die Kernprobleme des Reformgegenstandes ungelöst zu lassen, muss man sich mit der Reformfrage analytisch auseinandersetzen und akkurat prüfen, an welchen Stellen des Gesetzes ein Reformbedarf gegeben ist.
Ein Reformbedarf ist dabei aus dem Sinn und Zweck eines Gesetzes abzuleiten. Denn mit einem Gesetz verfolgt der Gesetzgeber ein bestimmtes - meist gesellschaftliches oder soziales - Ziel[2]. Daraus folgt, dass ein Reformbedarf

---

[1] Vgl. *Leutheusser-Schnarrenberger*, ZRP 1995, 84f.; *Seibert*, ZBB 1994, 350.

[2] Vgl. *Noll*, Gesetzgebungslehre, S. 63; *Zippelius*, Methodenlehre, S. 2ff. Vgl. auch *Bühler*, S. 63 „Überführung einer Rechtsidee in Rechtssätze". Dass Gesetze nicht lediglich die Wiedergabe des mehr oder weniger in den Aktivitäten des Volkes Vorhandenen (so noch die Lehre F.C. von Savignys), sondern eine normative Entscheidung des Gesetzgebers darstellt, ist heute wohl unbestritten. Vgl. *Pawlowski*, Einführung in die juristische Methodenlehre, Rn. 153a ff.

dann gegeben ist, wenn ein Gesetz nicht geeignet ist, das vom Gesetzgeber erwünschte Ziel zu erreichen.
Dabei lassen sich zwei Fallalternativen unterscheiden: Erstens, das Gesetz ist bereits *theoretisch* ungeeignet, das gesetzgeberische Ziel zu erreichen. Im Extremfall ist dies ist gegeben, wenn ein Gesetz überhaupt nicht anwendbar ist[3]. Dies dürfte zugegebenermaßen äußerst selten sein. Theoretisch ungeeignet ist ein Gesetz aber auch dann, wenn bei ordnungsgemäßer Befolgung des Gesetzes das gesetzgeberische Ziel nicht verwirklicht wird[4].
Die zweite Möglichkeit eines Reformbedarfs besteht darin, dass das Gesetz zwar theoretisch geeignet ist, das gesetzgeberische Ziel zu verwirklichen, die Norm jedoch in der Praxis *keine entsprechende Umsetzung* findet. Ein Reformbedarf ergibt sich in dieser Fallkonstellation daraus, dass die Geltung eines Gesetzes nicht unabhängig von seiner Verwirklichung betrachtet werden darf[5]. Denn ein Gesetz, das in der Praxis nicht die intendierte Anwendung findet, erfüllt nicht seinen Zweck und ist, soll das gesetzgeberische Ziel weiter verfolgt werden, zu reformieren.

Überträgt man diesen Gedankengang auf die Diskussion der Reform des Aufsichtsrats, ist als Grundlage eines Reformbedarfs nach der gesetzlichen Ratio der Regelungen über den Aufsichtsrat zu fragen. Die gesetzlichen Regelungen über den Aufsichtsrat sollen der Verwirklichung der ihm gesetzlich zugedachten Aufgaben dienen. Wenngleich die faktische Funktion des Aufsichtsrats seit seiner Einführung durch das ADHGB von 1861 einen gewissen Wandel erfahren hat[6], liegt die Aufgabe des Aufsichtsrats allein in der Überwachung der Geschäftsführung des Vorstandes[7]. Ein Reformbedarf ist daher zum einen gege-

---

[3] *Noll*, Gesetzgebungslere, S. 64. *Wielinger*, in: Öhlinger, Methodik der Gesetzgebung, S. 154ff.

[4] Einem solchen Fall muss nicht etwa ein gesetzgeberischer Fehler zugrunde liegen, sondern kann auch auf die Entwicklung der von der Norm betroffenen Realität zurückzuführen sein. Man könnte in so einem Fall davon sprechen, das Gesetz sei nicht mehr zeitgemäß, vgl. *Schwacke/Uhlig*, Juristische Methodik, S. 123.

[5] Vgl. *König*, in: Schreckenberger/König/Zeh, Gesetzgebungslehre, S. 97; *Zippelius*, Methodenlehre, S. 6.

[6] Zur geschichtlichen Entwicklung des Aufsichtsrats vgl. *Gutenberg*, ZfB-Ergänzungsheft 1970, 1ff.; *Mestmäcker*, S. 83ff.; *Peus*, S. 5ff.; *Potthoff/Theisen*, FS 40 Jahre Der Betrieb, S. 56ff.; *Wiethölter*, S. 35ff. und 270ff.

[7] § 111 I AktG. Sonstige Funktionen, die der Aufsichtsrat in der Praxis wahrnimmt, wie
- Interessenvertretung, insbes. der Arbeitnehmer (vgl. *Hommelhoff*, ZHR 1979, 314; *Martens*, ZGR 1979, 513ff.; *Reuter*, AcP 1979, 524f.; *Wilhelm*, Kapitalgesellschaftsrecht, Rn. 830).
- Aufbau eines Beziehungsgeflechts (*Albach u.a.*, Deregulierung des Aktienrechts, S. 99; *Bleicher*, Aufsichtsrat im Wandel, S. 14, 17; *Schreyögg/Papenheim-Tockhorn*, ZfB 1995, 205ff.; *Peltzer*, WM 1981, 348; *Saage*, DB 1973, 116; vgl. auch Begr. zu § 86 AktG 1937, abgedr. bei Matthes, Aktiengesetz 1937, S. 184)
- Repräsentationsfunktion (*Gerum*, ZfO 1992, 147)

ben, wenn die Regelungen über den Aufsichtsrat bereits theoretisch, d.h. auch bei sorgfältiger Normanwendung nicht geeignet sind, eine effektive Überwachung des Vorstandes zu ermöglichen. Die Beantwortung dieser Frage kann nicht nur der juristischen Literatur entnommen werden. Vielmehr beschäftigt sich gerade die Betriebswirtschaftslehre intensiv mit dem Thema Überwachung im Unternehmen[8], so dass auch auf die Erkenntnisse dieser Wissenschaft zurückgegriffen werden muss.

Ein Reformbedarf ist aber auch dann gegeben, wenn die Aufsichtsräte in der Praxis die ihnen zur Verfügung stehenden, aus theoretischer Sicht zur Überwachung geeigneten Möglichkeiten nicht ausreichend wahrnehmen. Ein solcher Reformbedarf aufgrund mangelnder Normumsetzung ist dabei anhand empirischer Untersuchungen zur Unternehmenspraxis zu ermitteln.

Aus diesen Ausführungen ergibt sich für den hier zu entwickelnden Reformansatz folgendes Vorgehen: Zunächst sind die gesetzlichen Regelungen über den Aufsichtsrat unter Berücksichtigung betriebswirtschaftlicher Erkenntnisse daraufhin zu untersuchen, ob sie theoretisch geeignet sind, eine effektive Überwachung zu ermöglichen. Wenn diese Frage bejaht wird, ist sodann anhand empirischer Untersuchungen zu prüfen, ob die Norm eine entsprechende Umsetzung erfährt.

Erst wenn nach dieser Vorgehensweise ein möglicher Reformbedarf ermittelt werden konnte, ist zu prüfen, ob und ggf. wie dieser Reformbedarf gelöst werden kann[9].

---

haben sich dieser Überwachungsaufgabe unterzuordnen.

[8] Zur Überwachung als Managementaufgabe, vgl. *Jung*, Allgemeine Betriebswirtschaftslehre, S. 190ff.; *Schweitzer*, in: Bea/Dichtl/Schweitzer, Allgemeine Betriebswirtschaftslehre, S. 99ff; *Wöhe*, Einführung in die Allgemeine Betriebswirtschaftslehre, S. 192ff). Speziell zum Aufsichtsrat vgl. *Bea/Scheurer*, DB 1994, 2145; *Becker*, Informationsorientierte Überwachungskonzepte zur Kontrolle von Vorständen, 1993; *Theisen*, Die Überwachung der Unternehmensführung, 1987.

[9] Siehe unten 3. Kapitel.

2. Kapitel: Reformbedarf

1. Überblick über die weitere Vorgehensweise

Ausgehend von soeben dargestelltem Reformansatz sollen nun die gesetzlichen Regelungen über den Aufsichtsrat auf einen möglichen Reformbedarf untersucht werden. Dazu werden zunächst die Regelungen des AktG vorgestellt, um diese in einem zweiten Schritt insbesondere unter Beachtung betriebswirtschaftlicher Erkenntnisse auf ihre Effektivität hinsichtlich der Überwachung zu überprüfen (*Reformbedarf in theoretischer Hinsicht*). Sofern insoweit kein Reformbedarf festgestellt werden konnte, soll die Normumsetzung anhand empirischer Untersuchungen geprüft werden (*Reformbedarf mangels Normumsetzung*).
Die folgende Untersuchung gliedert sich in verschiedene Themenkomplexe: Grundlage einer jeden Überwachung ist die Information des Überwachungsträgers. Zuerst sollen daher die Informationsmöglichkeiten des Aufsichtsrats untersucht werden. Auf der Basis entsprechender Informationen muss der Überwachungsträger sodann auf das Überwachungsobjekt einwirken können, um ggf. Fehlentwicklungen begegnen zu können. Im zweiten Abschnitt werden daher die Einwirkungsrechte des Aufsichtsrats untersucht. Nachdem dann die sogenannten Überwachungsinstrumente untersucht wurden, widmet sich die Arbeit dem Aufsichtsrat selbst und seiner Struktur. Dies soll unter dem Begriff Organisation des Aufsichtsrats erfolgen. Der darauf folgende Abschnitt widmet sich der Frage, ob das Gesetz ausreichende Kontrollmöglichkeiten gegenüber dem Aufsichtsrat vorsieht. Eng mit der Frage der Kontrolle ist die Frage der Haftung verbunden. Im nächsten Abschnitt soll daher geprüft werden, ob hinsichtlich der Sanktionsmöglichkeiten in Form einer Haftung von Aufsichtsratsmitgliedern ein Reformbedarf besteht. Abschließend werden die gesetzlichen Regelungen hinsichtlich der personellen Besetzung des Aufsichtsrats auf einen Reformbedarf untersucht.

2. Reformbedarf hinsichtlich der Informationsmöglichkeiten des Aufsichtsrat

2.1. Überblick über die gesetzlichen Informationsmöglichkeiten

Das Aktiengesetz sieht als Hauptinformationsquellen des Aufsichtsrats die Vorstandsberichte gem. § 90 AktG sowie den Jahresabschluss und den Lagebericht vor. Daneben steht dem Aufsichtsrat ein Prüfungs- und Einsichtsrecht zu, § 111 II AktG.

Bei den Vorstandsberichten sind zunächst die sog. Regelberichte zu nennen, die der Vorstand turnusmäßig in unterschiedlichen Zeitabständen zu erstatten hat. So hat der Vorstand mindestens einmal jährlich über die beabsichtigte Geschäftspolitik und andere Fragen der Unternehmensplanung zu berichten, § 90 I 1 Nr. 1, II Nr. 1 AktG. D.h. der Vorstand hat über die zukünftige Unternehmensstrategie und Maßnahmen zu deren Umsetzung zu berichten. Je nach Planungszeitraum (kurz-, mittel- bzw. langfristiger Planung) sind die Ausfüh-

rungen zu konkretisieren und ggf. durch detaillierte Planrechnungen zu untermauern[1].
Ebenfalls einmal im Jahr, nämlich zur Bilanzsitzung des Aufsichtsrats, hat der Vorstand über die Rentabilität[2] der Gesellschaft, insbesondere der des Eigenkapitals, zu berichten, § 90 I 1 Nr. 2, II Nr. 2 AktG. Der Gesetzgeber verlangt damit die Mitteilung bestimmter betriebswirtschaftlicher Kennzahlen[3], die gerade zur Bilanzsitzung mitzuteilen sind, weil sie nach Ansicht des Gesetzgebers für die Beurteilung des Jahresabschlusses wesentlich sind[4].
Gem. § 90 I 1 Nr. 3, II Nr. 3 AktG ist dem Aufsichtsrat mindestens vierteljährlich über den Gang der Geschäfte und die Lage der Gesellschaft zu berichten (sog. Quartalsbericht). Anders als der Wortlaut dies vermuten lässt, ist dazu eine Gegenüberstellung von tatsächlichem Geschäftsgang und Planrechnungen für diesen Zeitraum anhand detaillierten Zahlenmaterials erforderlich[5]. Anhand dieses Berichtes soll der Aufsichtsrat über die Entwicklung der Gesellschaft und die Umsetzung der Planung auf dem Laufenden gehalten werden.

Von diesen Regelberichten zu unterscheiden sind die sog. Sonderberichte. Diese sind vom Vorstand entweder von sich aus oder auf Initiative des Aufsichtsrats zu erstatten. Gem. § 90 I 1 Nr. 4, II Nr. 4 AktG hat der Vorstand über Geschäfte von wesentlicher Bedeutung für die Rentabilität oder Liquidität der Gesellschaft so rechtzeitig zu berichten, dass der Aufsichtsrat vor der Vornahme des Geschäfts Gelegenheit zur Stellungnahme hat[6]. Dadurch soll der

---

[1] Je längerfristig die Planung ist, desto unsicherer werden die dazu erforderlichen Prognosen. Daher haben sich langfrisige Planungen (5 bis 10 Jahre) i.d.R. auf verbale Ausführungen zu beschränken (*Lutter*, AG 1991, 253f.). Die Jahresplanung hat dagegen eine detaillierte Aufstellung des Budgets zu enthalten (*Feddersen*, ZGR 1993, 116; *Kropff*, NZG 1998, 614; *Lutter*, Information, S. 13; *Lutter/Krieger*, § 3 Rn. 62; *Semler*, ZGR 1983, 23; a.A. *Hüffer*, § 90 Rn. 4b nur wesentliche Ergebnisse; Köln.-Komm./*Mertens*, § 90 Rn. 33; *Wiesner*, in: HdbGesR AG, § 25 Rn. 13).

[2] Kennzahl zur Ermittlung der Verzinsung der eingesetzten Mittel, vgl. *Corsten*, Wirtschaftslexikon → Kapitalrentabilität. Vgl. auch *Hüffer*, § 90 Rn. 5.

[3] Mitzuteilen sind etwa der Cash-flow (d.h. das Jahresergebnis nach Steuern, zuzüglich Abschreibungen, Wertberichtigungen und Rückstellungen, abzüglich nicht einnahmewirksamer Erträge wie Auflösungen von Rückstellungen und stiller Reserven), sowie die Rentabilität des Gesamtkapitals, des Umsatzes und wesentlicher Investitionen, vgl. *Hüffer*, § 90 Rn. 5; *Lutter*, Information, S. 14; Köln.-Komm./*Mertens*, § 90 Rn. 35; *ders.*, AG 1980, 70; *Wiesner*, in: HdbGesR AG, § 25 Rn. 16.

[4] Vgl. Begr. zu § 90 RegE. AktG 1965, bei Kropff, S. 116f.; *Hüffer*, § 90 Rn. 9.

[5] *Hüffer*, § 90 Rn. 6; Köln.-Komm./*Mertens*, § 90 Rn. 36; *Wiesner*, in: HdbGesR AG, § 25 Rn. 17.

[6] Pflicht und Gegenstand der Berichterstattung hängen vom jeweiligen Unternehmen ab. Beispielhaft zu nennen sind etwa die Veräußerung eines Betriebs oder einer Beteiligung, die Gründung oder Schließung einer Zweigniederlassung oder die Übernahme eines größeren Auftrags, vgl. Begr. zu § 90 RegE. AktG 1965, bei Kropff, S. 117; *Hüffer*, § 90 Rn. 7.

Aufsichtsrat unabhängig von festen Berichtsfrequenzen laufend über wesentliche Einzelmaßnahmen unterrichtet werden.
Ein in der Literatur meist vernachlässigter[7] Bericht ist der Sonderbericht nach § 90 I 1 Nr.1, II Nr. 1 2.HS AktG. Danach ist dem Aufsichtsrat zu berichten, wenn Änderungen der Lage oder neue Fragen eine vom vorgelegten Planungsbericht abweichende künftige Geschäftsführung erfordern. Wann eine Berichterstattung erforderlich ist, hat der Vorstand nach pflichtgemäßem Ermessen zu entscheiden[8].
Darüber hinaus ist dem Aufsichtsratsvorsitzenden aus sonstigen wichtigen Anlässen zu berichten, § 90 I 2 AktG. Dieser hat dann über die Notwendigkeit der Einberufung des Aufsichtsratsplenums zu entscheiden. Die Regelung will sicherstellen, dass der Aufsichtsrat über alle wichtigen Vorkommnisse, die die Gesellschaft betreffen, unmittelbar informiert wird. Da unternehmensinterne Vorkommnisse bereits nach § 90 I 1 AktG berichtspflichtig sind, kommt dieser Vorschrift vor allem bezüglich von außen an die Gesellschaft herangetragene Ereignisse wie Klagen gegen die Gesellschaft, Arbeitskämpfe oder Kreditkündigungen mit erheblichem Einfluss auf die Liquidität der Gesellschaft Bedeutung zu[9].
§ 90 III AktG bietet dem Aufsichtsrat die Möglichkeit, aus eigener Initiative eine Berichterstattung über sämtliche Gegenstände, die für die Gesellschaft von erheblicher Bedeutung sind, zu verlangen. Damit kann sich der Aufsichtsrat über alles berichten lassen, was im Rahmen seiner Überwachungsaufgabe liegt[10].
Neben der Möglichkeit, im Einzelfall eine bestimmte Berichterstattung zu verlangen, kann der Aufsichtsrat bestimmte Regeln für die Berichterstattung festlegen. So kann der Aufsichtsrat in der Geschäftsordnung für den Vorstand gem. § 77 II 1 AktG zum Beispiel die Inhalte der Regelberichte konkretisieren bzw. erweitern, die Berichtsfrequenzen erhöhen[11] oder festlegen, wann ein

---

7 Häufig wird dieser Bericht nur namentlich aufgezählt ohne weiter darauf einzugehen, vgl. *Hüffer*, § 90 Rn. 9; Köln.-Komm./*Mertens*, § 90 Rn. 33; *Wiesner*, in: HdbGesR AG, § 25 Rn. 15.

8 Begr. zu § 90 RegE. AktG 1965, bei Kropff, S. 117; Geßler-Hefermehl/*Hefermehl*, § 90 Rn. 9.

9 Vgl. Geßler-Hefermehl/*Hefermehl*, § 90 Rn 15; *Hüffer*, § 90 Rn. 8; *Lutter*, Information, S. 17; Köln.-Komm./*Mertens*, § 90 Rn. 39; *Wiesner*, in: HdbGesR AG, § 25 Rn. 19.

10 Dies ergibt sich bereits aus der Überwachungsaufgabe des Aufsichtsrat, weil dieser ohne entsprechende Informationsgrundlage seiner Aufgabe nicht nachkommen kann. Die Vorschrift des § 90 III AktG bestätigt aber die h.M., wonach sich die Überwachungstätigkeit des Aufsichtsrats nicht in Details verlieren, sondern auf Geschäftsvorfälle von wesentlicher Bedeutung zu konzentrieren hat, vgl. OLG Köln, AG 1978, 21; *Biener*, BFuP 1977, 492; Köln.-Komm./*Mertens*, § 111 Rn. 12; *Rathenau*, S. 16.

11 § 90 II AktG enthält weitgehend nur Mindestfrequenzen.

Geschäft i.S.v. § 90 I 1 Nr. 4 AktG von erheblicher Bedeutung bzw. wann ein sonstiger wichtiger Anlass i.S.v. § 90 I 2 AktG gegeben ist[12].

Weitere wichtige Informationsquellen sind der Jahresabschluss und der Lagebericht. Während der Jahresabschluss die Geschäftsentwicklung in Zahlen wiedergibt, hat der Lagebericht den Geschäftsverlauf verbal darzustellen. Der Lagebericht hat zudem auf die künftige Entwicklung der Gesellschaft und - wie das KonTraG in § 289 I 2. HS HGB n.F. nun ausdrücklich klargestellt hat - auch auf künftige Risiken einzugehen.

In § 111 II AktG steht dem Aufsichtsrat ein über den Wortlaut hinausgehendes umfassendes Einsichts- und Prüfungsrecht in Bezug auf Unterlagen und Aktiva der Gesellschaft zu, das er auch durch einen Sachverständigen, namentlich einen Wirtschaftsprüfer, ausüben kann[13].

2.2. Reformbedarf in theoretischer Hinsicht

2.2.1. Betriebswirtschaftliches Verständnis von Überwachung als Grundlage der Bewertung der gesetzlichen Regelung

Es liegt zunächst auf der Hand, dass eine Überwachung um so wirkungsvoller ist, desto besser der Überwachungsträger über das Überwachungsobjekt informiert ist. Eine absolut umfassende Information über das Überwachungsobjekt setzt allerdings einen ebenso umfassenden Zeiteinsatz des Überwachungsträgers voraus. Die Effektivität der Überwachung hängt also von einem optimalen Verhältnis zwischen Umfang der Informationen und Zeiteinsatz des Überwachungsträgers ab. Mit der Frage, wie die Überwachung in Bezug auf die Information des Überwachungsträgers am effektivsten zu gestalten ist, hat sich vor allem die Betriebswirtschaftslehre befasst, so dass hier auf die Erkenntnisse dieser Wissenschaft zurückgegriffen werden soll.

Überwachung[14] wird in der Betriebswirtschaftslehre grundsätzlich als Prozess zur Ermittlung von Abweichungen zwischen im Vorhinein festgelegten Plangrößen und Vergleichsgrößen und die Analyse dieser Abweichungen defi-

---

[12] Schlagwortartig Informationsordnung genannt, vgl. Begr. des Regierungsentwurfs zum KonTraG, § 90 RegE AktG, ZIP 1997, 2061; *Deckert*, ZIP 1996, 991; *Dreher*, in: Feddersen u.a., Corporate Governance, S. 52ff.; *Fey*, DStR 1995, 1325; *Götz*, ZGR 1998, 540; *Lutter*, ZHR 1995, 307; *ders.*, NJW 1995, 1133; Köln.-Komm./*Mertens*, § 90 Rn. 32; *Reichelt*, S. 212.

[13] Vgl. *Dreyer*, BB 1981, 1438; *Hüffer*, § 111 Rn. 11; *Potthoff*, DB 1976, 1778; *Semler*, BFuP 1977, 533.

[14] Der Begriff „Überwachung" wird in der Betriebswirtschaftslehre als Überbegriff für Aufsicht, Kontrolle und Prüfung verstanden. Da die terminologischen Abgrenzungen zwischen den Bereichen für die vorliegende Untersuchung ohne Belang sind, wird hier ausschließlich von Überwachung gesprochen. Zu den begrifflichen Differenzierungen vgl. *Theisen*, Überwachung, S. 12ff.; *Wöhe*, S. 192f.

niert[15]. Früher hat man diesen Prozess als reine Feed-back-Überwachung verstanden, d.h. es wurde anhand einer Bestandsaufnahme nach Ablauf einer bestimmten Periode (sog. Ist-Daten) geprüft, ob die für diese Periode vorgegeben Plandaten erreicht wurden. Planung, Planungsumsetzung und Überwachung waren nach diesem Verständnis hintereinander geschaltet[16]. Von der Feed-back-Überwachung ist man jedoch seit längerem abgekommen. Denn diese Überwachungsmethode ist zeitlich träge, weil sich Abweichungen von den Plandaten erst nach Strategieimplementierung und damit erst erkannt werden, wenn die zu vermeidenden Risiken bereits eingetreten sind[17]. Häufig werden sich Abweichungen auch erst spät in quantifizierbaren Größen niederschlagen[18]. Zudem finden Veränderungen des Umfelds, die die Beurteilung der Soll/Ist-Vergleiches wesentlich beeinflussen können, keine Berücksichtigung[19]. Nach neuerem betriebswirtschaftlichem Verständnis hat daher die Überwachung als ein in die Zukunft gerichteter, begleitender Prozess stattzufinden, in dem Planungsprämissen und die Planungsumsetzung unter Berücksichtigung von Veränderungen des Unternehmensumfeldes laufend überprüft bzw. überwacht werden[20]. Überwachung vollzieht sich damit in drei Phasen, die parallel zueinander ablaufen. D.h. der Überwachungsträger, hat sich nicht nur bei der Planungserstellung, sondern laufend auch während der Planungsimplementierung mit den der Planung zugrundeliegenden Annahmen des Überwachungsobjektes auseinanderzusetzen und diese auf ihre Richtigkeit hin zu überprüfen

---

[15] *Bea/Scheurer*, DB 1994, 2145; *Hahn*, in: Hahn/Taylor, Strategische Unternehmensplanung, S. 892; *Schweitzer*, in Bea/Dichtl/Schweitzer, Allgemeine Betriebswirtschaftslehre, Bd. 2, S. 90; *Weber*, Controlling, S. 33; *Wöhe*, S. 192.

[16] Sog. klassisches Regelkreismodell (zuerst Planung, dann Umsetzung, dann Überwachung, die wiederum eine Rückkopplung auf die Planung bzw. die Umsetzung auslöst), vgl. *Drexel*, ZfB 1984, 89; *Hasselberg*, S. 14; *Jung*, Allgemeine Betriebswirtschaftslehre, S. 195; *Schreyögg/Steinmann*, zfbf 1985, 391. Vgl. auch *Frese*, Kontrolle und Unternehmensführung, S. 57ff.

[17] Vgl. dazu *Gälweiler*, in: Steinmann, Planung und Kontrolle, S. 483: „Eine Kontrolle der strategischen Planung im Sinne des üblichen Soll/Ist-Vergleiches anhand einer Überwachung der späteren Zielerreichung nützt normalerweise nicht mehr viel. Sie bringt nur späte Erkenntnisse, wie man vorher hätte entscheiden und handeln müssen." Vgl. auch *Becker*, S. 213; *Hasselberg*, S. 43f.; *Lukarsch*, 30f.; *Schreyögg/Steinmann*, zfbf 1985, 391.

[18] *Hahn*, in: Hahn/Taylor, Strategische Unternehmensplanung, S. 893; *Schreyögg/Steinmann*, zfbf 1985, 392.

[19] Zum Beispiel kann das Erreichen der geplanten Absatzahlen allein auf eine zeitlich limitierte staatliche Investitionshilfe zurückzuführen sein, vgl. *Schreyögg/Steinmann*, zfbf 1985, S. 393. Sog. sachlicher Aspekt, vgl. auch *Hasselberg*, S. 44; *Lukarsch*, S. 31f.

[20] *Bea/Scheurer*, DB 1994, 2150ff.; *Hasselberg*, Strategische Kontrolle, S. 55; *Holzer/Makowski*, DB 1997, 692; *Lück*, zfbf 1990, 1006; *Ordelheide*, in: Picot, Corporate Governance, S. 93f.; *Schreyögg/Steinmann*, zfbf 1985, 401; *Theisen*, AG 1995, 196. Vgl. den Ansatz von *Becker*, S. 176ff. (sog. Plankontrolle).

(*strategische Prämissenkontrolle*)[21]. In der Phase der Planungsumsetzung hat der Überwachungsträger nicht nur Abweichungen von den vorgegebenen Plandaten zu überprüfen, sondern parallel zur Planungsumsetzung die Gültigkeit der verfolgten Strategie zu hinterfragen (*strategische Durchführungskontrolle*)[22]. Abgesehen davon, dass die Überwachung als begleitender Prozess verstanden wird, hat nach neuerem Verständnis die Überwachung auch eine „ungerichtete", d.h. eine nicht im Vorfeld festgelegte Komponente zu enthalten (sog. *strategische Überwachung i.e.S.*)[23]. Danach soll der Überwachungsträger die interne und externe Umwelt[24] auf bisher vernachlässigte oder unvorhergesehene Entwicklungen beobachten, die die Strategieumsetzung gefährden könnten. Dadurch soll die Gefahr vermieden werden, dass die Überwachung von der Festlegung von Planungsgrößen und damit quantifizierbarer Größen abhängig ist. Durch die „ungerichtete" Beobachtung, die auch sog. *soft facts* wie zum Beispiel die Unternehmenskultur[25] bzw. das Selbstverständnis der Mitarbeiter zu umfassen hat[26], sollen strategiegefährdende Entwicklungen erfasst werden, die man bei der Strategieformulierung noch nicht berücksichtigt hatte und daher nicht als zu überwachende Plangröße definieren konnte. Zum Beispiel wird sich das Problem, die für die Entwicklung eines geplanten Produktes erforderlichen Fachkräfte auf dem heimischen Arbeitsmarkt zu rekrutieren[27], erst spät in quantifizierbaren Größen niederschlagen. Um schon frühzeitig Gegenmaßnahmen, wie zum Beispiel die Verlagerung der Entwicklung ins Ausland, treffen zu können, muss die Überwachung auch solche Probleme erfassen. Dies soll die „ungerichtete", strategische Überwachung sicherstellen.

2.2.2. Eignung der gesetzlichen Informationsmöglichkeiten im Hinblick auf den Inhalt der Informationen

Legt man der Aufgabe des Aufsichtsrats das soeben beschriebene Verständnis von Überwachung zugrunde, fragt es sich, ob die gesetzlichen Informati-

---

[21] Vgl. *Bea/Scheurer*, DB 1994, 2150; *Hahn*, in: Hahn/Taylor, Strategische Unternehmensplanung, S. 896; *Hasselberg*, S: 128; *Ordelheide*, in: Picot, Corporate Governance, S. 93; *Schreyögg/Steinmann*, zfbf 1985, 401; *Semler*, ZGR 1983, 19; *Stoermer*, 131ff.; *Weber*, Controlling, S: 154; . *Becker*, S. 216ff. der die Beteiligung des Aufsichtsrats an der Planung in Form einer sog. Strategiediskussion und einer sog. Risikodiskussion fordert.

[22] *Bea/Scheurer*, DB 1994, 2150; *Hahn*, in: Hahn/Taylor, Strategische Unternehmensplanung, S. 900; *Hasselberg*, S. 162; *Schreyögg/Steinmann*, zfbf 1985, 402f.; *Stoermer*, S. 157ff.; *Weber*, Controlling, S. 154.

[23] *Bea/Scheurer*, DB 1994, 2150f.; *Hasselberg*, S: 97ff.; *Schreyögg/Steinmann*, zfbf 1985, 403f.; *Weber*, Controlling, S: 154f.

[24] Vgl. dazu *Hahn*, in: Hahn/Taylor, Strategische Unternehmensplanung, S. 28f., insbes. Abb. 1; *Schreyögg*, in: Wittmann u.a., Handwörterbuch der Betriebswirtschaft, Teilband 3, R-Z, S. 4232ff.

[25] Zu diesem Begriff vgl. *Bleicher*, in: Hahn/Taylor, Strategische Unternehmensplanung, S. 224ff.

[26] Vgl. *Bea/Scheurer*, DB 1994, 2149; *Frerk*, AG 1995, 213.

[27] Man denke nur an die jüngst geführte Greencard-Debatte.

onsmöglichkeiten in Bezug auf den Inhalt der Informationen eine derartige Überwachung ermöglichen.

Die gesetzlichen Informationsmöglichkeiten des Aufsichtsrats scheinen zunächst noch stark an einer retrospektiven Soll-Ist-Überwachung in Form einer Feed-back-Überwachung ausgerichtet zu sein. Dies zeigt sich zum einen am Jahresabschluss, der aus vergangenheitsbezogenem Zahlenmaterial besteht[28], sowie den Regelberichten gem. § 90 I 1 Nr. 2 und 3: Der Rentabilitätsbericht zeigt die Wirtschaftlichkeit des Unternehmens im vergangenen Jahr an, der Quartalsbericht liefert Informationen über die jüngste, vergangene Geschäftsentwicklung.

Wenn aber aus diesem Grund das aktienrechtliche Informationssystem, insbesondere die Vorstandsberichte, als retrospektiv und damit für eine zeitgemäße überwachungszweckbezogene Berichterstattung ungeeignet qualifiziert werden[29], muss dem widersprochen werden. Die Vorstandsberichte ermöglichen durchaus eine Überwachung nach dem oben beschriebenen, neueren betriebswirtschaftlichen Überwachungsverständnis. Denn der Bericht über die Unternehmensplanung hat nach umstrittener, aber überzeugender Ansicht auch aussagekräftige Angaben über die Planungsprämissen zu enthalten[30] und ermöglicht damit die geforderte Prämissenkontrolle. Enthält der Vorstandsbericht hierzu keine Angaben, kann der Aufsichtsrat - ungeachtet des eben genannten juristischen Meinungsstreits über die Detailliertheit des Berichts nach § 90 I 1 Nr. 1 AktG - eine entsprechende Ergänzung der Berichterstattung gem. § 90 III AktG verlangen[31].

Auch liefert der Lagebericht gem. § 289 HGB Informationen, die eine in die Zukunft gerichtete Prämissenüberwachung ermöglichen. Denn der Bericht hat gem. § 289 II Nr. 2 HGB auf die voraussichtliche Entwicklung der Gesellschaft einzugehen und dabei auch die den dazu aufgestellten Prognosen zugrundeliegenden Annahmen zu erläutern[32]. Zwar kann bei dem auch an die Öffentlichkeit gerichteten Lagebericht nicht von allzu detaillierten Angaben ausgegangen werden. Der Lagebericht bietet dem Aufsichtsrat jedoch Anhaltspunkte für konkretisierende Rückfragen beim Vorstand. Wie das KonTraG nun ausdrücklich klargestellt hat, ist im Lagebericht auch ein Eingehen auf künftige Ri-

---

[28] Im Hinblick auf eine zukunftsorientierten Überwachung daher kritisch *Bresser/Kirchner*, AG 1977, 155; *Clemm*, FS Havermann, S. 87; *Dreyer*, S. 299; *Gelhausen*, AG/S 1997, 73; *Theisen*, FS Coenenberg, S. 80.

[29] So *Theisen*, FS Coenenberg, S. 88. Vgl. auch *Malik*, S. 33.

[30] Vgl. *Albach*, ZGR 1997, 38; *Götz*, ZGR 1998, 541; *Kropff*, NZG 1998, 614; *Lutter*, AG 1991, 254; *Lutter/Krieger*, § 3 Rn. 62; *Scheffler*, DB 2000, 434; *Semler*, ZGR 1983, 19; a.A. *Hüffer*, § 90 Rn. 4; Köln.-Komm./*Mertens*, § 90 Rn. 33; *Wiesner*, in: HdbGesR AG, § 25 Rn. 13.

[31] Vgl. *Kropff*, NZG 1998, 614 treffend: „Die Frage ist nicht mehr, was der Vorstand vorlegen, sondern, was der Aufsichtsrat in Erfüllung seiner Überwachungsaufgabe verlangen muß." Vgl. auch *Schulze-Osterloh*, ZIP 1998, 2131; *Semler*, ZGR 1983, 19.

[32] IDW RS HFA 1 (Rechnungslegungsstandard zur Aufstellung des Lageberichts), Wpg 1998, 658.

siken erforderlich, § 289 I 2. HS. HGB. Diese Informationen liefern dem Aufsichtsrat weitere Anhaltspunkte, die den Prognosen zugrundeliegenden Annahmen zu überprüfen.
Damit ist festzustellen, dass das Aktiengesetz, insbesondere durch die Vorstandsberichte, dem Aufsichtsrat eine Überwachung im Sinne einer strategischen Prämissenüberwachung ermöglicht.

Die Überwachung der Planungsdurchführung erfolgt primär anhand der Quartalsberichte und des Jahresabschlusses. Wie oben bereits angesprochen, haben die Quartalsberichte eine detaillierte Gegenüberstellung der Plandaten mit den Istdaten zu enthalten, so dass der Fortschritt der Planungsumsetzung verfolgt werden kann. Enthalten die Quartalsberichte diese Gegenüberstellung nicht, hat der Aufsichtsrat entsprechende Ergänzung zu verlangen, § 90 III AktG.
Einmal jährlich steht dem Aufsichtsrat zudem der Jahresabschluss zur Verfügung. Der Jahresabschluss eignet sich zwar nicht zu einer Durchführungsüberwachung konkreter Geschäftsvorfälle, da er eine buchhalterische Zusammenfassung sämtlicher Geschäftsvorfälle enthält und sich daher einzelnen konkreten Zahlen nicht bestimmte Unternehmenstätigkeiten zuordnen lassen[33]. In Verbindung mit den Quartalsberichten gewinnt der Jahresabschluss jedoch wieder an Bedeutung. Denn die vierteljährlich berichtete Geschäftsentwicklung muss sich in den Zahlen des Jahresabschlusses wiederfinden[34]. Jahresabschluss und Quartalsberichte müssen daher ein einheitliches Bild ergeben. Anhand des Jahresabschlusses können also die Quartalsberichte und damit mittelbar die Planungsumsetzung überprüft werden.
Eine Form der Durchführungsüberwachung liegt auch in der Berichterstattung über wesentliche Einzelgeschäfte nach § 90 I 1 Nr. 4 AktG. Schließlich steht es dem Aufsichtsrat frei, gem. § 90 III AktG Berichterstattung über bestimmte Vorgänge zu verlangen, und kann so die Planungsumsetzung am Einzelfall verfolgen.
Das Aktiengesetz erlaubt damit eine für die strategische Durchführungsplanung erforderliche Informationsgewinnung. Es ist Aufgabe des Aufsichtsrats, diese Informationen für eine laufende Hinterfragung der verfolgten Strategie zu verwenden.

Die nach betriebswirtschaftlichem Verständnis ungerichtete, sog. strategische Überwachung i.e.S. kann *per definitionem* keine ausdrückliche Berücksichtigung im aktienrechtlichen Informationssystem finden. Die Besonderheit dieser Überwachungskomponente besteht gerade darin, dass der Informationsinhalt nicht im Vorhinein festgelegt ist. Es soll vielmehr sichergestellt werden, dass

---

[33] *Dreyer*, S. 299, hält den Jahresabschluss daher als für Überwachungszwecke irrelevant. Vgl. auch *Bresser/Kirchner*, AG 1977, 155.

[34] Vgl. *Theisen*, Information, S. 64: der Jahresabschluss darf für den Aufsichtsrat gegenüber der Quartalsberichterstattung keine wesentlichen Neuigkeiten enthalten.

bislang noch nicht berücksichtigte Faktoren in das Überwachungsverfahren einbezogen werden. Dieser überwachungstechnischen Auffangfunktion[35] kann gesetzlich daher auch nur im Wege von Auffangnormen Rechnung getragen werden. Als solche können §§ 90 I 2 und § 90 II Nr. 1 2. HS. AktG angesehen werden, wonach die Berichtspflicht des Vorstandes an unerwartete Entwicklungen bzw. Ereignisse anknüpft. Im Übrigen kann dieser Kontrollform nur durch individuelle Beobachtungen jedes einzelnen Aufsichtsratsmitglieds, insbesondere unter Verwendung der ihm außerhalb seiner Amtsfunktion zugetragenen Informationen Rechnung getragen werden[36].

Damit ist festzuhalten, dass das aktienrechtliche Informationssystem des Aufsichtsrats in inhaltlicher Hinsicht keineswegs rein retrospektiv ausgerichtet ist, sondern durchaus geeignet ist, eine in die Zukunft gerichtete, strategische Überwachung im Sinne des neueren betriebswirtschaftlichen Verständnisses zu gewährleisten.

2.2.3. Eignung der gesetzlichen Informationsmöglichkeiten in Bezug auf den Zeitpunkt der Information

Wie oben dargestellt wurde, besteht ein wesentlicher Aspekt der Überwachung nach neuerem betriebswirtschaftlichem Verständnis darin, dass die Überwachungstätigkeit als ein kontinuierlicher, die Planungsimplementierung begleitender Prozess stattfindet[37]. Die gesetzlichen Informationsmöglichkeiten des Aufsichtsrat zeichnen sich jedoch überwiegend durch eine periodische Berichterstattung aus. So haben die Vorstandsberichte in periodischen Abständen zu erfolgen, § 90 II AktG, Jahresabschluss und Lagebericht werden einmal jährlich vorgelegt.

Nichtsdestotrotz enthält das aktienrechtliche Informationssystem des Aufsichtsrats Elemente einer begleitenden Überwachung. So gewinnt für eine kontinuierliche Prämissenkontrolle die in der Literatur allerdings meist vernachlässigte Regelung der Berichtsfrequenz in § 90 II Nr. 1 2.HS AktG an Bedeutung. Denn der Vorstand hat dem Aufsichtsrat auch zu berichten, wenn Änderungen der tatsächlichen Lage eine unverzügliche Berichterstattung verlangen. Werden dem Vorstand Tatsachen bekannt, die die Richtigkeit der dem Aufsichtsrat berichteten Planungsprämissen in Frage stellen, muss der Vorstand dem Aufsichtsrat darüber berichten. Denn die Planung steht und fällt mit der Richtigkeit der ihr zugrundegelegten Prämissen. Stellen sich diese als un-

---

35 Vgl. *Schreyögg/Steinmann*, zfbf 1985, 403; *Weber*, Controlling, S. 154.

36 *Bea/Scheuerer*, DB 1994, 2152 halten das Organ Aufsichtsrat aufgrund seiner vielseitigen Zusammensetzung aus Vertretern unterschiedlicher Bereiche wie Gewerkschaften, Banken, Versicherungen, Lieferanten etc. als für die strategische Überwachung besonders gut geeignet.

37 Vgl. auch *Gerum*, in: Ballwieser/Berger, Information und Wirtschaftlichkeit, S. 760; *Theisen*, Information, S. 109.

zutreffend heraus, muss die ursprüngliche Planung neu überdacht werden, ein Prozess, in den der Aufsichtsrat eingebunden werden muss. Auch wenn der Gesetzgeber die Berichtspflicht des 2.HS. des § 90 II Nr. 1 AktG in das pflichtgemäße Ermessen des Vorstandes gestellt hat[38], bringt er damit zum Ausdruck, dass der Aufsichtsrat nicht nur periodisch, sondern laufend über Veränderungen der Planungsprämissen unterrichtet werden soll. Zudem hat es der Aufsichtsrat in der Hand, das diesbezügliche Vorstandsermessen durch ausdrückliches Berichtsverlangen bei bestimmten Veränderungen zu reduzieren. Das Aktiengesetz erlaubt damit dem Aufsichtsrat eine kontinuierliche, strategische Prämissenkontrolle.

Neben der Prämissenkontrolle ist auch die Durchführungskontrolle nicht auf bestimmte Berichtsperioden beschränkt. Denn neben den periodischen Berichten wie Jahresabschluss und Quartalsbericht, bietet § 90 I 1 Nr. 4 AktG dem Aufsichtsrat die Möglichkeit, die Planungsumsetzung laufend zu überwachen: Über Geschäfte, die für die Rentabilität der Gesellschaft bedeutend sind, ist rechtzeitig vor ihrer Durchführung zu berichten. Der Vorstand hat auch gem. § 90 I 2 AktG zu berichten, wenn besondere Ereignisse die Planungsumsetzung beeinträchtigen und dies von wesentlicher Bedeutung für die Gesellschaft ist. Zudem sind die Anforderungsberichte gem. § 90 III AktG nicht an bestimmte Berichtsperioden gebunden, sondern können - wie das Gesetz betont - „jederzeit" verlangt werden.

Schließlich kann der Aufsichtsrat die Berichtszeitpunkte in gewissem Umfang modifizieren. So ist über die Planung *mindestens* einmal jährlich, und über den Gang der Geschäfte *mindestens* vierteljährlich zu berichten. Der Aufsichtsrat kann bei Bedarf diese Frequenzen zum Beispiel in einer Informationsordnung erhöhen und damit das Maß der Aktualität der Informationen selbst bestimmen.

Damit ist festzuhalten, dass das gesetzliche Informationssystem des Aufsichtsrats auch in zeitlicher Hinsicht geeignet ist, eine kontinuierliche, begleitende Überwachung zu ermöglichen.

2.2.4. Systematisches Problem: Abhängigkeit der Informationen vom Überwachungsobjekt

Wie soeben dargelegt, sieht das Aktiengesetz in erster Linie in den Vorstandsvorlagen das Instrumentarium einer in die Zukunft gerichteten, begleitenden Überwachung. Daraus ergibt sich für die Funktionsfähigkeit der Überwachung jedoch das Erfordernis, dass der Vorstand seinen Berichtspflichten in der oben beschriebenen Weise nachkommt und den Aufsichtsrat laufend vollständig und wahrheitsgemäß informiert. In dieser Konzeption offenbart sich eine systemati-

---

[38] Begr. zu § 90 RegE. AktG 1965, bei Kropff, S. 117; Geßler-Hefermehl/*Hefermehl*, § 90 Rn. 9.

sche Schwäche des aktienrechtlichen Überwachungssystems[39]. Denn der Überwachungsträger Aufsichtsrat ist insoweit hinsichtlich seiner Informationsversorgung vom Überwachungsobjekt Vorstand abhängig, womit ein gewisses Manipulationsrisiko verbunden ist. Dieses Risiko kann sich nicht nur in bewusster Täuschung des Aufsichtsrats verwirklichen, wie dies im Fall der Balsam AG geschehen ist. Eine Manipulation des Aufsichtsrats liegt auch dann vor, wenn der Vorstand die tatsächlichen Probleme selbst nicht hinreichend wahrnimmt oder wahrnehmen will und daher den Aufsichtsrat unvollständig oder irreführend informiert[40]. Beredte Beispiele sind die oben dargestellten Fälle der Metallgesellschaft und des Bremer Vulkan. Gerade im Fall der Metallgesellschaft war die Überwachung des Aufsichtsrats durch die Berichterstattung auf bestimmte Problemfelder konzentriert, so dass die Öltermingeschäfte in den USA nicht die gebotene Aufmerksamkeit des Aufsichtsrats auf sich zogen.

Die gesetzliche Konzeption, wonach der Aufsichtsrat von der Information durch den Vorstand, den er überwachen soll, abhängig ist, ist das Ergebnis einer aus den Erfahrungen mit der Aufgabe des Aufsichtsrats gewachsenen Entwicklung. Bei Einführung des Aufsichtsrats in das ADHGB von 1861 sah das Gesetz lediglich ein Einsichts- und Prüfungsrecht des Aufsichtsrats vor, so dass sich der Aufsichtsrat die zur Überwachung erforderlichen Informationen selbst besorgen musste[41]. Mit dieser Aufgabe war der Aufsichtsrat, dessen Überwachungsfunktion seit jeher als Nebenamt konzipiert ist[42], allerdings von Anfang an überfordert: Eine eigenständige Informationsversorgung aus den Büchern und Unterlagen der Gesellschaft war aufgrund der begrenzten Zeitkapazität der Aufsichtsratsmitglieder nicht möglich[43]. Gerade in größeren Gesellschaften

---

[39] Vgl. *Bea/Scheurer*, DB 1994, 2149; *Deckert*, ZIP 1996, 989; *Lutter/Krieger*, Rn. 57; *Martens*, ZHR 1995, 585; *Möllers*, ZIP 1995, 1728; *Peltzer*, WM 1981, 349; *Pfannschmidt*, S. 38; *Schreib*, BFuP 1996, 308.

[40] Vgl. *Martens*, ZHR 1995, 585: „Dabei ist in grundsätzlicher Hinsicht zu bedenken, daß im Krisenfall die Vorstandsberichte nicht immer ein ungeschminktes Bild der Situation, ihrer Ursachen und der Krisenbewältigung bieten. Grund für eine solche beschönigende Darstellung der Krisensituation kann die Befangenheit des Vorstandes sein, kann aber auch eine bewusste Manipulation sein."

[41] Art. 225 Abs. 1 ADHGB 1861 :"... ;er kann sich vom Gang der Angelegenheiten der Gesellschaft unterrichten, die Bücher und Schriften derselben jederzeit einsehen und den Bestand der Gesellschaftskasse jederzeit untersuchen.", abgedruckt bei *Potthoff/Theisen*, FS 40 Jahre Der Betrieb, S. 57.

[42] Vgl. aus historischer Sicht *Rathenau*, S. 13f.; Stellungnahme des Sachverständigen *Rhem*, in: Verhandlungen des 28. DJT, Bd. I, S. 24; *Rießer*, FG Koch, S. 301f.; *Stenglein*, S. 439; *Stier-Somlo*, ZHR 1903, 51; *Warschauer*, S. 7. Vgl. nach heutigem Verständnis *Dreher*, JZ 1990, 897; *Lutter*, ZHR 1981, 235; *Mertens*, AG 1992, 208; *Mülbert*, in: Feddersen u.a., Corporate Governance, S. 103; *Ulmer*, NJW 1980, 1604.

[43] Vgl. *Passow*, S. 443ff.: „Ein Recht der Untersuchung aber ist illusorisch, wenn die Unmöglichkeit der Ausübung dieses Rechts zweifellos ist."(Felix Hecht); *Rießer*, FG Koch, S.

wusste der Aufsichtsrat oft nicht, wo er mit der Überwachung überhaupt ansetzen sollte. Bereits mit der Novelle von 1884 wurde daher dieses Einsichtsrecht durch eine Berichtspflicht des Vorstandes ergänzt[44], welche zunächst durch die NotVO von 1931[45] und schließlich durch das AktG von 1965 näher konkretisiert wurde.

Erkennt man die grundlegende Informationsversorgung des Aufsichtsrats durch den Vorstand als konzeptionelle Notwendigkeit, fragt es sich, ob das Aktiengesetz dem Aufsichtsrat ausreichende Mittel bereitstellt, sich vor einer Manipulation seiner Tätigkeit zu schützen.
Auf eine zurückhaltende Informationspolitik des Vorstandes kann der Aufsichtsrat in erster Linie mit dem Verlangen nach Ergänzungsberichten oder der Festlegung der Berichtsinhalte in einer Informationsordnung des Vorstands reagieren. Der Aufsichtsrat kann sich schriftliche Berichte des Vorstandes mündlich erläutern lassen und hat so die Gelegenheit zu kritischen und tiefergehenden Fragen[46]. Damit besteht schon ein gewisser Schutz vor Manipulation[47], der freilich bei geschickter, bewusster Täuschung durch den Vorstand ins Leere geht.
Ein wichtiges Schutzinstrument stellt insoweit der vom Abschlussprüfer geprüfte Jahresabschluss dar. Denn im Jahresabschluss hat der gesamte Geschäftsverlauf des vergangenen Jahres Niederschlag zu finden, so dass dem Aufsichtsrat von unabhängiger Seite geprüfte Geschäftszahlen vorliegen. Zwar kann durch die Ausübung bestimmter Wahlrechte der Geschäftsverlauf in einem positiveren Licht dargestellt werden, als dieser tatsächlich gegeben war. Im Anhang des Jahresabschlusses und im Prüfungsbericht des Abschlussprüfers ist jedoch auf diese Ansatzwahlrechte einzugehen und eine Änderung der bisherigen Ansätze anzugeben[48]. Zudem hat der Aufsichtsrat die Möglichkeit, seit dem KonTraG nunmehr sogar die Pflicht, sich die Ergebnisse der Abschlussprüfung vom Abschlussprüfer persönlich erläutern zu lassen. Eine intensive Analyse des Jahresabschlusses und des Prüfungsberichtes kann also durchaus Anhaltspunkte dafür liefern, dass die Berichterstattung des Vorstandes, insbesondere über die vergangene Geschäftsentwicklung nicht zutreffend

---

301f. m.w.N.: in großen Betrieben seien nicht einmal die Vorstände in der Lage, sämtliche Bücher und Schriften zu überprüfen.

[44] *Potthoff/Theisen*, FS 40 Jahre Der Betrieb, S. 59.

[45] Art. 239a HGB sah eine mindestens vierteljährliche Berichterstattung über die Lage der Gesellschaft und eine jederzeitige Berichterstattung aus sonstigem wichtigen Anlass vor.

[46] Zur Teilnahmepflicht des Vorstandes an den Aufsichtsratssitzungen auf Verlangen des Aufsichtsrats vgl. Geßler-Hefermehl/*Geßler*, § 109 Rn. 8; *Hoffmann-Becking*, in: HdbGesR AG, § 31 Rn. 44; *Hüffer*, § 109 Rn. 3; *Lutter/Krieger*, Rn. 236.

[47] Vgl. *Hoffmann-Becking*, in: HdbGesR AG, § 29 Rn. 29: dieses Mittel sollte nicht unterschätzt werden.

[48] IDW FG 2/1988, Wpg 1989, 22; Geßler-Hefermehl/*Kropff*, § 166 Rn. 17. Vgl. auch die Angabepflicht bei Änderung der Bilanzierungs- oder Bewertungsmethoden im Anhang des Jahresabschlusses, § 284 II Nr. 3 HGB.

oder unvollständig ist. Ein Beispiel dafür bietet der Fall des Bremer Vulkan[49]. Der Vorstand hatte operative Gewinne in allen Sparten angegeben. Aus dem Jahresabschluss ergab sich jedoch, dass der Jahresüberschuss aus der Auflösung von Rückstellungen resultierte. Der Aufsichtsrat hätte also dem Jahresabschluss Anhaltspunkte entnehmen können, die diese Angaben des Vorstandes in Frage stellten.

Während der Jahresabschluss sich auf vergangenheitsbezogene Zahlen bezieht, bietet der Lagebericht dem Aufsichtsrat die Möglichkeit, die Berichterstattung des Vorstandes über die künftige Entwicklung der Gesellschaft zu überprüfen. Denn der Abschlussprüfer muss feststellen, ob der Lagebericht auf sämtliche Geschäftsbereiche eingeht, die jeweilige Entwicklung plausibel darstellt und dabei auch die Geschäftsrisiken berücksichtigt. Zwar sind - wie bereits festgestellt[50] - im Lagebericht keine allzu detaillierten Informationen zu erwarten. Nichtsdestotrotz bieten der geprüfte Lagebericht und die dazu gegebenen Erläuterungen im Abschlussbericht wertvolle Ansatzpunkte für eine Überprüfung der Vorstandsberichte[51].

Der Aufsichtsrat kann sich auch sämtliche Gesellschaftsunterlagen vorlegen lassen und einer eigenen Prüfung unterziehen, § 111 II 1 AktG[52]. Dieses Recht ist nicht, wie teilweise angenommen[53], wegen offenkundiger Misstrauenskundgabe gegenüber dem Vorstand als *ultima ratio* auf solche Fälle beschränkt, in denen der Aufsichtsrat bereits einen begründeten Verdacht unvollständiger oder unzutreffender Berichterstattung hat. Das Prüfungsrecht nach § 111 II AktG ist vielmehr ein unverzichtbares Recht, sich auch ohne konkrete Verdachtsmomente zumindest stichprobenartig einer ordnungsgemäßen Berichterstattung zu vergewissern[54]. Würde man das Prüfungsrecht auf Fälle begründeten Verdachts beschränken, würde eine Kontrolle häufig zu spät kommen. Man denke nur an den Fall der Balsam AG, in dem bis kurz vor dem Zusammenbruch nur vage Hinweise auf die Unrichtigkeit der Vorstandsberichte gegeben waren[55]. Eine Beschränkung des Einsichts- und Prüfungsrechts muss aber nicht nur aus teleologischer, sondern auch aus historischer Sicht abgelehnt werden. Ursprünglich stand dem Aufsichtsrat das Einsichts- und Prü-

---

[49] Siehe oben 1. Teil, 3.3.2.

[50] Siehe oben 1. Teil, 2.3.2.2.

[51] Vgl. *Jaschke*, S. 207.

[52] Zur Pflicht, weitergehender Untersuchungen im Falle unklarer, unvollständiger oder erkennbar falscher Berichte vgl. Geßler-Hefermehl/*Geßler*, § 116 Rn 9; *Hoffmann-Becking*, in: HdbGesR AG, § 29 Rn. 29; *Raiser*, Kapitalgesellschaften, § 15 Rn. 92.

[53] So *Brandi*, ZIP 2000, 176 (erheblichen Verdachtsmomenten); *Lutter/Krieger*, Rn. 90; Großkommentar/*Meyer-Landrut*, § 111 Anm. 11 (nur bei begründetem Verdacht); *Steinbeck*, S. 129.

[54] So zutreffend *Höhn*, Die Geschäftsleitung der GmbH, S. 316; *Hoffmann-Becking*, in: HdbGesR AG, § 29 Rn. 33; Köln.-Komm./*Mertens*, § 111 Rn. 42; *Schulze-Osterloh*, ZIP 1998, 2132.

[55] Siehe oben 1. Teil, 3.4.2.

fungsrecht als einzige Informationsquelle zu[56]. Die Einführung der Berichtspflicht des Vorstandes sollte die Überwachung durch den Aufsichtsrat erleichtern und nicht etwa in ihren Möglichkeiten beschränken[57]. Eine Beschränkung des Einsichts- und Prüfungsrechtes auf konkrete Verdachtsfälle lässt sich mit der Intention des Gesetzgebers bei Einführung der Berichtspflicht des Vorstandes nicht vereinbaren.
Der Aufsichtsrat kann sich bei der Prüfung auch sachverständiger Hilfe, insbesondere der des Abschlussprüfers bedienen. Gemäß dem durch das KonTraG eingeführten § 111 II 3 AktG bietet sich dem Aufsichtsrat sogar die Gelegenheit, den Auftrag des Abschlussprüfers dementsprechend zu erweitern. Dies ist insbesondere deshalb sinnvoll, weil der Abschlussprüfer bei Prüfung des Lageberichts ohnehin mit den Vorstandsberichten, wie den Quartalsberichten befasst ist[58].
In Ausnahmefällen kann der Aufsichtsrat auch am Vorstand vorbei Mitarbeiter des Unternehmens direkt befragen[59].
Dem Aufsichtsrat stehen also verschiedene vom Vorstand unabhängige Informationsquellen zur Verfügung, die ein ausreichendes Instrumentarium gegen Manipulationen durch den Vorstand bieten.

Damit ist festzuhalten, dass die Informationsversorgung durch den Vorstand zwar ein gewisses Manipulationsrisiko mit sich bringt, diese Konzeption aber aufgrund des nebenamtlichen Charakters des Aufsichtsratsmandats eine Notwendigkeit darstellt, und das Aktiengesetz ausreichende Mittel zur Verfügung stellt, eine Manipulation durch den Vorstand zu verhindern. Das gesetzliche Informationssystem des Aufsichtsrats ist damit theoretisch geeignet, eine ordnungsgemäße Überwachung zu ermöglichen.

2.2.5. Sonderfall: Information des Aufsichtsrats der Konzernobergesellschaft über abhängige Unternehmen

Wie der Fall der Metallgesellschaft gezeigt hat, kommt es aufgrund zunehmender Komplexität moderner Unternehmensstrukturen immer mehr darauf an, dass der Aufsichtsrat der Konzernobergesellschaft über Vorgänge bei abhängigen Unternehmen informiert ist. In den vorangegangenen Abschnitten

---

[56] Vgl. Art. 225 ADHGB 1861, oben Fn. 41.

[57] Vgl. Begr. zu § 81 AktG 1937, abgedr. bei Matthes, Aktiengesetz 1937, S. 181; Begr. zu § 90 RegE. AktG 1965, bei Kropff, S. 116.

[58] Nach IDW PS 350 (Prüfung des Lageberichts), Wpg 1998, 665 sind zur Prüfung des Lageberichts auch die Quartalsberichte heranzuziehen, so dass deren Plausibilität quasi mitgeprüft werden kann. Vgl. auch *Hommelhoff*, BB 1998, 2571.

[59] Geßler-Hefermehl/*Geßler*, § 111 Rn. 22; *Lippert*, S. 83; Köln.-Komm./*Mertens*, § 90 Rn. 44; Großkommentar/*Meyer-Landrut*, § 90 Anm. 7; *Steinbeck*, S. 135 m.w.N., wobei im Einzelnen strittig ist, ob dieses Recht direkt § 111 II AktG oder § 109 I 2 AktG (Auskunftsperson) zu entnehmen ist. Zu eng jedenfalls *v. Godin-Wilhelmi*, § 90 Anm. 9, die in jedem Fall eine Befragung von Mitarbeitern ausschließen.

wurden die aktienrechtlichen Regelungen nur bezüglich der Informationen innerhalb einer Gesellschaft überprüft. Im Folgenden soll der Frage nachgegangen werden, ob auch im Konzern ausreichende Informationsmöglichkeiten über die Entwicklung abhängiger Unternehmen gegeben sind.

Das Aktiengesetz sieht eine Information des Aufsichtsrats über verbundene Unternehmen zunächst nur an zwei Stellen vor: § 90 I 2 2.HS AktG stellt klar, dass ein berichtspflichtiger sonstiger Anlass auch durch Vorgänge bei einem verbundenen Unternehmen begründet sein kann. § 90 III AktG erstreckt das Recht auf umfassende Berichterstattung auch auf Beziehungen zu verbundenen Unternehmen und Vorgänge bei diesen Unternehmen, die für die Lage der Gesellschaft von Bedeutung sein können. Darüber hinaus ist jedoch allgemein anerkannt, dass auch die Regelberichte auf die Entwicklung von Tochtergesellschaften im Einzelnen einzugehen haben - wenn dies für die Muttergesellschaft wesentlich ist[60]. Denn zum einen hängt die Lage der Konzernobergesellschaft nicht nur bei einer Konzernholding in der Regel von den Entwicklungen der wesentlichen Tochtergesellschaften ab, so dass sich bereits aus diesem Umstand eine Berichtspflicht ergibt[61]. Zum anderen ergibt sich aus den bereits erwähnten §§ 90 I 2 2.HS und 90 III AktG, dass auch Vorgänge bei verbundenen Unternehmen zum Berichtsumfang der Vorstandsberichte zählen, soweit sie für die Konzernlage wesentlich sind.
Knüpft man die Berichtspflicht des Vorstandes im Konzern mit der zutreffenden h.M. primär an das Kriterium der Wesentlichkeit[62], folgt daraus, dass die rechtliche Struktur des Konzerns für die Berichtspflicht des Vorstandes in den Hintergrund tritt. Die Berichterstattung in einer Konzernholding, die ihre Geschäftsbereiche mit selbständigen Tochtergesellschaften abdeckt, unterscheidet sich daher nicht sonderlich von der Berichterstattung in einem Stammhauskonzern, der sich in rechtlich unselbständige Sparten unterteilt[63].
Dies sei am Beispiel der Metallgesellschaft verdeutlicht: Bei der Metallgesellschaft Corp. New York handelte es sich mit einem Umsatz von über 3 Mrd. US$[64] um einen wichtigen Teilkonzern der MG Frankfurt, der den Bereich Finanzdienstleistung in Zusammenhang mit dem Energierohstoffgeschäft in den USA bediente[65]. Bei dem erheblichen Gewicht der MG Corp. New York für die

---

[60] *Götz*, ZGR 1998, 541; *Hoffmann-Becking*, ZHR 1995, 334; *Klein*, AG 1982, 11f.; *Lutter*, Information, S. 42; *Martens*, ZHR 1995, 585; Köln.-Komm./*Mertens*, § 90 Rn. 18; *ders.*, AG 1980, 70; *Schilling*, AG 1981, 343.

[61] Vgl. *Hoffmann-Becking*, ZHR 1995, 336; *Mertens*, AG 1980, 70.

[62] Der Aufsichtsrat hat auch nur die Konzernleitung und nicht die Geschäftsführung in den Tochtergesellschaften zu überwachen, vgl. *Hoffmann-Becking*, ZHR 1995, 331; *Hommelhoff*, AG 1995, 226; *Krieger*, in: HdbGesR AG, § 69 Rn. 29; *Scheffler*, DB 1994, 797; *Semler*, Leitung und Überwachung, Rn. 396ff.

[63] *Hoffmann-Becking*, ZHR 1995, 334. Vgl. auch *Götz*, ZGR 1998, 541 Fn. 46.

[64] Geschäftsbericht der MG 1992, S. 10.

[65] Geschäftsbericht der MG 1992, S. 37.

Lage der MG Frankfurt musste neben der Planung und Geschäftsentwicklung der MG Corp. selbst über deren bedeutenden umsatzstarken Tochtergesellschaften berichtet werden. Im Hinblick auf den erheblichen Finanzierungsbedarf der MG Refining & Marketing (MGRM) musste daher auch über die Planung und Entwicklung in dieser Gesellschaft berichtet werden. Der Umfang der Berichterstattung über die MGRM richtet sich wiederum nach dem Kriterium der Wesentlichkeit. Danach war zwar sicherlich nicht die Jahresbudgetplanung der MGRM vorzulegen. Andererseits durfte sich die Berichterstattung wegen des erheblichen Finanzvolumens aber nicht auf allgemeine Ausführungen zur langfristigen Strategie beschränken, sondern musste zumindest die wesentlichen Maßnahmen zur Umsetzung dieser Strategie unter Angabe der zugrunde gelegten Annahmen liefern. In jedem Fall hätte der Aufsichtsrat diese Informationen gem. § 90 III AktG nachfragen können. Der Aufsichtsrat der MG Frankfurt hätte also über die Öltermingeschäfte in den USA näher informiert werden müssen, sich in jedem Fall aber darüber informieren können.
Als Zwischenergebnis ist damit festzuhalten, dass in den Vorstandsberichten dem Aufsichtsrat auch im Konzern eine geeignete Informationsgrundlage für eine effektive Überwachung zur Verfügung steht.

Wie oben bereits dargestellt, ist mit den Vorstandsberichten jedoch ein gewisses Manipulationsrisiko verbunden, welches im Konzern besondere Probleme aufwirft. Der Konzernabschluss, als eine auf seine Ordnungsmäßigkeit hin überprüfte Informationsquelle, ist für eine Überwachung in Bezug auf die Entwicklung von Tochtergesellschaften wenig geeignet[66]. Denn gem. § 297 III 1 AktG ist die Lage des Konzerns so darzustellen, als handele es sich um ein einziges Unternehmen. Daraus resultiert ein sehr geringer Detailliertheitsgrad des Konzernabschlusses, der eine Beurteilung der Entwicklung einzelner Sparten nicht zulässt. Die eingeschränkte[67] Aufgliederungspflicht der Umsatzerlöse nach Tätigkeitsbereichen oder geographischen Märkten in § 314 I Nr. 3 HGB kann diesen Mangel nicht kompensieren. Für börsennotierte Gesellschaften ist eine gewisse Verbesserung durch den im KonTraG eingefügten § 297 I 2 HGB n.F. vorgesehen, wonach der Konzernabschluss neben einer Kapitalflussrechnung auch eine Segmentberichterstattung[68] zu

---

[66] Zur ungenügenden Beurteilungsmöglichkeit hinsichtlich einzelner Geschäftsbereiche vgl. *Adler/Düring/Schmaltz*, § 297 HGB n.F. Rn. 36; *Baetge*, Bilanzanalyse, S. 57; *Langenbucher*, in: Küting/Weber, S. 130.

[67] Die Aufgliederungspflicht knüpft an erhebliche Unterschiede der Tätigkeitsbereiche und Märkte an, § 314 I Nr. 3 HGB. Vgl. zudem die Schutzklausel des § 314 II HGB.

[68] Eine Segemtberichterstattung ist eine Veröffentlichung überwiegend finanzieller Daten, wie Umsätze, Abschreibungen, Investitionen über einzelne Tätigkeitsfelder und Regionen der Gesellschaft, vgl. *Claussen*, ZGR 1999, 523; *Zimmer*, NJW 1998, 3531.

enthalten hat. Dadurch wird die Diversifikation von Unternehmen in gewissem Maße transparenter[69].

Auch der vom Abschlussprüfer geprüfte Konzernlagebericht hat von der Annahme des Konzerns als eines Unternehmens auszugehen. Die Darstellung des Geschäftsverlaufs und die Prognose der künftigen Entwicklung ist jedoch zumindest nach den wesentlichen Teilbereichen aufzugliedern[70]. Werden bestimmte Teilbereiche von selbständigen Unternehmen abgedeckt, ist damit eine vom Abschlussprüfer geprüfte Information in Bezug auf abhängige Unternehmen möglich.

Da der Gesetzgeber wegen der Gefahr, der Konkurrenz zu tiefe Einblicke in wesentliche Geschäftsinterna zu gewähren, bei Konzernabschluss und Konzernlagebericht sehr zurückhaltend ist[71], kommt damit dem Einsichts- und Prüfungsrecht des § 111 II AktG entscheidende Bedeutung zu. Dieses besteht im Konzern aufgrund der rechtlichen Selbständigkeit der Tochtergesellschaften nur in eingeschränktem Maße. Zwar ist allgemein anerkannt, dass der Aufsichtsrat auf Unterlagen über abhängige Unternehmen zugreifen kann, wenn sich diese im Besitz der Obergesellschaft befinden[72]. Denn mit Inbesitznahme werden diese zu Unterlagen *der* Gesellschaft i.S.v. § 111 II AktG. Dem Aufsichtsrat steht jedoch kein direktes Zugriffsrecht auf Unterlagen zu, die sich im Besitz der abhängigen Gesellschaft befinden[73]. Dazu fehlt es dem Aufsichtsrat an Eingriffsbefugnissen gegenüber dem abhängigen Unternehmen. Diese sind vom Vorstand der herrschenden Gesellschaft als deren Vertreter geltend zu machen. Es ist zwar anerkannt, dass der Vorstand dem Verlangen des Aufsichtsrats nach Beschaffung der erforderlichen Unterlagen im Rahmen seiner konzernrechtlichen Informationsrechte[74] nachkommen muss und der Aufsichtsrat dann über § 111 II AktG darauf zugreifen kann[75]. Der Vorstand kann dem Aufsichtsrat auch die Ausübung seiner Rechte überlassen[76]. Da der Aufsichts-

---

[69] Vgl. *Adler/Düring/Schmaltz*, § 297 HGB n.F., Rn. 36f.; *Claussen*, ZGR 1999, 523; *Langebucher*, in: Küting/Weber, S. 128.

[70] *Baetge*, Kozernbilanzen, S. 605; *Schildbach*, Konzernabschluß, S. 355.

[71] Vgl. dazu *Böcking*, in: Dömer u.a., Reform des Aktienrechts, S. 512; *Langebucher*, in: Küting/Weber, S. 129.

[72] *Hoffmann-Becking*, ZHR 1995, 338f.; *Martens*, ZHR 1995, 586; *Semler*, Leitung und Überwachung, Rn. 419.

[73] *Götz*, ZGR 1998, 542; *Hoffmann-Becking*, ZHR 1995, 339; *Martens*, ZHR 1995, 586; *Semler*, Leitung und Überwachung, Rn. 420.

[74] Bzgl. eingegliederter Gesellschaften, 100%igen Tochtergesellschaften und Gesellschaften, mit denen ein Beherrschungsvertrag besteht, kann der Vorstand nahezu unbegrenzt (vgl. jedoch § 308 AktG) Unterlagen der Tochtergesellschaft einfordern. Im faktischen Konzern sind seinem Einfluss durch § 311 AktG im Vertrauensbereich Grenzen gesetzt (so *Semler*, Leitung und Überwachung, Rn. 424). Im Übrigen muss der Vorstand auf Rechte wie §§ 294 III 2 HGB, 51a GmbHG, 131, 326 AktG ggf. sogar § 142 AktG zurückgreifen.

[75] Vgl. die in Fn. 72 Genannten.

[76] *Martens*, ZHR 1995, 586.

rat Letzteres aber nicht erzwingen kann, ist er in jedem Fall auf die Mitwirkung des Vorstandes angewiesen.
Die Notwendigkeit, die Unterlagen über den Vorstand, also das Überwachungsobjekt, beschaffen zu müssen, kann nicht befriedigen[77]. Zwar muss das Verhältnis von Aufsichtsrat zum Vorstand grundsätzlich von Vertrauen geprägt sein. Der Aufsichtsrat muss jedoch die Möglichkeit haben, die Berichterstattung des Vorstandes überprüfen zu können, ohne dass der Vorstand auf diese Prüfung Einfluss nehmen könnte. Da der Aufsichtsrat in abhängigen Gesellschaften im Gegensatz zur eigenen Gesellschaft keine eigene Prüfung der Geschäftsunterlagen vor Ort vornehmen kann, ist der Aufsichtsrat auf die Mitwirkung des Vorstandes angewiesen und damit der Vorauswahl des Vorstandes ausgeliefert[78]. Im Extremfall kann zwar der Aufsichtsrat den Vorstand dazu zwingen, bei der Tochter eine Sonderprüfung gem. § 142 AktG durchführen zu lassen[79]. Dies stellt jedoch kein adäquates Mittel dar, sich stichprobenartig der Ordnungsmäßigkeit der Vorstandsberichte über abhängige Unternehmen zu vergewissern. Das Aktiengesetz bietet damit im Konzern keinen ausreichenden Schutz vor Manipulation der Aufsichtsratsüberwachung.

Zusammenfassend ist damit festzustellen, dass der Aufsichtsrat zwar über die Vorstandsberichte und den Konzernlagebericht grundsätzlich ausreichende Informationsmöglichkeiten über die Entwicklung abhängiger Gesellschaften hat. Es fehlt jedoch an einem geeigneten Kontrollinstrument des Aufsichtsrats, um sich vor Manipulationen zu schützen. Insoweit muss daher ein Reformbedarf festgestellt werden.

2.2.6. Zusammenfassung

Obige Ausführungen haben gezeigt, dass das aktienrechtliche Informationsinstrumentarium des Aufsichtsrats in theoretischer Hinsicht geeignet ist, eine effektive Überwachung nach neuerem betriebswirtschaftlichem Verständnis zu ermöglichen. Die Regelberichte i.S.v. § 90 I 1 Nr.1 bis 3 AktG ermöglichen aus inhaltlicher Sicht eine in die Zukunft gerichtete strategische Prämissen- und Durchführungsüberwachung. Die Sonderberichte nach § 90 I 1 Nr. 4 und I 2 AktG tragen als Auffangtatbestände der grundsätzlich nicht vorregelbaren sog. strategischen Überwachung i.e.S. Rechnung. Die Konzeption der Informationsversorgung des Überwachungsträgers Aufsichtsrat durch das Überwachungsobjekt Vorstand ist grundsätzlich nicht zu beanstanden. Einerseits trägt sie dem Umstand Rechnung, dass der nur nebenamtliche Aufsichtsrat auf aufbereitete Informationen angewiesen ist. Andererseits gewährt das Aktienge-

---

[77] Kritisch auch *Lutter/Krieger*, Rn. 91.

[78] Selbst wenn der Aufsichtsrat die Art der zu beschaffenden Unterlagen zufälligerweise kennen sollte, kann sich der Vorstand einer Kontrolle entziehen, indem er behauptet, die verlangten Unterlagen nicht erhalten zu haben.

[79] Vgl. *Semler*, Leitung und Überwachung, Rn. 425.

setz dem Aufsichtsrat ausreichende Möglichkeiten, sich vor einer Manipulation seiner Tätigkeit zu schützen.
Dieser Befund ist grundsätzlich auch auf die Überwachung im Konzern bezüglich abhängiger Unternehmen zu übertragen. Hier ist lediglich zu beanstanden, dass dem Aufsichtsrat kein eigenes Einsichts- und Prüfungsrecht und damit kein geeignetes Instrument zum Schutz vor Manipulationen zur Verfügung steht. In dieser Hinsicht ist daher ein Reformbedarf gegeben.

2.3. Reformbedarf aufgrund unzureichender Normumsetzung in der Praxis

2.3.1. Informationsversorgung des Aufsichtsrats in der Praxis

Es konnte soeben festgestellt werden, dass die Informationsmöglichkeiten des Aufsichtsrats in theoretischer Hinsicht weitestgehend ausreichend sind. In der Vergangenheit wurde der Aufsichtsrat jedoch häufig als unzureichend informiert kritisiert. Es fragt sich daher, ob ein Reformbedarf im Hinblick darauf gegeben ist, dass der Aufsichtsrat in der Praxis deshalb nicht ausreichend informiert ist, weil er von seinen gesetzlichen Möglichkeiten zur Information im Sinne einer ordnungsgemäßen Überwachung keinen ausreichenden Gebrauch macht.

Über die Informationsversorgung des Aufsichtsrats in inhaltlicher Hinsicht geben zunächst einige Untersuchungen über die Tätigkeit des Aufsichtsrats Aufschluss. Diese haben ergeben, dass sich der Aufsichtsrat weitgehend auf eine vergangenheitsbezogene ex-post Kontrolle beschränkt. So konnte *Langner* in einer Untersuchung von Aufsichtsräten eisen- und metallverarbeitender Industrie-Aktiengesellschaften feststellen, dass der Aufsichtsrat über eine Kontrolle der Zwischen- und Jahresabschlüsse nicht hinausging[80]. Auch die Untersuchung von *Brinkmann-Herz* kommt zu dem Ergebnis, dass der Schwerpunkt der Aufsichtsratstätigkeit auf einer ex-post Kontrolle liege[81]. *Pelke*, der die Aufsichtsratsprotokolle von 7 Montanuntenehmen analysiert hat, hat festgestellt, dass sich nur 23% der Aktivitäten des Aufsichtsrats, wie zum Beispiel Diskussionen und Informationsverlangen des Aufsichtsrats auf zukünftige unternehmenspolitische Maßnahmen beziehen[82]. Diese Untersuchungen der Tätigkeit des Aufsichtsrats lassen Rückschlüsse auf die Informationsversorgung des Aufsichtsrats zu, weil anzunehmen ist, dass die Tätigkeit des Aufsichtsrats auf den ihm zur Verfügung stehenden Informationen basiert. D.h. daraus, dass sich der Aufsichtsrat nachweislich nicht mit zukünftigen Geschäftsmaßnahmen beschäftigt, kann geschlossen werden, dass der Aufsichtsrat in der Praxis primär mit vergangenheitsbezogenen Informationen versorgt wird.

---

[80] *Langner*, S. 113.
[81] *Brinkmann-Herz*, S. 143.
[82] *Pelke*, S. 79.

In diese Richtung weist auch die Befragung deutscher Aufsichtsräte durch *Bleicher*. Danach nannten die Aufsichtsräte die Überwachung der langfristigen Finanzplanung erst an 6. Stelle, die Überwachung der langfristige Produktplanung sogar erst an 11. Stelle[83]. Es kann angenommen werden, dass Information und Informationsverlangen mit der Einschätzung der Bedeutung der Aufgabe zusammenhängen.
Es muss also davon ausgegangen werden, dass der Aufsichtsrat in der Praxis über die künftige Geschäftsplanung nicht ausreichend informiert wird.

Langner konstatiert in seiner Untersuchung zudem, dass der Aufsichtsrat nur oberflächlich informiert wird[84]. Wenn dem Aufsichtsrat überhaupt über die Unternehmensplanung berichtet wird, fehlen in der Regel jegliche Angaben über die Planungsprämissen[85].

Die tatsächliche Informationsversorgung des Aufsichtsrats ist jedoch nicht nur in inhaltlicher Hinsicht, sondern auch in zeitlicher Hinsicht bedenklich. So musste *Langner* feststellen, dass der Aufsichtsrat sehr spät, namentlich erst in der Beschlussphase des Entscheidungsprozesses informiert wird[86]. Die Befragung von Führungskräften durch *Witte* konnte dieses Ergebnis bestätigen[87]. Der Aufsichtsrat wird demnach zwar laufend in den Enscheidungsprozess, nicht aber laufend in den Planungsprozess eingebunden. Dieser Befund lässt darauf schließen, dass die Berichterstattung in der Praxis keine begleitende Prämissenkontrolle ermöglicht.

Damit ist festzustellen, dass der Aufsichtsrat in der Praxis weder in inhaltlicher noch in zeitlicher Hinsicht im Sinne der oben geforderten in die Zukunft gerichteten, begleitenden Überwachung informiert wird[88].

---

[83] *Bleicher*, Aufsichtsrat im Wandel, S. 17 Abb. 1.

[84] Vgl. *Langner*, S. 80, wonach die formale Informationsversorgung durch den Vorstand häufig als unzureichend bezeichnet wurde. Zur Kritik an der gegenwärtigen Praxis vgl. *Scheffler*, DB 2000, 435.

[85] *Langner*, S. 113.

[86] *Langner*, S. 79.

[87] *Witte*, DBW 1980, S. 548.

[88] Zwar sind die oben herangezogenen empirischen Studien schon etwas älteren Datums (*Brinkmann-Herz*, 1972; *Langner*, 1973; *Pelke*, 1972). Angesichts der anhaltenden Kritik an der Mangelhaftigkeit der Berichterstattung des Vorstandes über die Unternehmensplanung in der Praxis (vgl. *Clemm*, BFuP 1996, 273; *Dreher*, in: Feddersen u.a., Corporate Governance, S. 50; *Feddersen*, AG 2000, 384; *Hommelhoff/Mattheus*, AG 1998, 253; *Mülbert*, Gutachten zum 61. DJT, E-49; *Lück*, zfbf 1990, 1006; *Scheffler*, DB 2000, 435; *ders.*, BFuP 1996, 309; *ders.*, ZGR 1993, 74f.; *Seibert*, WM 1997, 2; *Theisen*, in: Picot, Corporate Governance, S. 128; *Wagner*, Aufsichtsgremien, S. 98) muss davon jedoch ausgegangen werden, dass diese Studien an Aktualität nichts eingebüßt haben.

2.3.2. Passivität des Aufsichtsrats bei der Informationsversorgung als Ursache für eine ungenügende Information

Dieser Befund ist aber nicht etwa auf Mängel der gesetzlichen Informationsrechte, sondern auf ein äußerst passives Informationsverhalten des Aufsichtsrats zurückzuführen. So ergab eine empirische Studie von *Gerum/Steinmann/Fees*, dass in nur 8% der untersuchten Gesellschaften überhaupt eine inhaltliche Präzisierung der Vorstandsberichte, und davon 45% der Präzisierungen bereits in der Satzung vorgenommen wurden[89]. D.h. der Aufsichtsrat nimmt in nur 3,6% der Fälle selbst eine inhaltliche Präzisierung der Vorstandsberichte vor. Eine Erhöhung der Berichtsfrequenz fand so gut wie nie statt[90]. Es ist also festzustellen, dass sich der Aufsichtsrat weitgehend auf die Entgegennahme der Vorstandsberichte beschränkt, eine Eigeninitiative hinsichtlich seiner Informationsversorgung dagegen vermissen lässt[91].
Dieses passive Informationsverhalten des Aufsichtsrats musste auch im Fall der Metallgesellschaft festgestellt werden[92]. So begnügte sich der Aufsichtsrat der Metallgesellschaft mit der oberflächlichen Information über die Strategie auf dem amerikanischen Ölmarkt. Die Vorstandsvorlagen enthielten lediglich schlagwortartige Aussagen wie „Risiko-Management-Programme", die über „Börsenhandelsinstrumente" abgesichert werden sollten[93]. Planungsprämissen wurden weder mitgeteilt noch nachgefragt. Ein ähnliches Bild liefert die Krise des Bremer Vulkan[94]. Der Aufsichtsrat wurde über die entscheidenden Akquisitionen nur oberflächlich im Rahmen der Konzernumstrukturierung informiert. Auch wurden ihm keine konkreten Planzahlen, sondern nur allgemeine Berichte über die Konzernentwicklung geliefert. Entscheidend ist jedoch, dass sich der Aufsichtsrat mit dieser ungenügenden Informationsgrundlage zufrieden gegeben hat.

Abgesehen davon, dass sich die Information auf eine passive Entgegennahme der Vorstandsvorlagen beschränkt, wird die Berichterstattung in der Regel auch nicht überprüft. Vom Einsichts- und Prüfungsrecht wird nämlich in der Praxis nahezu kein Gebrauch gemacht[95], sondern allenfalls als ultima ratio darauf zurückgegriffen[96]. So ergab eine ältere Untersuchung von *Werth* nur für

---

[89] *Gerum/Steinmann/Fees*, S. 89, Tab. E-19.

[90] *Gerum/Steinmann/Fees*, S. 90.

[91] So auch die Interpretation ihres Ergebnisses von *Gerum/Steinmann/Fees*, S. 90. Vgl. auch *Langner*, S. 113.

[92] Siehe oben 1. Teil, 3.2.2.

[93] Vgl. *C&L Treuarbeit Deutsche Revision/Wollert-Elmendorff Deutsche Industrie-Treuhand*, S. 165; vgl. auch den Geschäftsbericht der MG 1991/1992, S. 40.

[94] Siehe oben 1. Teil, 3.3.2.

[95] Vgl. *Dreist*, S. 119; *Hoffmann-Becking*, ZHR 1995, 338; *Reichelt*, S. 211 Fn. 319; *Scheffler*, ZGR 1993, 68.

[96] Vgl. *Brandi*, ZIP 2000, 173ff.; Geßler-Hefermehl/*Geßler*, § 111 Rn. 22; *Lippert*, S. 83; *Martens*, ZHR 1995, 586; *Steinbeck*, S. 135.

etwa 10% der untersuchten Gesellschaften den Einsatz dieses wichtigen Überwachungsinstruments[97]. Nach der aktuelleren Untersuchung von *Vogel* beträgt dieser Anteil sogar nur 8%[98]. Dass diese Studien auch heute noch Aktualität besitzen, bezeugt der Fall der Balsam AG[99]. Der Aufsichtsrat verließ sich über Jahre hinweg auf die vom Vorstand vorgelegten Unternehmenszahlen. Eigene Prüfungen wurden nicht durchgeführt.

2.3.3. Fazit

Stellt man die soeben festgestellte Aufsichtsratspraxis dem oben aufgestellten Anforderungsprofil an eine begleitende in die Zukunft gerichtete Überwachung gegenüber, muss man konstatieren, dass hier erhebliche Defizite vorhanden sind[100]. Bezeichnend ist die Passivität des Aufsichtsrats, der sich mit der meist ungenügenden Informationsbasis, die der Vorstand liefert, zufrieden gibt. Eine Überprüfung der Vorstandsberichte auf ihre Ordnungsmäßigkeit findet in der Praxis fast überhaupt nicht statt. Damit offenbart die Praxis nicht nur ein Informationsdefizit des Aufsichtsrats, sondern auch ein hohes Manipulationsrisiko. Erkennt man, dass dem Aufsichtsrat ausreichende[101] gesetzliche Informationsmöglichkeiten für eine effektive Überwachung zur Verfügung stehen, muss man einen Reformbedarf auf der Ebene der Normumsetzung feststellen. Eine mögliche Reform muss daher zum Ziel haben, den Aufsichtsrat zu einer verstärkten Wahrnehmung seiner vorhandenen Informationsmöglichkeiten zu veranlassen.

3. Reformbedarf hinsichtlich der Einwirkungsmöglichkeiten des Aufsichtsrats

3.1. Überblick über die gesetzlichen Einwirkungsmöglichkeiten

Das Aktiengesetz gewährt dem Aufsichtsrat verschiedene Rechte, auf die Geschäftsführung des Vorstandes einzuwirken. Als weitestgehendes Eingriffsmittel ist in § 84 AktG dem Aufsichtsrat die Bestellung und die Abberufung der Vorstandsmitglieder übertragen. Die Bestellung der Vorstandsmitglieder erfolgt für höchstens fünf Jahre, eine Wiederbestellung ist möglich, § 84 I 2 AktG.

---

[97] *Werth*, S. 62 (12 von 108 befragten Aufsichtsräten) aus dem Jahr 1960.

[98] *Vogel*, S. 170 aus dem Jahr 1980.

[99] Siehe oben 1. Teil, 3.4.2.

[100] Empirische Untersuchungen für die Entwicklung seit dem KonTraG liegen soweit ersichtlich nicht vor. Da jedoch eine im Jahr 2000 eingesetzte *Regierungskommission Corporate Governance* die Information des Aufsichtsrats in Bezug auf Berichtsfrequenz, Berichterstattung über die Planungsumsetzung und Rechtzeitigkeit der Berichterstattung erneut zum Gegenstand von Reformüberlegungen gemacht hat (*Baums*, Bericht der Regierungskommission Corporate Governance, Rn. 19ff.), ist nicht anzunehmen, dass sich an der Informationspraxis Wesentliches geändert hätte.

[101] Eine Ausnahme gilt hinsichtlich des Einsichts- und Prüfungsrechts im Konzern, siehe oben 2.2.5.

Während der Aufsichtsrat über die Wiederbestellung nach gerichtlich nicht nachprüfbarem, freiem Ermessen zu entscheiden hat[102], ist eine vorzeitige Abberufung nur aus wichtigem Grund, d.h. bei Unzumutbarkeit der Fortsetzung des Organverhältnisses für die Gesellschaft, möglich, § 84 III 1 AktG. Das Gesetz nennt exemplarisch grobe Pflichtverletzungen, Unfähigkeit zur Geschäftsführung oder den sachlich begründeten Vertrauensentzug durch die Hauptversammlung, § 84 III 2 AktG. Bei der Feststellung, dass ein wichtiger Grund gegeben ist, steht dem Aufsichtsrat keine Einschätzungsprärogative zu, sondern dann unterliegt seine Entscheidung vollumfänglich der gerichtlichen Kontrolle[103].

Eine weitere Eingriffsmöglichkeit steht dem Aufsichtsrat mit den Zustimmungsvorbehalten i.S.v. § 111 IV 2 AktG zu. Zwar kann der Aufsichtsrat nicht positiv bestimmen, wie die Geschäftsführung zu erfolgen hat, § 111 IV 1 AktG. Das Gesetz ermächtigt den Aufsichtsrat jedoch, die Vornahme bestimmter Arten von Geschäften durch die Versagung der Zustimmung zu unterbinden. Über den Wortlaut hinaus ist zudem anerkannt, dass nicht nur Arten von Geschäften, sondern auch Einzelfallgeschäfte mittels § 111 IV 2 AktG unterbunden werden können[104]. Zustimmungsvorbehalte müssen nicht im Vorhinein im Rahmen eines Katalogs zustimmungsbedürftiger Geschäfte festgelegt werden, sondern können auch *ad hoc* beschlossen werden[105].

Ein im Gesetz nicht ausdrücklich erwähntes, unter Rückgriff auf die allgemeine Überwachungsaufgabe i.S.v. § 111 I AktG aber allgemein anerkanntes Eingriffsrecht, ist die Beratung mit dem Vorstand. Darunter ist nicht etwa eine unterstützende Unternehmensberatung, sondern vielmehr der kritische Dialog mit dem Vorstand über dessen Geschäftsführung zu verstehen[106]. Dieser Austausch von Argumenten dient zum einen dazu, das Verständnis des Aufsichtsrats über die Geschäftsführung zu erhöhen, und zum anderen, den Vorstand auf bisher noch nicht berücksichtigte Bedenken und potentielle Risiken aufmerksam zu machen. Der Vorstand ist jedoch rechtlich nicht verpflichtet, diese Bedenken später auch zu beachten. Will der Aufsichtsrat die Maßnahme ver-

---

[102] Vgl. BGHZ 10, 194f.; *Hüffer*, § 84 Rn. 6; *Krieger*, Personalentscheidung, S. 122; *Steinbeck*, S. 140; *Wiesner*, in: HdbGesR AG, § 20 Rn. 24.

[103] BGHZ 13, 192f.; Geßler-Hefermehl/*Hefermehl*, § 841 Rn. 76f.; *Hüffer*, § 84 Rn. 6; Köln.-Komm./*Mertens*, § 84 Rn. 68. Vgl. auch § 84 III 4 AktG.

[104] BGHZ 124, 127; OLG Stuttgart, AG 1979, 203; *Boujong*, AG 1995, 205; Geßler-Hefermehl/*Geßler*, § 111 Rn. 65; *Götz*, ZGR 1990, 642f.; *Hoffmann-Becking*, in: HdbGesR AG, § 29 Rn. 39; *Hüffer*, § 111 Rn. 18; Köln.-Komm./*Mertens*, § 111 Rn. 65; *Lutter/Krieger*, Rn. 37; *Semler*, Leitung und Überwachung, Rn. 218. A.A. nur *Hoffmann*, Rn. 304.

[105] BGHZ 124, 127; *Boujong*, AG 1995, 206; *Götz*, ZGR 1990, 639; *Lenz*, AG 1997, 450.

[106] Vgl. BGHZ 114, 130; *Bojoung*, AG 1995, 203f.; Geßler-Hefermehl/*Geßler*, § 111 Rn. 36; *Hoffmann/Kirchhoff*, Wpg 1991, 593; *Hüffer*, ZGR 1980, 324; Köln.-Komm./*Mertens*, § 111 Rn. 34; *Lutter/Kremer*, ZGR 1992, 89; *Peltzer*, WM 1981, 88f.; *Steinmann/Klaus*, AG 1987, 30.

hindern, muss er auf das Instrument des Zustimmungsvorbehaltes zurückgreifen.

§ 77 II 1 AktG bietet dem Aufsichtsrat die Möglichkeit, in einer Geschäftsordnung für den Vorstand formale Regeln für die Koordination der Vorstandstätigkeit aufstellen[107].

3.2. Reformbedarf in theoretischer Hinsicht

3.2.1. Effektivität der Eingriffsmittel in Bezug auf deren Intensität

Die Antwort auf die Frage nach dem Reformbedarf der gesetzlichen Eingriffsmöglichkeiten in theoretischer Hinsicht richtet sich danach, ob die gesetzlichen Regelungen geeignet sind, eine effektive Überwachung zu ermöglichen.
Bei dieser Frage liegt zunächst der Gedanke nahe, die Überwachung sei dann effektiv, wenn der Überwachungsträger Aufsichtsrat auf die Geschäftsführung durch den Vorstand nach Belieben einwirken und so das Überwachungsobjekt gezielt steuern könnte. Diese Erwartung wird bei Betrachtung der aktienrechtlichen Regelungen offensichtlich enttäuscht. Denn die Eingriffsmöglichkeiten des Aufsichtsrats sind aufgrund der Funktionstrennung zwischen Geschäftsführung durch den Vorstand und Überwachung durch den Aufsichtsrat begrenzt. Dies zeigt sich zum einen daran, dass der Aufsichtsrat den Vorstand nicht willkürlich abberufen kann[108]. Zum anderen kann der Aufsichtsrat zwar bestimmte Geschäfte von seiner Zustimmung abhängig machen, ein eigenes Initiativrecht in Bezug auf die Geschäftsführung kommt dem Aufsichtsrat jedoch nicht zu, § 111 IV 1 AktG.
Diese Feststellung zwingt jedoch nicht zu dem Schluss, das AktG würde eine effektive Überwachung durch den Aufsichtsrat nicht ermöglichen. Denn die Einwirkungsrechte des Aufsichtsrats sind ungeachtet ihrer Beschränkungen sehr weitreichend. Zwar kann der Aufsichtsrat einen bestellten Vorstand nicht willkürlich abberufen. Die Höchstgrenze der Dauer der Vorstandsbestellung in § 84 I AktG stellt jedoch sicher, dass der Aufsichtsrat zumindest alle fünf Jahre frei über die Besetzung des Vorstandes entscheiden kann und muss[109]. Damit entscheidet der Aufsichtsrat zumindest alle fünf Jahre mittelbar über die strategische Ausrichtung der Gesellschaft[110]. Denn Personen verkörpern Ideen

---

[107] Geßler-Hefermehl/*Hefermehl*, § 77 Rn. 24; Köln.-Komm./*Mertens*, § 77 Rn. 39; *Säcker*, DB 1977, 1998f.; *Steinbeck*, S. 145; *Wiesner*, in: HdbGesR AG, § 22 Rn. 17. Strittig ist, ob darin auch die Geschäftsverteilung im Vorstand geregelt werden kann: so *Mertens*, a.a.O.; ablehnend *Krieger*, Personalentscheidungen, S. 199f.; *Lutter/Krieger*, Rn. 171.

[108] § 84 III AktG geht auf das AktG von 1937 zurück und sollte sicherstellen, dass der Vorstand in seiner Geschäftsführung nicht in Abhängigkeit zum Aufsichtsrat gerät, vgl. Begr. zu § 75 III AktG 1937, abgedr. bei Matthes, Aktiengesetz 1937, S. 178.

[109] Vgl. BGHZ 10, 194f.; *Hüffer*, § 84 Rn. 6; *Krieger*, Personalentscheidung, S. 122; *Steinbeck*, S. 140.

[110] Vgl. *Bleicher/Leberl/Paul*, Unternehmensverfassung, S. 65f.; *Bleicher/Paul*, DBW 1986, S. 286; *Gutenberg*, ZfB-Ergänzungsheft 1970, 7; *Hofmann*, DB 1990, 2336; *Karoli*, FS Möh-

und „Einstellungen zur Unternehmung..., zur Ethik des Handelns, der Chancen und Risikoorientierung, zu Programmen (Diversifikation und Internationalisierung), und sie bringen Neigungen und Erfahrungen in ihre Positionen ein, die von einer Technik-, Markt- oder Finanzorientierung getragen sein können."[111] Über diese mittelbare Einwirkungsmöglichkeit hinaus stehen dem Aufsichtsrat auch direkte Eingriffsrechte zu, die es ihm ermöglichen, sich bei Meinungsverschiedenheiten mit dem Vorstand letztlich durchzusetzen. Als mildestes Eingriffsmittel kann der Aufsichtsrat die Geschäftsführung verbal kritisieren und dem Vorstand seine Bedenken darlegen. Ist der Vorstand uneinsichtig, kann und ggf. muss der Aufsichtsrat über einen ad-hoc Zustimmungsvorbehalt die entsprechende Maßnahme unterbinden[112]. Zwar kann der Vorstand bei Verweigerung der Zustimmung die Hauptversammlung anrufen, § 111 IV 3 AktG. Dieser Weg dürfte für den Vorstand in der Regel aber nicht nur wegen des immensen Aufwandes unbeschreitbar sein, sondern auch deshalb, weil der Erfolg eines Geschäfts häufig davon abhängt, dass die Konkurrenz nicht im Vorhinein davon erfährt. Der Vorstand kann den Zustimmungsvorbehalt auch nicht einfach übergehen. Denn die eigenmächtige Vornahme des Geschäfts ohne Zustimmung des Aufsichtsrats stellt eine schwere Pflichtverletzung dar, die den Aufsichtsrat zur sofortigen Abberufung des Vorstandes berechtigt, § 84 III AktG. In Bezug auf die Intensität seiner Einwirkungsrechte steht dem Aufsichtsrat somit ein ausreichendes Überwachungsinstrumentarium zur Verfügung.

3.2.2. Effektivität der Eingriffsmittel in Bezug auf den Eingriffszeitpunkt

Fraglich ist jedoch, ob der Aufsichtsrat diese Rechte auch in zeitlicher Hinsicht so rechtzeitig einsetzen kann, wie dies für eine effektive Überwachung erforderlich ist. Überwachung, verstanden als ein in die Zukunft gerichteter, die Geschäftsführung begleitender Prozess[113], erfordert nämlich, dass der Aufsichtsrat bereits in der Planungsphase regulierend einwirken kann.
Aber auch insoweit sind die Eingriffsrechte des Aufsichtsrats ausreichend. Neben der unstreitigen Pflicht, die Unternehmensplanung mit dem Vorstand zu diskutieren und kritisch zu hinterfragen[114], kann der Aufsichtsrat nach herrschender Meinung die Unternehmensplanung als solche von seiner Zustim-

---

ring, S. 123; *Mülbert*, Gutachten zum 61. DJT, E-58; *Steinbeck*, S. 137. Zurückhaltend *Lukarsch*, S. 56f.

[111] *Bleicher/Paul*, DBW 1986, S. 286.

[112] Eine Eingriffspflicht besteht bei Maßnahmen, die dem Gesellschaftsinteresse zuwider laufen, vgl. BGHZ 124, 127; OLG Stuttgart, AG 1979, 203; *Boujong*, AG 1995, 205; Geßler-Hefermehl/*Geßler*, § 111 Rn. 65; *Götz*, ZGR 1990, 642f.; *Hoffmann-Becking*, in: HdbGesR AG, § 29 Rn. 39; *Hüffer*, § 111 Rn. 18; Köln.-Komm./*Mertens*, § 111 Rn. 65; *Lutter/Krieger*, Rn. 37; *Semler*, Leitung und Überwachung, Rn. 218.

[113] Siehe oben 2.2.1.

[114] Allgemein anerkannt, vgl. nur BGHZ 114, 130; *Bojoung*, AG 1995, 203f.; *Kropff*, NZG 1998, 615; *Semler*, ZGR 1993, 18f.

mung abhängig machen[115]. Macht der Aufsichtsrat von dieser Möglichkeit Gebrauch, wobei er die Planungsbereiche zur Vermeidung von Missverständnissen über den Umfang des Zustimmungsvorbehaltes näher definieren sollte[116], ist der Vorstand verpflichtet, seine Planung mit dem Aufsichtsrat abzustimmen. Eine vom Aufsichtsrat abgelehnte Planung darf der Vorstand nicht umsetzen[117]. Zwar verbietet die Funktionstrennung i.S.v. § 111 IV 1 AktG, dass der Aufsichtsrat selbst die Planungsinitiative ergreift. Da der Vorstand aber auf eine Unternehmensplanung zurückgreifen muss und der Aufsichtsrat diese von seiner Zustimmung abhängig machen kann, kann der Aufsichtsrat Fehlentwicklungen auch ohne Rückgriff auf die Personalkompetenz frühzeitig entgegenwirken.
Mit der Möglichkeit, einen Katalog zustimmungsbedürftiger Geschäfte festzusetzen, kann der Aufsichtsrat nicht nur in der Planungsphase frühzeitig auf die Geschäftsführung einwirken, sondern in der Phase der Planungsumsetzung die Risiken der Geschäftsführung planvoll steuern. Zum Beispiel kann der Aufsichtsrat bestimmte Arten besonders risikobehafteter Geschäfte, wie den Handel mit Finanzderivaten oder den Erwerb eines Unternehmens, generell von seiner Zustimmung abhängig machen. Für grundsätzlich weniger riskante Geschäfte kann eine Größenordnung festgelegt werden, ab der eine Zustimmung erforderlich ist. Da Zustimmungsvorbehalte nicht im Vorhinein festgelegt sein müssen, kann der Aufsichtsrat flexibel auf die Entwicklung der Geschäftsrisiken durch Betätigung des Unternehmens in neuen Geschäftsbereichen reagieren.

3.2.3. Sonderfall: Konzernrechtliche Eingriffsmöglichkeiten

Die Eingriffsrechte des Aufsichtsrat sind dabei nicht nur in einer alleinstehenden Gesellschaft, sondern auch in einer Konzernobergesellschaft ausreichend. So ist das Instrument des Zustimmungsvorbehalts nicht auf Geschäfte der jeweiligen Gesellschaft beschränkt. Vielmehr ist allgemein anerkannt, dass der Aufsichtsrat einer Konzernobergesellschaft auch Maßnahmen in Bezug auf abhängige Gesellschaften, die für die Konzernmutter von erheblicher Bedeu-

---

[115] *Albach*, ZGR 1997, 32f.; *Feddersen*, ZGR 1993, 114ff.; *Gerum*, DBW 1991, 719ff.; *Kropff*, NZG 1998, 616; *Lenz*, AG 1997, 450; *Lutter*, ZHR 1995, 300f.; *Semler*, ZGR 1983, 20f. Einschränkend für den Fall einer näheren Präzisierung Köln.-Komm./*Mertens*, § 111 Rn. 68. Noch enger *v. Rechenberg*, BB 1990, 1359ff.

[116] Zur Konkretisierung bzgl. der Jahresplanung vgl. *Lutter*, ZHR 1995, 301f.

[117] So zutreffend *Albach*, ZGR 1997, 33; *Semler*, ZGR 1983, 23. A.A., aber in sich widersprüchlich *Kropff*, NZG 1998, 616f., der zwar einen Zustimmungsvorbehalt bzgl. der Unternehmensplanung befürwortet, diesem letztlich aber keine rechtlichen Folgen beimisst. Die Versagung der Zustimmung würde lediglich die unterschiedlichen Vorstellungen der Organe Vorstand und Aufsichtsrat dokumentieren. Wenn *Kropff*, a.a.O. S. 615 weiterhin vertritt, dass der Aufsichtsrat auch ohne Zustimmungsvorbehalt einen förmlichen Beschluss über die Unternehmensplanung des Vorstandes fassen müsse, wird in seinem Konzept der Zustimmungsvorbehalt völlig sinnlos.

tung sein können, von seiner Zustimmung abhängig machen kann[118]. Zwar richtet sich der Zustimmungsvorbehalt nicht direkt an die Geschäftsführungsorgane der abhängigen Gesellschaft, sondern bezieht sich allein auf die Konzernleitung durch den Konzernvorstand. Der Konzernvorstand ist jedoch in einem solchen Fall verpflichtet, seine konzernrechtlichen Eingriffsrechte und Einflussmöglichkeiten[119] so geltend zu machen, dass die Maßnahme nicht ohne vorherige Zustimmung des Konzernaufsichtsrats durchgeführt wird[120]. Dem Aufsichtsrat stehen damit zwar nur mittelbare aber durchaus ausreichende Einwirkungsmöglichkeiten im Konzernverbund zur Verfügung.

3.2.4. Zusammenfassung

Damit ist festzustellen, dass das Aktiengesetz dem Aufsichtsrat nicht nur von seiner Intensität her, sondern auch in Bezug auf den zeitlichen Aspekt der Überwachung ausreichende Eingriffsrechte gewährt, auf die im Rahmen des Informationsgewinnungsprozesses gewonnenen Erkenntnisse zu reagieren und Fehlentwicklungen frühzeitig entgegenzuwirken. Diese Rechte sind nicht auf gegenwärtige Maßnahmen beschränkt. Der Aufsichtsrat kann vielmehr bereits in der Planungsphase regulierend eingreifen. Der Zustimmungsvorbehalt bietet dem Aufsichtsrat die Möglichkeit, die Risiken der Planungsumsetzung planvoll zu kontrollieren. Dies gilt auch für den Aufsichtsrat im Konzernverbund. Ein Reformbedarf in theoretischer Hinsicht besteht insoweit nicht.

3.3. Reformbedarf aufgrund mangelnder Normumsetzung

Fraglich ist, ob ein Reformbedarf mangels entsprechender Normumsetzung besteht, weil der Aufsichtsrat in der Praxis von seinen Eingriffsrechten nicht genügend Gebrauch macht.

Empirische Untersuchungen belegen, dass der Aufsichtsrat in der Praxis die Personalkompetenz als seine wichtigste Aufgabe überhaupt ansieht[121]. Die Tatsache, dass im Aufsichtsrat häufig Personalausschüsse gebildet werden, die sich mit der Besetzung der Vorstandspositionen und der entsprechenden

---

[118] Vgl. *Götz*, ZGR 1990, 646ff.; *Hoffmann-Becking*, ZHR 1995, 341; *ders.*, in: HdbGesR AG, § 29 Rn. 40; *Hüffer*, § 111 Rn. 21; *Lenz*, AG 1997. 452; *Martens*, ZHR 1995, 580; Köln.-Komm./*Mertens*, § 111 Rn. 77f.; *Scheffler*, DB 1994, 798.

[119] Zum Beispiel das Weisungsrecht i.S.v. § 308 I AktG bzw. § 323 I AktG sowie das Weisungsrecht eines GmbH-Gesellschafters, oder der faktische Einfluss eines Mehrheitsaktionärs. Im faktischen Konzern ist jedoch eine Einflussnahme nur zulässig, wenn ein entsprechender Nachteilsausgleich stattfindet, vgl. *Götz*, ZGR 1990, 653; *ders.*, ZGR 1998, 543; *Hüffer*, § 111 Rn. 22.

[120] *Götz*, ZGR 1990, 647; *Hoffmann-Becking*, ZHR 1995, 341f.; *Hüffer*, § 111 Rn. 22; *Lenz*, AG 1997, 453.

[121] *Bleicher*, Aufsichtsrat im Wandel, S. 13; *Bremeier/Mülder/Schilling*, S. 65.

Nachfolgeplanung beschäftigen[122], liefert ein weiteres Indiz dafür, dass der Aufsichtsrat dieser Aufgabe in der Praxis wesentliches Gewicht beimisst.
Dieser Befund darf allerdings nicht darüber hinweg täuschen, dass der Aufsichtsrat seiner Personalkompetenz häufig nur formal, inhaltlich aber nicht mit der gebotenen Intensität nachkommt. So bescheinigt *Langner* in seiner Untersuchung der Beschlussfassung über die Vorstandsbestellung im Aufsichtsrat rein rituellen Charakter[123]. *Götz* bestätigt dieses Ergebnis anhand seiner langjährigen Erfahrungen als Vorstands- sowie Aufsichtsratsmitglied verschiedener Unternehmen mit der Feststellung, dass im Aufsichtsrat Personalentscheidungen meist nur kurz diskutiert würden[124]. *Bernhardt* stellt Nachlässigkeiten besonders bei der Wiederbestellung von Vorständen fest[125]. So würde der Aufsichtsrat an einer einmal getroffenen Personalentscheidung in der Regel bis zur Pensionierung des betreffenden Vorstandsmitglieds festhalten. *Brinkmann-Herz* bemerkt dazu in ihrer Untersuchung: „Da beide Entscheidungen, die Abberufung von Vorstandsmitgliedern ebenso wie die Weigerung, den Anstellungsvertrag eines Vorstandsmitglieds zu verlängern, offensichtlich selten vorkommen, können sie als wenig bedeutsame Bereiche der Aufsichtsratsentscheidung außer acht bleiben."[126]
Bezeichnend ist zudem, dass die Initiative hinsichtlich der zu bestellenden Person in aller Regel nicht vom Aufsichtsrat, sondern vom Vorstand ausgeht[127]. Da der Aufsichtsrat häufig erst eingeschaltet werde, wenn die Wahl bereits feststehe, will *Peltzer* sogar eine faktische Zuständigkeitsverlagerung in Richtung Vorstand festgestellt haben[128]. Wenngleich grundsätzlich nichts gegen eine Beteiligung des Alt-Vorstandes an der Besetzung der Vorstandsvakanzen eingewendet werden kann, weil die Vorstandsmitglieder untereinander harmonieren müssen[129], bietet diese einer Vorbestimmung durch den Vorstand bedeutende Praxis ein deutliches Indiz für eine passive Aufgabenwahrnehmung des Aufsichtsrats. Der Aufsichtsrat darf sich nämlich durch eine Vorauswahl seitens des Vorstandes nicht zu sehr beschränken lassen, sondern muss die Nachfolgefrage von langer Hand selbst planen und sich dabei ein persönliches Bild sowohl interner, als auch externer Kandidaten machen[130].

---

[122] Vgl. die Untersuchungen von *Bleicher*, Aufsichtsrat im Wandel, S. 25 (58% der Gesellschaften); *Gerum/Steinmann/Fees*, S. 103, Tab. F-4 (18%); *Vogel*, S. 193 (36%).

[123] *Langner*, S. 110. Zur Vorbestimmung der Beschlussfassung vgl. auch die Untersuchung von *Brinkmann-Herz*, S. 74f.

[124] *Götz*, AG 1995, 348.

[125] *Bernhardt*, ZHR 1995, 313: „Einmal Vorstand - Immer Vorstand".

[126] *Brinkmann-Herz*, S. 77.

[127] Vgl. *Frühauf*, ZGR 1998, 414 (langjähriges Mitglied des Aufsichtsrats der ehemaligen Hoechst AG); *Götz*, AG 1995, 348; *Peltzer*, FS Semler, S. 263; *Scheffler*, DB 2000, 434.

[128] *Peltzer*, FS Semler, S. 263f. mit Belegen aus der Praxis.

[129] Vgl. *Frühauf*, ZGR 1998, 414.

[130] *Berliner Initiativkreis German Code of Coroporate Governance*, DB 2000, 1574. *Karoli*, FS Möhring, S. 123; *Peltzer*, FS Semler, S. 268.

Damit muss festgestellt werden, dass der Aufsichtsrat der Personalkompetenz zwar formal gesehen eine große Bedeutung beimisst, inhaltlich diese Aufgabe aber teilweise nur sehr passiv wahrnimmt.

Ein ähnliches Bild der Passivität des Aufsichtsrats zeigt die Praxis hinsichtlich der Festlegung von Zustimmungsvorbehalten. Zwar existiert in den meisten Gesellschaften ein Katalog zustimmungsbedürftiger Geschäfte. Der Aufsichtsrat nimmt dieses Überwachungsinstrument jedoch nicht aktiv für eine zukunftsorientierte Überwachung wahr.
Dies zeigt sich zum einen daran, dass der Aufsichtsrat von seiner Festlegungskompetenz nur unzureichend Gebrauch macht. Während die Untersuchung von *Vogel* noch ergab, dass in 44% der untersuchten Gesellschaften allein der Satzungsgeber den Katalog zustimmungsbedürftiger Geschäfte festlegte,[131], beträgt dieser Anteil nach einer Untersuchung von *Gerum/Steinmann/Fees* sogar 92%[132]. *Bremeier/Mülder/Schilling* konnten überdies eine Tendenz zum Abbau von Zustimmungsvorbehalten feststellen[133]. Will der Aufsichtsrat den Zustimmungsvorbehalt für eine gezielte Überwachung nützen, muss der Zustimmungskatalog laufend überarbeitet und kontinuierlich an den Wandel der Geschäftsrisiken durch Veränderung der Betätigung der Gesellschaft angepasst werden[134]. Erschließt zum Beispiel die Geschäftsführung neue Geschäftsfelder, muss der Aufsichtsrat insoweit eine neue Risikobewertung vornehmen und ggf. den Katalog zustimmungsbedürftiger Geschäfte anpassen.
Auch eine Betrachtung der inhaltlichen Ausrichtung der in der Praxis üblichen Zustimmungsvorbehalte lassen Defizite hinsichtlich einer zukunftsorientierten Wahrnehmung dieses Überwachungsinstruments erkennen. Zustimmungsvorbehalte konzentrieren sich nahezu ausschließlich auf die Phase der Planungsumsetzung, insbesondere auf Investitionen, namentlich Unternehmensbeteiligungen[135], Einrichtung oder Auflösung von Zweigniederlassungen[136], Verfügungen über Anlagevermögen[137], sowie die Aufnahme von Darlehen[138] bzw.

---

[131] *Vogel*, S. 211f.

[132] *Gerum/Steinmann/Fees*, S. 73, Tab. E-6.

[133] *Bremeier/Mülder/Schilling*, S. 73.

[134] *Lambsdorff*, in: Feddersen u.a., Corporate Governance, S. 223. Vgl. auch *Karoli*, FS Möhring, S. 127.

[135] *Gerum/Steinmann/Fees*, S. 75, Tab. E-8: 54% (Gesellschaften nach dem MitbestG) bzw. 69% (Gesellschaften nach dem MontanMitbestG); *Vogel*, S. 214 (83%). Die Prozentzahlen geben hier und im Folgenden an, in wie vielen der untersuchten Gesellschaften ein entsprechender Zustimmungsvorbehalt existiert.

[136] *Gerum/Steinmann/Fees*, S. 75, Tab. E-8: 38% (Gesellschaften nach dem MitbestG) bzw. 66% (Gesellschaften nach dem MontanMitbestG); *Vogel*, S. 217 (48%).

[137] *Gerum/Steinmann/Fees*, S. 75, Tab. E-9a: 51% (Gesellschaften nach dem MitbestG) bzw. 62% (Gesellschaften nach dem MontanMitbestG); *Vogel*, S. 213 (91%).

[138] *Gerum/Steinmann/Fees*, S. 75, Tab. E-9a: 31% (Gesellschaften nach dem MitbestG) bzw. 62% (Gesellschaften nach dem MontanMitbestG); *Vogel*, S. 214 (63%).

dazu erforderliche Kreditsicherungsmaßnahmen[139]. Dabei handelt es sich durchweg um Maßnahmen, die in naher Zukunft einen gewissen Finanzbedarf des Unternehmens erfordern. Die langfristige strategische Ausrichtung der Gesellschaft, wie die Unternehmensplanung als solche, bildet demgegenüber so gut wie nie den Gegenstand eines Zustimmungsvorbehalts[140]. Gegen diese Festellung lässt sich auch nicht argumentieren, der Aufsichtsrat brauche in dieser Hinsicht keinen Zustimmungsvorbehalt, weil er durch die Beratung der Unternehmensplanung ausreichenden Einfluss nehmen würde. Denn oben konnte aufgezeigt werden, dass die tatsächliche Informationsbasis des Aufsichtsrats in Bezug auf die Unternehmensplanung überwiegend mangelhaft ist[141], so dass es bereits an der Grundlage einer effektiven Eingriffsmöglichkeit fehlt.

Auffällig ist auch die ungenügende Risikoabdeckung durch Generalklauseln, die nicht näher definierte Geschäfte ab einem gewissen Finanzvolumen erfassen[142]. Bedenkt man die zunehmende Kreativität bei der Findung neuer Finanzierungsmittel, wird deutlich, dass eine auch nur annähernd umfassende Risikoabdeckung lediglich über eine entsprechende Generalklausel zu erzielen ist. Die wenigsten Kataloge zustimmungsbedürftiger Geschäfte weisen zudem einen Konzernbezug auf[143]. D.h. die Zustimmungsvorbehalte beschränken sich auf Vorgänge bei den jeweiligen Gesellschaften. Maßnahmen bei abhängigen Gesellschaften finden im Zustimmungskatalog auch dann keine entsprechende Berücksichtigung, wenn sie für die Konzernobergesellschaft von Bedeutung sind. Diesem Befund könnte man entgegenhalten, Zustimmungsvorbehalte seien im Konzern in der Regel konzernbezogen auszulegen[144]. Dies wird zum einen jedoch nur hinsichtlich der in der Satzung festgelegten Zustimmungsvorbehalte angenommen[145]. Zum anderen wird im Einzelnen hinsichtlich des Gegenstandes des jeweiligen Zustimmungsvorbehaltes differenziert[146]. Wenn also in der Praxis ein Konzernbezug nur sehr selten ist, ist dies keineswegs auf eine allgemein anerkannte konzernweite Auslegung von Zustimmungsvorbe-

---

[139] *Vogel*, S. 214 (41%) bzgl. Bürgschaften.

[140] *Gerum/Steinmann/Fees*, S. 74, Tab. E-7: 6% (Gesellschaften nach dem MitbestG) bzw. 0% (Gesellschaften nach dem MontanMitbestG) bzgl. Gesamtpläne (Wirtschaftsplan, Erfolgsplan); 10% bzw. 17% bzgl. Finanz- und Investitionspläne; 6% bzw. 7% bzgl. Planüberschreitungen.

[141] Vgl. oben 2.3.1.

[142] *Gerum/Steinmann/Fees*, S. 75, Tab. E-9b: 2% (Gesellschaften nach dem MitbestG) bzw. 14% (Gesellschaften nach dem MontanMitbestG); *Vogel*, S. 215 (20%).

[143] Vgl. die Untersuchung von *Vogel*, S. 219. Vgl. auch *Hoffmann-Becking*, ZHR 1995, 339; *ders.*, FS Havermann, S: 244; *Lenz*, AG 1997, 453; *Martens*, ZHR 1995, 580.

[144] Vgl. *Hoffmann-Becking*, in: HdbGesR AG, § 29 Rn. 40; *ders.*, ZHR 1995, 339f.; *Hüffer*, § 111 Rn. 21; *Lenz*, AG 1997, 452; Köln.-Komm./*Mertens*, § 111 Rn. 77.

[145] A.a.O.

[146] *Hoffmann-Becking*, ZHR 1995, 340; *Lenz*, AG 1997, 452.; *Lutter*, FS Robert Fischer, S. 434.

halten zurückzuführen. Vielmehr begründet dies ein weiteres Indiz dafür, dass der Aufsichtsrat seine Eingriffsrechte nur ungenügend in Anspruch nimmt[147]. Eine Betrachtung des Überwachungsverhaltens des Aufsichtsrats in Bezug auf Zustimmungsvorbehalte bestätigt damit das Bild der Passivität hinsichtlich der Ausschöpfung vorhandener Überwachungsmöglichkeiten.

Am intensivsten scheint der Aufsichtsrat in der Praxis wohl noch durch seine Rolle, als kritischer Gesprächspartner des Vorstandes in die Geschäftsführung einzugreifen bzw. eingreifen zu wollen[148]. Wenngleich die Beratung mit dem Vorstand ein ganz wesentlicher Bestandteil der Überwachung darstellt[149], vermag der Befund, dass der Aufsichtsrat von diesem Recht in der Praxis noch am häufigsten Gebrauch macht, das soeben gefundene Ergebnisse hinsichtlich der Passivität des Aufsichtsrats in Bezug auf die Einwirkungsrechte nicht zu revidieren. Zwar kann hier zur inhaltlichen Qualität der Beratung keine Stellung genommen werden, da diese nicht messbar ist. Die äußeren Rahmenbedingungen der Beratung legen jedoch den Schluss nahe, dass dieses Recht in der Praxis keineswegs sehr intensiv wahrgenommen wird. Denn die Beratung erfolgt üblicherweise in den Sitzungen des Aufsichtsrats[150], so dass die Sitzungsfrequenz und Sitzungsdauer zumindest als mittelbare Indikatoren für die Intensität dieses Eingriffsinstrumentes heranzuziehen sind. Die von *Bleicher* in seiner Untersuchung festgestellte durchschnittliche Sitzungshäufigkeit von 3,8 Sitzungen jährlich[151] bei einer durchschnittlichen Sitzungsdauer von 3,74 Stunden pro Sitzung[152] lassen jedenfalls nicht unbedingt auf eine sehr intensive Wahrnehmung dieses Überwachungsinstrumentes schließen. Zieht man für die Beurteilung zusätzlich das sehr passive Informationsverhalten des Aufsichtsrats in der Praxis heran[153], wird deutlich, dass im Rahmen der Beratung aufgrund des wesentlichen Informationsvorsprunges des Vorstandes keine sehr intensive Einflussnahme durch den Aufsichtsrat erfolgen kann. Diesbezüglich seien nur die Fallbeispiele der Metallgesellschaft und des Bremer Vulkan in Erinnerung gerufen. So hat die Beratung der Öltermingeschäfte im Aufsichtsrat der MG weder zu einem tiefergehenden Informationsverlangen gegenüber dem Vorstand, noch zu einer Überarbeitung der sehr riskanten Strategie geführt. Auch beim Bremer Vulkan haben die Beratungen der Akqui-

---

[147] Kritisch daher *Hoffmann-Becking*, FS Havermann, S. 244; *Lambsdorff*, in: Feddersen u.a., Corporate Governance, S. 223; *Semler*, RWS-Forum GesR 1995, S. 226.

[148] Vgl. die Untersuchung von *Bleicher*, Aufsichtsrat im Wandel, S. 14.

[149] Vgl. nur BGHZ 114, 130, der die Bedeutung der Beratung für eine in die Zukunft gerichtete Überwachung hervorhebt; Geßler-Hefermehl/*Geßler*, § 111 Rn. 26, 36; *Hoffmann-Becking*, in: HdbGesR AG, § 29 Rn. 30; *Hüffer*, § 111 Rn. 5; *Lutter/Kremer*, ZGR 1992, 88ff.; *Scheffler*, ZGR 1993, 69.

[150] *Hoffmann*, Rn. 139.

[151] *Bleicher*, Aufsichtsrat im Wandel, S. 41.

[152] *Bleicher*, Aufsichtsrat im Wandel, S. 45.

[153] Siehe oben 2.3.2.

sitionen im Aufsichtsrat keine spürbare Auswirkung auf die Geschäftsführung durch den Vorstand gezeigt.

Insgesamt ist damit zur Aufsichtsratspraxis festzustellen, dass der Aufsichtsrat zwar seine Überwachungsinstrumente wahrnimmt, sich dabei aber äußerst passiv verhält. Auch hinsichtlich der Einwirkungsmöglichkeiten des Aufsichtsrats ist damit ein Reformbedarf aufgrund ungenügender Normumsetzung zu konstatieren.

3.4. Fazit

Wie bereits bei den Informationsmöglichkeiten, hat sich auch bei den Einwirkungsrechten des Aufsichtsrats gezeigt, dass die Defizite nicht auf der Ebene der theoretischen Eignung des Überwachungsinstrumentariums angesiedelt sind, sondern in der unzureichenden Normumsetzung der Praxis.
So sind zwar die Einwirkungsmöglichkeiten aufgrund der Funktionstrennung zwischen Vorstand und Aufsichtsrat begrenzt. Es konnte aber gezeigt werden, dass die vorhandenen Instrumente von der Intensität her ausreichen, und vom zeitlichen Aspekt her eine frühzeitige in die Zukunft gerichtete Überwachung ermöglichen.
Die Betrachtung der Aufsichtsratspraxis offenbarte jedoch, dass der Aufsichtsrat häufig entweder seine Eingriffsrechte nicht ausreichend ausschöpft, so bei den Zustimmungsvorbehalten, oder aber von seinen Rechten nur formalen Gebrauch macht, so bei der Personalkompetenz und bei der Beratung. Insgesamt ist damit ein Reformbedarf aufgrund mangelnder Normumsetzung festzustellen.

4. Reformbedarf hinsichtlich der Organisation des Aufsichtsrats

4.1. Relevanz der Organisation des Aufsichtsrats für die Effektivität der Überwachung

In den vorangegangenen Abschnitten konnte aufgezeigt werden, dass die gesetzlichen Informations- und Eingriffsmittel des Aufsichtsrats grundsätzlich ausreichen, allerdings nicht die gebotene Anwendung in der Praxis finden. Eine Ursache dafür könnte darin liegen, dass die Effektivität des Aufsichtsrats aufgrund von Organisationsmängeln beeinträchtigt ist. Im Folgenden soll daher untersucht werden, ob die gesetzlichen Regelungen über die Organisation, insbesondere die Struktur des Aufsichtsrats, die Effektivität der Überwachung durch dieses Gremium beeinträchtigen.

4.2. Überblick über die gesetzlichen Regelungen

Während das Gesetz hinsichtlich der Größe des Aufsichtsrats in nicht mitbestimmten Gesellschaften innerhalb bestimmter Mindest- und Höchstzahlen

weitgehende Gestaltungsfreiheit zulässt, § 95 AktG[154], unterwirft es mitbestimmte Gesellschaften einer starren Regelung[155]: Danach hat der Aufsichtsrat je nach Anzahl der Beschäftigten aus zwölf, sechzehn bzw. zwanzig Mitgliedern zu bestehen.
Der Aufsichtsrat hat aus seiner Mitte einen Vorsitzenden zu wählen, § 107 I AktG. Die diesem im AktG zugewiesenen Aufgaben[156] sind nicht abschließend, vielmehr bestehen seine Aufgaben in der Leitung und Koordination der Tätigkeit des Aufsichtsrats, der Repräsentation des Aufsichtsrats nach außen und der Mitwirkung bei verschiedenen Handelsregistererklärungen[157].
In § 107 III sieht das AktG die Möglichkeit vor, Aufsichtsratsausschüsse zu bilden[158]. Dabei beschränkt sich die Regelung darauf, zu definieren, was nicht zur abschließenden Beschlussfassung auf einen Ausschuss delegiert werden kann. Darüber hinaus ist anerkannt, dass dem Aufsichtsratsplenum der Kernbestand der Überwachung, also insbesondere die Prüfung und Beratung der Vorstandsvorlagen vorbehalten bleiben muss[159]. Ein Ausschuss kann insoweit allenfalls vorbereitend tätig werden. Im Übrigen besteht weitgehender Gestaltungsfreiraum für den Aufsichtsrat, wie er sich durch eine Ausschussbildung strukturieren will.
Das Aktiengesetz gibt in § 110 III AktG eine Mindestsitzungsfrequenz des Aufsichtsratsplenums vor. Danach soll der Aufsichtsrat einmal im Kalendervierteljahr und muss einmal im Kalenderhalbjahr und bei börsennotierten Gesellschaften zweimal im Kalenderhalbjahr zusammentreten.
Der Aufsichtsrat kann sich eine Geschäftsordnung geben[160]. Üblicherweise werden darin die formalen Regeln des Aufsichtsratsverfahrens[161], die Anzahl der Sitzungen und die Einsetzung von Ausschüssen geregelt[162].

---

[154] Die Mindestzahl beträgt 3 Mitglieder, § 95 1 AktG. Die Höchstzahl ist abhängig von der Höhe des Grundkapitals und beträgt 9, 15 oder 21 Mitglieder, § 95 4 AktG. Die Mitgliedszahl muss jedenfalls durch 3 teilbar sein, § 95 3 AktG.

[155] Vgl. §§ 1, 7 MitbestG. Für die Montan-Industrie gelten die § 4 I Montan-MitbestG und § 5 I Montan-MitbestErgG.

[156] Vgl. die §§ 90 I 2, 107 II 1, 109 II, 176 I 2, 188 I, 195 I AktG.

[157] Zu den Aufgaben des Aufsichtsratsvorsitzenden umfassend *Peus*, S. 16ff. Vgl. auch Geßler-Hefermehl/*Geßler*, § 107 Rn. 32; *Hoffmann*, Rn. 434ff.; *Hoffmann-Becking*, in: HdbGesR AG, § 31 Rn. 15; *Hüffer*, § 107 Rn. 5; *Lutter/Krieger*, Rn. 220; Großkommentar/*Meyer*-Landrut, § 107 Anm. 4; *Scheffler*, AG 1995, 210; *Semler*, BFuP 1977, 524; *Servatius*, AG 1995, 224f.; *Wilhelm*, Kapitalgesellschaftsrecht, Rn. 967.

[158] § 31 III MitbestG enthält die Pflicht zur Bildung eines Vermittlungsausschusses für die Frage der Vorstandsbesetzung, wenn keine Einigung innerhalb eines mitbestimmten Aufsichtsrats zustande kommt. Dieser Sonderausschuss soll hier jedoch außer Betracht bleiben.

[159] OLG Hamburg, ZIP 1995, 1675; Köln.-Komm./*Mertens*, § 107 Rn. 132; *Rellermeyer*, S. 36ff.; *Semler*, AG 1988, 62; *Steinbeck*, S. 83.

[160] Im Gegensatz zu § 77 II AktG wird dies zwar nicht positiv festgestellt, gleichwohl aber in § 82 II AktG als zulässig vorausgesetzt. Die Zulässigkeit einer Geschäftsordnung ist da-

4.3. Reformbedarf in theoretischer Hinsicht

4.3.1. Gesetzliche Regelungen über die Größe des Aufsichtsrats als Hindernis einer effektiven Überwachung?

Da die gesetzlichen Regelungen einen weiten Gestaltungsspielraum hinsichtlich der Organisation durch den Aufsichtsrat lassen, liegt der Gedanke einer potentiellen Beeinträchtigung der Effektivität der Überwachung nicht unbedingt nahe. In der Reformdiskussion um das KonTraG gaben allerdings genau die wenigen Beschränkungen der Gestaltungsfreiheit Anstoß zu heftiger Kritik: nämlich die strengen Vorgaben der Aufsichtsratsgröße durch die Mitbestimmungsgesetze[163].

Die Kritik an der gesetzlichen Regelung geht zum einen dahin, dass in einem bis zu zwanzig Köpfe großen Gremium ein sinnvoller Argumentationsaustausch nicht möglich sei[164]. Zum anderen würde bei dieser Größe bei dem einzelnen Aufsichtsratsmitglied das für eine sorgfältige Aufgabenerfüllung erforderliche Verantwortungsgefühl erheblich reduziert[165]. Unterstrichen wird diese Kritik durch die Untersuchung von *Bleicher*, der feststellen musste, dass der Informationsgrad der Aufsichtsratsmitglieder proportional zur zunehmenden Größe des Aufsichtsrats abnimmt[166].

Dieser Kritik ist insoweit zuzustimmen, als es wohl einem allgemeinen Erfahrungssatz entspricht, dass kleinere Gremien in der Regel effektiver arbeiten als größere. Es ist sicherlich auch richtig, dass das Verantwortungsgefühl des einzelnen Mitglieds um so mehr sinkt, je mehr Köpfe vorhanden sind, auf die die Verantwortung verteilt ist. Sind zwanzig Personen gleichermaßen für eine bestimmte Aufgabe zuständig, fühlt sich naturgemäß jedes Mitglied nicht in dem Grade angesprochen, wie wenn die Aufgabe nur an drei Personen adressiert ist.

Fraglich ist jedoch, ob diese Kritik zu einem Mangel des Gesetzes führt. Denn es ist dem Aufsichtsrat unbenommen, die Effektivität und das Verantwortungs-

---

her unstrittig, vgl. statt vieler *Hüffer*, § 107 Rn. 23; *Wilhelm*, Kapitalgesellschaftsrecht, Rn. 973.

[161] Einberufung und Ablauf der Aufsichtsratssitzungen, Beschlussfassung etc.

[162] Vgl. *Feddersen*, AG 2000, 390 und 393; *Hüffer*, § 107 Rn. 25. Vgl. auch das Muster bei *Happ*, Aktienrecht, 9.01 und 9.02.

[163] *Adams*, AG/S 1997, 9; *Baums*, AG/S 1997, 27; *Bremeier/Mülder/Schilling*, S. 69; *Claussen*, AG 1996, 485f.; *Dörner/Oser*, DB 1995, 1087; *Dreher*, RWS-Forum, GesR 1997, S. 8; *Götz*, AG/S 1997, 38; *Hakelmacher*, Wpg 1991, 106; *Hansen*, AG-Report 1996, R136; *Hopt*, AG/S 1997, 42; *Kübler*, AG/S 1997, 49; *Lutter*, AG 1994, 176; *Scheffler*, ZGR 1993, 73; *ders.*, BFuP 1996, 308; *Schreib*, BFuP 1996, 286.

[164] Vgl. *Dreher*, RWS-Forum, GesR 1997, S. 8; *Schreib*, BFuP 1996, 286; *Sünner*, AG 2000, 496.

[165] Vgl. *Baums*, AG/S 1997, 27; *Götz*, AG/S 1997, 38.

[166] *Bleicher*, Aufsichtsrat im Wandel, S. 24. Vgl. auch *Malik*, S. 162 unter Hinweis auf betriebswirtschaftliche Studien.

gefühl kleinerer Gremien durch eine entsprechende Ausschussbildung herzustellen. Ein Mangel im Gesetz läge demnach nur dann vor, wenn die Ausschussbildung keine adäquate Lösung wäre, etwa weil sie zu einer unnötigen Verkomplizierung des Überwachungsverfahrens führen würde[167].

Dies kann indes nicht angenommen werden. Zwar erfordert die Bildung von Ausschüssen einen erhöhten Organisations- und Koordinierungsaufwand. Dieser führt jedoch nicht unbedingt zu einer Beeinträchtigung der Überwachungseffektivität, sondern eher zu einer Steigerung derselben. Denn durch die Ausschussbildung ist der Aufsichtsrat gezwungen, seine Aufgabenerfüllung planvoll auf seine Mitglieder zu verteilen. Dies entspricht aber gerade dem Postulat einer planvollen und systematischen Überwachungstätigkeit[168].

Die Bildung von Ausschüssen birgt zwar die Gefahr eines gewissen Informationsgefälles innerhalb des Aufsichtsrats[169]. Diese Gefahr darf jedoch nicht überbewertet werden. Denn ist dem Ausschuss eine Aufgabe nur zur Vorbereitung übertragen, hat er Informationen zu sammeln, aufzubereiten und das Aufsichtsratsplenum umfassend zu unterrichten[170]. In diesem Fall ist also kein bedeutsames Informationsgefälle zu erwarten. Ist dem Ausschuss eine Aufgabe zur abschließenden Behandlung übertragen, ist es gerade die Intention, das Plenum zu entlasten, das sich insoweit auf eine Überwachung des Ausschusses beschränken kann[171]. In dieser Konstellation ist das Informationsgefälle bezwecktes Mittel der Arbeitsteilung, da das Plenum gerade nicht mit der delegierten Aufgabe befasst werden soll.

Erkennt man die Arbeitsteilung innerhalb des Aufsichtsrats als notwendige Voraussetzung einer effektiven Überwachung an[172], wird deutlich, dass der Aufsichtsrat mit einer bestimmten Mindestanzahl von Mitgliedern ausgestattet sein muss, wenn er seiner Überwachungsaufgabe ordnungsgemäß nachkommen will[173]. Denn in dieser Frage muss man stets im Auge behalten, dass es sich bei dem Aufsichtsratsmandat um ein Nebenamt handelt. Dem damit verbundenen beschränkten Zeiteinsatz der Aufsichtsratsmitglieder kann sinnvollerweise nur durch eine entsprechende Aufgabenverteilung innerhalb des Aufsichtsrats Rechnung getragen werden. Dass der Aufsichtsrat eine gewisse

---

[167] So *Sünner*, AG 2000. 496.

[168] Vgl. dazu *Berliner Initiativkreis German Code of Corporate Governance*, DB 2000, 1578; *Chini*, S. 83ff.; *Höhn*, GmbHR 1995, 861 (Kontrollplan); *ders.*, Die Geschäftsleitung der GmbH, S. 342ff.; *Theisen*, Überwachung, S. 240 und 265; *ders.* AG 1995, 200.

[169] *Deckert*, ZIP 1996, 987; *Potthoff/Trescher*, Aufsichtsratsmitglied, S. 151; *Sünner*, AG 2000, 496.

[170] *Dose*, ZGR 1973, 311f.; *Lutter/Krieger*, Rn. 274; *Prühs*, DB 1970, 1527; *Rellermeyer*, S. 207f.; *Semler*, AG 1988, 64f.

[171] OLG Hamburg, ZIP 1995, 1676; *Hoffmann-Becking*, in: HdbGesR AG, § 32 Rn. 21; *Hommelhoff*, FS Werner, S. 330f.; *Lutter/Krieger*, Rn. 274; *Semler*, AG 1988, 64.

[172] Vgl. *Chini*, S. 83; *Feddersen*, AG 2000, 390; *Frühauf*, ZGR 1998, 415; *Hommelhoff*, in: Picot, Corporate Governance, S. 4; *ders.*, ZHR 1979, 298; *Möllers*, ZIP 1995, 1730; *Semler*, BFuP 1977, 526; *Theisen*, AG 1995, 200.

[173] So zutreffend *Hommelhoff*, in: Picot, Corporate Governance, S. 6.

Größe haben muss, wird deutlich, wenn man sich man sich die Situation in einem Großkonzern vorstellt. (Einen Großkonzern haben nämlich auch die Kritiker der gesetzlichen Regelung vor Augen, wenn sie von uneffektiven zwanzigköpfigen Gremien sprechen): Es erscheint zweifelhaft, ob ein Aufsichtsrat bestehend aus zehn nebenamtlichen Mitgliedern den ebenfalls mindestens zehnköpfigen Vorstand eines international agierenden auf verschiedensten Geschäftsfeldern tätigen Großkonzerns effektiv überwachen kann. Dann müsste jedes Aufsichtsratsmitglied die Arbeit mindestens eines vollzeitbeschäftigten Vorstandes überwachen.
Hinsichtlich der gesetzlichen Regelungen zur Größe des Aufsichtsrats kann demnach kein theoretischer Mangel des Gesetzes festgestellt werden.

4.3.2. Mangelhaftigkeit der Regelungen über die Mindestsitzungsfrequenz?

In der Reformdiskussion um den Aufsichtsrat wurde auch Kritik an der gesetzlichen Regelung zur Sitzungsfrequenz des Aufsichtsrats in § 110 III AktG geäußert, da diese für zu niedrig gehalten wurde[174]. Auf den ersten Blick ist die in dieser Vorschrift zugelassene Mindestsitzungsfrequenz von einer Sitzung im Kalenderhalbjahr für nichtbörsennotierte Gesellschaften in der Tat sehr niedrig und im Hinblick auf die vierteljährliche Berichterstattung des Vorstandes und den sich daraus ergebenden Beratungsbedarf auch nicht unproblematisch[175].
Es fragt sich jedoch, ob sich im Hinblick auf die Angabe einer Mindestsitzungsfrequenz überhaupt ein theoretischer Mangel des Gesetzes ergeben kann oder ob nicht vielmehr die Diskussion um die gesetzliche Mindestanzahl der Aufsichtsratssitzungen bereits im Ansatz verfehlt ist. Denn es erscheint nicht möglich, eine allgemein gültige Aussage darüber zu treffen, wie viele Sitzungen mindestens erforderlich sind, um eine sachgerechte Überwachung des Vorstandes sicherzustellen. Die zu einer ordnungsgemäßen Überwachung erforderliche Anzahl von Aufsichtsratssitzungen hängt nämlich nicht nur von der Größe der Gesellschaft und deren wirtschaftlichen Lage[176], sondern auch ganz wesentlich von der Struktur des Aufsichtsrats ab[177]. Ein Aufsichtsrat, der viele Ausschüsse gebildet hat, die ihrerseits mehrmals im Jahr zusammenkommen, muss seltener einberufen werden als ein Aufsichtsrat, der überhaupt keine Ausschüsse gebildet hat. Der Einsatz von Telefon- oder Videokonferenzen als Form der Beratung hat ebenfalls Einfluss auf die Anzahl der mindestens erfor-

---

[174] Vgl. *Bernhardt*, ZfB 1994, 1345; *Bleicher/Paul*, DBW 1986, 284; *Lambsdorff*, in: Feddersen u.a., Corporate Governance, S. 224; *Scheffler*, BFuP 1996, 312; *Theisen*, in: Dörner u.a., Reform des Aktienrechts, S. 238.

[175] Auf die Ausführungen zu diesem Problem im Rahmen der Diskussion der Reform durch das KonTraG wird verwiesen, siehe oben 1. Teil, 2.4.1.

[176] Ganz herrschende Meinung, statt vieler OLG Hamburg, AG 2001, 362; *Henze*, BB 2000, 214; *Hüffer*, § 111 Rn. 7 m.w.N.; *Semler*, AG 1983, 141f.

[177] *Dreher*, RWS-Forum GesR 1997, 8; *Hommelhoff*, in: Picot, Corporate Governance, S. 7.

derlichen, physischen Zusammenkünfte in Aufsichtsratssitzungen[178]. Es kann daher nicht im Gesetz festgelegt werden, wie viele Aufsichtsratssitzungen erforderlich sind. Der Aufsichtsrat und insbesondere der Aufsichtsratsvorsitzende hat vielmehr selbst laufend zu prüfen, ob die Sitzungsfrequenz der Lage der Gesellschaft und dem sich daraus ergebenden Überwachungsbedarf entspricht. Von dieser Pflicht wird der Aufsichtsrat auch nicht durch eine im Gesetz niedergelegte Mindestsitzungsfrequenz entbunden.

Dass die Regelung einer Mindestsitzungsfrequenz im Gesetz nicht der richtige Ansatzpunkt für die Diskussion eines Reformbedarfes des Aufsichtsrats im Hinblick auf eine effektive Überwachung sein kann, zeigt ein Blick auf die Entstehungsgeschichte der Norm. § 110 III AktG geht auf die Regelung des § 84 III BetrVG 1952 zurück und sollte nicht etwa eine Mindestmaß an erforderlicher Überwachungstätigkeit des Aufsichtsrats garantieren, sondern lediglich sicherstellen, dass die Arbeitnehmermitbestimmung ausreichend zur Geltung kommt[179].

Da die Sitzungsfrequenz zudem in der Satzung erhöht werden kann[180], kann ein Reformbedarf in theoretischer Hinsicht nicht angenommen werden.

4.3.3. Fazit

Es muss also festgestellt werden, dass ein theoretischer Mangel des Gesetzes hinsichtlich der Organisation des Aufsichtsrats nicht festgestellt werden kann. Der Aufsichtsrat hat diesbezüglich weitgehend freien Gestaltungsraum. Nachteile, die durch die Größe des Aufsichtsrats entstehen können, sind unproblematisch durch eine entsprechende Ausschussbildung auszugleichen. Durch die damit verbundene Arbeitsteilung wird die Effektivität sogar zusätzlich erhöht. Da die erforderliche Mindestanzahl von Aufsichtsratssitzungen nicht allgemeinverbindlich angegeben werden kann, sondern vielmehr der Verantwortung des Aufsichtsrats obliegen muss, kann auch hinsichtlich der Mindestsitzungsfrequenz des Aufsichtsrats kein Mangel des Gesetzes festgestellt werden.

Ein Reformbedarf in theoretischer Hinsicht besteht daher nicht.

---

[178] Die Möglichkeit von Telefon- und Videokonferenzen wird jedoch auf kleine Aufsichtsräte (etwa bis 6 Mitglieder) beschränkt sein müssen, da ein effektiver Argumentationsaustausch gewährleistet sein muss.

[179] Vgl. *Hüffer*, § 110 Rn. 1. Vgl. *Baumbach/Hueck*, 8. Aufl., 1954, § 94 AktG 1937 Anm. 5 wonach die Sitzungsfrequenz deshalb angeordnet wurde, weil man befürchtete, die Arbeitnehmervertreter könnten aus Rechtsunkenntnis zuwenig Gebrauch vom Recht auf Einberufung einer Aufsichtsratssitzung machen. Im Gesetzgebungsverfahren ging es ferner ausschließlich um den Einfluss der Arbeitnehmer im Aufsichtsrat und nicht um die Effektivität der Überwachung, vgl. Bericht des Ausschusses für Arbeit, BT-Drucks. 1/3585, S. 16f.

[180] Vgl. Geßler-Hefermehl/*Geßler*, § 110 Rn. 44; *Hüffer*, § 110 Rn. 1; Köln.-Komm./*Mertens*, § 110 Rn. 30.

4.4. Reformbedarf aufgrund mangelnder Normumsetzung

4.4.1. Ausschussbildung in der Praxis

Es konnte soeben aufgezeigt werden, dass die Nachteile einer starren Vorgabe der Größe des Aufsichtsrats durch eine entsprechende Ausschussbildung ausgeglichen werden können. Wenn der Aufsichtsrat als uneffektives Gremium bezeichnet wird[181], liegt die Ursache daher u.U. darin, dass in der Praxis von der Möglichkeit Ausschüsse zu bilden, kein ausreichender Gebrauch gemacht wird. In diesem Fall wäre ein Reformbedarf aufgrund mangelnder Normumsetzung gegeben.

Zieht man empirische Studien heran, scheint auf den ersten Blick in dieser Hinsicht kein Reformbedarf zu bestehen, weil in den meisten Gesellschaften mindestens ein Ausschuss neben einem zwingenden Vermittlungsausschuss i.S.v. § 27 III MitbestG besteht[182].
Bei genauerer Betrachtung fällt allerdings auf, dass sich die Ausschussbildung auf einige wenige Aufgaben konzentriert. So wird in den meisten Fällen ein Personalausschuss gebildet[183], der die Personalauswahl vorzubereiten und die Bedingungen des Anstellungsvertrages auszuhandeln hat[184]. Häufig gibt es auch ein Präsidium[185], das den Aufsichtsratsvorsitzenden bei dessen organisatorischen Aufgaben unterstützen soll.
Über diesen begrenzten Aufgabenkreis hinaus ist eine Delegation auf Ausschüsse jedoch weitaus seltener. So ergab die Studie von *Bleicher*, dass nur in 24% der Gesellschaften ein Finanzausschuss gebildet wurde, der mit der Prüfung des Jahresabschlusses betraut war[186]. Nach der Untersuchung von *Vogel* beträgt dieser Anteil sogar nur 11%[187]. *Feddersen* kommt jüngst bei der Befragung der Aufsichtsratsvorsitzenden der 30 bedeutendsten deutschen Gesellschaften zu dem Ergebnis, dass lediglich 8 von 26 Gesellschaften über einen solchen Ausschuss verfügen[188].

---

[181] Vgl. die in Fn. 163 Genannten.

[182] *Bleicher*, Aufsichtsrat im Wandel, S. 25: 75%; *Feddersen*, AG 2000, 393: 100%; *Gerum/Steinmann/Fees*, S. 100 Tab. F-2: 39%; *Vogel*, S. 183: 58%.

[183] *Bleicher*, Aufsichtsrat im Wandel, S. 25: 58%; *Gerum/Steinmann/Fees*, S. 103 Tab. F-4: 18%; *Kirsch/Scholl/Paul*, S. 130: 37,5%; *Vogel*, S. 193: 36%.

[184] Vgl. *Feddersen*, AG 2000, 393; *Hoffmann*, Rn. 149; *Hoffmann-Becking*, in: HdbGesR AG, § 32 Rn. 6; Köln.-Komm./*Mertens*, § 107 Rn. 95.

[185] *Bleicher*, Aufsichtsrat im Wandel, S. 25: 29%; *Gerum/Steinmann/Fees*, S. 103 Tab. F-4: 30%; *Kirsch/Scholl/Paul*, S. 128 Tab. 4.3.: 25% (17 von 68); *Vogel*, S. 183: 23%. Die Untersuchung von *Feddersen*, AG 2000, 393 ergab, dass in 23 von 26 DAX30-Gesellschaften (88%) ein Personal- oder Präsidialausschuss gebildet wurde, wobei eine Aufgabenabgrenzung nicht trennscharf durchgeführt werden konnte.

[186] *Bleicher*, Aufsichtsrat im Wandel, S. 25.

[187] *Vogel*, S. 196.

[188] *Feddersen*, AG 2000, 393.

Noch seltener sind Investitionsausschüsse, die sich mit der Prüfung bestimmter Investitionsentscheidungen zu befassen haben[189]. Nahezu unbekannt sind Ausschüsse, die sich speziell mit der langfristigen, strategischen Planung der Gesellschaft auseinandersetzen[190].

Dieser Befund lässt erkennen, dass der Aufsichtsrat in der Praxis von einer effektiven Aufgabenverteilung durch Delegation auf Ausschüsse weit entfernt ist. Die Personalkompetenz ist zwar eine wichtige Aufgabe des Aufsichtsrats, in der sich die Überwachungsaufgabe aber keineswegs erschöpft[191]. Überwachung erfordert vielmehr die intensive Beschäftigung mit allen wesentlichen Teilbereichen der Unternehmung. Die Überwachung der Teilbereiche ist dabei besonders effektiv, wenn sich nicht alle Aufsichtsratsmitglieder mit allen Teilbereichen gleichermaßen beschäftigen und dabei die Schwerpunkte ihres Interesses selbst definieren, sondern wenn die Überwachung der Teilbereiche einzelnen Ausschüssen zur Intensivierung und Vorbereitung der Beratung im Plenum übertragen werden[192]. Hier zeigt die Aufsichtsratspraxis erhebliche Defizite.

Die sich in einer geringen Ausschussbildung manifestierende unzureichende Aufgabenverteilung in der Praxis lässt sogar einen weitergehenden Schluss auf die generelle Arbeitsweise im Aufsichtsrat zu. So zeigt eine Ausschussbildung die aktive Gestaltung der Überwachungsaufgabe durch den Aufsichtsrat. Denn der Aufsichtsrat dokumentiert dadurch, dass er eine bestimmte Aufgabe oder ein bestimmtes Geschäftsfeld als besonders prüfungsrelevant einschätzt. Fehlt eine entsprechende Ausschussbildung, legt dies die Vermutung nahe, der Aufsichtsrat nehme keine positive Gewichtung der Überwachungsfelder vor, sondern beschränkte sich auf die Überwachung der vom Vorstand berichteten Problemfelder.
Dies sei am Beispiel der Metallgesellschaft verdeutlicht. Vor Eintritt der Krise handelte es sich bei der Metallgesellschaft um einen kompliziert strukturierten

---

[189] *Bleicher*, Aufsichtsrat im Wandel, S. 25: 18%; *Kirsch/Scholl/Paul*, S. 130: 16,7% (ohne Banken und Versicherungen: 22,6%); *Vogel*, S. 196: 7%.

[190] Vgl. nur *Kirsch/Scholl/Paul*, S. 130: 5,6%.

[191] In diesem Sinne aber ein von *Bremeier/Mülder/Schilling*, S. 65 befragter Aufsichtsratsvorsitzender: „Ich bin doch nicht in der Lage, im einzelnen die Auswirkungen jeder geschäftspolitischen Entscheidung zu beurteilen. Ich muß mich darauf verlassen können, dass der Vorstand sein Handwerk versteht. Wenn ich das Vertrauen nicht mehr habe, dann habe ich den falschen Vorstand und muß ihn austauschen." Vgl. auch *Semler*, BFuP 1977, 527: „Tatsächlich hat ein Aufsichtsrat, der diese Aufgabe (Auswahl des richtigen Vorstandes, Anm. d. Verf.) erfolgreich leistet, das für seine Amtsführung Erforderliche schon weitgehend vollbracht."

[192] *Chini*, S. 83f. verlangt eine systematische und gleichmäßige Aufgabenverteilung auf sämtliche Aufsichtsratsmitglieder. Vgl. auch Semler, BFuP 1977, 526; *Theisen*, Überwachung, S. 266 zur Planung der Überwachung und Zuordnung der einzelnen Aktivitäten auf Aufsichtsratsmitglieder.

Konzern, bestehend aus über 100 Unternehmen, der in verschiedene Teilkonzerne gegliedert auf unterschiedlichsten Geschäftsfeldern tätig war[193]. Eine effektive Überwachung dieses Konzerns hätte erfordert, dass sich je ein Ausschuss des Aufsichtsrats mit einem dieser Geschäftsbereiche beschäftigt und seine Prüfungen auf diesen Bereich konzentriert hätte. Dem Aufsichtsratsplenum wäre dann über die Prüfung zu berichten gewesen. Wie im ersten Teil dieser Arbeit bereits dargestellt wurde, ist dies nicht erfolgt[194]. Es ist daher nicht verwunderlich, dass der Aufsichtsrat das Ölengagement in den USA keiner besonderen Prüfung unterzogen hat. Denn, da der Vorstand darüber nicht detailliert berichtet, sondern das Augenmerk vielmehr auf andere Problemfelder gelenkt hatte, musste sich im Aufsichtsrat niemand ausdrücklich für die Prüfung der Ölgeschäfte zuständig fühlen[195].

Hinsichtlich der Organisation des Aufsichtsrats kann demnach ein Reformbedarf aufgrund mangelnder Normumsetzung insoweit ausgemacht werden, als der Aufsichtsrat in der Praxis eine planvolle Ausschussbildung zur Effektivierung der Überwachung vermissen lässt. Die unzulängliche Struktur des Aufsichtsrats in der Praxis lässt zudem den Schluss zu, dass der Aufsichtsrat die Überwachung nicht aktiv gestaltet, sondern auf die vom Vorstand vorgegebenen Problemfelder beschränkt.

4.4.2. Sitzungsfrequenz des Aufsichtsrats in der Praxis

Die gesetzlichen Regelungen bzgl. der Sitzungsfrequenz des Aufsichtsrats sind zwar in theoretischer Hinsicht nicht reformbedürftig, da die erforderliche Mindestanzahl von Aufsichtsratssitzungen der kritischen Prüfung des Aufsichtsrat überlassen bleiben muss. Es könnte jedoch ein Reformbedarf deshalb gegeben sein, weil der Aufsichtsrat in der Praxis keine entsprechende Prüfung vornimmt und damit die Sitzungsfrequenz nicht der Lage der Gesellschaft und der Struktur des Aufsichtsrats anpasst.
Für die Zeit vor Inkrafttreten des KonTraG ergab eine repräsentative[196] Befragung von Aufsichtsratsmitgliedern durch *Bleicher*, dass der Aufsichtsrat in 25% der Gesellschaften zu drei Sitzungen jährlich und in 48% der Gesellschaften zu

---

[193] Vgl. den Geschäftsbericht der Metallgesellschaft, 1992/1993, S. 8 und 18ff. Übersichtlicher der Geschäftsbericht 1998/1999, S. 15. Danach lassen sich stark vereinfacht die Geschäftsfelder Handelsdienstleistungen, Finanzdienstleistungen, Ingenieurdienstleistungen und Sonstiges ausmachen.

[194] Siehe oben 1. Kapitel 3.2.2.

[195] Vgl. dagegen den Geschäftsbericht der Metallgesellschaft von 1998/1999, S. 160, wonach der Aufsichtsrat einen speziellen Prüfungsausschuss für eine bestimmte Geschäftsmaßnahme (die Börsennotierung des Metallhandels an der Londoner Börse) eingesetzt hat.

[196] Die Befragung war nicht auf eine bestimmte Zielgruppe von Gesellschaften beschränkt, sondern sollte repräsentativ Aufsichtsratsmitglieder aller Aktiengesellschaften erfassen. Dazu wurden 779 Interviews durchgeführt, vgl. *Bleicher*, Aufsichtsrat im Wandel, S. 12.

vier Sitzungen jährlich zusammentrat[197]. Als Durchschnittswert ermittelt *Bleicher* eine Sitzungsfrequenz von 3,8 Sitzungen jährlich[198]. *Feddersen* musste in einer Untersuchung der dreißig bedeutendsten Unternehmen Deutschlands für die Zeit nach Inkrafttreten des KonTraG feststellen, dass die Sitzungsfrequenz bei den meisten Gesellschaften vier Sitzungen jährlich beträgt[199]. Damit ist festzuhalten, dass die Sitzungsfrequenz in der Praxis sowohl vor, als auch nach Inkrafttreten des KonTraG unabhängig von der Unternehmensgröße und der Struktur des Aufsichtsrats überwiegend bei zwischen drei und vier Sitzungen jährlich liegt.

Auch wenn die Festlegung der Sitzungsfrequenz letztlich dem Aufsichtsrat überlassen bleiben muss, ist eine Sitzungsfrequenz von vier Sitzungen jährlich jedenfalls für die dreißig größten Unternehmen Deutschlands als zu niedrig zu bewerten. Im Vergleich dazu tritt in den USA der *Board of Directors*[200] durchschnittlich neun Mal im Jahr zusammen[201]. Der nach den Vorgaben durch die Börsenaufsichtsbehörde *SEC* zwingend einzurichtende Prüfungsausschuss des *Board* (*Audit Committee*) tagt zusätzlich drei bis fünf Mal im Jahr[202]. Die im Prüfungsausschuss vertretenen Mitglieder des *Board of Directors* kommen damit durchschnittlich 12 bis 14 Mal jährlich zusammen.

Auffallend ist weiter, dass sich die Sitzungsfrequenz in den weitaus meisten Gesellschaften unabhängig von Größe und wirtschaftlicher Situation der Gesellschaft oder Struktur des Aufsichtsrats nahezu einheitlich vier Sitzungen beträgt. Es kann aber ausgeschlossen werden, dass in allen Gesellschaften die gleiche Anzahl von Aufsichtsratssitzungen erforderlich ist. Vielmehr legt der festgestellte Befund den Schluss nahe, dass der Aufsichtsrat in der Praxis die Sitzungsfrequenz nicht individuell an die Gegebenheiten der Gesellschaft anpasst, sondern insofern ein passives Überwachungsverhalten offenbart.

Damit ist festzuhalten, dass der Aufsichtsrat zumindest in großen Gesellschaften zu selten tagt. Zudem scheint der Aufsichtsrat in der Praxis die Anzahl der Sitzungen nicht an die Gegebenheiten der Gesellschaft anzupassen. Damit ist ein Reformbedarf aufgrund mangelnder Normumsetzung gegeben.

---

[197] *Bleicher*, Aufsichtsrats im Wandel, S. 41.

[198] *Bleicher*, Aufsichtsrats im Wandel, S. 41.

[199] *Feddersen*, AG 2000, 392. Allerdings konnten auch zwei Gesellschaften mit acht Aufsichtsratssitzungen ermittelt werden.

[200] Der *Board of Directors* ist nach dem angelsächsichen Rechtssystem kein reines Kontrollorgan, sondern zugleich das oberste Organ der Geschäftsführung. Im *Board* sind sog. *inside directors*, die zugleich Managementaufgaben wahrnehmen, und gesellschaftsfremde sog. *outside directors* vertreten. Die Überwachung wird durch die *outside directors* wahrgenommen, die einen speziellen Prüfungsausschuss *(Audit Committee)* bilden.

[201] Nach einer empirischen Studie von *Bleicher/Paul*, DBW 1986, 273 gaben sogar 60% der befragten Unternehmen an, zwischen 10 und 12 Sitzungen jährlich abzuhalten.

[202] Nach der Untersuchung von *Bleicher/Paul*, DBW 1986, 278 Abb. 16 war dies immerhin in 79% der Gesellschaften der Fall.

4.5. Fazit

Auch hinsichtlich der Organisation des Aufsichtsrat konnte kein Reformbedarf insoweit festgestellt werden, als die gesetzlichen Normen eine effektive Überwachung nicht ermöglichen würden. Es zeigte sich vielmehr, dass der Aufsichtsrat die Möglichkeiten, seine Überwachung planvoll zu strukturieren in der Praxis nicht ausreichend wahrnimmt. Ferner verhält sich der Aufsichtsrat in Bezug auf die Sitzungsfrequenz sehr passiv, weil er die Sitzungsfrequenz nicht der Lage der Gesellschaft und der Struktur des Aufsichtsrats anpasst. Im internationalen Vergleich ist die Sitzungsfrequenz zumindest in großen Unternehmen als relativ niedrig einzustufen. Insoweit besteht also ein Reformbedarf aufgrund mangelnder Normumsetzung.

5. Reformbedarf hinsichtlich der Kontrolle des Aufsichtsrats

5.1. Überblick über die gesetzlichen Regelungen

Die vorliegende Arbeit konzentrierte sich bislang auf die Frage, ob dem Aufsichtsrat ausreichende Instrumente zur Verfügung stehen und ob seine Tätigkeit durch strukturelle Defizite beeinträchtigt wird. Dabei konnte festgestellt werden, dass dem Aufsichtsrat theoretisch ausreichende Möglichkeiten zur Verfügung stehen, er in der Praxis jedoch nicht den gebotenen Gebrauch davon macht. Diese Erkenntnis führt zu der Frage, ob ausreichende Kontrollmöglichkeiten gegenüber dem Aufsichtsrat gegeben sind.

Der Aufsichtsrat ist das von der Hauptversammlung beauftragte Organ zur Überwachung der Geschäftsführung und unterliegt damit der Kontrolle durch die Hauptversammlung.
Die für eine Kontrolle erforderliche Information der Hauptversammlung sieht das Aktiengesetz in erster Linie durch einen Bericht des Aufsichtsrats vor, § 171 II AktG. Darin hat der Aufsichtsrat das Ergebnis der eigenen Prüfung des Jahresabschlusses, sowie die Art und den Umfang der Überwachung des Vorstandes darzulegen. In börsennotierten Gesellschaften hat er insbesondere eine Ausschussbildung und die Sitzungsfrequenz von Plenum und Ausschüssen anzugeben.
Diesen schriftlichen Bericht hat der Aufsichtsratsvorsitzende gegenüber der Hauptversammlung mündlich zu erläutern, § 176 I 2 AktG.

5.2. Reformbedarf in theoretischer Hinsicht

5.2.1. Anforderungsprofil einer sachgerechten Informationsbasis der Hauptversammlung

Die Kontrollmöglichkeiten der Hauptversammlung sind dann reformbedürftig, wenn sie keine geeignete Informationsgrundlage für eine sachgerechte Bewertung der Leistung des Aufsichtsrats bilden. Um die bestehenden Informationsmöglichkeiten der Hauptversammlung beurteilen zu können, muss vorerst ermittelt werden, welche Informationen die Hauptversammlung für eine sachgerechte Kontrolle des Aufsichtsrats benötigt.

In dieser Frage muss zunächst erkannt werden, dass die Kontrolle des Aufsichtsrats durch die Hauptversammlung keine Ergebniskontrolle, sondern nur eine Verhaltenskontrolle sein kann. Denn es gibt kein Ergebnis, an dem die Leistung des Aufsichtsrats gemessen werden könnte: Der Unternehmenserfolg kann nicht als Bemessungsgrundlage herangezogen werden, da dafür primär der Vorstand und nur mittelbar der Aufsichtsrat verantwortlich ist[203]. Ein Misserfolg des Unternehmens liefert also allenfalls Informationen über bereits weit zurückliegende Versäumnisse des Aufsichtsrats und ist als Informationsgrundlage für eine zeitnahe Aufsichtsratskontrolle ungeeignet.
Die Hauptversammlung benötigt daher Informationen über die Tätigkeit des Aufsichtsrats. So muss die Hauptversammlung darüber informiert werden, womit sich der Aufsichtsrat beschäftigt hat, d.h. was der Aufsichtsrat zum Gegenstand seiner Überwachung gemacht hat[204]. Für die Beurteilung der Aufsichtsratstätigkeit sind auch Informationen über den Einsatz von Überwachungsinstrumenten erforderlich. Soweit deren Einsatz in Gesetz (z.Bsp. Regelberichte des Vorstandes) oder Satzung (z.Bsp. zustimmungspflichtige Geschäfte) vorgeschrieben ist, sind positive Informationen, etwa mit dem Inhalt, dass der Vorstand dem Aufsichtsrat regelmäßig über seine Tätigkeit berichtet habe, überflüssig. Die Hauptversammlung interessiert vielmehr, ob hierbei Besonderheiten aufgetreten sind, namentlich, ob der Vorstand seiner Berichtspflicht nicht ordnungsgemäß nachgekommen ist und wie der Aufsichtsrat darauf reagiert hat[205]. Die Leistung des Aufsichtsrats misst sich besonders am Einsatz der in sein Ermessen gestellten Überwachungsinstrumente. Es muss also darüber informiert werden, ob und ggf. worüber Ergänzungsberichte angefordert wurden, ob der Aufsichtsrat von seinem Einsichts- und Prüfungsrecht, insbesondere zur Prüfung der Vorstandsberichte, Gebrauch gemacht hat, ob der Aufsichtsrat einen ad-hoc-Zustimmungsvorbehalt erlassen hat usw.[206]. Weiterhin bildet die Sitzungsfrequenz ein Indiz für die Intensität der Überwachungstätigkeit, so dass die Hauptversammlung auch darüber in Kenntnis zu setzten ist[207].
Wie im vorangegangenen Abschnitt gezeigt werden konnte, ist die Struktur des Aufsichtsrats ein wesentlicher Faktor für die Effektivität der Überwachung. Um die Arbeit des Aufsichtsrats sachgerecht beurteilen zu können, muss die

---

[203] *Berliner Initiativkreis German Code of Corporate Governance*, DB 2000, 1574; *Berger*, S. 76; *Fuchs*, DB 1997, 667f.; *DAV*, ZIP 1997, 173; *Kohler*, ZHR 1997, 265; *Michel*, S. 119; *Zimmer*, NJW 1998, 3530.

[204] Großkommentar/*Brönner*, § 171 Anm. 10; *Arbeitskreis „Externe und Interne Überwachung" der Schmalenbach-Gesellschaft*, DB 1995, 4; *Theisen/Salzberger*, DB 1997, 114; *Trescher*, DB 1989, 1982.

[205] Vgl. *Adler/Düring/Schmaltz*, § 171 Anm. 43; *Theisen*, BB 1988, 708; *Trescher*, DB 1989, 1982.

[206] *Theisen*, BB 1988, 708; *Trescher*, DB 1989, 1982.

[207] *DSW*, Aufsichtsräte in Deutschland, S. 12; *Theisen/Salzberger*, DB 1997, 115; *Trescher*, DB 1989, 1983.

Hauptversammlung über die Struktur und Aufgabenverteilung im Aufsichtsrat unterrichtet werden. Dies umfasst nicht nur Informationen über die generelle Bildung von Ausschüssen[208], sondern auch Informationen über die Aufgaben, die auf Ausschüsse delegiert wurden[209], sowie darüber, ob diese Aufgaben nur zur Vorbereitung oder zur abschließenden Bearbeitung dem Ausschuss übertragen wurden[210], und wie oft die Ausschüsse zusammengetreten sind. Für eine Bewertung des Engagements der einzelnen Aufsichtsratsmitglieder ist zudem die Mitteilung der Besetzung der Ausschüsse erforderlich[211].

5.2.2. Bewertung der gesetzlichen Regelungen anhand des gefundenen Anforderungsprofils

Fraglich ist, ob die gesetzlichen Informationsmöglichkeiten der Hauptversammlung dem soeben beschriebenen Anforderungsprofil genügen. Das Gesetz sieht als primäre Informationsquelle der Hauptversammlung den Bericht des Aufsichtsrats gem. § 171 II AktG vor. Der Wortlaut dieser Norm gibt allerdings nur ungenügende Aufschlüsse über den Umfang der Berichtspflicht. Dort heißt es lediglich, der Aufsichtsrat habe „mitzuteilen, in welcher Art und in welchem Umfang er die Geschäftsführung der Gesellschaft während des Geschäftsjahres geprüft hat". Die ganz herrschende Kommentarliteratur legt diese Norm so aus, dass der Aufsichtsrat keine Einzelheiten über sein Prüfungsverhalten zu berichten habe[212]. Zwar sollen pauschale Behauptungen, wie etwa, „der Aufsichtsrat habe den Vorstand pflichtgemäß überwacht", für sich genommen der Berichtspflicht nicht genügen. Es sei aber üblich und durchaus ausreichend, wenn der Aufsichtsrat erklärt:

> *„Der Vorstand hat den Aufsichtsrat während des Geschäftsjahres regelmäßig schriftlich und mündlich über die Lage des Unternehmens und die wesentlichen geschäftlichen Ereignisse und Vorgaben unterrichtet und der Aufsichtsrat hat mit dem Vorstand in mehreren Sitzungen darüber beraten."*[213]

Damit zumindest der Schein der Ernsthaftigkeit gewahrt werde, wird teilweise vorgeschlagen[214], man möge von Jahr zu Jahr die Formulierungen etwas verändern. Folgt man dieser herrschenden Meinung, steht der Hauptversammlung

---

[208] Vgl. dazu *DSW*, Aufsichtsräte in Deutschland, S. 13; *Theisen/Salzberger*, DB 1997, 115.

[209] *Trescher*, DB 1989, 1982f.

[210] *Trescher*, DB 1989, 1983.

[211] *DSW*, Aufsichtsräte in Deutschland, S. 13.

[212] *Adler/Düring/Schmaltz*, § 171 Anm. 69; *Baumbach/Hueck*, § 171 Rn. 10; Geßler-Hefermehl/*Kropff*, § 171 Rn. 41; *v. Godin-Wilhelmi*, § 171 Anm. 3; *Hoffmann*-Becking, in: HdbGesR AG, § 44 Rn. 18; *Hüffer*, § 171 Rn. 13; Köln.-Komm./*Claussen(Korth)*, § 171 Rn. 14; Großkommentar/*Brönner*, § 171 Anm. 10; *Wilde*, ZGR 1998, 439f.

[213] *Hoffmann-Becking*, in: HdbGesR AG, § 44 Rn. 18. Ebenso die in der vorangegangenen Fußnote Genannten. Weitergehend nur Großkommentar/*Brönner*, § 171 Anm. 10.

[214] Köln.-Komm./*Claussen(Korth)*, § 171 Rn. 14.

im Bericht des Aufsichtsrats keine geeignete Informationsquelle zur Beurteilung der Überwachungstätigkeit zur Verfügung.

Dieser herrschenden Meinung ist jedoch entgegenzutreten. Denn sie degradiert letztlich die Berichtspflicht des Aufsichtsrats zu einer inhaltsleeren Förmelei, die die Sinnhaftigkeit des Berichts generell in Frage stellt[215]. Aus der Gesetzesbegründung zu § 171 II AktG ist zu entnehmen, dass der Aufsichtsrat mit dem Bericht an die Hauptversammlung Rechenschaft über seine Tätigkeit abzulegen hat[216]. Auch wenn die Gesetzesbegründung keine weiteren Konkretisierungen der Berichtspflicht enthält, kann nicht angenommen werden, standardisierte Formulierungen ohne jeden Informationsgehalt würden dieser Rechenschaftspflicht genügen. Im Zivilrecht bedeutet Rechenschaftslegung allgemein, dass demjenigen, dem gegenüber Rechenschaft abzulegen ist, alle relevanten Fakten so detailliert mitzuteilen sind, dass der Zweck der Auskunft, z.Bsp. Nachprüfung von Ansprüchen, erfüllt werden kann[217]. Übertragen auf die Rechenschaftspflicht des Aufsichtsrats kann dies demnach nur bedeuten, dass der Aufsichtsrat die Hauptversammlung so umfassend zu informieren hat, dass diese die Leistung des Aufsichtsrats sachgerecht beurteilen kann[218]. Dazu sind konkrete Angaben über Prüfungsgegenstände, den Einsatz von Überwachungsinstrumenten und die Struktur des Aufsichtsrats erforderlich. Insoweit entspricht eine am Zweck der Norm orientierte Auslegung der Berichtspflicht des § 171 II AktG genau dem oben gezeichneten Anforderungsprofil einer notwendigen Informationsbasis der Hauptversammlung, so dass nach dieser Ansicht ein Reformbedarf in theoretischer Hinsicht nicht gegeben wäre.
Insoweit muss hier jedoch die Kritik am KonTraG in Bezug auf die Erweiterung des Berichtsumfangs in börsennotierten Gesellschaften nochmals aufgegriffen werden[219]. Eine zweckorientierte Auslegung des § 171 II AktG entspricht voll den Erfordernissen einer sachgerechten Information der Hauptversammlung. Die auf einzelne Punkte und zudem auf börsennotierte Gesellschaften beschränkte Erweiterung der Berichtspflicht durch das KonTraG führt durch die Möglichkeit eines Argumentum e contrario unnötigerweise frisches Wasser auf die Mühlen der herrschenden Meinung und ihrer restriktiven Auslegung der Berichtspflicht.

---

[215] Die geringe Bedeutung, die die herrschende Meinung dem Bericht des Aufsichtsrats beimisst, wird besonders bei Geßler-Hefermehl/*Kropff*, § 171 Rn. 40 sichtbar: Da die Überwachungsaufgabe des Aufsichtsrats weitgehend zwingend geregelt sei, komme dem Bericht an die Hauptversammlung lediglich eine gewisse Mahnfunktion zu.

[216] Vgl. Begr. zu § 171 RegE. AktG 1965, bei Kropff, S. 277.

[217] Vgl. BGH, NJW 1982, 573; BayObLG, NJW-RR 1988, 18; OLG Köln, NJW-RR 1989, 528; *Budde*, FS Semler, S. 791; Palandt/*Heinrichs*, § 261 Rn. 23; Soergel/*Wolf*, § 259 Rn. 24.

[218] *Trescher*, DB 1989, 1981.

[219] Siehe oben 1. Teil, 2.4.1 und 2.4.2.

Interpretiert man die Berichtspflicht im Sinne der herrschenden Meinung, stellt sich die Folgefrage, ob der Hauptversammlung neben dem schriftlichen Bericht weitere Informationsmöglichkeiten zur Verfügung stehen, die zusammen mit dem Bericht eine ausreichende Beurteilungsgrundlage für die Hauptversammlung bilden könnten. Auch hier zeigt sich jedoch die herrschende Meinung restriktiv. Denn die mündliche Erläuterung des Berichts des Aufsichtsrats gegenüber der Hauptversammlung gem. § 176 I 2 AktG wird nach wohl allgemeiner Meinung unter Verweis auf den Soll-Charakter dieser Norm in das freie Ermessen des Aufsichtsratsvorsitzenden gestellt[220]. Dabei soll der Aufsichtsratsvorsitzende vor allem eine Einschätzung der Lage und Entwicklung der Gesellschaft aus Sicht des Aufsichtsrats abgeben[221], eine Information, die in keinem Zusammenhang mit der Überwachungstätigkeit des Aufsichtsrats steht, sondern allenfalls die Beurteilung der Vorstandsleistung durch den Aufsichtsrats wiedergibt. Da der Aufsichtsratsvorsitzende letztlich Inhalt und Umfang der Erläuterung frei bestimmen kann, ist eine ausreichende Information der Hauptversammlung nicht sichergestellt.

Folgt man der herrschenden Meinung, ist dieses Informationsdefizit der Hauptversammlung auch nicht über das Fragerecht des Aktionärs gem. § 131 AktG zu kompensieren. Denn nach ganz herrschender Meinung sind Fragen betreffend der Überwachungstätigkeit des Aufsichtsrats nicht vom Aufsichtsrat, sondern ausschließlich vom Vorstand zu beantworten[222]. Dabei ist wohl „niemand ... weniger berufen, dem Auftraggeber über die Überwachungstätigkeit Auskunft zu geben, als der Überwachte selbst."[223] Man denke nur daran, der Vorstand solle dazu Stellung nehmen, wie der Aufsichtsrat die Güte der Vorstandsberichterstattung beurteile. Der Vorstand wird also oftmals überhaupt nicht in der Lage sein, aus eigener Kenntnis über die Überwachungstätigkeit des Aufsichtsrats zu berichten. Dies gilt insbesondere dann, wenn es sich um rein aufsichtsratsinterne Angelegenheiten handelt[224].
Dabei ist die Annahme eines Auskunftsmonopols des Vorstandes keineswegs zwingend. Die herrschende Meinung beruft sich im Wesentlichen auf zwei Ar-

---

[220] *Adler/Düring/Schmaltz*, § 176 Anm. 23; Geßler-Hefermehl/*Kropff*, § 176 Rn. 10; *v. Godin-Wilhelmi*, § 176 Anm. 2; *Hüffer*, § 176 Rn. 4; Köln.-Komm./*Claussen*, § 176 Rn. 10. Vgl. auch *Schlegelberger-Quassowski*, § 96 AktG 1937, Rn. 17, wonach der mündliche Bericht lediglich in der Wiederholung des schriftlichen Berichts zu bestehen habe, damit Aktionäre, die den schriftlichen Bericht nicht vorliegen hätten, über den Inhalt des Berichts informiert würden.

[221] *Adler/Düring/Schmaltz*, § 176 Anm. 23; *Hüffer*, § 176 Rn. 4; Köln.-Komm./*Claussen (Korth)*, § 176 Rn. 10.

[222] *Baumbach/Hueck*, § 131 Rn. 6; Geßler-Hefermehl/*Eckardt*, § 131 Rn. 61; *v. Godin-Wilhelmi*, § 131 Anm. 3; *Hüffer*, § 131 Rn. 6; Köln.-Komm./*Zöllner*, § 131 Rn. 12; Großkommentar/*Barz*, § 131 Anm. 4. A.A. nur *Trescher*, DB 1990, 515ff.; wohl auch Großkommentar/*Brönner*, § 176 Anm. 5.

[223] *Trescher*, DB 1990, 516.

[224] Vgl. dazu *Trescher*, DB 1990, 516.

gumente[225]: Zum einen sei der Vorstand das alleinige zur Vertretung der Gesellschaft berufene Organ, § 78 I AktG. Zum anderen weise der Wortlaut des § 131 I AktG die Zuständigkeit zur Beantwortung von Fragen der Aktionäre eindeutig dem Vorstand zu. Beide Gründe erweisen sich bei näherer Betrachtung nicht als stichhaltig.

Zunächst ist festzustellen, dass sich der Auskunftsanspruch des Aktionärs nicht gegen den Vorstand, sondern gegen die Gesellschaft richtet, die ihrerseits vom Vorstand vertreten wird[226]. Die Passage im Wortlaut des § 131 I AktG, auf die sich die herrschende Meinung beruft („durch den Vorstand"), geht auf die Aktienrechtsreform von 1965 zurück und sollte die Vertretungszuständigkeit des Vorstandes lediglich klarstellen[227]. Der Gesetzgeber sah es als selbstverständlich an, dass der Vorstand das zur Vertretung der Gesellschaft berechtigte Organ ist, und daher auch die Fragen von Aktionären zu beantworten hätte. Aus dem Wortlaut bzw. der Entstehungsgeschichte des Wortlautes des § 131 AktG ist also nur dann ein zwingendes Argument für ein Auskunftsmonopol des Vorstandes zu entnehmen, wenn der Vorstand tatsächlich ausschließlich zur Vertretung der Gesellschaft berechtigt ist. Insoweit haben also beide Argumente der herrschenden Meinung einen gemeinsamen Nenner.

Der Vorstand ist jedoch keineswegs ausschließlich zur Vertretung der Gesellschaft zuständig. So ist an verschiedenen Stellen des Aktiengesetzes eine Vertretung der Gesellschaft durch den Aufsichtsrat vorgesehen[228]. Die Vertretungsbefugnis des Aufsichtsrats ist dabei auch nicht etwa auf den Sonderfall der Vertretung der Gesellschaft gegenüber Vorstandsmitgliedern beschränkt[229]. Vielmehr ist gerade dann, wenn primär die Überwachungstätigkeit des Aufsichtsrats betroffen ist, der Aufsichtsrat das zur Vertretung der Gesellschaft befugte Organ. So darf sich der Aufsichtsrat zur Wahrnehmung seines Prüfungs- und Einsichtsrechts gem. § 111 II 2 AktG der Hilfe eines Sachverständigen bedienen. Hinsichtlich des dazu erforderlichen Prüfungsauftrags an den Sachverständigen vertritt nach nahezu unbestrittener Ansicht der Aufsichtsrat die Gesellschaft - und nicht der Vorstand[230]. Gleiches gilt nunmehr

---

[225] Vgl. die in Fn. 222 Genannten.

[226] Allgemeine Meinung, vgl. nur Begr. zu § 131 RegE. AktG 1965, bei Kropff, S. 185; Geßler-Hefermehl/*Eckardt*, § 131 Rn. 61; *Hüffer*, § 131 Rn. 5; *Semler*, in: HdbGesR AG, § 37 Rn. 5.

[227] Begr. zu § 131 RegE. AktG 1965, bei Kropff, S. 185.

[228] Vgl. §§ 111 II 3, 112, 246 II 2, 249 I AktG.

[229] § 112 AktG will letztlich Interessenkonflikte innerhalb des Vorstandes bei Rechtsgeschäften oder Rechtsstreitigkeiten der Gesellschaft mit einem Vorstandsmitglied vermeiden, vgl. BGHZ 103, 216; BGHZ 130, 111f.; *Hüffer*, § 112 Rn. 1.

[230] Geßler-Hefermehl/*Geßler*, § 111 Rn. 44; *Hoffmann-Becking*, in: HdbGesR AG, § 29 Rn. 35; *Hüffer*, § 111 Rn. 12; Köln.-Komm./*Mertens*, § 111 Rn. 57 und § 112 Rn. 19. A.A. nur *v. Godin-Wilhelmi*, § 111 Anm. 3 und § 109 Anm. 5, der den Aufsichtsrat in eigenem Namen handeln lässt und ihm einen Regressanspruch hinsichtlich der Kosten gegenüber der Gesellschaft aus GoA gewährt.

nach dem KonTraG auch für die Auftragserteilung gegenüber dem Abschlussprüfer gem. § 111 II 3 AktG n.F.[231] Es liegt also nahe, auch hinsichtlich derjenigen Fragen der Aktionäre, die ausschließlich die Überwachungstätigkeit des Aufsichtsrats betreffen, eine Vertretung der Gesellschaft durch den Aufsichtsrat anzunehmen.
Die Beantwortung von Fragen durch den Aufsichtsrat bzw. durch seinen Repräsentanten, den Aufsichtsratsvorsitzenden, findet zudem eine Stütze im Gesetz. Denn in § 176 I 2 AktG soll der Aufsichtsratsvorsitzende den Bericht des Aufsichtsrats erläutern. Der Begriff „Erläuterung" setzt jedoch keineswegs die Information der Hauptversammlung durch einen abschließenden Vortrag voraus. Die Beantwortung von Fragen kann durchaus als Bestandteil dieser Erläuterungspflicht verstanden werden[232]. Es sprechen also die besseren Argumente für eine unmittelbare Auskunftspflicht des Aufsichtsrats gegenüber der Hauptversammlung.

Zusammenfassend ist damit festzustellen, dass der Hauptversammlung auf dem Boden der herrschenden Meinung keine ausreichenden Informationsmöglichkeiten über die Tätigkeit des Aufsichtsrats zur Verfügung stehen. Der Bericht des Aufsichtsrats darf sich auf standardisierte Formulierungen ohne Informationsgehalt beschränken. Der Aufsichtsratsvorsitzende legt den Umfang seiner Erläuterungen selbst fest. Fragen von Aktionären werden vom Vorstand beantwortet. Damit wäre ein Reformbedarf in theoretischer Hinsicht gegeben.
Es musste allerdings festgestellt werden, dass die herrschende Meinung in diesen Fragen nicht überzeugen kann. Die Berichtspflicht des Aufsichtsrats ist teleologisch auszulegen, so dass der Bericht so konkrete Angaben über das Überwachungsverhalten des Aufsichtsrats zu enthalten hat, dass eine Leistungsbewertung durch die Hauptversammlung ermöglicht wird. Fragen der Aktionäre sind nicht vom Vorstand sondern direkt vom Aufsichtsrat, vertreten durch dessen Vorsitzenden, zu beantworten. Nach der hier vertretenen Ansicht hat also die Hauptversammlung die für eine sachgerechte Kontrolle erforderlichen Informationsrechte, ein Reformbedarf in theoretischer Hinsicht besteht danach nicht. Es wird daher zu untersuchen sein, wie die Informationsmöglichkeiten der Hauptversammlung in der Praxis Anwendung finden.

---

[231] Die Begr. des Referentenentwurfs zum KonTraG, § 111 RefE AktG, ZIP 1996, 2133 spricht ausdrücklich von Wahrnehmung der Vertretungsmacht durch den Aufsichtsrat.

[232] Vgl. *Trescher*, DB 1990, 515, der insoweit eine Annexkompetenz zur Beantwortung von Fragen annimmt. Vgl. auch Großkommentar/*Brönner*, § 176 Anm. 5, der ebenfalls Fragen an den Aufsichtsrat im Anschluss an die Erläuterungen des Aufsichtsratsvorsitzenden in Betracht zieht; *Semler*, RWS-Forum GesR 1995, 221.

5.3. Reformbedarf aufgrund mangelnder Normumsetzung

Die empirische Untersuchung von *Theisen/Salzberger*[233] belegt, dass sich die Praxis der Berichterstattung an die Hauptversammlung über die Prüfung der Geschäftsführung stark an der Auslegung der herrschenden Meinung orientiert.

Der Aufsichtsrat entledigt sich dieser Aufgabe im Durchschnitt mit 5,2 Sätzen auf 10 Zeilen[234]. Dabei hat diesbezüglich im Vergleich zum Basisjahr der Untersuchung (1984) noch eine Verdoppelung des Umfangs stattgefunden. In aller Regel sind den Berichten jedoch keine Anhaltspunkte über die konkrete Überwachungstätigkeit zu entnehmen. Vielmehr wird in mehr oder weniger abgewandelter Form die oben zitierte nichtssagende Standardformulierung[235] verwendet[236]. Konkrete Angaben über Prüfungsgegenstände oder den Einsatz von Überwachungsinstrumenten sind einzelnen Ausnahmen vorbehalten[237]. Gegen Ende des Bezugszeitraums der Studie konnte immerhin eine steigende Tendenz hinsichtlich einer zumindest abstrakten Aufzählung der Überwachungsfelder und hinsichtlich des Einsatzes von Überwachungsinstrumenten festgestellt werden. So wurde zum Beispiel berichtet, dass ein Vorstand bestellt oder abberufen wurde, sich der Aufsichtsrat mit zustimmungsbedürftigen Geschäften oder mit Planungen beschäftigt habe[238]. Eine derartige abstrakte Aufzählung von Überwachungsinstrumenten vermag jedoch nur eine sehr vage Vorstellung von der Überwachungstätigkeit des Aufsichtsrats zu vermitteln. So wird den meisten Aktionären bereits bekannt sein, dass etwa ein Vorstand bestellt oder abberufen wurde. Die Leistung des Aufsichtsrats kann nur dann beurteilt werden, wenn berichtet wird, ob eine bestimmte Aufgabe einem Ausschuss übertragen wurde und in wievielen Sitzungen sich der Ausschuss bzw. das Plenum mit dieser bestimmten Entscheidung befasst hat. Auch ist die Information, dass der Aufsichtsrat zustimmungsbedürftige Rechtsgeschäfte geprüft und seine Zustimmung erteilt habe, für sich genommen relativ wenig aussagekräftig. Für die Hauptversammlung entscheidend ist vielmehr zu erfahren, zu welchen Geschäften die Zustimmung erteilt wurde. So wäre es für die Be-

---

[233] *Theisen/Salzberger*, DB 1997, 105ff. haben die Berichte des Aufsichtsrats der fünfzig umsatzstärksten deutschen Industrieunternehmen, sowie der fünf größten deutschen Banken über den Zeitraum von elf Jahren (1984 bis einschließlich 1994) untersucht. Die Pilotstudie von *Theisen*, BB 1988, 705 ist darin eingearbeitet und wird hier daher nicht separat verwertet.

[234] *Theisen/Salzberger*, DB 1997, 109. Die untersuchten Banken kamen immerhin auf durchschnittlich 11,6 Sätze bei 23,8 Normzeilen.

[235] Siehe oben 5.2.2.

[236] *Theisen/Salzberger*, DB 1997, 109.

[237] *Theisen/Salzberger*, DB 1997, 110. So berichtete der Aufsichtsrat der Deutschen Bank im Jahr 1994, dass er sich mit dem Engagement Schneider befasst habe. Der Aufsichtsrat der Metallgesellschaft berichtete für 1994 über die Beratung des in Auftrag gegebenen Sondergutachtens hinsichtlich der Krise.

[238] *Theisen/Salzberger*, DB 1997, 111.

urteilung des Aufsichtsrats der Metallgesellschaft informativ gewesen, zu erfahren, ob der Aufsichtsrat die Öltermingeschäfte einer genaueren Prüfung unterzogen und ob er seine Zustimmung dazu erteilt hat.
Ebenso häufig wie nichtssagend ist zudem die Aussage, dass Aufsichtsratssitzungen stattgefunden haben. Nur etwas mehr als ein Drittel der untersuchten Gesellschaften nennt die tatsächliche Anzahl der Aufsichtsratssitzungen[239]. Auch über die Struktur des Aufsichtsrats lässt der Bericht die Hauptversammlung meist im Unklaren. Nur 21 der 55 untersuchten Gesellschaften erwähnten die Existenz von Ausschüssen[240]. Welche Aufgaben den Ausschüssen übertragen wurden, wie die Ausschüsse besetzt sind und wie oft diese Ausschüsse zusammengetreten sind, wird in der Regel nicht berichtet. Da das KonTraG, zumindest was die Existenz von Ausschüssen und die Sitzungsfrequenz von Plenum und Ausschüssen betrifft, für börsennotierte Gesellschaften eine ausdrückliche Berichtspflicht konstatiert, dürfte in dieser Hinsicht jedoch eine gewisse Verbesserung der Praxis zu erwarten sein[241].
Insgesamt muss jedoch festgestellt werden, dass in der Praxis die Berichterstattung des Aufsichtsrats demnach keine geeignete Grundlage für eine Bewertung der Arbeit des Aufsichtsrats bietet[242].

Was die mündliche Erläuterung des Berichts durch den Aufsichtsratsvorsitzenden bzw. ein direktes Auskunftsrecht gegenüber dem Aufsichtsrat anbelangt, existieren, soweit ersichtlich, keine empirischen Untersuchungen. Es kann hier also nicht abschließend beurteilt werden, wie detailliert der Aufsichtsratsvorsitzende in seiner Erläuterung des Aufsichtsratsberichts über die Überwachungstätigkeit des Aufsichtsrats berichtet[243], oder ob der Aufsichtsrat Fragen von Aktionären selbst beantwortet. Im Hinblick auf die nahezu einhellige Meinung zum Auskunftsmonopol des Vorstandes erscheint es jedoch eher unwahrscheinlich, dass in der Praxis der Aufsichtsrat Fragen von Aktionären selbst beantwortet. Dies scheint auch den persönlichen Erfahrungen von *Trescher* zu entsprechen[244]. Es muss also davon ausgegangen werden, dass eine

---

[239] *Theisen/Salzberger*, DB 1997, 109.

[240] *Theisen/Salzberger*, DB 1997, 110: 15 Industrieunternehmen und 5 Banken.

[241] *Feddersen*, AG 2000, 392 konnte bei einer Untersuchung der Geschäftsberichte der dreißig bedeutendsten Gesellschaften Deutschlands im März 1999 feststellen, dass bis auf zwei Ausnahmen alle Berichte zumindest die Sitzungsfrequenz des Plenums nannten. Bei den Angaben über eine Ausschussbildung blieb dagegen unklar, ob die Aufzählung der genannten Ausschüsse abschließend war oder nicht. Damit ist eine Bewertung der Aufsichtsratsstruktur nur eingeschränkt möglich.

[242] Vgl. auch *Theisen/Salzberger*, DB 1997, 111.

[243] Nach *Semler*, RWS-Forum GesR 1995, 221 sind Berichte des Aufsichtsratsvorsitzenden überhaupt eine Seltenheit. Vgl. auch *Baums*, Bericht der Regierungskommission Corporate Governance, Rn. 61 mit dem Hinweis, dass die Erläuterungspflicht des Aufsichtsratsvorsitzenden in der Praxis des Öfteren nicht beachtet würde.

[244] *Trescher*, DB 1990, 515. A.A. *Semler*, RWS-Forum GesR 1995, 221 der meint, in der Praxis würde regelmäßig der Aufsichtsratsvorsitzende die Fragen beantworten.

Information des Aktionärs über die Überwachungstätigkeit des Aufsichtsrats in der Praxis weitgehend von der Willkür des Aufsichtsrats abhängt.

5.4. Fazit

Die gesetzlichen Regelungen ermöglichen bei einer am Normzweck orientierten Auslegung eine sachgerechte Information der Hauptversammlung. Denn danach hat der Bericht des Aufsichtsrats detaillierte Angaben über Prüfungsgegenstände, den Einsatz von Überwachungsinstrumenten und die Struktur des Aufsichtsrats zu enthalten. Bleiben dem Aktionär nach den Erläuterungen des Aufsichtsratsvorsitzenden noch Fragen, so sind diese direkt vom Aufsichtsrat zu beantworten.

Folgt man hingegen der herrschenden Meinung, kommt dem Aufsichtsratsbericht nahezu kein Informationswert zu, da sich der Aufsichtsrat auf standardisierte Formulierungen beschränken kann. Fragen von Aktionären über die Überwachungstätigkeit des Aufsichtsrats sind von dem dafür inkompetenten Vorstand zu beantworten.

Auch wenn gezeigt werden konnte, dass die herrschende Meinung in diesen Fragen nicht überzeugen kann, muss festgestellt werden, dass sich die Praxis an dieser Normauslegung orientiert. Es ist also ein Reformbedarf festzustellen, der seine wesentliche Ursache in der Auslegung der Normen durch die herrschende Meinung hat.

6. Reformbedarf hinsichtlich der Haftung des Aufsichtsrats

6.1. Bedeutung der Haftungsregelungen für die Überwachung des Aufsichtsrats

Der Organhaftung kommen - je nach Blickwinkel der Betrachtung - zwei unterschiedliche Funktionen zu: Für die Gesellschaft steht im Vordergrund die Kompensation eines eingetretenen Schadens durch den schädigenden Organträger. Aus Sicht des Inanspruchgenommenen Organträgers hat die Haftung dagegen nicht nur finanzielle Folgen, sondern mittelbar auch eine starke psychologische Komponente: Die Haftungsandrohung bewirkt, dass ein Amtsträger bei der Erfüllung der ihm obliegenden Pflichten die gebotene Sorgfalt aufwendet[245]. Gerade diese Präventivwirkung ist für die Reformdiskussion insoweit von Bedeutung, als erkannt werden musste, dass aufgrund der ungenügenden Berichterstattung seitens des Aufsichtsrats eine sachgerechte Kontrolle des Aufsichtsrats durch die Hauptversammlung nicht gewährleistet ist. Im Folgenden soll daher untersucht werden, ob die gesetzlichen Regelungen geeignet sind, diese Anreizfunktion der Haftung, Aufsichtsratsmitglieder zu einer ordnungsgemäßen Amtsausübung anzuhalten, zu erfüllen.

---

[245] Grundlegend zur Anreizfunktion des Haftungsrechts *Engel*, JZ 1995, 217ff. Speziell für die Tätigkeit des Aufsichtsrats *Deckert*, NZG 1998, 714; *Götz*, AG 1995, 345; *ders.*, AG/S 1997, 39; *Kübler*, AG/S 1997, 49; *Lutter*, ZHR 1995, 305; *ders.*, NJW 1995, 1134; *Seibert*, ZBB 1994, 353; *Wiese*, DB 2000, 1903; *Zimmer*, NJW 1998, 3526.

6.2. Überblick über die gesetzlichen Regelungen

Für die Haftung von Aufsichtsratsmitgliedern sind verschiedene Anspruchsgrundlagen denkbar. An erster Stelle ist hierbei die allgemeine Haftungsnorm des § 116 AktG zu nennen, die hinsichtlich der Sorgfaltspflichten und Verantwortlichkeit von Aufsichtsratsmitgliedern auf die sinngemäße Anwendung des für Vorstandsmitglieder geltenden § 93 AktG verweist. Danach haftet ein Aufsichtsratsmitglied, wenn es schuldhaft die Sorgfaltpflichten eines ordentlichen Aufsichtsratsmitglieds verletzt hat und der Gesellschaft dadurch adäquat kausal ein Schaden entstanden ist[246]. Steht eine Pflichtverletzung des Aufsichtsratsmitglieds fest, muss sich das Aufsichtsratsmitglied für jedes Verschulden exkulpieren, §§ 116, 93 II 2AktG.
Daneben kann sich eine Haftung auch aus dem Sondertatbestand des § 117 II AktG bzw. dem bürgerlich-rechtlichen Deliktsrecht ergeben[247]. Im Hinblick auf die Reformdiskussion beschränkt sich die vorliegende Arbeit jedoch auf die Haftung aufgrund der Vernachlässigung der Überwachungspflicht und konzentriert sich daher auf den Haftungstatbestand des §§ 116, 93 II AktG.

Von der Haftung im materiellen Sinn ist die Durchsetzung der Haftung zu unterscheiden. Diesbezüglich ist auf die Minderheitsrechte des § 147 AktG hinzuweisen. Gem. § 147 I AktG kann eine Aktionärsminderheit, die 10% des Grundkapitals auf sich vereinigt, die Durchsetzung der Haftung erzwingen. Das KonTraG sieht in § 147 III AktG im Falle eines dringenden Verdachts von groben Pflichtverletzungen oder Unredlichkeiten eine weitergehende Erleichterung vor. Danach können Aktionäre, deren Anteile zusammen 5% des Grundkapitals oder den anteiligen Betrag von 500.000 Euro erreichen, die Bestellung eines Vertreters erzwingen, der die Haftungsansprüche durchzusetzen hat, sofern er nach pflichtgemäßer Prüfung ausreichende Erfolgsaussichten eines Haftungsprozesses erkennt.

6.3. Reformbedarf in theoretischer Hinsicht

6.3.1. Haftung im materiellen Sinn

Die Haftung im materiellen Sinn wäre dann in theoretischer Hinsicht reformbedürftig, wenn sie keine ausreichende Haftungsandrohung bei Vernachlässigung der Überwachungspflicht darstellte und damit ihrer Anreizfunktion nicht gerecht würde.

---

[246] Geßler-Hefermehl/*Geßler*, § 116 Rn. 8; *Hoffmann-Becking*, in: HdbGesR AG, § 33 Rn. 42; *Hüffer*, § 116 Rn. 2; Großkommentar/*Schilling*, § 116 Anm. 1.

[247] Zur Haftung von Aufsichtsratsmitgliedern aus § 823 II BGB i.V.m. einer Schutzgesetzverletzung bzw. aus § 826 BGB siehe *Mutter*, S. 163ff. Vgl. auch *Hoffmann-Becking*, in: HdbGesR AG, § 33 Rn. 43.

Man ist sich weitgehend darüber einig, dass die materielle Haftung in §§ 116, 93 II AktG sehr streng ausgestaltet ist[248]. Denn kann ein Schaden der Gesellschaft auf ein kausales Handeln oder Unterlassen des Aufsichtsrats zurückgeführt werden, obliegt jedem Aufsichtsratsmitglied der Beweis dafür, dass sein zum Schaden der Gesellschaft führendes Verhalten nicht pflichtwidrig war[249].
Die Anforderungen, die an die Sorgfalt eines ordentlich handelnden Aufsichtsratsmitglieds zu stellen sind, sind beachtlich. Zwar erfordert die Überwachung durch den Aufsichtsrat ebenso wie die Geschäftsführung durch den Vorstand einen gewissen Ermessensspielraum[250]. Dies bedeutet jedoch nicht, dass die Aufsichtsratsmitglieder ihre Überwachungstätigkeit völlig frei gestalten könnten. Jedes Aufsichtsratsmitglied hat vielmehr dafür Sorge zu tragen, dass die Überwachung funktionsgerecht organisiert ist und der Aufsichtsrat von seinen Informations- und Einwirkungsrechten ausreichenden Gebrauch macht[251].
Dass die Rechtsprechung dabei teilweise sehr strenge Anforderungen an die Sorgfalt der Amtsausübung stellt, zeigen die folgenden Entscheidungen:

- Das LG Bielefeld ließ es in seiner Entscheidung zum oben besprochenen Fall der Balsam AG für eine sorgfältige Amtswahrnehmung nicht genügen, dass sich das in Haftung genommene Aufsichtsratsmitglied auf die Wahrheitsgemäßheit der Vorstandsberichte verlassen habe. Das Gericht verlangte vielmehr weitergehende Prüfungen selbst vager Gerüchte über Unredlichkeiten der Geschäftsführung, wenn der Inhalt der Gerüchte - wie vorliegend - eine potentielle Existenzgefährdung der

---

[248] Vgl. nur Begr. des Referentenentwurfs zum KonTraG, § 147 RefE AktG, ZIP 1996, 2136; *Baums*, AG/S 1997, 27; *Claussen*, DB 1998, 182; *Deckert*, NZG 1998, 714; *dies.*, JuS 1999, 740; *Hoerdemann*, ZRP 1997, 47; *Kübler*, AG/S 1997, 49; *Lutter*, AG/S 1997, 55; *ders.*, ZHR 1995, 305; *Mertens*, AG 1990, 51; *Niederleithinger*, ZIP 1995, 602; *Seibert*, in: Dörner u.a., Reform des Aktienrechts, S. 15; *Theisen*, in: Dörner u.a., Reform des Aktienrechts, S. 245; *Trescher*, DB 1995, 661; *Wiese*, DB 2000, 1902; *Zimmer*, NJW 1998, 3526.

[249] Herrschende Meinung zur Beweislast, vgl. RGZ 98, 100; RG, JW 1936, 2313; BGH, NJW 1962, 1286; OLG Hamm, ZIP 1995, 1265; *Hüffer*, § 116 Rn. 8 und § 93 Rn.16 m.w.N.; Großkommentar/*Schilling*, § 116 Anm. 6; *Wiesner*, in: HdbGesR AG, § 26 Rn. 9; mit Modifizierungen hinsichtlich der Substantiierungslast *Heermann*, ZIP 1998, 768. Enger dagegen Köln.-Komm./*Mertens*, § 116 Rn. 59, der den Vortrag eines auf eine Pflichtverletzung hindeutenden Sachverhalts verlangt.

[250] Grundlegend zum unternehmerischen Ermessen des Vorstandes BGH, ZIP 1997, 883 (ARAG/Garmenbeck); vgl. dazu *Wilhelm*, Kapitalgesellschaftsrecht, Rn. 982ff. Zum Ermessen des Aufsichtsrats *Dreher*, ZHR 1994, 614ff.; *ders.*, ZIP 1995, 628; *Heermann*, ZIP 1998, 762; *Lutter*, ZIP 1995, 441.

[251] *Edenfeld/Neufang*, AG 1999, 50f.; *Hommelhoff*, ZHR 1979, 298f.; Köln.-Komm./*Mertens*, § 116 Rn. 11; *Lutter/Krieger*, Rn. 302; *Mülbert*, in: Feddersen u.a., Corporate Governance, S. 116; *Semler*, BFuP 1977, 523.

Gesellschaft nahe legt[252]. Da im konkreten Fall nach den Gesamtumständen anzunehmen war, dass der Vorstand seiner Verpflichtung zur unbedingten Offenheit gegenüber dem Aufsichtsrat nicht nachgekommen sei, hätte der Aufsichtsrat den Vorstand zumindest über einen Zustimmungsvorbehalt hinsichtlich der zweifelhaften Devisenoptionsgeschäfte einer stärkeren Kontrolle unterziehen müssen[253].

- Noch weitergehend ist eine etwas ältere Entscheidung des OLG Düsseldorf[254]. Das Gericht wies sämtliche Entlastungsvorbringen der beklagten Aufsichtsratsmitglieder zurück, weil sie ihr Amt ohne eigenes Bild einer vornehmlich im Ausland tätigen Gesellschaft ausgeübt hatten. Es wäre zumindest zu erwarten gewesen, dass sich die Aufsichtsratsmitglieder aus glaubwürdiger externen Quelle Informationen über die im Nahen Osten betriebene Geschäftstätigkeit einholten[255].

- Das LG Stuttgart[256] sah die Haftung eines Aufsichtsratsmitgliedes als gegeben an, weil es den Verkauf eines Betriebsgrundstückes unter Marktwert nicht aktiv verhindert habe. Dabei habe das betreffende Aufsichtsratsmitglied das vom Vorstand vorgelegte Sachverständigengutachten, das einen zu niedrigen Grundstückswert auswies, aufgrund von Hinweisen im Rahmen der Hauptversammlung sowie Zeitungsberichten kritisch hinterfragen müssen und sich ggf. bei einem örtlichen Maklerbüro informieren müssen[257].

Diese Entscheidungen zeigen, dass eine bloße Entgegennahme der Informationen durch den Vorstand nicht den Anforderungen an eine sorgfältige Überwachung genügen. Der Aufsichtsrat hat vielmehr die Vorstandsberichte kritisch zu durchleuchten und ggf. unter Zugriff auf vom Vorstand unabhängige Informationsquellen zu überprüfen. Die Entscheidung des LG Bielefeld im Fall Balsam AG hat zudem gezeigt, dass der Aufsichtsrat seine Eingriffsrechte, insbesondere den Zustimmungsvorbehalt nicht nach abstrakten Regeln einsetzen darf, sondern nach Maßgabe des Einzelfalls zu einer sachgerechten Risikokontrolle einsetzen muss, namentlich dann, wenn er sich einer vollständigen Berichterstattung durch den Vorstand nicht sicher ist. Die in den vorangegangenen Abschnitten kritisierte Aufsichtsratspraxis hinsichtlich des Einsatzes von Überwachungsinstrumenten führt nach dieser Rechtsprechung also zu Pflicht-

---

[252] LG Bielefeld, ZIP 2000, 24.
[253] LG Bielefeld, ZIP 2000, 25.
[254] OLG Düsseldorf, WM 1984, 1080.
[255] OLG Düsseldorf, WM 1984, 1085.
[256] LG Stuttgart, AG 2000, 237 (Altenburger und Stralsunder Spielkartenfabriken AG).
[257] LG Stuttgart, AG 2000, 238.

verletzungen der Aufsichtsratsmitglieder. Die materielle Regelung der Haftung bildet insoweit ausreichende Anreize, diese Praxis zu ändern.

Der Aufsichtsrat ist nicht nur was den Einsatz von Überwachungsinstrumenten anbelangt zu größter Sorgfalt verpflichtet, sondern auch hinsichtlich der unternehmerischen Bewertung der Geschäftsvorfälle. Zwar besteht auch hier ein Ermessensspielraum des Aufsichtsrats. Der Aufsichtsrat handelt jedoch pflichtwidrig, wenn er seine Entscheidung nicht auf eine sachgerechte Entscheidungsgrundlage stellt[258]. Dies bedeutet nicht nur, dass sich der Aufsichtsrat die zur sachgerechten Beurteilung erforderlichen Informationen beschaffen muss. Im Hinblick auf die Pflicht des Aufsichtsrats zur Prüfung der Wirtschaftlichkeit des Vorstandshandeln[259] muss im Aufsichtsrat auch das entsprechende Fachwissen vorhanden sein.
Für die Haftung ist dabei entscheidend, dass die Rechtsprechung individuelle Unfähigkeit nicht gelten lässt. Der BGH verlangt zwar nicht, dass jedes Aufsichtsratsmitglied über Spezialkenntnisse auf sämtlichen Gebieten des Unternehmens verfügen müsse, ausreichend sei vielmehr, wenn dieses Wissen im Gesamtaufsichtsrat vertreten sei bzw. in Ausnahmefällen unter Rückgriff auf Sachverständige beschafft werden könne[260]. Die Pflicht zur höchstpersönlichen Amtswahrnehmung, § 111 V AktG, bringe es jedoch mit sich, dass jedes „Aufsichtsratsmitglied diejenigen Mindestkenntnisse und -fähigkeiten besitzen oder sich aneignen muss, die es braucht, um alle normalerweise anfallenden Geschäftsvorgänge auch ohne fremde Hilfe verstehen und sachgerecht beurteilen zu können."[261]
Zu diesen „normalerweise anfallenden Geschäftsvorfällen" müssen zumindest all diejenigen Aufgaben gezählt werden, die nicht delegiert werden können, sondern vom Gesamtaufsichtsrat durch jedes einzelne Mitglied wahrgenom-

---

[258] Vgl. BGH, ZIP 1997, 886; Geßler-Hefermehl/*Hefermehl*, § 93 Rn. 45ff.; *Edenfeld/Neufang*, AG 1999, 49; *Hopt*, FS Mestmäcker, S. 920 für die Übertragung der amerikanischen business judgement rule; *Horn*, ZIP 1997, 1134; *Kindler*, ZHR 1998, 103; *Thümmel*, DB 1999, 886; *Westermann*, Karlsruher Forum 1993, 18.

[259] RGZ, NJW 1924, 1147; BGHZ 75, 133; BGHZ 114, 129f.; *Boujong*, AG 1995, 204; *Biener*, BFuP 1977, 491; *Henze*, BB 2000, 214; *ders.*, NJW 1998, 3310; *Hüffer*, § 111 Rn. 6; *Lutter/Krieger*, Rn. 22f.; Köln.-Komm./*Mertens*, § 111 Rn. 11; Großkommentar/*Meyer-Landrut*, § 111 Anm. 3; *Semler*, Leitung und Überwachung, Rn. 191; *Prühs*, AG 1970, 349.

[260] BGHZ 85, 296f. (Hertie) unter Verweis auf die Zuziehung von Sachverständigen gem. § 109 I 2 AktG bzw. § 111 II 2 AktG.

[261] BGHZ 85, 295f. (Hertie). Ganz h.M., vgl. auch *Dreher*, FS Boujong, S. 75; *Götz*, AG 1995, 345; *Hoffmann-Becking*, in: HdbGesR AG, § 33 Rn. 5; *Hommelhoff*, ZGR 1983, 571ff.; *Hüffer*, § 116 Rn. 2; Köln.-Komm./*Mertens*, § 116 Rn. 7; *Möllers*, ZIP 1995, 1732f.; *Mülbert*, in: Feddersen u.a., Corporate Governance, S. 105; *Prühs*, AG 1970, 349ff.; *Schaefer/Missling*, NZG 1998, 447; *Westermann*, Karlsruher Forum 1993, 21; *Wilhelm*, Kapitalgesellschaftsrecht, Rn. 978.

men werden müssen[262]. Jedes Aufsichtsratsmitglied muss also zum Beispiel diejenigen bilanzrechtlichen Grundkenntnisse aufweisen, die zumindest unter Zuhilfenahme des Berichts sowie der mündlichen Erläuterungen des Abschlussprüfers eine ordnungsgemäße Prüfung des Jahresabschlusses und des Lageberichts ermöglichen[263].

Auch wenn vom einzelnen Aufsichtsratsmitglied keine Spezialkenntnisse verlangt werden, muss es zumindest in der Lage sein, sich spätestens nach Beratung einer bestimmten Maßnahme im Aufsichtsratsplenum und ggf. unter Rückgriff auf die Fachkompetenz der übrigen Aufsichtsratsmitglieder ein eigenes Urteil über die Wirtschaftlichkeit der beratenen Maßnahme zu machen[264]. Zur Veranschaulichung sei wiederum das Beispiel der Metallgesellschaft bemüht[265]: Das Verständnis der Geschäftsstrategie der MGRM erforderte ein hohes Maß an betriebswirtschaftlichen Kenntnissen, die Erfahrungen mit Geschäften auf dem Ölmarkt einschlossen. Zwar konnte nicht von jedem Aufsichtsratsmitglied verlangt werden, dass es aus eigenem Fachwissen die Strategie zu beurteilen vermochte. Jedes Aufsichtsratsmitglied musste jedoch diejenigen betriebswirtschaftlichen Grundkenntnisse haben, um einer Beratung im Aufsichtsrat folgen zu können und anschließend die mit der verfolgten Strategie verbundenen Risiken erkennen zu können. Sollte kein einziges Aufsichtsratsmitglied über die entsprechende Fachkenntnis zur Beurteilung der Öltermingeschäfte in der Lage gewesen sein, hätte sich der Aufsichtsrat der MG sachverständiger Hilfe bedienen müssen, um der gebotenen Sorgfaltspflicht nachzukommen[266]. Im Falle eines Haftungsprozesses hätte sich jedenfalls kein Aufsichtsratsmitglied der Metallgesellschaft damit entlasten können, es hätte die Öltermingeschäfte nicht verstanden.

Damit ist festzustellen, dass die materielle Regelung der Haftung jedes einzelne Aufsichtsratsmitglied zu einer sorgfältigen Amtsausübung anhält. Zwar kann sich das Aufsichtsratsmitglied in einem Haftungsprozess auf einen gewissen unternehmerischen Ermessensspielraum berufen. Es muss aber darlegen, dass es seine Ermessensentscheidung auf der Grundlage einer sorgfälti-

---

262 Vgl. *Hommelhoff*, ZGR 1983, 572.

263 *Prühs*, AG 1970, 352f. fordert sogar bilanzrechtliche Spezialkenntnisse im Sinne ökonomischen bzw. juristischen Sachverstandes mit entsprechender formaler Vorbildung. Dagegen wohl zu Recht *v. Godin-Wilhelmi*, § 116 Anm. 4; Köln.-Komm./*Mertens*, § 116 Rn. 7. Da die Prüfung des Jahresabschlusses eine nicht delegationsfähige Pflicht jedes einzelnen Aufsichtsratsmitglieds ist, § 107 III 2 AktG, sind jedoch in jedem Fall bilanzrechtliche Mindestkenntnisse im Sinne eines Grundverständnisses für Bilanz und Rechnungswesen zu verlangen, vgl. *Claussen*, AG 1996, 485; *Clemm*, BFuP 1996, 271; *Feddersen*, AG 2000, 389; *Hommelhoff/Mattheus*, AG 1998, 255; *Semler*, AR-Hdb. Rn. B 80.

264 *Edenfeld/Neufang*, AG 1999, 50; Köln.-Komm./*Mertens*, § 116 Rn. 7; *Schwark*, FS Werner, S. 846 und 853. Für das Erfordernis betriebswirtschaftlicher Grundkenntnisse auch *Claussen*, AG 1996, 485; *Clemm*, BFuP 1996, 271; *Mattheus*, ZGR 1999, 692; *Semler*, AR-Hdb. Rn. B 80.

265 Siehe oben 1. Teil, 3.2.1.

266 Vgl. BGHZ 85, 296f.

gen Informationsbasis und unter kritischer Prüfung der Vorstandsvorlagen getroffen hat. Auf individuelle Unfähigkeit kann sich ein Aufsichtsratsmitglied nicht berufen.
Das materielle Haftungsrecht erfüllt also die ihm zugedachte Anreizfunktion. Ein Reformbedarf in theoretischer Hinsicht besteht damit nicht.

6.3.2. Die Durchsetzung der Haftung

Es ist offensichtlich, dass die Regelungen der Haftung im materiellen Sinne ihre Anreizfunktion nur dann erfüllen kann, wenn die Haftung auch tatsächlich durchgesetzt wird. Es gilt also zu untersuchen, ob die gesetzlichen Regelungen eine angemessene Haftungsdurchsetzung ermöglichen.

In dieser Frage wird schnell deutlich, dass die primäre Zuständigkeit des Vorstandes zur Durchsetzung von Haftungsansprüchen gegenüber Aufsichtsratsmitgliedern aufgrund seiner originären Vertretungskompetenz gem. § 78 I AktG unbefriedigend ist. Denn der Vorstand wird in aller Regel kein Interesse an einem solchen Haftungsprozess haben. Zum einen müsste er gegen Mitglieder desjenigen Organs klagen, das ihn zu überwachen und über seine Wiederbestellung zu entscheiden hat[267]. Da der Vorstand durch einen Haftungsprozess unweigerlich die Gunst dieser Aufsichtsratsmitglieder verspielen würde, wird der Vorstand nur dann diesen Weg beschreiten, wenn er sicher sein kann, dass die betroffenen Aufsichtsratsmitglieder in naher Zukunft aus dem Aufsichtsrat ausscheiden. Oftmals wird den Vorstand zudem eine in jahrelanger Zusammenarbeit mit dem Aufsichtsrat gewachsene kollegiale Verbundenheit von einem Haftungsprozess abhalten[268]. Das entscheidende Argument, warum der Vorstand nicht das zur Durchsetzung von Haftungsansprüchen geeignete Organ ist, ist jedoch die Tatsache, dass sich der Vorstand durch einen Haftungsprozess selbst belasten müsste. Denn um die Haftung eines zur Überwachung berufenen Aufsichtsratsmitglieds schlüssig darzutun, müsste der Vorstand vortragen, er selbst habe eine Pflichtwidrigkeit begangen, die das betreffende Aufsichtsratsmitglied nicht verhindert oder aufgedeckt habe[269].

Entscheidende Bedeutung für die Haftungsdurchsetzung gegenüber Aufsichtsratsmitgliedern kommt damit der Hauptversammlung, und insbesondere dem Antragsrecht einer Aktionärsminderheit gem. § 147 AktG, zu[270]. Es konnte be-

---

[267] *Götz*, AG 1997, 221.

[268] *Bork*, RWS-Forum GesR 1997, S. 54; *Götz*, AG 1997, 221; *Hüffer*, § 147 Rn. 1; *Lutter*, NJW 1995, 1134; *Peltzer*, WM 1981, 349; *Thümmel*, DB 1997, 263; *Trescher*, DB 1995, 661.

[269] *Bork*, RWS-Forum GesR 1997, S. 54; *Hüffer*, § 147 Rn. 1; *ders.*, ZHR 1980, 353; *Lutter*, NJW 1995, 1134; *Peltzer*, WM 1981, 348; *Thümmel*, DB 1997, 263; *ders.*, DB 1999, 887; *Trescher*, DB 1995, 661.

[270] Nach wohl allgemeiner Meinung scheidet eine Aktionärsklage analog § 309 IV, 317 IV, 318 IV AktG mangels Regelungslücke im Hinblick auf § 147 AktG aus. Vgl. *Flume*, Jur.

reits im Rahmen der Diskussion der Neuregelung des § 147 III AktG durch das KonTraG gezeigt werden, dass die dort vorgesehenen Schwellenwerte zu hoch sind, als dass sie eine angemessene Haftungsdurchsetzung ermöglichten[271]. Insoweit sei an dieser Stelle auf die obigen Ausführungen verwiesen. Die in § 147 AktG vorgesehenen Schwellenwerte können in aller Regel nur mit Hilfe der für ihre Depotkunden das Stimmrecht ausübenden Kreditinstitute erreicht werden. Da diese Kreditinstitute meist Vertreter aus den eigenen Reihen in den Aufsichtsrat entsenden[272], werden sie selten geneigt sein, die Durchsetzung der Haftung gegenüber Aufsichtsratsmitgliedern zu initiieren[273].
Dass das Initiativrecht einer Aktionärsminderheit faktisch leer läuft, wird deutlich anhand der Tatsache, dass Haftungsprozesse gegen Aufsichtsratsmitglieder in aller Regel erst vom Insolvenzverwalter angestrengt werden[274]. Eine Haftung, die erst in der Insolvenz zum Tragen kommt, kann indes nicht befriedigen. Haftung entfaltet nur dann eine ausreichende Präventivwirkung, wenn sie „präsent" und nicht dem sog. *worst case* vorbehalten ist.

Damit ist festzustellen, dass die gesetzlichen Regelungen zur Durchsetzung der Haftung von Aufsichtsratsmitgliedern mangelhaft sind. Dies ist darin begründet, dass der primär zuständige Vorstand aufgrund von Interessenkonflikten eine Haftung gegen Mitglieder seines Überwachungsorgans nicht durchsetzen wird. Die Anforderungen, die das Aktiengesetz an die Haftungsdurchsetzung durch die Hauptversammlung stellt, sind dagegen so hoch, dass sie faktisch nicht erreicht werden. Damit verliert die an sich strenge materielle Haftung ihre Anreizfunktion, so dass insoweit ein Reformbedarf in theoretischer Hinsicht konstatiert werden muss.

6.4. Fazit

Es konnte gezeigt werden, dass die materielle Regelung der Haftung durch die von der Rechtsprechung und Literatur aufgestellten hohen Anforderungen an die aufzuwendende Sorgfalt bei der Amtswahrnehmung ausreichende Anreize für eine ordnungsmäßige Überwachung bieten. Diese Anreizwirkung wird jedoch wieder durch Defizite bei der Regelung der Haftungsdurchsetzung aufge-

---

Pers., S.307f.; *v. Gerkan*, ZGR 1988, 450; *Hüffer*, § 147 Rn. 5; *Krieger*, ZHR 1999, 344; *K. Schmidt*, Gesellschaftsrecht, S. 643; *Sünner*, ZHR 1999, 372; *Wiedemann*, Gesellschaftsrecht, S. 463f.; *Wiesner*, in: HdbGesR AG, § 26 Rn. 22; *Zöllner*, ZGR 1988, 407f.

[271] Siehe oben 1. Teil, 2.6.

[272] Vgl. etwa die empirische Studie von *Hansen*, AG-Report 1994, R78 sowie *Adams*, AG 1994, 148ff.; *Götz*, AG 1997, 221; *Hopt*, AG/S 1997, 44; *Reichelt*, S. 233ff. Dieses Thema wird weiter unten ausgeführt.

[273] Zur Motivation von Kreditinstituten bei der Stimmrechtsvertretung in der Hauptversammlung vgl. *Baums*, AG 1996, 12ff.

[274] Vgl. jüngst LG Bielefeld, ZIP 2000, 20 (Balsam); LG Stuttgart, AG 2000, 237 (ASS); sowie zahlreiche Nachweise bei *Peltzer*, WM 1981, 349 Fn. 32f.

hoben. Hinsichtlich der Haftungsdurchsetzung ist damit ein Reformbedarf gegeben.

7. Reformbedarf hinsichtlich der personellen Besetzung des Aufsichtsrats

7.1. Überblick über die gesetzlichen Regelungen

Die gesetzlichen Regelungen über die personelle Besetzung des Aufsichtsrats gliedern sich in drei Bereiche: Teilweise stellt das Gesetz bestimmte Voraussetzungen für die Mitgliedschaft im Aufsichtsrat auf. Ferner regelt das Aktiengesetz die Bestellung und Abberufung von Aufsichtsratsmitgliedern. Schließlich enthalten die Mitbestimmungsgesetze besondere Vorschriften über die Zusammensetzung des Aufsichtsrats.

Das Aktiengesetz enthält nur einige wenige Regelungen über die persönlichen Voraussetzungen für den Zugang zum Aufsichtsratsmandat. Zur Sicherung der Funktionstrennung zwischen Geschäftsführung und Überwachung schließt § 105 AktG die Mitgliedschaft von Vorstandsmitgliedern, deren dauernde Vertreter und Prokuristen im Aufsichtsrat aus. Weitere Ausschlusstatbestände sind in § 100 II AktG geregelt. Nach § 100 II Nr. 1 AktG kann nicht Aufsichtsratsmitglied werden, wer bereits zehn Aufsichtsratsmandate innehat. Bei der Bestimmung der Aufsichtsratsmandate, die im Rahmen des § 100 II Nr. 1 AktG zu berücksichtigen sind, haben maximal fünf Mandate, die der Vorstand einer herrschenden Gesellschaft in Aufsichtsräten abhängiger Gesellschaften wahrnimmt, außer Betracht zu bleiben, § 100 II 2 AktG[275]. Vorsitze im Aufsichtsrat werden doppelt gezählt, § 100 II 3 AktG. § 100 II Nr. 2 schließt aus, dass gesetzliche Vertreter einer abhängigen Gesellschaft im Aufsichtsrat der herrschenden Gesellschaft vertreten sind und damit ein Widerspruch im natürlichen Organisationsgefälle entstünde[276]. § 100 II Nr. 3 AktG verbietet Überkreuzverflechtungen[277].

Das Gesetz macht die Mitgliedschaft im Aufsichtsrat nicht von einer bestimmten Qualifikation der Aufsichtsratsmitglieder abhängig. Die Satzung kann aber für Anteilseignervertreter, die von der Hauptversammlung ohne Bindung an Wahlvorschläge gewählt werden, weitere Zugangsvoraussetzungen, wie eine bestimmte formale Vorbildung oder geordnete Vermögensverhältnisse vorschreiben, § 100 IV AktG[278].

---

[275] Daraus folgt, dass insgesamt fünfzehn Mandate wahrgenommen werden können: Zehn „normale" Mandate und fünf sog. Konzernmandate.

[276] Vgl. Bericht des Rechtsausschusses zu § 100 II Nr. 2 AktG 1965, bei Kropff, S. 136.

[277] D.h. der Vorstand einer Kapitalgesellschaft (A) sitzt im Aufsichtsrat einer anderen Kapitalgesellschaft (B), während der Vorstand jener Kapitalgesellschaft (B) im Aufsichtsrat der Gesellschaft (A) sitzt. Damit würden sich die Vorstände der Gesellschaften A und B gegenseitig kontrollieren.

[278] Vgl. *Hüffer*, § 100 Rn. 9; *Reichelt*, S. 186.

Die Aufsichtsratsmitglieder werden von der Hauptversammlung oder von den Arbeitnehmern nach den Vorgaben der Mitbestimmungsgesetze gewählt, § 101 AktG[279]. Die Wahl der Anteilseignervertreter erfolgt auf der Grundlage von Wahlvorschlägen des Aufsichtsrats, § 124 III 1 AktG, und der von Aktionären, § 127 AktG. Der Wahlvorschlag des Aufsichtsrats muss den Namen, den ausgeübten Beruf und den Wohnort der Kandidaten enthalten, § 124 III 3 AktG. Den Aktionären einer börsennotierten Gesellschaft muss ferner mitgeteilt werden, welche weiteren Aufsichtsratsmandate die Kandidaten bekleiden, § 125 I 3 AktG. Für die Wahl selbst gilt grundsätzlich das einfache Mehrheitsprinzip, § 133 AktG. Seit der jüngsten Reform des Aktienrechts durch das Gesetz zur Namensaktie (NaStraG)[280] ist nunmehr die Möglichkeit einer Stimmrechtsvertretung durch einen von der Gesellschaft zu benennenden Vertreter zugelassen, § 134 III AktG n.F.[281]
Auf das komplizierte Wahlsystem hinsichtlich der Arbeitnehmervertreter kann hier nicht eingegangen werden[282]. Soweit im Folgenden auf die Arbeitnehmermitbestimmung einzugehen ist, beschränken sich die Ausführungen daher auf den Umstand einer Arbeitnehmervertretung im Aufsichtsrat an sich, ohne zu untersuchen, ob das Wahlverfahren bezüglich der Arbeitnehmervertreter reformbedürftig ist.

7.2. Reformbedarf in theoretischer Hinsicht

7.2.1. Eignung der gesetzlichen Regelungen zur Sicherstellung ausreichender Qualifikation der Aufsichtsratsmitglieder

Die Qualität der Überwachung hängt entscheidend von der Qualifikation der Aufsichtsratsmitglieder ab[283]. Die gesetzlichen Regelungen über die personelle Besetzung des Aufsichtsrats sind demnach in theoretischer Hinsicht reformbedürftig, wenn sie nicht geeignet sind, eine ausreichende Qualifikation der Aufsichtsratsmitglieder sicherzustellen.

In der Reformdiskussion um den Aufsichtsrat wurde teilweise kritisiert, dass dem Gesetz kein konkretes Anforderungsprofil eines idealen Aufsichtsratsmit-

---

[279] Das Entsendungsrecht gem. § 101 II AktG soll hier nicht weiter untersucht werden, da dessen praktische Relevanz gering sein dürfte.

[280] Gesetz zur Namensaktie und zur Erleichterung der Stimmrechtsausübung (Namensaktiengesetz - kurz: NaStraG) vom 18.01.2001 (BGBl. I S. 123). Vgl. dazu *Seibert*, ZIP 2001, 53 m.w.N.

[281] Dies wurde vor Inkrafttreten des NaStraG überwiegend als unzulässig angesehen. Vgl. *Hüffer*, § 134 Rn. 25; *Möhring*, FS Geßler, 127; *v. Randow*, ZIP 1998, 1565ff.; *Wilhelm*, Kapitalgesellschaftsrecht, Rn. 1010; Köln.-Komm./*Zöllner*, § 134 Rn. 79; *ders.*, FS Harry Westermann, S. 605ff. A.A. LG Stuttgart, AG 1974, 260; *Schilling*, FS Möhring, S. 260ff.

[282] Vgl. dazu *Büdenbender*, JA 1999, 717ff.; *Sieg*, NZA 2000, 175ff.

[283] *Eglau*, in: Picot, Corporate Governance, S. 116; *Frühauf*, ZGR 1998, 415; *Lambsdorff*, in: Feddersen u.a., Corporate Governance, S. 222; *Lutter*, ZHR 1995, 301; *Röller* in einem Zeitungsinterview, HB vom 13.04.1994, S. 18.

glieds hinsichtlich der Qualifikation entnommen werden könne[284]. Es fragt sich jedoch, ob dies zu einem Mangel des Gesetzes führt. Denn seit der Hertie-Entscheidung des BGH[285] ist anerkannt, dass ein Aufsichtsratsmitglied über diejenigen Mindestkenntnisse und -fähigkeiten verfügen muss, die zur sachgerechten Beurteilung der gewöhnlich anfallenden Geschäftsvorfälle erforderlich sind[286]. Damit sind zwar nur die Mindestqualifikationen eines Aufsichtsratsmitglieds und diese auch nur sehr allgemein definiert. Der Entscheidung des BGH wird anerkanntermaßen jedoch entnommen, dass ein Aufsichtsratsmitglied zumindest betriebswirtschaftliche Grundkenntnisse und ein Grundverständnis für Bilanzierung und Rechnungslegung aufweisen muss. Andernfalls kommt eine Haftung aufgrund eines Übernahmeverschuldens in Betracht[287]. Über diese Mindestqualifikationen hinaus ist es jedoch aufgrund der Vielschichtigkeit der Unternehmen, der unterschiedlichen Aufgaben innerhalb des Aufsichtsrats und des Charakters der Überwachungsaufgabe als unternehmerische Tätigkeit nicht möglich, ein konkretes Anforderungsprofil eines idealen Aufsichtsratsmitglieds zu entwerfen. Denn eine effektive Überwachung erfordert über die soeben beschriebenen Grundkenntnisse hinaus, dass im Aufsichtsrat gewisse Spezialkenntnisse vorhanden sind, die sich aus der Aufgabe des Aufsichtsrats im Allgemeinen sowie der Branche und Tätigkeit des Unternehmens im speziellen ergeben[288]. Dies sind zum Beispiel bilanzrechtliche Fachkenntnisse oder berufliche Erfahrungen in dem Wirtschaftszweig, in dem das Unternehmen tätig ist[289]. Dieses Spezialwissen kann nicht von jedem Aufsichtsratsmitglied verlangt werden. Entscheidend ist vielmehr, dass diese Kenntnisse insgesamt im Aufsichtsrat vertreten sind und durch eine sinnvolle Aufgabenverteilung innerhalb des Aufsichtsrats zum Tragen kommen[290]. Es lässt sich demnach keine allgemein verbindliche Aussage darüber treffen, welche Befähigung ein einzelnes Aufsichtsratsmitglied aufweisen muss, um eine optimale Besetzung des Aufsichtsrats zu gewährleisten. Die Aufgabe des Aufsichtsrats als unternehmerische Tätigkeit verlangt zudem unternehmerische Erfahrung[291] und persönliche Charaktereigenschaften wie Durchsetzungsvermögen und Men-

---

[284] *Schilling*, FAZ vom 27.08.1994, S. 11; *Theisen*, AG 1995, 203; *Wagner*, Aufsichtsgremien, S. 45. Kritisch auch *Möllers*, ZIP 1995, 1734.

[285] BGHZ 85, 295f.

[286] Siehe oben 6.3.1.

[287] Siehe oben 6.3.1.

[288] Vgl. *Deckert*, NZG 1998, 712; *Fey*, DStR 1995, 1324; *Götz*, AG 1995, 346; *Hommelhoff*, ZHR 1979, 298; *ders.*, ZGR 1983, 572f.; *Möllers*, ZIP 1995, 1733.

[289] Beispiele für die unterschiedlichen Anforderungen je nach Branche und Tätigkeit des Unternehmens liefert *Höhn*, Die Geschäftsleitung der GmbH, S. 276.

[290] BGHZ 85, 296; *Hommelhoff*, ZHR 1979, 298; *ders.*, ZGR 1983, 572f.; *Möllers*, ZIP 1995, 1733.

[291] Vgl. *Bleicher*, zfbf 1988, 937; *Feddersen*, AG 2000, 389; *Scheffler*, DB 2000, 434; *Semler*, AR-Hdb. Rn. B 68. Nach einer Untersuchung von *Bleicher*, Aufsichtsrat im Wandel, S. 30 werden Erfahrungen im Bereich Unternehmensführung und Führungsstärke für die wichtigsten Eigenschaften eines Aufsichtsratsmitglieds gehalten.

schenkenntnis[292]. Diese Charaktereigenschaften sind einer objektiven Bewertung nicht zugänglich und können daher auch nicht Bestandteil eines gesetzlichen Anforderungsprofils sein[293].
Es verwundert daher nicht, dass bisherige Versuche, die persönlichen Anforderungen an ein Aufsichtsratsmitglied näher zu definieren[294], nichts Konkretes hervorgebracht haben und letztlich nicht über das hinausgehen, was seit BGHZ 85, 295f. (Hertie) bereits allgemein anerkannt ist. Wenn also *de lege lata* kein konkretes Anforderungsprofil für die Mitgliedschaft im Aufsichtsrat existiert, führt dies nicht zu einem Reformbedarf des Gesetzes, da sich ein allgemein gültiges Anforderungsprofil nicht entwerfen lässt[295].

Die Sicherstellung einer optimalen Besetzung des Aufsichtsrats in Bezug auf die Qualifikation muss demnach dem Auswahlverfahren überlassen bleiben, so dass zu untersuchen ist, ob diesbezüglich ein Reformbedarf gegeben ist. Wie bereits erwähnt, beschränken sich die folgenden Ausführungen dabei auf die Wahl der Anteilseignervertreter.
Als Grundlage der Wahl sind die Wahlvorschläge von entscheidender Bedeutung für die personelle Besetzung des Aufsichtsrats. Wenn das Gesetz dem Aufsichtsrat insoweit nicht nur ein Vorschlagsrecht, sondern sogar eine Vorschlagspflicht zuschreibt, § 124 III 1 AktG, bringt es damit zum Ausdruck, dass dem Aufsichtsrat selbst eine wesentliche Verantwortung für die zur ordnungsgemäßen Erfüllung seiner Aufgaben erforderliche Besetzung des Aufsichtsrats zukommt. Es ist daher anerkannt, dass der Aufsichtsrat durch seinen Wahlvorschlag dafür Sorge zu tragen hat, dass im Aufsichtsrat diejenigen Qualifikationen vertreten sind, die nach den konkreten Gegebenheiten der Gesellschaft eine sachgerechte Überwachung ermöglichen[296].

---

[292] *Fey*, DStR 1995, 1324; *Clemm*, BFuP 1996, 271; *Hommelhoff/Mattheus*, AG 1998, 255; *Semler*, AR-Hdb. Rn. B 80.

[293] Vgl. *Claussen*, AG 1996, 485; *Eglau*, in: Picot, Corporate Governance, S. 116; *Feddersen*, AG 2000, 389; *Hoerdemann*, ZRP 1997, 48.

[294] Vgl. *Grundsatzkommission Corporate Governance*, DB 2000, 240 (Abschnitt III. 1. a): „erforderliche Kenntnisse, Fähigkeiten und fachliche Erfahrung"; *Arbeitskreis „Externe und interne Überwachung" der Schmalenbach-Gesellschaft*, DB 1995, 1(Abschnitt II. These 1: „allgemeine betriebswirtschaftliche und juristische sowie unternehmensspezifische bzw. branchenspezifische Kenntnisse"); *Berliner Initiativkreis German Code of Corporate Governance*, DB 2000, 1578 (Abschnitt IV. 4.2: „unterschiedliche Qualifikationen..., die für eine kompetente Kontrolle des Vorstandes nach den Gegebenheiten des Unternehmens erforderlich sind").

[295] Vgl. *Baums*, Bericht der Regierungskommission Corporate Governance, Rn. 310; *Claussen*, AG 1996, 485; *Fey*, DStR 1995, 1324; *Niederleithinger*, ZIP 1995, 602; *Seibert*, in: Dörner u.a., Reform des Aktienrechts, S. 7. Vgl. auch die *Kommission Organisation im Verband der Hochschullehrer für Betriebswirtschaft e.V.*, DBW 1987, 541.

[296] Vgl. *Deckert*, ZIP 1996, 991; *dies.*, NZG 1998, 711; *Feddersen*, AG 2000, 390; *Götz*, AG 1995, 346; *Hommelhoff*, ZGR 1983, 568f.; *Lambsdorff*, in: Feddersen u.a., Corporate Go-

Problematisch ist jedoch, dass sich der Wahlvorschlag des Aufsichtsrats zwar theoretisch maßgeblich an der Qualifikation der Kandidaten zu orientieren hat, das Gesetz aber keine ausreichenden Möglichkeiten vorsieht, dies auch tatsächlich sicherzustellen. Zwar unterliegt der Aufsichtsrat hinsichtlich des Wahlvorschlages der Sorgfaltspflicht der §§ 116, 93 AktG[297]. Ein Wahlvorschlag, der nicht maßgeblich an der Qualifikation der Kandidaten ausgerichtet ist, dürfte gleichwohl nur im Fall völliger Unvertretbarkeit zu einer Haftung der Aufsichtsratsmitglieder führen, die den Vorschlag unterbreitet haben[298]. Da damit nicht sichergestellt ist, dass der Aufsichtsrat von sich aus die Qualifikation als maßgebliches Kriterium für den Wahlvorschlag beachtet, muss die Hauptversammlung überprüfen können, ob die Kandidaten ausreichend qualifiziert sind. Die dem Wahlvorschlag beizufügenden Angaben, etwa über den ausgeübten Beruf der Kandidaten, lassen indes keine sachgerechte Bewertung der Qualifikation zu[299]. Dazu wären vielmehr Informationen über spezielles Fachwissen oder berufliche Erfahrungen der Kandidaten erforderlich. Den Aktionären steht es zwar frei, sich über das Auskunftsrecht gem. § 131 AktG diese Informationen einzuholen[300]. Es kann aber nicht befriedigen, wenn die Informationen, die als Minimum einer Bewertung der Kandidaten erforderlichen sind, erst auf ausdrückliches Nachfragen hin erteilt werden. Insoweit ist also ein Reformbedarf in theoretischer Hinsicht gegeben.

7.2.2. Theoretische Mängel des Gesetzes in Bezug auf Interessenkonflikte?

Die Effektivität der Überwachung durch den Aufsichtsrat kann auch durch Interessenkonflikte beeinträchtigt werden, denen Aufsichtsratsmitglieder ausgesetzt sind. Interessenkonflikte können die Objektivität des einzelnen Aufsichtsratsmitglieds in Bezug auf unternehmerische Entscheidungen beeinträchtigen. So könnte der Vertreter einer Bank, die der Gesellschaft einen bestimmten Kreditrahmen gewährt, versucht sein, durch seine Tätigkeit im Aufsichtsrat eine auf möglichst hohe Sicherheit bedachte Investitionspolitik durchzusetzen, obwohl für eine positive Entwicklung des Unternehmens unter Umständen eine etwas riskantere Investitionspolitik sinnvoll wäre. Arbeitnehmervertreter könnten versuchen, zwingend erforderliche Rationalisierungsmaßnahmen zu blokkieren. Interessenkonflikte können aber auch die Tätigkeit des Aufsichtsrats insgesamt behindern. Ist im Aufsichtsrat zum Beispiel eine Person vertreten, die zugleich im Aufsichtsrat eines Konkurrenzunternehmens der Gesellschaft sitzt, dürfte der Vorstand nur zurückhaltend gewillt sein, über Innovationen und

---

vernance, S. 222. Vgl. auch *Baums*, Bericht der Regierungskommission Corporate Governance, Rn. 311.

[297] *Semler*, RWS-Forum GesR 1995, 206.

[298] *Feddersen*, AG 2000, 389.

[299] Siehe oben 1. Teil, 2.3. zur Erweiterung der Angaben durch das KonTraG in Bezug auf den ausgeübten Beruf des Kandidaten. Kritisch auch *Hommelhoff*, ZGR 2001, 254f.

[300] *De lege lata* wäre diese Auskunft zudem über den Vorstand einzuholen, siehe oben 5.2.2.

neue Entwicklungen zu berichten[301]. Ist den übrigen Aufsichtsratsmitgliedern die Interessenkollision eines Mitglieds bekannt, kann auch eine offene Diskussion innerhalb des Aufsichtsrats gehemmt werden.

Grundsätzlich schließt das Aktiengesetz Interessenkonflikte innerhalb des Aufsichtsrats nicht aus: Abgesehen von den Sonderfällen der §§ 105, 100 II Nr. 2 und 3 AktG besteht selbst bei dauerhaften Interessenkonflikten eines Aufsichtsratsmitglieds keine gesetzliche Inkompatibilität[302]. In der Diskussion um die Reform des Aufsichtsrats wurde ein Reformbedarf darin gesehen, dass das Gesetz bei der personellen Besetzung Interessenkonflikten nicht ausreichend Rechnung trage[303].

Diesen Bedenken ist entgegenzutreten, da die gesetzlichen Regelungen zur Konfliktvermeidung und Konfliktlösung ausreichen[304]. Das KonTraG hat hinsichtlich der Wahlvorschläge für die gebotene Transparenz gesorgt, damit Interessenkonflikte von der wählenden Hauptversammlung berücksichtigt und ggf. vermieden werden können: Gem. § 124 III 3 AktG ist im Wahlvorschlag des Aufsichtsrats in börsennotierten Gesellschaften der ausgeübte Beruf anzugeben, so dass potentielle Interessenkonflikte bezüglich der hauptberuflichen Tätigkeit des Kandidaten erkannt werden können. Gem. § 125 I 3, § 127 3 AktG ist in börsennotierten Gesellschaften hinsichtlich sämtlicher Wahlvorschläge mitzuteilen, welche weiteren Aufsichtsratsmandate der Kandidat bekleidet. Dies ermöglicht eine Einschätzung, ob aus einer Nebentätigkeit des Kandidaten Interessenkonflikte zu befürchten sind. Damit können unerwünschte Interessenkonflikte wie unter Umständen die Mitgliedschaft eines Vertreters eines Konkurrenzunternehmens bereits im Vorfeld vermieden werden. Gem. § 285 Nr. 10 HGB sind im Anhang des Jahresabschlusses der aus-

---

[301] *Lutter*, AG 1994, 177; *ders.*, ZHR 1995, 303; *Reichert/Schlitt*, AG 1995, 244. Vgl. auch die Begründung des Entwurfs Rheinland-Pfalz, BR-Drucks. 561/97, Anlage, S. 17.

[302] Dies ist vor allem für den Fall von Aufsichtsratsmandaten in Konkurrenzunternehmen strittig. Für eine gesetzliche Inkompatibilität in Analogie zu den §§ 100, 105 AktG *Lutter*, ZHR 1995, 303 m.w.N.; *Scheffler*, DB 1994, 795; *Wardenbach*, S. 99f. Dagegen die herrschende Meinung zu Recht *Dreher*, JZ 1990, 898f.; Geßler-Hefermehl/*Geßler*, § 103 Rn. 39; *Hüffer*, § 103 Rn. 13b m.w.N.; *Kübler*, FS Claussen, S. 241ff.; Köln.-Komm./*Mertens*, § 100 Rn. 11; *Schneider*, BB 1995, 366f.; *Ulmer*, NJW 1980, 1606. Das Gesetz kennt keine grundsätzliche Inkompatibilität, so dass die §§ 100, 105 AktG als Ausnahmevorschriften bereits nicht analogiefähig sind. Zudem betreffen sie die speziellen Fälle einer Selbstkontrolle (§ 100 II Nr. 2 und 3, 105 AktG) bzw. sollen eine zeitliche Überlastung vermeiden (§ 100 II Nr. 1 AktG) und passen daher auf den Fall von Konkurrenzmandaten überhaupt nicht.

[303] Für den Fall von Konkurrenzmandaten: Entwurf Rheinland-Pfalz zu § 100 II Nr. 4 AktG, BR-Drucks. 561/97, Anlage, S. 1f. Vgl. auch *Adams*, AG/S 1997, 9f.; Beschluss des 61. DJT, NJW 1996, 2999; *DSW*, Aufsichtsräte in Deutschland, S. 93; *Lambsdorff*, in: Feddersen u.a., Corporate Governance, S. 225; *Schreib*, BFuP 1996, 288; *Schulte*, BFuP 1996, 298; *Theisen*, in: Dörner u.a., Reform des Aktienrechts, S. 243 (regelungsbedürftig).

[304] So auch *DAV*, ZIP 1997, 164.

geübte Beruf und weitere Aufsichtsratsmandate jedes Aufsichtsratsmitglieds anzugeben, so dass auch nach Amtsantritt auftretende Interessenkollissionen erkannt und durch Abwahl beseitigt werden können. Es ist hier jedoch nochmals die Kritik am KonTraG aufzugreifen, dahingehend dass diese Angabe von weiteren Aufsichtsratsmandaten sowohl in § 125 AktG, als auch in § 285 HGB auf börsennotierte Gesellschaften beschränkt ist[305].

Soweit Interessenkonflikte bei der Bestellung des Aufsichtsratsmitglieds nicht berücksichtigt oder bewusst in Kauf genommen wurden bzw. im Falle der Arbeitnehmermitbestimmung überhaupt nicht vermieden werden können, gibt das Haftungsrecht eine eindeutige Richtlinie vor, wie Interessenkonflikte zu lösen sind: Jedes Aufsichtsratsmitglied hat bei der Ausübung des Aufsichtsratsmandats dem Unternehmensinteresse unbedingten Vorrang vor anderweitigen Pflichtenbindungen aus sonstigen Ämtern und Mandaten zu geben[306]. Das gilt für die Anteilseignervertreter ebenso wie für einen Vertreter der Arbeitnehmerseite. Läßt sich ein Aufsichtsratsmitglied bei der Ausübung seines Amtes von Fremdinteressen leiten, begeht es eine Pflichtverletzung und macht sich haftbar. Sieht sich das betroffene Aufsichtsratsmitglied nicht dazu in der Lage, dem Unternehmensinteresse Vorrang vor anderen Interessen zu geben, muss es eines der kollidierenden Mandate niederlegen[307].
Soweit zu befürchten ist, dass Interessenkonflikte die Funktionsfähigkeit des Aufsichtsrats beeinträchtigen könnten, weil der Vorstand nicht uneingeschränkt Bericht erstatte oder eine offene Diskussion im Aufsichtsrat gehemmt werde, sind ebenfalls ausreichende gesetzliche Möglichkeiten gegeben, dies zu verhindern. Theoretisch dürfte weder die Berichterstattung des Vorstandes noch die Diskussion innerhalb des Aufsichtsrats durch Interessenkonflikte beeinträchtigt werden, da jedes Aufsichtsratsmitglied zu absoluter Verschwiegenheit verpflichtet ist, §§ 116, 93 I 2 AktG. Verletzungen dieser Pflicht können nicht nur eine zivilrechtliche Haftung nach sich ziehen, sondern sind sogar mit bis zu drei Jahren Haft strafbewehrt, § 404 I Nr. 1, II 2 AktG[308]. Dieser Argumentation wird teilweise entgegenhalten, die Verschwiegenheitspflicht könne nicht verhindern, dass die durch das Aufsichtsratsmandat erlangten Informationen ohne Offenbarung in die eigenen Entscheidungen außerhalb des Aufsichtsratsmandats einfließen würden[309]. Dazu ist aber anzumerken, dass die Verwertung von sensiblen Informationen, die im Rahmen der Aufsichtsratstätigkeit erlangt wur-

---

305 Siehe oben 1. Teil, 2.4.

306 BGH, NJW 1980, 1629f.; *Dreher*, JZ 1990, 897; *Hüffer*, § 116 Rn. 5; *Reichert/Schlitt*, AG 1995, 243; *Ulmer*, NJW 1980, 1605.

307 *Dreher*, JZ 1990, 902; *Herkenroth*, AG 2001, 38.

308 Dass diese Strafandrohung nicht nur theoretisch besteht zeigt jüngst der Fall der Berliner Bankgesellschaft: Der Aufsichtsrat hatte nach Bekanntwerden vertraulicher Informationen im Anschluss an eine Aufsichtsratssitzung Strafanzeige gegen Unbekannt erstattet, vgl. SZ vom 3./4.11.2001 S. 24 „Bankgesellschaft erstattet Strafanzeige".

309 *Dreher*, JZ 1990, 897; *Heermann*, WM 1997, 1691; *Herkenroth*, AG 2001, 40.

den, auch ohne Offenbarung zu einer Haftung führen kann, wenn die Interessen der Gesellschaft nachteilig betroffen werden. Denn jedes Aufsichtsratsmitglied unterliegt insoweit einer Loyalitäts- und Treuepflicht[310]. Werden vertrauliche Informationen wirtschaftlich zur Gewinnerzielung ausgenützt, kommt unabhängig von einer Offenbarung eine Strafbarkeit gem. § 404 II 2 AktG in Betracht[311]. Aufsichtsratsmitglieder setzten sich daher einer erheblichen Gefahr persönlicher Repressalien aus, wenn sie sensible Informationen, die sie innerhalb der Amtsausübung gewonnen haben, in einem anderen Aufsichtsrat preisgeben oder sonstwie wirtschaftlich verwerten.
Bleiben im Einzelfall trotz dieser Straf- und Haftungsandrohung Bedenken bezüglich einer Wahrung der Vertraulichkeit, kann der Aufsichtsrat beschließen, das betreffende Mitglied von der Aufsichtsratssitzung auszuschließen[312]. Dies stellt freilich dann keine sinnvolle Lösung dar, wenn ein Interessenkonflikt dauerhaft besteht. In diesem Fall kommt aber eine gerichtliche Abberufung aus wichtigem Grund auf Antrag des Aufsichtsrats in Betracht, § 103 III AktG[313].
Damit ist festzuhalten, dass ein Reformbedarf hinsichtlich der Regelungen über die Besetzung des Aufsichtsrats in Bezug auf Interessenkonflikte nicht gegeben ist, weil gesetzliche Möglichkeiten zur Vermeidung und Lösung von Interessenkonflikten in ausreichendem Maße vorhanden sind.

7.2.3. Eignung der gesetzlichen Regelungen zur Gewährleistung eines ausreichenden Zeitpotentials der Aufsichtsratsmitglieder

Ein wesentlicher Faktor für die Effektivität der Überwachung ist der zeitliche Einsatz, den die Aufsichtsratsmitglieder ihrem Amt widmen[314]. Das Zeitpotential, das Aufsichtsratsmitgliedern zur Verfügung steht, ist damit ein Umstand, der bei der personellen Besetzung des Aufsichtsrats zu berücksichtigen ist. In der Diskussion um die Reform des Aufsichtsrats wurde ein Reformbedarf hinsichtlich der Regelungen über die personelle Besetzung des Aufsichtsrats in-

---

[310] Vgl. *Fleck*, FS Heinsius, S. 100f.; *Hüffer*, § 116 Rn. 4; *Steinbeck*, S. 63; *Ulmer*, NJW 1980, 1606.

[311] Vgl. Geßler-Hefermehl/*Fuhrmann*, § 404 Rn. 11; *Tröndle/Fischer*, § 204 StGB Rn. 3 zum allgemeinen Tatbestand der Verwertung von Geschäftsgeheimnissen.

[312] Vgl. *Baumbach/Hueck*, § 109 Rn. 4; *Hüffer*, § 109 Rn. 2; *Lutter/Krieger*, Rn. 234; Köln.-Komm./*Mertens*, § 101 Rn. 8; *Matthießen*, S. 351. *Seipp*, in: Universität Passau, Unternehmensverfassung, S. 29 berichtet aus seiner Erfahrung, dass die betroffenen Aufsichtsratsmitglieder stets freiwillig die Sitzung verlassen hätten.

[313] OLG Hamburg, ZIP 1990, 313 (HEW/Jansen); Geßler-Hefermehl/*Geßler*, § 103 Rn. 39; *Hoerdemann*, ZRP 1997, 47; *Hüffer*, § 103 Rn. 13b; *Kropff*, in: Semler, Reformbedarf, S. 23; *Kübler*, AG/S 1997, 49; *ders.*, FS Claussen, S. 242; Köln.-Komm./*Mertens*, § 103 Rn. 34; Großkommentar/*Meyer-Landrut*, § 103 Anm. 7; *Schneider*, BB 1995, 370.

[314] *Frühauf*, ZGR 1998, 415; *Scheffler*, DB 2000, 434; *ders.*, AG 1995, 209; *ders.*, ZGR 1993, 71; *Semler*, AR Hdb., Rn. B 84 a.E.

soweit festgestellt, als das Gesetz die Wahrnehmung zu vieler Aufsichtsratsmandate durch eine Person erlaube[315].

Versucht man sich dem Problem mittels eines mathematischen Ansatzes zu nähern, scheint in der Tat ein Reformbedarf gegeben zu sein: Eine Person kann grundsätzlich bis zu zehn Aufsichtsratsmandate innehaben. In der Literatur wird der Arbeitseinsatz für ein Aufsichtsratsmandat in Bezug auf die Teilnahme an den Aufsichtsratssitzungen sowie deren Vor- und Nachbereitung unterschiedlich, nämlich zum Teil mit vier bis sechs[316] oder mit acht[317] oder mit sogar 20[318] Arbeitstagen im Jahr veranschlagt. Legt man diesen Zeitbedarf zugrunde, ergäbe sich für die Wahrnehmung von zehn Mandaten ein Zeitbedarf zwischen 40 und 200 Arbeitstagen[319]. Dieser Arbeitseinsatz ist für ein nebenamtlich tätiges Aufsichtsratsmitglied nicht zu bewältigen.
Aber vergleichbar mit der Diskussion um die Sitzungsfrequenz des Aufsichtsrats[320], liegt der Kritik an der gesetzlichen Regelung ein falscher Ansatzpunkt zugrunde. Sowohl die zeitliche Belastung durch ein einzelnes Aufsichtsratsmandat als auch die zeitliche Belastbarkeit der einzelnen Person entziehen sich einer pauschalen Bewertung[321]. Der für ein bestimmtes Aufsichtsratsmandat erforderliche Arbeits- und damit Zeitaufwand hängt nicht nur von der wirtschaftlichen Lage der Gesellschaft ab. Entscheidend ist auch, ob das Auf-

---

[315] Vgl. die Begründung des SPD-Entwurfs zu § 100 AktG, ZIP 1995, 333; Begründung des Entwurfs Rheinland-Pfalz zu § 100 AktG, BR-Drucks. 561/97, Anlage, S. 16; *Adams*, AG/S 1997, 9; *Baums*, AG/S 1997, 26f.; *ders.*, ZIP 1995, 17; *Bender*, DB 1994, 1965; *Bleicher/Paul*, DBW 1986, 284; *Dreist*, S. 271; *Hansen*, AG-Report 1996, R136; *Hofmann*, DB 1990, 2338; *Lutter*, ZHR 1995, 302; *ders.*, NJW 1995, 1133f.; *Wenger*, AG/S 1997, 58; *Witte*, DBW 1986, 530.

[316] Begründung des SPD-Entwurfs zu § 100 AktG, ZIP 1995, 333.

[317] *Scheffler*, DB 2000, 434.

[318] *Baums*, Bericht der Regierungskommission Corporate Governance, Rn. 52 gibt den durchschnittlichen Arbeitseinsatz eines Mitglied eines US-amerikanischen *Board of Directors (outside director)* mit 20 Arbeitstagen an. *Bremeier/Mülder/Schilling*, S. 115 fordern sogar 25 bis 30 Arbeitstage pro Aufsichtsratsmandat.

[319] Hinzu kommen noch bis zu fünf Mandate, die zusätzlich von einem Konzernvorstand innerhalb des Konzerns wahrgenommen werden können. Diese dürfen bei dem Rechenbeispiel jedoch nicht mitgezählt werden, da für einen Konzernvorstand die Wahrnehmung von Aufsichtsratsmandaten in Tochtergesellschaften einen Bestandteil seiner hauptamtlichen Tätigkeit als Konzernleiter darstellt, vgl. die Begr. des Referentenentwurfs zum KonTraG, § 100 RefE AktG, ZIP 1996, 2132; *DSW*, Aufsichtsräte in Deutschland, S. 92; *Lutter*, ZHR 1995, 302; *Martens*, ZHR 1995, 570f.; *Schreib*, BFuP 1996, 287; *Semler*, RWS-Forum GesR 1995, 203.

[320] Siehe oben 4.3.2.

[321] Vgl. Begr. des Referentenentwurfs zum KonTraG, § 100 RefE AktG, ZIP 1996, 2132; *DAV*, ZIP 1997, 164; *Deckert*, JuS 1999, 739; *DSW*, Aufsichtsräte in Deutschland, S. 92; *Götz*, AG 1995, 345; *Röller*, AG 1994, 334; *Schreib*, BFuP 1996, 287; *Seibert*, ZBB 1994, 351; *ders.*, WM 1997, 3.

sichtsratsmitglied zusätzliche Aufgaben innerhalb des Aufsichtsrats wahrnimmt, etwa als Ausschussmitglied oder gar Vorsitzender des Aufsichtsrats. Die zeitliche Belastbarkeit einer Person hängt von vielen Umständen ab wie etwa der fachlichen Qualifikation oder einer Unterstützung bei der Wahrnehmung der Überwachungsaufgabe durch ein Sekretariat[322]. Ein Aufsichtsratsmitglied, das hauptberuflich als Wirtschaftsprüfer tätig ist, wird für die Vorbereitung der Bilanzsitzung weniger Zeit benötigen als ein Ingenieur. Weiter ist von Bedeutung, ob das Aufsichtsratsmandat nebenamtlich oder hauptberuflich wahrgenommen wird[323]. Für den einen kann daher die Wahrnehmung von drei Mandaten bereits zuviel sein kann, während für den anderen die Wahrnehmung von zehn Mandaten ohne weiteres im Bereich des Machbaren liegt.

In der Frage nach der zulässigen Anzahl von Aufsichtsratsmandaten muss also erkannt werden, dass jedes Aufsichtsratsmitglied in erster Linie selbst zu prüfen hat, wie viele Mandate es gleichzeitig wahrnehmen kann[324]. Da eine ungenügende Überwachungsintensität nicht mit fehlender zeitlicher Verfügbarkeit gerechtfertigt werden kann, setzt sich ein Aufsichtsratsmitglied einem Haftungsrisiko aus, wenn es mehr Aufsichtsratsmandate übernimmt, als es ihm aus zeitlichen Gründen möglich ist[325]. Zumindest in börsennotierten Gesellschaften ist es ferner der Hauptversammlung möglich, die Eignung des Kandidaten in Bezug auf dessen zeitliche Verfügbarkeit zu beurteilen, weil der ausgeübte Beruf und die Anzahl der von einem Kandidaten wahrgenommenen Aufsichtsratsmandate der Hauptversammlung mitzuteilen sind, §§ 124 III 3, 125 I 3 AktG. Da dieser Informationsbedarf auch in nichtbörsennotierten Gesellschaften gegeben ist, ist an dieser Stelle die im ersten Teil dieser Arbeit geäußerte Kritik an der Beschränkung der Mitteilungspflicht auf börsennotierte Gesellschaften zu wiederholen[326].

Damit kann grundsätzlich kein Reformbedarf hinsichtlich der gesetzlichen Regelungen zur personellen Besetzung des Aufsichtsrats, was die zeitliche Verfügbarkeit der Aufsichtsratsmitglieder betrifft, festgestellt werden. Lediglich die Beschränkung der Transparenz hinsichtlich wahrgenommener Mehrfachmandate auf börsennotierte Gesellschaften ist zu kritisieren.

---

[322] Wegen der Pflicht zur höchstpersönlichen Wahrnehmung der Überwachungsaufgabe, § 111 V AktG, hat sich die Tätigkeit eines sog. *back office* auf untergeordnete Hilfstätigkeiten wie das Sammeln und Aufbereiten von Hintergrundinformationen und das Verfassen der Korrespondenz zu beschränken, vgl. *Hüffer*, § 111 Rn. 23; Köln.-Komm./*Mertens*, § 111 Rn. 95.

[323] Vgl. die Begr. des Referentenentwurfs zum KonTraG, § 100 RefE AktG, ZIP 1996, 2132; *Baums*, AG/S 1997, 27; *Götz*, AG 1995, 345; *Schilling*, FAZ vom 27.08.1994, S. 11.

[324] *Hommelhoff*, in: Picot, Corporate Governance, S. 14; *Röller*, AG 1994, 334; *Schmitz*, in: Feddersen u.a., Corporate Governance, S. 236.

[325] Vgl. *Götz*, AG 1995, 345, der darin ein Übernahmeverschulden sieht; *Kübler*, AG/S 1997, 48; *Lutter/Krieger*, Rn. 320.

[326] Siehe oben 1. Teil, 2.4.

7.2.4. Systematischer Fehler des Gesetzes: Zulässigkeit des Verwaltungsstimmrechts auch für die Wahl von Aufsichtsratsmitgliedern

In die Diskussion über die Reform des Aufsichtsrats muss die erst jüngst durch das NaStraG[327] eingeführte Erweiterung einer Stimmrechtsvertretung in § 134 III AktG n.F. einbezogen werden. In Anlehnung an das angelsächsische Proxy-Voting[328] kann der Aktionär nunmehr sein Stimmrecht durch einen von der Gesellschaft benannten Stimmrechtsvertreter ausüben lassen, eine Möglichkeit, die vor Inkrafttreten des NaStraG von der wohl überwiegenden Meinung als unzulässig angesehen worden war[329].

Durch die Zulassung des Verwaltungsstimmrechts wird dem Vorstand ein nicht zu akzeptierender Einfluss auf die Besetzung des ihn kontrollierenden Organs eingeräumt[330]. Denn der Vorstand kann als das zur Vertretung der Gesellschaft berufene Organ die Aktionäre um die Erteilung der Stimmrechtsvollmacht ersuchen und auf diese Weise das Ergebnis der Aufsichtsratswahlen in der Hauptversammlung maßgeblich bestimmen[331]: Zwar können Aktionäre dem Vorstand Weisungen für die Stimmrechtsausübung erteilen. Ein Blick auf das Depotstimmrecht der Banken zeigt jedoch, dass Aktionäre von diesem Weisungsrecht nur äußerst selten Gebrauch machen[332]. Erschwerend kommt hinzu, dass der Gesetzgeber des NaStraG das Verwaltungsstimmrecht im Gegensatz zur Rechtslage in den USA nicht weiter reguliert hat[333]. In den USA wird das Proxy-Voting durch umfangreiche Informationspflichten gegenüber den Aktionären und einer Prüfung der Vollmachtseinwerbung durch die Börsenaufsichtsbehörde (*Securities and Exchange Commission* - SEC) flankiert[334]. Wird die Stimmrechtsvollmacht für die Wahl zum *Board of Directors* ersucht, muss u.a. für jeden Kandidaten angegeben werden, in welche Rechtsstreitigkeiten er verwickelt ist, welche Positionen er innerhalb und außerhalb der Gesellschaft bekleidet, ob er als *Director* mindestens an 75% der Board-Sitzungen teilgenommen hat und welche Bezüge er als *Director* von der

---

[327] Gesetz zur Namensaktie und zur Erleichterung der Stimmrechtsausübung (Namensaktiengesetz) vom 18.01.2001 (BGBl. I S. 123). Vgl. dazu *Seibert*, ZIP 2001, 53 m.w.N.

[328] Vgl. dazu umfassend *Ruoff*, Stimmrechtsvertretung, Stimmrechtsermächtigung und Proxy-System, 1999; *Tuerks*, Depotstimmrechtspraxis versus U.S.-proxy-systems, 2000. Vgl. auch *Hanloser*, NZG 2001, 356f.; *Hüther*, AG 2001, 73f.; *Möhring*, FS Geßler, S. 129ff.

[329] *Hüffer*, § 134 Rn. 25; *Möhring*, FS Gessler, 127; *v. Randow*, ZIP 1998, 1565ff.; *Wilhelm*, Kapitalgesellschaftsrecht, Rn. 1010; Köln.-Komm./*Zöllner*, § 134 Rn. 79; *ders.*, FS Harry Westermann, S. 605ff. A.A. LG Stuttgart, AG 1974, 260; *Schilling*, FS Möhring, S. 260ff.

[330] Vgl. *Möhring*, FS Gessler, S. 134.

[331] Vgl. *Hüffer*, § 135 Rn. 3; *v. Randow*, ZIP 1998, 1565.

[332] Vgl. *Baums/Fraune*, AG 1995, 109.

[333] Vgl. die Stellungnahme des Rechtsausschusses, BT-Drucks. 14/4618; *Hanloser*, NZG 2001, 355; *Seibert*, ZIP 2001, 55.

[334] Vgl. *Hanloser*, NZG 2001, 356f.; *Hüther*, AG 2001, 73f.

Gesellschaft insgesamt erhalten hat[335]. Die vom Aktionär auszufüllende Stimmrechtskarte muss zudem die Möglichkeit enthalten, für bzw. gegen bestimmte Kandidaten zu stimmen, und sie muss deutlich darauf hinweisen, dass wenn keine bestimmte Anweisung erteilt wird, die Verwaltung nach freiem Ermessen über die Wahlvorschläge entscheiden kann[336]. Diese Informations- und Hinweispflichten sollen dazu führen, dass Aktionäre für die Wahl des *Board of Directors* konkrete Weisungen für die Ausübung des Stimmrechts erteilen und damit die Verwaltung nicht frei über die Wahl der Board-Mitglieder entscheiden kann. Da das deutsche Recht dahingehende Vorkehrungen nicht kennt, eröffnet § 134 III AktG n.F. dem Vorstand eine uneingeschränkte Freiheit zur Stimmrechtsausübung in Bezug auf die Wahl des Aufsichtsrats und ermöglicht ihm dadurch einen untragbaren Einfluss auf die Zusammensetzung des Organs, das ihn überwachen soll.
Hiergegen könnte man zwar einwenden, der Vorstand könne selbst keinen Vorschlag für die Besetzung des Aufsichtsrats machen, § 124 III 1 AktG. Der Vorstand kann aber vorgeschlagene ihm unangenehme, weil als kritisch Prüfer bekannte Kandidaten mittels der insoweit uneingeschränkten Stimmrechtsvollmacht ablehnen[337]. Die formale Beschränkung des Vorschlagsrechts kann zudem leicht durch die Einschaltung eines Strohmannes, der als Aktionär entsprechende Vorschläge unterbreitet, umgangen werden. Der Vorstand könnte schließlich das Stimmrecht in Bezug auf die Abberufung ihm ungelegener Aufsichtsratsmitglieder ausüben[338].
Gegen die Bedenklichkeit des Verwaltungsstimmrechts in Bezug auf die Wahl zum Aufsichtsrat wird schließlich vorgebracht, auch ein Vorstand, der zugleich Aktionär ist, könnte Einfluss auf die Zusammensetzung des Aufsichtsrats nehmen[339]. Dieser Einwand ist allerdings wenig überzeugend. Denn der über die Aktionärseigenschaft vermittelte Einfluss eines Vorstandes auf die Zusammensetzung des Aufsichtsrats ist zwar unvermeidbar, gleichwohl ist er nicht unbedingt positiv zu bewerten. Recht sollte aber zumindest dort eine Machtkontrolle vorsehen, wo dies möglich ist[340].

---

335 *Tuerks*, S. 84

336 Vgl. *Ruoff*, S. 227.

337 Die Stimmrechtsausübung des Vorstandes dürfte *de lege lata* nicht ausgeschlossen sein, da er weder von dem Beschluss unmittelbar betroffen ist (vgl. *Wilhelm*, Rechtsform und Haftung bei der juristischen Person, S. 134), noch einer der in § 136 I AktG explizit genannten Tatbestände erfüllt ist (vgl. *Hanloser*, NZG 2001, S. 356; *Schilling*, FS Möhring, S. 263).

338 Dieses Möglichkeit kommt allerdings nur für die Anteilseignervertreter in Betracht, die von der Hauptversammlung ohne Bindung an Wahlvorschläge gewählt werden, § 103 I AktG. Dafür ist grundsätzlich eine Mehrheit von drei Vierteln der abgegebenen Stimmen erforderlich, § 103 I 2 AktG. Die Satzung kann jedoch auch eine einfache Stimmenmehrheit genügen lassen, § 103 I 3 AktG. Vgl. *Hüffer*, § 103 Rn. 4.

339 Vgl. *Hanloser*, NZG 2001, 356 und *Schilling*, FS Möhring, S. 263.

340 *Zöllner*, FS Harry Westermann, S. 606.

Wenn man das Verwaltungsstimmrecht aufgrund der damit verbundenen ganz allgemein begründeten Missbrauchsgefahren[341] nicht bereits generell für rechtspolitisch verfehlt hält[342], ist jedenfalls der potentielle Einfluss des Vorstandes auf die Aufsichtsratsbesetzung ein schwerer systematischer Fehler, weil der Vorstand Einfluss auf die Besetzung des ihn kontrollierenden Organs nehmen könnte[343]. Insoweit ist ein Reformbedarf in theoretischer Hinsicht gegeben.

7.2.5. Zwischenergebnis

Als Zwischenergebnis ist damit festzuhalten, dass die gesetzlichen Regelungen über die Besetzung des Aufsichtsrats in einigen Punkten bereits in theoretischer Hinsicht reformbedürftig sind. Denn bei der Besetzung des Aufsichtsrats findet die Qualifikation der Kandidaten keine ausreichende Berücksichtigung, da der Hauptversammlung nur in Form des Auskunftsrechts eine Informationsgrundlage zur Verfügung steht. Als schwerer systematischer Fehler muss es angesehen werden, wenn das durch das NaStraG eingeführte Verwaltungsstimmrecht dem Vorstand eine Einflussmöglichkeit auf die Wahl von Aufsichtsratsmitgliedern einräumt.
Was potentielle Interessenkonflikte anbelangt, ist grundsätzlich kein Reformbedarf in theoretischer Hinsicht gegeben, da das Gesetz ausreichende Möglichkeiten zur Konfliktvermeidung und Konfliktlösung bereitstellt. Die Kritik an der zulässigen Höchstzahl von Aufsichtsratsmandaten ist grundsätzlich nicht berechtigt, da diesbezüglich primär eine kritische Selbstprüfung des Kandidaten verlangt ist und die Hauptversammlung diesem Umstand bei der Wahl Rechnung tragen kann. Es ist jedoch zu bemängeln, dass sich die Angabe von anderweitigen Aufsichtsratsmandaten durch einen Kandidaten auf börsennotierte Gesellschaften beschränkt.

7.3. Reformbedarf aufgrund mangelnder Normumsetzung

7.3.1. Mangelnde Qualifikation von Aufsichtsratsmitgliedern in der Praxis?

Theoretisch haben sich zwar die Wahlvorschläge des Aufsichtsrats maßgeblich an der Qualifikation der Kandidaten zu orientieren. Als problematisch wurde jedoch erkannt, dass die Hauptversammlung die Qualifikation der vorgeschlagenen Kandidaten nicht sachgerecht beurteilen kann. Es fragt sich

---

[341] *Hüther*, AG 2001, 72; *Möhring*, FS Geßler, S. 134; *Zöllner*, FS Harry Westermann, S. 606.

[342] Vgl. *Hüffer*, § 135 Rn. 3; *Hüther*, AG 2001, 72f.; *Möhring*, FS Gessler, S. 136; *v. Randow*, ZIP 1998, 1566; *Ruoff*, S. 389; *Zöllner*, FS Harry Westermann, S. 606f.

[343] Zwar ist *Hanloser*, NZG 2001, 356 und *Schilling*, FS Möhring, S. 263 zuzugeben, dass ein Vorstand, der zugleich Aktionär ist, auch Einfluss auf die Zusammensetzung des Aufsichtsrats nehmen kann. Mit *Zöllner*, FS Harry Westermann, S. 606 ist jedoch zu fordern, dass das Recht dort eine Machtkontrolle vorsehen sollte, wo dies möglich ist.

demnach, ob sich dieser theoretische Mangel in der Praxis auswirkt, mithin Aufsichtsratsmitglieder tatsächlich nicht ausreichend qualifiziert sind.
In dieser Frage lassen sich jedoch keine pauschalen Aussagen treffen und dahingehend geäußerte Kritik, der Aufsichtsrat sei in der Praxis mit unqualifiziertem Personal besetzt, ist auf wenige Einzelfälle beschränkt[344]. Auffallend ist jedoch, dass in der Praxis beim Wahlvorschlag für den Aufsichtsrat häufig der Aufbau von engen Geschäftsbeziehungen zu anderen Unternehmen im Mittelpunkt steht[345]. Dieser Befund muss zwar nicht zur Annahme einer unqualifizierte Besetzung des Aufsichtsrats führen. Er offenbart jedoch, dass entgegen der oben aufgestellten Forderung, nämlich dass in erster Linie die Qualifikation des Kandidaten für den Wahlvorschlag maßgeblich zu sein hat, in der Praxis andere Faktoren eine wichtigere Rolle bei der Aufsichtsratsbesetzung spielen.
Interessant ist ferner die Feststellung, dass die Initiative für die Wahl zum Aufsichtsrat oft vom Vorstand ausgeht[346]. Beredtes Beispiel dafür liefert der Fall des Bremer Vulkan[347]. Auch dieser Umstand muss nicht eine unqualifizierte Besetzung des Aufsichtsrats in der Praxis zur Folge haben. Gleichwohl zeigt sich daran, dass sich der Aufsichtsrat in der Praxis nicht mit der gebotenen Intensität der Nachfolgeplanung widmet.
Im Ergebnis kann zwar die Qualifikation des Aufsichtsrats in der Praxis nicht bewertet werden. Die Praxis bestätigt jedoch den in theoretischer Hinsicht festgestellten Reformbedarf, namentlich die Notwendigkeit, dass die Informationsgrundlage der Hauptversammlung in Bezug auf die Qualifikation der Kandidaten erhöht werden muss.

7.3.2. Berechtigung der Kritik an der Besetzung des Aufsichtsrats in der Praxis in Bezug auf Interessenkollisionen?

7.3.2.1. Die Mitgliedschaft in den Aufsichtsräten konkurrierender Unternehmen

In der Diskussion um die Reform des Aufsichtsrats war ein Punkt der Kritik an der Aufsichtsratspraxis die Mitgliedschaft einer Person in den Aufsichtsräten zweier miteinander konkurrierender Unternehmen[348]. Entzündet hatte sich die

---

[344] So nur *Hofmann*, DB 1990, 2339 und *Reichelt*, S. 185 (Selbst- und Fremdeinschätzung sei bislang unzureichender Erfolg beschieden). Beide allerdings, ohne ihre Aussagen substantiiert zu belegen.

[345] Vgl. *Eglau*, in: Picot, Corporate Governance, S. 116; *Feddersen*, AG 2000, 389; *Scheffler*, DB 2000, 433; *Schreyögg*, AG 1983, 279ff.

[346] *Clemm*, FS Havermann, S. 91; *Hommelhoff*, ZGR 1983, 569; *Lambsdorff*, in: Feddersen u.a., Corporate Governance, S. 221; *Lutter*, ZHR 1995, 301; *Schilling*, FAZ 27.08.1994, S. 11. Aus historischer Sicht *Mestmäcker*, S. 91.

[347] Siehe oben 1. Teil. 3.3.2.

[348] Vgl. die Begründung des SPD-Entwurfes zu § 25a GWB, BT-Drucks. 13/367, S. 13; Begründung des Entwurfs Rheinland-Pfalz zu § 100 II Nr. 4 AktG-E, BR-Drucks. 561/97, Anlage, S. 17f. Vgl. auch *Adams*, AG/S 1997, 9f.; *Baums*, ZIP 1995, 17; *ders.*, AG/S

Diskussion am Fall Steinkühler, der sowohl im Aufsichtsrat von VW als auch im Aufsichtsrat von (damals noch) DaimlerBenz saß[349]. Konkurrenzmandate wie diese seien in jedem Fall zu verhindern, da das betroffene Aufsichtsratsmitglied nicht den Interessen beider Unternehmen dienen könne und sich daher in einem permanenten, nicht lösbaren Interessenkonflikt befinde[350]. Es fragt sich, ob sich aus diesem Befund ein Reformbedarf ergibt.

Hat man den Fall Steinkühler vor Augen, scheint die Mitgliedschaft einer Person in den Aufsichtsräten zweier miteinander konkurrierender Unternehmen auf den ersten Blick untragbar. Gleichwohl kann aus diesem Fall kein Reformbedarf des Gesetzes abgeleitet werden. Denn theoretisch sind, wie oben bereits ausgeführt, die gesetzlichen Möglichkeiten zur Konfliktlösung auch in einem solchen Fall in ausreichendem Maße gegeben[351]. Wenn die Konfliktsituation nicht bereits bei der Wahl erkannt und vermieden wird, besteht in jedem Fall die Möglichkeit einer Abberufung aus wichtigem Grund. Ein Reformbedarf könnte sich daher allenfalls daraus ergeben, dass in der Praxis diese Möglichkeiten einer Konfliktvermeidung bzw. Konfliktlösung nicht hinreichend genutzt würden. Dies kann jedoch nicht angenommen werden. Denn bereits vor Inkrafttreten des KonTraG, das durch Erhöhung der Transparenz hinsichtlich Haupt- und Nebentätigkeit der Aufsichtsratskandidaten die Gefahr von potentiellen Interessenkonflikten reduziert hat, waren Doppelmandate in Konkurrenzunternehmen in der Praxis äußerst selten[352]. Die Praxis scheint also, abgese-

---

1997, 27; Beschluss des 61. DJT, NJW 1996, 2999; *DSW*, Aufsichtsräte in Deutschland, S. 93; *Lambsdorff*, in: Feddersen u.a., Corporate Governance, S. 225; *Schreib*, BFuP 1996, 288; *Schulte*, BFuP 1996, 298; *Theisen*, in: Dörner u.a., Reform des Aktienrechts, S. 243 (regelungsbedürftig).

[349] Vgl. *Dreher*, RWS-Forum GesR 1997, 14; *Kübler*, FS Claussen, S. 239; *Kropff*, in: Semler, Reformbedarf, S. 23; *Lutter*, AG 1994, 177; *Reichert/Schlitt*, AG 1995, 242; *Schneider*, BB 1995, 365.

[350] *DSW*, Aufsichtsräte in Deutschland, S. 93; *Lambsdorff*, in: Feddersen u.a., Corporate Governance, S. 225; *Lutter*, ZHR 1995, 303; *Reichert/Schlitt*, AG 1995, 244; *Scheffler*, DB 1994, 795; *Schreib*, BFuP 1996, 288. Vgl. auch die Begründung des Entwurfes eines Gesetzes zur Steigerung der Effizienz von Aufsichtsräten und zur Begrenzung der Machtkonzentration bei Kreditinstituten infolge von Unternehmensbeteiligungen (Entwurf Rheinland-Pfalz), BR-Druck. 561/97, Anlage, S. 17.

[351] Siehe oben, 7.2.2., insbesondere kommt eine Abberufung aus wichtigem Grund gem. § 103 III AktG in Betracht.

[352] Vgl. *Baums*, ZIP 1995, 17 (seltener Fall); *Decher*, ZIP 1990, 287 (äußerst selten); *Marsch-Barner*, in: Feddersen u.a., Corporate Governance, S. 124 (ausgesprochen selten); *Niederleithinger*, ZIP 1995, 602 (Randproblem); ebenso *Hoerdemann*, ZRP 1997, 46. Wenn *Pfannschmidt*, S. 222 eine seiner Ansicht nach hohe Verflechtungsquote in konkurrierenden Unternehmen feststellt (5,64%), muss er selbst eingestehen, dass die Verflechtungsintensität weitaus niedriger sein dürfte, da er auch unbedeutendste Überschneidungen der Geschäftsbereiche (0,3% Umsatzanteil) in seine Untersuchung einbezogen hat, a.a.O., S. 246.

hen von dem mittlerweile längst der Vergangenheit angehörenden Fall des Herrn Steinkühler, mit Konkurrenzmandaten keine Probleme zu haben. Von dem Fall Steinkühler aber auf die generelle Untragbarkeit von Konkurrenzmandaten schließen zu wollen, ist nicht haltbar. Dies ließe nämlich unberücksichtigt, dass Konkurrenzmandate auch teilweise gezielt zur Durchführung bzw. Erleichterung strategischer Allianzen angestrebt werden[353]. Es kann nämlich für Unternehmen vorteilhaft sein, längerfristige Kooperationen mit einem anderen Unternehmen durch personelle Verflechtungen zu stabilisieren[354]. Dies ist, soweit aus kartellrechtlichen Gesichtspunkten hiergegen keine Bedenken bestehen[355], nicht zu beanstanden. Ferner werden teilweise geplante Fusionen durch die Mitgliedschaft einer Person in den Aufsichtsräten beider Gesellschaften vorbereitet[356]. Es gibt also in der Praxis sinnvolle Anwendungsbereiche für Konkurrenzmandate. Dort, wo sie hingegen aus Sicht der Unternehmen nicht vorteilhaft sind, können sie aber nach geltender Rechtslage ohne weiteres vermieden werden.
Es besteht daher auch aus praktischer Sicht kein Reformbedarf in Bezug auf Mandate in konkurrierenden Unternehmen.

7.3.2.2. Beeinträchtigung der Überwachung durch eine Überrepräsentanz der Vertreter von Kreditinstituten in deutschen Aufsichtsräten?

Ein Thema, das immer wieder heftige Diskussionen hervorruft, ist die sogenannte „Macht der Banken", die auch Gegenstand von Reformbemühungen des KonTraG gewesen ist[357]. Auf diesen Problemkomplex, der sich im Wesentlichen um das Depotstimmrecht der Kreditinstitute dreht, kann hier nur am Rande eingegangen werden[358]. Es soll jedoch die These überprüft werden, die Tätigkeit des Aufsichtsrats werde in der Praxis durch eine Überrepräsentanz von Bankenvertretern beeinträchtigt[359].

---

[353] *Dreher*, JZ 1990, 900; *Kübler*, AG/S 1997, 49; *Semler*, RWS-Forum GesR 1995, 204.

[354] *Kübler*, FS Claussen, S. 244 m.w.N.; *Semler*, RWS-Forum GesR 1995, 204.

[355] Zu kartellrechtlichen Fragen von Aufsichtsratsmandaten in Konkurrenzunternehmen vgl. *Kübler*, FS Claussen, S. 244ff. mit dem Ergebnis, es bleibe ein weiter Raum für zulässige Kooperationen mittels Konkurrenzmandate.

[356] *Semler*, RWS-Forum GesR 1995, 204.

[357] Vgl. die Allgemeine Begründung des Referentenentwurfs zum KonTraG, ZIP 1996, 2129. Vgl. auch die allgemeine Begründung des Gesetzentwurfes Rheinland-Pfalz, BR-Drucks. 561/97, Anlage, S. 14f.; Allgemeine Begründung des SPD-Entwurfs, DT-Drucks. 13/367, S. 1ff.
Vgl. dazu umfassend *Mülbert*, Gutachten E zum 61. DJT, Empfehlen sich gesetzliche Regelungen zur Einschränkung des Einflusses der Kreditinstitute auf Aktiengesellschaften?, 1996.

[358] Vgl. dazu *Baums*, AG 1996, 11ff.; *Mülbert*, Gutachten zum 61. DJT, E-39ff. und E-87ff.

[359] So *Hansen*, AG-Report 1994, R79; *ders.*, AG-Report 1995, R463; *ders.*, AG-Report 1996, R136f.; *Müller*, in: die Woche vom 03.12.1999, S. 13; *Wagner*, Aufsichtsgremien, S. 30. Vgl. auch die Begründung des Gesetzesentwurfs Rheinland-Pfalz zu § 100 AktG, BR-Drucks. 561/97, Anlage, S. 19.

Die Kritik geht dahin, dass sich Vertreter von Banken häufig in bedenklichen Interessenkonflikten befänden, insbesondere dann, wenn Bank und Gesellschaft in Geschäftsbeziehungen zueinander stünden[360]. Den Kreditinstituten wird ferner vorgeworfen, mit der Vertretung im Aufsichtsrat eigene strategische Ziele zu verfolgen[361]. Da Banken in vielen Aufsichtsräten vertreten seien, bestünde schließlich eine dauerhafte, latente Gefahr, dass vertrauliche Informationen weitergegeben würden[362].

In dieser Frage ist zunächst zu konstatieren, dass zumindest in Publikumsgesellschaften Vertreter von Kreditinstituten relativ stark vertreten sind[363]. Zwar beträgt der Anteil von Bankenvertretern in den hundert größten deutschen Unternehmen nur etwa 7%[364]. *Hansen* konnte jedoch für das Jahr 1993 ermitteln, dass in 50% aller im Amtlichen Handel oder Geregelten Markt eingeführten Gesellschaften mindestens ein Vertreter eines Kreditinstituts zu finden sei. Bei den im DAX-30-Index enthaltenen Gesellschaften würden sogar 25% der Anteilseignervertreter von einem Kreditinstitut gestellt, wobei in 43,3% der Gesellschaften sogar der Aufsichtsratsvorsitz von Bankenvertretern wahrgenommen würde[365].

Es fragt sich allerdings, ob sich aus diesem Befund ein Reformbedarf der Regelungen über die Zusammensetzung des Aufsichtsrats ergibt. Bedenkt man, dass Bankenvertreter, wie die übrigen Aufsichtsratsmitglieder auch, im Rahmen ihrer Aufsichtsratstätigkeit ausschließlich das Unternehmensinteresse zu beachten haben, könnte sich ein Reformbedarf allenfalls daraus ergeben, dass sie dies in der Praxis nicht tun würden. Dies könnte dann angenommen werden, wenn die oben geäußerten Vorwürfe zuträfen und Kreditinstitute Aufsichtsratsmandate zur Verfolgung eigener strategischer Ziele einsetzen wür-

---

Aktuelles Beispiel ist die Kritik am Vertreter der Deutschen Bank im Aufsichtsrat der Philipp Holzmann AG im Rahmen der Krise des Baukonzerns, vgl. dazu die Welt, vom 23.11.1999; Der Spiegel, 50/1999, S. 90ff.; HB vom 09.12.1999, S. 19.

[360] *Hansen*, AG-Report 1994, R79; *Wagner*, Aufsichtsgremien, S. 31. Vgl. auch *Müller*, in: Die Woche vom 03.12.1999, S. 13.

[361] Vgl. die Begründung des Gesetzesentwurfs Rheinland-Pfalz zu § 100 AktG, BR-Drucks. 561/97, Anlage, S. 19.

[362] Vgl. die Begründung des Gesetzesentwurfs Rheinland-Pfalz zu § 100 AktG, BR-Drucks. 561/97, Anlage, S. 19; *Wagner*, Aufsichtsgremien, S. 31.

[363] Zu diesem Befund vgl. *Mülbert*, Gutachten zum 61. DJT, E-57; *Wagner*, Aufsichtsgremien, S. 30.

[364] Nach einer Erhebung des Bankenverbandes für das Jahr 1993 werden von 1461 Aufsichtsratsmandaten in den hundert größten deutschen Unternehmen lediglich 103 Mandate von privaten Banken wahrgenommen. Die Ergebnisse dieser Studie sind abgedruckt als Anhang 7 in: o.V., ZBB 1994, 77. Vgl. zu dieser Studie auch *Hansen*, AG-Report 1995, R462; *Reschke*, in: Picot, Corporate Governance, S. 125; *Röller*, AG 1994, 335; *Schmitz*, in: Feddersen u.a., Corporate Governance, S. 236.

[365] *Hansen*, AG-Report 1994, R78.

den, die den Interessen der jeweiligen Unternehmen zuwiderliefen. Als Beispiel hierfür wurde genannt, dass Banken Aufsichtsratsmandate zur Kreditsicherung oder in Bezug auf finanzielle Engagements in dritten Unternehmen einsetzen würden[366]. Stichhaltige Belege gibt es für eine derartige Behauptung allerdings nicht. Allein aus der Tatsache einer starken Präsenz von Bankenvertretern in deutschen Aufsichtsräten eine „Missbrauchsthese" folgern zu wollen, wie dies offensichtlich die Kritiker der gegebenen Aufsichtsratspraxis tun, ist allerdings nicht vertretbar. Gegen diese Folgerung spricht zunächst die Tatsache, dass die Initiative für die Vertretung einer Bank im Aufsichtsrat eines Unternehmens in der Praxis meistens von den Unternehmen ausgeht und nicht von den Banken[367]. Motivation hierfür ist für die Unternehmen häufig, eine dauerhafte und stabile Beziehung zu der Bank aufbauen zu wollen[368]. Zudem werden Bankenvertreter oft aufgrund fundierter Kenntnisse in Finanzfragen sowie eines umfassenden Branchenüberblicks als wertvolle Mitglieder im Aufsichtsrat eines Unternehmens geschätzt[369]. Gegen die Vermutung, Banken würden ihre Präsenz unter Missachtung der Interessen der Gesellschaft zu eigenen Zwecken ausnutzen, spricht auch das Ergebnis einer Umfrage, wonach die absolute Mehrheit der befragten Unternehmer keinen negativen Einfluss auf die Geschäftspolitik des Unternehmens durch Banken verspürten[370]. Schließlich lässt auch das Ergebnis einer Umfrage bei Banken, die ergab, dass aus der Aufsichtsratsmitgliedschaft aufgrund der schlechten Information des aktienrechtlichen Überwachungsgremiums keine strategisch wichtigen Informationen etwa zur Absicherung von Kreditrisiken erlangt würden[371], erhebliche Zweifel an der These eines „Missbrauchs" von Aufsichtsratsmandaten durch Banken aufkommen.

---

[366] Vgl. die Begründung des Entwurfs Rheinland-Pfalz zu § 100 AktG, BR-Drucks. 561/97, Anlage, S. 19.

[367] So die Stellungnahme des Bundesverbandes deutscher Banken im Bundestag abgedruckt in: ZBB 1994, 73. Vgl. auch *Mülbert*, Gutachten zum 61. DJT, E-48; *Werner*, ZHR 1981, 253.

[368] Vgl. die empirische Untersuchung von *Schreyögg/Papenheim-Tockhorn*, ZfB 1995, 222f. Im Ergebnis auch *Mülbert*, Gutachten zum 61. DJT, E-48. Vgl. ferner die Stellungnahmen von *Adams* und *Baums* im Rahmen einer Anhörung im Bundestag, abgedruckt in: ZBB 1994, 83 und 98.

[369] Vgl. *Reichelt*, S. 235; *Reschke*, in: Picot, Corporate Governance, S. 125; *Röller*, AG 1994, 335f.; *Seipp*, in: Universität Passau, Unternehmensverfassung, S. 29; *Vogel*, S. 258; *Werner*, ZHR 1981, 252. Dies räumt auch *Wagner*, Aufsichtsratsgremien, S. 31 ein.

[370] So ergab eine Umfrage des ifo-Institutes München, dass nur 18% der 500 befragten Manager den Einfluss der Banken für zu stark hielten, vgl. WiWo vom 01.09.1989, S. 29. Bei den 18% der Unternehmer, die sich über die Macht der Banken beklagte, handelte es sich ganz überwiegend um mittelständische Unternehmen, a.a.O., S. 26. In mittelständischen Unternehmen ist der Anteil der Bankenvertreter im Aufsichtsrat jedoch äußerst gering. Zudem ergibt sich die starke Position der Banken gegenüber mittelständischen Unternehmen überwiegend aus ihrer Funktion als Kreditgeberin, vgl. *Reichelt*, S. 237.

[371] Vgl. *Mülbert*, Gutachten zum 61. DJT, E-49 mit Hinweisen auf empirische Studien.

Selbstverständlich lassen Banken nicht völlig selbstlos zu, dass ihre Angestellten und Vorstände sich zusätzlich zu ihren Aufgaben in der Bank nebenberuflich in Aufsichtsräten von Unternehmen engagieren. Der Grund für dieses Verhalten ist jedoch nicht in der Verfolgung strategischer Ziele, die den Interessen der Unternehmen zuwiderlaufen, sondern vielmehr darin zu suchen, dass eine durch ein Aufsichtsratsmandat vermittelte enge Geschäftsbeziehung zu den Unternehmen auch für die Bank vorteilhaft ist, weil sich daraus zum Beispiel in Bezug auf eine künftige Kreditaufnahme des Unternehmens Wettbewerbsvorteile gegenüber anderen Banken erzielen lassen[372]. Diese Wettbewerbsvorteile werden aber nicht zum Nachteil des Unternehmens ausgenützt, da eine Vertretung von Banken im Aufsichtsrat nachweislich keinen Einfluss auf die Höhe des Fremdkapitalzinsatzes hat[373]. Dass die über eine Aufsichtsratsmandat vermittelten engen Beziehungen zwischen Bank und Unternehmen für das Unternehmen keineswegs nachteilig sind, lässt eine empirische Studie vermuten, die einen signifikant positiven Zusammenhang zwischen Bankenvertretern im Aufsichtsrat und dem Unternehmenserfolg feststellen konnte[374].

Ob dagegen die Befürchtung, die starke Bankenpräsenz würde die Vertraulichkeit im Aufsichtsrat beeinträchtigen, zutrifft, kann hier nicht abschließend beurteilt werden. Gegen diese Annahme spricht aber zum einen, dass Bankenvertreter neben der aktienrechtlichen Verschwiegenheitspflicht zusätzlich einer Verschwiegenheitspflicht innerhalb des Kreditinstitutes unterliegen[375]. Durch eine Weitergabe sensibler Informationen würde der Bankenvertreter auch das für die Ausübung seines Berufs erforderliche Vertrauen aufs Spiel setzen[376]. Gegen faktische Mängel im Vertrauensbereich spricht ferner folgendes Indiz: Bestünden in der Praxis Zweifel an der Vertraulichkeit der Bankenvertreter, wäre zu erwarten, dass Vorstände den Einfluss der Banken in der

---

[372] Zu diesem Ergebnis kommt *Mülbert*, Gutachten zum 61. DJT, E-50 unter Berücksichtigung von Aussagen aus Bankenkreisen. *Vogel*, S. 258 konnte in seiner Untersuchung bestätigen, dass Banken keinen über eigene Geschäftsbeziehungen hinausgehenden Einfluss auf die Unternehmen anstreben bzw. ausüben.
Als weitere Motive für Banken, Vertreter in einen Aufsichtsrat zu entsenden nennt *Wener*, ZHR 1981, 253f. auch die Vertretung von Interessen der Kleinaktionäre und Anteilsbesitz des Kreditinstitutes.

[373] So dass Ergebnis einer Untersuchung von *Pfannschmidt*, S. 163. *Werner*, ZHR 1981, 256 erklärt dies damit, dass die von der Bank entstandten Aufsichtsratsmitglieder in ihrer Funktion bei der Bank normalerweise nicht mit der Kreditvergabe befasst sind. Ferner würden Unternehmen häufig erwarten, durch die Mitgliedschaft eines Vertreters der Bank günstigere Konditionen zu bekommen.

[374] Vgl. die Untersuchung von *Pfannschmidt*, S. 164. *Pfannschmidt* lässt allerdings offen, ob der Unternehmenserfolg auf den Einfluss der Bankenvertreter zurückzuführen ist oder ob Banken sich gerade erfolgreiche Unternehmen aussuchen, in die sie Vertreter entsenden.

[375] *Wener*, ZHR 1981, 255.

[376] *Wener*, ZHR 1981, 255. *Werner* berichtet daher aus seiner persönlichen Erfahrung, dass ihm bislang kein Fall unzulässigen Informationsaustausches bekannt geworden wäre.

Praxis als negativ empfinden, weil sie stets fürchten müssten, die Preisgabe vertraulicher Informationen könnte ihre strategische Planung durchkreuzen. Das trifft für die Praxis jedoch nicht zu: So haben mehrere empirische Erhebungen ergeben, dass ganz überwiegend der Einfluss der Banken von Managern nicht beanstandet wurde[377].
Aber selbst wenn in der Praxis Bedenken hinsichtlich der Vertraulichkeit von Bankenvertretern bestehen würden, fragt es sich, ob sich daraus ein Reformbedarf hinsichtlich einer Regelung über die Zusammensetzung des Aufsichtsrats ergäbe. Denn wie oben ausgeführt, stellt die Preisgabe vertraulicher Informationen eine schwere Pflichtverletzung dar, die sowohl straf- als auch haftungsrechtliche Folgen nach sich ziehen kann. Zudem ist anerkannt, dass sich eine Haftung auch ohne Offenbarung von Insiderkenntnissen ergeben kann, wenn diese zum Nachteil der Gesellschaft verwendet werden[378]. Sollte die Praxis Defizite hinsichtlich der Vertraulichkeit aufweisen, ist demnach kein Reformbedarf hinsichtlich der Zusammensetzung des Aufsichtsrats als vielmehr hinsichtlich der Sanktionsmöglichkeiten bei Verletzung der Vertraulichkeit gegeben. Dies betrifft insbesondere die Realisierungsintensität und damit die Präventivwirkung der Haftung.

Insgesamt ist damit festzustellen, dass mit der Präsenz von Bankenvertretern in Aufsichtsräten für die Unternehmen Vorteile verbunden sind, namentlich enge Geschäftsbeziehungen zur Bank und die Mitgliedschaft einer in Finanzfragen sachverständigen Person im Aufsichtsrat. Ob in der Praxis durch Bankenvertreter die Vertraulichkeit im Aufsichtsrat beeinträchtigt wird, kann nicht abschließend beurteilt werden. Jedenfalls ist der These entgegenzutreten, Banken würden Aufsichtsratsmandate gezielt zur Verfolgung strategischer Ziele einsetzen, die mit dem Unternehmensinteresse nicht zu vereinbaren sind. Sofern Bankenvertreter in der Praxis das Unternehmeninteresse nicht beachten oder vertrauliche Informationen weitergeben sollten, was nach den bisherigen Feststellungen keineswegs pauschal behauptet werden darf[379], ist jedenfalls kein Reformbedarf bzgl. der Zusammensetzung des Aufsichtsrats, sondern allenfalls hinsichtlich der Realisierung der Haftung gegeben[380].

---

[377] Vgl. oben Fn. 370. Vgl. auch *Mülbert*, Gutachten zum 61. DJT, E-72 mit Hinweisen auf weitere empirische Erhebungen in Fn. 165.

[378] Vgl. *Fleck*, FS Heinsius, S. 100f.; *Hüffer*, § 116 Rn. 4; *Steinbeck*, S. 63; *Ulmer*, NJW 1980, 1606.

[379] *Seipp*, in: Universität Passau, Unternehmensverfassung, S. 29 berichtet aus seiner persönlichen Erfahrung, dass es in Bezug auf Interessenkonflikte nie Probleme gegeben habe, weil die betroffenen Aufsichtsratsmitglieder sich stets freiwillig der Stimme enthalten oder die Sitzung verlassen hätten.

[380] Generell zu Interessenkonflikten *Götz*, AG 1995, 246; *Hopt*, AG/S 1997, 43.

7.3.2.3. Wechsel von Vorstandsmitgliedern in den Aufsichtsrat der Gesellschaft

In der Praxis wechseln häufig ehemalige Vorstandsmitglieder nach ihrer Amtszeit in den Aufsichtsrat der Gesellschaft[381]. Daran wird kritisiert, ehemalige Vorstandsmitglieder könnten ihrer Überwachungsaufgabe nicht unbefangen nachkommen, weil sie regelmäßig über Maßnahmen zu urteilen hätten, an denen sie zu ihrer Amtszeit selbst mitgewirkt hätten[382]. Es sei zudem zu befürchten, dass sie versuchen würden, die Unternehmensleitung nunmehr über den Aufsichtsrat fortzusetzen[383].

Dieser Kritik liegt eine zu einseitige Betrachtung der Mitgliedschaft ehemaliger Vorstandsmitglieder im Aufsichtsrat zugrunde. Eine wesentliche Schwierigkeit der Aufsichtsratstätigkeit ist es, die treffenden Fragen gegenüber dem Vorstand zu stellen und auf diese Weise die Vorstandsvorlagen kritisch zu überprüfen[384]. Ehemalige Vorstandsvorsitzende verfügen über fundierte Kenntnisse des Unternehmens, der jüngsten Projekte und der damit zusammenhängenden Probleme[385]. Sie sind daher in hohem Maße in der Lage, die Vorstandsvorlagen kritisch zu hinterfragen, und werden damit als wertvolle Mitglieder des Aufsichtsrats geschätzt.

Möglicherweise hat zwar das ehemalige Vorstandsmitglied ein Interesse daran, begangene Fehler zu vertuschen. Will aber der neue Vorstand nicht später für Verfehlungen seines Vorgängers zur Verantwortung gezogen werden, wird er darüber dem Aufsichtsrat berichten, selbst wenn er dadurch ein Mitglied seines eigenen Kontrollorgans angreifen müsste. Vertuschungsversuche ehemaliger Vorstandsmitglieder im Aufsichtsrat dürften daher wenig erfolgversprechend sein. Es ist zudem anzunehmen, dass in aller Regel nur erfolgreiche Vorstände in den Aufsichtsrat gewählt werden, bei denen die Gefahr von Vertuschungsversuchen nicht sonderlich hoch sein dürfte[386].

Der Aufsichtsrat hat sicherlich sorgfältig darauf zu achten, dass ehemalige Vorstandsmitglieder keine beherrschende Stellung gegenüber dem neuen Vor-

---

381 Vgl. die Aufstellung bei *Hofmann*, DB 1990, 2337 Abb. 5: Von zehn ausgewählten Unternehmen des DAX-30 haben drei Gesellschaften ein und drei weitere Gesellschaften sogar zwei ehemalige Vorstandsmitglieder im Aufsichtsrat.

382 *Clemm*, BFuP 1996, 272; *Malik*, S. 173; *Reichelt*, S. 193. *Hofmann*, DB 1990, 2337 Fn. 21 sieht darin sogar einen Verstoß gegen elementare Kontrollprinzipien. Vgl. auch die Begründung des Antrags der Bundestagsfraktion Bündnis 90/Die Grünen zur Begrenzung der Bankenmacht und Verbesserung der Unternehmenskontrolle (Antrag Bündnis 90/Die Grünen), BT-Drucks. 13/7737, S. 18.

383 *Clemm*, BFuP 1996, 272; *Reichelt*, S. 193.

384 Vgl. *Peltzer*, WM 1981, 350.

385 Vgl. *Bernhardt*, ZfB 1994, 1344; *Claussen/Bröcker*, AG 2000, 490; *Clemm*, BFuP 1996, 272; *Reichelt*, S. 193; *Westermann*, ZIP 2000, 27.

386 *Reichelt*, S. 194.

stand einnehmen[387]. Da die Wahrnehmung von Überwachungsinstrumenten jedoch in der Hand des Gesamtaufsichtsrats liegt und das einzelne Aufsichtsratsmitglied demnach keine weitreichenden Befugnisse hat, ist die Gefahr einer Dominanz ehemaliger Vorstandsmitglieder im Aufsichtsrat nicht überzubewerten.
Insgesamt ist daher die Praxis, dass Vorstandsmitglieder nach ihrer Amtszeit in den Aufsichtsrat der Gesellschaft wechseln, nicht zu beanstanden, ein Reformbedarf hinsichtlich der Regelungen über die Zusammensetzung des Aufsichtsrats mithin nicht gegeben.

7.3.2.4. Arbeitnehmermitbestimmung als Hemmfaktor einer effektiven Überwachung in der Praxis?

In der Diskussion um die Reform des Aufsichtsrats wird häufig die Arbeitnehmermitbestimmung als Ursache für eine mangelhafte Überwachung des Aufsichtsrats in der Praxis kritisiert[388]. Die Präsenz von Arbeitnehmervertretern im Aufsichtsrat bedinge eine Erhöhung des Konfliktpotentials[389], die nicht nur die Diskussion innerhalb des Aufsichtsrats wesentlich erschweren würde[390], sondern Aufsichtsratssitzungen in der Praxis sogar zu reinen Akklamationsveranstaltungen ausarten ließe[391]. Ein Ausdruck der Polarisierung des Aufsichtsrats seien die getrennten Vorbesprechungen von Anteilseignervertretern und Arbeitnehmervertretern in der Praxis[392]. Die Arbeitnehmermitbestimmung sei eine wesentliche Ursache für die zurückhaltende Informationspolitik seitens der Vorstände[393]. Schließlich wird auch behauptet, Arbeitnehmervertreter seien häufig unqualifiziert, insbesondere könnten sie oft die Bilanzen nicht richtig lesen[394].

Das Thema „Mitbestimmung" weist überwiegend eine sozialpolitische Dimension auf, auf die hier nicht einzugehen ist. Es ist jedoch zu untersuchten, ob die

[387] *Clemm*, BFuP 1996, 272 Fn. 3 schlägt daher zutreffend vor, dass ehemalige Vorstandsmitglieder nicht zum Vorsitzenden des Aufsichtsrats gewählt werden sollten.
[388] *Baums*, ZIP 1995, 14; *Hansen*, AG-Report 1996, R136; *Kropff*, in: Semler, Reformbedarf, S. 16f.; *Lutter*, AG 1994, 176f.; *Röller*, AG 1994, 335; *Sünner*, AG 2000, 497; *Wagner*, Aufsichtsgremien, S. 98.
[389] *Röller*, AG 1994, 335. Vgl. auch *Lutter*, AG 1994, 176f., der die Vertreter von Gewerkschaften als die natürlichen Gegner der Unternehmer sieht.
[390] *Baums*, ZIP 1995, 14; *Hansen*, AG-Report 1996, R136; *Hoffmann-Becking*, FS Havermann, S. 241; *Röller*, AG 1994, 335.
[391] *Hoffmann-Becking*, FS Havermann, S. 241.
[392] Vgl. *Bernhardt*, ZHR 1995, 316; *Reichelt*, S. 227; *Scheffler*, ZGR 1993, 72; *Theisen*, in: Dörner u.a., Reform des Aktienrechts, S. 207f. Zur Praxis der Vorbesprechungen vgl. auch *Büdenbender*, JA 1999, 819.
[393] *Baums*, ZIP 1995, 14; *Hansen*, AG-Report 1996, R136.
[394] *Baums*, ZIP 1995, 14; *Möllers*, ZIP 1995, 1733; *Scheffler*, ZGR 1993, 72.

These, die Praxis der Arbeitnehmermitbestimmung würde sich negativ auf die Überwachungstätigkeit des Aufsichtsrats auswirken, bestätigt werden kann.
Die Aussage, die Arbeitnehmermitbestimmung habe zu einem erhöhten Konfliktpotential im Aufsichtsrat geführt, erscheint zunächst plausibel, dürfte in ihrer Pauschalierung jedoch nicht haltbar sein. Zwar dürften unternehmerische Maßnahmen wie Betriebsschließungen oder Fusionen zu heftigen Diskussionen mit Arbeitnehmervertretern führen, weil diese Maßnahmen in der Regel mit Entlassungen verbunden sind. Vielfach werden die im Aufsichtsrat zu treffenden Entscheidungen jedoch keine unmittelbar nachteiligen Auswirkungen auf die Belegschaft befürchten lassen. Es ist aber kaum anzunehmen, dass auch diese Entscheidungen zu hitzigen Diskussionen im Aufsichtsrat führen, da die Interessen der Arbeitnehmervertreter ebenso wie die Interessen der Anteilseigner in einer dauerhaften Rentabilität der Gesellschaft liegen, weil nur so auf lange Sicht Arbeitsplätze gesichert werden können[395].
Aber selbst dort, wo im Aufsichtsrat heftige Auseinandersetzungen stattfinden, ist dies nicht zwingend mit einer Beeinträchtigung der Überwachung verbunden. Denn eine mit der Konfliktlage verbundene Intensivierung der Diskussion führt zumindest theoretisch nicht zu einer Beeinträchtigung, sondern gerade zu einer Verbesserung des Entscheidungsprozesses. Wenn in der Praxis Diskussionen im Aufsichtsrat zu reinen Akklamationsveranstaltungen verkommen sollten, liegt dies an der Diskussionskultur des betreffenden Aufsichtsrats und nicht am Umstand der Arbeitnehmermitbestimmung. Wie eine aktuelle Studie belegt, wird in der Praxis der Diskussionsprozess mit Arbeitnehmervertretern innerhalb des Aufsichtsrats von Unternehmerseite sogar zunehmend geschätzt, weil damit das Verständnis der Belegschaft für die unternehmerischen Gesichtspunkte und Notwendigkeiten für unpopuläre Maßnahmen erhöht werden kann[396].
Die teilweise kritisierten, getrennten Vorbesprechungen von Anteilseignervertretern und Arbeitnehmervertretern müssen keine Beeinträchtigung der Überwachung darstellen. Soweit die Aufsichtsratssitzungen in solchen Vorbesprechungen vorbereitet werden, kommt der damit verbundene erhöhte Zeitaufwand der Qualität der Überwachung zugute[397]. Soweit die Vorbesprechungen dazu führen, dass in der Aufsichtsratssitzung kein Informations- und Argumentationsaustausch mehr stattfindet, sind sie rechtswidrig und können zu einer Haftung führen[398].

---

[395] Vgl. *Hüffer*, § 76 Rn. 13; *Lutter/Krieger*, Rn. 303.

[396] Vgl. *Bertelsmann-Stiftung/Hans-Böckler-Stiftung*, Bericht der Kommission Mitbestimmung, Gütersloh, 1998, S. 17; *Bernhardt*, ZHR 1995, 316f.; *Schilling*, FAZ vom 27.08.1994, S. 11.

[397] Vgl. *Bertelsmann-Stiftung/Hans-Böckler-Stiftung*, Bericht der Kommission Mitbestimmung, S. 103; *Büdenbender*, JA 1999, 819; *Hoffmann-Becking*, FS Havermann, S. 241.

[398] So hat das LG Bielefeld, ZIP 2000, 25 in seiner Balsam-Entscheidung die Haftung u.a. damit begründet, dass das verklagte Aufsichtsratsmitglied die anderen Aufsichtsratsmitglieder nicht über die eigenen Kenntnisse informiert hatte.

Ferner ist nicht nachvollziehbar, dass die Arbeitnehmermitbestimmung für die in der Praxis festzustellende, zurückhaltende Informationspolitik des Vorstandes verantwortlich sein sollen. Schließlich sind sämtliche Aufsichtsratsmitglieder zu absoluter Verschwiegenheit verpflichtet[399]. Es kann aber nicht pauschal behauptet werden, Arbeitnehmervertretern könne insoweit weniger vertraut werden als Anteilseignervertretern[400]. Eine Verletzung der Verschwiegenheitspflicht scheint vielmehr dort am meisten gefährdet, wo persönliche Interessen des Amtsträgers betroffen sind. Dies ist aber bei Anteilseignervertretern, die häufig in geschäftlichen Beziehungen zur Gesellschaft stehen, zumindest in gleichem Maße der Fall wie bei Arbeitnehmervertretern.
Auch die Behauptung, Arbeitnehmervertreter seien oft nicht ausreichend qualifiziert, ist sehr zweifelhaft[401]. So werden zum Teil leitende Angestellte als Vertreter der Arbeitnehmer in den Aufsichtsrat gewählt, die sich durch hohes Fachwissen auszeichnen[402]. Gerade in personal- und sozialpolitischen Problemen dürften Arbeitnehmervertrer zudem mehr Erfahrung als Anteilseignervertreter aufweisen[403]. Schließlich ist darauf hinzuweisen, dass auch Arbeitnehmervertreter über bilanzielle Grundkenntnisse verfügen müssen[404]. Arbeitnehmervertreter, die nicht einmal eine Bilanz lesen können, setzen sich daher einem Übernahmeverschulden aufgrund mangelnder Qualifikation aus. Sofern in der Praxis hier Defizite bestehen sollten, ist dafür also nicht die Mitbestimmung ursächlich, sondern eine unzureichende Haftungsdrohung, die die vom BGH[405] verlangte Mindestqualifikation in der Praxis sicherstellt.

Abgesehen davon, dass die geäußerten Bedenken gegen die Mitgliedschaft von Arbeitnehmern im Aufsichtsrat damit weitgehend entkräftet werden konnten, ist auf die positiven Aspekte der Mitbestimmung für die Überwachungsaufgabe des Aufsichtsrats hinzuweisen. So verfügen Arbeitnehmervertreter durch ihre Tätigkeit in der Gesellschaft in der Regel über detaillierte Kenntnisse der Gesellschaft und ihrer Probleme[406]. Dieses Insiderwissen bietet Anhaltspunkte für ein kritisches Hinterfragen der Vorstandsberichte und stellt da-

---

399 Darauf weisen auch *Forster*, AG 1995, 3 und *Möllers*, ZIP 1995, 1728 zutreffend hin.

400 Nach der Untersuchung der *Bertelsmann-Stiftung/Hans-Böckler-Stiftung*, Bericht der Kommission Mitbestimmung, S. 103, ist kein spektakulärer Fall eines Vertrauensbruchs durch Arbeitnehmervertreter bekannt.

401 *Götz*, AG 1995, 347; *Hoffmann-Becking*, FS Havermann, S. 240.

402 So das Ergebnis einer Untersuchung der *Bertelsmann-Stiftung/Hans-Böckler-Stiftung*, Bericht der Kommission Mitbestimmung, S. 96. Nach den persönlichen Erfahrungen von *Seipp*, in: Universität Passau, Unternehmensverfassung, S. 25 sind häufig die Gewerkschaftsvertreter sehr gut qualifiziert.

403 *Hoffmann*, Rn. 144.

404 Siehe oben 6.3.1.

405 BGHZ 83, 296. Siehe oben 6.3.1.

406 Vgl. *Götz*, AG 1995, 347; *Hakelmacher*, Wpg 1991, 107; *Hoffmann-Becking*, FS Havermann, S. 240; *Peltzer*, in: Picot, Corporate Governance, S. 123; *Wagner*, Aufsichtsgremien, S. 99.

mit einen wichtigen Bestandteil eines effektiven Überwachungsprozesses dar. Arbeitnehmervertreter zeichnen sich in der Praxis zudem oft durch eine starke Loyalität zu dem Unternehmen aus[407] und widmen sich der Überwachungsaufgabe mit einem hohem Zeitaufwand[408].

Die These, dass die Beteiligung von Arbeitnehmervertretern im Aufsichtsrat zu einer Beeinträchtigung der Überwachungspraxis geführt hätte, kann daher nicht bestätigt werden. Daraus folgt, dass hinsichtlich der personellen Besetzung des Aufsichtsrats in Bezug auf die Mitbestimmung kein Reformbedarf festgestellt werden kann.

7.3.3. Die Wahrnehmung von Mehrfachmandaten in der Praxis

Die im Gesetz zulässige Höchstzahl von Mehrfachmandaten ist theoretisch nicht reformbedürftig, weil die Anzahl gleichzeitig wahrnehmbarer Aufsichtsratsmandate von vielen Umständen des Einzelfalls abhängt und primär der Selbstprüfung des Kandidaten und im Übrigen der Prüfung durch die Hauptversammlung überlassen bleiben muss. In der Reformdiskussion wird jedoch immer wieder behauptet, die Ursache für eine mangelhafte Überwachung des Aufsichtsrats liege darin, dass in der Praxis zu viele Aufsichtsratsmandate durch eine Person wahrgenommen würden[409]. Es fragt sich daher, ob insoweit ein Reformbedarf aufgrund mangelnder Normumsetzung gegeben ist.

Die Kritik an der Wahrnehmung von Mehrfachmandaten in der Praxis beschränkt sich auf Behauptungen und wird meist an bestimmten Einzelfällen festgemacht[410]. Wie *Leimkühler* in ihrer empirischen Untersuchung belegt, finden solche Behauptungen jedoch keine Entsprechung in der Aufsichtsratspraxis. Denn danach nehmen nur etwa 12,78% überhaupt mehr als ein Aufsichtsratsmandat wahr[411]. Nur 39 Personen, mithin 0,92% der 4.250 untersuchten Aufsichtsräte nehmen mehr als fünf Mandate gleichzeitig wahr[412]. Nur fünf (!) Personen bzw. 0,12% der Aufsichtsräte haben zehn oder elf Mandate inne[413]. Ein Reformbedarf aufgrund einer mangelnden Normumsetzung kann mithin nicht festgestellt werden.

---

407 Vgl. *Peltzer*, in: Picot, Corporate Governance, S. 123; *Wagner*, Aufsichtsgremien, S. 99.

408 *Hoffmann-Becking*, FS Havermann, S. 240; *Scheffler*, ZGR 1993, 72.

409 Begründung des SPD-Entwurfs zu § 100 AktG, ZIP 1995, 333; *Baums*, AG/S 1997, S. 26; *Bender*, DB 1994, 1965; *Bernhardt*, ZHR 1995, 316; *Götz*, AG 1995, 345; *Hansen*, AG-Report 1997, R124; *Müller*, in: Die Woche vom 03.12.1999, S. 13.

410 Vgl. etwa *Hansen*, AG-Report 1997, R124.

411 Vgl. *Leimkühler*, Wpg 1996, 309 Tab. 5: Von 4.250 Personen nehmen nur 543 Personen mehr als ein Mandat wahr. Dies entspricht einer Quote von 12,78%.

412 *Leimkühler*, Wpg 1996, 308 und 309 Tab. 5.

413 *Leimkühler*, Wpg 1996, 309 Tab. 5.

7.4. Zusammenfassung

Die gesetzlichen Regelungen bezüglich der personellen Besetzung des Aufsichtsrats sind teilweise reformbedürftig. Der Reformbedarf beschränkt sich jedoch darauf, dass die Hauptversammlung die Qualifikation der zu wählenden Aufsichtsratsmitglieder nicht ausreichend beurteilen kann, dass sich die Angabe von Mehrfachmandaten auf börsennotierte Gesellschaften beschränkt ist und dass durch die uneingeschränkte Zulassung des Verwaltungsstimmrechts dem Vorstand eine untragbare Einflussmöglichkeit auf die Besetzung des Aufsichtsrats eingeräumt wird. In Bezug auf die Normumsetzung musste festgestellt werden, dass sich die Auswahl der Kandidaten nicht primär an der Qualifikation orientiert, sondern am Aufbau von Geschäftsbeziehungen zu anderen Unternehmen. Dieser Befund verdeutlicht die Notwendigkeit besserer Kontrollmöglichkeiten durch die Hauptversammlung.

Die im Übrigen geäußerte Kritik an den gesetzlichen Regelungen in Bezug auf Interessenkonflikte und die zulässige Höchstzahl von Mehrfachmandaten ergab indes keinen Reformbedarf in Bezug auf die Zusammensetzung des Aufsichtsrats. Insbesondere die Arbeitnehmermitbestimmung und die starke Präsenz von Bankenvertretern im Aufsichtsrat können wohl nicht für die unzureichende Überwachungspraxis verantwortlich gemacht werden. Soweit in der Praxis in Bezug auf Interessenkonflikte Probleme auftreten sollten, liegt das Problem jedenfalls in der faktisch nicht existenten Haftung und nicht in der Zusammensetzung des Aufsichtsrats. Wenn häufig die Praxis der Mehrfachmandate als Ursache einer mangelhaften Überwachung bemüht wird, ist diese Kritik an Hand empirischer Untersuchungen zu widerlegen.

8. Bewertung der bisherigen Ergebnisse und Folgerungen für die weitere Reformdiskussion

Die vorstehende Untersuchung hat einen Reformbedarf in allen Regelungsbereichen über den Aufsichtsrat ergeben. Die Informationsrechte des Aufsichtsrats sind zwar mit Ausnahme eines eigenen Einsichts- und Prüfungsrechtes im Konzern ausreichend, eine Betrachtung der Praxis zeigte jedoch, dass der Aufsichtsrat seine Informationsrechte nicht im gebotenen Umfang ausnutzt. Entsprechendes gilt für den Einsatz von Eingriffsmitteln. Hier konnte gezeigt werden, dass der Aufsichtsrat seinen Rechten häufig nur formal nachkommt. Gerade das wirkungsvolle Instrument des Zustimmungsvorbehaltes wird nicht den konkreten Geschäftsrisiken des Unternehmens angepasst.

Dieses Bild der Passivität des Aufsichtsrats setzt sich in der Organisation und Struktur dieses Organs fort. Nicht die starren Vorgaben hinsichtlich der Größe des Aufsichtsrats sind die Ursache für die häufig kritisierte Unbeweglichkeit des Überwachungsorgans. Die ungenügende Ausschussbildung in der Praxis zeigt vielmehr, dass der Aufsichtsrat die Möglichkeit einer sinnvollen Arbeitsteilung meist nicht wahrnimmt. Gleiches gilt für die Sitzungshäufigkeit, da der Aufsichtsrat in der Praxis die Anzahl der Sitzungen nicht der Lage der Gesellschaft und der Struktur des Aufsichtsrats anpasst.

Ein Blick auf die Kontrollmöglichkeiten gegenüber dem Aufsichtsrat ergab, dass sich der Aufsichtsrat vor einer effektiven Kontrolle durch die Hauptversammlung abschotten kann. Denn die herrschende Meinung lässt abstrakte und damit nichtssagende Angaben über die eigene Überwachungstätigkeit des Aufsichtsrats genügen, weitergehende Fragen von Aktionären müssen vom Vorstand beantwortet werden. Wenngleich gezeigt werden konnte, dass diese herrschende Meinung nicht überzeugen kann, orientiert sich die Praxis daran, so dass ein Reformbedarf in theoretischer Hinsicht besteht.
Weiter konnte gezeigt werden, dass die Regelung der Haftung nach ihrem Inhalt den hier festgestellten nachlässigen Einsatz der Überwachungsinstrumente sanktionieren würde. Die gesetzlichen Regelungen über die Haftungsdurchsetzung führen jedoch dazu, dass faktisch keine Haftungsandrohung existiert, die Anreizfunktion der Haftung damit aufgehoben wird.
Was die Zusammensetzung des Aufsichtsrats betrifft, sind hier die Kontrollmöglichkeiten durch die Hauptversammlung zu bemängeln. Die Informationsmöglichkeiten hinsichtlich der Qualifikation der Kandidaten sind unzureichend und die Beschränkung der Angabe von Mehrfachmandaten auf börsennotierte Gesellschaften nicht gerechtfertigt. Das durch das NaStraG eingeführte Verwaltungsstimmrecht gewährt dem Vorstand einen untragbaren Einfluss auf die Zusammensetzung seines Kontrollorgans.

Betrachtet man diesen Befund, wird deutlich, dass überall dort, wo ein Aktivwerden des Aufsichtsrats gefragt ist, sei es bei Wahrnehmung seiner Überwachungsinstrumente, sei es hinsichtlich einer sachgerechten Aufgabenverteilung, Mängel bei der Normumsetzung bestehen. D.h. der Aufsichtsrat ist in der Praxis zu passiv. Andererseits weisen die gesetzlichen Regelungen über die Kontrolle des Aufsichtsrats, zumindest nach der Auslegung durch die herrschende Meinung, und über die Sanktionsmöglichkeiten durch eine entsprechende Haftungsdurchsetzung einen Reformbedarf in theoretischer Hinsicht auf. Dies legt den Schluss nahe, dass zwischen der ungenügenden Normumsetzung in Bezug auf Überwachungsinstrumente und Organisation einerseits und den theoretischen Mängeln des Aktiengesetzes hinsichtlich der Kontrolle und hinsichtlich der Haftungsdurchsetzung andererseits ein Ursachenzusammenhang besteht. Für den weiteren Fortgang der Reformdiskussion bedeutet dies, dass eine Reform des Aufsichtsrats in erster Linie bei der Aktivierung des Aufsichtsrats zu einer verstärkten Wahrnehmung seiner Überwachungsinstrumente und zu einer Verbesserung der Organisation seiner Tätigkeit ansetzen muss. Da hierbei die Mängel hinsichtlich der Kontrolle und Haftungsdurchsetzung als kausal vermutet werden müssen, wird dabei vor allem nach Reformmöglichkeiten in diesen Bereichen zu forschen sein.

Die Einschätzung des Reformbedarfs hinsichtlich der personellen Besetzung des Aufsichtsrats bedarf einer differenzierten Betrachtung. So kann zum Teil nicht sicher beurteilt werden, ob die diesbezüglichen Mängel des Gesetzes ursächlich für die defizìente Überwachungspraxis sind. Denn es mussten zwar

Defizite hinsichtlich der Information der Hauptversammlung über die Qualifikation der Kandidaten für den Aufsichtsrat festgestellt werden. Es konnte aber nicht ermittelt werden, ob Aufsichtsratsmitglieder demzufolge in der Praxis tatsächlich unzureichend qualifiziert sind. Damit verbietet sich aber zugleich eine Aussage darüber, ob die praktischen Mängel der Überwachung auf eine ungenügende Qualifikation zurückzuführen sind.
Was die kritisierte Beschränkung der Angabe von Mehrfachmandaten auf börsennotierte Gesellschaften betrifft, kann davon ausgegangen werden, dass diese Mängel nicht ursächlich für die Überwachungslücke des Aufsichtsrats sind. Denn die Praxis offenbarte insoweit weder Mängel in Bezug auf die Wahrnehmung von Mehrfachmandaten noch in Bezug auf Interessenkonflikte, namentlich hinsichtlich der Mandate in Konkurrenzunternehmen.
Umgekehrt konnte aber festgestellt werden, dass die Präventivwirkung der Haftung ein wesentlicher Faktor für die Lösung von Interessenkonflikten, die Selbstprüfung hinsichtlich der Wahrnehmung von Mehrfachmandaten und der vom BGH anerkannten Mindestqualifikation darstellt. Daraus lässt sich folgern, dass sich eine Verbesserung des Haftungsrechts jedenfalls positiv auf diese Aspekte und damit zugleich auch auf die personelle Besetzung des Aufsichtsrats auswirken wird.

Im folgenden Kapitel sollen an erster Stelle Reformvorschläge zu einer Aktivierung des Aufsichtsrats diskutiert werden, wobei auch auf die Kontrolle und Haftung einzugehen sein wird. Anschließend wird zu untersuchen sein, ob mit den dabei diskutierten Reformvorschlägen der Reformbedarf in allen Bereichen abgedeckt ist oder ob noch weitere Maßnahmen in Bezug auf die Organisation und die Überwachungsinstrumente erforderlich sind. Schließlich ist zu erörtern, wie der Reformbedarf hinsichtlich der personellen Besetzung gelöst werden kann. Dabei werden die Auswirkungen einer Verbesserung der Haftung zu berücksichtigen sein.

3. Kapitel: Reformmöglichkeiten

1. Reformmöglichkeiten zur Aktivierung des Aufsichtsrats, insbesondere unter Berücksichtigung des Ursachenzusammenhangs zwischen Passivität des Aufsichtsrats und theoretischen Mängeln in Bezug auf Haftung und Kontrolle

1.1. Erarbeitung eines Verhaltenskodex für den Aufsichtsrat

1.1.1. Vorbemerkung

Der Aufsichtsrat hat einen gewissen Ermessensspielraum hinsichtlich des Einsatzes von Überwachungsinstrumenten sowie hinsichtlich der Organisation seiner Überwachungstätigkeit. Im Schrifttum wird die Ursache für die oben kritisierte defizitäre Überwachungspraxis deutscher Aufsichtsräte teilweise darin gesehen, dass die Aufsichtsräte nicht wüssten, wie sie ihr Überwachungsermessen auszuüben, wie sie also ihre Überwachung zu gestalten hätten. Das Hauptproblem der Aufsichtsratspraxis liege demnach in einer fehlenden Konkretisierung der Aufsichtsratspflichten[1]. Eine Möglichkeit, den Aufsichtsrat zu einer aktiveren Überwachungsrolle zu bewegen, wird daher in der Erarbeitung eines Verhaltenskodexes gesehen, der durch Festlegung eines Überwachungsstandards eine Richtschnur für die Überwachung in der Praxis bilden soll[2].

Dem Verhaltenskodex soll dabei nicht etwa Gesetzesrang zukommen[3]. Es geht also nicht um eine gesetzliche Konkretisierung der Aufsichtsratspflichten, wie sie teilweise im KonTraG vorgenommen wurde[4]. Es geht vielmehr um die

---

[1] Vgl. etwa *Bleicher/Leberl/Paul*, S. 69f. und 270; *Dörner/Oser*, DB 1995, 1088; *Lambsdorff*, in: Feddersen u.a., Corporate Governance, S. 222; *Meier-Mannhard*, „Warum die Aufsicht oftmals nicht funktioniert", in: SZ vom 11.05.1995, S. 26; *Potthoff*, DB 1995, 164; *ders.*, BFuP 1996, 267f.; *Scheffler*, AG 1995, 207; *Theisen*, AG 1995, 202; *ders.*, AG 1989, 167; *ders.*, DB 1989, 312; *Thümmel*, DB 1997, 261.

[2] Vgl. zur Reformdiskussion des KonTraG *Clemm*, BFuP 1996, 284; *Dörner/Oser*, DB 1995, 1088; *Fey*, DStR 1995, 1323; *Forster*, BFuP 1996, 308; *Lambsdorff*, in: Feddersen u.a., Corporate Governance, S. 222; *Lutter*, DB 1995, 1925; *Potthoff*, DB 1995, 165f.; *Reichelt*, S. 248; *Scheffler*, AG 1995, 207f.; *Theisen*, AG 1995, 203; *Weber*, RWS-Forum GesR 1997, 19; *v. Werder*, DB 1995, 2177.

Vgl. jüngst *Claussen/Bröcker*, AG 2000, 491; *Ludewig*, DB 2000, 636; *Peltzer/v. Werder*, AG 2001, 1; *Schneider/Strenger*, AG 2000, 106ff.; *Strenger*, Die Bank 1999, 824; *Sünner*, AG 2000, 493; *Wiese*, DB 2000, 1905.

Seit langem *Bleicher/Leberl/Paul*, S. 270; *Potthoff*, zfbf 1961, 578; *ders.*, Wpg 1966, 586ff.; *Schlömer*, S. 263f.; *Theisen*, AG 1989, 167f.; *ders.*, Überwachung, S. 207ff.

[3] Vgl. *Berliner Initiativkreis German Code of Corporate Governance*, DB 2000, 1573; *Grundsatzkommission Corporate Governance*, DB 2000, 238; *Claussen/Böcker*, AG 2000, 483; *Lutter*, ZGR 2000, 18 (soft law); *Seibert*, AG 1999, 338; *Schneider/Strenger*, AG 2000, 109; *v. Rosen*, Die Bank 2001, 285.

[4] Vgl. §§ 90 I 1 Nr. 1 AktG n.F. (Vorstandsbericht über Unternehmensplanung); 91 II AktG n.F. (Einrichtung eines Früherkennungssystems); § 171 I 1 i.V.m. § 337 I AktG n.F.

Aufstellung unverbindlicher Verhaltensvorschriften, die erst durch eine Selbstverpflichtung der Aufsichtsräte bindende Wirkung entfalten sollen.
Konkrete Vorschläge für einen solchen Verhaltenskodexes wurden bereits von dem *Arbeitskreis „Externe und Interne Überwachung" der Schmalenbach-Gesellschaft*[5], weiter von einer sog. *Grundsatzkommission Corporate Governance*[6] und vom *Berliner Initiativkreis Code of Corporate Governance*[7] unterbreitet.
Die von der Bundesregierung eingesetzte *Regierungskommission Corporate Governance* hat in ihrem Bericht die Einsetzung einer Expertenkommission durch die Bundesregierung vorgeschlagen, die einen einheitlichen Verhaltenskodex für Unternehmensleitung und -überwachung erstellen und diesen im Bundesanzeiger veröffentlichen soll[8]. In börsennotierten Gesellschaften sollen Vorstand und Aufsichtsrat erklären müssen, inwieweit sie diesem Kodex entsprochen haben oder davon abgewichen sind[9]. Dieser Vorschlag wurde als § 161 AktG-RegE im Regierungsentwurf für ein TransPubP umgesetzt[10]. Die Bundesregierung hat aufgrund der Empfehlungen der *Regierungskommisson Corporate Governance* eine Sachverständigenkommission unter dem Vorsitz von Herrn Dr. Gerhard Cromme eingesetzt, die am 18.12.2001 einen ersten Entwurf für einen „Deutschen Corporate Governance - Kodex" vorgelegt hat[11].

Für den deutschen Juristen, der es gewöhnlich mit gesetzlichen Normen zu tun hat, stellen solche untergesetzlichen Verhaltensregeln eine eher untypische Reformmöglichkeit dar. Bevor in die Diskussion um die Zweckmäßigkeit eines solchen Verhaltenskodex eingetreten werden kann, soll zunächst ein historischer Blick auf die Entstehung der Forderung nach einem solchen Verhaltenskodex das Verständnis dieser „Reformmöglichkeit" verbessern.

(Prüfungspflicht des Konzernabschlusses); 171 II 2 AktG n.F. (Erweiterung der Pflichtangaben im Bericht an die Hauptversammlung). Siehe dazu oben 1. Teil, 2.

5 „Grundsätze ordnungsgemäßer Aufsichtsratstätigkeit", DB 1995, 1. Vgl. dazu die Kritik von *Lutter*, DB 1995, 1925f., sowie die Replik des *Arbeitskreises „Externe und Interne Überwachung" der Schmalenbach-Geselschaft*, DB 1995, 1926.

6 „Corporate Governance Grundsätze (Code of Best Practice)", DB 2000, 238. Vgl. dazu die Erläuterungen der Kommissionsteilnehmer *Schneider/Strenger*, AG 2000, 106.

7 „German Code of Corporate Governance", DB 2000, 1573. Vgl. dazu die Erläuterungen der Kommissionsteilnehmer *Peltzer/v. Werder*, AG 2001, 1ff.

8 *Baums*, Bericht der Regierungskommission Corporate Governance, Rn. 17.

9 *Baums*, Bericht der Regierungskommission Corporate Governance, Rn. 9.

10 Soweit ersichtlich derzeit nur im Internet abrufbar unter http://www.bmj.bund.de/images/11313.pdf.

11 Veröffentlicht im Internet unter http://www.corporate-governance-code.de.

1.1.2. Historische Entwicklung der Forderung nach untergesetzlichen Verhaltensregeln in Deutschland

Durch die Globalisierung der Kapitalmärkte und den damit verbundenen Erfahrungsaustausch zwischen verschiedenen Rechtssystemen fand eine vor allem in den USA und England geführte Diskussion um einen Kodex für die Unternehmensführung und -kontrolle Einzug in die deutsche Reformdebatte[12].

Während in den USA bereits Anfang der achtziger Jahre das *American Law Institute* mit sog. *Principles of Corporate Governance and Structure* Regeln zur Verfassung und Verwaltung der Gesellschaften vorgelegt hat[13], nahm in Europa die Entwicklung eines konkreten Verhaltenskodexes mit dem *Code of Best Practice* des sog. *Cadbury Committees* aus England seinen Anfang. Als Reaktion auf die Zusammenbrüche verschiedener namhafter Unternehmen und den damit verbundenen Vertrauensverlust in die Finanzberichterstattung der Unternehmen sowie der Effektivität der Überwachung des Managements war 1991 eine Kommission unter dem Vorsitz von Sir Adrian Cadbury eingesetzt worden, die ein knappes Jahr später ihren „Code of Best Practice" präsentierte[14]. Bereits zwei Jahre nach Veröffentlichung war der Code in nahezu allen großen britischen Unternehmen akzeptiert und angewendet worden[15]. In der Folgezeit wurden auch in anderen europäischen Nationen derartige Verhaltensstandards entwickelt, so zum Beispiel in Frankreich[16], Belgien[17], den Niederlanden[18] und Spanien[19]. 1996 setzte die OECD eine internationale Beratergruppe ein, deren Bericht letztlich in einen Entwurf für weltweit anwendbare „Principles of Corporate Governance" mündete, welcher nach einigen

---

[12] Vgl. *Peltzer/v. Werder*, AG 2001, 1; *Schneider/Strenger*, AG 2000, 106; *Sünner*, AG 2000, 492. Darauf deuten auch bereits die Namen der Verhaltenskodizes hin: „Corporate Governance Grundsätze (Code of Best Practice)"; „German Code of Corporate Governance".

[13] Vgl. dazu *Windbichler*, ZGR 1985, 53f.

[14] *The Committee on Financial Aspects of Corporate Governance*, Code of Best Practice, abgedruckt in: Hopt/Wymeersch, Corporate Governance, M-1ff. Der ursprüngliche Code of Best Practice der Cadbury-Kommission wurde mittlerweile durch den sog. Greenbury-Report und den Hampel-Report zu einem sog. „Combinded Code" weiterentwickelt. Vgl.dazu *Davies*, ZGR 2001, 270ff.

[15] Vgl. Report of the Committee on Financial Aspects of Corporate Governance, in: Hopt/Wymeersch, Corporate Governance, M-25.; vgl. auch *Shaw*, a.a.O., S. 23f.

[16] Le Conseil d'Administration des Sociétés Cotées, 1995, abgedruckt in: Hopt/Wymeersch, Corporate Governance, M-91ff.

[17] Recommendations pour le bon fonctionnement du Conseil d'administration d'une société, 1996, abgedruckt in: Hopt/Wymeersch, Corporate Governance, M-139ff.

[18] Recommendations for Corporate Governance, 1996, abgedruckt in: Hopt/Wymeersch, Corporate Governance, M-133ff.

[19] Vgl. *Strenger*, Die Bank 1999, 824, der auf den spanischen „Code of Good Governance" Bezug nimmt.

Modifizierungen im Mai 1999 vom Ministerrat der OECD beschlossen wurde[20]. Dieser OECD-Entwurf bildete eine wesentliche Grundlage des Verhaltenskodex der deutschen *Grundsatzkommission Corporate Governance*[21].
In Deutschland finden sich erste zaghafte Ansätze für einen Verhaltenskodex bereits in den sechziger Jahren, als von *Potthoff* die Definition eines Standards für Überwachung der Geschäftstätigkeit angeregt wurde[22]. Da er als Wirtschaftsprüfer mit Berufsrichtlinien und Grundsätzen ordnungsgemäßer Bilanzierung vertraut ist, lag es für ihn nahe, entsprechende Grundsätze auch für den Aufsichtsrat zu fordern[23]. *Theisen* griff diesen Gedanken auf und machte sich in seiner 1987 veröffentlichten Habilitationsschrift zur Aufgabe, einen theoretischen Rahmen für die Entwicklung eines Verhaltenskodex für Aufsichtsräte zu entwerfen[24]. 1995 legte der *Arbeitskreis „Externe und Interne Überwachung" der Schmalenbach-Gesellschaft*, dem u.a. *Prof. Potthoff* angehört, den ersten konkreten Vorschlag von Grundsätzen ordnungsgemäßer Aufsichtsratstätigkeit in Deutschland vor[25].

Obwohl damit die deutsche Diskussion um einen Verhaltenskodex für den Aufsichtsrat seine Wurzeln eigentlich nicht im angelsächsischen Rechtsraum hat, sind dessen Einflüsse auf die Entwicklung deutscher Corporate Governance-Grundsätze nicht zu unterschätzen. Denn nachdem in Deutschland Bestrebungen zur Entwicklung eines solchen Verhaltenskodexes bislang kaum Beachtung gefunden hatten[26], hat sich dies mit den genannten Entwicklungen in den angelsächsichen Industrienationen geändert. Dabei darf man aber nicht vergessen, dass sowohl in den USA als auch in England, also in den Ursprungsländern der Diskussion um einen Verhaltenskodex, die Unternehmensverfassung gesetzlich äußerst rudimentär geregelt und damit weitgehend den Statuten der Gesellschaften überlassen ist[27]. Den aufgestellten *Codes of Best Practice* kommt daher eine gewisse Ersatzfunktion für fehlende gesetzliche Vorschriften zu[28]. Weiterhin muss bedacht werden, dass das angelsächsische Recht nicht zwischen einem Organ der Geschäftsführung und einem Organ der Überwachung unterscheidet. Es gibt vielmehr nur ein Organ der Unternehmensleitung, dem beide Funktionen zukommen, das sog. Board of Di-

---

[20] Deutsche Fassung mit einer Einleitung von Ministerialrat Dr. Seibert, abgedruckt in: AG 1999, 337ff.

[21] Vgl. *Schneider/Strenger*, AG 2000, 108.

[22] *Potthoff*, zfbf 1961, 578; *ders.*, Wpg 1966, 591.

[23] Vgl. *Potthoff*, BFuP 1996, 267.

[24] *Theisen*, Überwachung, S. 207ff. Vgl. auch die Zusammenfassung der Ergebnisse in: AG 1995, 200ff.

[25] DB 1995, 1.

[26] Vgl. *Mertens*, AG/S 1997, 72: „Phantome".

[27] Bzgl. der USA: *Bleicher/Leberl/Paul*, S. 24; *Bleicher/Paul*, DBW 1986, 264f.; *Hess*, in: Feddersen u.a., Corporate Governance, S. 11; *v. Rosen*, Die Bank 2001, 284; *Windbichler*, ZGR 1985, 52. Bzgl. für Großbritannien: *Güthoff*, S. 38.

[28] Vgl. *Schneider/Strenger*, AG 2000, 107; *Sünner*, AG 2000, 492.

rectors[29]. Nur vor diesem Hintergrund werden für den deutschen Juristen verschiedene, vorgeschlagene Grundsätze verständlich.

1.1.3. Zweckmäßigkeit eines untergesetzlichen Verhaltenskodex

Während im angelsächsischen Rechtskreis der *Code of Best Practice* das Fehlen gesetzlicher Regelungen kompensieren soll, fragt es sich, welche Berechtigung ein solcher Verhaltenskodex in einem weitgehend reglementierten Rechtssystem wie dem deutschen haben kann.

Ansatzpunkt für untergesetzliche Verhaltensregeln im Bereich der Unternehmensführung und Überwachung ist das Spannungsfeld zwischen dem Bedürfnis, das unternehmerische Ermessen der Leitungsorgane der Gesellschaft einzuschränken, einerseits und der Notwendigkeit, dabei den erforderlichen gestalterischen Freiraum zu lassen, andererseits. Zwar hat die Untersuchung der Aufsichtsratspraxis ergeben, dass das weite Ermessen des Aufsichtsrats in Richtung einer aktiveren Wahrnehmung seiner Überwachungsinstrumente und sachgerechteren Strukturierung seiner Aufgabe eingeschränkt werden muss. Die Vielschichtigkeit der Unternehmenslandschaft und der stetige Wandel des Wirtschaftsumfeldes erfordern dabei jedoch ein hohes Maß an Flexibilität. Denn die Überwachungstätigkeit des Aufsichtsrats kann nicht für sämtliche Gesellschaften einheitlich beurteilt werden, sondern muss sich nach Größe und Struktur des Unternehmens sowie Struktur des Vorstandes richten[30]. Es liegt auf der Hand, dass die Überwachung in einem global auf verschiedensten Geschäftsfeldern agierenden Großkonzern mit einem fünfzehnköpfigen Vorstand ganz andere Anforderungen an den Umfang der Vorstandsberichterstattung, an die Organisation der Aufsichtsratstätigkeit oder an die Qualifikation der Aufsichtsratsmitglieder stellt als die Überwachung in einer kleinen Familien-AG mit 50 Mitarbeitern, die von einem einzigen Vorstandsmitglied geleitet wird. Selbst bei vergleichbarer Größe der Unternehmen muss die Überwachung in einer Gesellschaft, die sich auf ein einziges bzw. einige wenige Geschäftsfelder konzentriert, anders zu organisieren sein als die Überwachung eines in verschiedensten Geschäftsfeldern tätigen Unternehmens. So könnte es sich in letzterem anbieten, die Aufgabenverteilung im Aufsichtsrat nach den einzelnen Geschäftsfeldern vorzunehmen, was in der Gesellschaft mit nur einem Geschäftsfeld offensichtlich sinnlos wäre. Das sich ständig im Wandel befindliche Wirtschaftsumfeld verlangt zudem von den Unternehmensorganen eine hohe Anpassungsfähigkeit[31]. Dies gilt nicht nur für die Unternehmensleitung, sondern auch für das Überwachungsorgan. Man denke nur an den Zu-

---

[29] Vgl. *Buxbaum*, in: Feddersen u.a., Corporate Governance, S. 65ff.; *Gollnick*, S. 149ff.; *Hess*, in: Feddersen u.a., Corporate Governance, S. 11ff.; *Potthoff*, BFuP 1996, 253ff.; *Windbichler*, ZGR 1985, 50ff.

[30] Vgl. *OECD*, Corporate Governance, S. 18.

[31] *OECD*, Corporate Governance, S. 15 und 39; *Schlömer*, S. 264.

sammenschluss von DaimlerBenz und Chrysler, der eine völlige Umstrukturierung des Aufsichtsrats mit sich brachte[32].
Diese Ausführungen machen deutlich, dass es keine starren Verhaltensregeln für die Ausübung des Überwachungsermessens des Aufsichtsrats geben kann. Gefragt sind vielmehr Regeln, die auf das jeweilige Unternehmen zugeschnitten sind und zugleich schnell und flexibel den Veränderungen des Wirtschaftsumfeldes angepasst werden können. Diese Anforderungen können gesetzliche Regelungen nicht erfüllen. Allein das vorgeschriebene Gesetzgebungsverfahren macht gesetzliche Vorschriften für die soeben beschriebenen Zwecke zu schwerfällig. Gesetze sind als generell abstrakte Regelungen zudem wenig geeignet, konkrete Verhaltensvorschriften zu definieren, die auf sämtliche Unternehmen sinnvoll anwendbar sind. Ein untergesetzlicher Verhaltenskodex ist demgegenüber viel flexibler zu handhaben, da er den Unternehmensorganen den Freiraum lässt, auf das konkrete Unternehmen zugeschnittene Lösungen zu erarbeiten[33].
Neben dem Flexibiliäts-Argument spricht vor allem eine Erhöhung der Transparenz der Überwachungstätigkeit für einen solchen Verhaltenskodex. Denn Voraussetzung für die Selbstbindung des Aufsichtsrats an einen Verhaltenskodex ist, dass er nach außen dokumentiert, ob und inwieweit er die Regeln eines bestimmten Verhaltenskodexes akzeptiert und anwendet[34]. Werden in einem Verhaltenskodex bestimmte Regeln aufgestellt und erkennt der Aufsichtsrat diese Regeln als für sich verbindlich an, erhält der Aktionär einen Einblick in die Arbeitsweise des Überwachungsgremiums.
Dieser Aspekt gewinnt mit zunehmender Globalisierung der Kapitalmärkte immer größere Bedeutung. Für ausländische Investoren, die keine oder wenig Erfahrung mit dem deutschen Gesellschaftsrecht haben, stellt der Verhaltenskodex eine willkommene Möglichkeit dar, sich schnell mit der Überwachungs-

---

[32] Vgl. Geschäftsbericht DaimlerChrysler AG, 1998, S. 114.

[33] Vgl. die Begründung des Regierungsentwurfs zu § 161 RegE TransPubG, a.a.O. Fn. 10, S. 50; Präambel des Code of Best Practice des *Berliner Initiativkreises German Code of Corporate Governance*, DB 2000, 1573; Vorwort zu *Peltzer/v.Werder*, AG 2001, 1. Vgl. auch das Zitat von Gregory E. Lau. Executive Director bei General Motors, in: OECD, Corporate Governance, S. 60: „Die Stärke nicht obligatorischer „best practices" und Leitlinien liegt darin, daß sie freiwillig und felxibel sind." Vgl. auch *Hommelhoff*, ZGR 2001, 242.

[34] Der Regierungsentwurf eines TransPubG sieht in § 161 AktG-RegE eine Erklärungspflicht vor, die den Aktionären - etwa via Internet - zugänglich zu machen ist, vgl. die Begründung zu § 161 AktG-RegE TransPubG, a.a.O. Fn. 10, S. 52. Nach dem Kodex der *Grundsatzkommission Corporate Governance*, DB 2000, 238 ist im Geschäftsbericht mitzuteilen, ob die Grundsätze anerkannt und wie sie umgesetzt wurden. Vgl. auch die Präambel des Code of Best Practice des *Berliner Initiativkreises German Code of Corporate Governance*, DB 2000, 1573.

tätigkeit des deutschen Aufsichtsrats vertraut zu machen[35]. Der Verhaltenskodex erleichtert dem ausländischen Anleger zudem den Vergleich mit dem eigenen Rechtssystem. Dies gilt vor allem für Investoren aus denjenigen Ländern, die ebenfalls über Verhaltenskodizes verfügen, also insbesondere für Investoren aus den wichtigen Wirtschaftspartnern USA, England und Frankreich.

Ein Verhaltenskodex kann ferner als Konkretisierungshilfe für den Sorgfaltsmaßstab i.S.v. § 116, 93 AktG dienen[36]. Zwar kann einem untergesetzlichen Verhaltenskodex keine rechtliche Bindungswirkung für die Rechtsprechung zukommen[37]. Denn für die Sorgfalt, die ein Aufsichtsratsmitglied anzuwenden hat, gilt ein objektiver Maßstab[38], der durch untergesetzliche Verhaltensvorschriften für Gerichte ebenso wenig verbindlich festgelegt werden kann wie durch die Satzung oder die Geschäftsordnung des Aufsichtsrats, § 23 V AktG[39]. Die Rechtsprechung dürfte jedoch der in dem Verhaltenskodex wiedergegebenen Meinung von Fachleuten[40] über den Inhalt der Verhaltenspflichten des Aufsichtsrats bei der Auslegung des § 116 AktG erhebliches Gewicht beimessen[41]. Dies heißt zwar nicht, dass ein Abweichen von Regelungen eines Verhaltenskodex ohne weiteres zu einer Pflichtverletzung führen wird. Denn der Zweck eines Verhaltenskodexes besteht darin, ein flexibles Regelungswerk aufzustellen, das auf die konkreten Gegebenheiten der jeweiligen Gesellschaft anzupassen ist. Ferner ist dem Aufsichtsrat ein in gewissen Grenzen nicht justiziabler unternehmerischer Ermessensspielraum zuzugestehen. Durch die zu erwartende Orientierung der Rechtsprechung an einem Verhaltenskodex ist der Aufsichtsrat aber gezwungen, plausibel darzutun, wenn er

---

[35] *Peltzer/v. Werder*, AG 2001, 1f.; *Schneider/Strenger*, AG 2000, 109; *v. Rosen*, Die Bank 2001, 285. Vgl. auch die Einleitung der OECD-Richtlinen abgedruckt bei: *Seibert*, AG 1999, 341.

[36] *Potthoff*, DB 1995, 164; *Schneider/Strenger*, AG 2000, 109; *Wagner*, Aufsichtsgremien, S. 69.

[37] So sind rechtlich auch die von den Standesorganisationen wie der Wirtschaftsprüferkammer oder dem Institut deutscher Wirtschaftsprüfer (IDW) vorgelegten Prüfungsstandards für die Auslegung der Sorgfaltspflichten der Wirtschaftsprüfer durch die Gerichte nicht verbindlich, vgl. *Adler/Düring/Schmaltz*, § 323 Rn. 21; *Hopt*, § 323 Rn. 1.

[38] Vgl. BGHZ 85, 295f.; *Dreher*, FS Boujong, S. 79; *Hüffer*, § 116 Rn. 2 m.w.N.; *Kau/Kukat*, BB 2000, 1048; *Schwark*, FS Werner, S. 854; *Thümmel*, DB 1999, 885f.

[39] Vgl. BGHZ 64, 325 für die Verschwiegenheitspflicht; *Wilhelm*, Kapitalgesellschaftsrecht, Rn. 981.

[40] Vgl. etwa die Besetzung der Gremien, die bisherige Verhaltenskodizes vorgelegt haben: Zur *Grundsatzkommission Corporate Governance* vgl. *Schneider/Strenger*, AG 2000, 108; zum *Arbeitskreis „Interne und Externe Überwachung" der Schmalenbach-Gesellschaft* vgl. DB 1995, 1 Fn. 1; zum *Berliner Initiativkreis German Code of Corporate Governance* vgl. DB 2000, 1573 Fn. 1.

[41] Vgl. *Schulze-Osterloh*, ZIP 2001, 1436; *Hopt*, § 323 Rn. 1 zu den Konkretisierungen der Verhaltenspflichten durch das IDW.

seine Überwachung nicht nach einem Verhaltenskodex, der ein zeitgemäßes Verständnis effektiver Überwachung wiedergibt, ausrichten will.
Diese Funktion als Orientierungshilfe für den Sorgfaltsmaßstab ist nicht nur aus Sicht der Rechtsprechung, sondern auch aus Sicht der Aufsichtsratsmitglieder von Bedeutung, weil Aufsichtsratsmitglieder die Anforderungen an das Aufsichtsratsmandat und damit das eigene Haftungsrisiko besser beurteilen können[42]. Vergegenwärtigt man sich die bisherige Aufsichtsratspraxis, ist dieser Aspekt nicht nur für Neulinge im Aufsichtsrat von Bedeutung, sondern auch für bereits amtierende Aufsichtsratsmitglieder, die sich durch bisher auffällig passives Überwachungsverhalten einem hohen Haftungsrisiko ausgesetzt haben.

Die Bemühungen, einen Verhaltenskodex für Aufsichtsräte zu entwerfen, sind jedoch auch Bedenken ausgesetzt. So wird die Sinnhaftigkeit eines Verhaltenskodex in Frage gestellt, der letztlich nichts anderes darstellen könne als eine Auslegung der bereits geltenden Gesetzesvorschriften[43]. Dem Bedenken ist zwar zuzugeben, dass sich untergesetzliche Verhaltensrichtlinien im Rahmen der gesetzlichen Regelungen halten müssen und damit letztlich nur Auslegungsmöglichkeiten des Gesetzes darstellen. Dieser Umstand führt jedoch keineswegs zu einer Sinnentleerung eines Verhaltenskodexes. Denn abgesehen davon, dass die Praxis häufig in der Literatur sogar als herrschend bezeichnete Auslegungen nicht befolgt - so ist zum Beispiel trotz langjähriger Forderung der Literatur eine Informationsordnung des Aufsichtsrats, in der er die Berichtsinhalte des Vorstandes näher konkretisiert[44], in der Praxis nicht üblich[45] - bietet ein Verhaltenskodex die Möglichkeit, herrschenden Meinungen dort entgegenzutreten, wo sie sich als Hemmfaktor einer effektiven Überwachung entpuppt haben. An dieser Stelle sei nur auf die herrschende Auslegung zum Berichtsinhalt des § 171 II AktG hingewiesen, auf den weiter unten noch einzugehen sein wird.
In einem Verhaltenskodex kann die Überwachungsaufgabe auch viel detaillierter beschrieben werden, als dies in einer gesetzlichen Norm sinnvoll vorgenommen werden könnte, ohne dass die gesetzlichen Regelungen unnötig aufgebläht würden. Dem könnte man geneigt sein entgegenzuhalten, eine detaillierte Auslegung der Gesetze sei Aufgabe von Rechtsprechung und Kommentarliteratur. Der entscheidende Vorteil eines vom Aufsichtsrats anerkannten Verhaltenskodexes gegenüber der „bloßen“ Auslegung durch Rechtsprechung und Kommentare liegt aber in einer Erhöhung der Transparenz der

---

[42] *Potthoff*, DB 1995, 164; *Theisen*, AG 1989, 167; *Wagner*, Aufsichtsgremien, S. 69.

[43] *Semler*, RWS-Forum GesR 1995, S. 208. Vgl. auch *Mertens*, AG/S 1997, 72, der solche Grundsätze als „Phantome“ bezeichnet.

[44] Vgl. *Lutter*, DB 1995, 1925; *ders.*, ZHR 1995, 307; *ders.*, NJW 1995, 1133. Vgl. auch *Deckert*, ZIP 1996, 991.

[45] Vgl. Replik des *Arbeitskreises „Externe und Interne Überwachung“ der Schmalenbach-Gesellschaft*, DB 1995, 1926. Dies räumt auch *Lutter*, ZGR 2001, 232 ein.

Überwachungstätigkeit. Ohne einen Verhaltenskodex kann zwar der Auslegung durch Rechtsprechung und Kommentarliteratur entnommen werden, wie eine sorgfältige Überwachung zu erfolgen *hätte*. Durch die Anerkennung eines bestimmten Verhaltenskodexes dokumentiert ein Aufsichtsrat aber selbst, wie er *tatsächlich* seiner Überwachungsaufgabe nachkommt bzw. nachzukommen gedenkt. Weil dem Aufsichtsrat hinsichtlich seiner Überwachungsaufgabe ein breiter Ermessensspielraum zusteht, ist die Information, wie der jeweilige Aufsichtsrat seine Überwachungsaufgabe versteht, von entscheidender Bedeutung für die Praxis[46].

Schwerwiegender ist der Einwand der Gefahr einer Überreglementierung. So wird kritisiert, zu den zahllosen gesetzlichen Vorschriften würden unverbindliche, untergesetzliche Regelungen hinzutreten und damit die „Regelungsflut" verschlimmern[47]. Dies sei insbesondere deshalb kritisch zu beurteilen, weil einmal statuierte Pflichten den unheilvollen Sog zur Ausweitung, Verdichtung und Verschärfung entwickeln würden[48]. Zudem hätten solche zunächst unverbindliche Kodizes in Deutschland eine Tendenz, sich in Gesetze umzuwandeln[49].

In der Tat scheinen die geforderten Verhaltensvorschriften mit Blick auf den seit einiger Zeit verfolgten Gedanken der Deregulierung[50] nicht unproblematisch. Hält man sich jedoch die derzeitige Aufsichtsratspraxis vor Augen, wird ein dringender Handlungsbedarf sichtbar. Dass selbst jahrzehntelang wiederholte Forderungen in der Literatur keine Änderung der Praxis bewirken, zeigt das oben erwähnte Beispiel bzgl. einer Informationsordnung eindrucksvoll. Um diesbezüglich eine Änderung der Praxis herbeizuführen, sind aber untergesetzliche Verhaltensvorschriften, die dem Aufsichtsrat den Freiraum für einen sachgerechten Zuschnitt auf das jeweilige Unternehmen erlauben, strikten gesetzlichen Regelungen vorzuziehen[51]. Der Verhaltenskodex widerspricht also

---

[46] Der Aufsichtsrat ist zwar grundsätzlich nicht zur Anerkennung eines Verhaltenskodexes verpflichtet. Erkennt der Aufsichtsrat aber überhaupt keinen Kodex an oder erkennt er einen Kodex nur in sehr geringem Umfang an, liegt darin, unabhängig von der Frage, ob dies zu einer Pflichtverletzung führt, eine wichtige Information für die Aktionäre bzw. den Kapitalmarkt.

[47] *Claussen/Bröcker*, AG 2000, 482 und 486; *Hommelhoff*, in: Picot, Corporate Governance, S. 12; *Mertens*, AG/S 1997, 72. Vgl. auch die Antwort eines im Rahmen der Studie von *v. Werder/Maly/Pohle/Wolff*, DB 1998, 1194 Befragten, der die Verschärfung der Regulierungsproblematik am Standort Deutschland befürchtete.

[48] *Hommelhoff*, in: Picot, Corporate Governance, S. 12.

[49] *Claussen/Bröcker*, AG 2000, 482.

[50] Vgl. Allgemeine Begründung des Referentenentwurfs zum KonTraG, ZIP 1996, 2129. Vgl. auch *Albach* u.a., Deregulierung des Aktienrechts, 1988; *DAV*, ZIP 1997, 163; *Hoerdemann*, ZRP 1997, 46; *Hommelhoff/Mattheus*, AG 1998, 250; *Röller*, AG 1994, 333.

[51] Wie oben bereits angesprochen, führt ein Abweichen von den Vorgaben eines Verhaltenskodexes nicht zwingend zu einer Pflichtverletzung. Der Aufsichtsrat muss aber das Abweichen substantiiert erklären können.

nicht etwa dem Gedanken der Deregulierung, sondern entspricht ihm geradezu.

Damit ist als Zwischenergebnis festzuhalten, dass die Erarbeitung eines Verhaltenskodexes für den Aufsichtsrat grundsätzlich zu begrüßen ist, weil damit eine flexible Richtlinie für die Tätigkeit des Aufsichtsrats geschaffen werden kann, die dem jeweils aktuellen Verständnis von effektiver Überwachung entspricht. Ein wesentlicher Vorteil liegt auch in einer Steigerung der Transparenz der Aufsichtsratstätigkeit.

1.1.4. Zu erwartende Auswirkungen eines Verhaltenskodex auf die Aufsichtsratspraxis

Ein Verhaltenskodex hat gegenüber gesetzlichen Regelungen den Vorteil, dass er den Unternehmen mehr Flexibilität gewährt und schneller veränderten Umweltbedingungen angepasst werden kann. Allerdings kommt einem Verhaltenskodex nicht die Bindungswirkung gesetzlicher Normen zu. Ein Verhaltenskodex ist in der Reformdiskussion daher nur dann eine sinnvolle Alternative zu gesetzlichen Normen, wenn von ihm eine positive Veränderung der als defizient festgestellten Aufsichtsratspraxis zu erwarten ist.

In gewissem Umfang dürfte die Beachtung eines Verhaltenskodex und eine damit verbundene Veränderung der Aufsichtsratspraxis bereits deshalb zu erwarten sein, weil sich die Rechtsprechung bei der Auslegung der Sorgfaltspflicht wohl an Verhaltenskodizes für den Aufsichtsrat orientieren dürfte. Denn letztlich geben die Verhaltenskodizes die Meinung von Sachverständigen über das aktuelle Verständnis effektiver Überwachung wieder. Andererseits muss eingeräumt werden, dass mit den „Grundsätzen ordnungsgemäßer Überwachung", die von der *Schmalenbach-Gesellschaft* vorgelegt wurden[52], bereits seit über fünf Jahren ein solcher Kodex existiert, ohne dass die Rechtsprechung, soweit ersichtlich, darauf Bezug genommen hätte. Dies lässt vermuten, dass die Rechtsprechung erst dann auf solche Kodizes zurückgreifen wird, wenn diese eine gewisse „Marktakzeptanz" erlangt haben.
Ferner ist zu berücksichtigen, dass nach dem Sinn und Zweck eines Verhaltenskodex als flexible Ermessensrichtlinie Abweichungen von den Vorgaben eines Kodexes auch nur eingeschränkt justiziabel sein können. D.h. der Aufsichtsrat kann bei entsprechend plausibler Begründung von den Vorgaben des Verhaltenskodexes abweichen, ohne dass ihn der Vorwurf einer Pflichtverletzung treffen könnte. Da demnach Abweichungen von Verhaltenskodizes im Rahmen des unternehmerischen Ermessens des Aufsichtsrats von der Rechtsprechung anzuerkennen sind, wird sich zeigen müssen, ob die Präventivwir-

---

52 *Arbeitskreis „Interne und Externe Überwachung" der Schmalenbach-Gesellschaft*, DB 1995, 1.

kung der Haftung für sich ausreicht, Verhaltenskodizes zu einer breiten Anerkennung und Umsetzung in der Praxis zu verhelfen.

Eine breite Akzeptanz von Verhaltenskodizes dürfte jedoch im Hinblick auf einen von institutionellen Investoren und professionellen Fondsmanagern zu erwartenden Druck auf Vorstand und Aufsichtsrat zu erwarten sein. Nicht nur die Tatsache, dass immer mehr private Anleger die Aktie als Anlageform entdekken, sondern auch eine stärker werdende Nachfrage nach privater Altersvorsorge bewirken, dass gewaltige Geldmengen von professionellen Fondsmanagern bewegt werden. Schätzungen gehen von einer Steigerung des gesamten Fondsvermögens in Deutschland von derzeit 1,4 Billionen DM auf 2,5 Billionen DM im Jahr 2005 aus[53]. Fondsmanager sind dabei einem erheblichen Erfolgsdruck ausgesetzt, der zur Folge hat, dass sie die Unternehmen, in die sie investieren einer genauen Prüfung unterziehen.
Bei der Anlageentscheidung von Fondsmanagern gewinnt eine gute Corporate Governance zunehmend an Gewicht, da professionelle Anleger darin zusätzliches Wertschöpfungspotential erkennen[54]. Empirische Studien belegen nämlich, dass eine gute Corporate Governance den Unternehmenswert nicht unerheblich erhöhen kann. In einer Studie von *McKinsey* wurden 50 Investoren, die ein Anlagevermögen von insgesamt 840 Mrd. US$ verwalten, aufgefordert, zwei Unternehmen zu vergleichen und anzugeben, ob und ggf. um wieviel mehr sie für die Aktie desjenigen Unternehmens zahlen würden, welches über eine bessere Corporate Governance verfügt[55]. Zwei Drittel der Befragten gaben an, durchschnittlich 16% mehr für eine Aktie der Gesellschaft mit der besseren Corporate Governance zu zahlen. Bezogen auf alle Befragten, würden immerhin durchschnittlich 11% mehr gezahlt werden. In diese Richtung weist auch eine Untersuchung des *California Public Employee Retirement Systems*, eines großen amerikanischen Rentenfonds, die eine erhebliche Kurssteigerung der Aktien von Unternehmen aufgrund der Auseinandersetzung des Management mit Fragen der Corporate Governance ergab[56]. Dass auch in Deutschland ein erheblicher Druck seitens institutioneller Anleger zu erwarten ist, belegt eine im Jahr 2000 durchgeführten Befragung durch das deutsche Aktieninstitut[57]. Danach bewerten etwa 75% der 200 befragten institutionellen Anle-

---

[53] Vgl. *Strenger*, Die Bank 1999, 822. Zum wachsenden Einfluss institutioneller Anleger vgl. auch *Breuer*, Die Bank 2001, 544; *Seipp*, in: Universität Passau, Unternehmensverfassung, S. 27; *Wymeersch*, ZGR 2001, 317.

[54] Einleitung der OECD-Richtlinen, bei Seibert, AG 1999, 341; *OECD*, Corporate Governance, S. 14f.; *Peltzer/v. Werder*, AG 2001, 1f.; *Strenger*, Die Bank 1999, 823. Kritisch demgegenüber *Claussen/Bröcker*, AG 2000, 485, die den Einfluss der Corporate Governance auf den Kurs der Aktie in Zweifel ziehen.

[55] *Felten/Hudnut/van Heeckeren*, The McKinsey Quarterly, 1996, Nr. 4, S. 170ff.

[56] Vgl. *Schneider/Strenger*, AG 2000, 107; *Strenger*, Die Bank 1999, 823.

[57] Vgl. dazu den Bericht des geschäftsführenden Vorstandsmitglieds *v. Rosen*, Die Bank 2001, 286.

ger die Corporate Governance eines Unternehmens ebenso stark wie die Unternehmensleistung im Übrigen. Sogar 80% der Anleger wären demzufolge bereit, bei vergleichbarer Unternehmensleistung für Aktien desjenigen Unternehmens mehr zu zahlen, das eine bessere Unternehmenskontrolle aufweist[58]. Es ist also anzunehmen, dass professionelle Anleger entweder in ihrer Funktion als Aktionäre oder bereits im Vorfeld der Anlageentscheidung erheblichen Druck auf Vorstand und Aufsichtsrat ausüben werden, einen Verhaltenskodex, der eine gute Corporate Governance dokumentiert, zu akzeptieren. Dieser Druck dürfte insbesondere von Investoren aus denjenigen Ländern zu erwarten sein, in denen Corporate Governance Grundsätze weit verbreitet sind, zum Beispiel in den USA und in England.

Instruktiv sind auch Erfahrungen aus England. Die Londoner Börse hat es zur Voraussetzung der Börsenzulassung gemacht, dass Unternehmen im Geschäftsbericht angeben, ob und inwieweit sie Corporate Governance Regeln des *Cadbury Committee* anerkennen[59]. Entscheidend ist dabei, dass obwohl in England nicht einmal die Anerkennung, sondern lediglich eine Stellungnahme zur Akzeptanz der Regeln verlangt wurde, nach knapp zwei Jahren nahezu alle börsennotierten Gesellschaften die Grundsätze akzeptiert hatten[60]. Für die Diskussion um die Reform des deutschen Aufsichtsrats ist daraus zu schließen, dass eine Pflicht des Aufsichtsrats zu erklären, ob er einen Verhaltenskodex anerkennt, auch in Deutschland zu einer breiten Akzeptanz solcher Verhaltensgrundsätze führen würde.

Hat ein Aufsichtsrat einen bestimmten Verhaltenskodex ggf. mit entsprechenden Anpassungen als für sich verbindlich anerkannt, ist damit zu rechnen, dass er den Kodex auch entsprechend umsetzt. Zwar führt theoretisch selbst die Anerkennungserklärung des Aufsichtsrats nicht zu einer Verschärfung des objektiven Sorgfaltsmaßstabes[61]. Der Aufsichtsrat unterliegt im Falle eines Haftungsprozesses jedoch einer erhöhten Darlegungslast dahingehend, dass die Nicht-Umsetzung des akzeptierten Verhaltenskodexes noch im Rahmen des unternehmerischen Ermessens liegt. Dies dürfte dem Aufsichtsrat nur in Ausnahmefällen gelingen. Anreize zu einer Umsetzung des anerkannten Verhaltenskodexes dürften aber vor allem auch durch eine Erklärungspflicht des

---

58 *v. Rosen*, Die Bank 2001, 286 schätzt die für gute Kontrolle zusätzlich bezahlte Prämie auf über 20%.

59 Vgl. *The Committee on Financial Aspects of Corporate Governance*, Code of Best Practice, Introduction, in: Hopt/Wymeersch, Corporate Governance, M-3

60 *The Committee on Financial Aspects of Corporate Governance*, Report on Compliance with the Code of Best Practice, 1995, in: Hopt/Wymeersch, Corporate Governance, M-25.

61 Der Sorgfaltsmaßstab des § 116 AktG kann weder durch Satzung noch durch Geschäftsordnung des Aufsichtsrats verschärft werden, vgl. oben Fn. 38 und 39. Gleiches hat auch für die Verpflichtungserklärung des Aufsichtsrats auf einen bestimmten Verhaltenskodex zu gelten.

Aufsichtsrats über die Umsetzung des Verhaltenskodexes zu erzielen sein. Denn wenn der Aufsichtsrat zu berichten hat, ob und inwieweit er die Regeln eines Verhaltenskodexes umgesetzt hat, ist der öffentliche Druck zur Umsetzung beträchtlich. Hat sich zum Beispiel der Aufsichtsrat durch Anerkennung eines Kodex zur Bildung bestimmter Ausschüsse oder zu einer bestimmten Sitzungsfrequenz verpflichtet, bringt sich der Aufsichtsrat in schwere Verlegenheit, wenn er der Hauptversammlung gestehen muss, dies nicht eingehalten zu haben.

Im Ergebnis ist damit festzustellen, dass von einem Verhaltenskodex eine Veränderung der bisherigen Aufsichtsratspraxis zu erwarten wäre. Vor allem durch eine Pflicht des Aufsichtsrats zur Erklärung über die Anerkennung und Umsetzung eines Verhaltenskodexes dürften wesentliche Impulse für die Praxis ausgehen. Ein Verhaltenskodex könnte damit die Praxis in positiver Weise beeinflussen und stellt durchaus eine Alternative zu gesetzlichen Normen dar.

1.1.5. Erklärungspflicht des Aufsichtsrats über die Akzeptanz und Umsetzung eines Verhaltenskodexes

1.1.5.1. Notwendigkeit der Normierung einer Erklärungspflicht

Es wurde soeben festgestellt, dass eine Erklärungspflicht des Aufsichtsrats wesentlich zur Anerkennung und Umsetzung von Verhaltenskodizes in der Praxis beitragen dürfte. Eine Erklärungspflicht hätte auch entscheidende Vorteile hinsichtlich einer Transparenz der Aufsichtsratstätigkeit. So soll ein Verhaltenskodex eine flexible Ermessensrichtlinie darstellen, die auf die konkreten Gegebenheiten der jeweiligen Gesellschaft anzupassen sind. Damit diese Anpassungen den Aktionären und den Anlegern gegenüber nicht verborgen bleibt, sollte sich der Aufsichtsrat darüber erklären müssen.
De lege lata dürfte jedoch eine solche Erklärungspflicht nicht bestehen. Eine solche könnte sich allenfalls aus der Berichtspflicht des Aufsichtsrats an die Hauptversammlung gem. § 171 II AktG ergeben. Die herrschende Lehre dürfte in ihrer restriktiven Auslegung des Berichtsinhalts jedoch kaum eine Erklärungpflicht über einen Verhaltenskodex annehmen. Aber selbst bei vorzugswürdiger, teleologischer Auslegung der Berichtspflicht ist die Annahme einer Erklärungspflicht des Aufsichtsrats nicht zwingend. Denn der Aufsichtsrat hat nur Rechenschaft darüber abzulegen, wie er tatsächlich die Geschäftsführung geprüft hat. Dazu bedarf es jedoch keiner Bezugnahme auf einen Verhaltenskodex[62].

---

[62] Selbst wenn der Aufsichtsrat einen Verhaltenskodex buchstabengetreu befolgen sollte, müsste er nicht berichten, ob er einen Verhaltensstandard befolgt oder nicht. Entscheidend ist allein, ob die Hauptversammlung sich ein sachgerechtes Bild über die Tätigkeit des Aufsichtsrats machen kann.

Um sicherzustellen, dass Verhaltenskodizes eine breite Akzeptanz zukommt, sollte daher eine ausdrückliche, gesetzliche Pflicht des Aufsichtsrats zur Abgabe einer jährlichen Erklärung über die Beachtung eines Verhaltenskodexes vorgesehen werden[63]. Zusätzlich sollte der Aufsichtsrat verpflichtet sein zu begründen, wenn er keinen Verhaltenskodex akzeptieren will, oder von einem akzeptierten Verhaltenskodex abweichen will[64]. Damit wird einerseits das unternehmerische Ermessen des Aufsichtsrats zur freien Gestaltung seiner Überwachung gewahrt, andererseits aber auch sichergestellt, dass sich der Aufsichtsrat dafür zu rechtfertigen hat, wenn er von anerkannten Überwachungsstandards abweichen will. Um diese Frage dem Streit über den Umfang der Berichtspflicht des § 171 II AktG zu entziehen, sollte auch die Begründungspflicht normiert werden.

1.1.5.2. Beschränkung der Erklärungspflicht auf einen bestimmten, repräsentativen Verhaltenskodex

Die *Regierungskommission Corporate Governance* spricht sich dafür aus, die Erklärungspflicht des Aufsichtsrats nur auf einen bestimmten, von einer Expertenkommission im Auftrag der Bundesregierung erarbeiteten und im Bundesanzeiger veröffentlichten Verhaltenskodex zu beziehen[65]. Diesem Vorschlag folgt auch der Regierungsentwurf des TransPubG[66]. Dadurch wäre zu erwarten, dass nur dieser einzige Verhaltenskodex in der Praxis Akzeptanz finden dürfte. Es fragt sich, ob diese Beschränkung zweckdienlich ist.

Für diese Beschränkung könnte sprechen, dass einem einzigen Verhaltenskodex, der zudem eine besondere Rechtfertigung aufgrund des Auftrages der Bundesregierung aufweisen kann, eine gewichtige Bedeutung zukommen dürfte, so dass eine breite Akzeptanz dieses Verhaltenskodexes in der Praxis zu erwarten wäre. Auch im Hinblick auf die Information, insbesondere ausländischer Investoren, könnte die Beschränkung auf einen einzigen Verhaltenskodex vorteilhaft sein[67].

---

[63] Vgl. auch den *Baums*, Bericht der Regierungskommission Corporate Governance, Rn. 8ff. Dieser Forderung entspricht § 161 AktG-RegE TransPubG, a.a.O. Fn. 10.

[64] *Baums*, Bericht der Regierungskommission Corporate Governance, Rn. 8. Der Regierungsentwurf des TransPubG sieht von einer gesetzlichen Verpflichtung zur Begründung eventueller Abweichungen ab, da die Gesellschaften bereits aus eigenem Interesse dies tun würden, vgl. die Begründung zu § 161 AktG-RegE TransPubG, a.a.O. Fn. 10, S. 52. Ob dieser Optimismus gerechtfertigt ist, wird sich zeigen müssen.

[65] *Baums*, Bericht der Regierungskommission Corporate Governance, Rn. 9 und D1.16 Rn. 17.

[66] Vgl. § 161 AktG-RegE TransPubG.

[67] Vgl. *Baums*, Bericht der Regierungskommission Corporate Governance, Rn. 7. *v. Rosen*, Die Bank 2001, 286 befürchtet eine Verunsicherung von Investoren durch die Existenz mehrerer Kodizes.

Gegen diese Beschränkung muss jedoch angeführt werden, dass dadurch die Bildung eines Marktes für Corporate Governance Richtlinien verhindert würde[68]. Es sollten sich aber diejenigen Regeln durchsetzen können, die sich in der Praxis am besten bewährten und nicht diejenigen, die von einer, wenngleich mit Regierungsauftrag ausgestatteten, Expertenkommission vorgeschlagen wurden. Die Beschränkung auf einen einzigen Kodex muss auch zu einem hohen Abstrahierungsgrad des Kodexes führen, da der Kodex auf sämtliche Unternehmen Anwendung finden und dabei der Vielschichtigkeit der Unternehmenslandschaft Rechnung tragen müsste[69]. Je abstrakter der Verhaltenskodex aber gehalten wird, desto geringer ist die Möglichkeit einer gezielten Änderung der Unternehmenspraxis. Demgegenüber könnte eine allgemein gehaltene Erklärungspflicht zur Entwicklung verschiedener Verhaltenskodizes führen, die die Überwachungsaufgabe des Aufsichtsrats gezielt nach Größe und Branche des Unternehmens näher definierten.
Auch ohne Beschränkung der Erklärungspflicht auf einen bestimmten Verhaltenskodex ist zu erwarten, dass der Verhaltenskodex einer von der Bundesregierung eingesetzten Expertenkommission aufgrund des staatlichen Auftrages breite Beachtung finden dürfte. Ist die Auswahl des Verhaltenskodexes allerdings dem Unternehmen bzw. dem Markt überlassen, könnte dem Verhaltenskodex der staatlich legitimierten Expertenkommission nicht der Vorwurf einer staatlichen Reglementierung unternehmerischen Ermessens anhaften. Auch erscheint die Beschränkung nicht zur Information ausländischer Investoren notwendig. Soweit es um eine konkrete Anlageentscheidung geht, werden sich die Investoren unabhängig davon, ob es nur einen oder mehrere Verhaltenskodizes gibt, stets anhand des konkreten Verhaltenskodexes desjenigen Unternehmens informieren, in das sie investieren wollen[70]. Soweit es um die Vereinfachung eines Rechtsvergleiches geht, können sich Investoren auch dann anhand eines staatlich legitimierten Verhaltenskodex informieren, wenn dieser nicht der einzige Verhaltenskodex auf dem Markt ist. Schließlich bleibt es den Investoren unbenommen, den staatlichen Kodex dem in der jeweiligen Gesellschaft konkret anerkannten Kodex gegenüberzustellen und sich auf diese Weise ein Bild über die Corporate Govenance der Gesellschaft zu machen.

Die Erklärungspflicht des Aufsichtsrats sollte sich demnach nicht auf einen bestimmten, repräsentativen Verhaltenskodex beziehen, sondern allgemein gehalten sein. D.h. der Aufsichtsrat sollte nur verpflichtet sein zu erklären, ob er überhaupt einen Verhaltenskodex anerkennt und diesen umsetzt. Sollte der Aufsichtsrat überhaupt keinen Kodex anerkennen oder von dem akzeptierten Verhaltenskodex abweichen wollen, müsse er verpflichtet sein, dies zu begründen.

---

[68] Dies aber befürwortend *OECD*, Corporate Governance, S. 41. Vgl. auch a.a.O., S. 16 und 19.

[69] Vgl. *Sünner*, AG 2000, 493.

[70] Dies gebietet sich bereits deshalb, weil Abweichungen von dem Kodex möglich sind.

1.1.5.3. Beschränkung der Erklärungspflicht auf börsennotierte Gesellschaften und potentielle Auswirkungen auf den Anwendungsbereich eines Verhaltenskodexes

Die *Regierungskommission Corporate Governance* will die Erklärungspflicht auf börsennotierte Gesellschaften beschränken[71]. Dies entspräche auch dem Anwendungsbereich des Verhaltenskodex der *Grundsatzkommission Corporate Governance*, der sich nur an börsennotierte Gesellschaften richtet[72]. Begründet wird dieser Vorschlag damit, dass die Informationen über Anerkennung und Umsetzung eines Verhaltenskodexes typischerweise nur in kapitalmarktorientierten Gesellschaften mit anonymer Anlegerstruktur erforderlich sei. In personalistischen (Familien-)Gesellschaften oder etwa in Konzerntöchtern existierten andere Wege des Informationstransfers und der Durchsetzung solcher Verhaltensstandards[73]. Kleinere Gesellschaften sollten auch nicht mit zusätzlichen Kosten, die mit den strengen Vorgaben für börsennotierte Gesellschaften verbunden wären (z.Bsp.: zu veröffentlichende Quartalsberichte, Ausschussbildung), belastet werden bzw. umfangreiche, zu begründende Änderungen des Verhaltenskodexes vornehmen müssen.

Der Vorschlag der *Regierungskommission* ist zu kritisieren. So stellt er sich bereits als unnötiges Folgeproblem der soeben als unzweckmäßig erkannten Beschränkung der Erklärungspflicht auf einen einzigen, bestimmten Verhaltenskodex dar. Ist die Erklärungspflicht nicht auf einen bestimmten Kodex beschränkt, ist zu erwarten, dass verschiedene Verhaltensstandards erarbeitet werden, die auch Unterschiede von Größe und Eigentümerstruktur berücksichtigen[74].

Abgesehen davon beschränkt sich der Handlungsbedarf hinsichtlich einer Verbesserung der Überwachungsaktivität des Aufsichtsrats keineswegs auf börsennotierte Gesellschaften. Es ist zwar zuzugeben, dass von einem Verhaltenskodex auch ohne Erklärungspflicht nichtbörsennotierter Gesellschaften eine gewisse „Ausstrahlungswirkung" auf diese Gesellschaften ausgehen dürfte, insbesondere bei solchen Unternehmen, die auf lange Sicht den Gang

---

71 *Baums*, Bericht der Regierungskommission Corporate Governance, Rn. 10 und D1.12 Rn. 13. Der Regierungsentwurf des TransPubG folgt diesem Vorschlag, ohne dieses Problem anzusprechen, vgl. die Begründung zu § 161 AktG-RegE TransPubG, a.a.O. Fn. 10, S. 49ff.

72 *Grundsatzkommission Corporate Governance*, DB 2000, 238. Die Kodizes des *Arbeitskreises „Externe und interne Überwachung" der Schmalenbachgesellschaft*, DB 1995, 1 sowie des *Berliner Initiativkreises*, DB 2000, 1573 und 1580 richten sich dagegen an sämtliche Unternehmen.

73 *Baums*, Bericht der Regierungskommission Corporate Governance, Rn. 13.

74 Erste - wenngleich zaghafte - Ansätze finden sich im German Code of Corporate Governance des *Berliner Initiativkreises*, DB 2000, 1580, der in einem eigenen Kapitel auf Besonderheiten bei geschlossenen (nichtbörsennotierten) Gesellschaften eingeht.

an die Börse planen[75]. Der Umfang dieser „Ausstrahlungswirkung“ ist nach dem Vorschlag der *Regierungskommission Corporate Governance* jedoch weitgehend dem Zufall überlassen, da nicht auszuschließen ist, dass sich nichtbörsennotierte Gesellschaften unter Hinweis darauf, dass für sie die Erklärungspflicht nicht gilt, von solchen Verhaltenskodizes überhaupt nicht angesprochen fühlen. Von einer beschränkten Erklärungspflicht wäre ferner zu erwarten, dass die Rechtsprechung den Verhaltenskodex auch nur hinsichtlich börsennotierter Gesellschaften als Konkretisierung des Sorgfaltsmaßstabes anerkennt.

Eine allgemein geltende Erklärungspflicht würde demgegenüber auch in nichtbörsennotierten Gesellschaften positive Veränderungen erwarten lassen. Denn es wäre jeder Aufsichtsrat verpflichtet, sich mit einem Verhaltensstandard auseinanderzusetzen, der das aktuelle Verständnis ordnungsgemäßer Überwachung wiedergibt. Damit ist zwar ein gewisser Zeit- und Arbeitsaufwand verbunden, der vielleicht dem einen oder anderen erfahrenen Aufsichtsratsmitglied als lästig und unnötig regulierend erscheinen mag. Dieser Mehraufwand ist jedoch gerechtfertigt durch den Nutzen, den die Auseinandersetzung mit einem Verhaltensstandard für eine Professionalisierung der Aufsichtsratstätigkeit haben würde.

Wird entgegen dem Vorschlag der *Regierungskommission* die Erklärungspflicht des Aufsichtsrats nicht auf einen bestimmten Verhaltenskodex beschränkt, ist kein Grund ersichtlich, die Erklärungspflicht auf börsennotierte Gesellschaften zu beschränken. Die unbeschränkte Einführung der Erklärungspflicht würde zu einer breiten Akzeptanz von Verhaltenskodizes auch in nichtbörsennotierten Gesellschaften führen. Zwar dürfte hier der Druck institutioneller Anleger nicht gegeben sein. Im Falle einer unbeschränkten Erklärungspflicht käme allerdings die Rechtsprechung kaum daran vorbei, die Konkretisierung der Sorgfaltspflichten auch für nichtbörsennotierte Gesellschaften anzuerkennen. Ferner würde bereits die Notwendigkeit, sich mit einem Verhaltensstandard auseinanderzusetzen, eine positive Veränderung der Praxis erwarten lassen.

In diesem Zusammenhang könnte schließlich eine Entwicklung der internationalen Bankenaufsicht von Bedeutung sein. Nach den Beschlüssen des Baseler Ausschusses für Bankenaufsicht werden Banken künftig verpflichtet sein, die Konditionen der Kreditvergabe von einem Rating des kreditersuchenden Unternehmens abhängig zu machen (sog. Basel II-Beschlüsse)[76]. In dieses Rating fließt auch eine Bewertung der Unternehmensführung bzw. -überwachung

---

[75] *Baums*, Bericht der Regierungskommission Corporate Governance, Rn. 13.

[76] Zum wesentlichen Inhalt der sog. Basel II-Beschlüsse vgl. *Boos/Schulte-Matter*, Die Bank 2001, 346ff.; *Schulte-Matter*, Die Bank, 1999, 530ff.; *Thiester*, bank und markt + technik Heft 6/2001, S. 22ff.; *Zeise*, in: FTD vom 25.06.2001, S. 29. Die Basel II-Beschlüsse sollen allerdings erst 2004 wirksam werden.

ein[77], wofür die Anerkennung von Verhaltenskodizes von wesentlicher Bedeutung sein dürfte[78]. Da sich dieses Rating letztlich in der Höhe des Zinses niederschlagen wird, dürften die Basel II-Beschlüsse auch für nichtbörsennotierte Gesellschaften ausreichende Anreize zur Anerkennung eines Verhaltenskodexes setzen.

1.1.6. Inhalt eines Verhaltenskodexes

1.1.6.1. Allgemeines zum Inhalt eines Verhaltenskodexes im Hinblick auf die Reform des Aufsichtsrats

Der notwendige Inhalt eines Verhaltenskodexes ist aus dem Zweck als ermessensleitende Richtline und Informationsbasis für ausländische Investoren abzuleiten. Letztere Funktion spielt für die Reform des Aufsichtsrats keine Rolle und soll daher außer Betracht bleiben. Sieht man das Ziel eines Verhaltenskodexes in einer positiven Veränderung der defizienten Aufsichtsratspraxis, muss sich der Inhalt eines solchen Verhaltenskodexes an dem im zweiten Kapitel ermittelten Reformbedarf orientieren.

Als Mängel, die einen Reformbedarf begründen, war festzustellen, dass der Informationsstand des Aufsichtsrats nur ungenügend zukunftsorientiert ist und Planungsprämissen in der Regel nicht berichtet werden. Der Aufsichtsrat wird erst sehr spät über geplante Maßnahmen informiert. Das Informationsverhalten des Aufsichtsrats musste als sehr passiv erkannt werden, eine Überprüfung der Vorstandsberichte findet so gut wie nie statt. Die Einwirkungsrechte finden ebenfalls nur zurückhaltende Anwendung. So werden Personalentscheidungen häufig nur formal abgesegnet, Zustimmungsvorbehalte nicht zur gezielten Risikokontrolle eingesetzt. Der Aufsichtsrat ist schlecht strukturiert, Ausschüsse werden i.d.R. nur für Personalfragen gebildet. Die Berichterstattung an die Hauptversammlung ist mangelhaft.

Von einem Verhaltenskodex muss erwartet werden, dass er diese Punkte aufgreift und konkrete Vorgaben für die Praxis macht. Im Folgenden soll untersucht werden, inwieweit die existierenden Verhaltenskodizes diesen Ansprüchen genügen.

1.1.6.2. Die Corporate Governance-Grundsätze der Grundsatzkommission Corporate Governance[79]

Der Verhaltenskodex der *Grundsatzkommission Corporate Governance* beschäftigt sich in einem Abschnitt untergliedert in vier Unterabschnitte mit dem

---

[77] *Boos/Schulte-Matter*, Die Bank 2001, 351; *Kuhn*, bank und markt + technik Heft 6/2001, S. 19f.; *Thiester*, bank und markt + technik Heft 6/2001, S. 23; *Weidenfels*, in: FTD vom 18.06.2001, S. 33. Vgl. auch die Aufstellung maßgeblicher Kriterien bei *Ströer*, börsenmagazin Heft 04/2001, S. 18.

[78] Siehe oben 1.1.4.

[79] DB 2000, 238ff.

Aufsichtsrat, welche sind[80]: Zusammensetzung und Vergütung, Zuständigkeiten und Aufgaben, Bildung von Ausschüssen, Regeln für Interessenkonflikte und Eigengeschäfte. Im Hinblick auf den hier angesprochenen Reformbedarf sind lediglich der zweite und dritte Unterabschnitt von Interesse[81].

Eine nähere Betrachtung des Verhaltenskodexes ergibt, dass sich dort fast ausschließlich Wiederholungen des Gesetzes oder die Wiedergabe von Selbstverständlichkeiten finden lassen. So wird im Abschnitt 'Zuständigkeiten und Aufgaben' die Überwachungsaufgabe des Aufsichtsrats nicht näher konkretisiert, sondern der Aufgabenkreis lediglich aufgezählt. Zum Beispiel wird die Beratung des Vorstandes durch den Aufsichtsrat genannt[82]. Diese Aufgabe ist spätestens seit BGHZ 114, 130 auch in der Rechtsprechung absolut unstreitig. Der Verhaltenskodex unterlässt es dabei sogar zu erwähnen, dass mit Beratung nicht etwa eine den Vorstand unterstützende, sondern eine die Geschäftsführung überwachende und diese kritisch hinterfragende Tätigkeit gemeint ist. Weiter nennt der Kodex die Personalkompetenz des Aufsichtsrats für die Vorstandsbestellung[83]. Diese ergibt sich direkt aus § 84 I AktG. Anstatt aber hervorzuheben, dass der Aufsichtsrat sich ein eigenes, unabhängiges Bild über die Planung der Nachfolge im Vorstand zu machen hat, wird sogar eine diesbezügliche Kooperation mit dem Vorstand betont. Der Kodex nennt ferner, dass der Aufsichtsrat bestimmte Geschäfte von seiner Zustimmung abhängig machen kann[84]. Zusätzlich werden typische Anwendungsbereiche wie Investitionsvorhaben, Kredite oder die Gründung von Tochtergesellschaften genannt. Es wird aber weder erwähnt, dass Zustimmungsvorbehalte gezielt zur Risikoüberwachung eingesetzt werden sollten, noch dass ein Katalog zustimmungsbedürftiger Geschäfte laufend überarbeitet werden muss.
Was die Struktur des Aufsichtsrats betrifft, stellt der Verhaltenskodex verschiedene Ausschüsse wie etwa Präsidial- und Strategieausschüsse, Bilanz- und Prüfungsausschüsse, Personalausschüsse u.s.w. vor. Dazu heißt es im Kodex: „Denkbar ist die Einrichtung folgender Ausschüsse"[85]. Damit reduziert der Kodex seinen Regelunggehalt letztlich auf das, was in § 107 III 1 AktG gesetzlich bereits verankert ist[86]. Ein Verhaltenskodex könnte dagegen vorschreiben,

---

[80] Daneben enthält der Kodex allgemeine Fragen der Corporate Governance (Abschnitt I), insbesondere über den Schutz und die Gleichbehandlung von Aktionären sowie über Auskunftspflichten gegenüber der Öffentlichkeit, sowie Konkretisierungen der Vorstandspflichten (Abschnitt II).

[81] Auf die Themen Vergütung, Qualifikation und Interessenkonflikte wird weiter unten noch eingegangen.

[82] Abschnitt III 2.a., DB 2000, 240.

[83] Abschnitt III 2.a., DB 2000, 240,

[84] Abschnitt III 2.b., DB 2000, 240, „Der Aufsichtsrat kann bestimmte Geschäfte von seiner Zustimmung abhängig machen". Vgl. dazu den nahezu identischen § 111 IV 2 AktG.

[85] Abschnitt III. 3., DB 2000, 241.

[86] Kritisch daher *Hommelhoff*, ZGR 2001, 257; *Lutter*, ZGR 2001, 229.

dass Ausschüsse ab einer bestimmten Aufsichtsratsgröße zu bilden *sind* und dass die Überwachungsaufgabe nach einem vom Aufsichtsrat erstellten System auf seine Mitglieder zu verteilen *ist*. Um zu erfahren, welche Ausschüsse man einrichten kann, bedarf es nämlich keines Verhaltenskodexes. Dafür genügt ein Blick in die einschlägige Fachliteratur.
Als völlig abwegig muss schließlich die Forderung angesehen werden, der Aufsichtsrat solle sich vom Vorstand einen Bericht über die Vergabe von Spenden vorlegen lassen[87]. Dieser Vorschlag ist wohl als Reaktion auf die jüngste CDU-Spenden-Affäre zu verstehen, die aber mit einer ordnungsgemäßen Überwachung des Vorstandes durch den Aufsichtsrat relativ wenig zu tun hat[88].

Nur an zwei Stellen enthält der Kodex weiterführende Vorschläge. Zum einen wird erkannt, dass der Aufsichtsrat die Informations- und Berichtspflichten des Vorstandes festzulegen hat[89], was insofern wichtig ist, als damit klargestellt wird, dass sich der Aufsichtsrat nicht auf eine passive Entgegennahme der Vorstandsberichte beschränken darf. Bis auf diesen kurzen Hinweis lässt der Kodex aber weitere Konkretisierungen der Berichtsinhalte vermissen. So fehlt zum Beispiel die Empfehlung, der Aufsichtsrat solle sich auch die Planungsprämissen berichten lassen. Der zweite positive Vorschlag liegt darin, dass jedem Aufsichtsratsmitglied rechtzeitig vor der Bilanzsitzung der Prüfungsbericht zuzuleiten sei[90].

Insgesamt muss der von der Grundsatzkommission vorgelegte Verhaltenskodex als enttäuschend bezeichnet werden. Anstatt konkrete Hinweise für eine Effektivierung der Überwachung zu geben, wird lediglich der Gesetzestext oder absolut Selbstverständliches wiedergegeben. Damit kommt dem Kodex allenfalls die Funktion zu, ausländischen Investoren den deutschen Aufsichtsrat besser verständlich zu machen. Für die aktuelle Reformdiskussion um den deutschen Aufsichtsrat vermag der Vorschlag jedoch keinen positiven Beitrag zu leisten.

1.1.6.3. Die Grundsätze ordnungsgemäßer Aufsichtsratstätigkeit der Schmalenbach-Gesellschaft[91]

Einen etwas älteren Vorschlag eines Verhaltenskodexes für den Aufsichtsrat enthält das Grundsatzpapier der Schmalenbach-Gesellschaft, das sich in fünf Abschnitten[92] mit der Überwachungsaufgabe des Aufsichtsrats befasst.

---

[87] Abschnitt III. 2.g., DB 2000, 241.
[88] Vgl. *Claussen/Bröcker*, AG 2000, 491.
[89] Abschnitt II 2.d., DB 2000, 240.
[90] Abschnitt II 2.e., DB 2000, 241.
[91] DB 1995, 1ff.
[92] Personelle Anforderungen an Aufsichtsratsmitglieder (Abschnitt II.), Organisatorische Regelungen der Aufsichtsratstätigkeit (Abschnitt III.), Berichterstattung des Vorstandes an

Wenngleich der Verhaltenskodex einerseits viele Selbstverständlichkeiten[93] und Wiederholungen des Gesetzes enthält[94], schlägt er andererseits Konkretisierungen vor, die den oben festgestellten Reformbedarf aufgreifen. Was zum Beispiel die Information des Aufsichtsrats betrifft, soll der Planungsbericht i.S.v. § 90 I 1 Nr. 1 AktG auch Angaben über Sicherheit und Genauigkeit der Planung, mithin eine Risikoeinschätzung enthalten[95]. Neben verschiedenen Vorschlägen betreffend den Inhalt des Quartalsberichtes verlangt das Grundsatzpapier vom Vorstand ferner bereits im Laufe des Geschäftsjahres eine Hochrechnung der relevanten Daten auf das voraussichtliche Jahresergebnis[96]. Der Rentabilitätsbericht i.S.v. § 90 I 1 Nr. 2 AktG solle zum Vergleich auch die Angabe von Plan-/Vorjahres oder Branchendaten enthalten[97]. Hervorzuheben ist vor allem auch die Forderung, der Abschlussprüfer habe die Vorstandsberichterstattung zu prüfen und über Verstöße zu berichten[98].
Hinsichtlich der Organisation des Aufsichtsrats hebt das Grundsatzpapier die Pflicht des Aufsichtsrats hervor, sich einen geeigneten organisatorischen Ordnungsrahmen zu geben, was grundsätzlich den Erlass einer Geschäftsordnung umfasse[99]. Weiterhin empfiehlt der Kodex die Bildung von Ausschüssen, allerdings ohne dies weiterführend zu präzisieren[100].

---

den Aufsichtsrat (Abschnitt IV.), Zusammenarbeit zwischen Aufsichtsrat und Abschlussprüfer (Abschnitt V.), Berichterstattung des Aufsichtsrats gegenüber der Hauptversammlung (Abschnitt VI.).

[93] Die Grundsätze der Weisungsfreiheit und Unabhängigkeit (Abschnitt II. These 4, DB 1995, 1; vgl. RG, JW 1932, 2279; BGHZ 36, 306; Köln.-Komm./*Mertens*, § 101 Rn. 51; *Lutter/Krieger*, Rn. 280; *Raiser*, ZGR 1978, 394; *Säcker*, DB 1977, 1793; *Westermann*, ZGR 1977, 226),
der Intensivierung der Überwachung durch den Aufsichtsrat im Krisenfall (Abschnitt II. These 3, DB 1995, 1; h.M. vgl. Geßler-Hefermehl/*Geßler*, § 111 Rn. 23; *Goerdeler*, Wpg 1982, 33; *Henze*, BB 2000, 214; *Hüffer*, § 111 Rn. 7; *Lutter/Krieger*, Rn. 27f.; *Semler*, Leitung und Überwachung, Rn. 231ff.; *ders.* AG 1983, 141f. A.A. nur *Claussen*, AG 1984, 20f.),
sowie die Pflicht, bei drohendem Schaden die Zustimmung zu einem Rechtsgeschäft zu verweigern (Abschnitt III. These 5, DB 1995, 2. Vgl. dazu BGHZ 124, 127; OLG Stuttgart, AG 1979, 203; LG Bielefeld, ZIP 2000, 25; *Boujong*, AG 1995, 205)
sind selbstverständlich und werden von niemandem ernsthaft in Frage gestellt.

[94] Zum Beispiel den Grundsatz der Höchstpersönlichkeit (Abschnitt II. These 2, DB 1995, 1, vgl. dazu § 111 V AktG), der Verschwiegenheit (Abschnitt II. These 8, DB 1995, 1f., vgl. dazu § 116, 93 I 2 AktG), der Protokollpflichtigkeit von Aufsichtsratssitzungen (Abschnitt III. These 7, DB 1995, 3. vgl. dazu § 107 II AktG), und der Erläuterungspflicht des Aufsichtsratsvorsitzenden gegenüber der Hauptversammlung (Abschnitt VI. These 4, DB 1995, 4, vgl. dazu § 176 I 2 AktG)

[95] Abschnitt IV. These 2, DB 1995, 3.

[96] Abschnitt IV. These 3, DB 1995, 3.

[97] Abschnitt IV. These 4, DB 1995, 3.

[98] Abschnitt V. Thesen 1 und 2, DB 1995, 3.

[99] Abschnitt III. These 1, DB 1995, 2.

[100] Abschnitt III. These 3, DB 1995, 2.

Beachtlich sind schließlich die Konkretisierungen des Berichtes des Aufsichtsrats an die Hauptversammlung. Danach sind die Anzahl der Sitzungen, der Zahl und Art der Ausschüsse, besondere Überwachungsmaßnahmen und die wichtigsten Beratungsgegenstände im Aufsichtsrat anzugeben[101]. Damit tritt der Kodex der restriktiven herrschenden Meinung zum Berichtsinhalt entgegen.

Teilweise enthält der Kodex allerdings auch Unzutreffendes. So ist die bloße *Empfehlung* einer in die Zukunft gerichtete Überwachung[102] irreführend. Denn in Rechtsprechung und Literatur ist seit langem unstrittig, dass die Überwachung zukunftsbezogen, d.h. präventiv angelegt sein *muss*[103]. Unverständlich ist auch, warum der Kodex die Festlegung von Art, Umfang und Zeitpunkt der Vorstandsberichte neben dem Aufsichtsrat auch dem Vorstand zuschreibt[104]. Diese These erweckt den irrtümlichen Eindruck, der Aufsichtsrat habe mit dem Vorstand eine Einigung über dessen Berichterstattung zu erzielen. Das Gesetz stellt demgegenüber klar, dass der Vorstand zu uneingeschränkter Offenlegung verpflichtet ist[105].

Nichtsdestotrotz zeigt das Grundsatzpapier der Schmalenbach-Gesellschaft positive Ansätze, wie ein Verhaltenskodex formuliert werden könnte. Gerade was die Information des Aufsichtsrats und die Rechenschaftspflicht gegenüber der Hauptversammlung betrifft, greift der Verhaltenskodex den festgestellten Reformbedarf auf.

1.1.6.4. Der German Code of Corporate Governance des Berliner Initiativkreises German Code of Corporate Governance[106]

Den bislang umfangreichsten Verhaltenskodex hat der *Berliner Initiativkreis German Code of Corporate Governance* vorgelegt. Der Kodex gliedert sich in acht Bereiche: Im ersten Abschnitt wird als Grundordnung der Corporate Governance die Ausrichtung auf die nachhaltige Steigerung des Unternehmenswertes und die diesbezüglich herausgehobene Bedeutung des Vorstandes erkannt. Der zweite Abschnitt definiert vier Kernprozesse der Corporate Governance, nämlich 1. Personelle Besetzung des Vorstandes, 2. Informationsversorgung des Aufsichtsrats, 3. Entscheidungsfindung bei wesentlichen Weichenstellungen und 4. Pflege der Diskussionkultur. Im dritten Abschnitt werden

---

[101] Abschnitt VI. These 2, DB 1995, 4.
[102] Abschnitt III. These 6, DB 1995, 2.
[103] Statt vieler BGHZ 114, 130; Geßler-Hefermehl/*Geßler*, § 111 Rn. 26; *Henze*, BB 2000, 214; *ders.*, NJW 1998, 3309 m.w.N.; *Hüffer*, § 111 Rn. 5 m.w.N.; *Lutter/Krieger*, Rn. 30; *Semler*, BFuP 1977, 529.
Kritisch zu dieser These daher *Lutter*, DB 1995, 1925.
[104] Abschnitt IV. These 1, DB 1995, 3. Kritisch *Lutter*, DB 1995, 1925.
[105] Vgl. § 90 III AktG. Vgl. BGHZ 20, 246; *Hüffer*, § 111 Rn. 3; *Lutter*, Information, S. 125.
[106] DB 2000, 1573.

Governancestandards für den Vorstand und im vierten Abschnitt solche für den Aufsichtsrat festgelegt. Der fünfte Abschnitt befasst sich mit Verhaltensregeln für Anteilseigner und Arbeitnehmern, der sechste Abschnitt mit Fragen der Rechnungslegung und der Abschlussprüfung. Der siebte Abschnitt regelt Besonderheiten in geschlossenen Gesellschaften und der achte Abschnitt widmet sich der Lage im Konzern. Hier soll auf die umfangreichen Verhaltensregelungen nur insoweit eingegangen werden, als sie den Aufsichtsrat betreffen.

Da der Kodex die Besetzung des Vorstandes als Kernprozess der Corporate Governance ansieht, widmet er sich diesem Thema besonders intensiv. Dabei beschreibt der Kodex detailliert das Verfahren und die Kriterien, nach denen der Aufsichtsrat dabei verfahren sollte. So soll der Aufsichtsrat im Vorhinein ein bestimmtes Besetzungsverfahren festlegen[107] und die Vorbereitung der Entscheidung einem Personalausschuss übertragen[108]. Der Vorstand habe dem Aufsichtsratsvorsitzenden von Zeit zu Zeit über geeignete Nachwuchskräfte aus den eigenen Reihen zu berichten[109], und potentielle Kandidaten sollten sich im Aufsichtsrat bzw. seinen Ausschüssen in regelmäßigen Zeitabständen präsentieren[110]. Der Aufsichtsrat soll einen Vorschlag des Vorstandes nicht lediglich formell bestätigen dürfen, sondern die Entscheidung durch ein unabhängiges eigenes Urteil über die Qualifikation des Kandidaten selbst prägen müssen[111]. Die Erstbestellung eines Vorstandes solle dabei in aller Regel auf drei Jahre beschränkt werden[112].
Weiterführend sind auch die Ausführungen zur Organisation des Aufsichtsrats und seines Überwachungsverfahrens. So habe der Aufsichtsratsvorsitzende ein systematisches Überwachungsprogramm zu erstellen, in dem Abfolge und Schwerpunkte der Überwachungstätigkeit des Aufsichtsrats festzulegen seien. Das Überwachungsprogramm solle u.a. wissenschaftlich erarbeitete Kontroll-Checklisten, wie Grundsätze ordnungsgemäßer Unternehmensführung durch den Vorstand[113], berücksichtigen und dabei zwischen periodisch zu erörternden und permanenten Kontrollaspekten unterscheiden[114]. Was die Organisation der Aufsichtsratstätigkeit betrifft, seien in jedem Fall Ausschüsse zu bilden, deren Anzahl und Aufgaben vor allem von Unternehmensgröße, Diversifikationsgrad und geographischer Reichweite der Wertschöpfungsprozesse abhän-

---

[107] Abschnitt II. 1.3., DB 2000, 1574.
[108] Abschnitt II. 1.2. und Abschnitt IV. 3.4., DB 2000, 1574 und 1576.
[109] Abschnitt II. 1.4., DB 2000, 1574.
[110] Abschnitt II. 1.6., DB 2000, 1574.
[111] Abschnitt II. 1.7, DB 2000, 1574.
[112] Abschnitt II. 1.9., DB 2000, 1575.
[113] Vgl. den Entwurf von Grundsätzen ordnungsgemäßer Geschäftsführung von *v. Werder*, zfbf Sonderheft 36/1996, 27. Zur Akzeptanz dieser Grundsätze *v. Werder/Maly/Pohle/Wolff*, DB 1998, 1193ff.
[114] Abschnitt IV. 5.4. und 5.5., DB 2000, 1578.

gen[115]. Im Regelfall seien aber ein Ausschuss für unternehmerische Grundsatzfragen, ein Personalausschuss, ein Investitions- und Finanzausschuss, ein Bilanzausschuss und ein Ausschuss für Fragen der Corporate Governance zu bilden[116]. Als Regelsitzungsfrequenz des Aufsichtsratsplenums werden sechs Sitzungen jährlich vorgeschlagen[117].
Obwohl der Kodex die Informationsversorgung des Aufsichtsrats als Kernprozess der Corporate Governance auffasst, liefert der Kodex diesbezüglich nur wenig Konkretes. Erwähnenswert ist lediglich die Pflicht des Aufsichtsrats zur Festlegung eines Informationssystems, in dem die gesetzliche Berichtspflicht des Vorstandes hinsichtlich von Inhalten und Frequenzen mit Blick auf die spezifischen Gegebenheiten des Unternehmens zu konkretisieren seien[118], und die Pflicht des Aufsichtsrats zur aktiven Definition des über die Regelberichterstattung hinausgehenden Informationsbedarfes[119]

Auch wenn der *German Code of Corporate Governance* an einigen Stellen lediglich das Gesetz wiederholt[120], zeigt er anderenorts, wie konkrete Hinweise für die Überwachungstätigkeit des Aufsichtsrats gegeben werden können. Vor allem die Passagen über das Verfahren der Vorstandsbestellung und die Organisation der Aufsichtsratstätigkeit sollten als sinnvolle Orientierungshilfe für die Aufsichtsratspraxis herangezogen werden. Insbesondere hinsichtlich der Vorstandsberichte wären jedoch konkretere Vorgaben wünschenswert gewesen.

1.1.6.5. Der Kodex der Regierungskommission Deutscher Corporate Governance Kodex

Am 18. Dezember 2001 hat die von der Bundesregierung beauftragte Regierungskommission Deutscher Corporate Governance Kodex einen ersten Entwurf für den Kodex vorgelegt, auf den sich die im Referentenentwurf des Transparenz- und Publizitätsgesetzes vorgesehene gesetzliche Erklärungspflicht des Aufsichtsrats beziehen und der im Bundesanzeiger veröffentlicht

---

115 Abschnitt IV, 3.4., DB 2000, 1578.

116 A.a.O.

117 Abschnitt IV. 5.1., DB 2000, 1578.

118 Abschnitt II. 2.2., DB 2000, 1575 (alle „kontrollrelevanten" Informationen). Kritisch *Sünner*, AG 2000, 497 Fn. 39, der diese Aussage zu Recht für nichtssagend hält.

119 Abschnitt II. 2.5, DB 2000, 1575.

120 So insbesondere in Abschnitt IV. 1. (Grundprinzipien des Aufsichtsratshandelns) die Grundsätze der Rechtmäßigkeit und Zweckmäßigkeit des Aufsichtsratshandelns, in Abschnitt IV. 2. (Aufgaben des Aufsichtsrats) die Kontrolle und Beratung sowie die personelle Besetzung des Vorstandes und in Abschnitt II. 2 (Informationsversorgung des Aufsichtsrats) der Bericht über die strategische Planung, § 90 I 1 Nr. 1AktG und der Sonderbericht an den Aufsichtsratsvorsitzenden, § 90 I 2 AktG.

werden soll[121]. Mit der Überwachungsaufgabe des Aufsichtsrats beschäftigt sich der Kodex in drei Abschnitten, namentlich den Abschnitten 'Zusammenwirken von Vorstand und Aufsichtsrat', 'Aufsichtsrat' und 'Rechnungslegung und Abschlussprüfung'. Der Kodex richtet sich in erster Linie an börsennotierte Gesellschaften. Nicht börsennotierten Gesellschaften wird eine freiwillige Beachtung empfohlen[122].

Was die Überwachungsaufgabe des Aufsichtsrats betrifft, beschränkt sich der Kodex im Wesentlichen auf die Wiedergabe der gesetzlichen Bestimmungen und nur an wenigen Stellen sind weiterführende Konkretisierungen der Überwachungsaufgabe zu finden. So wird die Aufgabe des Aufsichtsrats mit einer regelmäßigen Überwachung und Beratung des Vorstandes beschrieben[123]. Dabei fehlt allerdings jegliche Konkretisierung des Begriffs der Beratung, insbesondere wird es unterlassen klarzustellen, dass unter Beratung eine kritische Diskussion mit dem Vorstand zu verstehen ist[124]. Wenig hilfreich sind ferner die Ausführungen zur Bestellung von Vorstandsmitgliedern[125]: Es wird lediglich erwähnt, dass der Aufsichtsrat eine langfristige Nachfolgeplanung und diese in Zusammenarbeit mit dem Vorstand zu treffen hat. Im Falle einer Erstbestellung soll die gesetzlich zulässige Höchtsbestelldauer von fünf Jahren nicht die Regel sein. Ferner solle eine Altersgrenze für Vorstandsmitglieder festgelegt werden. Anders als der Kodex des *Berliner Initiativkreises* lässt der Kodex der Regierungskommission jedoch das Verfahren der Vorstandsbestellung völlig offen. Insbesondere wird lediglich auf die Möglichkeit einer Ausschussbildung hingewiesen[126], anstatt zu fordern, dass die Nachfolgeplanung in der Regel durch einen Ausschuss zu erfolgen *hat*[127].

Oberflächlich sind ferner die Ausführungen des Kodex zur Informationsversorgung des Aufsichtsrats, wenn dort vorgeschlagen wird, der Vorstand informiere den Aufsichtsrat „regelmäßig, zeitnah und umfassend über alle für das Unternehmen relevanten Fragen der Planung, der Geschäftsentwicklung, der Risikolage und das Risikomanagement“[128]. Damit wird lediglich die gesetzliche Berichtspflicht des Vorstandes nach § 90 AktG zusammengefasst und auf eine nicht näher bestimmte „Relevanz“ für das Unternehmen bezogen. Im Hinblick

[121] Deutscher Corporate Governance Kodex, derzeit im Volltext nur im Internet abrufbar unter http://www.corporate-governance-code.de.
[122] Vgl. die Präambel des Deutschen Corporate Governance - Kodex.
[123] Abschnitt V.1.1.
[124] Vgl. zur entsprechenden Kritik am Kodex der Grundsatzkomission Corporate Governance oben 1.1.6.2.
[125] Abschnitt V.1.2.
[126] Vgl. Abschnitt V.1.2.
[127] So etwa der Kodex des *Berliner Initiativkreises German Code of* Corporate Governance, Abschnitt II. 1.2. und Abschnitt IV. 3.4., DB 2000, 1574 und 1576.
[128] Abschnitt III. 4.

die im zweiten Kapitel kritisierte Aufsichtsratspraxis wäre zumindest ein Hinweis darauf zu erwarten gewesen, dass die Mitteilung der Planungsprämissen von einer solchen Relevanz sind. Anders als etwa der Kodex der *Schmalenbach-Gesellschaft* finden sich jedoch keine inhaltlichen Konkretisierungen der Vorstandsberichte[129].

Wenig weiterführend sind auch die Vorschläge hinsichtlich der Festlegung von zustimmungspflichtigen Geschäften durch den Aufsichtsrat. Solche sollte die Satzung oder der Aufsichtsrat bei „Geschäften von grundlegender Bedeutung" vorsehen, also Geschäften, die „die Vermögens-, Finanz- oder Ertragslage des Unternehmens grundlegend verändern" würden[130]. Zunächst ist die gewählten Formulierung insoweit zu kritisieren, als Zustimmungsvorbehalte in erster Linie einer effektiven Risikokontrolle dienen. Wann ein Geschäft einer Zustimmungspflicht unterliegen sollte, hängt daher nicht von dessen „Ertragsaussichten", sondern vielmehr von dessen Risiken ab[131]. Abgesehen davon ist der Begriff „grundlegend" so unbestimmt[132], dass er kaum geeignet erscheint, das Ermessen des Aufsichtsrats hinsichtlich der Festlegung von Zustimmungsvorbehalten einzuschränken. Schließlich fehlt der Hinweis, dass der Katalog zustimmungspflichtiger Geschäfte in regelmäßigen Abständen zu überprüfen ist.

Der Kodex geht darüber hinaus auf wesentliche Aspekte der Überwachungsaufgabe nicht ein. Dazu zählen etwa die Pflicht des Aufsichtsrats zur Planung seiner Überwachungstätigkeit, die kritische Prüfung der Vorstandsvorlagen und die Prüfung der Angemessenheit der Sitzungsfrequenz.

In Bezug auf den im zweiten Kapitel festgestellten Reformbedarf enthält der Kodex lediglich an zwei Stellen positive Ansätze: So war festgestellt worden, dass die Praxis generell ein sehr passives Informationsverhalten des Aufsichtsrats offenbart. Diesbezüglich enthält der Kodex zumindest den Hinweis, dass der Aufsichtsrat die Informations- und Berichtspflichten des Vorstandes festlegt[133]. Allerdings erschöpfen sich die Ausführungen in diesem kurzen Hinweis. Erläuterungen dazu, worauf der Aufsichtsrat dabei zu achten hat, oder in welcher Hinsicht die gesetzlich definierten Vorstandsberichte inhaltlich zu konkretisieren sind, liefert der Kodex nicht. Was die kritisierte Ausschussbildung in der Praxis anbelangt, verlangt der Kodex, dass ein Prüfungsausschuss gebil-

---

[129] Vgl. dazu oben 1.1.6.3.

[130] Abschnitt III. 3.

[131] Zum Beispiel hat ein Optionsgeschäft, bei dem die Gesellschaft die Position des Stillhalters innehat, für die Gesellschaft nur in Höhe der gezahlten Prämie eine Ertragsaussicht, während die Verlustrisiken jedoch unbegrenzt sind. Zur Kritik am Kriterium der Ertragsaussichten vgl. auch *Berrar*, DB 2001, 2185.

[132] Vgl. auch *Berrar*, DB 2001, 2185.

[133] Abschnitt III. 4.

det wird. Ferner fordert der Kodex, dass zur Steigerung der Überwachungseffizienz fachlich qualifizierte Ausschüsse gebildet werden *sollen*[134], wobei der Kodex unverbindlich die Bereiche Unternehmensstrategie, Vorstandsvergütung, Investitionen und Finanzierungen vorschlägt[135].

Insgesamt enthält der Kodex damit jedoch kaum bedeutende Konkretisierungen der Überwachungsaufgabe. Im Wesentlichen gibt der Kodex lediglich die gesetzlichen Bestimmungen wieder, was sicherlich daran liegen mag, dass der Kodex seine wesentliche Aufgabe darin begreift, ausländische Investoren über das deutsche Corporate Governance System zu informieren[136]. Hinsichtlich des im zweiten Kapitel festgestellten Reformbedarf ist jedoch kaum zu erwarten, dass von dem Kodex - zumindest in seiner jetzigen Form - entscheidende Impulse für eine positive Veränderung der Aufsichtsratspraxis ausgehen werden.

1.1.6.6. Zusammenfassung

Die bislang vorgelegten Entwürfe eines Verhaltenskodex für den Aufsichtsrat zeigen erste Ansätze eines sinnvollen, untergesetzlichen Ordnungsrahmens für die Überwachung der Geschäftsführung. Vor allem der *German Code of Corporate Governance* liefert wertvolle Präzisierungen des Überwachungsverfahrens in Bereichen, die einen Reformbedarf ergeben haben. So werden konkrete Vorschläge zur Verbesserung der Organisation des Aufsichtsrats und des Verfahrens zur Bestellung von Vorständen gemacht. Hinsichtlich der Information des Aufsichtsrats bleibt der Entwurf dagegen sehr allgemein. Hier bietet das Grundsatzpapier der *Schmalenbach-Gesellschaft* weiterführende Konkretisierungen. Dieser Entwurf zeichnet sich auch durch sinnvolle Vorschläge bezüglich des Berichts des Aufsichtsrats gegenüber der Hauptversammlung aus.
Es hat sich jedoch gezeigt, dass sich die vorgelegten Kodizes noch zu häufig auf die Wiederholung des Gesetzes oder die Aufzählung von Selbstverständlichkeiten beschränken. Dies kann nicht Sinn eines Verhaltenskodexes sein. Denn ein Verhaltenskodex kann nur dann als Richtschnur für die Praxis herangezogen werden, wenn er die gesetzlichen Regelungen präzisiert und nicht lediglich wiedergibt.
Der von der *Regierungskommission Deutscher Corporate Governance Kodex* vorgelegte Entwurf greift die positiven Ansätze des der oben genannten Kodizes nicht auf. Dies ist besonders schmerzlich, weil sich nach dem Regierungsentwurf für ein TransPubG die gesetzliche Erklärungspflicht des Aufsichtsrats auf eben diesen Kodex beziehen soll und daher zu erwarten ist, dass sich dieser Kodex in der Praxis durchsetzen wird.

---

[134] Abschnitt V. 3.1.
[135] Abschnitt V. 3.3.
[136] Vgl. die Präambel zum Kodex.

1.1.7. Zusammenfassende Bewertung der Bedeutung eines Verhaltenskodexes für die vorliegende Reformdiskussion

Die vorstehenden Ausführungen haben gezeigt, dass die Erarbeitung eines Verhaltenskodex grundsätzlich positiv zu bewerten ist. Denn darin können flexibel handhabbare Verhaltensregeln für die Überwachung gegeben werden, die höchstwahrscheinlich aufgrund eines zu erwartenden Druckes, der von professionellen Anlegern aber auch von der Rechtsprechung in Bezug auf die Auslegung des Sorgfaltsmaßstabes ausgehen dürfte, in der Praxis akzeptiert und umgesetzt werden. Dazu sollte eine gesetzliche Pflicht des Aufsichtsrats vorgesehen werden, über die Anerkennung und Umsetzung eines Verhaltensstandards zu berichten sowie Abweichungen von dem akzeptierten Kodex zu begründen. Diese Erklärungspflicht sollte sich jedoch weder auf einen bestimmten, im Bundesanzeiger veröffentlichten Kodex beziehen, noch auf börsennotierte Gesellschaften beschränkt sein. Es ist positiv zu bewerten, dass der Regierungsentwurf für ein TransPubG eine Erklärungspflicht hinsichtlich eines Kodexes begründet. Zu kritisieren ist allerdings die Beschränkung auf einen einzigen von einer Regierungskommission zu erarbeitenden Kodex.
Es liegen bereits Entwürfe eines konkreten Verhaltenskodex vor, die zwar jeder für sich genommen noch nicht ausgereift sind, in ihrer Gesamtheit jedoch viele der als reformbedürftig erkannten Problembereiche des Aufsichtsrats aufgreifen. Vor allem der Kodex der Regierungskommission Deutscher Corporate Governance Kodex genügt nicht den hier aufgestellten Anforderungen und sollte daher unter Berücksichtigung der Erkenntnisse aus den konkurrierenden Entwürfen weiterentwickelt werden.

Dieser positive Grundtenor hinsichtlich der Erarbeitung eines Verhaltenskodex für den Aufsichtsrat darf jedoch nicht darüber hinwegtäuschen, dass selbst mit einem optimalen Verhaltenskodex der Reformbedarf hinsichtlich des Aufsichtsrats keineswegs erschöpfend gelöst ist. Denn ein Verhaltenskodex kann allenfalls einen Ordnungsrahmen eines sorgfältigen und effektiven Überwachungsverfahrens darstellen. Auch wenn darin das Überwachungsverfahren teilweise detailliert beschrieben werden kann, wie dies der Kodex des *Berliner Initiativkreises* hinsichtlich der Vorstandsbestellung getan hat, ist für die Qualität der Überwachung letztlich die konkrete Tätigkeit des jeweiligen Aufsichtsrats ausschlaggebend[137].
So hängt zum Beispiel der genaue Inhalt der Vorstandsberichte von vielen Faktoren wie der Größe und den Geschäftsfeldern des Unternehmens ab. Auch ein Verhaltenskodex kann hier nur mehr oder weniger allgemeine Vorgaben machen, was ein Blick auf die vorliegenden Entwürfe bestätigt[138]. Ein Verhaltenskodex kann daher allenfalls vorgeben, dass der Aufsichtsrat den Infor-

---

[137] Vgl. *Semler*, RWS-Forum GesR 1995, S. 208; *Sünner*, AG 2000, 493. In diese Richtung auch *Schlömer*, S. 264.

[138] Vgl. *Arbeitskreises „Externe und Interne Überwachung" der Schmalenbach-Geselschaft*, DB 1995, 3 (Abschnitt IV. These 1).

mationsbedarf näher zu konkretisieren habe[139]. Wie sorgfältig der Aufsichtsrat dieser Aufgabe nachkommt, muss der Eigeninitiative des jeweiligen Aufsichtsrats überlassen bleiben.
Auch hinsichtlich der Sitzungsfrequenz können keine allgemeinverbindlichen Zahlen genannt werden. Es kann nur eine Regelsitzungsfrequenz angegeben werden mit der Betonung, dass diese entsprechend der wirtschaftlichen Lage der Gesellschaft höher oder niedriger ausfallen muss bzw. kann[140]. Die konkrete Anzahl der Aufsichtsratssitzungen muss jeder Aufsichtsrat letztlich selbst festlegen.

Es ist also festzuhalten, dass die Erarbeitung von Grundsätzen ordnungsgemäßer Überwachung durchaus eine wesentliche Verbesserung der Praxis erwarten lässt. Diese betrifft das Überwachungsverfahren im Allgemeinen und die Struktur des Aufsichtsrats. Die Grundsätze sind jedoch sicherlich kein „Allheilmittel" für eine ordnungsgemäße Überwachung. Entscheidend ist und bleibt die Eigeninitiative des jeweiligen Aufsichtsrats, zu der die formulierten Vorschläge lediglich eine Hilfestellung geben können.

1.2. Schaffung positiver Anreize durch eine angemessene Vergütung

1.2.1. Vorbemerkung

Die eigene Initiative des Aufsichtsrats ist ein unerlässlicher Erfolgsfaktor für die Effektivität der Überwachung. Eine Reform des Aufsichtsrats muss daher versuchen, Anreize für die Entwicklung entsprechender Eigeninitiative durch den Aufsichtsrat zu setzen. Eine Form positiver Anreize bildet hierbei die Vergütung der Aufsichtsratstätigkeit, die damit in das Blickfeld der Reformdiskussion rückt. Im Folgenden soll daher untersucht werden, wie die Vergütung ausgestaltet sein muss, um den Aufsichtsrat zu einer Intensivierung seiner Tätigkeit zu motivieren und ob zur Umsetzung des gefundenen Ergebnisses gesetzgeberische Maßnahmen erforderlich sind. Dazu soll zunächst der Blick auf die Höhe der Vergütung gerichtet werden.

1.2.2. Zur Höhe der Aufsichtsratsvergütung

Die Vergütung des Aufsichtsrats wird nach einhelliger Meinung für zu niedrig gehalten, um Aufsichtsräte zu einem intensiven Überwachungsverhalten zu motivieren[141]. Die derzeitig gezahlte Vergütung sei allenfalls als „Ehrensold" zu

---

[139] Vgl. *Berliner Initiativkreis German Code of Corporate Governance*, DB 2000, 1578 (Abschnitt II. 2.2.).

[140] Vgl. etwa *Berliner Initiativkreis German Code of Corporate Governance*, DB 2000, 1578 (Abschnitt IV. 5.1.)

[141] *Berger*, S. 33 m.w.N.; *Bernhardt*, ZHR 1995, 315; *Bremeier/Mülder/Schilling*, S. 113 und 116; *Claussen*, AG 1996, 487; *Clemm/Clemm*, BB 2001, 1873; *Fey*, DStR 1995, 1324; *Götz*, AG 1995, 351; *Hoerdemann*, ZRP 1997, 47; *Hoffmann-Becking*, FS Havermann, S. 245f.; *Hoffmann/Kirchhoff*, Wpg 1991, 597; *Hüffer*, § 113 Rn. 4; *Lambsdorff*, in: Fedder-

bezeichnen und lasse keine professionelle Überwachung erwarten[142]. In der Diskussion um die Reform des Aufsichtsrats bestand daher Einigkeit, dass die Aufsichtsratsvergütung zu erhöhen sei[143].

Zieht man die Studien der *Kienbaum Unternehmensberatung* heran, sind die Aufsichtsratsvergütungen in der Tat als sehr gering zu erachten. Danach beträgt die durchschnittliche Aufsichtsratsvergütung für das Jahr 1996 18.400 DM[144]. Das entspräche einem monatlichen Verdienst von ca. 1.500 DM. Bezieht man den Betrag auf einen in der Literatur teilweise geforderten Soll-Arbeitseinsatz von 25 bis 30[145] Arbeitstagen je Aufsichtsratsmandat, käme man auf Tagessätze von 613 DM bis 736 DM, was erheblich unter den Tagessätzen professioneller Berater liegt[146].
Die Aufsichtsratsvergütung unterlag zudem einer vergleichsweise geringen Steigerung. Zwar sind die durchschnittlichen Aufsichtsratsbezüge von 13.100 DM im Jahr 1960[147], über 16.800 DM in 1990[148] auf 18.400 DM in 1996 und damit um ca. 40% gestiegen. Im gleichen Zeitraum sind die durchschnittlichen Vorstandsgehälter jedoch um 350% gestiegen[149]. Berücksichtigt man zudem den Kaufkraftschwund, ist der reale Wert der Aufsichtsratsbezüge sogar gefallen[150].

---

sen u.a., Corporate Governance, S. 232f.; *ders.*, in: Universität Passau, Unternehmensverfassung, S. 38; *Lutter*, AG 1994, 177; *ders.*, ZHR 1995, 303f. und 308; *Mäger*, BB 1999, 1394; Köln.-Komm./*Mertens*, § 113 Rn. 12; *Semler*, RWS-Forum GesR 1995, S. 233f.; *Wagner*, Aufsichtsgremien, S. 62.

142 *Bernhardt*, ZfB 1994, 1348; *Henn*, Handbuch des Aktienrechts, Rn. 674; *Lutter*, ZHR 1995, 303.

143 Siehe die in Fn. 141 Genannten.

144 Vgl. die Angaben bei *Berger*, S. 31.

145 *Bremeier/Mülder/Schilling*, S. 115. Dieser Arbeitseinsatz dürfte allerdings relativ hoch gegriffen sein. In der Literatur wird daher der durchschnittliche Arbeitseinsatz auch mit 20 Arbeitstagen (so *Baums*, Bericht der Regierungskommission Corporate Governance, Rn. 52 für Mitglieder des amerikanischen Board), mit acht (*Scheffler*, DB 2000, 434) oder gar nur sechs Tagen (Begründung des SPD-Entwurfs zu § 100 AktG, ZIP 1995, 333) veranschlagt. Aber selbst ein Tagesverdienst von etwas über 3.000 DM je Arbeitstag (bei sechs Arbeitstagen je Mandat) liegt der Tagesverdienst noch weit unter dem professioneller Berater.

146 Vgl. *Semler*, in: Semler, AR Hdb., Rn. K 35, der das Tageshonorar professioneller Berater mit bis zu 10.000 DM veranschlagt.

147 Vgl. Köln.-Komm./*Mertens*, § 113 Rn. 12.

148 Ergebnisse der Kienbaum Studie für 1990 abgedruckt in: GmbHR 1992, R58.

149 *Hoffmann-Becking*, FS Havermann, S. 245; *Lambsdorff*, in: Feddersen u.a., Corporate Governance, S. 232; Köln.-Komm./*Mertens*, § 113 Rn. 12; *Mäger*, BB 1999, 1389. Vgl. auch *Bremeier/Mülder/Schilling*, S. 115.

150 *Berger*, S. 32; *Götz*, AG 1995, 351; *Mäger*, BB 1999, 1389.

Bei Bewertung der Vergütungshöhe muss man jedoch erhebliche Unterschiede der Gesellschaften in Größe, Struktur und Branche berücksichtigen[151]. Da an die Überwachung in einem großen Konzern andere Anforderungen zu stellen sind als an die Überwachung in einer kleinen Familien-AG, sind konsequenterweise auch unterschiedliche Beträge für die Aufsichtsratsvergütung als angemessen zu erachten. Die Höhe der Vergütung hängt auch von der finanziellen Leistungskraft der Gesellschaft ab. So verwundert es nicht, dass die Aufsichtsratsvergütung in der Praxis einer erheblichen Streuung unterliegt. So lagen nach einer Untersuchung von *Schmid* die Vergütungen in den 120 größten deutschen börsennotierten Gesellschaften des Jahres 1991 zwischen 3.000 DM und 107.300 DM[152]. *Knoll/Knoesel/Probst* kamen in ihrer Untersuchung von 125 börsennotierten Gesellschaften in den Jahren 1989 bis 1993 zu einer Bandbreite der Branchen*durchschnitte* von 18.520 DM (Papier-/Holz-/Glas-/Keramikverarbeitende Unternehmen) bis zu 59.270 DM (Banken)[153].
Abgesehen von Unterschieden hinsichtlich der Gesellschaften kann die abstrakte Höhe der Vergütung auch im Hinblick auf die Anreizwirkung für das jeweilige Aufsichtsratsmitglied nicht einheitlich bewertet werden. Die Bedeutung, die ein Aufsichtsratsmitglied seinem Amt beimisst, hängt nicht allein von der Höhe der Vergütung, sondern auch von der Relation der Vergütung in Bezug auf die sonstigen Einkünfte ab[154]. So können 16.000 DM für einen Arbeitnehmervertreter im Aufsichtsrat mit einem sonstigen Einkommen von 100.000 DM u.U. wesentlich höhere Anreize setzen, als für einen Aufsichtsrat, der aus seiner hauptamtlichen Tätigkeit im Vorstand einer anderen Gesellschaft 500.000 DM oder mehr verdient.

Betrachtet man die Durchschnittswerte der Aufsichtsratsvergütungen in der Praxis, ist festzustellen, dass die Aufsichtsratsvergütungen tendenziell zu erhöhen sind. Die Angemessenheit der Vergütungshöhe kann letztlich jedoch nur unter Berücksichtigung der Umstände der jeweiligen Gesellschaft beurteilt werden. Im Folgenden soll daher die Diskussion auf die Frage der Gestaltungsmöglichkeiten in Bezug auf die Vergütungsform und deren Anreizwirkung verlagert werden.

---

[151] Vgl. *Semler*, in: Semler, AR Hdb., Rn. K 32.

[152] *Schmid*, ZfB 1997, 74. Diese extreme Bandbreite lässt sich m.E. nur durch einen sehr hohen Anteil erfolgsabhängiger Vergütungsbestandteile (a.a.O., S. 77) erklären. Vgl. auch die Übersichten bei *Grätz*, AG 1978, 68f.: (1.800 DM bis 29.800 DM im Branchendurchschnitt; höchste Einzelvergütung 75.000 DM).

[153] *Knoll/Knoesel/Probst*, zfbf 1997, 244, Tab. 2.

[154] *Berger*, S. 34; *Scheel*, S. 163.

1.2.3. Gestaltungsmöglichkeiten der Vergütung und ihre Anreizwirkung

1.2.3.1. Vergütung in Form eines bestimmten Fixbetrages

Die einfachste Form der Vergütung besteht in der Zuwendung eines festen Geldbetrages. Dies ist ohne weiteres zulässig und in der Aufsichtsratspraxis üblich, wenngleich in der Regel weitere, variable Vergütungsbestandteile hinzukommen[155].

Mit Blick auf eine Anreizwirkung der Vergütung ist die Zuwendung eines bestimmten Festbetrages zunächst kritisch zu beurteilen. Denn der Geldbetrag ist unabhängig von der Leistung des Aufsichtsratsmitglieds verdient[156]. Selbst bei sehr hoher Festvergütung besteht für das Aufsichtsratsmitglied nur eine moralische Verpflichtung, seine Überwachungstätigkeit dem zugewendeten Geldbetrag entsprechen zu lassen. Anreize, die Überwachungsintensität über das bestehende Niveau hinaus zu steigern, bietet eine Festvergütung nicht[157].
Diesem Mangel an Anreizwirkung kann auch nicht entgegengehalten werden, die Festvergütung könne jährlich von der Hauptversammlung - zudem mit einfacher Stimmenmehrheit - entsprechend der Leistung des Aufsichtsrats erhöht werden[158]. Abgesehen davon, dass solche Vergütungsanpassungen in der Vergangenheit äußerst selten waren[159], besteht für den Aufsichtsrat nur dann ein Anreiz zu hohem Leistungsniveau, wenn er mit einer zumindest mittelfristigen Anpassung seiner Vergütung rechnen kann[160]. Dies ist jedoch nicht der Fall. So bestehen schon Zweifel daran, ob die Hauptversammlung die vergangene Leistung des Aufsichtsrats richtig bewerten wird. Den Unternehmenserfolg wird sie nämlich in der Regel dem Vorstand zuschreiben. Zum anderen dürfte eine Erhöhung der Vergütung dann ausfallen, wenn sich die Lage der Gesellschaft zwischenzeitlich verschlechtert hat. Der Aufsichtsrat muss daher fürchten, dass er trotz intensiver Überwachungstätigkeit keine Erhöhung seiner Vergütung bekommen wird.
Zudem hat die Festvergütung den Nachteil, dass sie die Gesellschaft unabhängig von deren finanzieller Lage stets in gleichem Umfang belastet[161]. Hohe Festvergütungen des bis zu 20-köpfigen Überwachungsorgans können daher finanzielle Krisen einer Gesellschaft sogar noch intensivieren.

---

155 Vgl. *Hoffmann*-Becking, in: HdbGesR AG, § 33 Rn. 11; *Mäger*, BB 1999, 1389; *Scheel*, S. 185; *Theisen*, DB 1999, 1667.

156 Kritisch daher *Baums*, FS Claussen, S. 5; *Berger*, S. 61f.; *Mäger*, BB 1999, 1390; *Scheel*, S. 161f.; *Schwarz/Michel*, BB 1998, 490.

157 *Baums*, FS Claussen, S. 5; *Berger*, S. 61; *Lutter*, ZGR 2001, 231; *Wagner*, BB 1997, 150.

158 Vgl. *Knoll/Knoesel/Probst*, zfbf 1997, 240f.

159 *Semler*, RWS-Forum GesR 1995, 234. Vgl. auch *Berger*, S. 31: Satzungsänderungen seien selten, so dass Vergütungsregelungen lange Bestand haben könnten.

160 *Knoll/Knoesel/Probst*, zfbf 1997, 241 bezeichnen dies als unerwünschtes *time lag*. Vgl. auch *Berger*, S. 61.

161 Vgl. *Lutter*, ZIP 1997, 3; *Mäger*, BB 1999, 1390; *Schwarz/Michel*, BB 1998, 490.

Andererseits bietet eine Festvergütung auch dann noch Anreize für eine Überwachungsaktivität, wenn variable, erfolgsabhängige Vergütungsbestandteile in wirtschaftlichen Krisenzeiten vollständig ausfallen[162]. Gerade dann ist aber eine intensive Überwachung besonders wichtig. Eine Festvergütung kommt Aufsichtsratsmitgliedern auch insoweit entgegen, als sie sich auf eine bestimmte Vergütungshöhe verlassen können. Ob dies der Kontinuität der Aufsichtsratstätigkeit insoweit zuträglich ist, als Aufsichtsräte dadurch weniger eine spekulative als eine professionelle Haltung zu ihrer Tätigkeit entwickeln würden[163], mag dahingestellt sein. Jedenfalls könnte die Sicherheit einer Festvergütung bei der Rekrutierung von qualifizierten Fachkräften von Bedeutung sein. Schließlich verhindert eine Festvergütung Interessenkonflikte zwischen kurz- und langfristigen Unternehmensstrategien[164]. Da die Vergütung von Investitionen, die zwar kurzfristig das Unternehmensergebnis belasten, langfristig jedoch vielleicht sinnvoll sind, nicht berührt wird, ist ein größeres Maß an Objektivität bei deren Beurteilung zu erwarten.

Eine Festvergütung bietet damit ein ambivalentes Bild. Einerseits erzeugt sie keine Anreize für eine besonders intensive Leistung oder gar Leistungssteigerung, andererseits kommt die Kontinuität der Festvergütung Vorteile in Krisenzeiten, bei der Rekrutierung und in Bezug auf Interessenkonflikten zwischen kurz- und langfristigen Strategien zu.

1.2.3.2. Erfolgsabhängige Tantieme

1.2.3.2.1. Übliche Formen einer erfolgsabhängigen Aufsichtsratsvergütung und Bewertung deren Anreizwirkung im Allgemeinen

Dem Aufsichtsrat kann auch eine am Unternehmenserfolg abhängige Vergütung gewährt werden. Das Aktiengesetz lässt diesbezüglich weiten Gestaltungsspielraum. Lediglich für den Fall, dass dem Aufsichtsrat ein Anteil am Jahresgewinn der Gesellschaft gewährt wird, schreibt § 113 III 1 AktG vor, dass zwingend der Bilanzgewinn vermindert um einen Betrag von mindestens 4% der auf den geringsten Ausgabebetrag der Aktien geleisteten Einlagen zugrundezulegen ist. In der Praxis kommen zwei Formen erfolgsabhängiger Vergütung vor: Teilweise wird der Aufsichtsrat am Bilanzgewinn beteiligt, was jedoch äußerst selten geschieht[165]. In den meisten Fällen wird die Vergütung des

---

[162] *Götz*, AG 1995, 351; *Mäger*, BB 1999, 1391; *Semler*, RWS-Forum GesR 1995, 234; *Theisen*, DB 1999, 1667.

[163] So jedenfalls *Scheel*, S. 188.

[164] *Scheel*, S. 189.

[165] *Knoll/Knoesel/Probst*, zfbf 1997, 241; *Mäger*, BB 1999, 1392. Nach der empirischen Studie von *Theisen*, DB 1999, 1668 beziehen sich nur 3,9% der von ihm festgestellten erfolgsabhängigen Vergütungen auf den Bilanzgewinn.

Aufsichtsrats vielmehr an die Dividende gekoppelt[166]. Dabei wird ein bestimmter Geldbetrag entweder für jeden ausgeschütteten Euro je Aktie[167] oder je Prozentpunkt je Aktie[168] gezahlt.
Der Sinn einer erfolgsabhängigen Tantieme, sei sie nun auf den Bilanzgewinn oder auf die Dividende bezogen, wird darin gesehen, den Aufsichtsrat an die Interessen der Aktionäre an einer Gewinnsteigerung bzw. hohen Dividende zu binden und damit zu erhöhter Leistung zu motivieren[169]. Wenngleich *Lutter* die Motivationswirkung einer erfolgsabhängigen Vergütung für den Aufsichtsrat auf der Hand liegen sieht[170], verdient gerade diese eine kritische Betrachtung.
Zwar vermag die Kritik nicht zu überzeugen, der Aufsichtsrat habe allenfalls mittelbaren und zudem kaum meßbaren Einfluss auf den Unternehmenserfolg, so dass die Anreizfunktion bereits mangels Steuerungsmöglichkeit in Frage steht[171]. Diesem Argument ist zwar insoweit zuzustimmen, als dem Vorstand die Geschäftsleitung eigenverantwortlich obliegt, und der Aufsichtsrat diese Leitungskompetenz zu respektieren hat, §§ 76 I, 111 IV 1 AktG. Andererseits sind die Einflussmöglichkeiten des Aufsichtsrats nicht zu unterschätzen. So trägt der Aufsichtsrat bereits durch seine Personalkompetenz in Bezug auf die Vorstandsbesetzung wesentlich zum langfristigen Unternehmenserfolg bei[172]. Dem Aufsichtsrat obliegt aufgrund seiner Pflicht, sich mit dem Vorstand zu beraten, auch eine (Mit-)Verantwortung für die Unternehmensstrategie. Zudem kann er die Strategie an seine Zustimmung binden[173]. Das Argument fehlender Steuerungsmöglichkeit ist daher nicht durchschlagend.
Zweifel an der Anreizwirkung erfolgsabhängiger Aufsichtsratsvergütung werden jedoch dann sichtbar, wenn man sich der Aufgabe des Aufsichtsrats als Überwachungsorgan bewusst wird. Die erfolgsabhängige Vergütung mag vielleicht Anreize setzen, den Erfolg des Unternehmens zu erhöhen. Dies geht aber nicht zwingend mit einer intensiven Überwachung einher. Denn es besteht wenig Anlass, die vom Vorstand vorgelegten positiven Unternehmenzahlen kritisch zu hinterfragen. Schließlich würde die Entdeckung, dass der

---

[166] Vgl. *Theisen*, DB 1999, 1668: 96,1% der von ihm festgestellten erfolgsabhängigen Vergütungen; *Berger*, S. 65f.; *Hoffmann*-Becking, in: HdbGesR AG, § 33 Rn. 20; *Knoll/Knoesel/Probst*, zfbf 1997, 241; *Mäger*, BB 1999, 1392.

[167] Zum Beispiel 5.000 Euro je ausgeschüttetem Euro je Aktie, vgl. *Hüffer*, § 113 Rn. 9.

[168] Zum Beispiel: 5.000 Euro für jedes Prozent Dividende, das 4% - bezogen auf das Grundkapital - übersteigt, vgl. *Mäger*, BB 1999, 1392.

[169] *Berger*, S. 66; *Claussen*, AG 1996, 487; *Wagner*, BB 1997, 150; *ders.*, Aufsichtsgremien, S. 62.

[170] *Lutter*, ZHR 1995, 304.

[171] *Berger*, S. 68; *Theisen*, DB 1999, 1667.

[172] Siehe oben 2. Kapitel 3.2.1. Dies sieht auch *Theisen*, DB 1999, 1667: „Mit dieser Personalkompetenz leistet der AR (Aufsichtsrat, Anm. d. Verf.) einen nachhaltigen Beitrag zum Unternehmenserfolg und trägt damit einen erheblichen Teil der Verantwortung für die langfristige Ertragslage, an der insoweit auch seine eigene Leistung gekoppelt werden sollte."

[173] Siehe oben 2. Kapitel 3.2.1.

Gewinn tatsächlich niedriger als angegeben ist, die eigene Vergütung schmälern. Dieses Ergebnis wird eindrucksvoll durch eine empirische Studie von *Karen Gedenk* belegt. Ihre Befragung von Geschäftsführern und Aufsichtsräten hat ergeben, dass variable erfolgsabhängige Vergütungen keinen positiven Einfluss auf den Kenntnisstand der Aufsichtsratsmitglieder haben[174].
Eine erfolgsabhängige Vergütung begründet zudem die Gefahr, dass der Aufsichtsrat mit Blick auf einen möglichst hohen Gewinn bzw. eine daraus resultierende Dividende zu kurzfristigem Strategiedenken angeregt wird[175]. So könnte sich der Aufsichtsrat, der bedeutendere Investitionsvorhaben von seiner Zustimmung abhängig machen kann, gegen Investitionen entscheiden, die sich im laufenden Geschäftsjahr gewinnmindernd auswirken, obwohl diese auf lange Sicht gesehen als notwendig erscheinen[176]. Damit besteht die Gefahr, dass wertvolles Erfolgspotential strategischer Ziele zu Lasten der operativen Ertragslage vernachlässigt werden.
Des Weiteren haftet der erfolgsabhängigen Vergütung auch ein anreizspezifischer Widerspruch an[177]. Denn in Krisenzeiten ist die Überwachung zu intensivieren[178], d.h. der Aufsichtsrat wird häufiger zusammentreten müssen, um zu beraten, wie die Gesellschaft aus der Krise geführt werden kann. Gerade in dieser Phase erhöhten Überwachungsbedarfes ist aber die Vergütung aufgrund schwacher oder gar fehlender Erträge gering. Zwar soll die erfolgsabhängige Vergütung gerade in Krisenzeiten einen Anreiz bieten, durch intensive Überwachung den Erfolg des Unternehmens und damit die eigene Vergütung zu steigern. Die Anreizfunktion entfällt aber, wenn eine Steigerung des Unternehmenserfolges innerhalb des Bezugszeitraumes für die Vergütung, also innerhalb des Geschäftsjahres, nicht zu erwarten ist. Genau dies dürfte jedoch regelmäßig der Fall sein. So war zum Beispiel das Gesamtergebnis der Metallgesellschaft auch fünf Jahre nach Bekanntwerden der Krise noch negativ[179].
Schließlich honoriert eine erfolgsabhängige Vergütung nicht die individuelle Leistung des einzelnen Aufsichtsratsmitglieds, sondern allenfalls die des Gesamtaufsichtsrats. Zwar ist die Überwachung Aufgabe des Aufsichtsrats in seiner Gesamtheit[180]. Aus Gründen der Motivation ist jedoch zu fordern, dass Anreize an der individuellen Leistung jedes Mitglieds ansetzen[181]. Andernfalls be-

---

174 *Gedenk*, DBW 1998, 32.

175 *Berger*, S. 67; *Gedenk*, DBW 1998, 27; *Lutter*, ZIP 1997, 3.

176 Vgl. *Menichetti*, DB 1996, 1688.

177 Vgl. dazu *Götz*, AG 1995, 351; *Reichelt*, Aufsichtsrat, 1998, S. 198f.; *Semler*, RWS-Forum GesR 1995, 234; *Theisen*, Überwachung, S. 264.

178 Geßler-Hefermehl/*Geßler*, § 111 Rn. 23; *Goerdeler*, Wpg 1982, 33; *Henze*, BB 2000, 214; *Hüffer*, § 111 Rn. 7 m.w.N.; *Lutter/Krieger*, Rn. 27ff.; *Schlömer*, S. 171; *Semler*, Leitung und Überwachung, S. Rn. 231ff.; *ders.*, AG 1983, 141f.; *Steinbeck*, S. 92ff.

179 Für das Geschäftsjahr 1998/1999 wies der Jahresabschluss der MG einen Konzernverlust von 602 Mio. DM aus, vgl. Geschäftsbericht der Metallgesellschaft 1998/1999, S. 114.

180 Statt vieler *Hüffer*, § 111 Rn. 9.

181 *Berger*, S. 70.

steht die Gefahr, dass sich jedes Aufsichtsratsmitglied auf die Leistung der anderen Aufsichtsratsmitglieder verlässt und damit nicht zu eigener Leistungssteigerung motiviert wird.

Diese Kritik an der Motivationswirkung erfolgsabhängiger Vergütung ist schwerwiegend. Andererseits sprechen auch bedeutungsvolle Argumente für eine erfolgsabhängige Vergütung des Aufsichtsrats. Diese Vergütungsform führt nämlich dazu, dass sich Aufsichtsratsmitglieder mit dem Unternehmen identifizieren können[182]. Die Bedeutung einer erfolgsabhängigen Vergütung wird dabei weniger im Falle, dass sie festgesetzt ist, als vielmehr im Falle, dass sie *nicht* festgesetzt ist, sichtbar. Ist die Vergütung nicht an den Unternehmenserfolg geknüpft, stellt sich im Extremfall ein Gefühl der Gleichgültigkeit gegenüber der Lage der Gesellschaft ein. Dies kann einer Überwachung nicht zuträglich sein. Insbesondere ist zu beachten, dass die Überwachung der Geschäftsführung durch den Aufsichtsrat kein Selbstzweck ist, sondern dem Erhalt einer Rentabilität der Gesellschaft dient[183]. Insoweit erscheint es ungeachtet obiger Kritik notwendig, die Interessen von Aufsichtsratsmitgliedern an diesem Zweck zu orientieren. Auch darf nicht übersehen werden, dass der Bezug auf die wirtschaftliche Lage des Unternehmens den Vorteil hat, dass in Krisenzeiten, in denen der Abfluss finanzieller Mittel besonders schmerzt, geringer ist, während sich in guten Zeiten das Unternehmen hohe Aufsichtsratsvergütungen leisten kann.

Als Zwischenergebnis ist damit festzustellen, dass eine erfolgsabhängige Vergütung im Hinblick auf die Anreizwirkung zwar tendenziell negativ zu bewerten ist, vor allem deshalb weil sie keinen Anlass gibt, vom Vorstand vorgelegte positive Geschäftszahlen kritisch zu hinterfragen. Andererseits widerspricht aber ein vollständiges Fehlen einer erfolgsabhängigen Vergütungskomponente dem letztendlichen Zweck der Überwachung, zu einem wirtschaftlichen Erfolg des Unternehmens beizutragen.

1.2.3.2.2. Bewertung verschiedener erfolgsabhängiger Vergütungsformen

Nach den grundsätzlichen Erwägungen zur Anreizwirkung einer erfolgsabhängiger Vergütung gilt es nun, die konkreten Ausgestaltungen erfolgsabhängiger Vergütung näher zu betrachten.

---

[182] Vgl. *Gedenk*, DBW 1998, 28. Vgl. auch *Lutter*, ZGR 2001, 229, der durch die Beteiligung am Erfolg und Misserfolg des Unternehmens das Verantwortungsgefühl und damit das Engagement erheblich gesteigert sieht.

[183] Aufsichtsratsmitglieder haben ihr Verhalten am Unternehmensinteresse und daher an einer langfristigen Rentabilität der Gesellschaft auszurichten, vgl. OLG Hamm, AG 1995, 514; *Flume*, Jur. Pers., S. 58; *Hüffer*, § 76 Rn. 13; *Jürgenmeyer*, S. 104ff.; *Junge*, FS Caemmerer, S. 554f.; *Martens*, FS Fleck, S. 207; *Mertens*, ZGR 1977, 275; *Raisch*, FS Hefermehl, S. 363; *Wiedemann*, BB 1978, 11.

An einer Bezugnahme auf den Bilanzgewinn ist problematisch, dass der Bilanzgewinn nicht unbedingt geeignet ist, den Unternehmenserfolg realitätsgetreu wiederzugeben[184]. Denn ein ausgewiesener Bilanzgewinn muss nicht auf eine positive Geschäftsentwicklung zurückzuführen sein. Der Bilanzgewinn ergibt sich nämlich aus dem Saldo von Jahresüberschuss, Gewinn- bzw. Verlustvortrag aus dem Vorjahr sowie Entnahmen und Einstellungen in Rücklagen[185]. Mit Gewinnvorträgen und der Auflösung von Rücklagen fließen aber Faktoren in den Bilanzgewinn ein, die mit dem Erfolg des laufenden Geschäftsjahres nichts zu tun haben. Ein Bilanzgewinn kann seine Ursache auch in bilanzpolitischen Maßnahmen, wie der Auflösung von stillen Reserven[186] oder der Auflösung von Rückstellungen[187] haben. Man rufe sich etwa den Fall des Bremer Vulkan in Erinnerung: Hier resultierten die positiven Bilanzzahlen trotz erheblicher Verluste im operativen Geschäft kurz vor dem Zusammenbruch aus der Auflösung von Rückstellungen[188].
Die Berücksichtigung von Gewinnvorträgen im Bilanzgewinn[189] kann zudem zu einer ungerechtfertigten Doppelbegünstigung führen[190]: Denn der vorgetragene Gewinn wird sowohl in dem Jahr berücksichtigt, in dem er erstmalig erwirtschaftet wurde, sowie in allen Folgejahren, in die er vorgetragen wird.

Die Dividende ist als Anknüpfungspunkt der Aufsichtsratsvergütung ebenfalls fragwürdig[191]. Denn die Dividende ergibt sich nur mittelbar aus dem soeben bereits als problematisch erachteten Bilanzgewinn[192]. Die Unternehmensver-

---

[184] *Baums*, FS Claussen, S. 11; *Lutter*, ZHR 1995, 304; *Menchietti*, DB 1996, 1689; *Scheel*, S. 189ff.

[185] Vgl. § 158 I Nr. 5 AktG. Zur Zusammensetzung des Bilanzgewinns vgl. auch *Hüffer*, § 58 Rn. 2 und § 158 Rn. 6.

[186] Stille Reserven liegen dann vor, wenn der Wertansatz eines Gegenstandes in der Bilanz (Buchwert) niedriger ist als dessen tatsächlicher Wert, vgl. *Hopt*, § 253 Rn. 25. Wird ein Gegenstand, dessen Buchwert niedriger ist als dessen wahrer Wert veräußert, entsteht ein bilanzieller Gewinn in Form der Differenz von Buchwert und tatsächlichem Wert. Dieser Gewinn ist im Jahresüberschuss (§ 275 II Nr. 4, III Nr. 6 HGB, vgl. *Hopt*, § 275 Rn. 8) und damit im Bilanzgewinn zu berücksichtigen, § 158 I Nr. 5 AktG.

[187] Rückstellungen sind Passivposten der Bilanz, die Aufwendungen, deren Bestehen oder Höhe zum Abschlussstichtag noch nicht sicher sind und die erst später zu einer Auszahlung führen werden, bereits in der Periode der Verursachung berücksichtigen sollen, vgl. *Hopt*, § 249 Rn. 1. Rückstellungen werden dem Fremdvermögen zugerechnet. D.h. die Auflösung einer Rückstellung entspricht dem Wegfall einer Verbindlichkeit und führt damit zu einem bilanziellen Gewinn (§ 275II Nr. 4, III Nr. 6 bzw. II Nr. 18, III Nr. 17 HGB; vgl. *Hopt*, § 249 Rn. 30 und 275 Rn. 8).

[188] Siehe oben 1. Teil 3.3.2.

[189] Vgl. § 158 I Nr. 1 AktG.

[190] Geßler-Hefermehl/*Geßler*, § 113 Rn. 46; Großkommentar/*Meyer-Landrut*, § 113 Anm. 10; Köln.-Komm./*Mertens*, § 113 Rn. 38; *Semler*, in: Semler, AR Hdb., Rn. K 24.

[191] Vgl. *Lutter*, ZHR 1995, 304; *Scheel*, S. 195; *Theisen*, Überwachung, S. 262.

[192] Vgl. 58 IV AktG.

waltung, die über die Möglichkeit der eigenverantwortlichen Rücklagenbildung gem. § 58 II AktG die Höhe des an die Aktionäre auszuschüttenden Betrages beeinflussen kann, verfolgt in der Praxis zudem häufig eine Politik der Dividendenkontinuität, nach der eine konstante Zahlung einer Dividende unabhängig vom Unternehmenserfolg des jeweiligen Jahres gewährt wird[193]. Damit lässt die Dividende kaum eine Aussage über den tatsächlichen Unternehmenserfolg zu. Es muss zwar bedacht werden, dass eine dividendenabhängige Vergütung insoweit im Interesse der Aktionäre liegt, als diese eine möglichst hohe Dividende erwarten. Da die Dividende aber weder zum aktuellen noch zum künftigen Unternehmenserfolg einen direkten Bezug aufweist, ist sie als Anreizfaktor einer intensiven Überwachungstätigkeit wenig geeignet.

Demgegenüber wird vereinzelt die Anknüpfung der Aufsichtsratsvergütung an den Jahresüberschuss vorgeschlagen[194]. Zwar gelten im Hinblick auf bilanzverschönernde Maßnahmen für den Jahresüberschuss die gleichen Bedenken gegenüber einer realitätsgetreuen Abbildung des Unternehmenserfolges wie für den Bilanzgewinn[195]. Denn der Jahresüberschuss ist durch bilanzpolitische Maßnahmen wie der Auflösung von stillen Reserven oder der Auflösung von Rückstellungen beeinflussbar[196]. Der Jahresüberschuss lässt jedoch eine periodengerechtere Bewertung zu, da weder die Auflösung von Rücklagen noch Gewinnvorträge berücksichtigt werden[197]. Insoweit entfällt auch die Gefahr einer ungerechtfertigten Doppelvergütung. Der Jahresüberschuss ist zudem besser als der Bilanzgewinn bzw. die Dividende geeignet, Anreize für eine intensive Überwachung im Falle einer Unternehmenskrise zu setzen. Denn positive Geschäftsentwicklungen wirken sich im Jahresüberschuss viel schneller aus, als im Bilanzgewinn, weil das Bilanzergebnis aufgrund eines erheblichen Verlustvortrages über Jahre hinweg negativ sein kann. So war der Jahresüberschuss der Metallgesellschaft bereits ab dem ersten Jahr nach der Krise wie-

---

193 Vgl. *Berger*, S. 69f.; *Scheel*, S. 192 und 195. Beredtes Beispiel lieferte jüngst die Bayerische Brauholding AG, München: Trotz eines Jahresfehlbetrages von 17,9 Mio. DM wurde den Aktionären eine Dividende von 60 DM pro 50-DM-Aktie vorgeschlagen, womit die Dividende zum Vorjahr um 60% gesteigert wurde, SZ vom 31.05.2001, S. 31.

194 *Lutter*, ZHR 1995, 304.

195 *Reichelt*, S. 199.

196 Erträge aus stillen Reserven und der Auflösung von Rückstellungen fließen in den Jahresüberschuss ein, vgl. § 275 II Nr. 4, III Nr. 6 HGB, sowie oben Fn. 186 und 187.

197 Gewinn- bzw. Verlustvorträge und die Bildung bzw. Auflösung von Rücklagen werden nicht im Jahresüberschuss berücksichtigt, sondern werden mit dem Jahresüberschuss saldiert und ergeben so den Bilanzgewinn bzw. -verlust, vgl. § 158 I Nr. 1 bis 5 AktG.

der positiv[198], während noch im Geschäftsjahr 1998/1999 ein hoher Bilanzverlust ausgewiesen werden musste[199].
Bei dem Vorschlag, die Vergütung vom Jahresüberschuss abhängig zu machen, muss man jedoch berücksichtigen, dass dies nach geltendem Recht nicht zulässig ist. Denn § 113 III 1 AktG enthält hinsichtlich einer Beteiligung am Jahresergebnis eine abschließenden Regelung[200]. Soll die Vergütung des Aufsichtsrats an das bilanzielle Jahresergebnis gekoppelt werden, darf nach § 113 III 1 AktG der Berechnung der Vergütung keine andere Bilanzgröße als der Bilanzgewinn zugrundegelegt werden. Obige Ausführungen haben jedoch ergeben, dass die Anknüpfung an den Jahresüberschuss stärkere Anreize zu intensiver Überwachung setzen kann als die Anknüpfung an den Bilanzgewinn. Es wird also zu überlegen sein, ob § 113 III AktG nicht dahin zu reformieren ist, dass eine Bezugnahme auf den Jahresüberschuss ermöglicht wird[201].

Von den denkbaren Bezugspunkten Bilanzgewinn, Dividende und Jahresüberschuss ist Letzterer zwar am ehesten geeignet, den Aufsichtsrat zu einer erfolgsbezogenen Wahrnehmung seiner Überwachungsaufgabe zu motivieren, *de lege lata* aber nicht zulässig. Es werden daher dahingehende Reformmaßnahmen zu überlegen sein.

1.2.3.2.3. Sonderfall erfolgsabhängiger Vergütung: Die börsenkursorientierte Vergütung

Um den soeben aufgezeigten Bedenken gegenüber erfolgsabhängiger Vergütungsformen Rechnung zu tragen, wird zunehmend gefordert, die Vergütung von Aufsichtsräten an die Entwicklung des Börsenkurses der Aktie zu koppeln[202].
Dafür kommen folgende Gestaltungsmöglichkeiten in Betracht: Zum einen können an Aufsichtsratsmitglieder Bezugsrechte auf Aktien ausgegeben werden, wobei die Ausgabe von selbständigen Aktienoptionen (sog. *naked opti-*

---

[198] Geschäftsbericht der MG 1994/1995, S. 68: 117 Mio. DM; Geschäftsbericht der MG 1995/1996, S. 82: 220 Mio. DM; Geschäftsbericht der MG 1996/1997, S. 74: 235 Mio. DM; Geschäftsbericht der MG 1997/1998, S. 74: 302 Mio. DM; Geschäftsbericht der MG 1998/1999, S. 114: 312 Mio. DM.

[199] Geschäftsbericht der MG 1998/1999, S. 114: - 602 Mio. DM.

[200] *Hoffmann-Becking*, in: HdbGesR AG, § 33 Rn. 20; *Hüffer*, § 113 Rn. 9; Köln.-Komm./*Mertens*, § 113 Rn. 38. Vgl. auch die Begr. zu § 113 RegE. AktG 1965, bei Kropff, S. 157.

[201] Vgl. dazu unten 1.2.4.1.

[202] *Claussen*, AG 1996, 487; *Feddersen*, ZHR 1997, 274; *Henn*, Handbuch des Aktienrechts, Rn. 674; *Hüffer*, ZHR 1997, 244; *ders.*, § 192 Rn. 21; *Lutter*, ZGR 2001, 231; *Mäger*, BB 1999, 1393; *Reichelt*, S. 199f.; *Seibert*, in: Pellens, Unternehmenswertorientierte Entlohnungssysteme, S. 43; *Wellkamp*, WM 2001, 495; *Zimmer*, DB 1999, 1003.

ons) nicht über eine bedingte Kapitalerhöhung[203], sondern allenfalls über den Erwerb eigener Aktien durch die Gesellschaft bedient werden kann[204]. Zum anderen können Aufsichtsratsmitgliedern Rechte gewährt werden, gegen Zahlung des Nennbetrags der Aktien Optionsanleihen oder Wandelschuldverschreibungen zu erhalten, die sie zum späteren Umtausch bzw. Bezug von Aktien der Gesellschaft berechtigen, § 221 AktG[205]. Zu diesem Zweck ist eine bedingte Kapitalerhöhung zulässig, § 192 II Nr. 1 AktG. Schließlich kann der Bezug von Aktien bzw. Aktienoptionen auch durch schuldrechtliche Vereinbarungen „simuliert" werden: Bei sog. *phantom stock plans* wird das berechtigte Aufsichtsratsmitglied schuldrechtlich so gestellt, als ob es tatsächlich Besitzer von Aktien wäre, d.h. zu einem bestimmten Stichtag wird ein den zwischenzeitlich angefallenen Dividenden und Kursgewinnen entsprechender Geldbetrag ausbezahlt[206]. Bei sog. *stock appreciation rights* werden börsenkursabhängige Bonuszahlungen an den Berechtigten bezahlt[207].

Für die vorliegende Diskussion sind weniger die Details dieser rechtlichen Konstruktionen von Bedeutung[208] als vielmehr der Umstand, dass damit die Vergütung des Aufsichtsrats von der Entwicklung des Börsenkurses der Aktie abhängt. D.h. entscheidend ist, dass das Aufsichtsratsmitglied die Möglichkeit hat, Aktien der Gesellschaft zu einem günstigeren Preis als dem Börsenkurs zu erlangen bzw. schuldrechtlich zumindest so gestellt zu werden, um dadurch in besonderem Maße von Kursgewinnen der Aktien zu profitieren. Im Folgenden soll untersucht werden, ob diese Vergütungsform geeignete Anreize für ein gesteigertes Überwachungsverhalten zu setzen vermag. Dabei kann von der grundsätzlichen Zulässigkeit einer börsenkursabhängigen Vergütung des

---

[203] § 192 II Nr. 3 AktG sieht nur Arbeitnehmer und Mitglieder der Geschäftsführung als Bezugsberechtigte vor. Die Begr. des Regierungsentwurfs zum KonTraG, §192 RegE AktG, ZIP 1997, 2068 spricht sich zudem ausdrücklich gegen die Einbeziehung von Aufsichtsratsmitgliedern aus. Daher wohl unstrittig, vgl. nur *Hüffer*, § 192 Rn. 21; *Mäger*, BB 1999, 1393; *Zimmer*, DB 1999, 1000f.; *Zimmer*, NJW 1998, 3530.

[204] Zu beachten ist, dass von § 71 I 1 Nr. 2 AktG Organmitglieder nicht erfasst werden; vgl. Begr. des Regierungsentwurfs zum KonTraG, §71 RegE AktG, ZIP 1997, 2061, daher unstrittig, vgl. *Claussen*, DB 1998, 180; *Schneider*, ZIP 1996, 1772; *Hüffer*, § 71 Rn. 12; *Lingemann/Wasmann*, BB 1998, 860. Der Erwerb ist also allenfalls unter den erschwerten Voraussetzungen des § 71 I 1 Nr. 8 AktG zulässig, vgl. *Lingemann/Wasmann*, a.a.O.

[205] Vgl. *Lingemann/Wasmann*, BB 1998, 861; *Mäger*, BB 1999, 1393; *Schneider*, ZIP 1996, 1773; *Zimmer*, NJW 1998, 3530. Vgl. auch Begr. des Regierungsentwurfs zum KonTraG, §192 RegE AktG, ZIP 1997, 2067, wonach durch die Neuregelung des § 192 II Nr. 3 AktG der bisherige Weg über die Gewährung von Optionsanleihen und Wandelschuldverschreibungen gem. § 192 II Nr. 1 AktG nicht abgeschnitten werden soll.

[206] Vgl. dazu *Baums*, FS Claussen, S. 6; *Mäger*, BB 1999, 1393.

[207] Vgl. dazu *Baums*, FS Claussen, S. 6; *Mäger*, BB 1999, 1393.

[208] Umfangreich dazu *Weiß*, Aktienoptionspläne für Führungskräfte, 1998. Vgl. auch *Baums*, FS Claussen, S. 1ff.; *Lutter*, ZIP 1997, 1ff.; *Mäger*, BB 1999, 1392f.; *Menichetti*, DB 1996, 1688 mit aktuellen Fallbeispielen; *Seibert*, in: Pellens, Unternehmenswertorientierte Entlohnungssysteme, S. 31ff.; *Schneider*, ZIP 1996, 1770ff.; *Zimmer*, DB 1999, 999f.

Aufsichtsrats ausgegangen werden[209], da § 113 III AktG nur für eine Beteiligung am Jahresergebnis gilt[210].

Der Vorteil von börsenkursorientierten Vergütungsformen für Organmitglieder einer Gesellschaft wird im Allgemeinen in einer Verbindung der Interessen von Organmitgliedern mit den Interessen der Aktionären gesehen. Das börsenkursabhängig vergütete Organmitglied wird motiviert, zu einer Kurssteigerung der Aktie und, da der Börsenkurs den wahren Wert des Unternehmens widerspiegeln soll[211], auf diese Weise zu einer Wertsteigerung der Gesellschaft beizutragen[212]. Der entscheidende Vorteil des Börsenkurses gegenüber bilanziellen Jahreszahlen als Anknüpfungspunkt wird dabei darin gesehen, dass er nicht nur den aktuellen Erfolg eines Unternehmens wiedergibt, sondern auch künftige Erfolgschancen[213] und dabei zugleich kaum messbare Erfolgskriterien wie zum Beispiel Forschungsanstrengungen, Kundenzufriedenheit, Produktqualität oder Mitarbeiterschulungen berücksichtigt[214]. Der Börsenkurs ist damit ein besserer Indikator für den Unternehmenserfolg als die Bilanz. Im Gegensatz zu üblichen Formen einer erfolgsabhängigen Vergütung, die an das Periodenergebnis anknüpfen und damit zu kurzfristigen Unternehmensstrategien verleiten, bietet die aktienkursorientierte Vergütung die Möglichkeit, durch Sperrfristen für die Ausübung der Rechte Anreize zu langfristigem Strategiedenken zu setzen[215]. Können zum Beispiel Aktienoptionen oder Bezugsrechte auf Wandelschuldverschreibungen erst in drei Jahren ausgeübt werden, sind kurzfristige Kurssteigerungen für das berechtigte Organmitglied irrelevant. Eine langfristige Kurssteigerung wird nur durch eine langfristig erfolgreiche Unter-

---

[209] Vgl. *Berger*, S. 74; *Mäger*, BB 1999, 1393; *Weiß*, S. 206; *Zimmer*, NJW 1998, 3530; *Zimmer*, DB 1999, 1000. Auch das LG München, DB 2001, 193 geht von der grundsätzlichen Zulässigkeit von Aktienoptionen für Aufsichtsratsmitglieder aus.

[210] *Hüffer*, § 113 Rn. 9; Köln.-Komm./*Mertens*, § 113 Rn. 37.

[211] *Busse von Colbe*, ZGR 1997, 274; *Fürhoff*, AG 1998, 83. Dies könnte jedoch nur dann angenommen werden, wenn der Kapitalmarkt über alle entscheidungsrelevanten Informationen verfügen würde. Dies ist indes nicht der Fall. Vgl. *Gedenk*, DBW 1998, 28, die an der Effizienz des Aktienmarktes aufgrund zudem beeinflussbarer Informationsdefizite berechtigte Zweifel hegt; *Hess*, in: Feddersen u.a., Corporate Governance, S. 22. Vgl. auch *Baums*, FS Claussen, S. 9; *Busse von Colbe*, ZGR 1997, 274 (extreme Unsicherheit). *Martens*, AG 1996, 348 bescheinigt daher den Aktienoptionsprogrammen ein hohes Spekulationsrisiko.

[212] Vgl. *Fürhoff*, AG 1998, 84; *Lutter*, ZIP 1997, 1; *Portner*, DStR 1997,786; *Schneider*, ZIP 1996, 1769; *Weiß*, S. 82.

[213] Vgl. die Begr. des Regierungsentwurfs zum KonTraG, § 192 RegE AktG, ZIP 1997, 2067; *Gedenk*, DBW 1998, 27; *Weiß*, S. 86.

[214] Vgl. die Begr. des Regierungsentwurfs zum KonTraG, § 192 RegE AktG, ZIP 1997, 2067; *Baums*, FS Claussen, S. 11.

[215] Begr. des Regierungsentwurfs zum KonTraG, § 192 RegE AktG, ZIP 1997, 2067; *Baums*, FS Claussen, S. 9f.; *Gedenk*, DBW 1998, 27; *Lutter*, ZIP 1997, 3; *Schneider*, ZIP 1996, 1771; *Weiß*, S. 86.

nehmensstrategie zu erreichen sein. Durch die Vorgabe eines bestimmten Aktienkurses, von dessen Erreichen die Ausübung der Bezugsrechte abhängig ist[216], können konkrete Leistungsziele vorgegeben und dadurch Organmitglieder gezielt motiviert werden. Dadurch würden Organmitglieder nach ihrem wahren Nutzen für die Gesellschaft bezahlt[217]. Werden Aktienoptionen oder Bezugsrechte auf Optionsanleihen oder Wandelschuldverschreibungen ausgegeben, wird durch die Vergütung der Organmitglieder zudem die Liquidität der Gesellschaft nicht belastet[218].
Diese allgemeinen positiven Aspekte, die den Gesetzgeber des KonTraG letztlich dazu bewogen haben, die Bedienung von Aktienoptionen an Vorstandsmitglieder aus einer bedingten Kapitalerhöhung zuzulassen und damit wesentlich zu erleichtern[219], können teilweise auch im speziellen für den Aufsichtsrat herangezogen werden. So war an der üblichen erfolgsabhängigen Vergütung zu bemängeln, dass sie keinen Anreiz zu kritischem Hinterfragen positiver Geschäftszahlen bietet. Dies ist bei einer börsenkursorientierten Vergütung anders. Da die Vergütung des Aufsichtsrats an langfristige Erfolgsziele gebunden werden kann, wird der Aufsichtsrat die Vorstandsvorlagen sorgfältig prüfen. Denn Aktienkurse reagieren infolge eines Vertrauensverlustes empfindlich, wenn sich herausstellt, dass veröffentlichte Unternehmenszahlen beschönigt wurden. Die vom BGH[220] herausgestellte (Mit-)Verantwortung des Aufsichtsrats für die Unternehmensstrategie macht deutlich, dass nicht nur für den Vorstand, sondern auch für den Aufsichtsrat ein langfristig orientiertes Anreizsystem erforderlich ist[221]. Auch gewinnt das Argument, dass die Liquidität der Gesellschaft durch diese Vergütungsform nicht belastet werde, für einen bis zu zwanzigköpfigen Aufsichtsrat besondere Bedeutung. Schließlich haftet der börsenkursorientierten Vergütung nicht der oben aufgezeigte anreizspezifische Widerspruch konventioneller Tantiemen an. Denn in Unternehmenskrisen können Aktienoptionen bzw. Bezugsrechte für Wandelschuldverschreibungen besonders günstig ausgegeben werden. Die mit einem günstigen Ausgabekurs verbundenen Gewinnchancen bieten einen hohen Anreiz durch intensive Tä-

---

[216] Vgl. die Begr. des Regierungsentwurfs zum KonTraG, § 192 RegE AktG, ZIP 1997, 2067; *Baums*, FS Claussen, S. 7.

[217] *Wellkamp*, WM 2001, 495.

[218] Vgl. die Begr. des Regierungsentwurfs zum KonTraG, § 192 RegE AktG, ZIP 1997, 2067; LG Stuttgart, AG 1998, 42; *Berger*, S. 76; *Kohler*, ZHR 1997, 256; *Lutter*, ZIP 1997, 1 und 3.

[219] Vgl. § 192 II Nr. 3 AktG, sowie die Begr. des Regierungsentwurfs zum KonTraG, § 192 RegE AktG, ZIP 1997, 2067.

[220] BGHZ 114, 130. Vgl. dazu *Bojoung*, AG 1995, 203f.; *Kropff*, NZG 1998, 615; *Semler*, ZGR 1993, 18f.

[221] *Mäger*, BB 1999, 1393 sieht daher zwischen der Tätigkeit des Vorstandes und der des Aufsichtsrats lediglich einen quantitativen und keinen qualitativen Unterschied, weshalb Aktienoptionen auch an Aufsichtsratsmitglieder zu begeben seien.

tigkeit den Unternehmenserfolg und damit den Börsenkurs der Aktien zu steigern[222].

Die Orientierung der Aufsichtsratsvergütung am Börsenkurs der Aktie wird jedoch auch kritisch gesehen[223]. So wird eingewendet, die Tätigkeit des Aufsichtsrats als Nebenamt mache ein über *stock options* vermitteltes finanzielles Interesse an einer Wertsteigerung des Unternehmens nicht erforderlich[224]. Diese Argumentation ist jedoch bereits im Ansatz verfehlt, da sie der Überwachungsaufgabe nicht die gebotene Bedeutung beimisst[225]. Vielmehr spiegelt sich darin genau die Ansicht wieder, die letztlich für die gegebene Überwachungslücke in der Praxis verantwortlich sein dürfte.
Auch das Argument, der Aufsichtsrat habe zu wenig Einfluss auf die Kursentwicklung, da nicht ihm, sondern dem Vorstand die Geschäftsführung obliege, und der Aktienkurs damit nicht die Leistung des Aufsichtsrats wiedergeben könne[226], überzeugt nicht. Zwar kann primär der Vorstand durch bestimmte Maßnahmen den Börsenkurs beeinflussen. Empirische Studien belegen aber, dass die Güte der Corporate Governance positiven Einfluss auf den Börsenkurs hat[227]. Der Aufsichtsrat liefert durch eine sorgfältige und effektive Überwachung aber gerade einen entscheidenden Beitrag zur Corporate Governance. Zudem kann der Aufsichtsrat über seine Personalkompetenz bei der Vorstandsbesetzung und die Festlegung von Zustimmungsvorbehalten maßgeblichen Einfluss auf die Geschäftsentwicklung[228] und damit auf den Börsenkurs nehmen.
Gravierender sind dagegen die praktischen Bedenken, es gebe keine geeignete Instanz, die die Bedingungen für eine börsenkursorientierte Vergütung festlegen könne[229]. Da der Hauptversammlung die ausschließliche[230] Kompetenz zur Entscheidung über die Aufsichtsratsvergütung obliegt, § 113 I 1 AktG,

---

[222] *Claussen*, AG 1996, 487.

[223] Vgl. Begr. des Regierungsentwurfs zum KonTraG, § 192 RegE AktG, ZIP 1997, 2068; *Berger*, S. 76ff.; *DAV*, ZIP 1997, 173; *Hess*, in: Feddersen u.a., Corporate Governance, S. 22; *Kleindiek*, RWS-Forum GesR 1997, 41; *Lambsdorff*, in: Universität Passau, Unternehmensverfassung, S. 39.

[224] *Berger*, S. 76; *DAV*, ZIP 1997, 173.

[225] Zutreffend *Wellkamp*, WM 2001, 495.

[226] *Berger*, S. 76; *Fuchs*, DB 1997, 668; *Zimmer*, NJW 1998, 3530.

[227] *Felten/Hudnut/van Heeckeren*, The McKinsey Quarterly, 1996, Nr. 4, S. 170ff. Siehe oben 1.1.4.

[228] Siehe oben 1.2.3.2.1. und 2. Kapitel 2.3.1.

[229] Begr. des Regierungsentwurfs zum KonTraG, § 192 RegE AktG, ZIP 1997, 2068; *Kleindiek*, RWS-Forum GesR 1997, 41. Gegen Stock Option-Programme wird häufig die Gefahr einer „Selbstbedienung" des Managements eingewendet, vgl. *Fuchs*, DB 1997, 661; *Martens*, AG 1996, 348.

[230] BGHZ 114, 133; *Hoffmann-Becking*, in: HdbGesR AG, § 33 Rn. 15; *Hüffer*, § 113 Rn. 5; Großkommentar/*Meyer-Landrut*, § 113 Anm. 15.

müsste sie den Vergütungsplan in allen Einzelheiten beschließen[231]. Dies ist zwar theoretisch möglich. Es stellt sich jedoch die Frage, wer diesen Hauptversammlungsbeschluss vorbereiten soll[232]. Der Aufsichtsrat selbst scheidet aufgrund eigener Befangenheit aus[233]. Zwar hat der Aufsichtsrat neben dem Vorstand der Hauptversammlung einen Vorschlag zu unterbreiten, wenn über seine Vergütung zu entscheiden ist, § 124 III AktG. Solange die Vergütungskonditionen für die Hauptversammlung ohne weiteres verständlich und leicht nachprüfbar sind, ist dies auch akzeptabel. Für die u.U. umfangreichen und zudem äußerst komplizierten Bedingungen eines Aktienoptionsplans dürfte dies jedoch nicht gelten. Auch der Vorstand ist für diese Aufgabe nicht die geeignete Instanz[234]. Denn selbst wenn die Hauptversammlung letztlich über die Vergütungsbedingungen zu befinden hat, würde dem Vorstand ein zu missbilligender Einfluss auf das Anreizsystem des ihn überwachenden Organs eingeräumt[235].

Ein weiterer Nachteil der börsenkursorientierten Vergütung ist, dass deren Anreizwirkung dann leerläuft, wenn hohe Aktienkurse oder überhitzte Börsen keine wesentliche Wertsteigerung der Aktien erwarten lassen[236]. Auch teilt eine börsenkursorientierte Vergütung den Mangel, dass damit nicht die Individualleistung des einzelnen Aufsichtsrats, sondern die Leistung des Gesamtorgans angesprochen wird[237]. Schließlich verliert das Argument, *stock options* würden einen Liquiditätsabfluss verhindern, vor dem mit der Ausgabe der neuen Aktien verbundenen sog. Verwässerungseffekt und dessen nachteiligen Folgen für die Altäktionäre erheblich an Bedeutung[238].

---

[231] LG München, DB 2001, 193; *Hüffer*, ZHR 1997, 244; *Kleindiek*, RWS-Forum GesR 1997, 41; *Mäger*, BB 1999, 1393; *Seibert*, in: Pellens, Unternehmenswertorientierte Entlohnungssysteme, S. 43; *Zimmer*, DB 1999, 1000. Die Festlegung der Rahmenbedingungen, wie sie in § 193 II Nr. 4 AktG für den Kapitalerhöhungsbeschluss bei Ausgabe von Aktienoptionen an Vorstandsmitglieder vorgesehen ist, genügt dafür nicht.

[232] Kritisch daher *Kleindiek*, RWS-Forum GesR 1997, 41.

[233] Begr. des Regierungsentwurfs zum KonTraG, § 192 RegE AktG, ZIP 1997, 2068; *Hüffer*, ZHR 1997, 244.

[234] So aber *Weiß*, S. 206f.

[235] Dies erkennt auch *Weiß*, S. 206, sieht diese Gefahr jedoch nur dann gegeben, wenn der Vorstand über die Bedingungen abschließend befinden könnte. Vgl. auch *Hüffer*, ZHR 1997, 244.

[236] *Berger*, S. 76.

[237] Vgl. *Baums*, FS Claussen, S. 12.

[238] Als Verwässerungseffekt wird der Umstand bezeichnet, dass der Börsenkurs einer Aktie an Wert verliert, wenn Aktien zur Bedienung von Aktienoptionen billiger als deren Börsenwert ausgegeben werden. Denn unterstellt man, dass der Börsenwert sämtlicher Aktien den Unternehmenswert wiedergibt, fließt durch die Emission der neuen Aktien zur Bedienung der Aktienoptionspläne der Gesellschaft weniger Geld zu, als dies aufgrund des Börsenkurses der Fall sein müsste. Dadurch sinkt der Börsenkurs der Aktie. Vgl. dazu *Emde*, DB 1989, 210f.; *Köhler*, AG 1984, 198; *Menichetti*, DB 1996, 1690.

Das entscheidende Argument gegen eine börsenkursorientierte Vergütung von Aufsichtsratsmitgliedern ist jedoch eine Beeinträchtigung der Überwachung durch eine Interessengleichschaltung von Vorstand und Aufsichtsrat[239]. Wird nämlich auch der Vorstand börsenkursorientiert vergütet, besteht eine wesentliche Aufgabe des Aufsichtsrats in der Sorge dafür, dass der Vorstand sich bei der Geschäftsführung nicht von einseitigen Anreizen zur Steigerung des Aktienkurses leiten lässt[240]. So hat der Vorstand bei seiner Geschäftsführung das Unternehmensinteresse als Richtlinie des unternehmerischen Ermessens zu wahren. Das Unternehmensinteresse umfasst aber verschiedene Interessen der an der Gesellschaft Beteiligten[241] und kann nicht mit einem Interesse an der Steigerung des Börsenkurses und damit des Marktwertes des Unternehmens gleichgesetzt werden[242]. Wegen der mit den Aktienoptionen verbundenen besonders hohen Gewinnchancen hat der Aufsichtsrat im Falle einer börsenkursorientierten Vergütung des Vorstandes besonders sorgsam auf die Einhaltung des Unternehmensinteresses zu achten.
Eine am Börsenkurs orientierte Vergütung steigert zudem die Risikobereitschaft des Managements, weil eine riskante Investitionspolitik höhere Kursbewegungen und damit höhere Gewinnchancen erwarten lässt[243]. Ferner wird das Interesse des Managements an einer Risikostreuung vermindert. Denn der Kapitalmarkt, dessen Erwartungen den Börsenkurs bestimmen, will die Risikobewertung der einzelnen Geschäftsfelder selbst vornehmen und honoriert daher eine Konzentration der Gesellschaft auf bestimmte Kerntätigkeitsfelder[244]. Damit ist aber zugleich eine Risikokonzentration verbunden, die sich unter Umständen als gefährlich für den Bestand des Unternehmens herausstellen

---

[239] Vgl. *Lambsdorff*, in: Universität Passau, Unternehmensverfassung, S. 39.

[240] Vgl. die kritische Auseinandersetzung mit der Vergütung durch Aktienoptionen in: SZ vom 23.07.2001, S. 22: „Triebkraft war von Anfang an die Gier der Manager". Vgl. auch *Hüffer*, § 192 Rn. 17.

[241] Über den Inhalt und Bestimmung des Unternehmensinteresses besteht Streit. Nach wohl überwiegender Ansicht sind jedenfalls neben Bestand und Rentabilität der Gesellschaft zumindest auch Arbeitnehmerinteressen zu wahren BVerfGE 34, 112; Geßler-Hefermehl/*Hefermehl*, § 76 Rn. 19f.; *Hüffer*, § 76 Rn. 12; Köln.-Komm./*Mertens*, § 76 Rn. 16; *Steinbeck*, S. 48. Vgl. auch den Bericht des Rechtsausschusses zu § 76 RegE. AktG 1965, bei Kropff, S. 97f. Daneben wird auch Einbeziehung der Interessen von Gläubigern und Öffentlichkeit gefordert, vgl. *Hüffer*, a.a.O. m.w.N.

[242] Selbst *Mülbert*, ZGR 1997, 161, der das Unternehmensinteresse ausschließlich in einer Gewinnmaximierung sieht, hält das Interesse an einer Börsenkurssteigerung nur beschränkt mit dem Unternehmensinteresse vereinbar. Ähnlich auch *v. Werder*, ZGR 1998, 89.

[243] Vgl. *Baums*, FS Claussen, S. 8f. mit Verweis auf empirische Studien in Fn. 34; *Götze*, S. 87; *Menichetti*, DB 1996, 1689; *Weiß*, S. 84. *Götze*, S. 88 weist ferner zutreffend darauf hin, dass die Risikobereitschaft gegen Ende der Laufzeit der Optionspläne erheblich zunimmt, wenn die Kursziele für die Ausübung der Optionen nicht erreicht wurden.

[244] Vgl. *Mülbert*, ZGR 1997, 160f.

kann[245]. Eine börsenkursorientierte Vergütung kann das Management zudem dazu zu verleiten, Gewinne an die Aktionäre auszuschütten, obwohl eine Rücklagenbildung zur Risikovorsorge unter Umständen sinnvoller wäre[246]. Mit einer börsenkursorientierten Vergütung des Managements sind demnach neben positiven Aspekten auch nicht unerhebliche Risiken für das Unternehmen verbunden, die der Aufsichtsrat besonders zu überwachen hat. Würde der Aufsichtsrat aber selbst durch Aktienoptionen vergütet, wäre seine Objektivität bei dieser Überwachung entschieden beeinträchtigt.

Der Befürchtung einer der Überwachungsaufgabe abträglichen Interessengleichschaltung von Vorstand und Aufsichtsrat kann auch nicht entgegengehalten werden, diese sei nur dann gegeben, wenn beide Organe am gleichen Aktienoptionsprogramm beteiligt würden[247]. Denn unabhängig von den Bedingungen des Vergütungsprogrammes im Detail, ist stets die gleiche Zielausrichtung gegeben: nämlich die Steigerung des Aktienkurses. Der Aufsichtsrat darf aber kein eigenes Interesse an potentiellen Kurssteigerungen der Aktien haben, wenn er geplante Maßnahmen des Vorstandes unbefangen auf die Beachtung sämtlicher in die Abwägung einzustellenden Interessen hinterfragen soll.

Damit ist festzuhalten, dass eine börsenkursorientierte Vergütung für den Aufsichtsrat überhaupt nur dann in Betracht kommt, wenn der Vorstand nicht ebenfalls börsenkursorientiert vergütet wird. Die Frage, ob entweder der Vorstand oder der Aufsichtsrat börsenkursorientiert vergütet werden soll, muss aber eindeutig zugunsten des Vorstandes entschieden werden, da ihm die Geschäftsführung obliegt und folglich er durch eine entsprechende Leitung der Gesellschaft wesentlich mehr Einfluss auf den Börsenkurs nehmen kann als der Aufsichtsrat.

---

[245] In diesem Zusammenhang ist auf die jüngste Krise bei der Bayer AG hinzuweisen: Trotz heftiger Kritik seitens der Analysten hielt das Management an der Strategie eines Mischkonzerns mit den Sparten Chemie, Gesundheit, Polymere und Landwirtschaft fest, anstatt sich auf einen Kernbereich zu konzentrieren. Dies „bestrafte" der Markt mit Kursabschlägen bis zu 25%. Als der Konzern infolge des durch Gerüchte um tödliche Nebenwirkungen gebotenen Rückzuges des Cholesterinsenkers Lipobay/Baycol vom Markt und einem damit verbundenen Umsatzeinbruch von 25% in die schwerste Krise seit Jahrzehnten geriet, war unter Umständen gerade das Festhalten an der „veralteten" Strategie der Risikostreuung durch Diversifizierung der entscheidende „Rettungsanker", vgl. die Berichte in: WiWo 34/2001, S. 40 und mm 09/2001, S. 24. Hätte das Management des Bayer-Konzerns dem Druck des Marktes nachgegeben und sich auf die Pharma-Sparte konzentriert, hätte der Konzern möglicherweise diese Krise nicht überlebt.

[246] Nach *Busse von Colbe*, ZGR 1997, 274 entspricht die Thesaurierung von Gewinnen nur dann dem Shareholder Value-Gedanken an einer Marktwertsteigerung des Unternehmens, wenn in Zukunft eine um den einbehaltenen Betrag höhere Ausschüttung zu erwarten ist. Dazu, dass der Shareholder Value-Gedanke hinsichtlich der Ausschüttungspolitik nicht unbedingt mit dem Unternehmensinteresse vereinbar ist, vgl. auch *Mülbert*, ZGR 1997, 160.

[247] So aber *Weiß*, S. 207f.

1.2.3.3. Aufwandsbezogene Vergütung

Die Anreizwirkung einer Vergütung dürfte dann am höchsten sein, wenn sie an der Leistung jedes einzelnen Aufsichtsratsmitglieds ansetzt. Die erfolgsabhängige Vergütung hat sich insoweit als wenig geeignet erwiesen, einerseits weil sie an der Leistung des gesamten Organs anknüpft, andererseits weil der Unternehmenserfolg die Leistung des Aufsichtsrats allenfalls mittelbar wiedergibt. Es werden daher zunehmend Vergütungsformen befürwortet, die am tatsächlichen Arbeitsaufwand des einzelnen Aufsichtsratsmitglieds anknüpfen[248].
Dies kann auf verschiedene Weise geschehen: Die Vergütungshöhe kann zum einen an die Übernahme bestimmter Aufgaben des jeweiligen Aufsichtsratsmitglieds, namentlich den Aufsichtsratsvorsitz[249] oder die Mitgliedschaft in einem Ausschuss[250], geknüpft werden. Zum anderen kann ein Sitzungsgeld[251] gewährt werden, wobei ein solches auch von einer bestimmten Mindestsitzungsfrequenz abhängig gemacht werden kann[252]. Zum Teil wird auch ein Stundenhonorar für Aufsichtsratsmitglieder, vergleichbar mit dem professioneller Berater, befürwortet[253].

Eine am tatsächlichen Arbeitsaufwand orientierte Vergütung ist unter Motivationsgesichtspunkten sehr zu befürworten. Denn mit zunehmendem Arbeitseinsatz steigt die Höhe der Vergütung, so dass dadurch Anreize zu einer möglichst intensiven Überwachung gesetzt werden. So war an der Aufsichtsratspraxis gerade eine defizitäre Ausschussbildung zu kritisieren[254]. Die besondere Entlohnung der Ausschussmitgliedschaft schafft für Aufsichtsratsmitglieder Anreize, sich in einem Ausschuss zu engagieren. Je mehr Aufsichtsratsmitglieder einem Ausschuss angehören wollen, desto mehr Ausschüsse werden auch gebildet. Entsprechendes gilt für die Festlegung eines Sitzungsgeldes. Werden Aufsichtsratsmitglieder nach der Anzahl der Sitzungen bezahlt, an denen sie teilgenommen haben, besteht nicht nur ein Anreiz zu regelmäßiger Sitzungsteilnahme, sondern auch zu einer Steigerung der Sitzungsfrequenz insgesamt. Dies ist gerade in Krisenzeiten, wenn die Überwachungsintensität zu steigern ist, relevant.

---

[248] *Berger*, S. 82; *Hoerdemann*, ZRP 1997, 47; *Lutter*, ZGR 2001, 231; *Scheel*, S. 162f.; *Theisen*, DB 1999, 1665 und 1672; ders., Überwachung, S. 264.

[249] Aufsichtsratsvorsitzende erhalten in der Regel das Zwei- bis Dreifache einfacher Aufsichtsratsmitglieder, vgl. *Hoffmann-Becking*, in: HdbGesR AG, § 33 Rn. 17; *Hüffer*, § 113 Rn. 4; Köln.-Komm./*Mertens*, § 113 Rn. 9; *Wilhelm*, Kapitalgesellschaftsrecht, Rn. 964.

[250] Geßler-Hefermehl/*Geßler*, § 113 Rn. 58; *Hoffmann-Becking*, in: HdbGesR AG, § 33 Rn. 17; *Lutter/Krieger*, Rn. 293; *Säcker*, NJW 1979, 1525 m.w.N.

[251] *Hoffmann*, Rn. 452; *Hoffmann-Becking*, in: HdbGesR AG, § 33 Rn. 14; Köln.-Komm./*Mertens*, § 113 Rn. 11; *Semler*, RWS-Forum GesR 1995, S. 234; *ders.*, in: Semler, AR Hdb., Rn. K 26.

[252] Vgl. *Mäger*, BB 1999, 1391.

[253] *Berger*, S. 81ff.; *Mäger*, BB 1999, 1391.

[254] Siehe oben 2. Kapitel 4.3.

Der Anreizwirkung aufwandsabhängiger Vergütung kann jedoch entgegengehalten werden, sie spreche lediglich die Quantität der Überwachung, nicht dagegen die Qualität der Überwachung an[255]. So muss die Tatsache, dass der Aufsichtsrat häufiger zusammentritt, nicht automatisch zu einer Verbesserung der Überwachung führen[256]. Auch die Zunahme einer Ausschussbildung an sich sagt nichts über die Sinnhaftigkeit derselben aus. Durch langsames und uneffektives Arbeiten könnten Aufsichtsratsmitglieder zudem auf einfache Weise ihre Vergütung in die Höhe treiben.
Dieser Einwand ist nicht von der Hand zu weisen. Andererseits ist die aufwandsbezogene Vergütung die einzige Vergütungsform, die an die individuelle Leistung des einzelnen Aufsichtsratsmitglieds anknüpft und anknüpfen kann[257]. Zudem kann eine Manipulationsgefahr durch absichtlich uneffektives Verhalten durch Festlegung eines Höchstbetrages leicht abgeschwächt werden. So könnte vorgesehen werden, dass ein Sitzungsgeld von 5.000 DM, maximal jedoch 30.000 DM gezahlt wird. Waren im Geschäftsjahr mehr als 6 Aufsichtsratssitzungen erforderlich, kann die Hauptversammlung eine nachträglich Erhöhung der Vergütung beschließen, § 113 I 1 AktG, und damit dem erhöhten Überwachungsaufwand Rechnung tragen.

Soweit hier eine aufwandsabhängige Vergütung des Aufsichtsrats befürwortet wird, gilt dies jedoch nicht für den Vorschlag eines Stundenhonorars. Dabei ist jedoch weniger der Einwand tragend, für die Hauptversammlung sei die Höhe der Vergütung auf Stundenbasis im Vorhinein nicht überschaubar[258], da dies durch Festlegung eines entsprechenden Höchstbetrages abgesichert werden könnte. Das Problem liegt vielmehr darin, dass die Abrechnung auf Stundenbasis kaum überprüfbar ist[259]. Der Vorstand ist hierfür kaum geeignet, da ihm einerseits kein zu starker Einfluss auf die Aufsichtsratsvergütung zukommen darf und andererseits kaum zu erwarten ist, dass er einen Konflikt mit seinem Überwachungsorgan aufgrund von Kürzungen bei den abgerechneten Stunden wagen wird. Da die Hauptversammlung zu einer Prüfung nicht in der Lage ist, bleibt nur noch der Aufsichtsrat selbst[260]. Da jedes Aufsichtsratsmitglied glei-

---

[255] Vgl. *Berger*, S. 82f.; *Knoll/Knoesel/Probst*, zfbf 1997, 238.

[256] *Hoerdemann*, ZRP 1997, 47; *Lutter*, NJW 1995, 1133; *Semler*, in: Picot, Corporate Governance, S. 39. Vgl. auch die Stellungnahmen von Schmiedeknecht, in: *DSW*, Aufsichtsräte in Deutschland, S. 33, der von mehr als vier Sitzungen kein erhöhtes Informationsniveau der Aufsichtsratsmitglieder erwartet und Westphal, in: *DSW*, a.a.O., S. 38: „Die Zahl der Aufsichtsratssitzungen ist für die Intensität der Mitglieder des Aufsichtsrats allenfalls ein Indiz, jedoch nicht maßgeblich."

[257] *Berger*, S. 83.

[258] So aber *Mäger*, BB 1999, 1391.

[259] *Mäger*, BB 1999, 1391.

[260] *Berger*, S. 85 schlägt daher auch den Aufsichtsrat als primäres Kontrollorgan vor, wobei die Hauptversammlung durch ihre „effektive Kontrolle Herrin der Vergütung" bleibe.

chermaßen betroffen ist, ist kaum zu erwarten, dass hier eine sehr strenge Kontrolle durchgeführt werden wird.

Ein Stundenhonorar verspricht zudem keine nennenswerten Vorteile gegenüber einem Sitzungsgeld. Zwar findet die Überwachungstätigkeit von Aufsichtsratsmitgliedern nicht ausschließlich in Sitzungen statt, da die Aufsichtsratssitzungen vor- und nachbereitet werden müssen[261]. Die wesentliche Überwachungsarbeit hat sich jedoch auf die Sitzungen des Aufsichtsrats und seiner Ausschüsse zu konzentrieren[262], so dass es sachgerecht erscheint, die Sitzungshäufigkeit als maßgebliches Vergütungskriterium heranzuziehen. Dem kann man auch nicht entgegenhalten, Aufsichtsratsmitglieder, die sich zeitintensiver auf die Sitzungen vorbereiten, müssten besser als Aufsichtsratsmitglieder entlohnt werden, die dies nicht tun. Denn der zeitliche Bedarf der Vorbereitung hängt maßgeblich von den individuellen Fähigkeiten des einzelnen Aufsichtsratsmitglieds ab. Ein Wirtschaftsprüfer im Aufsichtsrat, der mit Bilanzen täglich umzugehen hat, wird sich sehr viel kürzer auf die Bilanzsitzung vorbereiten müssen als ein Aufsichtsratsmitglied, das über nur rudimentäre Bilanzkenntnisse verfügt. Trotz kürzerer Vorbereitungszeit dürfte der Nutzen des Wirtschaftsprüfer für die Überwachung dem des anderen Aufsichtsratsmitglieds in nichts nachstehen.

1.2.3.4. Fazit

Die vorstehenden Ausführungen haben ergeben, dass jede Vergütungsform ihre Vor- und Nachteile hat. Am ehesten ist eine aufwandsorientierte Vergütung zu befürworten, weil sie geeignete Anreize zu intensiver Überwachungsaktivität setzt. Da sie aber nur zu Quantität und nicht zu Qualität motiviert, scheidet auch diese Vergütungsform als allein maßgeblich aus.

Die Lösung kann daher nur in einer sachgerechten Mischform der einzelnen Vergütungsarten liegen. Um auch in Unternehmenskrisen ausreichende Anreize zu setzen ist aber nicht, wie teilweise gefordert[263], ein hoher Fixbetrag als wesentlicher Bestandteil der Vergütung vorzusehen, sondern eine entsprechend hohe aufwandsabhängige Vergütung[264], die durch Festlegung eines Höchstbetrages gegen Manipulationsgefahren abgesichert werden sollte. Dann kann von einem Fixbetrag gänzlich abgesehen werden.

Zusätzlich ist eine erfolgsabhängige Vergütung vorzusehen, damit sich der Aufsichtsrat mit der Gesellschaft identifizieren kann und zum Erfolg des Unter-

---

[261] Vgl. *Semler*, FS Claussen, S. 384ff.

[262] *Hoffmann*, Rn. 139.

[263] *Götz*, AG 1995, 351; *Theisen*, DB 1999, 1667.

[264] Das in der Praxis derzeit übliche Sitzungsgeld von 500 bis 1000 DM (vgl. *Berger*, S. 80) müsste daher je nach Größe, Struktur und Branchenzugehörigkeit der Gesellschaft angehoben werden.

nehmens beitragen will[265]. *Stock options* oder andere aktienkursorientierte Vergütungen sind dafür allerdings nicht geeignet. Diese Möglichkeit käme ohnedies nur für börsennotierte Gesellschaften in Betracht. Aus motivationstechnischen Gründen scheint eine Anknüpfung an den Jahresüberschuss gegenüber einer Bezugnahme auf den Bilanzgewinn oder die Dividende vorzugswürdig. Diesbezüglich sind jedoch Reformmaßnahmen erforderlich, da diese Vergütungsvariante mit geltendem Recht nicht vereinbar wäre. Andererseits wird eine dividendenabhängige Tantieme am ehesten den Aktionärsinteressen an einer möglichst hohen Ausschüttung entsprechen. Da die anreizspezifischen Nachteile einer dividenenabhängigen Vergütung durch eine ausreichend hohe aufwandsabhängige Vergütung ausgeglichen werden können, kann eine Entscheidung, welche der beiden erfolgsabhängigen Vergütungsformen sich für den Aufsichtsrat am besten eignet, nicht eindeutig getroffen werden.

1.2.4. Notwendigkeit gesetzgeberischer Maßnahmen

1.2.4.1. Zulassung des Jahresabschlusses als Anknüpfungspunkt für die Aufsichtsratsvergütung

Die vorstehenden Ausführungen haben gezeigt, wie eine Vergütung ausgestaltet sein sollte, um für den Aufsichtsrat einen optimalen Anreiz zu effektiver Überwachung darzustellen. Da es sich bei der Vergütung des Aufsichtsrats letztlich um eine unternehmerische Entscheidung der Hauptversammlung handelt, sind Eingriffe des Gesetzgebers nur bedingt möglich. Es kann daher allenfalls ein gesetzlicher Rahmen geschaffen werden, der eine anreizkompatible Vergütung des Aufsichtsrats ermöglicht. Obige Ausführungen haben jedoch ergeben, dass das Gesetz eine Anknüpfung an den Jahresüberschuss nicht erlaubt, obwohl dies aus Gründen der Anreizwirkung sinnvoll wäre. Es ist daher zu überlegen, ob diese Beschränkung des Aktiengesetzes aufgehoben werden sollte.

Die einer Bezugnahme auf den Jahresabschluss entgegenstehende Regelung des § 113 III AktG geht letztlich auf § 245 HGB i.d.F. von 1897 zurück und dient dem Aktionärsschutz. Der Gesetzgeber von 1897 war der Ansicht, dass häufig im Gründungsvertrag hohe Tantiemen vereinbart würden, die nur durch eine aufwendige Änderung der Statuten wieder herabgesetzt werden könnten[266]. Da aber die Aktionäre durch nichts mehr verbittert würden, als dass Aufsichtsräte am Jahresertrag selbst dann profitierten, wenn die Aktionäre ih-

---

[265] *Bremeier/Mülder/Schilling*, S. 113; *Claussen*, AG 1996, 487; *Lutter*, ZHR 1995, 304 fordern einen stärkeren Erfolgsbezug der Aufsichtsratsvergütung; kritisch *Theisen*, DB 1999, 1665.

[266] Kommissionsbericht zum Entwurf des HGB, § 240 HGB Reichstagsvorlage, abgedruckt bei Schubert/Schmiedel/Krampe, Quellen zum HGB 1897, Bd. 2, 2. HB, S. 1319. Zum Erfordernis einer Statutenänderung vgl. auch *Puchelt*, Kommentar zum ADHGB, § 192 Anm. 3.1.

rerseits keine Dividende erhielten, müsse dies durch eine gesetzliche Vorgabe der Berechnung einer Gewinnbeteiligung ausgeschlossen werden[267].
Für einen derartigen Aktionärsschutz gibt es nach heutiger Rechtslage keinen sachlichen Grund mehr. Denn die Hauptversammlung kann die Aufsichtsratsvergütung nach freiem Belieben festlegen. Selbst eine in der Satzung niedergelegte Aufsichtsratsvergütung kann mittels einfacher Stimmenmehrheit herabgesetzt werden, § 113 I 4 AktG. Durch die Pflicht zur Angabe des Gesamtaufwandes der Aufsichtsratsvergütung im Anhang zum Jahresabschluss, § 285 Nr. 9 HGB, ist zudem eine ausreichende Kontrollmöglichkeit durch die Hauptversammlung gewährleistet.
Die Regelung des § 113 III AktG hätte demnach nur dann eine Existenzberechtigung, wenn sie aus Gläubigerschutzgesichtspunkten geboten wäre. Dies könnte allenfalls insofern angenommen werden, als durch die Berücksichtigung eines Verlustvortrags bei der Berechnung der Aufsichtsratsvergütung[268] in einer Krisensituation zusätzlicher Liquiditätsabfluss verhindert wird. Abgesehen davon, dass dieser Schutzzweck durch andere Vergütungsformen, namentlich eine hohe Festvergütung, leicht umgangen werden kann, wird den Gläubigerinteressen am ehesten durch eine Sanierung der Gesellschaft genüge getan. Dafür ist auch eine Aufsichtsratsvergütung erforderlich, die auch in Krisenzeiten einen ausreichenden Anreiz zu intensiver Überwachung bietet. Wie oben gesehen, kommen einer Koppelung der Vergütung an den Jahresüberschuss hier Anreizvorteile gegenüber einer Beteiligung am Bilanzgewinn zu.
§ 113 III AktG, der das Ermessen der Hauptversammlung unnötig einschränkt, sollte daher ersatzlos gestrichen werden. Der Regierungsentwurf des TransPubG sieht zwar eine Streichung des § 86 AktG vor, der eine dem § 113 III AktG entsprechende Regelung für den Vorstand entält[269]. Eine Streichung des § 113 III AktG wurde, soweit ersichtlich, jedoch nicht erwogen.

1.2.4.2. Einführung einer Soll-Vorschrift

In der Praxis besteht die Vergütung des Aufsichtsrats meist aus einem niedrigen Fixbetrag[270] und einer hohen erfolgsabhängigen Tantieme, wobei die Tan-

---

[267] Kommissionsbericht zum Entwurf des HGB, § 240 HGB Reichstagsvorlage, abgedruckt bei Schubert/Schmiedel/Krampe, Quellen zum HGB 1897, Bd. 2, 2. HB, S. 1320.

[268] Im Bilanzgewinn wird ein Verlustvortrag berücksichtigt, im Jahresüberschuss dagegen nicht, vgl. *Hüffer*, § 58 Rn. 3.

[269] Vgl. dazu auch *Baums*, Bericht der Regierungskommission Corporate Governance, Rn. 41 Insbesondere die zwingenden Vorgaben in § 86 II AktG für die Beteiligung des Vorstandes am Jahresgewinn seien weder im Gläubigerinteresse noch im Aktionärsinteresse geboten und behinderten unnötig die Gestaltungsmöglichkeiten der Vergütung.

[270] Nach einer Untersuchung von 201 Gesellschaften durch *Theisen*, DB 1999, 1667 beträgt die fixe Vergütung in 41,8% der Fälle weniger als 5.000 Euro, in 39,8% der Fälle zwischen 5.000 und 10.000 Euro und in 19,4% der Fälle über 10.000 Euro.

tieme in aller Regel an die Dividende geknüpft ist[271]. In der Praxis entspricht die Aufsichtsratsvergütung also nicht der oben vorgeschlagenen Zusammensetzung der Vergütung, bestehend aus einer aufwandsabhängigen und einer erfolgsabhängigen, an den Jahresüberschuss gekoppelten Komponente. Es fragt sich daher, wie die Vergütungspraxis im Sinne der oben vorgeschlagenen Vergütung geändert werden könnte.
Teilweise wird vorgeschlagen, die Praxis durch eine entsprechende gesetzliche Soll-Vorschrift anzuregen[272]. Dieser Vorschlag ist jedoch abzulehnen. Denn mit § 113 I 3 AktG existiert bereits eine gesetzliche Vorgabe, nach der die Vergütung in angemessenem Verhältnis zu den Aufgaben des Aufsichtsratsmitglieds und der Lage der Gesellschaft stehen soll. Damit nimmt der Gesetzeswortlaut Bezug auf eben die Vergütungsformen, die dem hier verfolgten Ansatz entsprechen. Selbst wenn man der Norm des § 113 I 3 AktG keine inhaltliche Empfehlung des Gesetzgebers, sondern lediglich eine Beschränkung der Vergütungshöhe entnimmt[273], brächte eine zusätzliche Soll-Vorschrift keinen Nutzen. Am Gesetzeswortlaut dürfte sich nämlich nichts ändern, lediglich die Begründung könnte klarstellende Hinweise geben. Solche Hinweise lassen sich jedoch viel sinnvoller in einem oben beschriebenen Verhaltenskodex niederlegen[274]. Während die Begründung des Gesetzes wohl kaum breite Aufmerksamkeit erlangte, hätte ein Verhaltenskodex aufgrund oben beschriebender Durchsetzungsmechanismen eine größere Umsetzungswahrscheinlichkeit für sich[275]. Wie die jüngste Diskussion um Aktienoptionen für Aufsichtsratsmitglieder zeigt, unterliegen die Vergütungsformen zudem einer steten Entwicklung. Auch insoweit dürfte sich eine unflexible gesetzliche Vorschrift verbieten.
Es bietet sich daher an, die Vorgaben über eine anreizkompatible Gestaltung der Vergütung in einem Verhaltenskodex für den Aufsichtsrat niederzulegen. Einer gesetzlichen Soll-Vorschrift bedarf es dann nicht.

---

271 Nach der Untersuchung von *Theisen*, DB 1999, 1668 haben 52% der Gesellschaften eine erfolgsabhängige Vergütung, von denen 96,1% die Vergütung an die Dividende koppeln.

272 Vgl. *Lutter*, ZHR 1995, 304 für einen Anteil am Jahresüberschuss.

273 Vgl. *Hüffer*, § 113 Rn. 4; Köln.-Komm./*Mertens*, § 113 Rn. 12; a.A. offenbar *Theisen*, Überwachung, S. 263.

274 Vgl. etwa den gelungenen Vorschlag des *Berliner Initiativkreises German Code of Corporate Governance*, DB 2000, 1578f. (Abschnitt IV.7).

275 Die Aufsichtsratsvergütung wird zwar von der Hauptversammlung festgelegt, § 113 I 2 AktG. Vorgaben in einem Verhaltenskodex für den Aufsichtsrat könnten jedoch bewirken, dass der Aufsichtsrat eine entsprechende Vergütung der Hauptversammlung zur Beschlussfassung vorschlägt, § 124 AktG. Da Verhaltenskodizes gerade bei institutionellen Anlegern breite Aufmerksamkeit erlangen dürfte, ist zu erwarten, dass sich diese bei der Stimmrechtsausübung auch an Empfehlungen in einem Verhaltenskodex orientieren werden.

1.2.4.3. Gesetzliches Verbot von Verpflichtungen zur Abführung der Aufsichtsratsvergütung

Wenngleich sich pauschale Aussagen über die Höhe der Aufsichtsratsvergütung nur bedingt treffen lassen, wird als ein Grund für die als unbefriedigend empfundene durchschnittliche Höhe der Aufsichtsratsvergütung häufig ein DGB-Beschluss vom 07.03.1979 kritisiert[276]: Danach haben gewerkschaftsangehörige Arbeitnehmervertreter im Aufsichtsrat eine 6.000 DM übersteigende Aufsichtsratsvergütung an den DGB abzuführen, der diese Beträge zur Finanzierung der gewerkschaftseigenen Hans-Böckler-Stiftung verwendet[277]. Arbeitnehmervertreter werden bei der Wahl in einen Aufsichtsrat nur dann von DGB-Gewerkschaften unterstützt, wenn sie sich vorher schriftlich zur Anerkennung dieser Abführungsregel verpflichtet haben[278]. Der Betrag von 6.000 DM, der Arbeitnehmervertretern damit in der Regel bleibt, dürfte zumindest in größeren Gesellschaften kaum ausreichen, dem Überwachungsaufwand gerecht zu werden. Im Hinblick auf das Gebot, alle Aufsichtsratsmitglieder nach dem gleichen Maßstab zu vergüten[279], könnte in dem Beschluss zudem ein Grund für die Hauptversammlung gesehen werden, die Aufsichtsratsvergütung insgesamt möglichst gering zu halten, um nicht über die Aufsichtsratsvergütung letztlich Gewerkschaften zu finanzieren[280]. *Theisen* regt daher an, über ein Verbot solcher Abführungsverpflichtungen nachzudenken[281].

Verbote, die sich speziell gegen die Abführungen an Gewerkschaften richteten, wären mit Blick auf den verfassungsrechtlichen Schutz der Gewerkschaften gem. Art. 9 III GG keineswegs unproblematisch und dürften überdies kaum mit dem Gleichbehandlungsgebot des Art. 3 I GG vereinbar sein. In Betracht käme daher allenfalls, Abführungsverpflichtungen von Aufsichtsratsmitgliedern *generell* per gesetzlicher Anordnung für *unwirksam* zu erklären. Eine derartige Pauschalisierung ist jedoch nicht unbedenklich. Abgesehen davon, dass eine solche Regelung mit der im Beamtenrecht vorgesehenen Pflicht zur teilweisen Abführung der Aufsichtsratsvergütung kollidieren würde[282], gibt es Fälle, in denen eine Abführungsverpflichtung auch außerhalb dieses Sonderrechtsgebiets

---

[276] *Hoffmann-Becking*, FS Havermann, S. 245; Köln.-Komm./*Mertens*, § 113 Rn. 41; *Theisen*, Überwachung, S. 262f.

[277] Beschluss abgedruckt bei *Hoffmann*, Rn. 460.

[278] *Hoffmann*, Rn. 461.

[279] Zur Gleichbehandlungspflicht von Aufsichtsratsmitgliedern allgemein BGHZ 64, 330; 83, 106; 82, 154; *Hoffmann*-Becking, in: HdbGesR AG, § 33 Rn. 1f; *Martens*, AG 1976, 117. Speziell zur Vergütung, vgl. *Henn*, Handbuch des Aktienrechts, Rn. 672; *Mäger*, BB 1999, 1390; Köln.-Komm./*Mertens*, § 113 Rn. 9.

[280] *Hoffmann-Becking*, FS Havermann, S. 245; Köln.-Komm./*Mertens*, § 113 Rn. 41.

[281] *Theisen*, Überwachung, S. 263.

[282] Beamte haben Vergütungen aus einer Aufsichtsratstätigkeit zum Großteil an den Staat abzuführen, wenn das Mandat in einem gewissem Zusammenhang mit dem Dienst steht, vgl. *Scheerbarth* u.a., Beamtenrecht, S. 433. Zur Höhe der Abführungspflicht vgl. *Berger*, S. 40.

durchaus sinnvoll ist. So stellt für den Vorstand einer Konzernmuttergesellschaft die Mitgliedschaft in Aufsichtsräten von Tochtergesellschaften einen wesentlichen Bestandteil seiner Leitungsaufgabe dar[283]. Eine zu der Vorstandsvergütung zusätzlich gewährte Vergütung der in den Tochtergesellschaften wahrgenommenen Aufsichtsratsmandate erscheint daher nicht geboten. Soweit eine solche im Hinblick auf eine Gleichbehandlung mit den übrigen Aufsichtsratsmitgliedern der Tochtergesellschaften dennoch gewährt wird, wird daher regelmäßig eine Abführung an die Konzernmuttergesellschaft vereinbart[284].
Ein pauschales Verbot von Abführungsvereinbarungen kann daher unter Umständen mehr hinderlich als nützlich sein und ist daher insgesamt abzulehnen. Denn letztlich würde versucht, über ein allgemeines Verbot einen punktuellen, in dem oben genannten DGB-Beschluss erkannten, Missstand zu beseitigen. Bezeichnenderweise lässt sich die Befürchtung, die kritisierte Abführungsverpflichtung würde sich insgesamt negativ auf das Vergütungsniveau auswirken, anhand empirischer Untersuchungen sogar widerlegen. So kommt *Schmid*[285] in seiner Untersuchung der 120 größten deutschen Aktiengesellschaften zu dem Ergebnis, dass sich die Mitbestimmung, und damit der oben genannte DBG-Beschluss, nicht auf die Höhe der Aufsichtsratsvergütung auswirkt. Abschließend sei darauf hingewiesen, dass die Hans-Böckler-Stiftung die Einnahmen aus den abgeführten Aufsichtsratsvergütungen u.a. zur Finanzierung von Schulungsveranstaltungen für Aufsichtsratsmitglieder verwendet[286], so dass die Abführung teilweise wieder der Überwachungstätigkeit des Aufsichtsrats zugute kommt.

1.2.4.4. Steuerrechtlicher Exkurs: Abschaffung des § 10 Nr. 4 KStG

Ein Hindernis für eine Anhebung der Aufsichtsratsvergütung in der Praxis wird in deren steuerlicher Behandlung gesehen[287]. Gem. § 10 Nr. 4 KStG sind Aufsichtsratsvergütungen nur zur Hälfte als Betriebsausgaben absetzbar, d.h. zur Hälfte werden sie wie ein an Aktionäre ausgeschütteter Gewinn behandelt. Demgegenüber sind Vorstandsbezüge in voller Höhe als Betriebsausgaben absetzbar. Die Rechtsprechung hat verfassungsrechtliche Bedenken im Hin-

---

[283] Vgl. Begr. des Referentenentwurfs zum KonTraG, § 100 RegE AktG, ZIP 1996, 2132; Geßler-Hefermehl/*Geßler*, § 100 Rn. 19; *Hoffmann-Becking*, in: HdbGesR AG, § 30 Rn. 7; *Hüffer*, § 100 Rn. 4.

[284] Vgl. *Berger*, S. 41; *Grätz*, AG 1978, 68.

[285] *Schmid*, ZfB 1997, 78.

[286] *Berger*, S. 36 Fn. 198.

[287] *Clemm/Clemm*, BB 2001, 1873ff.; *Claussen*, AG 1996, 487; *Götz*, AG 1995, 351; *Hoffmann-Becking*, FS Havermann, S. 245; *Hüffer*, § 113 Rn. 7 und § 114 Rn. 5; *ders.*, ZHR 1997, 245; *Lambsdorff*, in: Feddersen u.a., Corporate Governance, S. 233; *Lutter*, ZHR 1995, 303; *Reichelt*, S. 196; *Seibert*, WM 1997, 4; *Wagner*, Aufsichtsgremien, S. 64f.; *ders.*, NZG 1999, 1094.

blick auf den Gleichbehandlungsgrundsatz[288] mit dem Argument zurückgewiesen, mit dieser Regelung sollten zu hohe Aufsichtsratsvergütungen vermieden werden[289].
Aus rechtspolitischer Sicht ist diese Norm bereits deshalb verfehlt, weil die Aufsichtsratsvergütung in der Praxis tendenziell nicht zu hoch, sondern zu niedrig ist. Die teilweise Behandlung der Aufsichtsratsvergütung als Gewinn verkennt zudem die Aufgabe des Aufsichtsrats: Sie unterstellt nämlich, dass Aufsichtsratsmitglieder Nutznießer der Gesellschaft sind, wogegen der Aufsichtsrat tatsächlich durch seine Überwachungstätigkeit einen wertvollen Beitrag zum Unternehmenserfolg beiträgt bzw. beitragen kann.
Die Vorschrift des § 10 Nr. 4 KStG sollte daher als Hemmfaktor für eine sachgerechte Vergütungspraxis gestrichen werden[290].

1.2.4.5. Zusammenfassung

Die Aufsichtsratsvergütung ist tendenziell zu erhöhen. Dabei sollte sie aus einer aufwandsabhängigen und einer erfolgsabhängigen Komponente bestehen. Anregungen für eine dahingehende Praxis sind nicht durch eine Soll-Vorschrift, sondern durch Festsetzungen in einem Verhaltenskodex vorzusehen. Im Übrigen bedarf es dann lediglich geringfügiger gesetzlicher Korrekturen. Zum einen sollte durch Streichung des § 113 III AktG der Jahresüberschuss als Bezugspunkt der Vergütung zugelassen werden, zum anderen sollte die Aufsichtsratsvergütung steuerlich voll als Betriebsausgabe absetzbar sein, weshalb § 10 Nr. 4 KStG zu streichen ist.

1.3. Stärkung der Präventivwirkung der Haftung durch Verbesserung der gesetzlichen Regelungen zur Haftungsdurchsetzung

1.3.1. Vorbemerkung

Neben der Vergütung kommt der von einer Haftung ausgehenden Präventivwirkung entscheidende Bedeutung für die Motivation von Aufsichtsratsmitgliedern zu, so dass eine Reform des Aufsichtsrats hier einen Schwerpunkt setzen muss. Im zweiten Kapitel konnte festgestellt werden, dass diesbezüglich zwar kein Reformbedarf hinsichtlich der materiellen Haftung gegeben ist,

---

[288] Vgl. *Clemm/Clemm*, BB 2001, 1876ff.; *Götz*, AG 1995, 351; *Lutter*, ZHR 1995, 304; Köln.-Komm./*Mertens*, § 113 Rn. 39.

[289] BVerfGE 34, 118. In der Verfassungsbeschwerde war gegen § 10 Nr. 4 KStG vorgebracht worden, dem KStG liege das Nettoprinzip zugrunde, wonach alle Betriebsausgaben abzugsfähig sein müssten. Die von § 10 Nr. 4 KStG gemachte Ausnahme sei daher ein Verstoß gegen Art. 3 I GG, vgl. BVerfGE 34, 107. Vgl. BFHE 133, 194.

[290] Vgl. die in Fn. 287 Genannten. Während der Referentenentwurf des TransPubG noch eine entsprechende Streichung vorgeschlagen hat, ist dies im Regierungsentwurf des TransPubG nicht mehr vorgesehen. Dies dürfte wohl daran liegen, dass dieser Vorschlag als derzeit fiskalpolitisch nicht vertretbar angesehen wird, vgl. *Selbert*, ZIP 2001, 2194 Fn. 8.

die Regelung der Haftungsdurchsetzung jedoch erhebliche Defizite aufweist. Im Folgenden soll daher untersucht werden, wie das gesetzliche System der Haftungsdurchsetzung verbessert werden kann.

1.3.2. Zweckmäßigkeit eines Quorums für die Haftungsdurchsetzung

Der entscheidende Punkt der Kritik an der gesetzlichen Regelung des § 147 AktG war, dass ein Haftungsprozess von einer Minderheit erst ab einem Anteilsbesitz von 5% des Grundkapitals bzw. 500.000 Euro erzwungen werden kann, was eine Haftung in der Praxis nahezu ausschließt. Es fragt sich daher, wozu es eines solchen Quorums überhaupt bedarf.

Die Regelung des § 147 AktG und das darin enthaltene Quorum finden ihren Ursprung in der ADHGB-Novelle von 1884[291]. Schon damals hatte man erkannt, dass die Gesellschaft vertreten durch ihre Organe wenig Neigung zu Haftungsprozessen gegen besagte Organe entwickelt. Um die Gefahr einer Kollusion zwischen Organmitgliedern und Großaktionären zu vermeiden, wurde die Möglichkeit einer Klageerzwingung nicht nur der Hauptversammlung zur einfachen Stimmenmehrheit übertragen, sondern sogar als Minderheitsrecht ausgestaltet. Da man andererseits aber in einem Individualklagerecht des einzelnen Aktionärs erhebliche Missbrauchsgefahren vermutete[292], entschied man sich für ein Quorum, als Kompromiss[293].
Auch der Gesetzgeber des KonTraG hat sich mit der Frage der Zweckmäßigkeit eines Quorums auseinandergesetzt. Für seine Zurückhaltung bei der Änderung des § 147 AktG war dabei die Überlegung maßgeblich, ein erhöhtes Haftungsrisiko durch Absenkung des Quorums könne zu mehr Bürokratie, Verrechtlichung der Handlungsabläufe und geringerer Entscheidungsfreude, mit anderen Worten zu Absicherungsstrategien führen. Zudem gebe es vielfältige

---

[291] Nach Art. 223 ADHGB i.d.F. von 1884 (abgedruckt bei Schubert/Schmiedel/Krampe, Quellen zum HGB 1897, Bd. 1, S. 166) konnte eine Aktionärsminderheit, deren Anteile den fünften Teil des Grundkapitals darstellte und die ihre Aktien seit mindestens sechs Monaten in Besitz hatte, einen Haftungsprozess erzwingen. Für die Dauer des Rechtsstreits waren die Aktien zu hinterlegen. Der Anspruch konnte nur innerhalb von drei Monaten nach Abhalten der Hauptversammlung geltend gemacht werden. Das Gericht konnte zudem eine Frist setzen, innerhalb der eine Sicherheitsleistung, deren Höhe im freien Ermessen des Gerichts stand, zu bestellen war. Nach erfolglosem Ablauf dieser Frist galt die Klage als zurückgenommen. Die Prozesskosten mussten in jedem Fall von den Minderheitsaktionären getragen werden. Bei unbegründeter Klage konnten die Kläger auf Schadensersatz in Anspruch genommen werden.

[292] Vgl. dazu die Begründung zum Entwurf der ADHGB-Novelle von 1884, abgedruckt bei: Hommelhoff/Schubert, Hundert Jahre Modernes Aktienrecht, S. 469: „Es (das Individualrecht des einzelnen Aktionärs, Anm. d. Verf.) eröffnete eine völlige Anarchie, gefährdete den Halt der Organisation, die Thätigkeit der Gesellschaftsorgane und leiste Erpressungen aller Art Vorschub."

[293] Vgl. die Begründung zum Entwurf der ADHGB-Novelle von 1884, abgedruckt bei: Hommelhoff/Schubert, Hundert Jahre Modernes Aktienrecht, S. 470.

vom Gesetzgeber zu akzeptierende Gründe, von einer Anspruchsverfolgung abzusehen, insbesondere Ansehensverlust der Gesellschaft, Beeinträchtigung der Arbeitsfähigkeit der Organe, Auswirkungen auf die Geschäftsbeziehungen zu Dritten sowie das Kostenrisiko und mangelnde Realisierbarkeit des Anspruchs. Es sollte nicht eine Aktionärsminderheit gegen die überwältigende Mehrheit der Miteigentümer eine Klage erzwingen können[294]. In der Literatur wurden zudem Bedenken erhoben, durch einen Haftungsprozess müssten u.U. Betriebsgeheimnisse offenbart werden[295]. Zudem würden durch ein erhöhtes Haftungsrisiko gerade pflichtbewusste Kandidaten abgeschreckt[296].

Die für die Notwendigkeit eines Quorum vorgebrachten Gründe verdienen eine kritische Betrachtung. So erscheint die Befürchtung von mehr Bürokratie und Formalisierung der Arbeitsabläufe ohne ein solches Quorum im heutigen Computerzeitalter bereits deshalb wenig tragfähig, weil ein diesbezüglicher Zeit- und Arbeitsaufwand aufgrund technischer Hilfsmittel nicht allzu groß sein dürfte. Wenn der Aufsichtsrat zur Absicherung eines Haftungsrisikos seine Tätigkeit schriftlich dokumentieren will, ist damit zugleich eine Steigerung an Transparenz verbunden. Dies könnte nicht nur zu einer besseren Selbstevaluierung des amtierenden Aufsichtsrats beitragen[297], sondern auch Neueinsteigern im Aufsichtsrat die Einarbeitung in die Probleme der Gesellschaft und der Überwachungsaufgabe erleichtern.
Die Gefahr des Ansehensverlustes durch einen Haftungsprozess und die Gefahr, dass dadurch das Vertrauen von Anlegern, Banken und Gläubigern zerstört würde, dürfen nicht überbewertet werden[298]. Denn das Vertrauen besteht ohnedies nur solange, wie das pflichtwidrige Verhalten nicht bekannt ist[299]. Ist die Öffentlichkeit erst informiert, kann die Gesellschaft das Vertrauen nur dadurch zurückgewinnen, dass sie konsequent darauf reagiert und zeigt, dass solche Pflichtwidrigkeiten nicht geduldet werden[300]. Dies gilt erst recht bei Vorliegen eines „dringenden Verdachts von Unredlichkeiten“ i.S.v. § 147 III AktG. Professionelle Investoren belegen Unternehmen, die nicht über eine glaubwür-

---

[294] Begr. des Regierungsentwurfs zum KonTraG, § 147 RegE. AktG, ZIP 1997, 2065f.
[295] *Semler*, RWS-Forum GesR 1997, S. 229f.
[296] *Dreher*, RWS-Forum GesR 1997, S. 15f.; *Hopt*, FS Mestmäcker, S. 927ff.; *Lutter*, ZHR 1995, 305; *Mertens* in: Feddersen u.a., Corporate Governance, S. 159ff.
[297] Vgl. die Forderung des *Berliner Initiativkreises German Code of Corpporate Governance*, DB 2000, 1577 (IV. Ziff. 2.6.); *Feddersen*, AG 2000, 391; *OECD*, Corporate Governance, S. 59.
[298] A.A. *Kallmeyer*, AG 1997, 107f.; *Krieger*, ZHR 1999, 347 (sachgerecht zur Vermeidung immaterieller Schäden); *Mertens*, in: Feddersen u.a., Corporate Governance, S. 159; *Schiessel*, AG 1999, 449 (schädliche Unruhe); *Sünner*, ZHR 1999, 367. Zu diesem Argument aus Sicht des japanischen Rechtssystems *Hayakawa*, FS Mestmäcker, S. 901.
[299] Vgl. *Lutter*, ZIP 1995, 442.
[300] *Götz*, AG 1997, 220f. Dies erkennt auch *Sünner*, ZHR 1999, 367 (Schäden bleiben ohne Wiedergutmachung, Abschreckungseffekt wird nicht erzielt).

dige Haftungsandrohung verfügen, insofern konsequent mit einem Risikozuschlag[301].
Das Argument der Umgehung einer überwältigenden Aktionärsmehrheit kann ebenfalls nicht überzeugen. Denn erstens hat sich die Geltendmachung des Schadensersatzes primär am Unternehmensinteresse zu orientieren[302], das keineswegs mit dem Willen der Aktionärsmehrheit übereinstimmen muss. Und zweitens zeigt § 93 IV 3 AktG, wonach der Ersatzanspruch zumindest für drei Jahre der Dispositionsbefugnis *jedweder* Aktionärsmehrheit entzogen ist[303], dass der Wille selbst einer absoluten Mehrheit nicht allein maßgeblich sein kann.
Auch ist nicht unbedingt eine Offenbarung von Betriebsgeheimnissen zu befürchten. Denn das Verfahrensrecht sieht in § 172 Nr. 2 GVG gerade für diesen Fall die Möglichkeit vor, die Öffentlichkeit von der Verhandlung auszuschließen. Zwar ließe sich dagegen einwenden, es stünde jedem Aktionär frei, sich als Nebenintervenient am Prozess zu beteiligen. Es ist aber kaum zu erwarten, dass Aktionäre dies nur zum Ausspionieren der Gesellschaft tun werden. Denn abgesehen von dem mit einer Nebenintervention verbundenen, nicht zu unterschätzenden Prozesskostenrisiko[304], dürften kaum strategisch relevante Informationen zu erlangen sein. Haftungsprozesse beziehen sich nämlich in aller Regel auf abgeschlossene, in der Vergangenheit liegende Sachverhalte.
Was die Befürchtung betrifft, durch ein erhöhtes Haftungsrisiko würden kompetente Kandidaten für das Aufsichtsratsamt abgeschreckt, muss dem entgegnet werden, dass gerade kompetente Aufsichtsratsmitglieder ihre Pflichten kennen und daher ein Haftungsrisiko nicht zu fürchten brauchen, weil sie wissen, wie sie Haftungsfälle vermeiden können.

Hinter all diesen Einwänden versteckt sich wohl hauptsächlich die Befürchtung, eine Minderheit könne die Haftungsklage für eigennützige Zwecke missbrauchen[305]. In Analogie zur Anfechtungsklage befürchtet man sog. „räuberische

---

301 *Baums*, Gutachten zum 63. DJT, F-247 m.w.N.

302 Vgl. für die Geltendmachung von Schadensersatzansprüchen gegenüber dem Vorstand BGH, ZIP 1997, 886; *Henze*, NJW 1998, 3311; *Horn*, ZIP 1997, 1137f.; *Kau/Kukat*, BB 2000, 1046; *Kindler*, ZHR 1998, 113; *Raiser*, NJW 1996, 554; *Wilhelm*, Kapitalgesellschaftsrecht, Rn. 979ff. Für die Geltendmachung von Schadensersatzansprüchen gegenüber Aufsichtsratsmitgliedern kann nichts anderes gelten.

303 Bei § 93 IV 3 AktG handelt es sich um eine Wartefrist, die sicherstellen soll, daß über den Anspruch nicht zu einem Zeitpunkt verfügt wird, in dem sich noch kein abschließendes Bild über die Auswirkungen der schädigenden Handlung gewinnen lässt, vgl. Begr. zu § 93 RegE. AktG 1965, bei Kropff, S. 123. Damit soll die Hauptversammlung vor einer Fehleinschätzung geschützt werden. Vgl. auch *Kindler*, ZHR 1998, 110f.

304 Vgl. § 101 ZPO.

305 Subtil die Begr. des Regierungsentwurfs zum KonTraG, § 147 RegE AktG, ZIP 1997, 2066: „Es kann auch nicht ohne weiteres angenommen werden, dass eine die Klage anstrengende Minderheit dies zur Wahrung der Interessen der überwältigenden Mehrheit

Aktionärsklagen"[306], die nur erhoben würden, um Druck auf die Gesellschaft auszuüben, den Kläger gegen eine entsprechend hohe Abfindung wieder ruhig zu stellen[307]. Hierbei muss man jedoch berücksichtigen, dass einem Haftungsprozess nicht der „Erpressungswert" einer Anfechtungsklage anhaftet. Die Zwangslage für die Gesellschaft im Falle einer Anfechtungsklage resultiert nämlich aus einer Registersperre[308], die unternehmerische Maßnahmen wie Eingliederungen oder Fusionen für die Zeit des Prozesses blockiert und dadurch die Gesellschaft zu einer möglichst schnellen Beendigung des Rechtsstreits ggf. durch „Abkaufen der Klage" veranlassen wird. Haftungsklagen ist eine derartige Blockade der Gesellschaft dagegen fremd[309].
Es kann allerdings nicht bestritten werden, dass eine Inanspruchnahme der Organmitglieder durch die Gesellschaft für diese nicht immer vorteilhaft sein muss. Wie der BGH in seiner ARAG/Garmenbeck-Entscheidung betont hat, können selbst bei einem gegebenen Schadensersatzanspruch der Gesellschaft anzuerkennenende Gründe gegen eine Durchsetzung der Haftung sprechen, wobei diese Gründe allerdings sehr gewichtig sein müssen[310]. So kann die Geltendmachung eines in der Regel millionenschweren Anspruchs im Hinblick auf dessen Realisierbarkeit wirtschaftlich sinnlos[311], aufgrund der gesamtschuldnerischen Haftung von Kläger und Beklagten für die Beibringbarkeit der Prozesskosten gem. §§ 49, 58 GKG u.U. sogar schädlich sein[312]. Hierbei wird man allerdings zu berücksichtigen haben, dass es bei einem Haftungsprozess nicht allein um eine Schadenskompensation, sondern vor allem auch

---

der Miteigentümer tut, die eine solche Klage nicht betreiben wollen." Deutlicher die Begründung des Rechtsausschusses zum KonTraG, § 147 RegE AktG, ZIP 1998, 488 (unsachliche Klageerhebung).

Vgl. zu Bedenken eines Mißbrauchs aus historischer Sicht die Begründung der ADHGB-Novelle von 1884, abgedruckt bei: Hommelhoff/Schubert, Hundert Jahre Modernes Aktienrecht, S. 469; *DAV*, Zur Reform des Aktienrechts, 1929, S. 108; Begr. zu § 147 RegE. AktG 1965, bei Kropff, S. 214.

[306] Vgl. dazu BGHZ 107, 311 (Kochs Adler); *Baums*, Gutachten zum 63 DJT, F-143ff.; *Feldkamp*, Anfechtungsklage und Vergleich im Aktienrecht, S. 126; *Hüffer*, § 245 AktG Rn. 22ff.; *Slabschi*, Die sogenannte rechtsmißbräuchliche Aktionärsklage, S. 13ff.; *Zöllner*, AG 2000, 147.

[307] *Kallmeyer*, AG 1997, 109; *Schiessl*, AG 1999, 449; *Sünner*, ZHR 1999, 370; *Trescher*, DB 1995, 664; *Ulmer*, ZHR 1999, 327f. Vgl. auch die Begr. des RegE. bei Kropff, § 50 AktG 1965, S. 67 und § 147 AktG 1965, S. 215f.

[308] Vgl. §§ 319 V, 320 I 3 AktG, §§ 16 II, 176 I UmwG. In den übrigen Fällen kann das Registergericht die Eintragung bis zur Entscheidung über die Anfechtungsklage aussetzen, § 127 FGG, vgl. dazu *Baums*, Gutachten zum 63 DJT, F-158ff.; *Feldkamp*, S. 37ff.; *Hüffer*, § 243 Rn. 52; *Slabschi*, S. 160ff.

[309] Vgl. *Adams*, AG/S 1997, 10; *Götz*, AG 1995, 352; *Kübler*, AG/S 1997, 49; *Ulmer*, ZHR 1999, 328.

[310] BGH, ZIP 1997, 886.

[311] *Götz*, AG 1995, 352; *Schiessl*, AG 1999, 449.

[312] Vgl. *Sünner*, ZHR 1999, 376.

um eine Prävention geht[313]. Ein Haftungsprozess kann aber eine Unruhe in das Unternehmen bringen, die möglicherweise in keinem Verhältnis zur streitgegenständlichen Pflichtverletzung steht. Es kann auch geboten sein, von der Verfolgung zu vernachlässigender Pflichtverletzungen abzusehen, wenn in der konkreten Situation ein von einem Haftungsprozess ausgehender negativer Eindruck in der Öffentlichkeit Verhandlungen mit einem bestimmten Investor beeinträchtigen und dadurch den Erfolg bestimmter Geschäfte bedrohen könnte. Für Fälle, in denen ein Absehen von einer Haftungsverfolgung für das Unternehmen vorteilhafter ist als deren Durchsetzung, muss ein missbräuchliches Durchsetzungsverlangen einer Minderheit verhindert werden. Da ein Haftungsprozess in der Regel nicht nur eine zeitliche, sondern auch eine psychische Beeinträchtigung der Leistungsfähigkeit der Organe mit sich bringt[314], müssen Organmitglieder auch vor unberechtigten Klagen geschützt werden.

Damit ist als Zwischenergebnis festzuhalten, dass der einzige zu akzeptierende Grund für ein Quorum darin liegt, die Gesellschaft und ihre Organe vor unberechtigten und in Bezug auf die Pflichtverletzung und die konkrete Situation der Gesellschaft unverhältnismäßigen Klagen zu schützen. Alle übrigen Argumente, die gegen eine Verbesserung der Haftungsdurchsetzung vorgebracht wurden, haben sich als nicht stichhaltig erwiesen. Ein Quorum, das zum Zwecke der Missbrauchsvorbeugung eine Haftung letztlich ganz ausschließt, lässt sich aber nur dann rechtfertigen, wenn es keine andere, gleichwertige Möglichkeiten gibt, Missbrauchsfällen zu vermeiden. Dies soll im Folgenden untersucht werden.

1.3.3. Zweistufiges Klageverfahren als Lösungsansatz

1.3.3.1. Grundsätzliche Konzeption eines zweistufigen Klageverfahrens

Als Lösung für das soeben beschriebene Problem wird neuerdings ein zweistufiges Klagesystem, bestehend aus einem Klagezulassungsverfahren und dem eigentlichen Haftungsprozess vorgeschlagen, das ungeachtet von Detailfragen folgendes Verfahren vorsieht[315]: In einem Vorverfahren soll vor dem

---

[313] Vgl. *Baums*, Gutachten zum 63 DJT, F-233f.; *Götz*, AG 1995, 352;

[314] *Krieger*, ZHR 1999, 347; *Ulmer*, ZHR 1999, 328. Ob allerdings ein beklagtes Organmitglied seine gesamte Energie für seine Verteidigung aufwendet, und daher für die Gesellschaft untragbar sei (so *Lutter*, ZIP 1995, 442), mag bezweifelt werden.

[315] *Baums*, Gutachten zum 63 DJT, F-249 und 259ff.; *Bork*, RWS-Forum GesR 1997, 66; in Anlehnung an § 16 III 2 UmwG *Lutter*, ZHR 1995, 306; *ders.* AG/S 1997, 55; zustimmend *Röhricht* im Rahmen einer Diskussion, zitiert bei Kramer, RWS-Forum GesR 1997, 75; *Semler*, RWS Forum GesR 1995, 232. Einen konkreten Gesetzesentwurf liefert *Ulmer*, ZHR 1999, 329ff. Vgl. nun auch den Vorschlag bei *Baums*, Bericht der Regierungskommission Corporate Governance, Rn. 73. Der Vorschlag wurde nicht im Entwurf für das TransPubG berücksichtigt, sondern dessen Umsetzung in die nächste Legislaturperiode verschoben, vgl. Seibert, ZIP 2001, 2192.

auch für den späteren Haftungsprozess zuständigen Prozessgericht eine summarische Prüfung der Erfolgsaussichten eines Haftungsprozesses erfolgen. Dabei soll der Gesellschaft auch Gelegenheit gegeben werden, Gründe im Sinne der ARAG/Garmenbeck-Entscheidung des BGH vorzubringen, die trotz gegebener Erfolgsaussichten gegen eine Haftungsdurchsetzung im konkreten Einzelfall sprechen. Das Gericht hat sämtliche Interessen der Gesellschaft gegeneinander abzuwägen und nach pflichtgemäßem Ermessen zu entscheiden, ob eine Haftungsklage gegen die Organmitglieder zugelassen wird, oder nicht. Erst in einem zweiten, dem Vorverfahren nachfolgenden Haftungsprozess wird über die eigentliche Haftung der Organmitglieder entschieden.
Es soll nun geprüft werden, ob das vorgeschlagene Klagesystem eine adäquate Verbesserung des Klagesystems darstellt.

1.3.3.2. Erste Stufe: Das Zulassungsverfahren

1.3.3.2.1. Zweckmäßigkeit eines gerichtlichen Zulassungsverfahrens

Der Sinn eines Vorverfahrens wird darin gesehen, offensichtlich erfolglose Klagen von vornherein aussortieren zu können und der Gesellschaft die Möglichkeit zu geben, anerkennenswerte Gründe gegen eine Haftungsdurchsetzung im Einzelfall vorzubringen[316].
Damit scheint auf den ersten Blick das Missbrauchsrisiko eingedämmt zu sein. Denn offensichtlich unbegründete Vorwürfe einer Pflichtverletzung gegenüber Organmitgliedern werden das Zulassungsverfahren nicht passieren und können daher nicht in einen Haftungsprozess münden, dessen „Lästigkeitswert"[317] die Gesellschaft aus Publizitätsgründen dem klagenden Aktionär abzukaufen bereit ist. Da neben den Erfolgsaussichten eines Haftungsprozesses Nutzen und Lasten eines Haftungsprozesses für die Gesellschaft insgesamt abgewogen werden, kann verhindert werden, dass im Falle begründeter Vorwürfe eine Aktionärsminderheit einen Haftungsprozess selbst dann erzwingen kann, wenn dies für die Gesellschaft überwiegend nachteilig ist[318].

Es fragt sich allerdings, ob dem Vorverfahren nicht die gleichen Bedenken wie dem eigentlichen Haftungsprozess entgegengehalten werden müssen. Denn bereits das gerichtliche Zulassungsverfahren nimmt die beklagten Organmitglieder zeitlich und psychisch in Anspruch[319] und kann innerhalb und außer-

---

Die Idee eines zweistufigen Klageverfahrens findet sich ansatzweise bereits bei *Flume*, Aktienrechtsreform, S. 18.

[316] *Baums*, Gutachten zum 63 DJT, F-249 und 259; *Baums*, Bericht der Regierungskommission Corporate Governance, Rn. 73; *Ulmer*, ZHR 1999, 329.

[317] *Hüffer*, § 245 Rn. 24.

[318] Vgl. *Baums*, Gutachten zum 63 DJT, F-244.

[319] *Krieger*, ZHR 1999, 347.

halb des Unternehmens Aufsehen erregen. Damit könnte auch einem Zulassungsverfahren ein Missbrauchsrisiko anhaften.
Ein solches ist jedoch nicht sehr hoch einzuschätzen. Zwar ist nicht zu leugnen, dass bereits mit dem Vorverfahren Organmitglieder belastet werden. Diese Belastung ist jedoch ungleich geringer als die des eigentlichen Haftungsprozesses. Denn es wird erst über die Zulassung eines Haftungsprozesses und noch nicht über die Haftung selbst entschieden, was für die Organmitglieder zumindest mit einer geringeren psychologische Anspannung einher gehen dürfte. Wird zudem der Charakter des Zulassungsverfahrens als Filter für offensichtlich aussichtslose oder mutwillige Klagen deutlich hervorgehoben, wird die Durchführung des Vorverfahrens auch in der nicht rechtskundigen Öffentlichkeit sowie bei Anlegern und Investoren nicht die Wirkung eines Haftungsprozesses haben.
Der entscheidende Vorteil des vorgeschlagenen Zulassungsverfahrens liegt aber darin, dass nicht nur über eine behauptete Pflichtverletzung des Organmitglieds entschieden wird, sondern Nutzen und Lasten eines Haftungsprozesses für die Gesellschaft insgesamt gegeneinander abgewogen werden[320]. Damit wird richtigerweise das Unternehmensinteresse in den Mittelpunkt der Entscheidung gerückt. Denn ein Haftungsprozess, der einen erlittenen Schaden kompensieren soll, macht wenig Sinn, wenn durch den Prozess der Gesellschaft summa summarum zusätzlicher Schaden entsteht. Selbst wenn bei schlüssig vorgetragener Pflichtverletzung ein Haftungsprozess in der Regel durchgeführt werden muss[321], bietet die Berücksichtigung des Unternehmensinteresses bei der Entscheidung im Zulassungsverfahren dem Gericht die Möglichkeit, sinnwidrige Ergebnisse zu vermeiden und damit letztlich auch Missbrauchsfälle zu verhindern.

Verglichen mit dem durch das KonTraG eingeführten Vorverfahren i.S.v. § 147 III AktG, in dem ein gerichtlich bestellter Vertreter nach pflichtgemäßem Ermessen über die Erfolgsaussichten und die Durchführung eines Haftungsprozesses zu entscheiden hat, kämen dem vorgeschlagenen Zulassungsverfahren eine Reihe von Vorteilen zu. Denn abgesehen davon, dass das Vorverfahren i.S.v. § 147 III AktG nicht die Möglichkeit bietet, das Unternehmensinteresse zu berücksichtigen[322], würde in dem vorgeschlagenen Zulassungsverfahren ein unabhängiges Richterkollegium über die Durchführung eines Haftungsprozesses entscheiden und nicht ein einzelner Vertreter[323]. Zudem könnten

---

[320] *Baums*, Gutachten zum 63 DJT, F-244; *Bayer*, NJW 2000, 2619.

[321] Vgl. BGH, ZIP 1997, 886.

[322] Der bestellte Vertreter hat lediglich die Erfolgsaussichten zu prüfen, darf jedoch bei einer positiven Bewertung derselben nicht aus Gründen des Unternehmenswohls von einer Verfolgung absehen, vgl. oben 1. Teil, 2.6.

[323] Da der Streitwert in der Regel über 10.000 DM liegen wird, ist das auch für das Zulassungsverfahren zuständige Prozessgericht gem. §§ 23, 71 GVG das Landgericht, das im

Tatsachen und Argumente in einem geregelten Streitverfahren aufgenommen werden, was einen ordnungsgemäßen Verfahrensablauf sicherstellt und damit Gewähr für die Sorgfalt und Gründlichkeit der Entscheidung bietet. Nicht zuletzt deshalb dürfte einem gerichtlichen Vorverfahren auch mehr Vertrauen durch die Öffentlichkeit zukommen als dem ungeregelten und undurchsichtigen Vorprüfungsverfahren i.S.v. § 147 III AktG.

Damit ist festzuhalten, dass das vorgeschlagene Zulassungsverfahren grundsätzlich ein geeignetes Mittel zur Vermeidung von Missbrauchsfällen ist. Im Folgenden sollen verschiedene Detailfragen eines solchen Vorverfahrens diskutiert werden.

1.3.3.2.2. Erfordernis einer Aufforderung an die Gesellschaft zur Geltendmachung des Schadensersatzes durch den antragstellenden Aktionär

Um das Missbrauchsrisiko weiter zu verringern, wird in Anlehnung an das amerikanische Recht vorgeschlagen, das Zulassungsverfahren davon abhängig zu machen, dass der Antragsteller die Gesellschaft zuvor unter Angabe von Gründen aufgefordert hat, bestimmte Organmitglieder in Haftung zu nehmen (sog. *demand*)[324]. Der Antrag auf Zulassung einer Haftungsklage ist demnach erst zulässig, wenn die Gesellschaft innerhalb einer bestimmten Periode - vorgeschlagen werden drei Monate[325] - der Aufforderung nicht nachgekommen ist oder dies bereits vorher abgelehnt hat. Die Gesellschaft wird bei der Beantwortung des *demand*, je nachdem wer in Anspruch genommen werden soll, vom Vorstand oder Aufsichtsrat vertreten[326].

Nach dem amerikanischen Gesellschaftsrecht, aus dem, wie gesagt, die Idee eines derartigen *demand*-Erfordernisses stammt, können Aktionäre Schadensersatzansprüche der Gesellschaft gegen Mitglieder des *Board of Directors* im eigenen Namen erst dann geltend machen (sog. *derivate suit*), wenn sie zuvor die Gesellschaft schriftlich aufgefordert haben, den Anspruch selbst einzuklagen[327]. Damit soll erstens verhindern werden, dass Rechtsstreitigkeiten vor Gericht getragen werden, bevor nicht Aktionär und Gesellschaft sich vorher

---

Regelfall gem. § 75 GVG mit drei Berufsrichtern bzw. gem. § 105 GVG (Kammer für Handelssachen) mit einem Berufsrichter und zwei ehrenamtlichen Richtern besetzt ist.

[324] *Baums*, Gutachten zum 63. DJT, F-261; *Ulmer*, ZHR 1999, 341. Vgl. auch *Baums*, Bericht der Regierungskommission Corporate Governance, Rn. 73.

[325] Vgl. *Baums*, Gutachten zum 63. DJT, F-261; *Baums*, Bericht der Regierungskommission Corporate Governance, Rn. 73; *Ulmer*, ZHR 1999, 341.

[326] Die Vorschläge enthalten diesbezüglich keine Aussage, so dass auf die allgemeinen Vertretungsregeln der §§ 78 I und 112 AktG zurückgegriffen werden muss.

[327] Zum *demand*-Erfordernis im amerikanischen Recht vgl. *Coffee*, in: Feddersen u.a., Corporate Governance, S. 179ff.; *Merkt*, US-amerikanisches Gesellschaftsrecht, Rn. 849; *Ulmer*, ZHR 1999, 311ff.

außergerichtlich auseinandergesetzt haben, zweitens die Selbstbestimmung der Unternehmensverwaltung gewahrt, und drittens missbräuchlichen Aktionärsklagen vorbeugt werden[328]. Letzteres wird dadurch erreicht, dass die Ablehnung der Aufforderung durch den Aktionär als unternehmerische Entscheidung des *Board of Directors* angesehen wird, die für das Gericht grundsätzlich bindend ist und nur auf Ermessensmissbrauch nachgeprüft werden kann[329].

Gegen eine Übertragung dieses *demand*-Erfordernisses auf das vorgeschlagene Zulassungsverfahren könnte zunächst sprechen, dass es auf das deutsche Aktienrecht nicht richtig passt[330]. Bei Untersuchung der gesetzlichen Regelungen zur Haftungsdurchsetzung musste nämlich erkannt werden, dass der zur Geltendmachung von Schadensersatzansprüchen gegenüber Aufsichtsräten primär berufene Vorstand keine Neigung verspüren wird, Mitglieder seines Überwachungsorgans in die Haftung zu nehmen[331]. Es wäre also zu erwarten, dass das *demand*-Erfordernis faktisch leerläuft und damit nur zu einer unnötigen Verzögerung des Haftungsprozesses führt[332].
Das *demand*-Erfordernis ist jedoch deshalb zu befürworten, weil ein Aktionärsrecht zur Erzwingung eines Haftungsprozesses gegen Organmitglieder der Gesellschaft nur subsidiär sein kann[333]. Denn es ist primär Aufgabe der zur Vertretung der Gesellschaft berufenen Organe, Ansprüche der Gesellschaft geltend zu machen, selbst wenn diese gegenüber Organmitgliedern bestehen. Die Aufforderungspflicht gegenüber der Gesellschaft soll dementsprechend die Gesellschaft von dem Aktionärsverlangen in Kenntnis setzen und ihr die Möglichkeit geben zu prüfen, ob sie dem Verlangen nachkommen will oder nicht. Das *demand*-Erfordernis würde auch nicht, wie befürchtet, völlig leerlaufen. Denn die Aufforderung gegenüber dem Vorstand, einen Haftungsprozess gegen Aufsichtsratsmitglieder anzustrengen, wäre dann nicht von vornherein aussichtslos, wenn nur einzelne Aufsichtsratsmitglieder zur Verantwortung gezogen werden sollen und eine Aufsichtsratsmehrheit einen Haftungsprozess unterstützt.

---

[328] *Coffee*, in: Feddersen u.a., Corporate Governance, S. 203; *Merkt*, US-amerikanisches Gesellschaftsrecht, Rn. 851; *Ulmer*, ZHR 1999, 311.

[329] Vgl. *Merkt*, US-amerikanisches Gesellschaftsrecht, Rn. 852. Die Entscheidung des *Board* ist demnach für die Gerichte zu akzeptieren, wenn sie in gutem Glauben, unter Beachtung elementarer Verfahrensgrundsätze getroffen wurde und inhaltlich nicht schlechthin untragbar ist.

[330] So *Coffee*, in: Feddersen u.a., Corporate Governance, S. 205.

[331] Siehe oben 2. Kapitel, 6.3.2.

[332] Die Rechtsprechung in den USA macht daher eine Ausnahme vom *demand*-Erfordernis, wenn dieses von vornherein aussichtslos erscheint, etwa weil der überwiegende Teil der Board-Mitglieder vom Vorwurf der Pflichtverletzung betroffen sind. Vgl. mit umfangreichen Beispielen aus der Rechtsprechung *Coffee*, in: Feddersen u.a., Corporate Governance, S. 180ff.; *Ulmer*, ZHR 1999, 311ff.

[333] *Baums*, Gutachten zum 63. DJT, F-243f.

Allerdings erscheint die vorgeschlagene Frist zur Beantwortung des *demand* von drei Monaten zu lang. Diese Frist ist der Regelung des § 275 II AktG entlehnt[334], der im Falle einer Nichtigkeitsklage bei Gründungsmängeln eine vorherige Aufforderung an die Gesellschaft verlangt. Die Frist des § 275 II AktG erscheint angemessen, weil es zur Behebung von Gründungsmängeln im Hinblick auf die Mitwirkung des Registergerichts eines längeren Zeitraums bedarf. Die Frist für die Geltendmachung von Schadensersatzansprüchen hat sich jedoch danach zu richten, welche Zeit für eine Prüfung der Erfolgsaussichten einer Haftungsklage und eine Abwägung des Unternehmensinteresses zu veranschlagen ist. Dafür dürfte ein Monat völlig ausreichen.

Das Zulassungsverfahren sollte daher erst dann zulässig sein, wenn der Antragsteller zuvor die Gesellschaft begründet aufgefordert hat, den behaupteten Anspruch selbst geltend zu machen. Anders als im amerikanischen Recht sollte eine ablehnende Entscheidung durch Vorstand oder Aufsichtsrat für das Zulassungsverfahren aber nicht bindend sein, da in diesem Verfahren die Erfolgsaussichten und das Unternehmenswohl geprüft werden, ein dahingehender unternehmerischer Ermessensspielraum der Organe mithin nicht erforderlich ist. Auch ohne Bindungswirkung ist jedenfalls durch die Aufforderungspflicht sicherzustellen, dass das Zulassungsverfahren subsidiär gegenüber der Zuständigkeit der Gesellschaftsorgane für die Haftungsdurchsetzung bleibt. Die Frist zur Beantwortung sollte einen Monat betragen.

1.3.3.2.3. Nachweis des Aktienerwerbs vor Kenntniserlangung von der Pflichtwidrigkeit

Um zu verhindern, dass Aktien bewusst zum Zwecke der missbräuchlichen Verfolgung von Haftungsfällen erworben werden (sog. *strike suits*), wird vorgeschlagen, den Antrag auf Zulassung des Haftungsprozesses davon abhängig zu machen, dass der Antragsteller glaubhaft macht, die Aktien vor Erlangung der Kenntnis von der Pflichtwidrigkeit erworben zu haben[335].
Dieser ebenfalls dem amerikanischen Recht entnommene Vorschlag[336] bietet zumindest theoretisch sachgerechtere Lösungen als die starre Regelung des

---

[334] Vgl. *Baums*, Gutachten zum 63. DJT, F-261.

[335] *Baums*, Gutachten zum 63. DJT, F-260; *Baums*, Bericht der Regierungskommission Corporate Governance, Rn. 73; *Ulmer*, ZHR 1999, 331.

[336] Sog. *contemporaneous ownership rule*, vgl. *Ulmer*, ZHR 1999, 331; *Merkt*, US-amerikanisches Gesellschaftsrecht, Rn. 838ff. Da diese Regel grundsätzlich auf den Zeitpunkt der schädigenden Pflichtverletzung und nicht auf den Zeitpunkt der Kenntnis von derselben abstellt, dies jedoch überwiegend als unbillig angesehen wird und die Rechtsprechung daher gewisse Ausnahmen zugunsten des Aktionärs macht, bezieht sich der Vorschlag wohl auf die *principles of corporate governance* des *American Law Institutes*, die auf den Zeitpunkt der Kenntniserlangung abstellen, vgl. *Merkt*, a.a.O., Rn. 842.

§ 147 I 3 AktG[337], wonach die antragstellenden Aktionäre ihre Aktien seit mindestens drei Monaten vor der Hauptversammlung besessen haben müssen. Denn Termine für die Hauptversammlung richten sich primär nach dem Geschäftsjahr und können auch erst drei Monate nach Bekanntwerden der Pflichtverletzung liegen. Da zudem erst drei Jahre nach Entstehung des Schadensersatzanspruches auf diesen verzichtet werden kann, §§ 93 IV 3, 116 AktG, und auch die Entlastung der Organmitglieder keinen Verzicht auf Ersatzansprüche enthält, § 120 II 2 AktG, könnte ein Aktionär die Aktien unproblematisch nach Bekanntwerden der Pflichtverletzung erwerben und die nächste bzw. übernächste Hauptversammlung abwarten.

Zwar ist die vorgeschlagene Glaubhaftmachung des Aktienerwerbs vor Kenntniserlangung der Pflichtverletzung in der Praxis sicherlich schwerer zu handhaben als die geltende Regelung des § 147 I 3 AktG, weil das Zulassungsverfahren von einer subjektiven Tatsache abhängt, die dem objektiven Beweis schwer zugänglich ist. In der Regel wird sich der Antragsteller jedoch mangels anderweitiger Beweismöglichkeit der Glaubhaftmachung durch eidesstattliche Versicherung bedienen müssen, § 294 I ZPO, deren Missbrauch in § 156 StGB strafbewehrt ist. Zudem kann von objektiven Tatsachen, namentlich Pressemitteilungen auf eine Kenntnis geschlossen werden. Hat zum Beispiel eine Pflichtverletzung rege Aufmerksamkeit in Tagespresse und Fernsehen gefunden, wird die Behauptung fehlender Kenntnis schwer in Zweifel zu ziehen sein. Auch dieser Vorschlag ist damit als sinnvolle Vorbeugung eines Aktienerwerbs zum bewusst zweckmissbräuchlichen Ausnützen des Antragsrechts zu befürworten.

1.3.3.2.4. Beschränkung des Zulassungsverfahrens auf Fälle grober Pflichtverletzungen

Fraglich ist, ob das Zulassungsverfahren - wie dies vorgeschlagen wird[338] - auf Fälle grober Pflichtverletzungen beschränkt werden sollte. Einfache Pflichtverletzungen könnten damit nur noch von der Hauptversammlung mit einfacher Stimmenmehrheit erzwungen werden[339]. Mit dieser Beschränkung soll die Entscheidungsfreudigkeit der Gesellschaftsorgane geschützt werden, die nicht die Ahndung jeder leichtfahrlässigen Pflichtverletzung fürchten sollen[340].

---

[337] Zur Kritik an der geltenden Rechtslage vgl. *Bork*, RWS-Forum GesR 1997, S. 64; *Götz*, AG 1995, 352 Fn. 89.

[338] *Baums*, Gutachten zum 63. DJT, F-260; *Baums*, Bericht der Regierungskommission Corporate Governance, Rn. 73; *Ulmer*, ZHR 1999, 331f.

[339] Das bisherige Minderheitsrecht i.S.v. § 147 I AktG soll zu Lasten des Zulassungsverfahrens entfallen, vgl. *Baums*, Bericht der Regierungskommission Corporate Governance, Rn. 73; *Ulmer*, ZHR 1999, 342.

[340] *Ulmer*, ZHR 1999, 332. Vgl. zur Neuregelung des § 147 III durch das KonTraG die Begr. des Regierungsentwurfs zum KonTraG, §147 RegE AktG, ZIP 1997, 2066; *Hopt*, FS Mestmäcker, S. 919ff.; *Mertens*, in: Feddersen u.a., Corporate Governance, S. 161ff.

Dieser Vorschlag verkennt jedoch bereits den Standort des Problems. Es kann nicht richtig sein, eine als zu weit empfundene materielle Haftung[341] über eine entsprechende Beschränkung der Haftungsdurchsetzung korrigieren zu wollen[342]. Der für eine erfolgreiche Unternehmensleitung und Überwachung notwendige Gestaltungsspielraum wird nur dadurch geschützt, dass die Gesellschaftsorgane überhaupt nicht für das unternehmerische Risiko zu haften haben, nicht jedoch dadurch, dass die Durchsetzung einer materiell-rechtlich bestehenden Haftung faktisch fast unmöglich gemacht wird. Denn jedenfalls im Insolvenzfall könnten die Organmitglieder in Anspruch genommen werden. Überdies bedarf es hinsichtlich der Haftungsbegründung überhaupt keiner gesetzgeberischen Korrekturmaßnahme. Die Befürworter einer Beschränkung des Zulassungsverfahren wollen mit ihrem Vorschlag eine Annäherung an die im amerikanischen Rechtsraum geltende *business judgement rule*[343] erreichen[344], die eine Haftung des Managements für das unternehmerische Erfolgsrisiko ausschließt. Diese Annäherung hat der BGH in seiner ARAG/Garmenbeck-Entscheidung aber bereits vollzogen, wenn er einen unternehmerischen Freiraum hervorhebt und eine Haftung erst bei deutlicher Überschreitung der Grenzen verantwortungsbewusster Geschäftsführung oder unverantwortlicher Risikobereitschaft gegeben sieht[345]. Ob ein Schaden der Gesellschaft also auf einer Pflichtverletzung oder auf der Realisierung des unternehmerischen Risikos beruht, ist demnach gerade im Zulassungsverfahren zu prüfen und nicht im Vorfeld durch Beschränkung desselben.

Im Zulassungsverfahren sind ferner Gründe zu berücksichtigen, die bei gegebenem Haftungsfall gegen einen Haftungsprozess sprechen. Dies wird insbesondere bei geringfügigen Pflichtverletzungen in Frage kommen, wenn eine potentielle negative Öffentlichkeitswirkung in keinem Verhältnis zur Schwere des Vorwurfs steht. Auch insoweit erscheint eine zusätzliche Beschränkung des Zulassungsverfahrens nicht geboten.

Schließlich geht auch der Verweis auf die Voraussetzung einer groben Pflichtverletzung für ein Minderheitsverlangen nach einer Sonderprüfung gem. § 142 II AktG, dessen sich der Gesetzgeber bereits für die Neuregelung des § 147 III AktG bedient hat[346], fehl. Eine Sonderprüfung stellt einen viel schwerwiegenderen Eingriff in die Gesellschaft dar als das vorgeschlagene Zulassungsverfah-

---

[341] So *Hopt*, FS Mestmäcker, S. 920.

[342] *Baums*, AG/S 1997, 27; *Bork*, RWS-Forum GesR 1997, S. 62. Dies erkennt auch *Baums*, Gutachten zum 63. DJT, F-250, dem insoweit hinsichtlich der Befürwortung einer Beschränkung des Zulassungsverfahrens auf grobe Pflichtverletzung (a.a.O., F-260) eine gewisse Inkonsequenz vorgeworfen werden muss.

[343] Vgl. dazu *Hopt*, FS Mestmäcker, S. 919f.; *Merkt*, US-amerikanisches Gesellschaftsrecht, Rn. 682ff.; *Westermann*, Karlsruher Forum 1993, S. 17ff.

[344] Vgl. *Hopt*, FS Mestmäcker, S. 920; *Baums*, Bericht der Regierungskommission Corporate Governance, Rn. 70; *Ulmer*, ZHR 1999, 332.

[345] BGH, ZIP 1997, 885f.

[346] Vgl. Begr. des Regierungsentwurfs zum KonTraG, § 147 RegE AktG, ZIP 1997, 2066.

ren. Während im Zulassungsverfahren der Antragsteller mit eigenen Beweismitteln eine Pflichtverletzung des betreffenden Organmitglieds belegen muss, dient eine Sonderprüfung gerade dazu, den Sachverhalt aufzuklären. Dem Sonderprüfer ist für seine Aufgabe uneingeschränkter Zugang zu sämtlichen Geschäftsunterlagen zu gewähren, § 145 I AktG. Zudem ist der Bericht der Sonderprüfung gem. § 145 IV 3 AktG zum Handelsregister einzureichen und damit jedermann zugänglich. Eine Sonderprüfung ist daher mit einem Zulassungsverfahren für einen Haftungsprozess überhaupt nicht vergleichbar.

Damit ist festzuhalten, dass das Zulassungsverfahren nicht auf schwere Pflichtverletzungen beschränkt werden sollte.

1.3.3.2.5. Zuständigkeit, Verfahren und Kosten des Zulassungsantrags

Die Entscheidung über das Zulassungsverfahren sollte dem für den späteren Haftungsprozess zuständigen Prozessgericht und nicht etwa, wie in § 147 III AktG i.V.m. § 145 I FGG vorgesehen, dem Amtsgericht im Verfahren der freiwilligen Gerichtsbarkeit obliegen[347]. Dies erscheint nicht nur aus Gründen der Prozessökonomie geboten, da sich nicht zwei unterschiedliche Spruchkörper in die Materie einarbeiten müssten[348]. Die Komplexität der Fälle wird es häufig auch erforderlich machen, dass sich nicht nur ein einzelner Richter, sondern ein Richterkollegium der Sache annimmt[349]. Dies ist bei einer Zuständigkeit des Prozessgerichts aufgrund der regelmäßig 10.000 DM übersteigenden Streitwerte und der damit verbundenen Zuständigkeit des Landgerichts in aller Regel gewährleistet[350]. Aus der Zuständigkeit des Prozessgerichtes ergibt sich, dass es sich um ein streitiges Verfahren handelt. Die vorgeschlagene[351] Entscheidung des Gerichts durch mittels Beschwerde anfechtbaren Beschluss

---

[347] *Baums*, Gutachten zum 63. DJT, F-261; *Bork*, RWS-Forum GesR 1997, S. 66; *DAV*, ZIP 1997, 167; *Lutter*, ZHR 1995, 306f.; *Semler*, RWS Forum GesR 1995, 232; *Ulmer*, ZHR 1999, 330 und 341f.

[348] *Baums*, Gutachten zum 63. DJT, F-261; *Ulmer*, ZHR 1999, 330.

[349] Der Verweis *Lutters*, ZHR 1995, 307 auf eine entsprechende Zuständigkeitsverlagerung vom Registergericht auf das Prozessgericht in § 16 III UmwG scheint dagegen nicht überzeugend. Diese wurde in erster Linie vorgenommen, um divergierende Entscheidungen von Registergericht und Prozessgericht zu vermeiden (vgl. die Begr. des Entwurfs eines Gesetzes zur Bereinigung des Umwandlungsrecht, BT-Drucks. 12/6699 S. 89). Dies wäre für das vorgeschlagene Zulassungsverfahren nicht zu befürchten, da es hier nicht um zwei unabhängige Verfahren mit zwei unabhängigen Entscheidungen geht, sondern um ein Stufenverfahren, das in einer einzigen Entscheidung mündet.

[350] Zur Zuständigkeit des Landgerichts, vgl. §§ 23 I, 71 I GVG, welches gem. § 75 GVG, bzw. gem. 105 GVG im Falle der Zuständigkeit der Handelskammer mit drei Richtern besetzt ist.

[351] Vgl. *Baums*, Gutachten zum 63. DJT, F-261f.; *Bork*, RWS-Forum GesR 1997, S. 66; *Semler*, RWS Forum GesR 1995, 232; *Ulmer*, ZHR 1999, 342.

erscheint - ohne hier die prozessrechtlichen Fragen vertiefen zu wollen - sachgerecht.

Ein wichtiger Punkt sind die Kosten des Zulassungsverfahrens, weil das Prozesskostenrisiko für den Kläger meist ein maßgebliches Entscheidungskriterium für bzw. gegen einen Prozess darstellt[352]. Eine pauschale Kostenfreistellung des Antragstellers auch im Falle der Abweisung des Antrags, wie sie im amerikanischen Recht vorgesehen ist[353], kommt für das Zulassungsverfahren nicht in Betracht[354]. Besteht für den Antragsteller nämlich kein Kostenrisiko, wäre damit zu rechnen, dass eine Vielzahl auch offensichtlich unbegründeter Anträge gestellt würde[355]. Wie sich eine Reduktion des Prozesskostenrisikos auf eine Zunahme von Prozessen auswirkt, zeigt eindrucksvoll die Rechtsentwicklung in Japan. Dort hatte man den Streitwert einer Aktionärsklage pauschal auf 8.200 Yen (ca. 100 DM) festgesetzt und dem obsiegenden Aktionär einen Ersatzanspruch für dessen Kosten des Rechtsstreits zugebilligt[356]. Während in den 43 Jahren vor dieser Änderung nur 20 Aktionärsklagen erhoben worden sind, stieg diese Zahl in den ersten neun Monaten nach der Änderung auf 80 Klagen an[357].
Auch wenn dem Zulassungsverfahren nicht die nachteiligen Folgen eines Haftungsprozesses anhaften, müssen die Gesellschaft und die Gerichte vor einer Flut unbegründeter Anträge geschützt werden. Dazu ist es erforderlich und sachgerecht, dem Antragsteller im Falle einer Abweisung des Antrags die Kosten des Verfahrens aufzuerlegen. Die Kostenentscheidung für das Zulassungsverfahren sollten sich daher nach den allgemeinen Regeln der Prozesskostenentscheidung gem. § 91ff. ZPO richten[358].

1.3.3.3. Zweite Stufe: Der Haftungsprozess

1.3.3.3.1. Klageberechtigung

Hat das Prozessgericht einen Haftungsprozess zugelassen, stellt sich die Frage, wer den eigentlichen Schadensersatzanspruch gegen die betreffenden Organmitglieder geltend machen soll. Diesbezüglich werden zwei Positionen

---

[352] Grundlegend *Adams*, AG 2000, 398ff., insbesondere 401f.; *Baums*, Gutachten zum 63. DJT, F-77f.

[353] Nach der sog. *American Rule* ist ein Kostenerstattungsanspruch der beklagten Gesellschaft grundsätzlich ausgeschlossen. Die vom unterlegenen Kläger zu erstattenden Gerichtskosten sind jedoch so gering, dass sie zu vernachlässigen sind. Vgl. dazu *Baums*, Gutachten zum 63. DJT, F-82f.; *Ulmer*, ZHR 1999, 307.

[354] *Baums*, Gutachten zum 63. DJT, F-262; *Ulmer*, ZHR 1999, 339.

[355] Vgl. Adams, AG 2000, 404 zur Anfechtungsklage; *Baums*, Gutachten zum 63. DJT, F-262; *Ulmer*, ZHR 1999, 339.

[356] *Hayakawa*, FS Mestmäcker, S. 893f.

[357] *Coffee*, in: Feddersen u.a., Corporate Governance, S. 167.

[358] *Baums*, Gutachten zum 63. DJT, F-262; *Baums*, Bericht der Regierungskommission Corporate Governance, Rn. 73; *Ulmer*, ZHR 1999, 339.

vertreten: Teilweise wird vorgeschlagen, die Aktionäre, die das Zulassungsverfahren erfolgreich durchgeführt hätten, sollten selbst im Namen der Gesellschaft[359] klagen können[360]. *Krieger* spricht sich demgegenüber für einen gerichtlich zu bestellenden, unabhängigen Vertreter der Gesellschaft entsprechend § 147 III AktG aus[361].

Für ein Klagerecht der Aktionäre wird vor allem geltend gemacht, die Bestellung eines unabhängigen Vertreters durch das Gericht liefe auf eine Entmündigung der Aktionäre hinaus[362]. Nachdem sie auf ihr eigenes Kostenrisiko das Zulassungsverfahren erfolgreich bestritten hätten, würde ihnen der Prozess aus der Hand genommen und einem neutralen Vertreter übertragen, der kein Interesse an einem Prozesserfolg habe, sondern den Prozess „im Sande verlaufen ließe"[363].
Demgegenüber sprechen die besseren Argumente für eine Vertreterlösung. Denn ist das Zulassungsverfahren erfolgreich, besteht eine hohe Wahrscheinlichkeit eines Haftungsfalles, dem keine gleichwertigen Gründe seitens der Gesellschaft an einer Nichtgeltendmachung gegenüberstehen, so dass die Haftung tatsächlich durchzusetzen ist. Wollte man ein Aktionärsklagerecht befürworten, müsste an dieser Stelle eine Klage*pflicht* der Aktionäre begründet werden, weil sonst die Gefahr bestünde, dass sich die klageberechtigten Aktionäre ihr Recht abkaufen ließen[364]. Eine Klagepflicht wird dagegen von keinem der Befürworter einer Aktionärsklage vertreten[365]. Statt dessen wird zur Vermeidung von Missbrauchsfällen vorgeschlagen, einen Prozessvergleich zwischen den beklagten Organmitgliedern und den klagenden Aktionären von der Zustimmung des Prozessgerichts abhängig zu machen[366]. Ob damit allerdings eine Missbrauchsgefahr gebannt werden kann, erscheint fraglich. Denn abgesehen davon, dass das Prozessgericht nicht wissen wird, was die Parteien außerhalb des Gerichtssaales vereinbaren, verkennt dieser Vorschlag, dass das Gericht einem Prozessvergleich keineswegs kritisch gegenüberste-

---

[359] Da es sich um einen Anspruch der Gesellschaft gegen seine Organmitglieder handelt, §§ 93 II, 116 AktG, können die Aktionäre den Anspruch nur in fremden Namen, also im Wege einer Prozessstandschaft geltend machen.

[360] *Bork*, RWS-Forum GesR 1997, 66; *Baums*, Bericht der Regierungskommission Corporate Governance, Rn. 73; *Ulmer*, ZHR 1999, 334ff.

[361] *Krieger*, ZHR 1999, 347ff.

[362] *Adams*, AG/S 1997, 10; *Baums*, Bericht der Regierungskommission Corporate Governance, Rn. 73; *Wenger*, AG/S 1997, 59. Vgl. auch den Diskussionsbericht zu den Referaten Ulmer, Krieger, Sünner, ZHR 1999, 379.

[363] *Wenger*, AG/S 1997, 59.

[364] *Krieger*, ZHR 1999, 348f.

[365] Vgl. *Bork*, RWS-Forum GesR 1997, 66; *Baums*, Bericht der Regierungskommission Corporate Governance, Rn. 73; *Ulmer*, ZHR 1999, 341f.

[366] *Baums*, Bericht der Regierungskommission Corporate Governance, Rn. 73; *Ulmer*, ZHR 1999, 332.

hen muss, insbesondere wenn sich dadurch eine zähe und langwierige Beweisaufnahme ersparen lässt.
Auch die Sorge, ein vom Gericht bestellter Vertreter würde den Haftungsprozess nicht mit der gebotenen Sorgfalt und Intensität betreiben, scheint wenig substantiiert. Der Vertreter ist hinsichtlich der Prozessführung zwar nicht den Aktionären gegenüber verantwortlich[367], sehr wohl aber der Gesellschaft gegenüber, für die er den Anspruch geltend macht. Diesem Argument könnte man zwar entgegenhalten, die Gesellschaft, vertreten durch die zuvor beklagten Organmitglieder, werde kaum den gerichtlich bestellten Vertreter wegen schlechter Prozessführung in Anspruch nehmen, weil die Organmitglieder dann ihre Pflichtverletzung eingestehen müssten. Dies gilt aber nur so lange, als die vormals beklagten Organmitglieder im Amt sind. Da der Vertreter nach einem Machtwechsel in der Gesellschaft für schlechte Prozessführung durchaus zur Verantwortung gezogen werden könnte, bestehen für ihn ausreichende Anreize, den Haftungsprozess sorgfältig zu betreiben.
Schließlich wird der Prozess den Aktionären auch nicht aus der Hand genommen. Denn es ist ihnen unbenommen, sich als Nebenintervenienten am Prozess zu beteiligen, §§ 66 ff. ZPO. Dann haben die Aktionäre die Möglichkeit, Argumente und Beweismaterial vorzubringen, § 67 ZPO. Da Prozessvergleiche oder Klagerücknahmen jedoch nicht gegen den Willen des gerichtlich bestellten Vertreters zulässig sind[368], ist ein Missbrauch nahezu ausgeschlossen. Der Haftungsprozess sollte daher von einem gerichtlich bestellten Vertreter geführt werden.

1.3.3.3.2. Kosten des Hauptverfahrens, Regressanspruch gegenüber den antragstellenden Aktionären und Erfolgsbeteiligung

Die Kostenfrage im Hauptverfahren richtet sich nach den §§ 91 ff. ZPO. Es stellt sich lediglich die Frage, ob der Gesellschaft im Falle eines verlorenen Haftungsprozesses ein Regressanspruch hinsichtlich der Prozesskosten gegenüber den Aktionären zustehen sollte, die das Zulassungsverfahren betrieben haben. Dies entspräche einer konsequenten Fortführung der geltenden Regelung des § 147 IV AktG.
Ein solcher Regressanspruch der Gesellschaft wird jedoch zu Recht und soweit ersichtlich einhellig abgelehnt[369]. Denn ein Haftungsprozess setzt ein er-

---

[367] Aus diesem Grunde kritisch *Baums*, Bericht der Regierungskommission Corporate Governance, Rn. 73.

[368] Vgl. *Thomas/Putzo*, § 67 ZPO Rn. 13.

[369] *Baums*, Gutachten zum 63. DJT, F-263; *Baums*, Bericht der Regierungskommission Corporate Governance, Rn. 73; *Ulmer*, ZHR 1999, 338f. Kritisch bereits zur Regressmöglichkeit im Falle des § 147 III AktG, wenn der gerichtlich bestellte Vertreter zwar die Erfolgsaussichten zunächst bejaht, den Haftungsprozess letztlich jedoch verloren hat *Adams*, AG/S 1997, 10; *Baums*, AG/S 1997, 27; *Bork*, RWS-Forum GesR 1995, 67; *DAV*, ZIP 1997, 166f.; *Götz*, AG/S 1997, 38f.; *Krieger*, RWS-Forum GesR 1995, 176; *ders.*, ZHR

folgreiches Zulassungsverfahren voraus[370]. War das Zulassungsverfahren aber erfolgreich, bestand, auch wenn der Haftungsprozess letztlich verloren ging, zumindest eine hohe Wahrscheinlichkeit eines Haftungsfalles, so dass die Durchführung eines Haftungsprozesses im Interesse der Gesellschaft liegen musste. Das Verlangen des antragstellenden Aktionärs nach Zulassung eines Haftungsprozesses und dessen spätere Durchführung können daher keinesfalls als unbegründet bezeichnet werden. Der Aktionär leistet durch seinen Antrag vielmehr einen im Gesellschaftsinteresse liegenden Beitrag zur Funktionsfähigkeit der Haftung und zu ihrer Anreizwirkung. Da die Führung des Hauptprozesses zudem in der Verantwortung des gerichtlich bestellten Vertreters liegt, ist kein Grund ersichtlich, den Aktionär für einen wider anfängliches Erwarten verlorenen Prozess in Regress zu nehmen.

Demgegenüber wird sogar vorgeschlagen, dem antragstellenden Aktionär im Falle eines Erfolges des Haftungsprozesses als Gewinnprämie einen Anteil an dem durch die Klage Erlangten zu gewähren[371]. Begründet wird dieser Vorschlag damit, dass der klagende bzw. das Zulassungsverfahren betreibende Aktionär im Interesse der Gesellschaft handele, dabei jedoch ein nicht unerhebliches Kostenrisiko eingehe. Dadurch bestünde die Gefahr, dass sich die Aktionäre mit eigenen Anträgen zurückhielten und hofften, dass andere Aktionäre das Verfahren betrieben (sog. Trittbrettfahrerproblem)[372].
Einer solchen Forderung ist jedoch kritisch gegenüberzutreten. Denn eine Siegesprämie würde zu einer eminenten Häufung auch unbegründeter Anträge führen[373]. *Adams* konnte am Beispiel der Anfechtungsklage die Anreizwirkung einer Erfolgsprämie überzeugend aufzeigen und kommt zu dem Ergebnis, „daß eine derartige Regelung unmittelbar eine ganz erheblich gesteigerte Klagehäufigkeit auch für aussichtslose Klagen mit sich bringt, da auch kleinste Siegeswahrscheinlichkeiten aufgrund des hohen Siegespreises eine Klageerhebung wirtschaftlich machen“[374]. So verwundert es nicht, dass das amerikanische Rechtssystem, das eine solche Erfolgsprämie kennt, zur Herausbildung einer Branche „unternehmerisch denkender Anwälte“ geführt hat, die eine gesteigerte Klagebereitschaft zu auch unbegründeten Klagen aufweist[375]. Wie

---

1999, 351; *Kropff*, FS Bezzenberger, 247; *Wenger*, AG/S 1997, 59. Grundlegend kritisch zu § 147 IV AktG *Flume*, Aktienrechtsreform, S. 17; *Trescher*, DB 1995, 662.

[370] Im Falle eines erfolglosen Zulassungsantrags stellt sich das Problem nicht, weil der Gesellschaft wegen der Kostentragungspflicht des Aktionärs keine Kosten entstehen. Siehe oben 1.3.3.1.5.

[371] *Adams*, AG/S 1997, 10; *Wenger*, AG/S 1997, 59.

[372] Zum entsprechenden Problem bei der Anfechtungsklage *Adams*, AG 2000, 398; *Baums*, Gutachten zum 63. DJT, F-80.

[373] *Baums*, Gutachten zum 63. DJT, F-263.

[374] *Adams*, AG 2000, 407 mit konkreten Rechenbeispielen.

[375] Vgl. dazu *Coffee*, in: Feddersen u.a., Corporate Governance, S. 178; *Ulmer*, ZHR 1999, 307.

oben bereits ausgeführt, sind die Gesellschaft und ihre Organe jedoch vor einer Vielzahl unbegründeter Anträgen zu schützen.

Wenn aber dem antragstellenden Aktionär keine unmittelbaren Vermögensvorteile aus dem Haftungsprozess zufließen, er andererseits aber ein nicht unerhebliches Kostenrisiko eingeht, fragt es sich, ob überhaupt Anreize für die Durchführung des Zulassungsverfahrens bestehen.
Der wirtschaftliche Vorteil eines erfolgreichen Haftungsprozesses liegt für den Aktionär nicht darin, dass der Schaden, den er etwa durch Wertverlust seiner Aktien erlitten hat, unmittelbar ersetzt erhält[376], sondern vielmehr darin, dass der Gesellschaft Geldmittel in Form der Schadensersatzforderung zufließen. Diese Erhöhung der finanziellen Mittel der Gesellschaft kommt mittelbar auch dem an der Gesellschaft beteiligten Aktionär zugute. Der daraus begründete Anreiz eines Aktionärs zur Initiierung eines Haftungsprozesses hängt damit entscheidend von der Höhe seiner Beteiligung ab, wobei allerdings einzuräumen ist, dass selbst bei einer hohen Beteiligung selten der eigene Schaden, den der Aktionär etwa durch einen Kursverlust erlitten hat, ausgeglichen werden wird. Zudem kommt dem Aktionär ein erfolgreicher Schadensersatzprozess letztlich nur dann zugute, wenn die eingeklagte Forderung bei den beklagten Organmitgliedern auch beitreibbar ist, was in Anbetracht der u.U. millionenschweren Ansprüche nicht selbstverständlich sein dürfte. Da in Deutschland Versicherungen für Organmitglieder (sog. Directors & Officers - Versicherungen) zunehmende Verbreitung finden, dürfte sich jedoch die Beitreibbarkeit auch höherer Schadensersatzsummen in Zukunft verbessern[377]. Nichtsdestotrotz werden die wirtschaftlichen Anreize für den Aktionär allein aus dem Zufluss von Geldmitteln an die Gesellschaft in der Regel gering sein.
Ein wirtschaftlicher Wert liegt für den Aktionär aber auch darin, dass er durch die Veranlassung eines Haftungsprozesses einen Beitrag zur Sicherung einer ordnungsgemäßen Unternehmensführung und -überwachung leistet. Wie oben bereits erwähnt, belegen professionelle Anleger Unternehmen, die über keine funktionierende Haftungsandrohung verfügen mit einem Risikozuschlag[378]. D.h. durch den Antrag auf Zulassung eines Haftungsprozesses trägt der Aktionär zu einer guten Corporate Governance bei, die sich zumindest langfristig in der Ertragslage des Unternehmens und dem Wert der Aktie niederschlagen

---

[376] Dies ergibt sich daraus, dass es bei der hier in Rede stehenden Haftung für Sorgfaltspflichtverletzungen von Aufsichtsratsmitgliedern um die Durchsetzung eines Schadensersatzanspruches der Gesellschaft und nicht eines Anspruchs der Aktionäre geht. Selbst im Falle einer hier nicht weiter zu diskutierenden, vorsätzlichen Schädigung der Gesellschaft i.S.v. § 117 AktG kann der Aktionär einen Kursverlust seiner Aktien nicht als Schaden geltend machen, da es sich um einen mittelbaren Schaden der Gesellschaft handelt, § 117 I 2 AktG, vgl. BGHZ 94, 58f.; *Hüffer*, § 117 Rn. 9.

[377] Vgl. zu den sog. D&O-Versicherungen *Baums*, Gutachten zum 63. DJT, F-237; *Kästner*, AG 2000, 113ff.; *Lottwein/Krüger*, Bankinformation Heft 3/2001, S. 64ff.

[378] Vgl. oben Fn. 301.

wird. Die Aussichten, durch eine Steigerung der Corporate Governance an einer Steigerung des Unternehmenswertes und damit an der Kompensation eines evtl. erlittenen Kursverlustes mitzuwirken, stellen damit einen Anreiz zum Betreiben des Zulassungsverfahrens dar, wenngleich der Anreiz nur im Falle eines langfristigen Anlageziels oder entsprechender wirtschaftlicher Beteiligung an der Gesellschaft gegeben sein dürfte.
Die Motivation, einen Haftungsprozess zu initiieren, wird aber nicht allein aus wirtschaftlichen Gründen heraus, sondern häufig auch aus ideellen Gründen gegeben sein. Denn für den Aktionär wird oft allein das Gefühl einer Genugtuung entscheidend sein, dass das Management bzw. der Aufsichtsrat für den der Gesellschaft zugefügten Schaden zur Verantwortung gezogen wird.
Damit sind auch ohne Erfolgsbeteiligung ausreichende Anreize für das Betreiben eines Zulassungsantrags gegeben. Anhand obiger Ausführungen wurde jedoch auch ersichtlich, dass sich das mit einem Zulassungsantrag verbundene Kostenrisiko nur für diejenigen Aktionäre lohnen wird, die finanziell entsprechend gewichtig an der Gesellschaft beteiligt sind, weil sie am mittelbaren Vorteil einer Haftungsklage entsprechend profitieren. An der Gesellschaft nur geringfügig beteiligte Aktionäre werden das Kostenrisiko daher nur dann eingehen, wenn sie die Erfolgsaussichten besonders hoch einschätzen[379], oder wenn sie das Kostenrisiko durch eine entsprechende Bündelung von Aktionären auf viele Schultern aufteilen können[380].

1.3.3.4. Entbehrlichkeit eines Quorums für das Zulassungsverfahren

Bislang wurde die Frage, ob das Zulassungsverfahren von dem Erreichen eines bestimmten Quorums abhängen soll[381] oder als Individualantragsrecht[382] ausgestaltet sein sollte, zurückgestellt, da bei dieser Frage das Missbrauchsrisiko eine entscheidende Rolle spielt und Feststellungen dafür erst umfassend erarbeitet werden sollten. Dem Problem des Quorums soll im Folgenden nachgegangen werden.

Von den Befürwortern eines Quorums wird ins Felde geführt, die einen Haftungsprozess erzwingende Minderheit müsse ein wirtschaftliches Interesse von

---

[379] Bei hohen Erfolgschancen spielen die Prozesskosten nur noch eine geringe Rolle bei der Entscheidung zum Prozess, vgl. *Adams*, AG 2000, 404.

[380] In diesem Zusammenhang dürfte Aktionärsschutzvereinigungen, wie der Deutschen Schutzvereinigung für Wertpapierbesitz e.V. (DSW) oder der Schutzgemeinschaft der Kleinaktionäre e.V. (SdK) eine wichtige Rolle zukommen.

[381] So *Baums*, Gutachten zum 63. DJT, F-258; *Bork*, RWS-Forum GesR 1997, 59 und 63; *Kallmeyer*, AG 1997, 108; *Krieger*, ZHR 1999, 347; *Baums*, Bericht der Regierungskommission Corporate Governance, Rn. 73; *Ulmer*, ZHR 1999, 330f.

[382] *Bayer*, NJW 2000, 2618; *Lutter*, ZHR 1995, 306; *ders.*, NJW 1995, 1134; *ders.*, AG/S 1997, 55f.; *Hopt*, AG/S 1997, 43; *Röhricht* in einem Diskussionsbeitrag, zitiert im Diskussionsbericht von Kramer, RWS-Forum GesR 1997, S. 75; *Timm* in einem Diskussionsbeitrag, zitiert im Diskussionsbericht von Witzorrek, RWS-Forum GesR 1995, S. 266f.

einigem Gewicht haben, wenn sie die Haftung gegen den Willen einer ggf. breiten Aktionärsmehrheit solle durchsetzen können[383]. Ein Quorum solle zudem die Seriosität der Antragstellung sicherstellen und Missbrauch vorbeugen[384].
Die Zweckmäßigkeit eines Quorums wird jedoch bereits zweifelhaft, wenn man sich die Vielfältigkeit der diesbezüglichen Vorschläge vor Augen hält. Von Schwellenwerten i.H.v. 5 % des Grundkapitals oder Aktien im Wert von zwei[385] bzw. einer Million DM (500.000 Euro)[386] oder 500.000 DM[387] über 1% des Grundkapitals und Aktien im Nennwert von 100.000 DM[388] sowie einer Anknüpfung an die Hauptversammlungspräsenz[389] oder anstatt an den Nennwert an den Börsenwert der Aktien[390] findet sich eine breite Palette von Anregungen. Diese Aufzählung macht deutlich, dass einem wie auch immer gearteten Quorum stets etwas Willkürliches anhaftet. Der Vorschlag, die Festlegung des Quorums der Satzung zu überlassen und gesetzlich lediglich eine Grenze vorzugeben, die das Quorum nicht überschreiten dürfe[391], scheint diesbezüglich zwar eine gewisse Flexibilität zu gewährleisten. Vergegenwärtigt man sich jedoch, mit welcher Skepsis allgemein dem einzelnen Aktionär entgegengetreten wird, ist zu befürchten, dass regelmäßig ein Quorum eingeführt werden und damit das Haftungsrecht wiederum ausgeschaltet wird.
Dabei sind die Argumente für ein Quorum keineswegs überzeugend. So ist die Missbrauchsgefahr durch ein Individualrecht nicht sonderlich hoch einzuschätzen. Abgesehen davon, dass Haftungsprozessen ohnedies nicht der Erpressungswert von Anfechtungsklagen zukommt, sind die nachteiligen Folgen eines Zulassungsverfahrens für die Gesellschaft nochmals geringer als die eines Haftungsprozesses. Durch die Erfordernisse einer vorherigen Aufforderung an die Gesellschaft (*demand*) und der Glaubhaftmachung, dass vor dem Erwerb der Aktien keine Kenntnis von der Pflichtverletzung bestand, weiter aufgrund des nicht unerheblichen Kostenrisikos sowie der Prozessführung in der Hauptsache durch einen gerichtlich bestellten Vertreter, wird das Missbrauchsrisiko ausreichend eingeschränkt. Schließlich steht den Gerichten durch das Erfordernis einer Berücksichtigung des Unternehmensinteresses bei der Entscheidung über die Zulassung eines Haftungsprozesses ein adäquates Mittel zur

---

383 *Baums*, Gutachten zum 63. DJT, F-258.

384 *Ulmer*, ZHR 1999, 331.

385 *Claussen*, AG 1996, 485.

386 SPD-Entwurf zur Reform des Aktienrechts, ZIP 1995, 339; Entwurf Rheinland-Pfalz, BR-Drucks. 561/97, Anlage, S. 7 und 32.

387 *Götz*, AG 1995, 352; *ders.*, AG/S 1997, 41. Vgl. auch *Hommelhoff*, in: Picot, Corporate Governance, S. 13: erheblich niedriger als eine Million DM.

388 *Kübler*, AG/S 1997, 49.

389 *Peltzer*, in: Picot, Corporate Governance, S. 122 schlägt 10% des auf der Hauptversammlung vertretenen Kapitals vor.

390 *Adams*, AG/S 1997, 10; *Baums*, Gutachten zum 63. DJT, F-258; *Bork*, RWS-Forum GesR 1997, 63; *Ulmer*, ZHR 1999, 341; *Wenger*, AG/S 1997, 58.

391 *Baums*, Gutachten zum 63. DJT, F-258.

Verfügung, Missbrauchsfällen vorzubeugen. Insofern scheint es nicht geboten, durch ein zusätzliches Erschwernis in Form eines mehr oder weniger willkürlichen Quorums Missbrauchsfällen weiter vorbeugen zu wollen.
Die Überlegung, durch ein Quorum ein ausreichend gewichtiges, wirtschaftliches Interesse der antragstellenden Aktionäre sicherzustellen, vermag ein Quorum ebenfalls nicht zu rechtfertigen. So dürfte sich die Frage nach dem wirtschaftlichen Interesse durch die oben aufgezeigte Anreizsituation in der Praxis selbst regulieren. Denn die wirtschaftlichen Vorteile eines Haftungsprozesses sind nur mittelbarer Natur, so dass sich ein einzelner Aktionär aus monetären Gründen nur dann zu einem Verfahren entschließen wird, wenn er wesentlich an der Gesellschaft beteiligt ist. Dabei sollte der Gesetzgeber jedoch nicht vorgeben, ab welcher Beteiligung sein wirtschaftliches Interesse als ausreichend anzusehen ist. Dies sollte der Aktionär selbst entscheiden dürfen. Kleinaktionäre werden sich dagegen nur dann zu einem Verfahren entschließen, wenn sie entweder sehr hohe Erfolgschancen sehen und damit das Kostenrisiko als gering einschätzen oder wenn sich genügend andere Aktionäre beteiligen und dadurch das Kostenrisiko gemindert wird. In letzterem Fall dürfte eine ausreichende wirtschaftliche Beteiligung gegeben sein. Im ersteren Fall, also bei hohen Erfolgschancen, ist die Haftung in aller Regel, also ggf. auch gegen den Willen einer Aktionärsmehrheit, durchzusetzen, soweit keine gleichwertigen Gründe des Unternehmenswohls entgegenstehen. Letzteres wird aber im Zulassungsverfahren geprüft.
Abgesehen davon, dass sich also die Frage eines ausreichenden wirtschaftlichen Interesses des antragstellenden Aktionärs selbst regulieren dürfte, ist bereits die Forderung nach einem wirtschaftlichen Interesse von ausreichendem Gewicht im Ansatz verfehlt. Denn aufgrund der faktisch gegebenen Interessensstruktur, wonach der Vorstand Mitglieder seines Überwachungsorgans nicht in Anspruch nehmen wird, fällt den Aktionären die Aufgabe zu, der Präventivwirkung der Haftung von Aufsichtsratsmitgliedern entsprechende Geltung zu verschaffen. Der Aktionär leistet damit unabhängig von einem eigenen wirtschaftlichen Nutzen des Antrags einen Beitrag zur Effektivierung der Aufsichtsratsüberwachung. Da durch die oben vorgeschlagenen Missbrauchsvorkehrungen ein missbräuchliches, auf Profit angelegtes Handeln des Aktionärs ausgeschlossen werden kann, ist aber nicht einzusehen, warum ein Aktionär nicht auch aus rein ideellen Gründen einen Haftungsprozess einleiten können soll. Auch insofern ist ein Quorum unangebracht.
Damit ist festzuhalten, dass es für ein Quorum keine Rechtfertigung gibt, es vielmehr eine unangemessene Beschränkung der Entscheidungsfreiheit des einzelnen Aktionärs darstellt und dabei die Präventivwirkung der Haftung außer Kraft setzt. Das Zulassungsverfahren ist daher als Individualrecht auszugestalten.

1.3.4. Fazit

Es konnte gezeigt werden, dass die Gründe für die Existenz eines Quorums, das eine Haftung in der Praxis nahezu ausschließt, nicht überzeugen können.

Dem einzig anerkennswerten Zweck, Missbrauchsfällen vorzubeugen, kann gezielter und damit gerechter durch das oben beschriebene zweistufige Klageverfahren Rechnung getragen werden. In einem Zulassungsverfahren sollten die Erfolgsaussichten eines Haftungsprozesses und Gründe, die gegen eine Haftungsdurchsetzung sprechen, geprüft werden. Das Zulassungsverfahren ist dabei nicht von einem Quorum abhängig zu machen, sondern als Individualrecht auszugestalten. Der Antragsteller muss jedoch zuvor die Gesellschaft zur Geltendmachung des Anspruches aufgefordert haben und den Aktienerwerb vor Kenntniserlangung von der Pflichtverletzung glaubhaft machen. Der Hauptprozess ist von einem gerichtlich bestellten Vertreter im Namen der Gesellschaft zu führen. Für die Verfahrenskosten gelten jeweils die allgemeinen Regeln der §§ 91ff. ZPO. Ein Regressanspruch der Gesellschaft gegen die antragstellenden Aktionäre besteht nicht.
Von einer derartigen Modifizierung der Haftungsdurchsetzung wäre zu erwarten, dass die materielle Haftung, die bereits *de lege lata* Anreize zu intensiver Überwachungstätigkeit bietet, ausreichend zu Geltung kommt[392]. Dadurch wäre eine wesentliche Verbesserung der Aufsichtsratspraxis zu erwarten.
Das TransPubG enthält keine Vorschläge hinsichtlich der Haftungsdurchsetzung. Dieses Thema soll in der nächsten Legislaturperiode in Angriff genommen werden[393]. Es wäre wünschenswert, wenn dann die hier unterbreiteten Angregungen, die von den Empfehlungen der Regierungskommission in wesentlichen Punkten abweichen, berücksichtigt würden.

1.4. Anreizverstärkung durch Erhöhung der Transparenz der Aufsichtsratstätigkeit gegenüber der Hauptversammlung

1.4.1. Vorbemerkung

Die Drohung einer Haftung bildet für Aufsichtsratsmitglieder einen sehr starken Anreiz zu intensiver Überwachungstätigkeit. Zusätzliche Anreizwirkung geht von der Kontrolle durch die Hauptversammlung aus, die über die Entlastung der Aufsichtsratsmitglieder und zumindest teilweise über die personelle Besetzung des Aufsichtsrats zu entscheiden hat. Im zweiten Kapitel musste festgestellt werden, dass die Auslegung der gesetzlichen Regelungen durch die herrschende Meinung und deren Umsetzung in der Praxis keine ausreichende Information der Hauptversammlung gewährleisten, und diese damit ihrer Kontrollfunktion nicht sachgerecht nachkommen kann. Im Folgenden soll unter-

---

[392] Die Anreizwirkung der Haftung dürfte auch nicht durch die Einführung oben erwähnter D&O-Versicherungen beeinträchtigt werden, da diese in aller Regel eine Selbstbeteiligung des versicherten Organmitglieds vorsehen und bei Vorsatz nicht greifen, § 152 VVG, vgl. *Baums*, Gutachten zum 63. DJT, F-237; *Kästner*, AG 2000, 114f.; *Lottwein/Krüger*, Bankinformation Heft 3/2001, S. 66. Vgl. zu Erfahrungen aus dem amerikanischen Rechtskreis *Coffee*, in: Feddersen u.a., Corporate Governance, S. 175f.

[393] Vgl. *Seibert*, ZIP 2001, 2192.

sucht werden, wie die Kontrollmöglichkeiten der Hauptversammlung und deren Anreizwirkung für eine intensive Überwachungstätigkeit des Aufsichtsrats verbessert werden können.

1.4.2. Präzisierung der Berichtspflicht des Aufsichtsrats

Als Ursache für die nichtssagende Berichterstattungspraxis musste im zweiten Kapitel dieser Arbeit die restriktive Auslegung der Berichtspflicht des § 171 II AktG durch die herrschende Meinung erkannt werden[394]. Dass diese Auslegung zu kritisieren ist und dass die gesetzliche Regelung bei teleologischer Auslegung zu sachgerechten Ergebnissen führt, wurde oben aufgezeigt. Will man sich jedoch nicht darauf verlassen, dass durch Wiederholung bzw. Verstärkung der Kritik am gegebenen Zustand sich allmählich die herrschende Meinung und mit ihr die Unternehmenspraxis ändern, könnte man daran denken, die Berichtspflicht durch gesetzgeberischen Eingriff zu präzisieren[395].

Es fragt sich jedoch, wie ein solcher Eingriff aussehen könnte. Die misslungene Neuregelung des § 171 II AktG durch das KonTraG lässt eine punktuelle Aufzählung des gebotenen Berichtsinhaltes als wenig sinnvoll erscheinen. Der notwendige Inhalt des Aufsichtsratsberichts lässt sich zwar in der Form abstrakt definieren, dass die Hauptversammlung zur sachgerechten Beurteilung der Aufsichtsratsleistung konkrete Angaben über die Struktur und die Tätigkeit des Aufsichtsrats im vergangenen Geschäftsjahr benötigt[396]. Im Einzelfall sind dazu jedoch eine Vielzahl von Angaben erforderlich, die von Gesellschaft zu Gesellschaft unterschiedlich ausfallen müssen. Selbst eine Aufzählung der regelmäßig wichtigsten Berichtsinhalte wie die wesentlichen Beratungsgegenstände des Aufsichtsrats, der Einsatz von Überwachungsinstrumenten, die Aufgabenverteilung im Aufsichtsrat, die Bildung und Besetzung von Ausschüssen sowie die Sitzungsfrequenz von Plenum und Ausschüssen kann sich im Einzelfall als ungenügend erweisen. Punktuelle Aufzählungen einzelner Berichtsgegenstände führen demnach zu einer unnötigen Aufblähung der gesetzlichen Regelung, ohne Gewähr für deren Vollständigkeit bieten zu können. Es sollte daher im Grundsatz die abstrakte Fassung des § 171 II AktG beibehalten und weitere Aufzählungen, wie sie durch das KonTraG bereits vorgenommen wurden, vermieden werden[397].

---

[394] Siehe oben, 2. Kapitel, 5.2.2. und 5.3.

[395] *Hoerdemann*, ZRP 1997, 48; *Hommelhoff/Mattheus*, AG 1998, 257; *Möllers*, ZIP 1995, 1734.

[396] Siehe oben 2. Kapitel, 5.2.1.

[397] Die *Regierungskommission Corporate Governance* hatte sogar überlegt, die Änderung des § 171 II AktG durch das KonTraG wieder rückgängig zu machen, wovon richtigerweise jedoch abgesehen wurde, weil davon ein falsches Signal an die Praxis ausgehen könnte, vgl. *Baums*, Bericht der Regierungkommission Corporate Governance, Rn. 60.

Hommelhoff/Mattheus empfehlen demgegenüber eine gesetzgeberische „Anregung“ durch Ergänzung des § 171 II AktG mit der Klarstellung, dass der Bericht des Aufsichtsrats „aussagekräftig“ zu sein habe[398]. Abgesehen davon, dass es aus dogmatischer Sicht äußerst fragwürdig erscheint, Selbstverständlichkeiten wie eben diese in gesetzliche Form zu gießen, führt der Vorschlag in der Sache nicht weiter. Denn der Begriff „aussagekräftig“ ist breiter Interpretation durch den jeweiligen Aufsichtsrat zugänglich und daher seinerseits wenig aussagekräftig. Ob also von der vorgeschlagenen Ergänzung des Gesetzes die erhoffte Anregung für die Praxis ausgehen kann, muss stark bezweifelt werden.

Einen aussichtsreichen Weg hat der *Arbeitskreis „Externe und Interne Überwachung“ der Schmalenbach-Gesellschaft* eingeschlagen, wenn er den Berichtsinhalt des § 171 II AktG in seinem Verhaltenskodex näher konkretisiert[399]. Wie oben bereits aufgezeigt, können in einem Verhaltenskodex auch umfangreiche Präzisierungen der Berichtspflicht vorgenommen werden, ohne dass die gesetzliche Regelung unnötig aufgebläht würde. Durch periodische Überarbeitung der Kodizes kann auch flexibel auf veränderte Anforderungen der Praxis reagiert werden. Da, wie oben aufgezeigt wurde, durch die vorgeschlagene Einführung einer gesetzlichen Erklärungspflicht des Aufsichtsrats eine breite Akzeptanz von Verhaltenskodizes in der Praxis zu erwarten ist, sind bei ausreichender Konkretisierung der Berichtspflicht in diesen Verhaltenskodizes Änderungen des § 171 II AktG nicht weiter erforderlich[400].

1.4.3. Direktes Fragerecht gegenüber dem Aufsichtsrat in der Hauptversammlung

Durch die Präzisierung der Berichtspflicht in einem Verhaltenskodex ist eine verbesserte Informationsgrundlage der Hauptversammlung über die Tätigkeit des Aufsichtsrats zu erwarten. Es darf jedoch nicht übersehen werden, dass der Aufsichtsrat den konkreten Berichtsinhalt selbst festlegt und daher zu erwarten ist, dass er in seinem Bericht an die Hauptversammlung seine Tätigkeit nur positiv darstellen wird. Der Hauptversammlung muss daher eine Möglich-

---

[398] *Hommelhoff/Mattheus*, AG 1998, 257.

[399] *Arbeitskreis „Externe und interne Überwachung“ der Schmalenbach-Gesellschaft*, DB 1995, 4 (IV. Thesen 1 und 2). Eine Präzisierung der Berichtsinhalte in einem Kodex fordert auch *Hommelhoff*, ZGR 2001, 256.

[400] Insoweit ist stark zu kritisieren, dass weder der Kodex der *Grundsatzkommission Corporate Governance*, DB 2000, 238 noch der des *Berliner Initiativkreises German Code of Corporate Governance*, DB 2000, 1573 eine Konkretisierung des Berichtsinhaltes enthalten. Vgl. auch *Baums*, Bericht der Regierungskommission Corporate Governance, Rn. 59, wonach die Regierungskommission eine Konkretisierung der Berichtspflicht nicht zwingend für geboten hält.

keit gegeben werden, den Bericht kritisch zu hinterfragen[401]. Die Erläuterungen des Aufsichtsratsvorsitzenden i.S.v. § 176 I 2 AktG sind dazu nicht geeignet, da der Vorsitzende den Inhalt seines Berichts selbst festlegt. Erforderlich ist vielmehr ein individuelles Fragerecht des Aktionärs.
Im zweiten Kapitel musste festgestellt werden, dass das Fragerecht des Aktionärs diesbezüglich reformbedürftig ist, weil die herrschende Meinung Fragen ausschließlich vom Vorstand beantwortet lassen will und dieser kaum die geeignete Instanz ist, um Fragen über die Tätigkeit seines Überwachungsorgans zu beantworten[402]. Es wird daher vorgeschlagen, ein direktes Fragerecht gegenüber dem Aufsichtsrat, bezogen auf dessen Überwachungstätigkeit, zu normieren[403]. Aktionäre könnten dann direkt vom Aufsichtsrat Auskunft über dessen Tätigkeit verlangen, wobei die Fragen vom Aufsichtsratsvorsitzenden für den Aufsichtsrat zu beantworten wären.

Die *Regierungskommission Corporate Governance* ist jüngst einem solchen direkten Fragerecht entgegengetreten, weil damit ein erheblicher Regulierungsaufwand zur Vermeidung von Anfechtungsmöglichkeiten gegenüber Hauptversammlungsbeschlüssen verbunden wäre[404]. Es fragt sich jedoch, ob dieses Bedenken berechtigt ist. Da bereits nach geltendem Recht Fragen über die Tätigkeit des Aufsichtsrats zulässig, diese bislang jedoch vom Vorstand zu beantworten sind, ergäbe sich durch ein direktes Auskunftsrecht gegenüber dem Aufsichtsrat nur für den einzigen Fall eine erhöhte Anfechtungsgefahr, dass weder der Aufsichtsratsvorsitzende noch einer seiner Stellvertreter in der Hauptversammlung vertreten sind, die im Namen des Aufsichtsrats Auskunft erteilen könnten[405].
Aber selbst für diesen Fall stellt sich die Frage, welche Hauptversammlungsbeschlüsse überhaupt angefochten werden könnten. Denn die Anfechtung eines Hauptversammlungsbeschlusses wegen Verletzung der Auskunftspflicht setzt nicht nur voraus, dass die Auskunft für eine sachgerechte Beurteilung

---

[401] Dies verkennen offenbar *Hommelhoff/Mattheus*, AG 1998, 257, wenn sie bei Erweiterung der Berichtspflicht i.S.v. § 171 II AktG die Diskussion um ein direktes Fragerecht gegenüber dem Aufsichtsrat für überflüssig halten.

[402] Siehe oben 2. Kapitel, 5.2.2.

[403] *Baums*, ZIP 1995, 13; *ders.*, AG/S 1997, 28; *Hoerdemann*, ZRP 1997, 48; *Hommelhoff*, in: Picot, Corporate Governance, S. 11; *Reichelt*, S. 233f.; *Semler*, RWS-Forum 1995, 221f.; *Trescher*, DB 1990, 515f.

[404] *Baums*, Bericht der Regierungskommission Corporate Governance, Rn. 61.

[405] Organmitglieder haben grundsätzlich eine Teilnahmepflicht in der Hauptversammlung, deren Verletzung zwar zu einer Pflichtverletzung, nicht jedoch zu einer Anfechtbarkeit von Hauptversammlungsbeschlüssen führen kann, OLG Stuttgart, NJW 1973, 2027f.; Geßler-Hefermehl/*Eckardt*, § 118 Rn. 25; *Hüffer*, § 118 Rn. 10; Großkommentar/*Barz*, § 118 Anm. 8; Köln.-Komm./*Zöllner*, § 118 Rn. 23. Eine Anfechtbarkeit ist jedoch dann gegeben, wenn aufgrund der Abwesenheit des Vorstandes überhaupt keine Auskunft i.S.v. § 131 AktG erteilt werden kann. Gleiches hätte für die Auskunftspflicht des Aufsichtsrat zu gelten.

des konkreten[406] Beschlussgegenstandes erforderlich war, § 131 I 1 AktG, sondern auch, dass die Nicht-Auskunft für die Beschlussfassung ursächlich war[407]. Diese Voraussetzungen werden jedoch in aller Regel nur für den Beschluss über die Entlastung der Aufsichtsratsmitglieder gegeben sein[408]. Denn das Auskunftsverlangen kann sich ausschließlich auf die Tätigkeit des Aufsichtsrats in Bezug auf den jeweiligen Tagesordnungspunkt beziehen. Diese Auskunft wird jedoch in aller Regel keinen Einfluss auf die inhaltliche Entscheidung über den Tagesordnungspunkt haben. Geht es zum Beispiel um den Gewinnverwendungsbeschluss, § 174 I AktG, könnte vom Aufsichtsrat allenfalls erfragt werden, ob und in welcher Weise[409] er den Gewinnverwendungsvorschlag geprüft hat, § 171 I AktG. Zur sachgerechten Beurteilung des Gewinnverwendungsbeschlusses ist diese Auskunft jedoch unerheblich, da die Hauptversammlung über die Gewinnverwendung inhaltlich auch ohne diese Information entscheiden kann. Die Information über das Prüfungsverhalten des Aufsichtsrats ist demnach lediglich für dessen Entlastung von Bedeutung. Ähnlich verhält es sich zum Beispiel in Bezug auf Geschäftsvorfälle, für deren Vornahme die Zustimmung der Hauptversammlung von Gesetzes wegen erforderlich ist[410] oder vom Vorstand freiwillig ersucht wird, § 119 II AktG. Fragen an den Aufsichtsrat können sich ausschließlich darauf beziehen, ob und auf welche Weise er die betreffenden Geschäftsmaßnahmen geprüft hat. Auch diese Information ist nur für die Bewertung der Aufsichtsratsleistung und damit für die Entlastung der Aufsichtsratsmitglieder entscheidungserheblich, nicht jedoch für den Beschluss über die konkrete Geschäftsmaßnahme.

Damit ist festzuhalten, dass eine erhöhte Anfechtungsgefahr letztlich nur für den Beschluss über die Entlastung der Aufsichtsratsmitglieder und nur für den Fall gegeben ist, dass kein Vertreter des Aufsichtsrats in der Hauptversammlung anwesend ist. Im Hinblick darauf, dass Aufsichtsratsmitglieder grundsätzlich zur Teilnahme an der Hauptversammlung verpflichtet sind und ein Fehlen somit eine Pflichtverletzung darstellt[411], erscheint eine erhöhte Anfechtungsmöglichkeit des Entlastungsbeschlusses aber nicht nur gerechtfertigt, sondern sogar geboten.

---

[406] BGHZ 119, 13f.; OLG München, AG 1994, 376; *Hüffer*, § 131 Rn. 44 und § 243 Rn. 45.

[407] § 243 IV AktG schließt insoweit nur eine Widerlegung der Kausalität durch eine Erklärung der Hauptversammlungsmehrheit aus, ihr Entschluss sei durch die Verweigerung der Auskunft nicht beeinflusst worden.

[408] So wohl auch *Hommelhoff*, in: Picot, Corporate Governance, S. 11.

[409] Zulässig sind etwa Fragen, ob der Aufsichtsrat zur Vorbereitung der Aufsichtsratssitzung einen Ausschuss eingesetzt hat, und von welcher Dauer die Aufsichtsratssitzung war. Einzelheiten über den Sitzungsverlauf sind wegen der Vertraulichkeit der Sitzungen, §§ 109, 116, 93 I 2 AktG, nicht zu berichten. Vgl. *Wilhelm*, Kapitalgesellschaftsrecht, Rn. 1002 Fn. 159.

[410] Vgl. § 293 I AktG, §§ 13 I, 65, 125, 193 UmwG.

[411] Siehe oben Fn. 405.

Aber selbst wenn man der Ansicht wäre, die Rechtslage sei diesbezüglich unklar und auch hinsichtlich anderer Hauptversammlungsbeschlüsse bestünde ein hohes Anfechtungspotential, bedürfte es keines hohen Regelungsaufwandes, um diese Gefahr zu bannen. Denkbar wäre zum Beispiel, die Anfechtungsmöglichkeit bei abwesenheitsbedingter Unmöglichkeit einer Auskunftserteilung durch den Aufsichtsrat gesetzlich auf den Beschluss über die Entlastung der Aufsichtsratsmitglieder zu beschränken. Das direkte Fragerecht gegenüber dem Aufsichtsrat hat nämlich den einzigen Zweck, die Rechenschaftspflicht des Aufsichtsrats sachgerecht abzurunden, so dass die Notwendigkeit einer Anfechtungsmöglichkeit von Hauptversammlungsbeschlüssen ausschließlich für den Entlastungsbeschluss gegeben ist.
Eine noch einfachere Lösung bestünde darin, das Auskunftsrecht gegenüber dem Aufsichtsrat nur für den Fall der Anwesenheit eines Vertreters des Aufsichtsrat zu gewähren[412]. Denn wie bereits erwähnt, ergäbe sich eine über die geltende Rechtslage hinausgehende Anfechtungsmöglichkeit nur für den Fall, dass kein Vertreter des Aufsichtsrats anwesend wäre, der die Frage beantworten könnte. Wäre das Fragerecht auf den Fall beschränkt, dass ein Aufsichtsratsvertreter anwesend ist, könnten selbst bei völliger Abstinenz des Aufsichtsrats, Fragen über die Überwachungstätigkeit wie bisher an den Vorstand gerichtet werden. Eine weitergehende Anfechtungsmöglichkeit von Hauptversammlungsbeschlüssen ergäbe sich jedenfalls nicht. Eine solche wäre auch nicht erforderlich, weil die völlige Abwesenheit des Aufsichtsrats von der Hauptversammlung durch Verweigerung der Entlastung oder Widerruf der Bestellung bereits hinreichend sanktioniert werden kann. Gegenüber einer Beschränkung der Anfechtungsmöglichkeit auf den Entlastungsbeschluss hätte dieser Vorschlag den Vorteil, dass auch bei völliger Abstinenz des Aufsichtsrats wie bisher Fragen über dessen Tätigkeit gestellt werden könnten.

Die *Regierungskommission Corporate Govemace* weist noch darauf hin, dass das Auskunftsverweigerungsrecht des Aufsichtsrats geregelt werden müsste[413]. Auch in dieser Hinsicht ist jedoch kein hoher Regelungsaufwand gegeben, der einem Fragerecht gegenüber dem Aufsichtsrat entgegenstünde. In § 131 III AktG ist das Recht zur Auskunftsverweigerung des Vorstandes geregelt, so dass es sich anbietet, sich an diese Regelung anzulehnen. Da sich Fragen an den Aufsichtsrat ausschließlich auf dessen Überwachungstätigkeit beziehen können, passt allerdings nur die Verhinderung von Nachteilszufügungen gem. § 131 III Nr. 1 AktG, so dass sich eine Verweisung auf diesen Punkt beschränken kann. Ein weitergehendes Auskunftsverweigerungsrecht ist nicht geboten, da der Aufsichtsrat ohnedies nur Informationen über Struktur

---

[412] Denkbar wäre etwa folgender, eingeschobener § 131 II AktG: *„Soweit der Aufsichtsratsvorsitzende oder einer seiner Vertreter in der Hauptversammlung anwesend sind, können Aktionäre Fragen, die die Überwachungstätigkeit des Aufsichtsrats betreffen, direkt an den Aufsichtsratsvorsitzenden oder seinen Vertreter richten."*

[413] *Baums*, Bericht der Regierungskommission Corporate Governace, D2.37 Rn. 61.

und Verfahren seiner Tätigkeit berichten muss, die kaum strategische Relevanz für die Konkurrenz besitzen dürften.

Die Bedenken gegen einen direkten Auskunftsanspruch gegenüber dem Aufsichtsrat sind damit nicht durchschlagend. Da es als schwerer systematischer Fehler angesehen werden muss, wenn der Vorstand Fragen über die Tätigkeit seines Überwachungsorgans zu beantworten hat, ist ein solcher direkter Auskunftsanspruch gegenüber dem Aufsichtsrat zu normieren. Der Aufsichtsrat wird dabei von seinem Vorsitzenden bzw. einem seiner Stellvertreter vertreten. Um ungewollte Anfechtungsfälle zu vermeiden, sollte das Fragerecht nur für den Fall der Anwesenheit eines geeigneten Vertreters des Aufsichtsrats vorgesehen werden. Die Auskunft kann im Falle des § 131 III Nr. 1 AktG verweigert werden.

1.5. Zusammenfassende Diagnose: Anreizwirkung als gemeinsames Ziel der bisherigen Reformvorschläge

Die bisherigen Reformvorschläge greifen den im zweiten Kapitel festgestellten Reformbedarf auf, indem sie darauf abzielen den Aufsichtsrat zu einer intensiveren Überwachungstätigkeit zu motivieren. Dazu wird die Erarbeitung und Implementierung von Verhaltenskodizes vorgeschlagen, die dem Aufsichtsrat für die Praxis eine ermessensleitende Richtschnur an die Hand geben. Um der Verbreitung und Anwendung von Verhaltenskodizes weiter Vorschub zu leisten, wird eine gesetzliche Erklärungspflicht des Aufsichtsrats über die Anerkennung und Umsetzung eines Verhaltenskodex empfohlen. Wenngleich eine breite Anwendung von Verhaltenskodizes und eine damit verbundene Verbesserung des Überwachungsverfahrens zu erwarten ist, hängt die Effektivität der Überwachung letztlich von der Eigeninitiative des jeweiligen Aufsichtsrats ab. Um diese zu gewährleisten, wird eine tendentielle Erhöhung der Aufsichtsratsvergütung, die aus einer aufwandsabhängigen und einer erfolgsabhängigen Komponente bestehen sollte, sowie dahingehende Reformvorschläge angeregt. Ferner wird die Verbesserung der Haftungsdurchsetzung durch ein zweistufiges Individualklagesystem und die Intensivierung der Kontrolle durch mehr Transparenz gegenüber der Hauptversammlung vorgeschlagen.
Mit den vorgeschlagenen Maßnahmen wurde der Kernbereich einer Reform des Aufsichtsrats abgesteckt. Im Folgenden ist zu untersuchen, ob damit der Reformbedarf bereits umfassend gelöst wurde. Dazu soll eine Auseinandersetzung mit verschiedenen in der Reformdiskussion aufgeworfenen Reformvorschlägen durchgeführt werden.

2. Notwendigkeit einer Reform im Übrigen, insbesondere Behebung der noch nicht berücksichtigten theoretischen Mängel

2.1. Reformmöglichkeiten zur Verbesserung der Organisation des Aufsichtsrats

2.1.1. Stärkung der Selbstorganisation des Aufsichtsrats

Im zweiten Kapitel dieser Arbeit musste festgestellt werden, dass der Aufsichtsrat in der Praxis häufig sehr schlecht organisiert ist, was sich nicht zuletzt in einer ungenügenden Ausschussbildung ausdrückt. Da sich das Selbstorganisationsrecht des Aufsichtsrats in der Praxis als zu schwach erwiesen habe[414], wurde vorgeschlagen, den Aufsichtsrat gesetzlich zum Erlass einer Geschäftsordnung zu verpflichten[415]. Dadurch soll der Aufsichtsrat gezwungen werden, sich mit der Organisation der Überwachung und der Struktur seines Gremiums auseinanderzusetzen[416].

Zu diesem Vorschlag ist zunächst anzumerken, dass bereits die Verbesserung der Präventivwirkung der Haftung und die Intensivierung der Kontrolle gegenüber dem Aufsichtsrat zu einer gewissen Stärkung der Selbstorganisation des Aufsichtsrats führen dürften. Denn der Aufsichtsrat ist dazu verpflichtet, sich so zu organisieren, dass er seiner Überwachungsaufgabe optimal nachkommen kann[417]. Dabei ist dem Aufsichtsrat zwar ein breiter unternehmerischer Ermessensspielraum einzuräumen. Im Haftungsfall obliegt es jedoch dem Aufsichtsrat aufgrund der Beweislastumkehr in §§ 116, 93 II 2 AktG, plausibel darzutun, dass er von seinem Organisationsermessen Gebrauch gemacht hat und warum er die gewählte Organisationsform für geeignet hielt. Dort, wo die Präventivwirkung der Haftung aufgrund des Ermessensspielraums ihre Grenze findet, sind Anreize durch die vorgeschlagenen Verbesserungen der Kontrollmöglichkeiten gegenüber dem Aufsichtsrat gegeben, da sich der Aufsichtsrat gegenüber der Hauptversammlung für die von ihm gewählte Organisation zu rechtfertigen hat.
Ob neben diesen Anreizwirkungen die Pflicht zum Erlass einer Geschäftsordnung der richtige Weg zur Stärkung der Selbstorganisation des Aufsichtsrats ist, erscheint fraglich. Zweifel ergeben sich bereits daraus, dass in der Praxis

---

[414] So *Lutter*, ZHR 1995, 296.

[415] *Hommelhoff*, in: Picot, Corporate Governance, S. 4. So auch *Hommelhoff/Mattheus*, AG 1998, 254; *Feddersen*, AG 2000, 394; *Reichelt*, S. 201.

[416] *Hommelhoff*, in: Picot, Corporate Governance, S. 4; *Reichelt*, S. 201.

[417] Vgl. *Dreher*, in: Feddersen u.a., Corporate Governance, S. 47; *Hommelhoff*, ZHR 1979, 298f.; *Hommelhoff/Mattheus*, AG 1998, 254; *Lutter/Krieger*, Rn. 206; *Semler*, BFuP 1977, 523ff.; *Theisen*, BFuP 1996, 313.

bereits vielfach Geschäftsordnungen existieren[418]. Es ist also zu befürchten, dass sich viele Aufsichtsräte überhaupt nicht zu einem Handeln veranlasst sehen, weil sie bereits die Anforderungen, die die vorgeschlagene gesetzliche Pflicht aufstellen würde, erfüllen.
Zudem geht der Erlass einer Geschäftsordnung nicht ohne weiteres mit einer Effektivierung der Überwachung einher. Denn üblicherweise werden in der Geschäftsordnung lediglich die formalen Regeln des Aufsichtsratsverfahrens wie das Verfahren hinsichtlich der Einberufung und des Ablaufs der Sitzungen und das Verfahren der Beschlussfassung, sowie die Anzahl der Sitzungen und die Einsetzung von Ausschüssen geregelt[419]. Damit werden jedoch nur rein formale Aspekte der Selbstorganisationspflicht des Aufsichtsrats angesprochen. Eine effektive Überwachung gebietet darüber hinaus aber eine weitergehende Selbstorganisation in der Form, dass der Aufsichtsrat seine Tätigkeit *inhaltlich* zu planen und seine Tätigkeit auf der Grundlage dieser Planung zu gestalten hat. D.h. der Aufsichtsrat muss nach eingehender Analyse der Gesellschaft erkennen, welche Geschäftsrisiken er zu überwachen hat und muss sich überlegen, welche Überwachungsmaßnahmen dazu erforderlich sind. Sinnvollerweise wird er dazu einen Überwachungsplan aufstellen, in dem die inhaltlichen Schwerpunkte der Überwachung, ein Zeitplan für die Behandlung dieser Schwerpunkte und eine entsprechende Aufgabenverteilung innerhalb des Aufsichtsrats festgelegt werden[420]. Die Anzahl der Aufsichtsratssitzungen und die Bildung entsprechender Ausschüsse sind lediglich ein Ausfluss dieser inhaltlichen Selbstorganisation. Den Aufsichtsrat zu einer formellen Organisation in Form des Erlasses einer Geschäftsordnung zu zwingen und zu hoffen, dass er daraufhin auch seiner weitergehenden inhaltlichen Organisationspflicht nachkommt, scheint wenig zweckmäßig. Dies erkennen auch die Befürworter des obigen Vorschlags, wenn sie versuchen, durch entsprechende Transparenz ihrer formellen Organisationspflicht materiellen Gehalt zu geben[421]. Will man den Aufsichtsrat zur Planung und Organisation seiner Tätigkeit motivieren, sollte dies direkt und nicht über den Umweg einer Geschäftsordnung erfolgen. Wie der *Berliner Initiativkreis German Code of Corporate Governance* gezeigt hat, kann dies durch entsprechende Vorgaben in einem Verhaltensko-

---

[418] Vgl. Geßler-Hefermehl/Geßler, § 107 Rn. 57; *Semler*, BFuP 1977, 525. Vgl. auch die empirischen Feststellungen von *Feddersen*, AG 2000, 393 wonach in den DAX-30-Index enthaltenen Unternehmen fast alle Aufsichtsräte über eine Geschäftsordnung verfügen. A.A. nur *Hommelhoff/Mattheus*, AG 1998, 254.

[419] Vgl. *Feddersen*, AG 2000, 393; *Henn*, Handbuch des Aktienrechts, Rn. 661 und 670; *Hüffer*, § 107 Rn. 25. Vgl. auch die Muster bei *Happ*, Aktienrecht, 9.01 und 9.02.

[420] Vgl. *Berliner Initiativkreis German Code of Corporate Governance*, DB 2000, 1578 (Abschnitt IV.5.3.). Vgl. auch *Höhn*, Die Geschäftsleitung der GmbH, S. 342ff.; *ders.*, GmbHR 1995, 862f. (Kontrollplan).

[421] *Hommelhoff*, in: Picot, Corporate Governance, S. 4 schlägt vor, die Geschäftsordnung in wesentlichen Zügen im Geschäftsbericht zu veröffentlichen. *Reichelt*, S. 201 lässt ein jederzeitiges Einsichtsrecht der Aktionäre genügen.

dex für den Aufsichtsrat geschehen[422]. Eine gesetzliche Pflicht zum Erlass einer Geschäftsordnung ist daher nicht zu befürworten.

2.1.2. Intensivierung der Ausschussbildung

Es besteht weitgehend Einigkeit darüber, dass die Effektivität der Überwachung durch die gezielte Aufgabenverteilung auf Ausschüsse wesentlich verbessert werden kann[423]. Die Vorteile einer Ausschussbildung liegen neben einer Arbeitsteilung und einer damit verbundenen Stärkung des Verantwortungsgefühls der einzelnen Aufsichtsratsmitglieder[424] darin, dass Ausschüsse aufgrund der geringeren Mitgliederzahl leichter einberufen werden können und dadurch eine zeitnahe Überwachung ermöglichen[425], größere Vertraulichkeit gewährleisten[426] und zu einer Erhöhung der Qualifikation des Gremiums führen können[427]. Letzteres ergibt sich daraus, dass die Anforderungen an die Qualifikation mit der Übernahme bestimmter Aufgaben im Aufsichtsrat steigen[428]. So dürfen von den Mitgliedern eines Bilanzausschusses fundiertere Bilanzkenntnisse erwartet werden als von Nicht-Ausschussmitgliedern. Die Notwendigkeit der Ausschussbesetzung mit qualifizierten Mitgliedern würde dazu führen, dass sich die Wahl der Aufsichtsratsmitglieder verstärkt an den entsprechenden Qualifikationen zu orientieren hätte. Dass die mit der Ausschussbildung verbundene Gefahr eines Informationsgefälles innerhalb des Aufsichtsrats nicht überbewertet werden darf, wurde bereits im zweiten Kapitel gezeigt[429]. Wenngleich breite Einigkeit darüber besteht, dass die Ausschussbildung in der Praxis gefördert werden müsse, gehen die Meinungen darüber auseinander, wie dies zu erfolgen habe. Teilweise wird lediglich eine Soll-Vorschrift als An-

---

[422] Siehe oben Fn.420: *„5.4. Der Vorsitzende des AR erstellt ein systematisches Überwachungsprogramm, das die Abfolge und Schwerpunkte der auf den einzelnen Sitzungen des AR bzw. seiner Ausschüsse näher zu erörtenden Gegenstände festlegt...5.5. Das Überwachungsprogramm trennt zwischen periodisch zu erörternden Kontrollthemen und den permanenten Kontrollaspekten..."*

[423] Vgl. nur *Baums*, ZIP 1995, 17; *Claussen*, AG 1996, 486; *Deckert*, ZIP 1996, 987; *Dreher*, in: Feddersen u.a., Corporate Governance, S. 45; *Feddersen*, AG 2000, 390; *Hommelhoff*, in: Picot, Corporate Governance, S. 4; *ders.*, ZHR 1973, 298; *Hommelhoff/Mattheus*, AG 1998, 254f.; *Lutter*, ZHR 1995, 298; *Möllers*, ZIP 1995, 1730.; *Potthoff/Trescher*, Aufsichtsratsmitglied, S. 151; *Schreib*, BFuP 1996, 287; *Semler*, RWS-Forum GesR 1995, 209; *ders.*, in: Picot, Corporate Governance, S. 39.

[424] Vgl. *Lutter*, ZGR 2001, 229. Zum umgekehrten Fall der Abnahme des Verantwortungsgefühls bei zunehmender Größe des Gremiums vgl. auch *Götz*, AG/S 1997, 38.

[425] Vgl. *Claussen*, AG 1996, 486; *Deckert*, ZIP 1996, 987; *Feddersen*, AG 2000, 390; *Hommelhoff/Mattheus*, AG 1998, 254; *Lück*, DB 1999, 443; *Schreib*, BFuP 1996, 287.

[426] *Claussen*, AG 1996, 486; *Deckert*, ZIP 1996, 987; *Feddersen*, AG 2000, 390.

[427] *Möllers*, ZIP1995, 1734.

[428] *Dreher*, FS Boujong, S. 84; *Götz*, AG 1995, 346; *Hüffer*, § 116 Rn. 3, *Schwark*, FS Werner, S. 848. Zurückhaltender Köln.-Komm./*Mertens*, § 116 Rn. 8.

[429] Siehe oben 2. Kapitel, 4.3.1.

stoß für die Praxis[430], teilweise sogar eine gesetzliche Pflicht zur Bildung bestimmter Ausschüsse gefordert[431]. Die gesetzliche Anordnung bestimmter Ausschüsse ist bereits deshalb abzulehnen, weil der damit verbundene Schematismus kaum geeignet ist, der Vielgestaltigkeit der Praxis Rechnung zu tragen[432]. Die Bildung von Ausschüssen hat vielmehr das Ergebnis einer Planung seiner Überwachungsaufgabe durch den Aufsichtsrat zu sein und muss daher grundsätzlich dem unternehmerischen Ermessen des jeweiligen Aufsichtsrats überlassen bleiben[433]. Eine Pflicht zur Bildung bestimmter Ausschüsse könnte zudem den irrtümlichen Eindruck erwecken, mit der Bildung dieser Ausschüsse habe der Aufsichtsrat seiner Organisationspflicht genügt[434].

Auch die Einführung einer Soll-Vorschrift kann nicht befürwortet werden. Denn bereits nach geltendem Recht hat sich der Aufsichtsrat selbst zu organisieren, was auch die Bildung von Ausschüssen umfasst[435]. Eine Soll-Vorschrift würde also über die bereits geltende Rechtslage nicht hinausgehen. Die mit einer Soll-Vorschrift erhoffte Anstoßwirkung für die Praxis kann jedoch flexibler und effektiver durch entsprechende Vorgaben in einem Verhaltenskodex und durch Erhöhung der Transparenz gegenüber der Hauptversammlung erzielt werden. In einem Verhaltenskodex könnten nämlich einerseits viel detailliertere Vorgaben gemacht werden, als dies in einer gesetzlichen Vorschrift sinnvollerweise möglich wäre, andererseits bietet der Verhaltenskodex ausreichende Möglichkeiten einer flexiblen Anpassung an die konkreten Gegebenheiten der Gesellschaft sowie der Entwicklung des Wirtschaftsumfeldes. Die im KonTraG eingeleitete Erhöhung der Transparenz in Bezug auf die Organisation des Aufsichtsrats[436] in Verbindung mit den oben vorgeschlagenen Ergänzungen der Kontrollmöglichkeiten durch die Hauptversammlung[437] dürften ausreichen, um

---

[430] So *Deckert*, ZIP 1996, 993; *Möllers*, ZIP 1995, 1731.

[431] Mindestens einen Personal-, einen Bilanz- und einen Investitionsausschuss bei mehr als 12 Aufsichtsräten: Beschluss des 61. DJT, NJW 1996, 2999; *Lambsdorff*, in: Feddersen u.a., Corporate Governance, S. 228; *Lutter*, ZHR 1995, 298f.; *ders.*, AG 1994, 177; *Schreib*, BFuP 1996, 287. Bilanzausschuss bei mitbestimmten Gesellschaften: Gesetzesentwurf Rheinland-Pfalz zu § 107 AktG, BR- Drucks. 561/97, Anlage, S. 2; zustimmend *Götz*, AG 1995, 347; Theisen, Wpg 1994, 817.

[432] Vgl. Begr. zum KonTraG, § 110 RefE AktG, ZIP 1996, 2132; *DAV*, ZIP 1997, 165; *Dreher*, RWS-Forum GesR 1997, 9; *ders.*, in: Feddersen u.a., Corporate Governance, S. 46; *Götz*, AG 1995, 347; *Hoerdemann*, ZRP 1997, 46; *Hommelhoff*, in: Picot, Corporate Governance, S. 5; *Hopt*, AG/S 1997, 42; *Kropff*, in: Semler, Reformbedarf, S. 21.

[433] Insoweit ist bereits von der oben genannten Stärkung der Selbstorganisation eine Intensivierung der Ausschussbildung zu erwarten.

[434] *Hommelhoff*, in: Picot, Corporate Governance, S. 5.

[435] Siehe oben 2.1.1.

[436] Gem. § 171 II 2 AktG n.F. haben Aufsichtsräte börsennotierter Gesellschaften über die Bildung von Ausschüssen zu berichten. Hinsichtlich der Kritik an der Beschränkung auf börsennotierte Gesellschaften siehe oben 1. Teil, 2.4.2.

[437] Siehe oben 1.4.

eine sachgerechte Umsetzung der Vorgaben eines Verhaltenskodexes sicherzustellen[438].

In Zusammenhang mit der Bildung von Ausschüssen ist auf einen in den Regierungsentwurf zum TransPubG übernommenen[439] Vorschlag der *Regierungskommission Corporate Governance* einzugehen, wonach dem Aufsichtsrat regelmäßig über die Arbeit der Ausschüsse zu berichten sei[440]. Damit soll der bereits oben angesprochenen Gefahr eines Informationsgefälles innerhalb des Aufsichtsrats vorgebeugt werden. Dieser Vorschlag enthält jedoch lediglich eine Klarstellung der bereits geltenden Rechtslage. Denn anerkanntermaßen ist die Delegation von bestimmten Aufgaben auf Ausschüsse nicht nur mit einer Überwachungspflicht des Plenums gegenüber diesen Ausschüssen[441], sondern auch mit einer Rechenschaftspflicht dieser Ausschüsse gegenüber dem Plenum verbunden. Es ist daher anerkannt, dass nicht nur das Plenum Informations*rechte* gegenüber den Ausschüssen hat, sondern dass die Ausschüsse auch selbständige Berichts*pflichten* gegenüber dem Aufsichtsratsplenum haben[442]. Da eine Vernachlässigung der Berichtspflicht der Ausschüsse nicht nur eine Pflichtverletzung der Ausschussmitglieder, sondern auch der übrigen Aufsichtsratsmitglieder (wegen Vernachlässigung der Überwachungspflicht gegenüber den Ausschüssen) darstellt, kann im Hinblick auf die vorgeschlagene Verbesserung der Präventivwirkung der Haftung auf diese Klarstellung verzichtet werden[443].

2.1.3. Verkleinerung des Aufsichtsrats

Eine in der Reformdiskussion oft geäußerte Forderung ist die nach der Verkleinerung der den Mitbestimmungsgesetzen unterliegenden[444] Aufsichtsrä-

---

[438] Voraussetzung dafür ist allerdings, dass in den Verhaltenskodizes konkrete Vorgaben gemacht werden, wie dies zum Beispiel der *Berliner Inititativkreis German Code of Corporate Governance*, DB 2000, 1578 (Abschnitt IV, 3.4.) gemacht hat, siehe auch oben 1.1.5.4. Die bloße Aufzählung verschiedener Ausschüsse, wie dies im Kodex der *Grundsatzkommission Corporate Governance*, DB 2000, 241 (Abschnitt III. 3.) erfolgte, ist dagegen nicht ausreichend, siehe oben 1.1.6.2.

[439] Vgl. § 107 Abs. 3 AktG-RegE TranspubG.

[440] *Baums*, Bericht der Regierungskommission Corporate Governance, Rn. 56.

[441] OLG Hamburg, ZIP 1995, 1676; *Baumbach/Hueck*, § 107 Rn. 15; Geßler-Hefermehl/*Geßler*, § 107 Rn. 84; *Hoffmann-Becking*, in: HdbGesR AG, § 32 Rn. 21; Köln.-Komm./*Mertens*, § 107 Rn. 128; Großkommentar/*Meyer-Landrut*, § 107 Anm. 18.

[442] *Hoffmann-Becking*, in: HdbGesR AG, § 32 Rn. 21; *Hommelhoff*, BB 1981, 947; *Lutter/Krieger*, Rn. 274; Köln.-Komm./*Mertens*, § 107 Rn. 128; *Rellermeyer*, S. 208ff.; *Semler*, AG 1988, 65.

[443] Der Regierungsentwurf des TransPubG folgt dem Vorschlag der Regierungskommission und sieht eine entsprechende Berichtspflicht in § 107 Abs. 3 S. 3 AktG-RegE vor, a.a.O. Fn. 10, S. 3.

[444] Für die übrigen Aufsichtsräte sieht § 95 AktG ohnedies nur eine Höchstzahl und eine Mindestzahl vor und verlangt, dass die Zahl durch drei teilbar sein muss.

ten[445]. Es wurde bereits im zweiten Kapitel dieser Arbeit aufgezeigt, dass das Gesetz in dieser Hinsicht nicht reformbedürftig ist, weil die Nachteile eines großen Gremiums durch eine entsprechende Ausschussbildung ohne weiteres kompensiert werden können[446]. Wie im vorangegangenen Abschnitt erläutert wurde, ist zudem in der Praxis eine Ausschussbildung weitgehend unabhängig von der Aufsichtsratsgröße zu unterstützen. Daraus wird bereits ersichtlich, dass der Aufsichtsrat mit einer gewissen Mindeststärke ausgestatten sein muss[447]. Eine zwingende Verkleinerung des Aufsichtsrats kommt mithin nicht in Betracht.

Es stellt sich allenfalls die Frage, ob in mitbestimmten Gesellschaften die Entscheidung über eine Reduzierung der Aufsichtsratsgröße in gewissen Grenzen dem Satzungsgeber überlassen werden sollte[448]. Für diesen Vorschlag spricht, dass der Satzungsgeber selbst entscheiden könnte, wie viele Aufsichtsratsmitglieder er in Bezug auf die Überwachungsaufgabe in der konkreten Gesellschaft für erforderlich hält. Es steht allerdings zu befürchten, dass in der Praxis der Aufsichtsrat allein deshalb so klein wie möglich gehalten würde, um den Einfluss der Arbeitnehmervertreter möglichst niedrig zu halten[449]. Zwar änderte die bloße Reduzierung der Mitgliederzahl nichts an der paritätischen Zusammensetzung des Aufsichtsrats. Allein die Verringerung der Anzahl der Vertreter ließe jedoch einen Verlust an Einfluss der Arbeitnehmer erwarten. Es ist daher zu befürchten, dass sich die Entscheidung der Hauptversammlung überhaupt nicht an überwachungstechnischen Gesichtspunkten orientiert, sondern allein an dem Ziel, den Einfluss der Arbeitnehmer zu beschränken. Ferner würde eine Verkleinerung des Aufsichtsrats die Anzahl der betriebsangehörigen Arbeitnehmervertreter im Aufsichtsrat weiter reduzieren[450]. Dies ist, da die betriebsangehörigen Arbeitnehmervertreter über detaillierte Kenntnisse des Un-

---

[445] *Adams*, AG/S 1997, 9; *Baums*, AG/S 1997, 27; *Bremeier/Mülder/Schilling*, S. 86; Beschluss des 61. DJT, NJW 1996, 2999; *Dreher*, RWS-Forum GesR 1997, 8; *ders.*, in: Feddersen u.a., Corporate Governance, S. 44; *Fey*, DStR 1995, 1323; *Götz*, AG/S 1997, 38; *Hakelmacher*, Wpg 1991, 106; *Hoerdemann*, ZRP 1997, 47; *Hopt*, AG/S 1997, 42; *Kübler*, AG/S 1997, 49; *Lambsdorff*, in: Feddersen u.a., Corporate Governance, S. 226f.; *Lutter*, ZGR 2001, 236; *Mertens*, AG/S 1997, 70; *Schreib*, BFuP 1996, 286; *Seipp*, in: Universität Passau, Unternehmensverfassung, S. 25; *Semler*, in: Picot, Corporate Governance, S. 38.

[446] Siehe oben 2. Kapitel, 4.3.1. Vgl. ferner *Baums*, ZIP 1995, 17f.; *Hommelhoff*, in: Picot, Corporate Governance, S. 5f.; *Hommelhoff/Mattheus*, AG 1998, 255; *Kropff*, in: Semler, Reformbedarf, S. 21; *Lutter*, ZHR 1995, 297.

[447] Vgl. auch *Hommelhoff*, in: Picot, Corporate Governance, S. 6.

[448] So ein Beschluss des 61. DJT, NJW 1996, 2999 (Reduzierung auf 12 oder 16 Mitglieder); *Reichelt*, S. 184.

[449] *Schulte*, BFuP 1996, 295.

[450] Eine Verkleinerung des Aufsichtsrats von 20 auf 12 Mitglieder würde die Anzahl der betriebsangehörigen Arbeitnehmervertreter von 7 auf 4 verringern, vgl. § 7 II MitbestG. Vgl. auch *Niederleithinger*, ZIP 1995, 601.

ternehmens verfügen[451], hinsichtlich der Effektivität der Überwachung nicht unbedingt positiv. Eine der Entscheidung des Satzungsgebers überlassene Verringerung der Aufsichtsratsgröße ist daher nicht geboten.

2.1.4. Erhöhung der Sitzungsfrequenz

Als wesentliches Mittel zur Steigerung der Effizienz des Aufsichtsrats wird in der Reformdiskussion häufig die Erhöhung der gesetzlichen Mindestsitzungsfrequenz gefordert[452]. Bereits im zweiten Kapitel dieser Arbeit musste jedoch erkannt werden, dass sich pauschale Aussagen darüber, wie viele Sitzungen mindestens erforderlich sind, um eine effektive Überwachung zu ermöglichen, nicht treffen lassen, es vielmehr Aufgabe jedes Aufsichtsrats ist, die Sitzungsfrequenz an den konkreten Überwachungsbedarf der jeweiligen Gesellschaft, insbesondere mit Rücksicht auf die wirtschaftliche Lage der Gesellschaft, und an die Struktur des Aufsichtsrats anzupassen[453]. Eine aktive Handhabung der Frage der Sitzungsfrequenz erreicht man aber nicht, indem man, wie gefordert, die Mindestsitzungsfrequenz pauschal erhöht. Von einer Erhöhung der Mindestsitzungsfrequenz ist vielmehr nur zu erwarten, dass die Aufsichtsratspraxis die vom Gesetzgeber vorgegebene Sitzungsfrequenz übernimmt, auch wenn diese lediglich eine untere Grenze darstellt[454]. Der richtige Ansatz zur Effizienzsteigerung des Aufsichtsrats kann daher nur darin liegen, den Aufsichtsrat zu einer aktiven Wahrnehmung seiner Überwachungsaufgabe zu motivieren. Dies hat über die oben vorgeschlagenen Anreizsysteme[455] zu erfolgen und nicht über pauschale gesetzliche Vorgaben von Sitzungsfrequenzen.

---

[451] Siehe oben 2. Kapitel, 7.3.5.

[452] 4 Sitzungen jährlich: *DAV*, ZIP 1997, 164f.; Beschluss des 61. DJT, NJW 1996, 2999; *Mertens*, AG/S 1997, 70; *Schmitz*, in: Feddersen u.a., Corporate Governance, S. 240; *ders.*, BFuP 1996, 309; *Schreib*, BFuP 1996, 288; *Schulte*, BFuP 1996, 303; *Semler*, RWS-Forum GesR 1995, 209; 2 Sitzungen halbjährlich: *Dreher*, RWS-Forum GesR 1997, 9; *Seibert*, AG/S 1997, 66; 1 Sitzung im Quartal, Gesetzesentwurf Rheinland-Pfalz zu § 110 AktG, BR- Drucks. 561/97, Anlage, S. 2; *Hommelhoff*, in: Picot, Corporate Governance, S. 21; *Karoli*, FS Möhring, S. 122; *Lutter*, ZHR 1995, 298; 5 - 6 Sitzungen jährlich: *Scheffler*, ZGR 1993, 74; 6 - 8 Sitzungen jährlich: *Bernhardt*, ZfB 1994, 1345; *Lambsdorff*, in: Feddersen u.a., Corporate Governance, S. 224; 10 Sitzungen jährlich: *Bleicher/Paul*, DBW 1986, 284.

[453] Siehe oben 2. Kapitel, 4.3.2.

[454] Dies verdeutlicht die empirische Erhebung von *Feddersen*, AG 2000, 392 eindrucksvoll: Auch nach Erhöhung der Sitzungsfrequenz in börsennotierten Gesellschaften auf zwei Sitzungen im Kalenderhalbjahr, mithin vier Sitzungen im Jahr, tritt der Aufsichtsrat in den meisten der im DAX-30-Index enthaltenen Unternehmen lediglich vier mal im Jahr zusammen.

[455] Eine aktive Überprüfung der Sitzungsfrequenz dürfte zum einen aufgrund der Intensivierung der Präventivwirkung der Haftung zu erwarten sein, weil allgemein anerkannt ist, dass sich die Sitzungshäufigkeit nach der wirtschaftlichen Lage der Gesellschaft zu richten hat (oben 2. Kapitel, 4.3.2.). Zu einer Erhöhung der Sitzungsfrequenz dürfte zum anderen die vorgeschlagene aufwandsabhängige Vergütung in Form eines Sitzungsgeldes

Der Regierungentwurf des TransPubG sieht im Hinblick auf die Sitzungsfrequenz mehrere Neuerungen vor. Zum einen soll die durch das KonTraG für börsennotierte eingeführte Mindestsitzungsfrequenz von zwei Sitzungen im Kalenderhalbjahr grundsätzlich auch für nichtbörsennotierte Gesellschaften gelten. Der Aufsichtsrat einer nichtbörsennotierten Gesellschaft soll aber beschließen können, dass nur eine Sitzung im Kalenderhalbjahr abgehalten wird[456]. Dass diese Regelung keinen positiven Effekt auf die Überwachungspraxis haben dürfte, ergibt sich aus den obigen Ausführungen.
Darüber hinaus sieht der Regierungsentwurf eine Änderung im Wortlaut des § 110 AktG vor, der nun nicht mehr von „Zusammentreten", sondern vom „Abhalten von Sitzungen" spricht. Diese Modifizierung soll klarstellen, dass die vom Gesetz als Minimum verlangten Sitzungen in begründeten Ausnahmefällen auch in Form von Telefon- oder Videokonferenzen abgehalten werden können[457]. Bereits nach geltendem Recht sind Telefon- oder Videokonferenzen zulässig[458]. Telefon- oder Videokonferenzen sind aber nur bei einem relativ kleinen Teilnehmerkreis wirklich effektiv und können persönliche Treffen keineswegs vollständig ersetzen. Dass ein Aufsichtsrat seiner Überwachungsaufgabe ordnungsgemäß nachkommen kann, ohne wenigstens einmal im Kalenderhalbjahr persönlich zusammengetreten zu sein, erscheint zweifelhaft. Die vorgeschlagene Regelung kann gleichwohl befürwortet werden. Denn die erforderliche Anzahl der Zusammenkünfte kann sich nicht aus einer starren Festlegung im Gesetz, sondern muss sich aus den konkreten Gegebenheiten der Gesellschaft ergeben. Unabhängig von der im Gesetz vorgegebene Mindest-Sitzungsfrequenz hat der Aufsichtsrat daher zu prüfen, ob die Anzahl und auch die Form der Beratungen einer ordnungsgemäßen Erfüllung der Überwachungsaufgabe entsprechen. Dass der Aufsichtsrat dieser Pflicht nachkommt, ist durch entsprechende Anreizsysteme sicherzustellen. Dann bedarf aber auch keiner starren Regelung, die eine zwingende Zusammenkunft vorschreibt.
Der Regierungsentwurf sieht schließlich vor, dass auch ein einzelnes Aufsichtsratsmitglied den Aufsichtsrat einberufen kann, wenn seinem Verlangen nicht entsprochen wird[459]. Bislang konnte ein solches Verlangen nur dann durchgesetzt werden, wenn mindestens zwei Aufsichtsratsmitglieder die Einbe-

---

der Aufsichtsratsmitglieder führen (oben 1.2.2.3.). Schließlich dürften die Vorgaben in Verhaltenskodizes (vgl. *Berliner Initiativkreis German Code of Corporate Governance*, DB 2000, 1578, Abschnitt IV. 5.1.: sechs Regelsitzungen und Prüfung anhand der Lage der Gesellschaft) und die Präzisierung der Berichtspflicht (oben 1.4.1.) eine aktive Handhabung der Sitzungsfrequenz erwarten lassen.

456 § 110 Abs. 3 AktG-RegE, a.a.O. Fn. 10, S. 3.

457 Begründung des Regierungsentwurf zu § 110 Abs. 3 AktG-RegE, a.a.O. Fn. 10, S. 38. Die Beschränkung auf begründete Ausnahmefälle, wie in der Begründung des Regierungsentwurfs angenommen, ergibt sich jedoch unbedingt nicht aus dem Wortlaut.

458 Dies ergibt sich mittelbar aus, § 108 Abs. 4 AktG.

459 Vgl. § 110 Abs. 2 AktG-RegE, a.a.O. Fn. 10.

rufung forderten. Der Vorschlag ist zu befürworten. Zwar obliegt die Überwachungsaufgabe nicht dem einzelnen Aufsichtsratsmitglied, sondern dem Kollegialorgan Aufsichtsrat[460]. Die Pflichten jedes Aufsichtsratsmitglieds beschränken sich daher darauf, auf eine ordnungsgemäße Aufgabenerfüllung durch das Organ Aufsichtsrat hinzuwirken[461]. Dies ist ihm aber nur in den Sitzungen des Aufsichtsrats möglich, weshalb ein individuelles Einberufungsrecht durchaus sinnvoll ist. Zwar darf nicht übersehen werden, dass mit einem Individualrecht auf Einberufung auch eine gewisse Missbrauchsgefahr begründet wird, und zwar insoweit, als einzelne Aufsichtsratsmitglieder für die Klärung von Bagatellfragen in querulantorischer Weise auf einer Zusammenkunft bestehen könnten[462]. Diese Missbrauchsgefahr ist jedoch nicht überzubewerten. Denn dem Aufsichtsratsvorsitzenden steht es frei, dem Einberufungsverlangen durch eine Telefon- oder Videokonferenz nachzukommen und dem (subsidiären) Einberufungsrecht des einzelnen den Boden zu entziehen. Ferner werden sich wiederholende, unbegründete Einberufungen des Aufsichtsrats dazu führen, dass das Aufsichtsratsmitglied für die Gesellschaft untragbar wird, was eine Abberufung nach § 103 Abs. 3 AktG rechtfertigen würde[463]. Unter Umständen könnten sich aus offensichtlich unberechtigten Einberufungen auch Schadensersatzforderungen gegen das Aufsichtsratsmitglied ergeben[464].

2.1.5. Organisatorische Unterstützung des Aufsichtsrats

Die Tätigkeit des Aufsichtsrats bringt vor allem in größeren Gesellschaften einen nicht zu unterschätzenden Organisationsaufwand mit sich. Dieser betrifft zum Beispiel die Abstimmung der Termine für die Aufsichtsratssitzungen mit allen Teilnehmern, die Zuleitung von Sitzungsunterlagen oder die Beschaffung von Hintergrundinformationen. Um die Tätigkeit des Aufsichtsrats in organisatorischer Hinsicht zu professionalisieren, wurde vorgeschlagen, die Bereitstel-

---

[460] Unstreitig Geßler-Hefermehl/*Geßler*, § 111 Rn. 34; *Hommelhoff*, ZHR 1979, 293; *Kort*, AG 1987, 194; Köln.-Komm./*Mertens*, § 111 Rn. 10; *Steinbeck*, S. 23. Vgl. auch *Höhn*, Die Geschäftsleitung der GmbH, S. 305 (keine eigenmächtige Kontrolle durch einzelne Aufsichtsratsmitglieder).

[461] RGZ 93, 340; Geßler-Hefermehl/*Kropff*, § 116 Rn. 9; *Hüffer*, § 116 Rn. 9; *Kort*, AG 1987, 194; Köln.-Komm./*Mertens*, § 116 Rn. 5 und 9ff.; *Lutter/Krieger*, Rn. 302; Großkommentar/*Schilling*, § 116 Anm. 4; *Westermann*, Karlsruher Forum 1993, 21.

[462] Die Begründung des Regierungsentwurfs zu § 110 Abs. 2 AktG-RegE, a.a.O. Fn. 10, S. 36f. nennt als Missbrauchsfälle schikanöses oder querulantorisches Verhalten.

[463] Dass, wie in der Begründung des Regierungsentwurfs angenommen, a.a.O., der Aufsichtsrat (gemeint sind wohl die Aufsichtsratsmitglieder von der Einberufung angesprochenen Aufsichtsratsmitglieder) rechtsmissbräuchliche Einberufungen zurückweisen dürfe, muss wohl auf die Fälle des § 226 BGB beschränkt bleiben, was wiederum kaum Praxisrelevanz erlangen dürfte, da die Einberufung keinen anderen Zweck als eine Schikane haben dürfte.

[464] Vgl. die Begründung des Regierungsentwurfs zu § 110 Abs. 2 AktG-RegE, a.a.O. Fn. 10, S. 37.

lung eines Büros für den Aufsichtsrat mit ausreichender personeller und sachlicher Ausstattung durch die Gesellschaft gesetzlich vorzuschreiben[465].
Wenngleich eine organisatorische Unterstützung des Aufsichtsrats im Grundsatz zu begrüßen ist, kann eine dahingehende gesetzliche Regelung nicht befürwortet werden. Bereits aus tatsächlichen Gründen besteht hier kein Handlungsbedarf, weil in größeren Gesellschaften dem Aufsichtsrat schon heute üblicherweise ein Büro zur Verfügung gestellt wird[466]. Wo dies nicht der Fall ist, greift der Aufsichtsratsvorsitzende, dem die Koordination der Aufsichtsratstätigkeit obliegt, häufig auf eigene Mitarbeiter aus seiner hauptberuflichen Tätigkeit zurück[467]. Aber auch in rechtlicher Hinsicht besteht kein Regelungsbedarf, weil es dem Aufsichtsrat freisteht, sich bei Bedarf ein Büro einzurichten und sich die Kosten von der Gesellschaft erstatten zu lassen, § 670 BGB[468]. Abgesehen davon, dass also überhaupt kein gesetzgeberischer Handlungsbedarf gegeben ist, könnte die vorgeschlagene Pflicht zur Bereitstellung eines Büros kleinere Gesellschaften, in denen der Organisationsaufwand des Aufsichtsrats unter Umständen nicht so umfangreich ist, dass es eines eigenen Büros bedürfe, mit unnötigen Kosten belasten.
Die Entscheidung, ob eine organisatorische Unterstützung durch die Gesellschaft erforderlich ist, sollte daher dem Verantwortungsbewusstsein des jeweiligen Aufsichtsrats überlassen bleiben[469]. Soweit, entgegen den hier getroffenen Feststellungen, ein Handlungsbedarf für die Praxis gesehen wird, ist eine entsprechende Empfehlung in einem Verhaltenskodex einer gesetzlichen Regelung vorzuziehen.

In diesem Zusammenhang ist auch der Vorschlag der Einrichtung eines sog. „Aufsichtsratsassistenten" zu behandeln[470]. Dieser solle nicht nur organisatorische Aufgaben übernehmen, sondern durch laufende Zuarbeit eine vom Vorstand unbeeinflusste Information des Aufsichtsrats und seiner Ausschüsse gewährleisten[471]. Der Aufsichtsratsassistent müsse über eine ausreichende Qualifikation verfügen[472] und habe seiner Tätigkeit je nach Größe der Gesell-

---

[465] *Lutter*, ZHR 1995, 307. Vgl. auch den zustimmenden Beschluss des 61. DJT, NJW 1996, 2999.

[466] Vgl. *Hoffmann-Becking*, in: HdbGesR AG, § 33 Rn. 13; *Merkt*, ZGR 1998, 494; *Semler*, RWS-Forum GesR 1995, 209.

[467] Vgl. *Wilde*, ZGR 1998, 459.

[468] Vgl. *Hoffmann-Becking*, in: HdbGesR AG, § 33 Rn. 13; Köln.-Komm./*Mertens*, § 111 Rn. 99f.; *Semler*, RWS-Forum GesR 1995, 209.

[469] Vgl. *Dreher*, RWS-Forum GesR 1997, 16; *Reichelt*, S. 202; *Seibert*, in: Dörner u.a., Reform des Aktienrechts, S. 8; *Semler*, RWS-Forum GesR 1995, 209.

[470] Gesetzesentwurf Rheinland-Pfalz zu § 111a AktG, BR-Drucks. 561/97, Anlage, S. 3f.

[471] Begründung des Entwurfs Rheinland-Pfalz zu § 111a AktG, BR-Drucks. 561/97, Anlage, S. 23.

[472] Begründung des Entwurfs Rheinland-Pfalz zu § 111a AktG, BR-Drucks. 561/97, Anlage, S. 24, als geeignet wurden u.a. Wirtschaftsprüfer und Unternehmensberater angesehen.

schaft ein Viertel der Arbeitszeit, die Hälfte der Arbeitszeit oder sogar die volle Arbeitszeit zu widmen[473].

Dieser Vorschlag ist als kostspielige Überreglementierung abzulehnen. Soweit dem Aufsichtsratsassistenten die Übernahme organisatorischer Aufgaben zukommen soll, ist auf vorstehende Ausführungen zu verweisen. Was eine vom Vorstand unbeeinflusste Information des Aufsichtsrats betrifft, bedarf es hierzu keines ggf. hauptamtlichen und damit kostenintensiven Aufsichtsratsassistenten. Denn bereits nach geltendem Recht kann sich der Aufsichtsrat durch stichprobenartigen Gebrauch des Einsichts- und Prüfungsrechts der Ordnungsmäßigkeit der Vorstandsberichterstattung und damit der Qualität seiner Informationsgrundlage vergewissern[474]. Diese Prüfung kann entweder durch die Aufsichtsratsmitglieder selbst oder durch einen externen Sachverständigen erfolgen. Insbesondere bietet es sich an, den Auftrag des Abschlussprüfers, der bereits zur Prüfung des Jahresabschlusses teilweise auf die Vorstandsberichte zurückzugreifen hat, entsprechend zu erweitern[475]. Wenn aber bereits die gesetzlichen Möglichkeiten zur Überprüfung der Vorstandsberichte ausreichend gegeben sind, kann der Sinn der Institution eines Aufsichtsratsassistenten nur darin liegen, den Aufsichtsrats zu einer verstärkten Inanspruchnahme dieser Rechte zu veranlassen. Dies hat aber nicht über die Pflicht zur Inanspruchnahme eines hauptamtlichen Assistenten zu erfolgen, sondern über die oben diskutierten Anreizsysteme.

Ferner ist zu berücksichtigen, dass sich die Überwachung des Aufsichtsrats nicht auf jedwede Geschäftsführungsmaßnahme des Vorstandes, sondern nur auf die wesentlichen Maßnahmen zu erstrecken hat[476]. Es ist aber zu befürchten, dass ein hauptamtlicher Assistent den Aufsichtsrat mit vielen unbedeutenden Detailinformationen versorgen und damit den Blick des Aufsichtsrats fürs Wesentliche versperren könnte.

Schließlich stellt sich die Frage nach der faktischen Stellung des Aufsichtsratsassistenten innerhalb der Gesellschaft. Einerseits ist denkbar, dass der Assistent als Fremdkörper bzw. als Spitzel empfunden wird[477], was nicht nur den Geschäftsablauf stören, sondern auch den Informationsaustausch innerhalb der Gesellschaft beeinträchtigen könnte. Ebenso ist denkbar, dass ein voll in die Gesellschaft integrierter Assistent gegenüber dem Vorstand eine stärkere Affinität entwickelt als gegenüber dem Aufsichtsrat[478], was wiederum die Unbefangenheit der Informationsversorgung in Frage stellt. In diesem Zusammenhang ist darauf hinzuweisen, dass der Aufsichtsrat seinen Assistenten zu

---

[473] Gesetzesentwurf Rheinland-Pfalz zu § 111a AktG, BR-Drucks. 561/97, Anlage, S. 3.

[474] Siehe oben 2. Kapitel, 2.2.4.

[475] Siehe oben 2. Kapitel, 2.2.4.

[476] Ganz herrschende Meinung, vgl. nur OLG Köln AG 1978, 21; *Biener* BFuP 1977, 492; Geßler-Hefermehl/*Geßler*, § 111 Rn. 14; *Hüffer* § 111 Rn 2; *Lutter/Krieger*, Rn. 17; Köln-Komm./*Mertens*, § 111 Rn. 12.

[477] So *Wilde*, ZGR 1998, 458.

[478] So *Feddersen*, AG 2001, 395; *Hax*, BFuP 1977, 505.

überwachen hätte, weil die Verantwortung des Aufsichtsrats für die Überwachung des Vorstandes durch die Delegation bestimmter Aufgaben auf den Assistenten nicht gemindert wird[479].

Der Nutzen eines Aufsichtsratsassistenten für die Effektivität der Überwachung ist daher mehr als fraglich, der Vorschlag im Hinblick auf die damit verbundenen Kosten abzulehnen.

2.2. Reformmöglichkeiten hinsichtlich der Überwachungsinstrumente des Aufsichtsrats

2.2.1. Verbesserung der Information des Aufsichtsrats in Bezug auf die Vorstandsberichte

2.2.1.1. Inhaltliche Erweiterung der Vorstandsberichte

Im zweiten Kapitel dieser Arbeit war festgestellt worden, dass der Aufsichtsrat in der Praxis häufig nicht ausreichend informiert ist[480]. Nach dem hier verfolgten Ansatz liegt die Lösung dieses Missstandes darin, den Aufsichtsrat durch entsprechende Anreizsysteme zu einem aktiveren Informationsverhalten anzuregen. Es fragt sich, ob darüber hinaus, wie teilweise gefordert, gesetzliche Erweiterungen der Berichtspflichten des Vorstandes geboten sind.

Nach einer Empfehlung der *Regierungskommission Corporate Governance* sieht der Regierungsentwurf des TransPubG zu § 90 AktG-RegE zum Beispiel vor, den Planungsbericht des Vorstandes i.S.v. § 90 I Nr. 1 AktG um die Hinweispflicht auf das Nichterreichen von Planungszielen und eine Begründung der dafür ursächlichen Gründe zu erweitern, weil eine ordnungsgemäße Überwachung Informationen über das Erreichen der angekündigten Ziele voraussetze[481]. Dieser Vorschlag erscheint zunächst plausibel, da Informationen über das Erreichen der Planzielen in der Tat für die Überwachung wesentlich sind. Eine dahingehende Ergänzung des Gesetzes ist jedoch nicht angezeigt. Denn bereits nach geltender Rechtslage hat der Vorstand über die Erfüllung von Planzielen zu berichten[482]. So ist anerkannt, dass in den Quartalsberichten den tatsächlichen Unternehmenszahlen über die Lage der Gesellschaft die in der Unternehmensplanung angestrebten Planungsziele gegenüberzustellen sind,

---

[479] Zur Überwachungspflicht des Aufsichtsrats gegenüber seinen Ausschüssen siehe Fn. 441.

[480] Siehe oben 2. Kapitel, 2.3.1.

[481] Vgl. die Begründung des Regierungsentwurfs zu § 90 Abs. 1 AktG-RegE TransPubG, a.a.O. Fn. 10, S. 29; *Baums*, Bericht der Regierungskommission Corporate Governance, Rn. 24.

[482] Vgl. *Baums*, Bericht der Regierungskommission Corporate Governance, Rn. 24 (Klarstellung einer bereits bestehenden, selbstverständlichen Berichtspflicht des Vorstandes).

weil nur so die Unternehmenszahlen sachgerecht beurteilt werden können[483]. Ferner steht es dem Aufsichtsrat frei, den Inhalt der Vorstandsberichte näher zu konkretisieren und ausdrückliche Hinweise auf Planabweichungen und entsprechende Erläuterungen der Hintergründe zu verlangen. Eine gesetzliche Erweiterung der Berichtspflicht ist damit nicht erforderlich.
Wenn Vorschlag des Regierungsentwurfs damit begründet wird, in der Praxis würde eine Berichterstattung über die Planungsumsetzung nicht immer erfolgen[484], so liegt dem Vorschlag ein unzutreffender Reformansatz zugrunde. Bereits nach geltendem Recht hat der Aufsichtsrat die ihm vorgelegte Unternehmensplanung zur Grundlage seiner Überwachung zu machen. D.h. er muss das Erreichen der Planungsziele kritisch verfolgen und sich vom Vorstand darüber Rechenschaft ablegen lassen[485]. Wenn sich der Aufsichtsrat in der Praxis über Abweichungen von den Planzielen und deren Gründe nicht sachgerecht berichten lässt, begeht er eine Pflichtverletzung, so dass bereits die oben vorgeschlagene Verschärfung der Haftungsdurchsetzung ausreichen dürfte, um dahingehende Defizite der Aufsichtsratspraxis zu beseitigen.
Demgegenüber mutet es befremdlich an, den Aufsichtsrat zu einer Intensivierung seines Überwachungsverhaltens dadurch bewegen zu wollen, dass man die Berichtspflichten des Vorstandes erweitert. Auf diese Weise leistet man allenfalls der in der Praxis verbreiteten Ansicht Vorschub, der Aufsichtsrat habe nur das zu überwachen, was ihm vom Vorstand vorgelegt würde[486]. Will man dagegen das Überwachungsverhalten des Aufsichtsrats in der Praxis ändern, muss man die dahingehenden Aufsichtsratspflichten hervorheben und konkretisieren. Würde zum Beispiel in einem Verhaltenskodex klargestellt, dass die Überwachung des Vorstandes auf der Grundlage einer dem Aufsichtsrat vorzulegenden Unternehmensplanung zu erfolgen hat, und weiter dass der Aufsichtsrat die Planerfüllung zu überprüfen[487] und den Ursachen für eventuelle Abweichungen nachzugehen hat, ergäbe sich ein entsprechendes Berichtsverlangen des Aufsichtsrats von selbst. Auf die vorgeschlagene Klarstellung der Berichtspflicht des Vorstandes könnte dann verzichtet werden.
Der Vorschlag des Regierungsentwurfs ist damit abzulehnen, weil er lediglich auf die Symptome einer defizienten Aufsichtsratspraxis reagiert, anstatt deren

---

[483] *Hüffer*, § 90 Rn. 6; *Kallmeyer*, ZGR 1993, 113; Köln.-Komm./*Mertens*, § 90 Rn. 36; *Scheffler*, AG 1995, 210f.; *Wiesner* in: HdbGesR AG, § 25 Rn. 8.

[484] Begründung des Regierungsentwurfs zu § 90 Abs. 1 AktG-RegE TransPubG, a.a.O. Fn. 10, S. 29. Vgl. auch *Baums*, Bericht der Regierungskommission Corporate Governance, Rn. 24.

[485] Vgl. *Feddersen*, ZGR 1993, 117; *Lutter*, AG 1991, 251f.; *Semler*, ZGR 1983, 30.

[486] Siehe oben 2. Kapitel, 2.3.2., und zum Fall der Metallgesellschaft 1. Teil, 3.2.2.

[487] In diesem Zusammenhang wäre auch klarzustellen, dass der Aufsichtsrat die Planungsprämissen laufend zu überprüfen hat. Denn ändern sich die Planungsgrundlagen, kann selbst bei Erfüllung der Planungsziele eine Änderung der Unternehmensstrategie geboten sein, siehe oben 2. Kapitel, 2.2.1.

Ursachen zu beseitigen. Die Lösung ist vielmehr in den oben diskutierten Anreizsystemen zu suchen.

Ein weiterer Vorschlag zur inhaltlichen Erweiterung der Vorstandsberichte geht dahin, in § 90 I AktG ausdrücklich klarzustellen, dass sich die Regelberichterstattung des Vorstandes auch auf Tochtergesellschaften zu beziehen hat[488]. Dieser Vorschlag geht nicht über die geltende Rechtslage hinaus. Denn es ist allgemein anerkannt, dass die Regelberichterstattung des Vorstandes auch auf die Entwicklung in Tochterunternehmen einzugehen hat, soweit dies für die herrschende Gesellschaft wesentlich ist[489]. Die Beschränkung auf für die herrschende Gesellschaft wesentliche Entwicklungen in Tochtergesellschaften ergibt sich daraus, dass sich die Überwachungspflicht des Aufsichtsrats der herrschenden Gesellschaft nur auf wesentliche Maßnahmen der Geschäftsführung dieser Gesellschaft erstreckt[490]. Auch die vorgeschlagene Klarstellung in § 90 I AktG müsste demnach in diesem Sinne ausgelegt werden. Soweit die vorgeschlagene Klarstellung damit begründet wird, dass in der Praxis gelegentlich eine Einbeziehung von Tochtergesellschaften in die Regelberichterstattung verweigert wird[491], ist dies nur schwer nachvollziehbar. Denn der Aufsichtsrat kann unbestritten Ergänzungsberichterstattung gem. § 90 III AktG über Vorgänge in abhängigen Unternehmen verlangen. Es fehlt dem Aufsichtsrat auch nicht an Mitteln, einen Vorstand, der sich einer sachgerechten Berichterstattung verweigert, zu disziplinieren. Die vorgeschlagene Klarstellung ist damit nicht erforderlich.

2.2.1.2. Frequenz der Berichterstattung

Um eine möglichst zeitnahe Überwachung durch den Aufsichtsrat zu gewährleisten, wurde gefordert, die gesetzlichen Berichtsfrequenzen zu erhöhen[492].

---

[488] Vgl. *Baums*, Bericht der Regierungskommission Corporate Governance, Rn. 21 und dem folgend § 90 Abs. 1 S. 1 AktG-RegE.

[489] Siehe oben 2. Kapitel, 2.2.5.

[490] Steuert eine Tochtergesellschaft zum Beispiel nur 5% des Konzernumsatzes bei, muss nicht ausgiebig über die Entwicklung dieser Gesellschaft berichtet werden. Eine Berichterstattung ist vielmehr nur dann geboten, wenn sich ernsthafte Probleme in dieser Gesellschaft ergeben oder mit einer negativen Entwicklung in dieser Gesellschaft Risiken für die Konzerngesellschaft verbunden sind. Vgl. etwa *Hoffmann-Becking*, ZHR 1995, 335.

[491] Begründung des Regierungsentwurfs zu § 90 Abs. 1 S. 2 AktG-RegE TransPubG, a.a.O. Fn. 10, S. 29. Vgl. auch *Baums*, Bericht der Regierungskommission Corporate Governance, Rn. 21.

[492] Vgl. *Bender*, DB 1994, 1965f. (Monatsberichte über Gang der Geschäfte, Auftragsbestand, Investitionen, Geschäfte mit einem geplanten Volumen von mehr als 10% des Aktienkapitals); *Hommelhoff*, in: Picot, Corporate Governance, S. 9 (monaltliche Lageberichte); ebenso *Schreib*, BFuP 1996, 289; *Ordelheide*, in: Picot, Corporate Governance, S. 104; *Timm*, RWS-Forum GesR 1995, 248 (monatliche Berichte an den Aufsichtsratsvorsitzenden); ebenso *Lutter*, NJW 1995, 1133.

Wenngleich eine zeitnahe Information des Aufsichtsrats für die Effektivität der Überwachung entscheidend ist, fragt sich, ob dieses Ziel durch eine Erhöhung der Berichtsfrequenzen zu erreichen ist.
Das Gesetz regelt lediglich die Mindestfrequenz der Vorstandsberichte[493]. Die adäquate Frequenz der Berichterstattung hängt dagegen von dem Risiko der Geschäftstätigkeit[494] und der wirtschaftlichen Situation der Gesellschaft ab. Der Aufsichtsrat kann und hat diese Berichtsfrequenzen an die Gegebenheiten der Gesellschaft anzupassen und die gesetzlich vorgegebenen Berichtsfrequenzen ggf. zu erhöhen. Dies gilt insbesondere dann, wenn sich die Lage der Gesellschaft verschlechtert oder zu verschlechtern droht, weil in diesem Fall die Überwachungstätigkeit des Aufsichtsrats zu intensivieren ist[495]. Eine pauschale Erhöhung der gesetzlichen Berichtsfrequenzen ist bereits aus diesem Grund skeptisch zu beurteilen[496].
Der Hinweis darauf, der Aufsichtsrat würde in der Praxis der Pflicht zur individuellen Anpassung der Berichtsfrequenz an die Gegebenheiten der Gesellschaften nicht nachkommen[497], greift nicht. Der Aufsichtsrat wird nicht dadurch zu intensiverer Überwachung angeregt, dass die Frequenz der Vorstandsberichte angehoben wird. Entscheidend ist vielmehr, die Pflicht des Aufsichtsrats zur individuellen Prüfung der Berichtsfrequenzen in einem Verhaltenskodex klarzustellen[498]. Denkbar wären auch konkrete Vorgaben der Berichtsfrequenzen je nach wirtschaftlicher Lage und Risikostruktur der Gesellschaft. Der Aufsichtsrat könnte dann zwar von den vorgeschlagenen Berichtsfrequenzen abweichen, wäre allerdings gezwungen, sich mit der Frequenz der Berichterstattung auseinanderzusetzen. Die vorgeschlagene Erhöhung der gesetzlichen Berichtsfrequenzen ist damit abzulehnen.

2.2.1.3. Verpflichtung des Aufsichtsrats zum Erlass einer Informationsordnung

Verschiedentlich wird vorgeschlagen, der Aufsichtsrat solle dazu verpflichtet werden, eine Informationsordnung zu erlassen, in der die Inhalte und die Fre-

---

[493] Vgl. ausdrücklich § 90 II Nr. 1 und 3 AktG.

[494] Werden wie im Fall der Metallgesellschaft riskante Termingeschäfte vorgenommen oder wie im Fall der Balsam AG mit Finanzderivaten spekuliert, ist eine besonders intensive Überwachung und damit eine höhere Berichtsfrequenz über den Gang der Geschäfte als bei durchschnittlichem Geschäftsrisiko geboten.

[495] Vgl. OLG Hamburg, AG 2001, 362; Geßler-Hefermehl/*Geßler*, § 111 Rn. 23; *Henze*, BB 2000, 214; *Hüffer*, § 111 Rn. 7; *Lutter/Krieger*, Rn. 27f.; *Semler*, AG 1983, 141f.

[496] So auch *Baums*, Bericht der Regierungskommission Corporate Governance, Rn. 19.

[497] *Hommelhoff*, in: Picot, Corporate Governance, S. 9; *Hommelhoff/Mattheus*, AG 1998, 254.

[498] Vgl. etwa den Vorschlag des *Berliner Initiativkreises German Code of Corporate Governance*, DB 2000, 1575 (Abschnitt II. 2.2.).

quenzen der Vorstandsberichte näher zu konkretisieren seien[499]. Die Forderung nach einer Informationsordnung verdient insoweit uneingeschränkte Zustimmung, als sie dem Umstand Rechnung trägt, dass die Berichterstattung des Vorstandes auf die konkreten Gegebenheiten der Gesellschaft zugeschnitten werden müssen. Die Pflicht zum Erlass einer Informationsordnung zwingt den Aufsichtsrat ferner, sich mit der Frage auseinanderzusetzen, welche Informationen er für seine Überwachung benötigt.
Zur Umsetzung dieses Vorschlages bedarf es jedoch keiner gesetzlichen Regelung. Wird, wie oben vorgeschlagen, in einem Verhaltenskodex die Pflicht des Aufsichtsrats hervorgehoben, seine Überwachung sachgerecht zu organisieren und sich ein Überwachungskonzept zu geben, folgt daraus bereits, dass der Aufsichtsrat auch zu überlegen hat, welche Informationen er für eine effektive Überwachung benötigt. Um die Selbstorganisationspflicht des Aufsichtsrats hinsichtlich seiner Information deutlich zu unterstreichen, sollte in einem Verhaltenskodex ausdrücklich darauf hingewiesen werden[500]. Einer gesetzlichen Regelung bedarf es dann nicht.

2.2.1.4. Form der Berichterstattung

Eine intensive Auseinandersetzung mit den Vorstandsberichten dürfte dem Aufsichtsrat nur dann möglich sein, wenn die Berichte schriftlich abgefasst werden. Da in der Praxis angeblich mitunter eine schriftliche Berichterstattung vom Vorstand verweigert wurde, ist vorgeschlagen worden, gesetzlich festzulegen, dass die Vorstandsberichte in der Regel schriftlich zu erstatten seien[501]. Eine dahingehende Ergänzung des Gesetzes ist jedoch überflüssig. Nach ganz überwiegender Ansicht wird der Verpflichtung des Vorstandes auf die Grundsätze einer gewissenhaften und getreuen Rechenschaft in § 90 IV AktG entnommen, dass die Vorstandsberichte in aller Regel schriftlich zu erstatten

---

[499] Vgl. *Deckert*, ZIP 1996, 989 und 991; *Dreher*, in: Feddersen u.a., Corporate Governance, S. 54; *Fey*, DStR 1995, 1325; *Hommelhoff*, in: Picot, Corporate Governance, S. 8 und 10; *Lambsdorff*, in: Universität Passau, Unternehmensverfassung, S. 37; *Lutter*, ZHR 1995, 308; *ders.*, NJW 1995, 1133; *Reichelt*, S. 212; *Scheffler*, AG 1995, 210f.

[500] Vgl. etwa die Vorschläge des *Berliner Initiativkreises German Code of Corporate Governance*, DB 2000, 1575 (Abschnitt II.2.2.), des *Arbeitskreises „Interne und Externe Überwachung" der Schmalenbach-Gesellschaft*, DB 1995, 3 (Abschnitt IV. These 1) und der *Grundsatzkommission Corporate Governance*, DB 2000, 240 (Abschnitt III.2.d).

[501] Vgl. *Baums*, Bericht der Regierungskommission Corporate Governance, Rn. 25; dem folgend § 90 Abs. 4 S. 2 AktG-RefE des TransPubG. Der Regierungsentwurf verwendet die Terminologie „in Textform", weil im Hinblick auf die Neuregelung der Formvorschriften in § 126 b BGB neue Kommunikationstechnologien nicht ausgeschlossen sein sollen.

sind[502]. Eine Ausnahme kann allenfalls im Falle besonderer Eilbedürftigkeit gelten[503]. Sollte der Vorstand nicht von sich aus schriftliche Berichte erstatten, hat der Aufsichtsrat den Vorstand dazu aufzufordern. Weist der Vorstand dieses Verlangen zurück, ist dies für den Aufsichtsrat ein deutliches Alarmsignal, das das Vertrauen in eine uneingeschränkte Offenheit des Vorstandes in Frage stellt und den Aufsichtsrat zu weitergehenden Maßnahmen bis hin zur Abberufung des Vorstandes veranlassen muss[504]. Die vorgeschlagene Klarstellung erscheint daher nicht erforderlich[505].

Damit der Aufsichtsrat sich schriftliche Berichte des Vorstandes auch mündlich erläutern lassen könne, soll nach einem anderen Vorschlag der Vorstand gesetzlich verpflichtet werden, dem Aufsichtsrat auf Verlangen in den Aufsichtsratssitzungen zur Verfügung zu stehen[506]. Eine dahingehende Regelung ist nicht erforderlich, da es bereits der geltenden Rechtslage entspricht, dass der Vorstand zur Teilnahme an den Aufsichtsratssitzungen verpflichtet ist, wenn der Aufsichtsrat dies verlangt[507]. Soweit ersichtlich bestehen diesbezüglich auch keine Probleme in der Praxis[508], weshalb der dahingehende Reformvorschlag als überflüssig abzulehnen ist.

---

[502] Ganz herrschende Meinung *Hüffer*, § 90 Rn. 13; Köln.-Komm./*Mertens*, § 90 Rn. 23; *Lutter*, Information, S. 77f.; *ders.*, AG 1991,252; *Theisen*, Überwachung, S. 286; *Wiesner*, in: HdbGesR AG, § 25 Rn. 32. A.A. nur Geßler-Hefermehl/*Hefermehl*, § 90 Rn. 6 (Wahlrecht des Vorstandes). Die Berufung auf § 90 V 2 AktG („Soweit die Berichte schriftlich erstattet worden sind...") zur Begründung des Wahlrechts vermag nicht zu überzeugen. Denn mit Einführung dieser Regelung im AktG 1965 sollte lediglich die bis dahin strittige Frage, ob ein Aufsichtsratsmitglied einen Anspruch auf Aushändigung der Berichtsunterlagen hat, geklärt werden (vgl. Bericht des Rechtsausschusses zu § 90 RegE. AktG 1965, bei Kropff, S. 120). Die Art der Berichterstattung ist dagegen in § 90 IV AktG geregelt.

[503] Vgl. *Hüffer*, § 90 Rn. 13.

[504] Mangelnde Offenheit des Vorstandes gegenüber dem Aufsichtsrat stellt nach BGHZ 20, 246 einen wichtigen Grund zum Widerruf der Bestellung gem. § 84 III AktG dar. Vgl. auch *Hüffer*, § 84 Rn. 28.

[505] Wird von der geplanten Regelung Abstand genommen, bedarf es nicht der Klarstellung, dass die Berichte auch „in Textform", also mittels moderner Kommunikationsmittel erstattet werden können.

[506] Vgl. Gesetzesentwurf Rheinland-Pfalz zu § 90 VI AktG, BR-Drucks. 561/97, Anlage, S.1.

[507] Vgl. Geßler-Hefermehl/*Geßler*, § 109 Rn. 8; *Hoffmann-Becking*, in: HdbGesR AG, § 31 Rn. 44; *Hüffer*, § 109 Rn. 3; *Lutter/Krieger*, Rn. 236.

[508] Selbst die Begründung des Gesetzesentwurf Rheinland-Pfalz zu § 90 VI AktG, BR-Drucks. 561/97, Anlage, S. 16 geht davon aus, dass eine Teilnahme des Vorstandes an den Aufsichtsratssitzungen üblich ist.

2.2.1.5. Übermittlung von Vorstandsberichten an die Aufsichtsratsmitglieder

Effektive Überwachung setzt voraus, dass sich Aufsichtsratsmitglieder auf die Aufsichtsratssitzungen vorbereiten. Dazu ist ihnen rechtzeitig vor der Sitzung die Tagesordnung zuzuleiten. Ist aber - wie nahezu immer - ein Vorstandsbericht Gegenstand der Aufsichtsratssitzung, ist eine sinnvolle Vorbereitung nur dann möglich, wenn den Aufsichtsratsmitgliedern vor der Sitzung auch ein schriftliches Exemplar des Vorstandsberichtes übermittelt wird. Zwar kann ein Aufsichtsratsmitglied grundsätzlich die rechtzeitige Übersendung der Berichte verlangen, § 90 V 2 AktG[509]. Dies gilt jedoch nur, solange der Aufsichtsrat nichts anderes beschlossen hat. In diesem Fall sind Aufsichtsratsmitglieder, die sich auf die Sitzung vorbereiten wollen, darauf verwiesen, in den Räumen der Gesellschaft Einsicht zu nehmen[510]. In der Praxis bestehen offenbar Vorbehalte gegen die Versendung sensibler Informationen[511], was dazu geführt hat, dass die Zuleitung von Vorstandsberichten an Aufsichtsratsmitglieder durch Aufsichtsratsbeschluss häufig generell ausgeschlossen wird[512]. Da im Hinblick auf die strafrechtliche und haftungsrechtliche Absicherung der Vertraulichkeit allgemeine Bedenken gegen die Versendung der Vorstandsberichte nicht überzeugen können[513], stellt die Verweisung auf eine Vorbereitung in den Geschäftsräumen der Gesellschaft eine unzumutbare Erschwernis der Überwachungsaufgabe der Aufsichtsratsmitglieder dar.
Um der hinsichtlich einer rechtzeitigen Übermittlung der Vorstandsberichte zurückhaltenden Praxis zu begegnen, fordert die *Regierungskommission Corporate Governance* eine Erweiterung des § 90 AktG dahingehend, dass schriftliche Berichte den Aufsichtsratsmitgliedern in der Regel rechtzeitig vor den Sitzungen zu übermitteln sind[514]. Es fragt sich allerdings, ob es zur Änderung der kritisierten Praxis dieser Regelung bedarf. Denn jedes Aufsichtsratsmitglied trifft die unbestrittene Pflicht, sich ordnungsgemäß auf die Aufsichtsratssitzungen vorzubereiten[515]. Da eine ungenügende Vorbereitung das Haftungsrisiko erheblich erhöht, dürfte die Erleichterung der Haftungsdurchsetzung das Inter-

---

[509] *Lutter*, Information, S. 57.

[510] Das Recht auf Einsichtnahme kann nicht entzogen werden, vgl. § 90 V 1 AktG. Vgl. auch Geßler-Hefermehl/*Hefermehl*, § 90 Rn. 49; Köln.-Komm./*Mertens*, § 90 Rn. 16; Großkommentar/*Meyer-Landrut*, § 90 Anm. 12.

[511] Vgl. für den Bericht des Abschlussprüfers *Claussen*, AG 1996, 488; *Forster*, AG 1995, 3; *Kropff*, in: Semler, Reformbedarf, S. 20; *Lutter*, ZHR 1995, 300.

[512] Dies kann durch Regelung in der Geschäftsordnung des Aufsichtsrats erfolgen, *Lutter*, Information, S. 58; Köln.-Komm./*Mertens*, § 90 Rn. 46.

[513] Vgl. *Baums*, Bericht der Regierungskommission Corporate Governance, Rn. 27. Vgl. zur entsprechenden Problematik bei der Versendung des Prüfungsberichts Begr. des Referentenentwurfs zum KonTraG, §170 RefE AktG, ZIP 1996, 2137; *Baums*, ZIP 1995, 17; *Dörner*, DB 2000, 104; *Kropff*, in: Semler, Reformbedarf, S. 20.

[514] *Baums*, Bericht der Regierungskommission Corporate Governance, Rn. 27.

[515] Vgl. *Lutter/Krieger*, Rn. 302; Köln.-Komm./*Mertens*, § 116 Rn. 10.

esse der Aufsichtsratsmitglieder an einer entsprechenden Vorbereitung maßgeblich steigern. Da ferner die Aufsichtsratsmitglieder selbst bestimmen können, ob sie sich ihre Aufgabe durch eine rechtzeitige Zusendung der Berichte erleichtern, ist eine entsprechende Änderung der Praxis zu erwarten. Eine gesetzliche Regelung ist auch dann entbehrlich, wenn entsprechende Vorgaben in die oben propagierten Verhaltenskodizes aufgenommen würde[516].
Gleichwohl setzt der Regierungsentwurf des TransPubG die Empfehlung der Regierungskommission in etwas modifizierter Form um. Gem. § 90 Abs. 4 S. 2 AktG-RegE sollen die Vorstandsberichte „möglichst rechtzeitig" erstattet werden, wobei sich aus der Gesetzessystematik ergibt, dass damit die Berichterstattung an den Aufsichtsrat gemeint ist. Der Vorschlag setzt also eine Stufe früher an als der Vorschlag der Regierungskommission, nämlich nicht erst bei der Verteilung der Berichte an die Aufsichtsratsmitglieder, sondern bereits bei der Berichterstattung an den Aufsichtsrat, wenngleich er dasselbe Ziel verfolgt: eine sachgerechte Vorbereitung der Aufsichtsratsmitglieder[517]. Auch dieser Vorschlag erscheint nicht unbedingt erforderlich. Denn, wie bereits oben ausgeführt, haben Aufsichtsratsmitglieder die Pflicht, sich vernünftig auf die Sitzungen vorzubereiten. Der Aufsichtsrat hat es aber selbst in der Hand dies zu gewährleiten, indem er den Vorstand ggf. mittels einer Informationsordnung zu einer rechtzeitigen Berichterstattung anzuhält[518]. So könnte der Aufsichtsrat einen bestimmten Zeitpunkt vor einer Aufsichtsratssitzung festlegen, zu dem der Bericht spätestens beim Aufsichtsratsvorsitzenden eingegangen sein muss. Ein Aufsichtsrat, der sich aber bisher damit zufrieden gegeben hat, dass ihm der Vorstand erst zur Aufsichtsratssitzung oder erst kurz vorher einen Bericht vorlegt, wird sich auch durch die vorgeschlagene Ergänzung des § 90 Abs. 4 AktG kaum zu einer intesiveren Überwachung bewegen lassen. Dies ist vielmehr durch die oben besprochenen Anreizsysteme zu erreichen. Würde zum Beispiel die Pflicht zur Vorbereitung der Sitzungen in einem Verhaltenskodex klargestellt, würde sich die vorgeschlagene Regelung erübrigen.

Das Aktiengesetz spricht in § 90 V AktG von „Aushändigung" und meint damit die körperliche Übergabe eines Schriftstückes. Zur Anpassung des Aktiengesetzes an den technischen Fortschritt schlägt die *Regierungskommission Corporate Governance* und ihr folgend der Regierungsentwurf des TransPubG vor, den Begriff „Aushändigung" durch den Begriff „Übermittlung" zu ersetzen[519]. Damit soll ein Transfer der Dokumente auf elektronischem Wege, namentlich per e-mail, ermöglicht werden. Was auf den ersten Blick nach einer Erleichterung der Überwachungstätigkeit des Aufsichtsrats aussieht, stellt sich

---

[516] Vgl. den Vorschlag des *Berliner Initiativkreises German Code of Corporate Governance*, DB 2000, 1575 (Abschnitt II.2.7).

[517] Begründung des Regierungsentwurfs zu § 90 Abs. 4 S. 2 AktG-RegE TransPubG, a.a.O. Fn. 10, S. 33f.

[518] Vgl. nur Köln.Komm./*Mertens*, § 90 Rn. 29ff.

[519] Vgl. *Baums*, Bericht der Regierungskommission Corporate Governance, Rn. 32.

auf den zweiten Blick aber als eine Erschwerung derselben heraus. Denn der in der geltenden Rechtslage verwendete Begriff „Aushändigung" schließt nicht aus, dass ein Aufsichtsratsmitglied die Übermittlung auf elektronischem Wege als Erfüllung seines Anspruches auf körperliche Übergabe eines Schriftstückes akzeptiert. Damit ist *de lege lata* die Berichtsübermittlung per e-mail möglich, nur nicht gegen den Willen des anspruchsberechtigten Aufsichtsratsmitglieds. Nach der vorgeschlagenen Änderung des Wortlautes des § 90 V AktG würde die Gesellschaft alles zur Erfüllung des Anspruchs des Aufsichtsratsmitglieds Erforderliche tun, wenn sie eine elektronische Datenübermittlung anbietet. Soweit ein Aufsichtsratsmitglied derzeit nicht über die technischen Möglichkeiten zum Empfang von e-mails verfügt, würde ihm daher sein Anspruch auf Kenntnisnahme von den Berichten erschwert.
Damit ist festzuhalten, dass die vorgeschlagene Veränderung des Wortlautes keine Erleichterung der Überwachungstätigkeit mit sich bringt. Sie ist daher abzulehnen.

2.2.1.6. Berichtsverlangen einzelner Aufsichtsratsmitglieder

Nach § 90 III 2 AktG kann auch ein einzelnes Aufsichtsratsmitglied vom Vorstand Berichterstattung an den Aufsichtsrat über Angelegenheiten der Gesellschaft verlangen. Durchsetzbar ist dieses Recht jedoch nur, wenn mindestens ein weiteres Aufsichtsratsmitglied dieses Verlangen unterstützt, § 90 III 2 2.HS AktG. Die *Regierungskommission Corporate Governance* sieht darin eine unsachgemäße Schwächung der Stellung des einzelnen Aufsichtsratsmitglieds und schlägt vor, das Recht auf Berichterstattung als durchsetzbares Individualrecht auszugestalten[520].

Diesem Vorschlag sind Bedenken entgegenzubringen, da ein durchsetzbares Individualrecht auf Berichterstattung keinen wesentlichen Nutzen für die Überwachung des Aufsichtsrats erkennen lässt, vielmehr sogar die Gefahr einer Beeinträchtigung der Aufsichtsratstätigkeit begründet. Denn die Überwachungsaufgabe ist nicht dem einzelnen Aufsichtsratsmitglied, sondern dem Kollegialorgan Aufsichtsrat zugewiesen[521]. Die Pflichten jedes Aufsichtsratsmitglieds sind daher darauf beschränkt, auf eine ordnungsgemäße Aufgabenerfüllung durch das Organ Aufsichtsrat hinzuwirken[522]. Überwachung hat demnach nicht als Bündel individueller Überwachungsmaßnahmen sämtlicher

---

[520] § 90 Abs. 5 S. 2 AktG-RegE. *Baums*, Bericht der Regierungskommission Corporate Governance, Rn. 30.

[521] Unstreitig Geßler-Hefermehl/*Geßler*, § 111 Rn. 34; *Hommelhoff*, ZHR 1979, 293; *Kort*, AG 1987, 194; Köln.-Komm./*Mertens*, § 111 Rn. 10; *Steinbeck*, S. 23. Vgl. auch *Höhn*, Die Geschäftsleitung der GmbH, S. 305 (keine eigenmächtige Kontrolle durch einzelne Aufsichtsratsmitglieder).

[522] RGZ 93, 340; Geßler-Hefermehl/*Kropff*, § 116 Rn. 9; *Hüffer*, § 116 Rn. 9; *Kort*, AG 1987, 194; Köln.-Komm./*Mertens*, § 116 Rn. 5 und 9ff.; *Lutter/Krieger*, Rn. 302; Großkommentar/*Schilling*, § 116 Anm. 4; *Westermann*, Karlsruher Forum 1993, 21.

Aufsichtsratsmitglieder zu erfolgen[523], sondern als koordinierter Vorgang aufgrund eines vom Aufsichtsrat beschlossenen Überwachungskonzeptes[524]. Dazu ist es aber nicht erforderlich, dass jedes Aufsichtsratsmitglied einen durchsetzbaren Anspruch auf Berichterstattung hat. Kann ein Aufsichtsratsmitglied nicht einmal einen einzigen Kollegen im Aufsichtsrat von der Notwendigkeit eines bestimmten Berichtsverlangens überzeugen, ist dessen Sinnhaftigkeit äußerst fraglich. Ein individuell durchsetzbarer Berichtsanspruch begründet vielmehr die Gefahr, dass ein einzelnes Mitglied dem Aufsichtsrat sein eigenes Überwachungskonzept aufzwingt. Dies ist nicht sinnvoll, das vorgeschlagene Individualrecht mithin abzulehnen.

2.2.2. Schutz vor Manipulation der Informationsversorgung des Aufsichtsrats

Ein Problem der Überwachungsaufgabe des Aufsichtsrats liegt darin, dass die Information des Überwachungsträgers in erster Linie durch das Überwachungsobjekt Vorstand selbst erfolgt[525]. Damit der Aufsichtsrat nicht durch eine gezielte Informationspolitik des Vorstandes manipuliert werden kann, ist es erforderlich, dass sich der Aufsichtsrat der Ordnungsmäßigkeit der Berichterstattung durch den Vorstand vergewissert. Das dem Aufsichtsrat hierfür nach § 111 II AktG zur Verfügung stehende Mittel des Einsichts- und Prüfungsrechts wird in der Praxis aber kaum genutzt[526].

Aus diesem Grund wurde vorgeschlagen, den Aufsichtsrat gesetzlich dazu zu verpflichten, ein- bis zweimal im Jahr Prüfungen i.S.v. § 111 II AktG durchzuführen[527]. Eine dahingehende gesetzliche Regelung ist im Hinblick auf die oben vorgeschlagenen Anreizsysteme jedoch nicht erforderlich. So dürfte bereits die vorgeschlagene Verbesserung der Präventivwirkung der Haftung eine gewisse Änderung der Praxis erwarten lassen. Zwar geht die Rechtsprechung davon aus, dass zwischen Vorstand und Aufsichtsrat grundsätzlich ein Vertrauensverhältnis zu herrschen habe[528], woraus geschlossen wird, dass der Aufsichtsrat in der Regel auf die Richtigkeit der Berichterstattung vertrauen dürfe[529]. Den Aufsichtsrat trifft jedoch auch die Pflicht, für eine ordnungsgemäße Berichterstattung des Vorstandes zu sorgen[530]. Ob der Aufsichtsrat die-

---

[523] Vgl. *Mertens*, AG 1980, 73; *Säcker*, NJW 1979, 1521.

[524] Siehe oben 2.1.1.

[525] Siehe oben 2. Kapitel, 2.2.4.

[526] Siehe oben 2. Kapitel, 2.3.2.

[527] *Dreist*, S. 254.

[528] BGHZ 13, 192f.; 20, 246. Zur Notwendigkeit eines Vertrauensverhaltnisses zwischen Vorstand und Aufsichtsrat vgl. auch *Becker*, S. 178; *Deckert*, ZIP 1996, 989; *Henze*, BB 2000, 213.

[529] *Büdenbender*, JA 1999, 821; *Henze*, BB 2000, 213; *Hoffmann-Becking*, in: HdbGesR AG, § 29 Rn. 29; Köln.-Komm./*Mertens*, § 111 Rn. 16.

[530] Geßler-Hefermehl/*Hefermehl*, § 90 Rn. 30; Köln.-Komm./*Mertens*, § 111 Rn. 16.

ser Pflicht durch stichprobenartige Sonderprüfungen[531] oder durch eine entsprechende Erweiterung des Prüfungsauftrags des Abschlussprüfers, der mit den Vorstandsberichten im Rahmen der Abschlussprüfung ohnedies befasst ist[532], nachkommen will, sollte dem Ermessen des Aufsichtsrats überlassen bleiben. Um der in der Praxis nicht selten vorherrschenden Ansicht entgegenzutreten, die Wahrnehmung des Prüfungsrechts durch den Aufsichtsrat stelle einen Misstrauensbeweis gegenüber dem Vorstand dar[533], sollte in einem Verhaltenskodex vorgesehen werden, dass der Aufsichtsrat auch ohne konkrete Verdachtsmomente stichprobenartige Prüfungen durchzuführen hat. Auf die vorgeschlagene Regelung könnte dann verzichtet werden.

Als problematisch war jedoch erkannt worden, dass dem Aufsichtsrat keine Eingriffsbefugnisse gegenüber Tochtergesellschaften zukommen und er damit die Vorstandsberichterstattung über abhängige Unternehmen nicht sachgerecht überprüfen kann[534]. Diesen Mangel gilt es zu beheben. Es stellt sich lediglich die Frage, ob der Aufsichtsrat selbst Prüfungen soll vornehmen können oder ob, wie von der *Regierungskommission Corporate Governance* vorgeschlagen[535], der Aufsichtsrat sein Prüfungsrecht durch einen Sachverständigen soll ausüben müssen. Ein eigenes Prüfungsrecht des Aufsichtsrats ist insofern nicht unproblematisch, als dadurch dem Aufsichtsrat Geschäfts- und Betriebsgeheimnisse der rechtlich selbständigen Tochtergesellschaft bekannt werden könnten[536]. Ferner dürfte es meist kaum praktikabel sein, wenn ein in der Regel nebenamtlicher Aufsichtsrat umfangreiche Prüfungen in Tochterunternehmen durchführt. Ein eigenes Prüfungsrecht ist auch nicht unbedingt erforderlich, da dessen Zweck darin besteht, die ordnungsgemäße Berichterstattung des Vorstandes zu überprüfen. Diese Aufgabe kann ein vom Vorstand unabhängiger Sachverständiger ebenso gut erfüllen wie der Aufsichtsrat, wenn nicht sogar besser. Es erscheint daher ausreichend, wenn dem Aufsichtsrat das Recht eingeräumt wird, einen Sachverständigen, der zur Verschwiegenheit verpflichtet ist, damit zu beauftragen, bestimmte Prüfungen vorzunehmen.
Leider hat der Regierungsentwurf des TransPubG diesen Vorschlag der Regierungskommission nicht übernommen. Es ist zu hoffen, dass der Gesetzgeber dieses Versäumnis in der nächsten Legislaturperiode, wenn die

---

[531] Vgl. *Höhn*, Die Geschäftsleitung der GmbH, S. 316; *Hoffmann-Becking*, in: HdbGesR AG, § 29 Rn. 33; Köln.-Komm./*Mertens*, § 111 Rn. 42; *Schulze-Osterloh*, ZIP 1998, 2132.

[532] Siehe oben 2. Kapitel, 2.2.4.

[533] So *Brandi*, ZIP 2000, 176; *Lutter/Krieger*, Rn. 90; Köln.-Komm./*Mertens*, § 111 Rn. 42: Großkommentar/*Meyer-Landrut*, § 111 Anm. 11; *Steinbeck*, S. 129.

[534] Siehe oben 2. Kapitel, 2.2.5.

[535] *Baums*, Bericht der Regierungskommission Corporate Governance, Rn. 22.

[536] Vgl. *Baums*, Bericht der Regierungskommission Corporate Governance, Rn. 22. Zur Problematik des Zugriffs auf Geschäftsgeheimnisse abhängiger Gesellschaften vgl. auch *Semler*, Leitung und Überwachung, Rn. 424.

übrigen Vorschläge der Regierungskommission umgesetzt werden sollen, korrigiert.

2.2.3. Verbesserung der Information des Aufsichtsrats in Bezug auf die Abschlussprüfung

Jahresabschluss, Lagebericht und der Bericht des Abschlussprüfers sind für die Überwachung des Aufsichtsrats wichtige Informationsquellen, weil sie vom Vorstand unabhängige bzw. von unabhängiger Instanz geprüfte Berichte darstellen. Es hat als einer der wenigen Vorzüge des KonTraG zu gelten, dass es positive Akzente gesetzt hat, um die Überwachung seitens des Aufsichtsrats in Bezug auf die Abschlussprüfung zu optimieren[537]. Besonders hervorzuheben ist dabei die Verlagerung der Zuständigkeit für die Erteilgung des Auftrags an den Abschlussprüfer vom Vorstand auf den Aufsichtsrat in § 111 II 3 AktG. Damit wird nicht nur die Rolle des Abschlussprüfers als Hilfsorgan des Aufsichtsrats unterstrichen, sondern dem Aufsichtsrat auch die Möglichkeit gegeben, durch Festlegung der Konditionen des Prüfungsauftrages dieses Überwachungsinstrument gezielt zu steuern[538]. Weitere Reformmaßnahmen sind daher grundsätzlich nicht indiziert.

Eine Verbesserung der Überwachung ist gleichwohl nur dann gegeben, wenn der Aufsichtsrat den im Vorfeld des KonTraG kritisierten unzureichenden Kontakt zum Abschlussprüfer[539] tatsächlich intensiviert und sich nicht erst dann in der Verantwortung sieht, wenn kein uneingeschränkter Bestätigungsvermerk erteilt wird. Gefragt ist daher eine aktive Rolle des Aufsichtsrats in Bezug auf die Abschlussprüfung, die erfordert, dass sich der Aufsichtsrat nicht darauf beschränkt, einen vom Vorstand in Vorbesprechungen mit dem Abschlussprüfer ausgehandelten Prüfungsauftrag[540] lediglich formal zu bestätigen und nach Abschluss der Prüfung den Bericht in Empfang zu nehmen. Der Aufsichtsrat hat vielmehr selbst mit dem Abschlussprüfer die Prüfungsschwerpunkte zu besprechen[541] und ggf. Erweiterungen des Prüfungsauftrages, wie zum Beispiel die Prüfung der Qualität der Vorstandsberichtserstattung[542], vorzunehmen. Wenngleich der Aufsichtsrat eine vertrauensvolle Zusammenarbeit von Vor-

---

[537] Siehe oben 1. Teil, 2.3.2.

[538] Siehe oben 1. Teil, 2.3.2.1.

[539] Siehe oben 1. Teil, 2.3.2.1.

[540] Die Möglichkeit, den Vorstand mit den Vorverhandlungen zu beauftragen, hat die Begr. des Regierungsentwurfs zum KonTraG, §111 RegE AktG, ZIP 1997, 2062 vorbehalten. Zur diesbezüglichen Kritik siehe oben 1. Teil, 2.3.2.1.

[541] Vgl. Begr. des Regierungsentwurfs zum KonTraG, § 111 RegE AktG, ZIP 1997, 2062; *Dörner*, DB 2000, 101; *Forster*, AG 1999, 194; *Hommelhoff*, BB 1998, 2569; *Schindler/Rabenhorst*, BB 1998, 1887.

[542] Siehe oben 2. Kapitel, 2.2.4., *Theisen*, DB 1999, 344.

stand und Abschlussprüfer nicht unterbinden darf[543], muss der Aufsichtsrat darauf achten, dass ihm keine wesentlichen Informationen vorenthalten werden. Der Aufsichtsrat sollte daher im Prüfungsauftrag festlegen, dass ihm in der Praxis übliche informelle Stellungnahmen des Prüfers an das Management, die zum Beispiel Hinweise auf gegebene Schwachstellen des internen Kontrollsystems enthalten (sog. management letters), vorzulegen sind[544]. Der Prüfungsauftrag sollte auch eine Bestimmung darüber enthalten, dass die gebräuchlichen Schlussbesprechungen zwischen Vorstand und Abschlussprüfer über das Ergebnis der Prüfung nicht ohne einen Vertreter des Aufsichtsrats stattfinden dürfen[545]. Denn es gilt zu verhindern, dass aus dem Prüfungsbericht kritische Stellen auf Veranlassung des Vorstandes herausgenommen werden, ohne dass der Aufsichtsrat davon Kenntnis erhält. Sollte der Prüfungsbericht unberechtigte Kritik zum Inhalt haben, kann dies in der Schlussbesprechung zwar korrigiert werden, durch die Einbeziehung des Aufsichtsrats ist aber sicherzustellen, dass sich der Aufsichtsrats ein eigenes Urteil über den Gegenstand einer vermeintlich unberechtigten Kritik und die dahingehenden Argumente bilden kann. Sinnvoll ist auch, dass sich der Aufsichtsrat während der Prüfung Zwischenberichte erstatten lässt (sog. monitoring letters), um bei Bedarf die Prüfungsschwerpunkte neu zu definieren[546].

Um den Aufsichtsrat zu einer Überwachung im eben beschriebenen Sinne zu bewegen, bedarf es indes keiner gesetzlichen Reformmaßnahmen. So dürfte bereits die Stärkung der Präventivwirkung der Haftung einen entscheidenden Beitrag zu einer Aktivierung des Aufsichtsrats in Bezug auf die Abschlussprüfung leisten. Denn mit der Kompetenz zur Beauftragung des Abschlussprüfers obliegt dem Aufsichtsrat zugleich eine (Mit-)Verantwortung für die Qualität der Abschlussprüfung, der der Aufsichtsrat durch entsprechende Mitgestaltung im Rahmen der Auftragserteilung Rechnung zu tragen hat[547]. Darüber hinaus dürfte es genügen, die diesbezüglichen Pflichten des Aufsichtsrats in einem Verhaltenskodex näher zu konkretisieren[548].

---

543 Vgl. *Clemm*, FS Havermann, S. 98; *Dörner/Schwegler*, DB 1997, 289; *Gelhausen*, in: Feddersen u.a., Corporate Governance, S. 64; *Peemöller/Finsterer/Mahler*, DB 1999, 1566f.

544 Vgl. *Schindler/Rabenhorst*, BB 1998, 1888; *Schreib*, BFuP 1996, 291. Im Ergebnis auch *Peemöller/Finsterer/Mahler*, DB 1999, 1568.

545 Vgl. *Baums*, Bericht der Regierungskommission Corporate Governance, Rn. 320; *Fey*, DStR 1995, 1326; *Götz*, AG 1995, 347; *Reichelt*, S. 219; *Theisen*, Wpg 1994, 818.

546 Vgl. *Fey*, DStR 1995, 1326; *Lambsdorff*, in: Feddersen u.a., Corporate Governance, S. 229f.; *Peemöller/Finsterer/Mahler*, DB 1999, 1568; *Schreib*, BFuP 1996, 291; *Theisen*, Wpg 1994, 816.

547 *Hommelhoff*, BB 1998, 2569; *Mattheus*, ZGR 1999, 709; *Theisen*, DB 1999, 344; *Ziemons*, DB 2000, 78.

548 So auch *Baums*, Bericht der Regierungskommission Corporate Governance, Rn. 309ff. Vgl. die, wenngleich noch ungenügenden, Ansätze der *Grundsatzkommission Corporate Govenance*, DB 2000, 240f. (Abschnitt III.2e).

Ein Vorschlag, der nicht das Verhältnis des Aufsichtsrats zum Abschlussprüfer, sondern allein die Prüfung durch den Aufsichtsrat betrifft, geht dahin, den Konzernabschluss durch den Aufsichtsrat formell billigen zu lassen und in die Berichtspflicht des Aufsichtsrats gegenüber der Hauptversammlung ausdrücklich eine Stellungnahme zur Prüfung des Konzernabschlusses aufzunehmen[549]. Hinsichtlich dieses Vorschlags ist zunächst die Frage aufzuwerfen, welchen Sinn eine formelle Billigung des Konzernabschlusses durch den Aufsichtsrat haben kann. Denn für den Gewinnverwendungsbeschluss ist nicht der Konzernabschluss, sondern allein der Einzelabschluss maßgeblich, § 174 I 2 AktG. Die *Regierungskommission Corporate Governance* sieht den Zweck ihres Vorschlages daher in erster Linie darin, den Aufsichtsrat zu einer intensiveren Prüfung des Konzernabschlusses zu bewegen[550]. Es ist aber zweifelhaft, ob diesbezüglich überhaupt ein Reformbedarf gegeben ist, da sich der Aufsichtsrat bereits in der gegenwärtigen Praxis in Bezug auf die Abschlussprüfung auf den Konzernabschluss als wesentliche Informationsquelle konzentriert[551]. Das KonTraG hat zudem die Prüfungspflicht des Aufsichtsrats in Bezug auf den Konzernabschluss erst kürzlich hervorgehoben, § 171 I 1 AktG n.F. Ob darüber hinaus von einer formalen Billigung wesentliche Impulse für eine intensive Prüfung in der Praxis ausgehen, mag bezweifelt werden. Insoweit dürfte die Verbesserung der Haftungsdurchsetzung völlig ausreichen.
Die *Regierungskommission Corporate Governance* will aber dem Aufsichtsrat die Möglichkeit geben, durch Verweigerung der Billigung die Hauptversammlung über die Feststellung des Konzernabschlusses beschließen zu lassen[552]. Eine Feststellung des Konzernabschlusses durch die Hauptversammlung ist jedoch nicht sinnvoll. Denn da für den Gewinnverwendungsbeschluss nur der Einzelabschluss maßgeblich sein kann, käme dem Beschluss der Hauptversammlung lediglich die Wirkung einer unverbindlichen Meinungsäußerung zu. Um der Hauptversammlung die Möglichkeit einer Meinungsäußerung zum Konzernabschluss zu geben, bedarf es jedoch keiner formalen Missbilligung durch den Aufsichtsrat: Hat der Aufsichtsrat Bedenken gegen die Ordnungsmäßigkeit des Konzernabschlusses hat er seine Bedenken im Bericht an die Hauptversammlung gem. § 171 II 1 AktG vorzutragen. Die Hauptversammlung kann auch dann ohne formellen Beschluss über den Konzernabschluss die Kritik aufnehmen und Druck auf den Vorstand ausüben, zum Beispiel durch die Verweigerung der Entlastung. Eine formale Billigung durch den Aufsichtsrat ist daher abzulehnen.
Ist eine formale Billigung abzulehnen, hat dies auch für die Stellungnahme zum Konzernabschluss zu gelten. Denn bereits nach geltendem Recht hat der Aufsichtsrat über die Prüfung des Konzernabschlusses und eventuelle Einwen-

---

549 Vgl. *Baums*, Bericht der Regierungskommission Corporate Governance, Rn. 274.
550 A.a.O.
551 *Hoffmann-Becking*, ZHR 1995, 338.
552 Vgl. *Baums*, Bericht der Regierungskommission Corporate Governance, Rn. 274.

dungen zu berichten, § 171 II 1 AktG[553]. Zwar ist eine formale Stellungnahme zum Konzernabschluss nicht vorgesehen. Soweit eine formale Billigung durch den Aufsichtsrat abgelehnt wird, ist dies auch nicht erforderlich.

Im Zusammenhang mit der Abschlussprüfung ist ferner auf eine in Anlehnung an die im angelsächsischen Rechtskreis verbreiteten *audit committees*[554] geäußerte Forderung nach einer gesetzlichen Pflicht zur Bildung spezieller Bilanz- oder Prüfungsausschüsse[555] einzugehen. In Bezug auf die soeben angesprochene Verantwortung des Aufsichtsrats für die Steuerung der Abschlussprüfung kommen einem Bilanzausschuss eine Reihe von Vorteilen zu. So könnte in einem kleinen Kreis von Fachleuten die Prüfung intensiv geplant werden[556]. Einem Ausschuss würde es auch leichter fallen, einen intensiven Kontakt mit dem Abschlussprüfer zu pflegen[557]. Zu den Beratungen in einem Ausschuss könnten u.U. auch Mitarbeiter der Internen Revision hinzugezogen

---

[553] Vgl. auch *Forster*, AG 1999, 198; *Hüffer*, § 171 Rn. 13.

[554] Die sog. *audit committees* sind spezielle Prüfungsausschüsse des *board of directors*. Da das amerikanische Recht nur ein Verwaltungsorgan kennt (nämlich den *board of directors*), soll ein ausschließlich mit management-externen Mitgliedern (sog. outside directors) besetzter Ausschuss für eine Überwachung des Management sorgen. Vgl. dazu *Baums*, ZIP 1995, 15; *Goerdeler*, ZGR 1987, 219ff.; *Langenbucher/Blaum*, DB 1994, 2199; *Lück*, DB 1999, 442; *Scheffler*, FS Havermann, S. 673; *Windbichler*, ZGR 1985, 59f.

[555] Vgl. den Gesetzesentwurf Rheinland-Pfalz zu § 107 AktG, BR-Drucks. 561/97, Anlage, S. 2; *Götz*, AG 1995, 347; Theisen, Wpg 1994, 817. Tendenziell befürwortend auch *Baums*, ZIP 1995, 17; *Dörner/Oser*, DB 1995, 1093; *Gelhausen*, in: Feddersen u.a., Corporate Governance, S. 63; *Hoffmann-Becking*, FS Havermann, S. 238; *Lanfermann*, in: Picot, Corporate Governance, S. 120; *Langenbucher/Blaum*, DB 1994, 2202; *Lück*, DB 1999, 443; *Scheffler*, FS Havermann, S. 673; *ders.*, ZGR 1993, 74.

[556] *Langenbucher/Blaum*, DB 1994, 2204; *Ranzinger/Blies*, AG 2001, 461; *Scheffler*, FS Havermann, S. 673; *Theisen*, Wpg 1994, 817f.

[557] *Götz*, AG 1995, 347; *Hoffmann-Becking*, FS Havermann, S. 238; *Lanfermann*, in: Picot, Corporate Governance, S. 120; *Ranzinger/Blies*, AG 2001, 461; *Scheffler*, FS Havermann, S. 673; *Theisen*, Wpg 1994, 817.

werden[558]. Schließlich könnte in einem Ausschuss der oft umfangreiche Prüfungsbericht in kleiner Runde intensiv durchgearbeitet werden[559].
Bei der Diskussion um einen Bilanzausschuss darf indes nicht vergessen werden, dass es sich bei der Prüfung des Jahresabschlusses und des Lageberichtes um eine Aufgabe handelt, die einem Ausschuss nicht zur abschließenden Behandlung übertragen werden kann, § 107 III 2 i.V.m. § 171 AktG. Der Aufsichtsrat darf daher einen Ausschuss allenfalls mit der intensiven Vorbereitung der Bilanzsitzung beauftragen. Sämtliche mit der Abschlussprüfung in Zusammenhang stehenden Beschlüsse sind jedoch vom Plenum nach entsprechender Beratung zu treffen[560]. Daraus folgt, dass die Prüfungsverantwortung des einzelnen Aufsichtsratsmitglieds durch die Bildung eines Bilanzausschusses nicht gemindert wird. Die Einsetzung eines Ausschusses könnte demgegenüber aber dazu führen, dass sich die Nicht-Ausschussmitglieder in geringerem Maße für die Abschlussprüfung zuständig fühlen[561]. Das Bedürfnis nach einem Bilanzausschuss hängt ferner von der Größe des Aufsichtsrats und der wirtschaftlichen Lage der Gesellschaft ab[562]. Letzteres deshalb, weil in Krisenzeiten eine Vorbereitung durch einen Bilanzausschuss u.U. dann entbehrlich ist, wenn sich ohnedies sämtliche Aufsichtsratsmitglieder intensiver als in ruhigen Zeiten mit dem Jahresabschluss befassen müssen.
Wenngleich die Bildung eines Bilanzausschusses zur intensiven Auseinandersetzung mit der Abschlussprüfung und Vorbereitung der Bilanzsitzung des Aufsichtsrats grundsätzlich zu begrüßen ist, sollte diese Entscheidung letztlich dem Organisationsermessen des Aufsichtsrats überlassen bleiben. Die gesetzliche Pflicht zur Bildung eines Bilanzausschusses könnte allenfalls für grö-

---

[558] *Götz*, AG 1995, 347; *Lanfermann*, in: Picot, Corporate Governance, S. 120; *Lück*, DB 1999, 443; *Ranzinger/Blies*, AG 2001, 461; *Scheffler*, FS Havermann, S. 674; *Theisen*, Wpg 1994, 817. Die rechtliche Möglichkeit ergibt sich aus § 109 I 2 AktG. Der Vorstand muss hierzu grundsätzlich sein Einverständnis erteilen. Die Befragung von Mitarbeitern der Gesellschaft am Vorstand vorbei ist dagegen nur bei konkretem Verdacht von Pflichtverletzungen möglich. Vgl. Geßler-Hefermehl/*Geßler*, § 111 Rn. 22; *Hüffer*, § 90 Rn. 11; Köln.-Komm./*Mertens*, § 90 Rn. 44; Großkommentar/*Meyer-Landrut*, § 90 Anm. 7; *Steinbeck*, S. 135 m.w.N.
Die Hinzuziehung von Mitarbeitern der Internen Revision ist aber nicht ganz unproblematisch, weil es sich bei der Internen Revision um ein Instrument des Vorstandes handelt und ein direkter Zugriff des Aufsichtsrats die Beziehung des Vorstandes zur Internen Revision beeinträchtigen könnte, vgl. *Möllers*, ZIP 1995, 1728; *Reichelt*, S. 225.

[559] *Langenbucher/Blaum*, DB 1994, 2204.

[560] Dies gilt nicht nur für die Billigung des Jahresabschlusses, sondern auch für den Wahlvorschlag hinsichtlich des Abschlussprüfers i.S.v. § 124 III AktG sowie des Inhaltes des Prüfungsauftrages. Zu letzterem vgl. *Schindler/Rabenhorst*, BB 1998, 1887; *Theisen*, DB 1999, 345; *Ziemons*, DB 2000, 78.

[561] *Baums*, Bericht der Regierungskommission Corporate Govenance, Rn. 313; *Theisen*, DB 1999, 345.

[562] Vgl. *Baums*, Bericht der Regierungskommission Corporate Govenance, Rn. 313; *Forster*, AG 1995, 5; *Reichelt*, S. 226.

ßere Aufsichtsräte vorgesehen werden, wobei sich das Problem stellt, die richtige Grenze zu finden. Demgegenüber erscheint es vorzugswürdig, in einem Verhaltenskodex die Bildung von Bilanzausschüssen vorzugeben. Dies gewährt dem Aufsichtsrat die nötige Flexibilität, auf einen Ausschuss zu verzichten, wenn er plausible Gründe dafür anzubieten hat[563].

Ein Vorschlag, auf den der Vollständigkeit halber hinzuweisen, der hier aber nicht tiefergehend zu erörtern ist, betrifft eine Pflicht der börsennotierten Gesellschaften zur Aufstellung und Veröffentlichung von Quartalsberichten, die eine Fortschreibung von Bilanz sowie Gewinn- und Verlustrechnung für das laufende Geschäftsjahr darstellen sollen[564]. Zweck dieses Vorschlags ist es, den Kapitalmarkt mit zeitnahen und „entscheidungsrelevanten" Informationen über die Entwicklung der Gesellschaft seit dem letzten Jahresabschluss zu versorgen[565]. Der Abschlussprüfer soll den Bericht im Rahmen einer „prüferischen Durchsicht" auf seine Plausibilität hin überprüfen[566] und dem Aufsichtsrat darüber berichten[567]. Der Aufsichtsrat soll den Bericht darauf „durchsehen", dass er ein den tatsächlichen Verhältnissen entsprechendes Bild von der Vermögens-, Finanz- und Ertragslage der Gesellschaft vermittelt. Die Veröffentlichung des Berichts soll von der Zustimmung des Aufsichtsrats abhängen[568].
Inwieweit eine Zwischenberichterstattung zur Optimierung der Informationen des Kapitalmarktes und zur Angleichung an die internationale Praxis notwendig und zweckmäßig ist, soll hier nicht beurteilt werden. Jedenfalls zur Verbesserung der Tätigkeit des Aufsichtsrats ist eine derartige Zwischenberichterstattung nicht erforderlich. Denn die vorgeschlagenen Zwischenberichte enthalten nicht mehr Informationen, als die vom Vorstand gem. § 90 I 1 Nr. 3 AktG vorzulegenden Quartalsberichte. Im Gegenteil, die Quartalsberichte haben nicht nur die tatsächliche Lage der Gesellschaft darzustellen, sondern auch das Erreichen der Planziele. Planziele werden im Zwischenbericht dagegen ebensowenig dargestellt wie im Jahresabschluss. Nur ein Vergleich von Plan- und Ist-Daten ermöglicht aber eine sachgerechte Beurteilung der Planungsumsetzung. Die Zwischenberichte dürften die Informationsgrundlage des Auf-

---

[563] So auch *Baums*, Bericht der Regierungskommission Corporate Governance, Rn. 314. Vgl. auch *Forster*, AG 1995, 6; *Hommelhoff*, ZGR 2001, 258; *Reichelt*, S. 226.

[564] Vgl. *Baums*, Bericht der Regierungskommission Corporate Govenance, Rn. 269. Der Inhalt der Quartalsberichte soll sich an den Zwischenberichte i.S.v. § 44b BörsG orientieren. Vgl. dazu den Deutschen Rechnungslegungsstandard Nr. 6 (DSR 6) des Deutschen Rechnungslegungs Standards Committee (DRSC). Vgl. auch *Alvarez/Wotschofsky*, StuB 2001, 387ff.

[565] *Baums*, Bericht der Regierungskommission Corporate Govenance, Rn. 269.

[566] Vgl. *Baums*, Bericht der Regierungskommission Corporate Govenance, Rn. 288f.

[567] Vgl. *Baums*, Bericht der Regierungskommission Corporate Govenance, Rn. 325.

[568] A.a.O.

sichtsrats daher kaum erhöhen[569]. Der einzige Vorteil dieser Zwischenberichte könnte allenfalls darin liegen, dass auch der Abschlussprüfer die Berichte zu würdigen hat. Dadurch könnte sich zumindest die Ordnungsgemäßheit der Vorstandsberichterstattung besser beurteilen lassen. Berücksichtigt man jedoch, dass es sich bei der vorgeschlagenen Prüfung keineswegs um eine Prüfung vergleichbar mit einer Abschlussprüfung gem. § 316ff. HBG, sondern lediglich um eine „Durchsicht" im Sinne einer Plausibilitätsprüfung handeln soll[570], relativiert sich dieser Nutzen wiederum erheblich. Die Zwischenberichte werden den Aufsichtsrat daher nicht von der Pflicht entbinden, die Ordnungsmäßigkeit der Vorstandsberichte zu überprüfen. Aus Sicht einer Reform des Aufsichtsrats ist die Einführung einer Zwischenberichterstattung daher nicht geboten.

2.2.4. Stärkung des Einsatzes der Eingriffsrechte

2.2.4.1. Kürzere Höchstdauer für die Vorstandsbestellung

Vereinzelt wird vorgeschlagen die gesetzliche Höchstdauer der Vorstandsbestellung von derzeit fünf Jahren auf drei Jahre herabzusetzen[571]. Damit soll dem Aufsichtsrat die Möglichkeit gegeben werden, unabhängig von eventuellen Abfindungsansprüchen, die aus einer vorzeitigen Beendigung des Anstellungsverhältnisses resultieren könnten[572], in kürzeren Abständen personelle Fehlentscheidungen zu korrigieren.

Ein derartiger Eingriff in das unternehmerische Ermessen des Aufsichtsrats ist indes nicht gerechtfertigt[573]. Denn ungeachtet des Risikos einer Abfindungszahlung kann es durchaus gerechtfertigt sein, den Vorstand durch eine längere Bestellungsdauer an die Gesellschaft zu binden. Da die Wiederbestellung nicht allein von der Entscheidung des Aufsichtsrats, sondern auch von der des wiederzubestellenden Vorstandes abhängt, eröffnet eine kürzere Bestelldauer erfolgreichen Vorständen zudem die Möglichkeit, in kürzeren Abständen Korrekturen ihres Gehaltes herbeizuführen. Vergegenwärtigt man sich die im zweiten Kapitel festgestellte Passivität des Aufsichtsrats in Bezug auf Personalentscheidungen, insbesondere hinsichtlich eines häufig zu beobachtenden

---

[569] Vgl. *Theisen*, Information, S. 64 wonach der Jahresabschluss gegenüber den Quartalsberichten keine nennenswerten Neuigkeiten enthält. Die vorgeschlagenen Zwischenberichte stellen aber gerade eine Fortsetzung des Jahresabschlusses dar.

[570] Vgl. *Baums*, Bericht der Regierungskommission Corporate Govenance, Rn. 288f.

[571] *Peltzer*, FS Semler, S. 273.

[572] Eine Abfindungspflicht ist zwar nicht gegeben, wenn das Anstellungsverhältnis aus wichtigem Grund gekündigt wird, § 626 BGB. Eine Kündigung des Anstellungsverhältnisses kommt indes nur in Fällen grober Pflichtverletzungen in Betracht. Andere Faktoren wie zum Beispiel persönliche Unfähigkeit rechtfertigen dagegen zwar u.U. eine Abberufung aus dem Organverhältnis, § 84 III AktG, nicht unbedingt jedoch eine Kündigung des Anstellungsverhältnisses, vgl. *Hüffer*, § 84 Rn. 40.

[573] So auch *Baums*, Bericht der Regierungskommission Corporate Governance, Rn. 40.

Automatismus bei der Wiederbestellung[574], wird deutlich, dass nicht die gesetzliche Höchstbestelldauer das eigentliche Problem bei der Vorstandsbestellung ist. Entscheidend ist vielmehr, den Aufsichtsrat zu einer intensiveren Prüfung der Personalentscheidungen, in die natürlich auch das Risiko einer Fehlbesetzung einzubeziehen ist, zu motivieren. Ein effektives Mittel hierfür sind entsprechende Vorgaben in einem Verhaltenskodex[575].

2.2.4.2. Intensivierung des Einsatzes von Zustimmungsvorbehalten

Im zweiten Kapitel dieser Arbeit musste festgestellt werden, dass der Aufsichtsrat in der Praxis das Instrument des Zustimmungsvorbehaltes nicht effektiv zu einer gezielt risikoorientierten Überwachung einsetzt[576]. Eine dahingehende Änderung der Aufsichtsratspraxis durch einen gesetzlichen Mindestkatalog zustimmungspflichtiger Geschäfte herbeiführen zu wollen[577], kann allerdings nicht überzeugen. Denn mit einem Zustimmungsvorbehalt ist nicht nur eine Intensivierung der Überwachung durch den Aufsichtsrat verbunden, sondern auch eine Einschränkung der Handlungsfreiheit des Vorstandes. Eine derartige Intensivierung der Überwachung sollte sich aber auf diejenigen Bereiche der Geschäftsführung konzentrieren, die mit einem besonderen Geschäftsrisiko verbunden sind. Da die Risikostruktur eines Unternehmens von vielen unternehmensspezifischen Faktoren abhängt, dürfte es ausgeschlossen sein, einen Katalog zu finden, der auf alle Gesellschaften sachgerecht anwendbar wäre[578].

Mit einem einheitlichen Katalog zustimmungspflichtiger Geschäfte, der den konkreten Gegebenheiten der Gesellschaft nicht ausreichend Rechnung trägt, wären zudem erhebliche Nachteile verbunden. Da die Zustimmung des Aufsichtsrats grundsätzlich vor Durchführung der zustimmungspflichtigen Maßnahme eingeholt werden muss[579], verlangsamen sachfremde Zustimmungsvorbehalte die Entscheidungsprozesse des Vorstandes in unnötiger Weise[580]. Eine zu starke Einschränkung des Vorstandes durch Zustimmungsvorbehalte

---

[574] Siehe oben 2. Kapitel, 3.3.

[575] Vgl. die umfangreichen Vorgaben zu den Pflichten des Aufsichtsrats in Bezug auf Personalentscheidungen durch den *Berliner Initiativkreis German Code of Corporate Governance*, DB 2000, 1574f., (Abschnitt II.1).

[576] Siehe oben 2. Kapitel, 3.3.

[577] *Kropff*, in: Semler, Reformbedarf, S. 20.

[578] Vgl. *Fey*, DStR 1995, 1323; *Hoerdemann*, ZRP 1997, 46. Vgl. auch *Baums*, Bericht der Regierungskommission Corporate Governance, Rn. 34; *Berrar*, DB 2001, 2181, der die mangelnde Flexibilität eines gesetzlichen Kataloges kritisiert.

[579] So die herrschende Meinung *Baumbach/Hueck*, § 111 Rn. 12; Geßler-Hefermehl/*Geßler*, § 111 Rn. 71; *Hüffer*, § 111 Rn. 19; *Lutter/Krieger*, Rn. 38; Köln.-Komm./*Mertens*, § 111 Rn. 65. A.A. Großkommentar/*Meyer-Landrut*, § 111 Anm. 16. Ob in Fällen besonderer Dringlichkeit Ausnahmen gemacht werden dürfen ist strittig, a.a.O.

[580] Kritisch daher *Fey*, DStR 1995, 1323; *Krejci*, in: Semler, Reformbedarf, S. 30; *Reichelt*, S. 206.

kann sich auch negativ auf dessen Motivation auswirken. Lehrreich sind in diesem Zusammenhang insbesondere Erfahrungen, die in Österreich mit einem gesetzlichen Mindestkatalog zustimmungspflichtiger Geschäfte gesammelt werden konnten[581]. So berichtet *Krejci* von einer erhöhten Konfliktneigung der Organe, daraus resultierenden Reibungsverlusten und einer größeren Schwerfälligkeit der Geschäftsführung[582]. Nach eingehender Untersuchung kommt er zu dem Ergebnis, dass eine Übernahme der österreichischen Regelung in das deutsche Rechtssystem nicht zu empfehlen sei[583].

Die Forderung nach einem gesetzlichen Mindestkatalog ist daher als ungerechtfertigter Eingriff in das unternehmerische Ermessen des Aufsichtsrats bzw. des Satzungsgebers abzulehnen. Von diesem Vorschlag wäre insbesondere keine Verbesserung der Überwachung zu erwarten, weil die unternehmensspezifischen Risiken nicht einheitlich, sondern nur für jede Gesellschaft individuell festgelegt werden können. Entscheidend ist daher, dass der Aufsichtsrat eine konkrete Risikoanalyse des Unternehmens durchführt und die Entscheidung über Zustimmungsvorbehalte danach ausrichtet. Hierfür ist ein gesetzlicher Katalog zustimmungspflichtiger Geschäfte nicht zweckdienlich.

Damit ist noch nicht abgehandelt, dass, wie teilweise gefordert wird, zumindest die Unternehmensplanung gesetzlich von der Zustimmung des Aufsichtsrats abhängig gemacht wird[584]. Begründet wird dieser Vorschlag damit, dass der Aufsichtsrat in jedem Fall verpflichtet sei, sich intensiv mit der Unternehmensplanung auseinanderzusetzen[585], was allein durch die Berichtspflicht des Vorstandes nicht gewährleistet sei[586]. Ferner sei ohnedies eine frühzeitige Abstimmung von Vorstand und Aufsichtsrat über die Unternehmensstrategie erforderlich und der Aufsichtsrat dürfe sich der Verantwortung einer klaren Stellungnahme zur Unternehmensplanung nicht entziehen[587].

Dem Vorschlag ist zuzugeben, dass eine intensive Prüfung der Unternehmensplanung für eine effektive Überwachung unumgänglich ist. Dennoch ist dem Vorschlag nicht zuzustimmen: Ein gesetzlich angeordneter Zustimmungsvorbehalt ist kaum als geeignetes Mittel anzusehen, um den Aufsichtsrat in der

---

[581] § 95 V öAktG verlangt u.a. die Zustimmung des Aufsichtsrat für den Erwerb und die Veräußerung von Unternehmensbeteiligungen und Liegenschaften, die Errichtung und Schließung von Zweigniederlassungen, für Investitionen und die Aufnahme von Krediten, wenn sie ein in der Satzung festzulegendes Volumen überschreiten, die Festlegung der Geschäftspolitik etc.

[582] *Krejci*, in: Semler, Reformbedarf, S. 32.

[583] *Krejci*, in: Semler, Reformbedarf, S. 33.

[584] Gesetzesentwurf Rheinland-Pfalz zu § 111 AktG, BR-Drucks. 561/97, Anlage, S. 3; *Berhardt*, ZfB 1994, 1347; *Dreher*, in: Feddersen u.a., Corporate Governance, S. 49f.; *Kropff*, NZG 1998, 618; *Lutter*, ZHR 1995, 300f.

[585] Begründung des Gesetzesentwurfs Rheinland-Pfalz zu § 111 AktG, BR-Drucks. 561/97, Anlage, S. 22.

[586] *Dreher*, in: Feddersen u.a., Corporate Governance, S. 49f., insbesondere Fn. 58.

[587] *Kropff*, NZG 1998, 618.

Praxis zur Erfüllung seiner die Unternehmensplanung betreffenden Prüfungspflicht zu motivieren. Denn von einem Aufsichtsrat, der den Vorstandsbericht über die Unternehmensplanung lediglich passiv entgegennimmt, ohne sich intensiv damit zu beschäftigen und die Planung zur Grundlage seiner weiteren Überwachung zu machen, namentlich das Erreichen der Planungsziele zu verfolgen, ist kaum zu erwarten, dass er sein Prüfungsverhalten aufgrund einer formalen Zustimmungspflicht wesentlich steigert. Wahrscheinlicher ist vielmehr, dass im Anschluss an den Bericht des Vorstandes lediglich ein formaler Zustimmungsbeschluss gefasst würde. Eine Aktivierung des Aufsichtsrats hat daher über die oben beschriebenen Anreizsysteme zu erfolgen. Darauf, dass in einem Verhaltenskodex eine Präzisierung der Aufsichtsratspflichten hinsichtlich der Prüfung der Unternehmensplanung vorgenommen werden sollte, wurde bereits im Zusammenhang mit einer Erweiterung der Berichtspflicht des Vorstandes hingewiesen[588].

Um den Aufsichtsrat generell zu einer intensiveren Nutzung von Zustimmungsvorbehalten anzuregen, wird teilweise vorgeschlagen, anstatt der bisherigen Kann-Regelung des § 111 IV AktG eine Muss-Bestimmung vorzusehen[589]. Auch dieser Vorschlag ist wenig erfolgversprechend. Denn in der Praxis sind Zustimmungsvorbehalte durchaus gebräuchlich[590]. Maßgeblich zu kritisieren war allerdings, dass der Zustimmungsvorbehalt nicht aktiv zu einer Überwachung der unternehmensspezifischen Risiken eingesetzt wird. Dieses Ziel erreicht man jedoch nicht, indem man eine allgemeine Pflicht zum Erlass von Zustimmungsvorbehalten normiert.
Die *Regierungskommission Corporate Governance* spricht sich daher dafür aus, zusätzlich in der Gesetzesformulierung klarzustellen, dass nur solche Geschäfte zu erfassen seien, die eine grundlegende Veränderung der Ertragsaussichten oder der Risikoexposition mit sich brächten[591]. Diese Einschränkung ist insoweit richtig, als sie die oben erwähnte Notwendigkeit eines Risikobezuges von Zustimmungsvorbehalten hervorhebt. Es fragt sich indes, ob es gegenüber diesem punktuellen Eingriff des Gesetzgebers nicht sinnvoller und völlig ausreichend wäre, die dahingehenden Pflichten des Aufsichtsrats in einem Verhaltenskodex festzulegen. So sollte hervorgehoben werden, dass der Aufsichtsrat eine eingehende Risikoanalyse des Unternehmens vorzunehmen und daraus die Notwendigkeit bestimmter Zustimmungsvorbehalte abzuleiten habe. Ferner wäre klarzustellen, dass der Katalog zustimmungsbedürftiger Rechtsgeschäfte laufend zu überprüfen und der Entwicklung des Unterneh-

---

[588] Siehe oben 2.2.1.1.

[589] Vgl. § 111 Abs. 4 AktG-RegE TransPubG; *Baums*, Bericht der Regierungskommission Corporate Governance, Rn. 34; *Berrar*, DB 2001, 2186; *Reichelt*, S. 207.

[590] Siehe oben 2. Kapitel, 3.3.

[591] Vgl. *Baums*, Bericht der Regierungskommission Corporate Governance, Rn. 35.

mens anzupassen ist[592]. Hinzuweisen wäre auch darauf, dass der Aufsichtsrat Zustimmungsvorbehalte konzerndimensional anzulegen hat, so dass auch wesentliche Geschäfte in abhängigen Unternehmen erfasst werden[593]. Sind die Pflichten des Aufsichtsrats in Bezug auf Zustimmungsvorbehalte aber in einem Verhaltenskodex näher zu konkretisieren, bedarf es keiner gesetzlichen Regelung, die zudem allenfalls Teilaspekte der Überwachungspflicht in Bezug auf Zustimmungsvorbehalte erfassen könnte. Ferner dürfte es auch ausreichen, die Präventivwirkung der Haftung zu verbessern. Wie *Semler* zutreffend hervorhebt, besteht bereits nach geltendem Recht die Pflicht des Aufsichtsrats, dafür Sorge zu tragen, an allen wesentlichen Entscheidungen des Unternehmens mitzuwirken[594]. Eine Haftung des Aufsichtsrats kann sich daher auch daraus ergeben, dass er dem Vorstand in risikoträchtigen Bereichen einen zu weiten Handlungsspielraum gelassen hat. Schließlich hat der Aufsichtsrat nach der oben vorgeschlagenen Präzisierung der Berichtspflicht gegenüber der Hauptversammlung die wesentlichen Beratungsgegenstände und den Einsatz von wesentlichen Überwachungsinstrumenten mitzuteilen[595]. Kann der Aufsichtsrat nicht berichten, an wesentlichen Geschäftsmaßnahmen durch Vorbehalt seiner Zustimmung mitgewirkt zu haben, sieht sich der Aufsichtsrat u.U. peinlichen Fragen in der Hauptversammlung ausgesetzt. Insgesamt dürften daher die hier vorgeschlagenen Anreizsysteme ausreichend sein, den Aufsichtsrat zu einem effektiven Einsatz von Zustimmungsvorbehalten zu bewegen.

2.3. Reformmöglichkeiten hinsichtlich der personellen Besetzung des Aufsichtsrats

2.3.1. Maßnahmen zur Sicherstellung ausreichender Qualifikation von Aufsichtsratsmitgliedern

Die Qualifikation der Aufsichtsratsmitglieder ist ein entscheidender Faktor für die Effektivität der Überwachung und ihre Sicherung daher in die Reformüberlegungen einzubeziehen. Die oben vorgeschlagenen Anreizsysteme können bereits einen wertvollen Beitrag zur Sicherstellung einer ausreichenden Qualifikation der Aufsichtsratsmitglieder leisten. So dürfte die Verbesserung der Haftungsdurchsetzung dazu führen, dass die vom BGH[596] verlangte Mindestqualifikation, die insbesondere betriebswirtschaftliche und bilanzielle Grundkenntnisse umfasst, in der Praxis auch tatsächlich vorhanden ist. Denn Aufsichtsratsmitglieder, die nicht einmal eine Bilanz lesen können, was vereinzelt

---

592 Vgl. *Lambsdorff*, in: Feddersen u.a., Corporate Governance, S. 223. Vgl. auch *Karoli*, FS Möhring, S. 127.

593 Zur Zulässigkeit von konzernbezogenen Zustimmungsvorbehalten siehe oben, 2. Kapitel, 3.2.3.

594 *Semler*, RWS-Forum GesR 1995, S. 226.

595 Siehe oben 1.4.2.

596 BGHZ 85, 295f.

von Arbeitnehmervertretern behauptet wird, setzen sich einem nicht unerheblichen Haftungsrisiko aufgrund eines Übernahmeverschuldens aus. In diesem Zusammenhang dürfte sich auch die oben vorgeschlagene Intensivierung der Ausschussbildung positiv auf die Qualifikation des Aufsichtsrats auswirken, da der Haftungsmaßstab des einzelnen Aufsichtsratsmitglieds mit der Übernahme bestimmter Aufgaben, etwa in einem Bilanzausschuss, steigt[597]. Eine für die Praxis empfohlene Erhöhung der Vergütung dürfte es ferner ermöglichen, entsprechend qualifizierte Aufsichtsräte zu rekrutieren[598]. Schließlich könnte in einem Verhaltenskodex hervorgehoben werden, dass sich die in der Vorschlagspflicht i.S.v. § 124 III AktG manifestierende Nachfolgeplanung des Aufsichtsrats maßgeblich an der fachlichen Qualifikation der Kandidaten zu orientieren habe[599].

Als reformbedürftig musste im zweiten Kapitel dieser Arbeit jedoch erkannt werden, dass der Hauptversammlung keine ausreichenden Möglichkeiten zur Beurteilung der Qualifikation der Aufsichtsratsmitglieder zur Verfügung stehen[600]. Dieser Reformbedarf wird auch durch das oben vorgeschlagene direkte Fragerecht gegenüber dem Aufsichtsrat nicht zufriedenstellend gelöst. So ist die Informationsgrundlage von Aktionären, die ihr Stimmrecht ggf. durch Einzelweisung gegenüber dem depotführenden Kreditinstitut ausüben wollen, weiterhin ungenügend. Es kann ferner nicht befriedigen, wenn das Mindestmaß an notwendiger Bewertungsgrundlage erst auf ausdrückliche Nachfrage mitgeteilt wird. Es wurde daher vorgeschlagen, dass der Aufsichtsrat seinen Wahlvorschlag schriftlich zu begründen habe[601].
Gegen diesen Vorschlag könnte man einwenden, es sei zu befürchten, dass in der Praxis lediglich nichtssagende Begründungen abgegeben würden, wie sie etwa aus dem Bereich der Berichterstattung i.S.v. § 171 II AktG bekannt

---

[597] Siehe oben 2.1.2.

[598] *Berger*, S. 33; *Hoffmann/Kirchhoff*, Wpg 1991, 597; Großkommentar/*Meyer-Landrut*, § 111 Anm. 1.

[599] Vgl. dazu die Vorschläge der Regierungskommission Deutscher Corporate Governance Kodex (Abschnitt V.4.1.)(abrufbar im Internet unter http://www.corporate-governance-code.de), des *Berliner Initiativkreises German Code of Corporate Governance*, DB 2000, 1578 (Abschnitt IV.4.1. und 4.2.) sowie der *Grundsatzkommission Corporate Governance*, DB 2000, 240 (Abschnitt III.1.a). Zustimmend *Hommelhoff*, ZGR 2001, 255.

[600] Siehe oben, 2. Kapitel, 7.2.1.

[601] Vgl § 124 III 1 AktG des Entwurfes zu einem „Gesetz zur Steigerung der Effizienz von Aufsichtsräten und Begrenzung von Machtkonzentrationen bei Kreditinstituten infolge von Unternehmensbeteiligungen", BR-Drucks. 561/97 S. 4 auf Initiative des Landes Rheinland-Pfalz. Vgl. auch *Fey*, DStR 1995, 1324; *Hoerdemann*, ZRP 1997, 48; *Hoffmann-Becking*, FS Havermann, S. 235; *Lambsdorff* in: Feddersen u.a., Corporate Governance, S. 222; *Semler*, RWS-Forum GesR 1995, 206. Vgl. *Hommelhoff*, ZGR 2001, 255f., der eine Verbesserung der Informationsgrundlage der Hauptversammlung fordert.

sind[602]. Die Gefahr von Formalbegründungen ist zwar nicht von der Hand zu weisen, könnte aber dadurch leicht verhindert werden, dass in der Gesetzesbegründung[603] klargestellt wird, welchen Mindestinhalt die Begründung haben muss[604]. So sollte angegeben werden müssen, auf welchem Gebiet die Kandidaten über spezielles Fachwissen verfügen, ob und in welcher Branche bereits berufliche Erfahrung gesammelt wurde und ob die Kandidaten im Aufsichtsrat für besondere Aufgaben, etwa den Sitz in einem Fachausschuss, vorgesehen sind. Ist die vom Aufsichtsrat abgegebene Begründung unbefriedigend, bleibt es interessierten Aktionären unbenommen, sich mittels eines Auskunftsbegehrens näher ins Bild zu setzen.

Die *Regierungskommission Corporate Governance* hat sich in ihrem jüngst vorgelegten Bericht allerdings gegen eine Erweiterung der Pflichtangaben des Wahlvorschlages und damit indirekt auch gegen eine Begründungspflicht ausgesprochen, da weder eine formale Vorbildung noch eine einschlägige berufliche Erfahrung verlangt werden könne[605]. Diese Argumentation steht dem hier unterbreiteten Vorschlag einer Begründungspflicht jedoch nicht entgegen. Denn selbst wenn keine formale Vorbildung verlangt werden kann, soll der Aufsichtsrat zumindest begründen müssen, warum er den vorgeschlagenen Kandidaten für geeignet hält. Eine Begründungspflicht würde das Auswahlverfahren jedenfalls transparenter als bisher machen und dadurch die Möglichkeit der Bewertung der Kandidaten durch die Hauptversammlung erhöhen.

Es sollte daher eine Pflicht zur Begründung des Wahlvorschlages des Aufsichtsrats normiert werden. Allerdings ist die Begründungspflicht nicht, wie vorgeschlagen[606], etwa in der Regelung des § 124 III 1 AktG über den Wahlvorschlag vorzunehmen. Denn dadurch würde die Tagesordnung unerträglich aufgebläht, was im Hinblick auf die Bekanntmachungspflicht i.S.v. § 124 I 1 AktG unnötig kostenträchtig wäre[607]. Die Begründung ist vielmehr in der Mitteilung gem. § 125 AktG vorzunehmen, die den Aktionären in der Regel durch die Kreditinstitute gem. § 128 I AktG zugesandt wird.

Ein Vorschlag, der wohl weniger die Qualifikation als vielmehr die Leistungsfähigkeit des einzelnen Aufsichtsratsmitglieds anspricht, ist die Forderung einer gesetzlichen Altersgrenze für die Mitgliedschaft im Aufsichtsrat[608].

---

602 Vorstellbar wäre etwa: „Der Kandidat X zeichnet sich durch besondere Fachkenntnisse und beruflichen Erfahrungen aus und stellt damit eine wertvolle Ergänzung des Aufsichtsrats dar."

603 Sinnvoll wäre auch eine Präzisierung der Begründungspflicht in einem Verhaltenskodex.

604 Dies lässt bereits der Gesetzesentwurf des Landes Rheinland-Pfalz, BR-Drucks. 561/97, S. 25 vermissen.

605 *Baums*, Bericht der Regierungskommission Corporate Governance, Rn. 311.

606 Vgl. Gesetzesentwurf des Landes Rheinland-Pfalz, BR-Drucks. 561/97, S. 4.

607 Vgl. Begr. des Regierungsentwurfs zum KonTraG, § 124, 125 RegE. AktG, ZIP 1997, 2062; *Claussen*, DB 1998, 182.

608 *Scheffler*, ZGR 1993, 74; *ders.*, DB 2000, 433. Offen *Kropff*, DBW 1986, 524.

Dieser Vorschlag ist abzulehnen. Erstens müsste jede Altersgrenze willkürlich sein[609], da die Leistungsfähigkeit jedes Menschen unterschiedlich zu bewerten ist[610]. Zweitens dürften gerade ältere Menschen über unternehmerische Erfahrung verfügen, eine Eigenschaft, die für die Tätigkeit des Aufsichtsrats als besonders wertvoll erachtet wird[611]. Eine Altersgrenze könnte sich also negativ auf die Qualifikation des Aufsichtsrats auswirken[612]. Drittens wird im Hinblick auf die vorgeschlagene Erleichterung der Haftungsdurchsetzung in Zukunft eine sehr kritische Selbstprüfung der Kandidaten zu erwarten sein, da sich kein Aufsichtsratsmitglied mit ungenügender Leistungsfähigkeit exkulpieren kann. Im Hinblick darauf, dass eine Altersgrenze in der Satzung festgelegt werden kann, § 100 IV AktG, sollte sich der Gesetzgeber einer unter Umständen mehr schädlichen als nützlichen Regelung enthalten[613].

2.3.2. Maßnahmen zur Vermeidung und Lösung von Interessenkonflikten

In der Reformdiskussion wurden häufig Interessenkonflikte als Ursache für eine ungenügende Überwachung geltend gemacht. Im zweiten Kapitel dieser Arbeit konnte aufgezeigt werden, dass diesbezüglich in theoretischer Hinsicht nur geringer Reformbedarf gegeben ist, weil grundsätzlich ausreichende Möglichkeiten zur Konfliktvermeidung und Konfliktlösung gegeben sind[614]. Es war allenfalls zu kritisieren, dass die Regelungen zur Transparenz von Interessenkonflikten aufgrund weiterer Aufsichtsratsmandate auf börsennotierte Gesellschaften beschränkt sind. Dieser Reformbedarf wird auch durch das oben vorgeschlagene direkte Fragerecht gegenüber dem Aufsichtsrats nur teilweise gelöst, weil Informationen über potentielle Interessenkonflikte für die Wahl der Aufsichtsratsmitglieder von wesentlicher Bedeutung sind und nicht pauschal davon ausgegangen werden kann, dass diese Informationen in der Hauptversammlung nachgefragt werden. Die Pflicht zur Angabe weiterer Aufsichtsratsmandate in § 125 I 3 AktG und § 285Nr. 10 HGB sollte daher auch auf nichtbörsennotierte Gesellschaften erstreckt werden.

Reformüberlegungen hinsichtlich einer Erweiterung der gesetzlichen Inkompatibilitäten, wie sie etwa für Aufsichtsratsmandate in konkurrierenden Unter-

---

[609] *Semler*, RWS-Forum GesR 1995, 206. Vgl. auch *Dreher*, in: Feddersen u.a., Corporate Governance, S. 41 (praxisfern und rechtlich fragwürdig); *Seibert*, in: Dörner u.a., Reform des Aktienrechts, S. 8 (unpassend für Unternehmer).

[610] Der Chef der US-amerikanischen Notenbank Alan Greenspan wurde dieses Jahr 75, vgl. SZ vom 06.03.2001. Vgl. auch *Malik*, S. 180 (kein Korrelat zwischen Alter und Kompetenz).

[611] Vgl. die Befragung von *Bleicher*, Aufsichtsrat im Wandel, S. 30.

[612] Vgl. *Fey*, DStR 1995, 1324.

[613] Für Arbeitnehmervertreter erübrigt sich das Problem einer Altersgrenze, da sie gem. § 10b I Nr. 2 MitbestG mit Erreichen des Rentenalters aus dem Aufsichtsrat ausscheiden.

[614] Siehe oben, 2. Kapitel, 7.2.2.

nehmen[615], für ehemalige Vorstandsmitglieder des Unternehmens[616] oder etwa für Vertreter von Kreditinstituten[617] gefordert wurde, sind dagegen nicht zu befürworten. Im zweiten Kapitel dieser Arbeit konnte aufgezeigt werden, dass die gesetzlichen Möglichkeiten einer Konfliktlösung ausreichend gegeben sind. Eine nähere Auseinandersetzung mit den konkret kritisierten Konfliktsituationen hat gezeigt, dass den potentiellen Interessenkonflikten nicht zu vernachlässigende Vorteile gegenüberstehen. So werden Aufsichtsratsmandate in konkurrierenden Unternehmen teilweise zur gezielten Unternehmenskooperation eingesetzt[618], zeichnen sich ehemalige Vorstandsmitglieder in der Regel durch fundierte Kenntnisse von den unternehmensspezifischen Problemen der Geschäftsführung aus[619] und stellen Bankenvertreter meist wichtigen bilanziellen Sachverstand zur Verfügung[620]. Durch gesetzliche Vorschriften den unternehmerischen Gestaltungsraum zur Nutzung dieser Vorteile einzuschränken, verbietet sich aber dort, wo ausreichende Möglichkeiten gegeben sind, den mit den Interessenkonflikten verbundenen Problemen auf andere Art und Weise beizukommen.

Nach dem hier vertretenen Reformansatz ist die Lösung von praktischen Problemen in Bezug auf Interessenkonflikte vielmehr in einer Stärkung der Anreizsysteme zu suchen. So dürfte die Verbesserung der Präventivwirkung der Haftung erheblich dazu beitragen, dass mit dem Aufsichtsratsmandat keine zweckfremden Eigeninteressen verfolgt werden, sondern bei der Überwachungstätigkeit das Unternehmensinteresse als vorrangige Ermessensrichtlinie beachtet wird. Positiv dürfte sich auch die Festlegung zur Behandlung von Interessenkonflikten in einem Verhaltenskodex auswirken[621].

Entsprechende Überlegungen haben für die Forderung nach einer Abschaffung der Arbeitnehmermitbestimmung[622] zu gelten. Arbeitnehmervertreter ha-

---

[615] Entwurf Rheinland-Pfalz zu § 100 II Nr. 4 AktG, BR-Drucks. 561/97, Anlage, S. 1f. Vgl. auch *Adams*, AG/S 1997, 9f.; Beschluss des 61. DJT, NJW 1996, 2999; *DSW*, Aufsichtsräte in Deutschland, S. 93; *Lambsdorff*, in: Feddersen u.a., Corporate Governance, S. 225; *Lutter*, ZHR 1995, 303 m.w.N.; *Schreib*, BFuP 1996, 288; *Schulte*, BFuP 1996, 298; *Theisen*, in: Dömer u.a., Reform des Aktienrechts, S. 243 (regelungsbedürftig).

[616] Vgl. den Antrag von Bündnis 90/Die Grünen, BT-Drucks. 13/7737, S. 5 (Ausschluss zumindest für Übergangszeit von fünf Jahren).

[617] So die Forderung von *Albach*, zitiert in der Berichterstattung von Blum, mm 8/1993, S. 48.

[618] Siehe oben 2. Kapitel, 7.3.2.1.

[619] Siehe oben 2. Kapitel, 7.3.2.3.

[620] Siehe oben 2. Kapitel, 7.3.2.2.

[621] Vgl. die Vorschläge der Vorschläge der Regierungskommission Deutscher Corporate Governance Kodex (Abschnitt V.5.)(abrufbar im Internet unter http://www.corporate-governance-code.de) und der *Grundsatzkommission Corporate Governance*, DB 2000, 241 (Abschnitt III.4.)

[622] So zuletzt der Vorstandsvorsitzende der Deutschen Bank *Rolf E. Breuer* in einem Interview, FTD vom 06.09.2001, S. 22. Generell kritisch zur Mitbestimmung *Baums*, ZIP 1995, 14; *Hansen*, AG-Report 1996, R136; *Kropff*, in: Semler, Reformbedarf, S. 16f.; *Lutter*, AG

ben einen tiefen Einblick in die Vorgänge innerhalb der Gesellschaft und können durch ihr Insiderwissen die Überwachungstätigkeit des Aufsichtsrats wesentlich bereichern[623]. Sofern in der Praxis Probleme hinsichtlich einer Diskussion in vernünftiger Atmosphäre vermerkt werden, liegt dies an der Diskussionskultur des betreffenden Aufsichtsrats und nicht am Faktum einer Arbeitnehmermitbestimmung an sich. Auch hier könnte es sich anbieten, bestimmte Verhaltensregeln für den Aufsichtsrat in einem Verhaltenskodex vorzugeben[624]. Die völlige Abschaffung der Arbeitnehmermitbestimmung ist zur Verbesserung der Überwachung jedenfalls nicht geboten.

In einer anderen Richtung wurde verschiedentlich überlegt, zur Verbesserung der Konfliktlösung innerhalb des Aufsichtsrats die Möglichkeit einer Abberufung von Aufsichtsratsmitgliedern zu erleichtern. Denn die dafür regelmäßig erforderliche Mehrheit von drei Vierteln in der Hauptversammlung[625] bzw. der die Arbeitnehmervertreter wählenden Belegschaft[626], dürfte nur schwer zu erreichen sein[627]. Auch eine gerichtliche Abberufung aus wichtigem Grund aufgrund eines Mehrheitsbeschlusses des Aufsichtsrats, sei aufgrund eines Gruppendenkens innerhalb des Aufsichtsrats nicht zu erwarten[628].
Schneider schlägt daher vor, das gerichtliche Abberufungsverfahren bei Vorliegen eines wichtigen Grundes auch auf Antrag einer Aktionärsminderheit von 10% des Grundkapitals oder einer Million Euro Nennbetrag zu ermöglichen[629]. Dies ist schon deshalb abzulehnen, da das gerichtliche Abberufungsverfahren für alle Aufsichtsratsmitglieder gleichermaßen gelten würde, und nach dem Vorschlag den Aktionären das Antragsrecht auch für Arbeitnehmervertreter zustehen würde. Grundsätzlich kann aber nur das Gremium über die Abberufung eines Aufsichtsratsmitglieds entscheiden, das das betreffende Aufsichtsratsmitglied gewählt hat. Der Gesetzgeber des AktG 1965 hat bewusst nur ein Antragsrecht des Aufsichtsrats vorgesehen, um politisch motivierte Anträge seitens der Aktionäre auszuschließen[630]. Da es letztlich um die Funktionsfähigkeit des Aufsichtsrats geht und der Aufsichtsrat diese selbst am besten beur-

---

1994, 176f.; *Röller*, AG 1994, 335; *Sünner*, AG 2000, 497; *Wagner*, Aufsichtsgremien, S. 98.

[623] Siehe oben 2. Kapitel, 7.3.5.

[624] Vgl. etwa die Vorschläge des *Berliner Initiativkreises German Code of Corporate Governance*, DB 2000, 1576. (Abschnitt II.4.2 - 4.5.) zur Pflege und Verbesserung der Diskussionskultur innerhalb des Aufsichtsrats.

[625] Vgl. § 103 I 2 AktG. Sonderregelungen gelten für entsandte Aufsichtsratsmitglieder, § 103 II AktG.

[626] Vgl. § 23 I MitbestG bzw. § 76 V 2 BetrVG 1952. Sonderregelungen gelten in Unternehmen, die dem MontanMitbestG unterliegen (§ 11 MontanMitbestG).

[627] Vgl. *Schneider*, BB 1995, 370.

[628] *Decher*, ZIP 1990, 279; *Reichert/Schlitt*, AG 1995, 246; *Schneider*, BB 1995, 370.

[629] *Schneider*, BB 1995, 370. Zustimmend *Reichert/Schlitt*, AG 1995, 254.

[630] Vgl. *Eckardt*, NJW 1967, 1011 zur Diskussion in den parlamentarischen Gremien um den § 103 III AktG.

teilen kann, sollte die Entscheidung über die Notwendigkeit einer sofortigen Abberufung aus wichtigem Grund daher auch weiterhin ausschließlich dem Aufsichtsrat überlassen bleiben und nicht einer Aktionärsminderheit.
Was die Entscheidung des Aufsichtsrats betrifft, schlägt *Semler* ein individuelles Antragsrecht jedes Aufsichtsratsmitglieds vor[631]. Damit könnte zwar verhindert werden, dass ein Aufsichtsratsmitglied aus einem Gruppendenken heraus vor einem Abberufungsverfahren geschützt wird. Die Gefahr ist jedoch groß, dass das Abberufungsverfahren als zweckfremdes Mittel der Konfliktführung innerhalb des Aufsichtsrats missbraucht würde[632]. Wird die Funktionsfähigkeit des Aufsichtsrats durch die Mitgliedschaft einer bestimmten Person wesentlich beeinträchtigt, dürfte zudem das Ermessen des Aufsichtsrats hinsichtlich eines Antrags auf Abberufung auf Null reduziert[633], ein ablehnender Beschluss mithin nichtig sein. Dies kann jedes Aufsichtsratsmitglied gerichtlich feststellen lassen[634]. Es sollte ferner nicht vergessen werden, dass jedes Aufsichtsratsmitglied aufgrund der oben vorgeschlagenen Verbesserung der Haftungsdurchsetzung ein elementares Interesse an der Funktionsfähigkeit des Aufsichtsrats haben dürfte. Dies wird dazu beitragen, dass sich in der Praxis unabhängig von eventuellem Gruppendenken Mehrheiten für ein Abberufungsverfahren finden lassen, wenn die Effektivität des Aufsichtsrats aufgrund von Interessenkonflikten belastet wird. Ein direktes Recht jedes Aufsichtsratsmitglieds zum Antrag auf gerichtliche Abberufung erscheint daher weder sinnvoll noch geboten.

2.3.4. Modifizierung des Wahlverfahrens für Aufsichtsratsmitglieder, insbesondere Beschränkung des Verwaltungsstimmrechts[635]

Im zweiten Kapitel wurde ein Reformbedarf insoweit festgestellt, als das im Wege des NaStraG eingeführte Verwaltungsstimmrecht dem Vorstand einen nicht hinnehmbaren Einfluss auf die Zusammensetzung seines Überwachungsorgans einräumt[636]. Wenn man das Verwaltungsstimmrecht nicht bereits generell für rechtspolitisch verfehlt hält[637], muss man zumindest überle-

---

631 *Semler*, RWS-Forum GesR 1995, 205.

632 Vgl. *Altmeppen*, EWiR § 103 AktG 3/90, S. 631; Köln.-Komm./*Mertens*, § 103 Rn. 32.

633 Vgl. auch den Vorschlag des *Berliner Initiativkreises German Code of Corporate Governance*, DB 2000, 1578, (Abschnitt IV.4.3.), wonach der Aufsichtsrat bei gravierenden Mängeln der Tätigkeit eines Aufsichtsratsmitglieds verpflichtet sei, dessen Abberufung zu veranlassen. Dies könnte auch für Interessenkonflikte klargestellt werden, die die Tätigkeit des Aufsichtsrats beeinträchtigen.

634 BGH, ZIP 1997, 883ff. (ARAG/Garmenbeck).

635 Die folgenden Ausführungen beschränken sich auf die Wahl der Anteilseignervertreter.

636 Siehe oben, 2. Kapitel, 7.2.4.

637 Vgl. *Hüffer*, § 135 Rn. 3; *Hüther*, AG 2001, 72f.; *Möhring*, FS Gessler, S. 136; *v. Randow*, ZIP 1998, 1566; *Ruoff*, S. 389; *Zöllner*, FS Harry Westermann, S. 606f.

gen, wie man diesen Einfluss des Vorstandes auf die Aufsichtsratsbesetzung verhindern kann[638].

Vorgeschlagen wird, dass das Verwaltungsstimmrecht hinsichtlich der Wahl nur auf konkrete Einzelweisung des Aktionärs ausgeübt werden kann[639]. In der Tat könnte durch das Erfordernis einer ausdrücklichen Weisung für die Wahl des Aufsichtsrats eine Einflussmöglichkeit des Vorstandes weitgehend ausgeschlossen werden. Denn als ausdrückliche Einzelweisung genügt es zwar, wenn der Aktionär hinreichend zum Ausdruck bringt, gemäß den Vorschlägen der Verwaltung stimmen zu wollen[640]. Dieser Vorschlag der Verwaltung kann jedoch nur vom Aufsichtsrat und nicht vom Vorstand kommen, § 124 III AktG. Sofern also der Aktionär seine Wahl nicht individuell durch Erteilung konkreter Einzelweisung zu den vorgeschlagenen Kandidaten trifft, kann der Vorstand nicht nach eigenem Ermessen, sondern allenfalls im Sinne des Vorschlags des Aufsichtsrats stimmen.

Da damit das Verwaltungsstimmrecht in der Regel dem Vorschlag des Aufsichtsrats zugute kommen dürfte, besteht allerdings die Gefahr, dass sich der Aufsichtsrat einer effektiven Kontrolle durch die Hauptversammlung entzieht. Zwar könnte die oben vorgeschlagene Begründungspflicht des Wahlvorschlages durch Verbesserung der Entscheidungsgrundlage der Aktionäre diese Gefahr etwas abmildern. Der Aktionär trifft jedoch seine Entscheidung aufgrund einer einseitigen Information seitens der Verwaltung und ohne den Eindruck möglicherweise kritischer Fragen in der Hauptversammlung. Insofern dürften die Erfahrungen aus dem angelsächsischen Rechtskreis lehrreich sein, wo selbst die weitreichenden Informationspflichten gegenüber den Aktionären und einer Überprüfung der Informationen durch die SEC[641] nicht verhindern konnten, dass das Proxy-System zu einer Dominanz des Management hinsichtlich der Besetzung des Board of Directors und damit auch hinsichtlich der Unternehmenskontrolle geführt hat[642].

Damit ist festzuhalten, dass das vorgeschlagene Einzelweisungserfordernis zwar einen Einfluss des Vorstandes auf die Besetzung seines Kontrollorgans weitgehend ausschließt, letztlich aber die Kontrolle der Hauptversammlung

---

[638] Zwar ist *Hanloser*, NZG 2001, 356 und *Schilling*, FS Möhring, S. 263 zuzugeben, dass ein Vorstand, der zugleich Aktionär ist, auch Einfluss auf die Zusammensetzung des Aufsichtsrats nehmen kann. Mit *Zöllner*, FS Harry Westermann, S. 606 ist jedoch zu fordern, dass das Recht dort eine Machtkontrolle vorsehen sollte, wo dies möglich ist.

[639] In diesem Sinne *Tuerks*, S. 255. Dieser Vorschlag lehnt sich an die Regelung des § 135 I 2 AktG für die Ausübung des Depotstimmrechts durch Kreditinstitute auf ihrer eigenen Hauptversammlung an.

[640] Geßler-Hefermehl/*Eckardt*, § 135 Rn. 27; *Semler*, in: HdbGesR AG, § 38 Rn. 57; Köln.-Komm./*Zöllner*, § 135 Rn. 69.

[641] Siehe dazu oben, 2. Kapitel, 7.2.4.

[642] So das Ergebnis der Analyse von *Ruoff*, S. 291ff. Zur Kritik am Proxy-System hinsichtlich des starken Einflusses des Management hinsichtlich der Besetzung des Board of Directors vgl. *Bleicher/Leberl/Paul*, Unternehmensverfassung, S. 201; *Rock*, AG 1995, 292; *Windbichler*, ZGR 1985, 61.

gegenüber dem Aufsichtsrat behindert. Die einzig sachgerechte Lösung dürfte daher darin liegen, ein Verwaltungsstimmrecht für Aufsichtsratswahlen generell auszuschließen.

Über diese dringend gebotene Modifizierung des Wahlverfahrens hinaus finden sich vereinzelt weitere Reformvorschläge zur Verbesserung der Zusammensetzung des Aufsichtsrats durch Optimierung des Wahlverfahrens. So erfolgt die Wahl des Aufsichtsrats in der Praxis meist in Form einer sog. Listenwahl[643]. D.h. es wird über alle Kandidaten einer bestimmten Liste in einem einzigen Wahlgang abgestimmt. Wird die Liste insgesamt angenommen, sind alle darauf enthaltenen Kandidaten gewählt. Daraus folgt, dass der Aktionär, der auch nur mit einem einzigen Kandidaten der Liste nicht einverstanden ist, die gesamte Liste ablehnen muss[644].
Teilweise wird gefordert, das Listenwahlverfahren gesetzlich auszuschließen, weil im Hinblick auf den zeitlichen Aufwand und den Umstand einer erneuten Abstimmung nach Ablehnung der gesamten Liste, Bedenken des Stimmberechtigten gegen einzelne Kandidaten der Liste nicht ausreichend zum Tragen kommen würden[645]. Demgegenüber ist aber zu berücksichtigen, dass mit einer Einzelabstimmung ein erheblicher Mehraufwand verbunden ist[646], der nur dann gerechtfertigt sein kann, wenn zu erwarten ist, dass die Bedenken das Abstimmungsergebnis beeinflussen werden. Bedenken gegen einzelne Kandidaten können aber im Vorfeld der Abstimmung geäußert und diskutiert werden. Finden die geäußerten Bedenken entsprechenden Anklang in der Hauptversammlung, kann durch Hauptversammlungsbeschluss eine Einzelabstimmung durchgesetzt werden[647]. Ein gesetzliches Verbot des Listenwahlverfahrens würde daher die Hauptversammlungspraxis erheblich erschweren, ohne dass

---

[643] Die Zulässigkeit des Listenwahlverfahrens ist nicht unumstritten, entspricht jedoch der herrschenden Meinung. Vgl. LG Dortmund, AG 1968, 391; *Barz*, FG Hengeler, S. 14ff.; *Hoffmann-Becking*, in: HdbGesR AG, § 30 Rn. 16; *Hüffer*, § 101 Rn. 6; Köln.-Komm./*Mertens*, § 101 Rn. 16; *Obermüller*, DB 1969, 2025; *Quack*, FS Rowedder, S. 397. A.A. nur Geßler-Hefermehl/*Geßler*, § 101 Rn. 31; *Lippert*, AG 1976, 239.

[644] Darauf hat der Versammlungsleiter vor der Abstimmung explizit hinzuweisen. *Barz*, FG Hengeler, S. 23ff.; *Hüffer*, § 101 Rn. 6; Köln.-Komm./*Mertens*, § 101 Rn. 16; *Obermüller*, DB 1969, 2025. Vgl. auch BGHZ 118, 124f. zur Wahl eines Vorstandes einer Rechtsanwaltskammer.

[645] Geßler-Hefermehl/*Geßler*, § 101 Rn. 31 (favorisierter Kandidat könne nur gewählt werden, wenn zugleich andere auch mitgewählt würden). Vgl. auch *Lippert*, AG 1976, 240; Großkommentar/*Meyer-Landrut*, § 101 Anm. 4.

[646] Das Listenwahlverfahren dient überwiegend der Konzentration der in der Praxis als übermäßig lang kritisierten Hauptversammlungen, vgl. LG Dortmund, AG 1968, 391; *Barz*, FG Hengeler, S. 14ff.; *Hoffmann-Becking*, in: HdbGesR AG, § 30 Rn. 16. Zur Kritik an der Praxis unangemessen zeitaufwendiger Hauptversammlungen vgl. *Breuer*, Die Bank 2001, 546.

[647] Vgl. *Hoffmann-Becking*, in: HdbGesR AG, § 30 Rn. 17; *Hüffer*, § 101 Rn. 6; Köln.-Komm./*Mertens*, § 101 Rn. 16.

davon ein wesentlicher Nutzen für die Besetzung des Überwachungsorgans zu erwarten wäre.
Es wird jedoch gefordert, das Listenwahlverfahren zumindest für den Fall gesetzlich auszuschließen, dass Aktionäre Wahlvorschläge unterbreiten, weil diese sonst nicht genügend berücksichtigt würden[648]. Auch dieser Vorschlag ist abzulehnen. § 137 AktG sieht vor, dass über den Wahlvorschlag des Aktionärs vor dem Vorschlag des Aufsichtsrats abzustimmen ist, wenn dies eine Minderheit von mindestens 10% des in der Hauptversammlung vertretenen Grundkapitals verlangt. Hat ein Wahlvorschlag nicht einmal den Rückhalt von 10% des auf der Hauptversammlung vertretenen Kapitals, ist kaum zu erwarten, dass dieser Wahlvorschlag von der Hauptversammlung angenommen wird. Dann ist aber auch nicht einzusehen, warum die überwiegende Mehrheit der Hauptversammlung den merklichen Mehraufwand einer Einzelabstimmung in Kauf nehmen soll.
Wenig sinnvoll erscheint auch der Vorschlag, dass der Aufsichtsrat zwingend mehrere Kandidaten je zu besetzender Stelle vorzuschlagen habe[649]. Begründet wird dieser Vorschlag damit, dass in der Praxis regelmäßig nur ein Kandidat je zu besetzender Vakanz zur Abstimmung stehe, und darum kein eigentliches Auswahlverfahren stattfinde[650]. Dieser Vorschlag ließe aber nicht nur erwarten, dass den vom Aufsichtsrat favorisierten Kandidaten offensichtlich unterlegene Kandidaten als sog. „Sparringspartner" gegenübergestellt würden[651]. Es dürfte für den Aufsichtsrat auch schwieriger werden, geeignete Kandidaten zu finden, die sich bereit erklären, in eine Art „Wahlkampf" mit einem Gegenkandidaten zu treten[652]. Der Aufsichtsrat hat mit seinem Wahlvorschlag zudem ein schlüssiges Konzept vorzulegen, durch welche Besetzung er seine Überwachungsaufgabe gewährleisten will. Diese Pflicht würde ihm aber erschwert, wenn er sein Konzept mit jeweils zwei Alternativen pro Vakanz durchspielen müsste. Es sollte daher dem Aufsichtsrat selbst überlassen bleiben, ob er mehrere Kandidaten zur Wahl stellen will, oder nicht. Schließlich bleibt es auch den Aktionären unbenommen, eigene Vorschläge zu unterbreiten, §§ 127, 137 AktG, und dadurch eine „echte" Wahl zu ermöglichen[653].
Grundsätzlich gilt für die Wahl der Aufsichtsratsmitglieder das Mehrheitsprinzip, § 133 I AktG. Dies hat zur Folge, dass selbst eine Minderheit von 49,9% u.U. keinen einzigen Kandidaten für den Aufsichtsrat durchsetzen kann. Da dies als ungerecht empfunden wurde, wurde vorgeschlagen, das sog. Kumula-

---

[648] *Ramm*, NJW 1991, 2755.

[649] So aber *Eglau*, in: Picot, Corporate Governance, S. 116; *Hoffmann-Becking*, FS Havermann, S. 235.

[650] So aber *Hoffmann-Becking*, FS Havermann, S. 235; *Reichelt*, S. 187.

[651] *Lutter*, ZHR 1995, 301f.

[652] Insofern steht selbst *Hoffmann-Becking*, FS Havermann, S. 235 seinem Vorschlag kritisch gegenüber.

[653] Vgl. auch *Seibert*, in: Dörner u.a., Reform des Aktienrechts, S. 8, der den Vorschlag von zwingenden Gegenkandidaten als lebensfremd bezeichnet.

tivwahlverfahren[654] als gesetzliches Regelverfahren[655] einzuführen[656]. Dabei wird nicht über jeden Kandidaten einzeln nach den Mehrheitsverhältnissen abgestimmt. Jede Aktie gewährt vielmehr so viele Stimmen wie Aufsichtsratssitze zu besetzen sind. Die sich daraus ergebende Anzahl von Stimmen können von jedem Aktionär nach Belieben auf einen oder mehrere Kandidaten „kumuliert" werden. Dies führt dazu, dass einer Minderheit ab einer bestimmten Größe eine Vertretung im Aufsichtsrat gesichert ist[657].
Es würde den Rahmen dieser Arbeit sprengen, tiefergehend auf die Erfordernisse eines Minderheitenrechts in Form der Vertretung im Aufsichtsrat einzugehen[658]. Es muss jedoch stark bezweifelt werden, dass sich durch ein Kumulativwahlrecht die Besetzung des Aufsichtsrats in Bezug auf die Effektivität der Überwachung wesentlich verbessern ließe. Das Kumulativwahlverfahren führt nur dazu, dass die Zusammensetzung mehr vom Zufall abhängt, weil der Wahlvorschlag des Aufsichtsrats nicht uneingeschränkt angenommen werden dürfte. Es ist aber zu befürchten, dass es der Minderheit bei der Wahl weniger um die Qualifikation des vorgeschlagenen Kandidaten als vielmehr allein um die Vertretung ihrer Interessen im Aufsichtsrat gehen wird. Dies dürfte zu einer unharmonischen Zusammensetzung des Aufsichtsrats führen, was insbesondere in paritätisch besetzten Aufsichtsräten, in denen dem Minderheitsvertreter

---

654 Die Zulässigkeit eines Kumulativwahlverfahrens *de lege lata* ist strittig. Die wohl herrschende Meinung lehnt eine Zulässigkeit ab, weil sich der Gesetzgeber von 1965 nach ausführlicher Debatte nicht für die Einführung dieses Wahlverfahrens entschließen konnte und es dem Mehrheitsprinzip widerspräche, vgl. *Baumbach/Hueck*, § 101 Rn. 4; *Bollweg*, S. 473 m.w.N. auf S. 468 Fn. 176; Geßler-Hefermehl/*Geßler*, § 101 Rn. 29; Köln.-Komm./*Mertens*, § 101 Rn. 14; Großkommentar/*Meyer-Landrut*, § 101 Anm. 4; *Overrath*, AG 1970, 219.
Die besseren Argumente sprechen jedoch für eine Zulässigkeit, da § 133 II AktG ausdrücklich abweichende Regelungen in der Satzung zulässt, der Gesetzgeber von 1965 sich lediglich gegen einen zwingenden Anspruch der Minderheit auf Vertretung im Aufsichtsrat entschieden hat (vgl. Begr. zu § 101 RegE. AktG 1965, bei Kropff, S. 138 sowie den Bericht des Rechtsausschusses a.a.O., S. 140) und das Gesetz eine Minderheitsbeteiligung nicht generell ausschließt, vgl. *Hüffer*, § 133 Rn. 33; *Semler*, in: HdbGesR AG, § 39 Rn. 86; Köln.-Komm./*Zöllner*, § 101 Rn. 33.

655 Die Satzung könnte demnach wie bisher das Mehrheitsprinzip vorsehen.

656 Vgl. *Overrath*, AG 1970, 224; *Raiser*, Kapitalgesellschaften, § 15 Rn. 35. Tendenziell auch *Henn*, Handbuch des Aktienrechts, Rn. 631. Vgl. auch *Bender*, DB 1994, 1967 für eine ähnliche Verhältniswahl.

657 Sind zum Beispiel 10 Aufsichtsratssitze zu vergeben, kann eine Minderheit von 10% wenigstens einen Aufsichtsratsposten bestimmen: Jede Aktie gewährt zehn Stimmen ⇒ bei insgesamt 100 Aktien gewähren 90% der Aktien 900 Stimmen. Diese sind auf zehn Posten zu verteilen ⇒ es können maximal 90 Stimmen je Posten verteilt werden. Da die Minderheit von 10% der Aktien über 100 Stimmen verfügt, kann sie, wenn sie alle Stimmen auf einen Kandidaten „kumuliert", wenigstens einen Kandidaten bestimmen. Vgl. auch die Rechenbeispiele bei *Merkt*, US-amerikanisches Gesellschaftsrecht, Rn. 492ff.

658 Vgl. dazu *Overrath*, AG 1970, 220; *Semler*, in: HdbGesR AG, § 39 Rn. 86.

im Hinblick auf Stichentscheidungen im Aufsichtsrat eine sehr bedeutende Rolle zukommt[659], nicht unbedingt wünschenswert ist[660]. Die mit dem Kumulativwahlverfahren verbundene willkürlichere Zusammensetzung des Aufsichtsrats ist auch deshalb nicht unbedingt positiv zu beurteilen, weil eine Nachfolgeplanung durch den Aufsichtsrat, gezielt verschiedene Kenntnisse und Erfahrungen zusammenzuführen, erschwert würde[661]. Das Kumulativwahlverfahren ist zudem mit einem entscheidend höheren Aufwand in Bezug auf die Auswertung des Wahlergebnisses verbunden als etwa die Listenwahl. Dieser Mehraufwand dürfte insbesondere in kleineren bzw. mittleren Aktiengesellschaften unverhältnismäßig sein. Schließlich müssten bei Einführung eines Kumulativwahlrechts die Abberufung des Minderheitsvertreters durch die Aktionärsmehrheit erschwert werden, weil sonst die Mehrheit die Wahl des Minderheitsvertreters wieder rückgängig machen könnte[662]. Ob diese Ungleichbehandlung der Aufsichtsratsmitglieder und die damit verbundene gestärkte Stellung des Minderheitenvertreters innerhalb des Aufsichtsrats wirklich sinnvoll ist, erscheint fraglich.
Insgesamt kann die Einführung eines Kumulativwahlverfahrens als gesetzliches Regelverfahren daher nicht befürwortet werden[663].

2.3.5. Beschränkung der zulässigen Höchstzahl von Aufsichtsratsmandaten

In der Reformdiskussion um den Aufsichtsrat wurde häufig die Forderung nach einer Beschränkung der gesetzlichen Höchstzahl von Mehrfachmandaten geäußert[664]. Im zweiten Kapitel dieser Arbeit konnte dagegen aufgezeigt werden, dass diesbezüglich weder in theoretischer Hinsicht noch in praktischer Hinsicht

---

[659] Vgl. bereits die Begr. zu § 101 RegE. AktG 1965, bei Kropff, S. 138 sowie den Bericht des Rechtsausschusses, a.a.O., S. 140.

[660] Vgl. *Albach u.a.*, Deregulierung des Aktienrechts, S. 103; *Baums*, Bericht der Regierungskommission Corporate Governance, Rn. 50. Vgl. auch *Merkt*, US-amerikanisches Gesellschaftsrecht, Rn. 492 (Beeinträchtigung der Funktionsfähigkeit bis völliger Lahmlegung).

[661] Vgl. *Albach u.a.*, Deregulierung des Aktienrechts, S. 102.

[662] Vgl. *Merkt*, US-amerikanisches Gesellschaftsrecht, Rn. 492; Großkommentar/*Barz*, § 133 Anm. 15; *Overrath*, AG 1970, 224. Vgl. auch *Baums*, Bericht der Regierungskommission Corporate Govenance, Rn. 50. Das Drei-Viertel-Quorum in § 103 I 2 AktG kann durch Satzungsregelung auf einfache Stimmenmehrheit abgesenkt werden, § 103 I 3 AktG (vgl. *Hüffer*, § 103 Rn. 4).

[663] So auch *Baums*, Bericht der Regierungskommission Corporate Governance, Rn. 50.

[664] 2-3 Mandate: *Bleicher/Paul*, DBW 1986, 284; *Witte*, DBW 1986, 530. 3 Mandate: *Wenger*, AG/S 1997, 58. 3-5 Mandate: *Dreist*, S. 271. 5 Mandate: SPD-Enturf zu § 100 AktG, ZIP 1995, 333; Gesetzentwurf Rheinland-Pfalz zu § 100 AktG, BR-Drucks. 561/97, Anlage, S. 1; *Adams*, AG/S 1997, 9; *Baums*, AG/S 1997, 26f.; *ders.*, ZIP 1995, 17; *Hansen*, AG 1996, R136; *Hommelhoff*, in: Picot, Corporate Governance, S. 14; *Lutter*, AG/S 1997, 54; *ders.*, ZHR 1995, 302; *ders.*, NJW 1995, 1133f.; *ders.*, AG 1994, 177; *Schulte*, BFuP 1996, 297.

ein Reformbedarf gegeben ist[665]. Es kann daher an dieser Stelle nur wiederholt werden, dass es in erster Linie eine Frage kritischer Selbsteinschätzung jedes einzelnen Aufsichtsratsmitglieds ist zu prüfen, wie viele Aufsichtsratsmandate es aus zeitlichen Gründen wahrnehmen kann. Denn, wie im zweiten Kapitel bereits ausgeführt, kann für das eine Aufsichtsratsmitglied die Wahrnehmung von drei Mandaten zu viel sein, während ein hauptamtliches Aufsichtsratsmitglied ohne weiteres zehn Mandate gleichzeitig ausüben kann.
Der Forderung nach einer Reduzierung von Mehrfachmandaten ist zudem eine Verwechslung von Ursache und Wirkung vorzuwerfen: Eine Ämterhäufung in der Praxis ist nicht ursächlich für eine ungenügende Überwachungspraxis, sondern allenfalls Ausdruck eines fehlenden Pflichtbewusstseins der Aufsichtsratsmitglieder[666]. Es wäre aber falsch zu glauben, man könne Aufsichtsräte zu einer verantwortungsbewussten Prüfung ihrer zeitlichen Verfügbarkeit dadurch bewegen, indem man die gesetzliche Anzahl zulässiger Aufsichtsratsmandate weiter begrenzt. Der richtige Reformansatz kann vielmehr nur darin liegen, entsprechende Anreize zu schaffen. Hierfür stellen die vorgeschlagene Verschärfung der Haftungsdurchsetzung einerseits und die Erhöhung der Transparenz von Mehrfachmandaten gegenüber der Hauptversammlung[667] andererseits adäquate Lösungen dar. Sinnvoll erscheint auch, in einem Verhaltenskodex entsprechende Vorgaben vorzusehen und zwar nicht nur hinsichtlich einer kritischen Selbstprüfung jedes Aufsichtsratsmitglieds, sondern auch dahin, dass der Aufsichtsrat bei seinem Wahlvorschlag die zeitliche Verfügbarkeit des Kandidaten maßgeblich zu berücksichtigen hat[668].

3. Zusammenfassung der Reformmöglichkeiten

Das vorstehenden Kapitel war der Diskussion von Lösungsmöglichkeiten für den im zweiten Kapitel festgestellten Reformbedarf gewidmet, welcher im Wesentlichen in einer zu passiven Ausübung der Überwachungsaufgabe in der Praxis zu sehen ist. Ausgehend von den Ergebnissen des zweiten Kapitels wurden dazu zunächst Maßnahmen zur Aktivierung des Aufsichtsrats in der Praxis diskutiert. Das hier vorgeschlagene Anreizsystem besteht aus der Erarbeitung und Implementierung von Verhaltenskodizes für Aufsichtsräte, einer leistungsadäquaten Vergütung des Aufsichtsrats, einer Verschärfung der Haftungsdurchsetzung und einer Stärkung der Kontrollmöglichkeiten durch die Hauptversammlung. Sodann wurde untersucht, ob damit der Reformbedarf befriedigend gelöst ist oder ob weitere Reformmaßnahmen erforderlich sind. Es konnte festgestellt werden, dass über die hier vorgeschlagenen Anreizsysteme hinaus nur vereinzelt weitere Reformmaßnahmen erforderlich sind. Dies

---

[665] Siehe oben 2. Kapitel, 7.2.3. und 7.3.3.

[666] Vgl. *Reichelt*, S. 180; *Steinitzer*, S. 99; *Wiethölter*, S. 304.

[667] Daher sollten *de lege ferenda* die Pflichtangabe von Mehrfachmandaten in § 125 I 3 AktG und § 285 Nr. 10 HGB auch für nichtbörsennotierten Gesellschaften vorgesehen werden.

[668] Vgl. den Vorschlag der *Grundsatzkommission Corporate Governance*, DB 2000, 240 (Abschnitt III.1.a).

betrifft die Möglichkeit der Einberufung des Aufsichtsrats durch einzelne Aufsichtsratsmitglieder, das Einsichts- und Prüfungsrecht des Aufsichtsrats gegenüber abhängigen Unternehmen im Konzern, die Pflicht zur Begründung von Wahlvorschlägen gegenüber der Hauptversammlung, die Erweiterung der Pflichtangabe von Mehrfachmandaten auf nichtbörsennotierte Gesellschaften und das generelle Verbot des Verwaltungsstimmrechts in Bezug auf die Wahl von Aufsichtsratsmitgliedern.

4. Endkontrolle des eigenen Reformansatzes anhand der Krisenfälle, die die Reformdiskussion ausgelöst haben

4.1. Hypothetische Auswirkungen der hier vorgeschlagenen Reformmaßnahmen auf den Fall der Metallgesellschaft

Den Anstoß für die Reformdiskussion gaben die im 1. Teil dargestellten Krisenfälle. Nachdem gründlich untersucht worden ist, in welcher Hinsicht eine Reform des Aufsichtsrats vorzunehmen ist, gilt es den eigenen Reformansatz anhand dieser Krisenfälle zu überprüfen. Dazu soll eine Prognose gewagt werden, ob die vorgeschlagenen Maßnahmen die Unternehmenskrisen hätten verhindern können.
Im Fall der Metallgesellschaft war festgestellt worden, dass der Aufsichtsrat über die bedrohliche Entwicklung der Ölttermingeschäfte nicht ausreichend informiert war. Als Ursache dafür musste erkannt werden, dass der Vorstand von sich aus nur sehr oberflächlich über die Strategie des Ölengagements berichtet hatte und den Aufsichtsrat über die weitere Entwicklung im unklaren gelassen hat. Im Zentrum der Berichterstattung des Vorstandes standen vielmehr Probleme bei verschiedenen Tochtergesellschaften, so dass sich die Aufmerksamkeit des Aufsichtsrats darauf konzentrierte. Da sich im Aufsichtsrat niemand konkret für das Ölengagement zuständig fühlen musste, wurden vom Vorstand keine Detailinformationen nachgefragt, so dass die Krise letztlich (fast) zu spät erkannt wurde.

Eine Verhinderung der Krise hätte zunächst vorausgesetzt, dass der Aufsichtsrat das mit den Öltermingeschäften verbundene Risiko erkannt hätte. Dazu hätte es aber nicht der durch das KonTraG eingeführten Pflicht zu einer Risikoberichterstattung im Lagebericht bedurft. Es hätte genügt, wenn der Aufsichtsrat den in den Vorstandsvorlagen enthaltenen Hinweisen auf die lange Laufzeit der Öl-Lieferungsverträge nachgegangen wäre und sich nicht mit vagen Formulierungen wie „Risiko-Magagement-Produkte" und „Börsengeschäfte" als Sicherungsstrategie zufrieden gegeben hätte. Von der hier vorgeschlagenen Verschärfung der Haftungsdurchsetzung ist ganz sicher zu erwarten, dass in Zukunft Vorstandsvorlagen einer kritischeren Prüfung unterzogen werden. Die vorgeschlagene Erhöhung der Vergütung könnte ebenfalls dazu führen, dass sich der Aufsichtsrat mehr Zeit für die Prüfung der Vorstandsvorlagen nimmt, insbesondere dann, wenn die Vergütung durch ein Sitzungsgeld maßgeblich am tatsächlich geleisteten Arbeitsaufwand orientiert würde. Positiv dürfte sich auch das hier empfohlene direkte Fragerecht der Hauptversammlung gegenüber dem Aufsichtsrat auswirken. So hatte der Vorstand der MG im Geschäftsbericht an die Hauptversammlung darüber berichtet, dass die Energiesparte des Konzerns von einem traditionellen Handelshaus zu einem „integrierten Risiko-Management-Unternehmen" umgestaltet worden sei. Ferner wurden im Geschäftsbericht über die Eckpunkte der verfolgten Strategie, also die lange Vertragslaufzeit und die Absicherung durch Risiko-Management-Produkte und Börsengeschäfte, berichtet[669]. Es ist also durchaus damit zu rechnen, dass Aktionäre vom Aufsichtsrat Rechenschaft darüber verlangen, ob der Aufsichtsrat sich mit einer derartigen Strategie beschäftigt und ihr zugestimmt hat. Da sich der Aufsichtsrat an solchen Auskünften später festhalten lassen muss, dürfte von dieser stärkeren Kontrolle eine entsprechende Präventivwirkung ausgehen, sich intensiv mit solchen Maßnahmen zu beschäftigen.

Das entscheidende Problem im Fall der Metallgesellschaft war zudem, dass die Aufmerksamkeit des Aufsichtsrats auf Schwierigkeiten bestimmter Tochtergesellschaften konzentriert war. Für die Öltermingeschäfte fühlte sich dagegen offenbar niemand im Aufsichtsrat der MG zuständig. Damit die Überwachung des Aufsichtsrats aber nicht davon abhängt, dass der Vorstand von sich aus ausdrücklich auf bestimmte Problemfelder hinweist, ist es erforderlich, dass der Aufsichtsrat seine Überwachung plant, ein eigenes Überwachungskonzept erstellt und die verschiedenen Bereiche der Geschäftsführung bestimmten Ausschüssen zur gezielten Überwachung zuweist. So erwirtschaftete der Teilkonzern Metallgesellschaft Corp. New York knapp ein Viertel des Gesamtkonzernumsatzes[670]. Es hätte sich daher angeboten, einen eigenen Ausschuss mit der gezielten Überwachung dieses Teilkonzerns zu betrauen. Da der Umsatz der Metallgesellschaft Corp. New York im Wesentlichen von dem Ölgeschäft der MGRM abhing[671], hätte sich der Ausschuss intensiv mit den Geschäften im Rahmen der Strategie mit den Öltermingeschäften auseinandersetzen müssen. Es wäre jedenfalls kaum dazu gekommen, dass sich der Aufsichtsrat mit einer schlagwortartigen Umschreibung der Strategie begnügt hätte.

Der hier verfolgte Reformansatz fördert die Planung der Überwachung durch die Forderung nach einer Konkretisierung der Planungspflicht in Verhaltenskodizes für den Aufsichtsrat. Auch die Ausschussbildung könnte durch entsprechende Vorgaben in Verhaltenskodizes vorangetrieben werden. Würde die

---

[669] Geschäftsbericht der MG 1991/1992, S. 40.

[670] Vgl. den Geschäftsbericht der MG 1991/1992, S. 9f.: Der Konzernumsatz betrug ca.25,6 Mrd. DM, der Umsatz der MG Copr. New York betrug ca. 3,4 Mrd. US$, was zum damaligen Dollarkurs etwa 6,12 Mrd. DM, mithin 23,9% entsprach.

[671] Vgl. den Geschäftsbericht der MG 1991/1992, S. 38, wonach der Geschäftsverlauf der MG Corp. wesentlich von „einer expansiven Entwicklung im Dienstleistungsgeschäft mit Energieprodukten" geprägt war, wozu gerade auch die Ölgeschäfte der MGRM gehörten.

Vergütung nach dem tatsächlichen Arbeitsaufwand ausgerichtet, würde die Übernahme von Ausschusssitzen zu einer Erhöhung der Vergütung führen. Auch dies würde der Förderung von Ausschüssen in der Praxis dienen. Schließlich dürfte durch die Erhöhung der Kontrolle durch die Hauptversammlung eine vermehrte Ausschussbildung zu erwarten sein.
Es ist also durchaus möglich, dass die hier verfolgten Reformvorschläge die Krise der Metallgesellschaft verhindert hätten. Zumindest greifen sie die festgestellten Mängel im Überwachungsverhalten des Aufsichtsrats auf und führen sie einer adäquaten Lösung zu.

4.2. Hypothetische Auswirkungen der hier vorgeschlagenen Reformmaßnahmen auf den Fall des Bremer Vulkan

Im Fall des Bremer Vulkan war am Überwachungsverhalten des Aufsichtsrats maßgeblich zu kritisieren gewesen, dass der Aufsichtsrat trotz Kenntnis von der anhaltenden Krise des Konzerns dem Vorstand bei der Geschäftsführung weitgehend freie Hand gelassen hat. Obwohl sich das operative Ergebnis des Konzerns über längere Zeit hinweg nicht verbesserte, unterstützte der Aufsichtsrat den aggressiven Expansionskurs des Vorstandes. Der Aufsichtsrat ließ sich dabei nur oberflächlich über die Unternehmensplanung informieren. Die Umsetzung des Expansionskurses verfolgte der Aufsichtsrat nachlässig. Eine intensive Auseinandersetzung mit den geplanten Unternehmenskäufen erfolgte nicht. Mit drei Sitzungen im Jahr stand die Überwachungsintensität des Aufsichtsrats in keinem Verhältnis zur anhaltenden Krisensituation des Konzerns.

Es kann an dieser Stelle nicht beurteilt werden, ob der sich seit Mitte der achtziger Jahre in einer zunehmenden Krisensituation befindliche Schiffbaukonzern letztlich hätte gerettet werden können[672]. Fest steht jedoch, dass der kostenträchtige Expansionskurs des Vorstandes ohne gleichzeitige Lösung der strukturellen Probleme des Konzerns den Zusammenbruch unvermeidbar werden ließ und der Aufsichtsrat davon selbst überrascht wurde. Dies hätte vermieden werden können, wenn der Aufsichtsrat effektiver überwacht hätte. So hätte sich der Aufsichtsrat vom Vorstand eine detaillierte Unternehmensplanung vorlegen lassen und die Einhaltung der darin enthaltenen Planungsziele streng überwachen müssen. Sofern Planungsziele nicht erreicht worden wären, hätte der Aufsichtsrat den Ursachen auf den Grund gehen und sich vom Vorstand entsprechende Lösungsvorschläge unterbreiten lassen müssen. Ein Schwerpunkt der Überwachung hätte vor allem auf der Prüfung der vom Vorstand vorgeschlagenen Unternehmenskäufe liegen müssen, da davon der Erfolg der Expansionsstrategie abhing. Der Aufsichtsrat hätte sich intensiv mit der Profitabilität der zu akquirierenden Unternehmen auseinandersetzen und sich ein eigenes Urteil darüber bilden müssen, ob der Kauf des jeweiligen Un-

---

[672] Zweifelnd *Wellensiek*, ZGR 1999, 236.

ternehmens eine Steigerung der Produktivität des Konzerns erwarten ließe. Eine Überwachung im beschriebenen Sinne hätte zumindest die Bildung von Ausschüssen zur Prüfung der Unternehmensplanung einerseits und der vorgeschlagenen Unternehmenskäufe andererseits erfordert. Zudem wäre eine bedeutend höhere Sitzungsfrequenz als die tatsächlich aufgewendete erforderlich gewesen.

Der hier vorgeschlagene Reformansatz bietet Anreize für ein entsprechendes Überwachungsverhalten. Denn es ist anerkannt, dass der Aufsichtsrat in Krisensituationen die Überwachungsintensität entsprechend zu erhöhen hat. Es ist also kaum zu erwarten, dass der Aufsichtsrat des Bremer Vulkan ein ähnlich nachlässiges Überwachungsverhalten gezeigt hätte, wenn die Haftungsdurchsetzung, wie oben vorgeschlagen, verbessert würde. Würde in Verhaltenskodizes ferner die Pflicht des Aufsichtsrats hervorgehoben, die Unternehmensplanung zur Grundlage seiner Überwachung zu machen, hätte sich der Aufsichtsrat des Bremer Vulkan wahrscheinlich auch nicht mit vagen Entwicklungsprognosen zufrieden gegeben, die ihm der Vorstand tatsächlich vorgelegt hat. Wie bereits mehrfach angesprochen, sieht das hier propagierte Reformkonzept verschiedene Maßnahmen zur Förderung eines gezielten Einsatzes von Ausschüssen vor.

Wenngleich damit nicht behauptet werden kann, der vorgeschlagene Reformansatz hätte den Zusammenbruch des Bremer Vulkan verhindern können, so darf gleichwohl die Hypothese gewagt werden, dass das Überwachungsverhalten des Aufsichtsrats, wesentlich intensiver ausgefallen wäre, als es tatsächlich der Fall war, und damit zumindest das Risiko des Zusammenbruchs reduziert hätte.

4.3. Hypothetische Auswirkungen der hier vorgeschlagenen Reformmaßnahmen im Fall der Balsam AG

Die Überwachung durch den Aufsichtsrat ist im Fall der Balsam AG daran gescheitert, dass der Aufsichtsrat über einen längeren Zeitraum hinweg vom Vorstand bewusst mit Falschinformationen über die tatsächliche Geschäftsentwicklung versorgt wurde. Erschwerend kam hinzu, dass die vom Abschlussprüfer uneingeschränkt testierten Jahresabschlüsse die von den Vorstandsberichten falsch dargestellte Lage der Gesellschaft bestätigten. Zwar existierten vereinzelt Gerüchte über Unredlichkeiten der Geschäftsführung. Diese waren jedoch nicht unbedingt glaubhaft, da sich das Unternehmen von dem Mitarbeiter, von dem die Gerüchte kamen, im Streit getrennt hatte.

Es muss eingeräumt werden, dass sich strafrechtlich relevantes Vorstandshandeln und bewusste Täuschungen des Aufsichtsrats wohl auch durch die hier vorgeschlagenen Reformmaßnahmen nicht ausschließen lassen - sofern das überhaupt möglich sein sollte. Der Fall der Balsam AG verdeutlicht jedoch die Notwendigkeit, die Berichterstattung des Vorstandes auch ohne konkrete Verdachtsmomente stichprobenartigen Prüfungen zu unterziehen. Aus diesem Grund wird hier vorgeschlagen, in Verhaltenskodizes für den Aufsichtsrat eine dahingehende Prüfungspflicht des Aufsichtsrats vorzusehen. Dadurch könnte insbesondere der Ursache für den unzureichenden Gebrauch des Prüfungsrechts in der Praxis, die in der Scheu vor einer Misstrauenskundgabe gegenüber dem Vorstand liegen dürfte, der Boden entzogen werden. Die Verschärfung der Haftungsdurchsetzung dürfte ferner dazu führen, dass auch auf den ersten Blick wenig stichhaltigen Anhaltspunkten für Unrichtigkeiten der Berichterstattung nachgegangen wird. Denn Aufsichtsräten könnte es in einem Haftungsprozess unter Umständen schwerfallen, plausibel darzutun und zu beweisen, warum es nicht erforderlich war, die Hinweise näher zu prüfen, §§ 116, 93 II 2 AktG. Der hier verfolgte Reformansatz enthält also auch Lösungsvorschläge für den Fall der Balsam AG.

Zusammenfassende Thesen

1.1. Mit der Reform des Aufsichtsrats durch das KonTraG ist die Diskussion um den Aufsichtsrat nicht beendet. Eine Untersuchung der einzelnen Reformmaßnahmen ergab, dass die Reform des Aufsichtsrats nur oberflächlich durchgeführt wurde. Viele Regelungen enthalten lediglich Klarstellungen bereits davor geltender Pflichten und sollen als „Anregungsnormen" in gesetzestechnisch bedenklicher Weise eine Verbesserung der Aufsichtsratspraxis bewirken. Die dabei teilweise getroffene Unterscheidung zwischen börsennotierten Gesellschaften und nichtbörsennotierten Gesellschaften ist vielfach verfehlt. Signifikant ist, dass auf die Untätigkeit und Passivität des Aufsichtsrats in der Praxis mit einer Erweiterung der Abschlussprüfung reagiert wurde. Anreize, für eine auf Eigeninitiative des Aufsichtsrats basierende Überwachung, lieferte das KonTraG dagegen nicht.

1.2. Da bestimmte Unternehmenskrisen für die Reformdiskussion des KonTraG auslösend waren, wurde versucht, anhand dieser Fälle aus der Praxis die Wirkungsweise der Regelungen des KonTraG zu verdeutlichen. Es zeigte sich, dass das KonTraG lediglich auf Symptome einer ungenügenden Überwachungspraxis reagiert hat, anstatt deren Ursachen zu beheben. Es wäre demnach kaum zu erwarten gewesen, dass die Reformmaßnahmen des KonTraG die Krisenfälle hätten verhindern können.

1.3. Positiv ist jedoch zu bewerten, dass das KonTraG die Zusammenarbeit des Aufsichtsrats mit dem Abschlussprüfer wesentlich verbessert hat. Besonders hervorzuheben ist die Zuständigkeitsverlagerung für die Auftragserteilung gegenüber dem Abschlussprüfer vom Vorstand auf den Aufsichtsrat. Positiv sind ferner Ansätze zur Verbesserung der Transparenz der Aufsichtsratstätigkeit gegenüber der Hauptversammlung. Auch hier findet sich allerdings eine nicht nachvollziehbare Differenzierung nach der Börsennotierung.
Insgesamt ist die Reform durch das KonTraG als halbherzig und damit als gescheitert anzusehen.

2.1. Die vorstehende Untersuchung sieht den Ausgangspunkt für einen eigenen Reformansatz in der Suche nach einem Reformbedarf im System des Aufsichtsrats, die einer Diskussion möglicher Reformvorschläge zwingend voranzustellen ist. Dabei wird unterschieden zwischen einem Reformbedarf in theoretischer Hinsicht, der gegeben ist, wenn die gesetzlichen Regelungen über den Aufsichtsrat selbst bei ordnungsgemäßer Anwendung keine effektive Überwachung ermöglichen, und einem Reformbedarf aufgrund mangelnder Normumsetzung. Dieser Fall ist dann als gegeben anzusehen, wenn das Gesetz zwar eine effektive Überwachung ermöglicht, der Aufsichtsrat in der Praxis von den gegebenen Möglichkeiten jedoch keinen ausreichenden Gebrauch macht.

2.2. Betrachtet man das im Aktiengesetz vorgesehene Regelungssystem über den Aufsichtsrat, namentlich die Informations- und Eingriffsmöglichkeiten, die Organisation, die Kontrolle des Aufsichtsrats durch die Hauptversammlung, die Haftung und die personelle Besetzung des Aufsichtsrats, nach eben beschriebenem Prüfungsschema ist folgendes festzustellen: Das Gesetz stellt bis auf wenige Ausnahmen dem Aufsichtsrat ausreichende Möglichkeiten für eine effektive Überwachung zur Verfügung. Insbesondere ermöglicht das Informationssystem des Aktiengesetzes eine präventive, begleitende Überwachung der Geschäftsführung, wie es neuerem betriebswirtschaftlichem Verständnis entspricht. Der Aufsichtsrat macht in der Praxis von seinen Möglichkeiten zu einer effektiven Überwachung jedoch keinen ausreichenden Gebrauch. Dies betrifft nicht nur die Informations- und Einwirkungsrechte sondern vor allem auch die Organisation, die eine sinnvolle Aufgabenverteilung in der Praxis vermissen lässt.

2.3. Diesem Befund sind theoretische Mängel des Gesetzes hinsichtlich der Kontrolle und der Haftung des Aufsichtsrats gegenüberzustellen. So gewährt das Aktiengesetz zumindest nach der Auslegung durch die herrschende Meinung der Hauptversammlung keine Informationsbasis, die für eine sachgerechte Kontrolle des Aufsichtsrats erforderlich wäre. Ferner stellt das Aktiengesetz derartige Hürden an die Durchsetzung der Haftung auf, dass die Haftung in der Praxis faktisch ausgeschlossen ist.

2.4. Die festgestellte Passivität des Aufsichtsrats hinsichtlich des Einsatzes seiner Überwachungsinstrumente einerseits und die theoretischen Mängel hinsichtlich entscheidender Anreizfaktoren wie der Aufsichtsratskontrolle und -haftung andererseits führen zu der Schlussfolgerung einer Kausalbeziehung dieser beiden Befunde.

2.5. Hinsichtlich der personellen Besetzung des Aufsichtsrats ist teilweise auch ein Reformbedarf festzustellen. Dieser betrifft hauptsächlich die Transparenz von Qualifikation und potentiellen Interessenkonflikten gegenüber der Hauptversammlung. Ein systematischer Fehler ist durch die Einführung des Verwaltungsstimmrechts durch das NaStraG in das Aktiengesetz gelangt, da dem Vorstand eine Einflussmöglichkeit auf die Zusammensetzung seines Überwachungsorgans eingeräumt wird.

2.6. Aus dem festgestellten Reformbedarf ist zu schließen, dass eine Reform des Aufsichtsrats zur Verbesserung der Überwachung in erster Linie bei einer Aktivierung des Aufsichtsrats anzusetzen hat. Dabei ist auch der Kausalbeziehung zwischen der Passivität des Aufsichtsrats in der Praxis und den theoretischen Mängeln des Gesetzes in Bezug auf die Haftung und Kontrolle Rechnung zu tragen.

3.1. Zur Aktivierung des Aufsichtsrats ist die Erarbeitung und Implementierung von Verhaltenskodizes für den Aufsichtsrat als effektives Mittel zu erkennen. Darin könnten als Richtschnur für das Ermessen des Aufsichtsrats detaillierte Vorgaben hinsichtlich des Überwachungsverfahrens gemacht werden, die an die konkreten Gegebenheiten der Gesellschaft angepasst werden könnten. Um die Anerkennung und Umsetzung von solchen Verhaltenskodizes in der Praxis zu fördern, sollte eine Pflicht des Aufsichtsrats zur Abgabe einer entsprechenden Erklärung normiert werden. Die im Regierungsentwurf des TransPubG vorgesehene Erklärungspflicht ist im Grundsatz zu begrüßen. Allerdings sollte diese nicht auf einen bestimmten Kodex beschränkt werden. Zudem sollte die Erklärungspflicht auch nichtbörsennotierte Gesellschaften treffen.

3.2. Ein weiterer Faktor zur Aktivierung des Aufsichtsrats ist eine anreizspezifische Vergütung. Im Hinblick auf das niedrige Niveau der durchschnittlichen Aufsichtsratsvergütung ist eine tendenzielle Erhöhung der Vergütung zu fordern. Neben der Höhe der Vergütung kommt es entscheidend auf die Art und Weise der Vergütung an. Als zur Motivation des Aufsichtsrats am ehesten geeignet ist dabei eine aufwandsabhängige Vergütung anzusehen, die zum Beispiel in einem Sitzungsgeld bestehen kann. Überdies sollte die Vergütung eine erfolgsabhängige Komponente enthalten, die in einer Beteiligung am Jahresüberschuss bestehen sollte. Eine am Börsenkurs orientierte Vergütung des Aufsichtsrats kann dagegen nicht empfohlen werden. Gesetzliche Reformmaßnahmen sind zur Umsetzung der vorgeschlagenen Aufsichtsratsvergütung nur bedingt erforderlich. Das Gesetz sollte zum einen durch Streichung des § 113 III AktG die bislang unzulässige Anknüpfung an den Jahresüberschuss ermöglichen. Zum anderen sollte § 10 Nr. 4 KStG gestrichen werden. Insofern ist es bedauerlich, dass sich die noch im Referentenentwurf vorgesehene Streichung des § 10 Nr. 4 KStG für den Regierungsentwurf nicht durchsetzen konnte.

3.3. Zur Verbesserung der Haftungsdurchsetzung wird hier ein zweistufiges Klagesystem vorgeschlagen. In einem Zulassungsverfahren sollten die Erfolgsaussichten eines Haftungsprozesses und Gründe, die gegen eine Haftungsdurchsetzung sprechen, geprüft werden. Das Zulassungsverfahren ist dabei nicht von einem Quorum abhängen zu machen, sondern als Individualrecht auszugestalten. Der Antragsteller muss jedoch zuvor die Gesellschaft zur Geltendmachung des Anspruches aufgefordert haben und den Aktienerwerb vor Kenntniserlangung von der Pflichtverletzung glaubhaft machen. Der Hauptprozess ist von einem gerichtlich bestellten Vertreter im Namen der Gesellschaft zu führen. Für die Verfahrenskosten gelten jeweils die allgemeinen Regeln der §§ 91ff. ZPO. Ein Regressanspruch der Gesellschaft gegen die antragstellenden Aktionäre besteht nicht.

Der Regierngsentwurf für ein TransPubG spart die Verbesserung der Haftungdurchsetzung im Hinblick auf das Ende der laufenden Legislaturperiode noch aus. Es ist allerdings zu hoffen, dass dieses Thema in der nächtens Legislaturperiode in Angriff genommen wird.

Dabei sollten die hier unterbreiteten Anregungen Berücksichtigung finden.

3.4. Die Kontrollmöglichkeiten der Hauptversammlung gegenüber dem Aufsichtsrat sind durch zwei Maßnahmen zu verbessern: Zum einen ist die Berichtspflicht gegenüber der Hauptversammlung dahingehend zu präzisieren, dass u.a. die wichtigsten Beratungsgegenständen, der Einsatz von Überwachungsinstrumenten, die Aufgabenverteilung im Aufsichtsrat, die Bildung und Besetzung von Ausschüssen sowie die Sitzungsfrequenz von Plenum und Ausschüssen mitgeteilt wird. Diese Präzisierung sollte in den angesprochenen Verhaltenskodizes erfolgen. Zum anderen ist ein direktes Auskunftsrecht gegenüber dem Aufsichtsrat in der Hauptversammlung vorzusehen. Um sicher zu gehen, dass dadurch keine neuen Anfechtungsmöglichkeiten von Hauptversammlungsbeschlüssen begründet würden, ist das Auskunftsrecht auf den Fall zu beschränken, dass ein Vertreter des Aufsichtsrats in der Hauptversammlung anwesend ist. Wohl aufgrund der Empfehlungen der Regierungskommission enthält der Regierungsentwurf für ein TransPubG keine Vorschläge zu diesem Thema. Es ist zu hoffen, dass der Gesetzgeber seine diesbezügliche Haltung für den zweiten Teil der Umsetzung der Vorschläge der Regierungskommission seine Haltung ändert und die hier unterbreiteten Anregungen berücksichtigt.

3.5. Über dieses vorgeschlagene Anreizsystem hinaus sind nur vereinzelt weitere Reformmaßnahmen erforderlich. Denn würde in den angesprochenen Verhaltenskodizes die Pflicht des Aufsichtsrats zur Selbstorganisation ausreichend konkretisiert, bedürfte es weder gesetzlicher Maßnahmen zur Organisation des Aufsichtsrats noch zum Einsatz von Überwachungsinstrumenten. So sollte in die Verhaltenskodizes die Pflicht des Aufsichtsrats aufgenommen werden, eine eingehende Risikoanalyse des Unternehmens vorzunehmen, seine Überwachung auf der Grundlage dieser Risikoeinschätzung detailliert zu planen, was in einem schriftlichen Überwachungskonzept Niederschlag finden sollte, sowie die Überwachungstätigkeit auf der Grundlage des Überwachungskonzeptes gezielt zu organisieren. Ausfluss dieser Selbstorganisation wäre die Festlegung einer Informationsordnung, in der Inhalt und Frequenz der Vorstandsberichte näher zu definieren wären, die Bildung von Ausschüssen und die Festlegung eines Kataloges zustimmungspflichtiger Geschäfte zur gezielten Risikokontrolle. Weitergehende gesetzliche Maßnahmen würden sich dann weitgehend erübrigen. Sinnvoll erscheint allenfalls auch einzelnen Aufsichtsratsmitgliedern das Recht zu geben, den Aufsichtsrat einzuberufen, wenn der Vorsitzende seinem Verlangen nicht nachkommt. In Betracht kommt auch eine Änderung des Wortlauts des § 110 Abs. 3 dahingehend, dass nicht mehr ein „Zusammentreten“ verlangt wird, sondern auch das „Abhalten von Sitzungen“, wodurch die Möglichkeit von Telefon- oder Videokonferenzen klargestellt würde.

3.6. In den Verhaltenskodizes sollte ferner darauf hingewiesen werden, dass der Aufsichtsrat sich durch stichprobenartige Prüfungen einer ordnungsgemäßen Berichterstattung durch den Vorstand zu vergewissern hat. Da dem Aufsichtsrat für derartige Prüfungen im Konzern die Eingriffsbefugnisse gegenüber anhängigen Unternehmen fehlt, ist das Prüfungsrecht entsprechend zu erweitern. Dazu genügt es jedoch, den Aufsichtsrat zu ermächtigen, durch einen Sachverständigen Prüfungen vornehmen zu lassen. Ein persönliches Prüfungsrecht sollte dagegen nicht vorgesehen werden. Es ist zu kritisieren, dass der Regierungsentwurf für ein TransPubG den diesbezüglichen Vorschlag der Regierungskommission nicht umgesetzt hat. Dies sollte für den zweiten Teil der Umsetzung in der nächsten Legislaturperiode nachgeholt werden.

3.7. Hinsichtlich der personellen Besetzung des Aufsichtsrats bedarf es geringer Eingriffe des Gesetzgebers. So sollte die Informationsgrundlage der Hauptversammlung in Bezug auf die Qualifikation von Aufsichtsratskandidaten durch eine Begründungspflicht der Wahlvorschläge erhöht werden. Die Pflichtangabe von Mehrfachmandaten in § 125 AktG und 285 Nr. 10 HGB sollte auch auf nichtbörsennotierte Gesellschaften erstreckt werden. Das Verwaltungsstimmrecht ist für die Wahl von Aufsichtsratsmitgliedern generell auszuschließen.
Im Übrigen sind aber weder gesetzliche Inkompatibilitäten für Konkurrenzmandate, noch für ehemalige Vorstände oder Bankenvertreter vorzusehen. Auch die Abschaffung der Arbeitnehmermitbestimmung kann nicht befürwortet werden. Schließlich ist von einer weiteren Begrenzung von Mehrfachmandaten abzusehen. Es bietet sich jedoch an, Regeln zur Behandlung von Interessenkonflikten in den Verhaltenskodizes für Aufsichtsräte aufzunehmen.

4. Abschließend wurde eine Endkontrolle des hier unterbreiteten Reformansatz anhand der praktischen Fälle, die die Reformdiskussion um den Aufsichtsrat ausgelöst haben, durchgeführt. Dazu wurde eine Prognose gewagt, wie sich die hier getroffenen Vorschläge auf die konkreten Fälle ausgewirkt hätten. Es wäre zwar vermessen zu behaupten, die Unternehmenskrisen hätten durch den vorgestellten Reformansatz vermieden werden können. Sicherlich wäre aber eine wesentlich intensivere Überwachung durchgeführt worden, womit sich die Chance, die Krisen abzuwenden zumindest deutlich erhöht hätte.

Abkürzungsverzeichnis

a.A.	anderer Ansicht
a.a.O.	am angegebenen Ort
Abs.	Absatz
ADHGB	Allgemeines Deutsches Handelsgesetzbuch
a.E.	am Ende
AG	Die Aktiengesellschaft (Zeitschrift) , Aktiengesellschaft, Amtsgericht
AktG	Aktiengesetz
allg.	Allgemein
Alt.	Alternative
Anh.	Anhang
Anm.	Anmerkung
AR-Hdb.	Handbuch für Aufsichtsratsmitglieder
arg.	argumentum
Art.	Artikel
Aufl.	Auflage
BB	Betriebs-Berater
bbl.	Barrel
Bd.	Band
Bearb.	Bearbeiter
Begr.	Begründung
BetrVG	Betriebsverfassungsgesetz
BFHE	Entscheidungen des Bundesfinanzhofs
BFuP	Betriebswirtschaftliche Forschung und Praxis
BGB	Bürgerliches Gesetzbuch
BGBl.	Bundesgesetzblatt
BGH	Bundesgerichtshof
BGHZ	Bundesgerichtshof-Entscheidungen in Zivilsachen
BörsG	Börsengesetz
BR-Drucks.	Bundesrats-Drucksache
BT-Drucks.	Buundestags-Drucks.
BVerfGE	Entscheidungen des Bundesverfassungsgerichts
BVV	Bremer Vulkan Verbund
bzgl.	bezüglich
bzw.	beziehungsweise
ca.	Circa
CDU	Christlich-Demokratische Union
Corp.	Corporation
DAV	Deutscher Anwaltsverein
DAX	Deutscher Aktienindex
DB	Der Betrieb
DBW	Die Betriebswirtschaft
ders.	derselbe

d.h.	das heißt
dies.	dieselbe
DJT	Deutscher Juristentag
DM	Deutsche Mark
DRS	Deutscher Rechnungslegungs Standard
DSW	Deutsche Schutzvereinigung für Wertpapierbesitz e.V.
e.V.	eingetragener Verein
evt.	eventuell
f., ff.	folgende, fortfolgende
FAZ	Frankfurter Allgemeine Zeitung
FG	Freundesgabe
FHB	Freie Hansestadt Bremen
Fn.	Fußnote
FS	Festschrift
FTD	Financial Times Deutschland
gem.	gemäß
GG	Grundgesetz
ggf.	gegebenenfalls
GmbH	Gesellschaft mit beschränkter Haftung
GmbHR	GmbH-Rundschau
GoÜ	Grundsätze ordnungsgemäßer Überwachung
grdsl.	grundsätzlich
HB	Handelsblatt
HdbGesR AG,	Handbuch des Gesellschaftsrecht: Aktiengesellschaft
HGB	Handelsgesetzbuch
h.M.	herrschende Meinung
Hrsg.	Herausgeber
i.d.F.	in der Fassung
i.d.R.	in der Regel
IDW	Institut der Wirtschaftsprüfer in Deutschland e.V.
IDW, HFA	IDW Rechnungslegungsstandards
IDW, PS ,	IDW Prüfungsstandards
i.e.S.	im engeren Sinne
insb.	insbesondere
i.S.v.	im Sinne von
i.V.m.	in Verbindung mit
i.w.S.	im weiteren Sinne
JA	Juristische Arbeitsblätter
JuS	Juristische Schulung
JW	Juristische Wochenschrift
JZ	Juristenzeitung
Köln.-Komm.	Kölner Kommentar zum Aktiengesetz
KonTraG	Gesetz zur Kontrolle und Transparenz im Unternehmensbereich
LG	Landgericht

LWS	Landeswohnungs- und Städtebaugesellschaft
m.E.	meines Erachtens
MG	Metallgesellschaft AG
MGRM	Metallgesellschaft Refining & Marketing Inc.
Mio.	Million(en)
MitbestG	Gesetz über die Mitbestimmung der Arbeitnehmer - Mitbestimmungsgesetz
MontanMitbestG	Gesetz über die Mitbestimmung der Arbeitnehmer in Aufsichtsräten und Vorständen der Unternehmen des Bergbaus und der Eisen- und Stahl erzeugenden Industrie - Montan-Mitbestimmungsgesetz
mm	manager magazin
Mrd.	Milliarde(n)
m.w.N.	mit weiteren Nachweisen
NaStraG	Gesetz zur Namensaktie und zur Erleichterung der Stimmrechtsausübung (Namensaktiengesetz)
n.F.	neue Fassung
NJW	Neue Juristische Wochenschrift
Nr.	Nummer
NYMEX	New York Mercantile Exchange (New Yorker Warenterminbörse)
OECD	Organization for Economic Cooperation and Development (Organisation für wirtschaftliche Zusammenarbeit und Entwicklung)
OLG	Oberlandesgericht
o.V.	ohne Verfasser
RefE	Referentenentwurf
RegE	Regierungsentwurf
RG	Reichsgericht
RGZ	Entscheidungen des Reichsgericht in Zivilsachen
Rn.	Randnummer
Rspr.	Rechtsprechung
S.	Seite
SdK	Schutzgemeinschaft der Kleinaktionäre e.V.
sog.	sogenannt
StGB	Strafgesetzbuch
str.	streitig
SZ	Süddeutsche Zeitung
TransPubG	Transparenz- und Publizitätsgesetz
u.a.	und andere, unter anderem
unstr.	unstreitig
USA	United States of America
usw.	und so weiter
u.U.	unter Umständen
v.	von

vgl.	vergleiche
Verf.	Verfasser
Vorb.	Vorbemerkung
VW	Volkswagen AG
WiWo	Wirtschaftswoche
WM	Wertpapier-Mitteilungen
Wpg	Die Wirtschaftsprüfung
WPK-Mitt.	Wirtschaftsprüferkammer Mitteilungen
z.B., z.Bsp.	zum Beispiel
ZBB	Zeitschrift für Bankrecht und Bankwirtschaft
ZfB	Zeitschrift für Betriebswirtschaft
zfbf	Schmalenbachs Zeitschrift für betriebswirtschaftliche Forschung
ZfO	Zeitschrift Führung + Organisation
ZGR	Zeitschrift für Unternehmens- und Gesellschaftsrecht
ZHR	Zeitschrift für das gesamte Handelsrecht
ZIP	Zeitschrift für Wirtschaftsrecht
zit.	zitiert
ZPO	Zivilprozeßordnung

Literaturverzeichnis

Adams, Michael: Reform des Kostenersatzrechts bei Aktionärsklagen mit Drittwirkung, AG 2000, 396.
- Stellungnahme zur Aktienrechtsreform 1997, AG/S 1997, 9.
- Die Usurpation von Aktionärsbefugnissen mittels Ringverflechtung in der „Deutschland AG", AG 1994, 148.

Adler/Düring/Schmaltz: Rechnungslegung und Prüfung der Aktiengesellschaft, 6. Aufl., Stuttgart, 1995ff.

Albach, Horst: Strategische Unternehmensplanung und Aufsichtsrat, ZGR 1997, 32.

Albach,Horst/Corte, Christian/Friedewald, Rolf/Lutter, Marcus/Richter, Wolf,(Hrsg.): Deregulierung des Aktienrechts: Das Drei-Stufen-Modell, Gütersloh, 1988, zit.: Albach u.a., Deregulierung des Aktienrechts.

Alvarez, Manuel/Wotschofsky, Stefan: Zwischenberichterstattung nach dem Deutschen Rechnungslegungs Standard Nr. 6 (DRS 6), StuB 2001, 387.

Altmeppen, Holger: Auswirkungen des KonTraG auf die GmbH, ZGR 1999, 291.
- Anmerkung zum Beschluß des OLG Zweibrücken vom 28.05.1990 - 3 W 93/90, EWiR § 103 AktG 3/90, 631.

Arbeitskreis „Externe und Interne Überwachung der Unternehmung" der Schmalenbach-Gesellschaft/Deutsche Gesellschaft für Betriebswirtschaft e.V.: Grundsätze einer ordnungsgemäßen Aufsichtsratstätigkeit - ein Diskussionspapier, DB 1995, 1.
- Replik auf Lutter, Grundsätze ordnungsgemäßer Aufsichtsratstätigkeit, DB 1995, 1925, DB 1995, 1926.

AR-Hdb.: Handbuch für Aufsichtsratsmitglieder, siehe Semler.

Baetge, Jörg: Bilanzanalyse, Düsseldorf, 1998.
- Konzernbilanzen, 3. Aufl., Düsseldorf, 1997.

Barz, Carl Hans: Listenwahl zum Aufsichtsrat, in: Berhardt/Hefermehl/Schilling (Hrsg.), Freundesgabe für Hans Hengeler zum 70. Geburtstag am 1. Februar 1972 (FG Hengeler), Berlin, 1972, S. 14.

Baumbach, Adolf/Hueck, Alfred: Aktiengesetz, 13. Aufl., München, 1968.
- Aktiengesetz, 8. Aufl., München, 1954, zit.: AktG 1937.

Baums, Theodor: Empfiehlt sich eine Neuregelung das aktienrechtlichen Anfechtungs- und Organhaftungsrechts, insbesondere der Klagemöglichkeiten von Aktionären?, Gutachten F zum 63. Deutschen Juristentag, Leipzig 2000, München, 2000, zit.: Gutachten zum 63. DJT.
- Stellungnahme zur Aktienrechtsreform 1997, AG/S 1997, 26.
- Aktienoptionen für Vorstandsmitglieder, in: Martens/Westermann/Zöllner (Hrsg.), Festschrift für Carsten P. Claussen zum 70. Geburtstag (FS Claussen), Köln, 1997, S. 1.
- Vollmachtsstimmrecht der Banken - Ja oder Nein?, AG 1996, 11.
- Der Aufsichtsrat - Aufgaben und Reformfragen, ZIP 1995, 11.

Baums, Theodor (Hrsg.): Bericht der Regierungskommission Corporate Governance: Unternehmensführung - Unternehmenskontrolle - Modernisierung des Aktienrechts, Köln, 2001.

Baums, Theodor/Fraune, Christian: Institutionelle Anleger und Publikumsgesellschaft: Eine empirische Untersuchung, AG 1995, 97.

Bayer, Walter: Aktionärsklage de lege lata und de lege ferenda, NJW 2000, 2609.

BDO, Deutsche Warentreuhand Aktiengesellschaft Wirtschaftsprüfungsgesellschaft, München: Bericht über eine Sonderprüfung nach §§ 142 ff. Aktiengesetz bei der Bayerischen Hypo- und Vereinsgesellschaft München. (Auftrag aufgrund Beschlusses der ordentlichen Hauptversammlung vom 06. Mai 1999.)

Bea, Franz Xaver/Scheurer, Steffen: Kontrollfunktion des Aufsichtsrats, DB 1994, 2145.

Becker, Thomas: Informationsorientierte Überwachungskonzepte zur Kontrolle von Vorständen, Stuttgart, 1993.

Becker, Ulrich: Lexikon Terminhandel: Finanz- und Rohstoffutures, Wiesbaden, 1994.

Beck'scher Bilanzkommentar: Jahresabschluß nach Handels- und Steuerrecht, 3. Aufl., München, 1995, zit.: Beck-Bilanzkommentar/Bearb.

Bender, Karl: Fortbildung des Aktienrechts: Verbesserung der Funktionsfähigkeit der Gesellschaftsorgane notwendig, DB 1994, 1965.

Berger, Konrad: Die Kosten der Aufsichtsratstätigkeit in der Aktiengesellschaft, Frankfurt a.M. u.a., 2000.

Berliner Initiativkreis German Code of Coroporate Governance: German Code of Corporate Governance (GCCG), DB 2000, 1573.

Bernhardt, Wolfgang: Aufsichtsrat - die schönste Nebensache der Welt? Defizite für eine effiziente Aufsichtsratstätigkeit, ZHR 1995, 310.
- Keine Aufsicht und schlechter Rat? Zum Meinungsstand um deutsche Aufsichträte, ZfB 1994, 1341.

Berrar, Carsten: Die zustimmungspflichtigen Geschäfte nach § 111 Abs. 4 AktG im Lichte der Corporate Governance-Diskussion, DB 2001, 2181.

Bertelsmanns Stiftung/Hans-Böckler-Stiftung (Hrsg.): Mitbestimmung und neue Unternehmenskulturen - Bilanz und Perspektiven, Bericht der Kommission Mitbestimmung, Gütersloh, 1998, zit.: Bericht der Kommission Mitbestimmung.

Biener, Herbert: Die Überwachung der Geschäftsführung durch den Aufsichtsrat, BFuP 1977, 489.

Bleicher, Knut: Geschäftsführung und Aufsicht im internationalen Vergleich - Einsichten und Empfehlungen, zfbf 1988, 930.
- Der Aufsichtsrat im Wandel: eine repräsentative Studie über Aufsichtsräte in bundesdeutschen Aktiengesellschaften, Gütersloh, 1987.

Bleicher, Knut/Paul, Herbert: Das amerikanische Board-Modell im Vergleich zur deutschenVorstands-/ Aufsichtsratsverfassung - Stand und Entwicklungstendenzen, DBW 1986, 263.

Blum, Heiner: Club der Amateure, mm 8/1993, S. 33.

Böcking, Hans-Joachim: Auswirkungen der neuen Rechnungslegungs- und Prüfungsvorschriften auf die Erwartungslücke, in: Dörner u.a., Reform des Aktienrechts, S. 717.

Böcking, Hans-Joachim/Orth, Christian: Kann das „Gesetz zur Kontrolle und Transparenz im Unternehmensbereich (KonTraG)" einen Beitrag zur Verringerung der Erwartungslücke leisten? - Eine Würdigung auf Basis von Rechnungslegung und Kapitalmarkt, Wpg 1998, 351.

Bollweg, Hans-Georg: Die Wahl des Aufsichtsrats in der Hauptversammlung der Aktiengesellschaft, Köln u.a., 1997.

Boos, Karl-Heinz/Schulte-Matter, Hermann: Basel II: Externes und Internes Rating, Die Bank 2001, 346.

Bork, Reinhard: Das „Klagererzwingungsverfahren" nach § 147 Abs. 3 RefE AktG - Auf dem Weg zu „Aktionärsklage"?, in: Hommelhoff/Röhricht (Hrsg.), RWS-Forum 10, Gesellschaftsrecht 1997, Köln, 1998, S. 53, zit.: RWS-Forum GesR 1997.

Boujong, Karlheinz: Rechtliche Mindestanforderung an eine ordnungsgemäße Vorstandskontrolle und -beratung, AG 1995, 203.

Brandi, Axel: Ermittlungspflicht des Aufsichtsrats über die wirtschaftliche Situation des Unternehmens „am Vorstand vorbei"?, ZIP 2000, 173.

Brebeck, Frank/Hermann, Dagmar: Zur Forderung des KonTraG nach einem Früherkennungssystems und zu den Konsequenzen für die Jahres- und Konzernabschlußprüfung, Wpg 1997, 381.

Bremeier, Eberhard/Mülder, Jürgen B./Schilling, Florian: Praxis der Aufsichtsratstätigkeit in Deutschland: Chancen und Professionalisierung, Düsseldorf, 1994.

Bresser, Rudi K./Kirchner, Christian: Reformansätze für eine Verwaltungsmachtkontrolle von Großunternehmen, AG 1977, 145.

Breuer, Rolf E.: Corporate Governance - der Verantwortung verpflichtet, Die Bank 2001, 544.

Brinkmann-Herz, Dorothea: Entscheidungsprozesse in den Aufsichtsräten der Montanindustrie - Eine empirische Untersuchung über die Eignung des Aufsichtsrats als Instrument der Arbeitnehmermitbestimmung, Berlin, 1972.

Budde, Wolgang Dieter: Grundsätze ordnungsgemäßer Rechenschaftslegung, in: Bierich/Hommelhoff/Kropff (Hrsg.), Unternehmen und Unternehmensführung im Recht (FS Semler), Berlin u.a., 1993, S. 789.

Büdenbender, Ulrich: Vorstand, Aufsichtsrat und Hauptversammlung - Kompetenzen, Kooperation, Kontrollbefugnisse -, JA 1999, 713.
- Die Kontrolle des Vorstandes durch den Aufsichtsrat in deutschen Aktiengesellschaften (Rechtslage und rechtstatsächliche Übung), JA 1999, 813.

Bühler, Theodor: Rechtserzeugung - Rechtserfragung - Legitimität der Rechtsquellen, Zürich, 1985.

Busse von Colbe, Walther: Was ist und was bedeutet Shareholder Value aus betriebswirtschaftlicher Sicht?, ZGR 1997, 271.

Buxbaum, Richard M.: Die Leitung von Gesellschaften - Strukturelle Reformen im amerikanischen und deutschen Gesellschaftsrecht, in: Feddersen u.a., Corporate Governance, S. 65.

Chini, Leo W.: Aufsichtsratsinformationssystem, Wiesbaden, 1988.

Claussen, Carsten P.: Kapitalflußrechnung und Segmentberichterstattung, ZGR 1999, 499.
- Wie ändert das KonTraG das Aktiengesetz?, DB 1998, 177.
- Aktienrechtsreform 1997, AG 1996, 481.
- Abgestufte Überwachung des Aufsichtsrats, AG 1984, 20.
- Über die Vertraulichkeit im Aufsichtsrat, AG 1981, 57.

Claussen, Carsten P./Bröcker, Norbert: Corporate-Governance-Grundsätze in Deutschland - nützliche Orientierungshilfe oder regulatorisches Übermaß?, AG 2000, 481.

Clemm, Hermann: Reform des Aufsichtsrats? Bemerkungen und Wünsche aus Wirtschaftsprüfer-Sicht, BFuP 1996, 269.
- Der Abschlußprüfer als Krisenwarner und der Aufsichtsrat - Anmerkungen zu einem - wieder einmal - aktuellen Thema, in: Lanfermann, J. (Hrsg.), Internationale Wirtschaftsprüfung (FS Havermann), Düsseldorf, 1995, S. 83.

Clemm, Hermann/Clemm, Thomas: Die körperschaftssteuerliche Behandlung von Aufsichtsratsvergütungen ist sinn-, system- und verfassungswidrig, BB 2001, 1873.

Coffee Jr., John C.: Organhaftung im amerikanischen Recht, in: Feddersen, Corporate Governance u.a., S. 165.

Committee on the Financial Aspects of Corporate Governance: Compliance with the Code of Best Practice: Summary of Main Conclusions (Report of the Committee on the Financial Aspects of Corporate Governance, London 1995), in: Hopt/Wymeersch, Corporate Governance, M-23.

Corsten, Hans (Hrsg.): Lexikon der Betriebswirtschaftslehre (BWL), 3. Aufl., München u.a., 1995; zit.: Wirtschaftslexikon, → Schlagwort.

C & L Treuarbeit Deutsche Revision/Wollert-Elmendorf Deutsche Industrie-Treuhand: Bericht über die Sonderprüfung nach § 142 Abs. 1AktG bei der Metallgesellschaft AG, Frankfurt a.M., gem. Beschluß der außerordentlichen Hauptversammlung am 24.Februar 1994, Frankfurt a.M./ Hannover, 1995.

Culp, Christopher L./Miller, Merton H.: Metallgesellschaft and the Economics of Synthetic Storage, ZBB 1995, 2.

Davies, Paul: Struktur der Unternehmensführung in Großbritannien und Deutschland: Konvergenz oder fortbestehende Divergenz?, ZGR 2001, 268.

Decher, Christian E.: Loyalitätskonflikte des Repräsentanten der öffentlichen Hand im Aufsichtsrat - Bemerkungen aus Anlaß des Falles HEW/Jansen, ZIP 1990, 277.

Deckert, Martina: Der Aufsichtsrat in der Diskussion, JuS 1999, 736.
- Der Aufsichtsrat nach der Reform, NZG 1998, 710.
- Effektive Überwachung der AG-Geschäftsführung durch Ausschüsse des Aufsichtsrats, ZIP 1996, 985.

Deutscher Anwaltsverein(DAV): Referentenentwurf zur Änderung des Aktiengesetze („KonTraG“) - Stellungnahme des DAV, ZIP 1997, 163.
- Druckschrift des Deutschen Anwaltsvereins Nr. 20, Zur Reform des Aktienrechts, I. Teil, Leipzig, 1929, zit.: Zur Reform des Aktienrechts, 1929.

Deutscher Juristentag (DJT), Ständige Deputation des Deutschen Juristentages (Hrsg.): Verhandlungen des 28. DJT, Kiel 1906, Berlin, 1907.

Deutsche Schutzvereinigung für Wertpapierbesitz e. V. (DSW), (Hrsg.): Aufsichtsräte in Deutschland - Was können sie besser machen? Stellungnahmen der Aufsichtsratsvorsitzenden deutscher Aktiengesellschaften zu den Vorschlägen der DSW, Düsseldorf, 1995.

Dörner, Dietrich: Zusammenarbeit von Aufsichtsrat und Abschlußprüfer im Lichte des KonTraG, DB 2000, 101.
- Ändert das KonTraG die Anforderungen an den Abschlußprüfer?, DB 1998, 1.

Dörner, Dietrich/Oser, Peter: Erfüllen Aufsichtsrat und Wirtschaftsprüfer ihre Aufgaben?, DB 1995, 1085.

Dörner, Dietrich/Menold, Dieter/Pfitzer, Norbert, (Hrsg.): Reform des Aktienrechts, der Rechnungslegung und Prüfung: KonTraG - KapAEG - EuroEG - StückAG, Stuttgart, 1999, zit.: Dörner u.a., Reform des Aktienrechts.

Dörner, Dietrich/Schwegler, Iren: Anstehende Änderungen der externen Rechnungslegung sowie deren Prüfung durch den Wirtschaftsprüfer, DB 1997, 285.

Dose, Stefan: Zivilrechtliche Haftung und Aufgabendelegation auf Ausschüsse im Aufsichtsrat der AG, ZGR 1973, 300.

Dreher, Meinrad: Der Aufsichtsrat der AG und der GmbH - Reform ohne Ende oder Ende der Reform ? -,in: Hommelhoff/Röhricht (Hrsg.), RWS-Forum 10, Gesellschaftsrecht 1997, Köln, 1998, S. 1, zit.: RWS-Forum GesR 1997.
- Organisation des Aufsichtsrats, in: Feddersen u.a., Corporate Governance, 1996, S. 33.
- Die Qualifikation der Aufsichtsratsmitglieder - Rechtliche Anforderungen und Folgerungen unter besonderer Berücksichtigung der Aufsichtsratsausschüsse bei der Aktiengesellschaft, FS Boujong, München, 1996, S. 71.
- Nochmals: Das Ermessen des Aufsichtsrats - Antwort auf Marcus Lutter, ZIP 1995, 441, ZIP 1995, 628.
- Das Ermessen des Aufsichtsrats. Der Aufsichtsrat in der Aktiengesellschaft zwischen Verbandsautonomie und Richterkontrolle, ZHR 1994, 614.
- Interessenkonflikte bei Aufsichtsratsmitgliedern von Aktiengesellschaften, JZ 1990, 896.

Dreist, Michael: Die Überwachungsfunktion des Aufsichtsrats bei Aktiengesellschaften: Probleme und Reformüberlegungen aus betriebswirtschaftlicher Sicht, Düsseldorf, 1980.

Drexel, Gerhard: Ein Frühwarnsystem für die Praxis, ZfB 1984, 89.

Dreyer, Jörg-Detlev: Zum Ausbau der Informationsbestandteile des § 90 Abs. 1 Satz 1 AktG zu Informationskonzeptionen, BB 1981, 1436.
- Entwicklung und Beurteilung aufsichtsratsorientierter Informationskonzeptionen. Eine Informationsanalytische Interpretation der §§ 90, 111 AktG bei mitbestimmten Publikums-Aktiengesellschaften, Hamburg, 1980.

Drygala, Tim/Drygala, Anja: Wer braucht ein Frühwarnsystem? Zur Ausstrahlungswirkung des § 91 Abs. 2 AktG, ZIP 2000, 297.

Eckardt, Ulrich: Abberufung von Aufsichtsratsmitgliedern durch das Gericht (§ 103 Abs. 3 AktG), NJW 1967, 1010.

Edenfeld, Stefan/Neufang, Sebastian: Die Haftung der Arbeitnehmervertreter im Aufsichtsrat, AG 1999, 49.

Eglau, Hans-Otto: Diskussionsbericht, in: Picot, Corporate Governance, S. 115.

Emde, Achim: Die Auswirkungen von Veränderungen des Unternehmenskapitals auf Bestand und Inhalt von Genußrechten, DB 1989, 209.

Engel, Christoph: Zivilrecht als Fortsetzung des Wirtschaftsrechts mit anderen Mitteln, JZ 1995, 213.

Feddersen, Dieter: Neue gesetzliche Anforderungen an den Aufsichtsrat, AG 2000, 385.
- Aktienoptionsprogramme für Führungskräfte aus kapitalmarktrechtlicher und steuerlicher Sicht, ZHR 1997, 269
- Nochmals - Die Pflichten des Vorstands zur Unternehmensplanung, ZGR 1993, 114.

Feddersen, Dieter/Hommelhoff, Peter/Schneider, Uwe H.: Corporate Governance - Optimierung der Untenehmensführung und der Unternehmenskontrolle im deutschen und amerikanischen Aktienrecht, Köln, 1996, zit.: Feddersen u.a., Corporate Governance.

Feldkamp, Harald: Anfechtungsklage und Vergleich im Aktienrecht, Berlin, 1991.

Fey, Gerd: Corporate Governance - Unternhemensüberwachung bei deutschen Aktiengesellschaften, DStR 1995, 1320.

Felton, Robert F./Hudnut, Alec/Van Heeckeren, Jennifer: Putting a value on board governance, The McKinsey Quarterly Heft 4/1996, S. 170.

Fleck, Hans-Joachim: Eigengeschäfte eines Aufsichtsratsmitglieds, in: Kübler/Martens/Werner (Hrsg.), Festschrift für Theodor Heinsius zum 65. Geburtstag am 25. September 1991 (FS Heinsius), Berlin u.a., 1991, S. 89.

Flume, Werner: Allgemeiner Teil des Bürgerlichen Rechts, Erster Band, Zweiter Teil (I, 2), Die juristische Person, 1. Aufl., Berlin, Heidelberg, New York, Tokio, 1983, zit.: Jur. Pers.
- Grundfragen der Aktienrechtsreform - Bemerkungen zu dem Regierungsentwurf eines Aktiengesetzes, Düsseldorf, 1960, zit.: Aktienrechtsreform.

Forster, Karl-Heinz: Zum Zusammenspiel von Aufsichtsrat und Abschlußprüfer nach dem KonTraG, AG 1999, 193.
- Abschlußprüfung nach dem Regierungsentwurf des KonTraG, Wpg 1998, 41.
- Meinungsspiegel - Meinungen zum Thema: Reform des Aufsichtsrats, BFuP 1996, 306.
- MG, Schneider, Balsam und die Folgen - was können Aufsichtsräte und Abschlußprüfer gemeinsam tun?, AG 1995, 1.

Frerk, Peter: Praktische Gedanken zur Optimierung der Kontrollfunktion des Aufsichtsrats, AG 1995, 212.

Frese, Erich: Unternehmensführung, Landsberg a.L., 1987.

Frühauf, Martin: Geschäftsleitung und Unternehmenspraxis, ZGR 1998, 407.

Fuchs, Andreas: Aktienoptionen für Führungskräfte und bedingte Kapitalerhöhung - Anmerkungen zur geplaneten Neuregelung nach dem Referentenentwurf zur Änderung des Aktienrechts („KonTraG"), DB 1997, 661.

Fürhoff, Jens: Insiderrechtliche Behandlung von Aktienoptionsprogrammen und Management Buy-Outs, AG 1998, 83.

Funke, Rainer: Aktienrechtsreform 1997: Aufsichtsrat und Abschlußprüfer, ZIP 1996, 1602.

Gaulke, Jürgen: Der Klub der Kontrolleure - Das Versagen der deutschen Aufsichtsräte, München, 1997.

Gälweiler, Aloys: Zur Kontrolle strategischer Pläne, in: Steinmann (Hrsg.), Planung und Kontrolle, Wiesbaden, 1981, S. 383.

Gedenk, Karen: Agency-Theorie und die Steuerung von Geschäftsführern - Paradebeispiel oder Problemfall? -, DBW 1998, 22

Gelhausen, Hans Friedrich: Aufsichtsrat und Abschlußprüfer - eine Zweckgemeinschaft?, BFuP 1999, 390.
- Reform der externen Rechnungslegung und ihre Prüfung durch den Wirtschaftsprüfer, AG/S 1997, 73.
- Ergänzende Anmerkungen zum Referat Dreher, in: Feddersen u.a., Corporate Governance, S. 61.

v. Gerkan, Hartwig: Die Gesellschafterklage - Koreferat, ZGR 1988, 441.

Gerum, Elmar: Führungsorganisation und Mitbestimmung in der europäischen Unternehmensverfassung, ZfO 1992, 147.
- Aufsichtsratstypen - Ein Beitrag zur Theorie der Organisation und Unternehmensführung, DBW 1991, 719.
- Information und Unternehmensverfassung - Betriebswirtschaftliche Anmerkungen zu den organisationsrechtlichen Regelungen für Aufsichtsrat und Betriebsrat, in: Ballwieser/Berger (Hrsg.), Information und Wirtschaftlichkeit, Wiesbaden, 1985.

Gerum, Elmar/Steinmann, Horst/Fees, Werner: Der mitbestimmte Aufsichtsrat. Eine empirische Untersuchung, Stuttgart, 1988.

Geßler, Ernst/Hefermehl, Wolfgang/Eckardt, Ulrich/Kropff, Bruno: Aktiengesetz. Kommentar, 1. Aufl., München, 1973ff, zit.: Geßler-Hefermehl/Bearb.

Giese, Rolf: Die Prüfung des Risikomanagementsystems einer Unternehmung durch den Abschlußprüfer gemäß KonTraG, Wpg 1998, 451.

v. Godin, R./Wilhelmi, Hans: Aktiengesetz. Kommentar, 4. Aufl., Berlin u.a., 1971, zit.: v. Godin-Wilhelmi.

Goerdeler, Reinhard: Das Audit Comittee in den USA, ZGR 1987, 219.
- Zur Überwachungsaufgabe des Aufsichtsrats, Wpg 1982, 33.

Götz, Heinrich: Leitungssorgfalt und Leitungskontrolle der Aktiengesellschaft hinsichtlich abhängiger Unternehmen, ZGR 1998, 524.
- Organhaftungsprozesse in der AG - Eine Entgegnung auf Kallmeyer, AG 1997, 107ff., AG 1997, 229.
- Stellungnahme zur Aktienrechtsreform 1997, AG/S 1997, 38.
- Die Überwachung der Aktiengesellschaft im Lichte jüngerer Unternehmenskrisen, AG 1995, 337.
- Zustimmungsvorbehalte des Aufsichtsrats der Aktiengesellschaft, ZGR 1990, 633.

Götze, Thomas: Aktienoptionen für Vorstandsmitglieder und Aktionärsschutz, Baden-Baden, 2001.

Gollnick, Jörg: Die Beurteilung der Vorstandsleistung durch den Aufsichtsrat: eine vergleichende Untersuchung zum deutschen und US-amerikanischen Recht, Frankfurt a.M. u.a., 1997.

Grätz, Frank: Aufsichtsratsbezüge - Ergebnisse einer Analyse, AG 1978, 67.

Großkommentar: Barz/Brönner/Klug/Meyer-Landrut, Großkommentar zum Aktiengesetz, 3. Aufl., Berlin u.a., 1970ff., zit.: Großkommentar/Bearb.

Grundsatzkommission Corporate Governance: Corporate Governance-Grundsätze („Code of Best Practice") für börsennotierte Gesellschaften, DB 2000, 238.

Güthoff, Julia: Gesellschaftsrecht in Großbritannien: eine Einführung mit vergleichenden Tabellen, 2. Aufl., München, 1998.

Gutenberg, Erich: Funktionswandel des Aufsichtsrats, ZfB-Ergänzungsheft 1970, 1.

Hahn, Dietger: Strategische Kontrolle, in: Hahn/Taylor (Hrsg.), Strategische Unternehmensplanung - Strategische Unternehmensführung, Stand und Enwicklungstendenzen, 8. Aufl., Heidelberg, 1999, S. 892.

Hakelmacher, Sebastian: Der Aufsichtsrat - ein sensibles Organ, Wpg 1991, 104.

Hanau, Peter/Ulmer, Peter: Mitbestimmungsgesetz, München, 1981, zit.: Hanau/Ulmer.

Hanloser, Stefan: Proxy-Voting, Remote-Voting und Online-HV: § 134 III 3 AktG nach dem NaStraG, NZG 2001, 355.

Hansen, Herbert: Schwächen der Aufsichtratstätigkeit und einige ihrer Ursachen, AG 1996, R136.
- Anmerkungen zur Diskussion um die Macht der Banken, AG-Report 1995, R458.
- Der Fall MG und die Rolle des Aufsichtsrats, AG-Report 1994, R44.
- Das Gewicht der Banken in den Aufsichtsräten deutscher Aktiengesellschaften, AG-Report 1994, R76.

Happ, Wilhelm: Aktienrecht. Handbuch - Mustertexte - Kommentar, Köln u.a., 1995, zit.: Aktienrecht.

Hasselberg, Frank: Strategische Kontrolle im Rahmen strategischer Unternehmensführung, Frankfurt a.M. u.a., 1989.

Hax, Karl: Zur Funktionsfähigkeit des Aufsichtsrats der Aktiengesellschaft, BFuP 1977, 503.

Hayakawa, Masaru: Die Aktionärsklage im japanischen Gesellschaftsrecht, in: Immenga/Möschel/Reuter (Hrsg.), Festschrift für Ernst-Joachim Mestmäcker zum 70. Geburtstag (FS Mestmäcker), Baden-Baden, 1996.

HdbGesR AG: Handbuch des Gesellschaftsrecht, siehe Hoffmann-Becking.

Heermann, Peter W.: Unternehmerisches Ermessen, Organhaftung und Beweislastverteilung, ZIP 1998, 761.
- Interessenkonflikte von Bankenvertretern in Aufsichtsräten bei (geplanten) Unternehmensübernahmen, WM 1997, 1689.

Henn, Günter: Handbuch des Aktienrechts, 6. Aufl., Heidelberg, 1998.

Henze, Hartwig: Leitungsverantwortung des Vorstands - Überwachungspflicht des Aufsichtsrats, BB 2000, 209.
- Prüfungs- und Kontrollaufgaben des Aufsichtsrats in der Aktiengesellschaft - Die Entscheidungspraxis des Bundesgerichtshofs, NJW 1998, 3309.

Herkenroth, Klaus E.: Bankenvertreter als Aufsichtsratsmitglieder von Zielgesellschaften: Zur beschränkten Leistungsfähigkeit des Rechts bei der Lösung von Interessenkonflikten anläßlich der Finanzierung von Übernahmen, AG 2001, 33.

Hess, Glen E.: Corporate Governance - Zum Stand der Diskussion in den Vereinigten Staaten, in: Feddersen u.a., Corporate Governance, S. 9.

Höhn, Reinhard: Die Geschäftsleitung der GmbH: Organisation, Führung und Verantwortung; Kontrolle durch Aufsichtsrat und Beirat, 2. Aufl., Köln, 1995.
- Die gesetzwidrige Teilüberwachung der Geschäftsführung durch den Aufsichtsrat, GmbHR 1995, 861.

Hönig, Roger: Problemorientierte Berichterstattung des Abschlußprüfers und deren Umsetzung im KonTraG, DStR 1997, 1140.

Hoerdemann, Christiane: Aktienrechtsreform und kein Ende - Bedarf es der Verschärfung der Aufsichtsratshaftung?, ZRP 1997, 44.

Hoffmann, Dieter: Der Aufsichtsrat: ein Handbuch für die Praxis, 3. neubearbeitete Auflage, München, 1994.

Hoffmann, Dietrich/Kirchhoff, Wolfgang: Beratungsverträge mit Aufsichtsratsmitgliedern - Stellungnahme zum Urteil des BGH vom 25. März 1991, Wpg 1991, 592.

Hoffmann-Becking, Michael: Zur rechtlichen Organisation der Zusammenarbeit im Vorstand der AG, ZGR 1998, 497.
- Der Aufsichtsrat im Konzern, ZHR 1995, 325.
- Rechtliche Möglichkeiten und Grenzen einer Verbesserung der Arbeit des Aufsichtsrats, FS Havermann, Düsseldorf, 1995, S. 229.

Hoffmann-Becking, Michael (Hrsg.): Handbuch des Gesellschaftsrecht, Bd. 4, Aktiengesellschaft, 2. Aufl., München, 1998, zit.: Bearb., in: HdbGesR AG.

Hofmann, Rolf: Intensität und Effizienz der Überwachung der Führungskräfte von Kapitalgesellschaften, DB 1990, 2333.

Holzer, Peter H./Mankowski, Andreas: Corporate Governance, DB 1997, 688.

Hommelhoff, Peter: Die OECD-Principles on Corporate Governance - ihre Chanden und Risiken aus dem Blickwinkel der deutschen corporate governance-Bewegung, ZGR 2001, 239.
- Die neue Position des Abschlußprüfers im Kraftfeld der aktienrechtlichen Organisationsverfassung, BB 1998, 2567 (Teil I) und 2625 (Teil II).
- Störungen im Recht der Aufsichtsrats-Überwachung: Regelungsvorschläge an den Gesetzgeber, in: Picot, Corporate Governance, S. 1.
- Grundsätze ordnungsgemäßer Kontrolle der Beteiligungsverwaltung des Konzernvorstandes durch den Konzernaufsichtsrat, AG 1995, 225.
- Zur Kreditüberwachung im Aufsichtsrat, in: Hadding (Hrsg.), Festschrift für Winfried Werner zum 65. Geburtstag am 17. Oktober 1984 (FS Werner), Berlin u.a., 1984, S. 315.
- Die Autarkie des Aufsichtsrats - Besprechung der Entscheidung BGHZ 85, 293 „Hertie", ZGR 1983, 551.
- Gesellschaftsrechtliche Fragen im Entwurf eines BiRiLi-Gesetzes - Bemerkungen zur Umssetzung der 4. EG (Bilanz-) RiLi, BB 1981, 944.
- Der aktienrechtliche Organstreit, ZHR 1979, 288.

Hommelhoff, Peter/Mattheus, Daniela: Corporate Governance nach dem KonTraG, AG 1998, 249.

Hopt, Klaus J.: Handelsgesetzbuch: mit GmbH & Co., Handelsklauseln, Bank- und Börsenrecht, Transportrecht (ohne Seerecht), 30. Aufl., München, 2000.
- Stellungnahme zur Aktienrechtsreform 1997, AG/S 1997, 43.
- Die Haftung von Vorstand und Aufsichtsrat - Zugleich ein Beitrag zur corporate governance-Debatte, in: Immenga/Möschel/Reuter (Hrsg.), Festschrift für Ernst-Joachim Mestmäcker zum 70. Geburtstag (FS Mestmäker), Baden-Baden, 1996, S. 909.

Hopt, Klaus J./Wymeersch, Eddy, (Hrsg.): Comparative Corporate Governance - Essays and Materials, Berlin u.a., 1997.

Horn, Norbert: Die Haftung des Vorstandes der AG nach § 93 AktG und die Pflichten des Aufsichtsrats - Zugleich Besprechungen der Urteile des Bundesgerichtshofs vom 21. April 1997, ZIP 1997, 883, und des OLG Düsseldorf vom 28. November 1996, ZIP 1997, 27, im Fall ARAG/Garmenbeck, ZIP 1997, 1129.

Hüffer, Uwe: Aktiengesetz, 4. Aufl., München, 1999.
- Aktienbezugsrechte als Bestandteil der Vergütung von Vorstandsmitgliedern und Mitarbeitern - Gesellschaftsrechtliche Analyse, ZHR 1997, 214.

- Der Aufsichtsrat in der Publikumsgesellschaft - Pflichten und Verantwortlichkeit der Aufsichtsratsmitglieder, ZGR 1980, 320.

Hüther, Mario: Namensaktie, Internet und die Zukunft der Stimmrechtsvertretung, AG 2001, 68.

Institut der Wirtschaftsprüfer in Deutschland e.V., (IDW): IDW Prüfungsstandard, Die Prüfung des Risikofrüherkennungssystems nach § 317 IV HGB (IDW PS 340), Wpg 1999, 663.
- IDW Rechnungslegungsstandard: Aufstellung des Lageberichts (IDW RS HFA 1), Wpg 1998, 653.
- Stellungnahme HFA 7/1997: Zur Aufdeckung von Unregelmäßigkeiten im Rahmen der Abschlußprüfung (HFA 7/1997), Wpg 1998, 29.
- Grundsätze ordnungsmäßiger Durchführung von Abschlußprüfungen, Hauptfachausschuß - Fachgutachten 1/1988 (FG 1/1988), Wpg 1989, 9.
- Grundsätze ordnungsmäßiger Berichterstattung bei Abschlußprüfungen, Hauptfachausschuß - Fachgutachten 2/1988 (FG 2/1988), Wpg 1989, 20.

Jaschke, Thomas: Die betriebswirtschaftliche Überwachungsfunktion aktienrechtlicher Aufsichtsräte, Köln, 1989.

Jürgenmeyer, Michael: Das Unternehmensinteresse, Heidelberg, 1984.

Jung, Hans: Allgemeine Betriebswirtschaftslehre, 2. Aufl., München, Wien, 1996.

Junge, Werner: Das Unternehmensinteresse, in: Ficker (Hrsg.), Festschrift für Ernst von Cammerer zum 70. Geburtstag (FS Caemmerer), Tübingen 1978, S. 547.

Kästner, Karin: Aktienrechtliche Probleme der D&O-Versicherung, AG 2000, 113.

Kajüter, Peter: Risikoberichterstattung: Empirische Befunde und der Entwurf des DRS 5, DB 2001, 105.

Kallmeyer, Harald: Organhaftpflichtprozesse in der Aktiengesellschaft, AG 1997, 107.
- Pflichten des Vorstands zur Unternehmensplanung, ZGR 1993, 104.

Karoli, Hermann: Aufgaben und Arbeitsweise von Aufsichtsräten und Beiräten, FS O. Möhring, München, 1973, 115.

Kau, Wolfgang M./Kukat, Klaus: Haftung von Vorstands- und Aufsichtsratsmitglieder bei Pflichtverletzungen nach dem Aktiengesetz, BB 2000, 1045.

Kindler, Peter: Unternehmerisches Ermessen und Pflichtenbindung - Voraussetzungen und Geltendmachung der Vorstandshaftung in der Aktiengesellschaft, ZHR 1998, 101.

Kirsch, Hans-Jürgen: Erwartungslücke und Bestätigungsvermerk, in: Fischer/Hömberg (Hrsg.), Jahresabschluß und Jahresabschlußprüfung - Probleme, Perspektiven, internationale Einflüsse: Festschrift zum 60. Geburtstag von Jörg Baetge (FS Baetge), Düsseldorf, 1997, S. 955.

Kirsch, Werner/Scholl, Wolfgang/Paul, Günter: Mitbestimmung in der Unternehmenspraxis, München, 1984.

Klein, Hans Werner: Noch einmal: Information und Vertraulichkeit im Aufsichtsrat, AG 1982, 7.

Kleindiek, Detlef: Stock Options und Erwerb eigener Aktien, in: Hommelhoff/Röhricht (Hrsg.), RWS-Forum 10, Gesellschaftsrecht 1997, Köln, 1998, S. 23, zit.: RWS-Forum GesR 1997.
- Diskussion zu den Referaten Dreher und Buxbaum, in: Feddersen u.a., Corporate Governance, S. 94.

Knoll, Leonhard/Knoesel, Jochen/Probst, Uwe: Aufsichtsratsvergütungen in Deutschland: Empirische Befunde, zfbf 1997, 236.

Knopp, Matthias: Die Ölterminngeschäfte der Metallgesellschaft - Anmerkungen zu einer Kontroverse, ZBB 1995, 14.

Köhler, Helmut: Kapitalerhöhung und vertragliche Gewinnbeteiligung, AG 1984, 197.

Kölner Kommentar: Biedenkopf/Claussen/Geilen/Koppensteiner/Kraft/Kronstein, Lutter/Martens/Zöllner, Kölner Kommentar zum Aktiengesetz, 2. Aufl., Köln u.a., 1986ff. (soweit noch nicht erschienen 1. Aufl., 1970)ff., zit.: Köln.Komm/Bearb.

König, Klaus: Evaluation als Kontrolle der Gesetzgebung, in: Schreckenberger/König/Zeh, Gesetzgebungslehre. Grundlagen - Zugang - Anwendung, Stuttgart, 1986, S. 96.

Kohler, Klaus: Stock Options für Führungskräfte aus der Sicht der Praxis, ZHR 1997, 246.

Kommission Organisation im Verband der Hochschullehrer für Betriebswirtschaft e.V., Stellungnahmen zum Entwurf einer 5. EG-Richtlinie (Struktur der AG), DB 1987, 538.

Kort, Michael: Klagebefugnis der Arbeitnehmervertreter im Aufsichtsrat der AG, AG 1987, 193.

Kramer, Philipp: Bericht über die Diskussion, in: Hommelhoff/Röhricht (Hrsg.), RWS-Forum 10, Gesellschaftsrecht 1997, Köln, 1998, S. 75, zit.: RWS-Forum GesR 1997.

Krejci, Heinz: Zur Unternehmensaufsicht, zur Vinkulierung und zum Vollmachtstimmrecht im österreichischen Recht, in: Semler u.a., Reformbedarf im Aktienrecht, 25.

Krieger, Gerd: Aktionärsklage zur Kontrolle des Vorstands- und Aufsichtsratshandelns, ZHR 1999, 343.
- Zur (Innen-) Haftung von Vorstand und Geschäftsfürhung, in: Henze/Timm/Westermann (Hrsg.), RWS-Forum 8, Gesellschaftsrecht 1995, Köln, 1996, S. 149, zit.: RWS-Forum GesR 1995.
- Personalentscheidungen im Aufsichtsrat, Köln u.a., 1981, zit.: Personalentscheidungen.

Kromschröder, Bernhard/Lück, Wolfgang: Grundsätze risikoorientierter Unternehmensüberwachung, DB 1998, 1573.

Kropff, Bruno: Der konzernrechtliche Ersatzanspruch - ein zahnloser Tiger, in: Westermann H. P. (Hrsg.), Festschrift für Gerold Bezzenberger zum 70. Geburtstag am 13. März 2000 (FS Bezzenberger), Berlin, 2000, S. 233.
- Unternehmensplanung im Aufsichtsrat, NZG 1998, 613.
- Zur Vinkulierung, zum Vollmachtstimmrecht und zur Unternehmensaufsicht im deutschen Recht, in: Semler u.a., Reformbedarf, S. 3.
- Aktiengesetz - Textausgabe des Aktiengesetzes vom 6.9.1996 (BGBl. I S. 1089) und des Einführungsgesetzes zum Aktiengesetz vom 6.9.1995 (BGBl. I S. 1185) mit Begründung des Regierungsentwurfs, Bericht des Rechtsausschusses des Deutschen Bundestages, zusammengestellt von Bruno Kropff, Düsseldorf, 1965.

Kübler, Friedrich: Stellungnahme zur Aktienrechtsreform 1997, AG/S 1997, 48.
- Aufsichtsratsmandate in konkurrierenden Unternehmen, in: Martens/Westermann/Zöllner (Hrsg.), Festschrift für Carsten P. Claussen zum 70. Geburtstag (FS Claussen), Köln u.a., 1997, S. 239.

Küting, Karlheinz/Hütten, Christoph: Lageberichterstattung über Risiken der künftigen Entwicklung, AG 1997, 250.

Kuhl, Karin/Nickel, Johann-Peter: Risikomanagement im Unternehmen - Stellt das KonTraG neue Anforderungen an die Unternehmen, DB 1999, 133.

Kuhn, Erwin: „Basel II" als Verbandsaufgabe: Lobbyarbeit für den Mittelstand, bank und markt + technik Heft 6/2001, 18.

Lambsdorff, Otto, Graf v.: Zur Novelle des Aktienrechts 1997, in: Der Rektor der Universität Passau (Hrsg.), Die deutsche Unternehmensverfassung auf dem Prüfstand - Vorstand und Aufsichtsrat in der Kritik, Passau, 1997, zit.: Universität Passau, Unternehmensverfassung.
- Die Überwachungstätigkeit des Aufsichtsrats - Verbesserungsmöglichkeiten de lege lata und de lege ferenda, in: Feddersen u.a., Corporate Governance, S. 217.

Lanfermann, Josef: Diskussionsbericht in: Picot, Corporate Governance, S. 119.

Langenbucher, Günther: Neue Wege der Segmentberichterstattung, in: Küting/Weber (Hrsg.), Das Rechnungswesen auf dem Prüfstand, Frankfurt a.M., 1997, S. 127.

Langenbucher, Günther/Blaum, Ulf: Audit Committees - Ein Weg zur Überwindung der Überwachungskrise?, DB 1994, 2197.

Langner, Ralf: Rechtsposition und praktische Stellung des Aufsichtsrats im unternehmerischen Entscheidungsprozeß, Opladen, 1973.

Leimkühler, Claudia: Ist die öffentliche Kritik am deutschen Aufsichtsratssystem gerechtfertigt? Empirische Untersuchung über die personellen Verflechtungen zwischen Vorständen und Aufsichtsräten der in Deutschland börsennotierten Aktiengesellschaften, Wpg 1996, 305.

Lenz, Tobias: Zustimmungsvorbehalte im Konzern, AG 1997, 448.

Lenz, Hansrudi/Ostrowski, Markus: Kontrolle und Transparenz im Unternehmensbereich durch die Institution Abschlußprüfung, BB 1997, 1523.

Leutheusser-Schnarrenberger, Sabine: Liberale Rechtspolitik in der 13. Legislaturperiode, ZRP 1995, 81.

Lingemann, Stefan/Wasmann, Dirk: Mehr Kontrolle und Transparenz im Aktienrecht: Das KonTraG tritt in Kraft, BB 1998, 853.

Lippert, Hans-Dieter: Überwachungspflicht, Informationsrecht und gesamtschuldnerische Haftung des Aufsichtsrats nach dem Aktiengesetz 1965, Bern u.a., 1976.
- Die Globalwahl zum Aufsichtsrat im Lichte der Rechtsprechung des BGH zur Blockwahl in politischen Parteien, AG 1976, 239.

Lottwein, Alois/Krüger, Burkhard: Als Lösung der haftungsrechtlichen Probleme des KonTraG: D&O-Versicherungen, Bankinformation Heft 3/2001, S. 64.

Ludewig, Rainer: KonTraG - Aufsichtsrat und Abschlußprüfer, DB 2000, 634.

Lück, Wolfgang: Audit Committees - Prüfungsausschüsse zur Sicherung und Verbesserung der Unternehmensüberwachung in deutschen Unternehmen - Fehlende Effizienz betrieblicher Überwachung in deutschen Unternehmen: Überlegungen zur Sicherung und Verbesserung durch die Einrichtung von Audit-Committees -, DB 1999, 441.
- Elemente eines Risiko-Managementsystems - Die Notwendigkeit eins Risiko-Managementsystems durch den Entwurf eines Gesetzes zur Kontrolle und Transparenz im Unternehmensbereich (KonTraG), DB 1998, 8.
- Audit Committee - Eine Erleichterung zur Effizienzsteigerung betriebswirtschaftlicher Überwachungssysteme?, zfbf 1990, 995.

Lukarsch, Michael: Marktwertorientierte Überwachung der Unternehmensplanung durch den Aufsichtsrat. Ein Informationskonzept auf Basis des Shareholder Value-Ansatzes, Frankfurt a.M. u.a., 1997.

Lutter, Marcus: Vergleichende Corporate Governance - Die deutsche Sicht, ZGR 2001, 225.
- ECLR, Das Europäische Unternehmensrecht im 21. Jahrhundert, ZGR 2000, 1.
- Stellungnahme zur Aktienrechtsreform 1997, AG/S 1997, 52.
- Aktienoptionen für Führungskräfte - de lege lata und de lege ferenda, ZIP 1997, 1.
- Defizite für eine effiziente Aufsichtsratstätigkeit und gesetzliche Möglichkeiten der Verbesserung, ZHR 1995, 287.
- Professionalisierung der Aufsichtsräte, NJW 1995, 1133.
- Grundsätze ordnungsmäßiger Aufsichtsratstätigkeit - Erwiderung zu dem Beitrag des Arbeitskreises „Externe und interne Überwachung" der Schmalenbach-Gesellschaft/Deutsche Gesellschaft für Betriebswirtschaft e.V., DB 1995, 1925.
- Zum unternehmerischen Ermessen des Aufsichtsrats, ZIP 1995, 441.
- Der Aufsichtsrat: Konstruktionsfehler, Inkompetenz seiner Mitglieder odr normales Risiko?, AG 1994, 148.
- Unternehmensplanung und Aufsichtsrat, AG 1991, 249.
- Information und Vertraulichkeit im Aufsichtsrat, 2. Aufl., Köln, 1984, zit.: Information.
- Bankenvertreter im Aufsichtsrat, ZHR 1981, 224.
- Zur Wirkung von Zustimmungsvorbehalten nach § 111 Abs. 4 AktG auf nahestehende Gesellschaften, in: Lutter/Stimpel/Wiedemann (Hrsg.),

Festschrift für Robert Fischer (FS Robert Fischer), Berlin u.a., 1979, S. 419.

Lutter, Marcus/Kremer, Thomas: Die Beratung der Gesellschaft durch Aufsichtsratsmitglieder, ZGR 1992, 87.

Lutter, Marcus/Krieger, Gerd: Rechte und Pflichten des Aufsichtsrats, 3. Aufl., Freiburg,
1993.

Mäger, Stefan: Vergütung des Aufsichtsrats - welchen Spielraum gibt das Aktiengesetz?, BB 1999, 1389.

Malik, Fredmund: Wirksame Unternehmensaufsicht, Frankfurt a.M., 1997.

Marsch-Barner, Reinhard: Ergänzende Anmerkungen zum Referat Mülbert, in: Feddersen u.a., Corporate Governance, S. 124.

Martens, Klaus-Peter: Erwerb und Veräußerung eigener Aktien im Börsenhandel - Überlegungen de lege ferenda, AG 1996, 337.
- Der Aufsichtsrat im Konzern, ZHR 1995, 567.
- Der Grundsatz gemeinsamer Vorstandsverantwortung, Goerdeler (Hrsg.), Festschrift für Hans-Joachim Fleck zum 70. Geburtstag am 30. Januar 1988 (FS Fleck), Berlin u.a., 1988, S. 191.
- Das Bundesverfassungsgericht und das Gesellschaftsrecht, ZGR 1979, 493.
- Allgemeine Grundsätze zur Anwendbarkeit des MitbestG, AG 1976, 113.

Matthes, Gottfried: Aktiengesetz - Gesetz über Aktiengesellschaften und Kommanditgesellschaften auf Aktien vom 30. Januar 1937, mit Einführungsgesetz, amtlicher Begründung und aktienrechtlichen Ergänzungsgesetzen, Berlin, 1937, zit: Aktiengesetz 1937.

Mattheus, Daniela: Die gewandelte Rolle des Wirtschaftsprüfers als Partner des Aufsichtsrats, ZGR 1999, 682.

Matthießen, Volker: Stimmrecht und Interessenkollision im Aufsichtsrat, Köln, 1989.

Menichetti, Marco J.: Aktien-Optionsprogramme für das Top-Management - Mit kritischer Analyse aktueller Beispiele -, DB 1996, 1688.

Merkt, Hanno: Bericht über die Diskussion, ZGR 1998, 490.
- US-amerikanisches Gesellschaftsrecht, Heidelberg, 1991.

Mertens, Hans-Joachim: Aufsichtsrat und Organhaftung, AG/S 1997, 70.
- Unternehmensleitung und Organhaftung, in: Feddersen, Corporate Governance u.a., S. 155.
- Buchbesprechung von: Theisen, Grundsätze einer ordnungsgemäßen Informationsversorgung des Aufsichtsrats, AG 1992, 208.
- Der Aktionär als Wahrer des Rechts? Aktuelle Probleme der Durchsetzung von Aktionärsrechten, AG 1990, 49.
- Zur Berichtspflicht des Vorstandes gegenüber dem Aufsichtsrat, AG 1980, 67.
- Zuständigkeiten des mitbestimmten Aufsichtsrats, ZGR 1977, 270.

Mestmäcker, Ernst Joachim: Verwaltung, Konzerngewalt und Rechte der Aktionäre, Karlsruhe, 1958.

Metallgesellschaft AG (Hrsg.): Die Bewältigung einer Krise - Der Weg der Metallgesellschaft aus dem Öl-Debakel in den USA, Frankfurt, 1995.

Meyer-Goßner, Lutz: Strafprozeßordnung, Gerichtsverfassungsgesetz, Nebengesetze und ergänzende Bestimmungen, erläutert von Lutz Meyer-Goßner, 44. Aufl., München, 1999.

Möhring, Philipp: Proxy-Stimmrecht und geltendes deutsches Aktienrecht, in: Ballerstedt u.a. (Hrsg.), Festschrift für Ernst Geßler zum 65. Geburtstag (FS Geßler), München, 1971, S. 127.

Möllers, Thomas: Professionalisierung des Aufsichtsrats, ZIP 1995, 1725.

Moxter, Adolf: Die Vorschriften zur Rechnungslegung und Abschlußprüfung im Referentenentwurf eines Gesetzes zur Kontrolle und Transparenz im Unternehmensbereich, BB 1997, 722.

Mülbert, Peter O.: Shareholder Value aus rechtlicher Sicht, ZGR 1997, 129.
- Empfehlen sich gesetzliche Regelungen zur Einschränkung des Einflusses der Kreditinstitute auf Aktiengesellschaften? - Gutachten E für den 61. DJT, in: Ständige Deputation des DJT (Hrsg.), Verhandlungen des 61. DJT Karlsruhe 1996, München 1996; zit.: Gutachten zum 61. DJT.
- Die Stellung der Aufsichtsratsmitglieder, in: Feddersen, Corporate Governance u.a., S. 99.

Müller, Ulrike Heike: Mandate wie Briefmarken - Der Fall Holzmann zeigt die Schwäche der Aufsichtsräte: Ämterhäufung und Interessenfilz behindern effektive Kontrolle, in: Die Woche vom 03.12.1999, S. 13.

Mutter, Stefan: Unternehmerische Entscheidungen und Haftung des Aufsichtsrats der Aktiengesellschaft, Köln, 1994.

Niederleithinger, Ernst: Handels- und Gesellschaftsrecht in der 13. Legislaturperiode, ZIP 1995, 597.

Noll, Peter: Gesetzgebungslehre, Hamburg, 1973.

OECD, (Hrsg.): Corporate Governance. Verbesserung der Wettbewerbsfähigkeit und der Kapitalbeschaffung auf globalen Märkten. Ein Bericht der Beratergruppe für die Wirtschaft in Corporate Governance-Fragen an die OECD, 1998.

Obermüller, Walter: Einzel- oder Gesamtabstimmung bei Aufsichtsratswahlen, DB 1969, 2025.

Ordelheide, Dieter: Brauchen wir für die Unternehmensüberwachung mehr Publiztät? in: Picot, Corporate Governance, S. 89.

Ohne Verfasser: Die Macht der Banken - Anhörung im Bundestag, ZBB 1994, 69.

Overrath, Hans-Peter: Minderheitsvertreter im Aufsichtsrat?, AG 1970, 219.

Palandt, Otto: Bürgerliches Gesetzbuch, 59. Aufl., München, 2000, zit.: Palandt/Bearb.

Passow, Richard: Die Aktiengesellschaft, 2. Aufl., Jena, 1922.

Pawlowski, Hans-Martin: Einführung in die juristische Methodenlehre - Ein Studienbuch zu den Grundlagenfächern Rechtsphilosophie und Rechtssoziologie, 2. Aufl., Heidelberg, 2000.

Peemöller, Volker H./Finsterer, Hans/Mahler, Tanja: Verbesserung der Unternehmensüberwachung durch den „Management Leter", DB 1999, 1565.

Pelke, Heinrich: Tätigkeit und Wirkung von Aufsichtsräten in der Montanindustrie. Eine Analyse von Aufsichtsrats-Protokollen, Köln, 1972.

Peltzer, Martin: Diskussionsbericht in: Picot, Corporate Governance, S. 121.
- Haftungsgeneigte Personalentscheidungen des Aufsichtsrats, FS Semler, Berlin, New York, 1993, S. 261.
- Die Haftung des Aufsichtsrats bei Verletzung der Überwachungspflicht, WM 1981, 346.

Peltzer, Martin/v. Werder, Axel: Der „German Code of Corporate Governance (GCCG)" des Berliner Initiativkreises, AG 2001, 1.

Peus, Egon A.: Der Aufsichtsratsvorsitzende, seine Rechtsstellung nach dem Aktiengesetz und dem Mitbestimmungsgesetz, Köln, 1983.

Pfannschmidt, Arno: Personelle Verflechtungen über Aufsichtsräte: Mehrfachmandate in deutschen Unternehmen, Wiesbaden, 1993.

Picot, Arnold, (Hrsg.): Corporate Governance: Unternehmensüberwachung auf dem Prüfstand, Stuttgart, 1995.

Pornter, Rosemarie: Mitarbeiter-Optionen (Stock Options): Gesellschaftsrechtliche Grundlagen und Besteuerung, DStR 1997, 786.

Potthoff, Erich: Board-System versus duales System der Unternehmensverwaltung - Vor- und Nachteile, BFuP 1996, 253.
- Ein Kodex für den Aufsichtsrat, DB 1995, 163.
- Dreigliedrige Überwachung der Geschäftsführung, DB 1976, 1777.
- Die Möglichkeiten der Geschäftsführungsprüfung, Wpg 1966, 586.
- Prüfung und Überwachung der Geschäftsführung, zfbf 1961, 563.

Potthoff, Erich/Theisen, Manuel R.: Organisationsrecht und Organisationswirklichkeit der Aktiengesellschaft, in: DB-Sonderheft, Vierzig Jahre Der Betrieb, Stuttgart, 1988, zit.: FS 40 Jahre Der Betrieb.

Potthoff, Erich/Trescher, Karl: Das Aufsichtsratsmitglied: ein Handbuch für seine Aufgaben, Rechte und Pflichten, 4. Aufl., Stuttgart, 1999, zit.: Aufsichtsratsmitglied.

Prühs, Hagen: Der Sachverstand im Aufsichtsrat, AG 1970, 347.

Puchelt, Ernst S.: Kommentar zum Allgemeinen Deutschen Handelsgesetzbuch, 4. Aufl., Leipzig, 1983, zit.: Kommentar zum ADHGB.

Quack, Karlheinz: Zur „Globalwahl" von Aufsichtsratsmitgliedern der Anteilseigner, in: Pfeiffer (Hrsg.), Festschrift für Heinz Rowedder zum 75. Geburtstag (FS Rowedder), München, 1994, S. 387.

Raiser, Thomas: Pflicht und Ermessen von Aufsichtsratsmitgliedern, NJW 1996, 552.
- Recht der Kapitalgesellschaften, 2. Aufl., München, 1992, zit.: Kapitalgesellschaften.
- Weisungen an Aufsichtsratsmitglieder, ZGR 1978, 391.

v. Randow, Philipp: Stimmrechtsvertretung nach Art des Hauses - Eine Besprechung des Urteils des LG Baden-Baden vom 29.4.1998, ZIP 1998, 1308 SdK/Telekom, ZIP 1998, 1564.

Rathenau, Walther: Vom Aktienrechtswesen, Berlin, 1917.

Rechenberg, Wolf-Georg, Freiherr von: Zustimmungsvorbehalte des Aufsichtsrats für die Unternehmensplanung, BB 1990, 1356.

Reichelt, Harald: Die Institution des Aufsichtsrats in der deutschen Aktiengesellschaft: Reformüberlegungen aus historischer Perspektive, Stuttgart, 1998.

Reichert, Jochen/Schlitt, Michael: Konkurrenzverbot für Aufsichtsratsmitglieder. Geltendes Recht - statuarische Gestaltungsmöglichkeiten - Reformüberlegungen, AG 1995, 241.

Raisch, Peter: Zum Begriff und zur Bedeutung des Unternehmensinteresses als Verhaltensmaxime von Vorstands- und Aufsichtsratsmitgliedern, in: Fischer (Hrsg.), Strukturen und Entwicklungen im Handels-, Gesellschafts- und Wirtschaftsrecht: Festschrift für Wolfgang Hefermehl zum 70. Geburtstag am 18. September 1976 (FS Hefermehl), München, 1976, S. 347.

Ramm, Joachim: Gegenantrag und Vorschlagsliste - Zur Gestaltung des aktienrechtlichen Verfahrens für die Wahlen zum Aufsichtsrat, NJW 1991, 2753.

Ranzinger, Christoph/Blies, Peter: Audit Committees im internationalen Kontext, AG 2001, 455.

Rellermeyer, Klaus: Aufsichtsratsausschüsse, Köln, 1986.

Reschke, Hans Hermann: Diskussionsbericht, in: Picot, Corporate Governance, S. 125.

Reuter, Dieter: Der Einfluß der Mitbestimmung auf das Gesellschafts- und Arbeitsrecht, AcP 1979, 509.

Rießer, J.: Zur Aufsichtsratsfrage, in: Festgabe der juristischen Gesellschaft zu Berlin zum fünfzigjährigen Dienstjubiläums ihres Vorsitzenden, des wirklichen geheimen Rats Dr. Richard Koch (FG Koch), Berlin, 1903.

Rock, Edward B.: America's Fascination with German Corporate Governance, AG 1995, 291.

Röller, Wolfgang: Quo vadis Aufsichtsrat?, AG 1994, 333.

v. *Rosen, Rüdiger*: Corporate Governance: Eine Bilanz, Die Bank 2001, 283.

Rürup, Lebrecht: Möglichkeiten verbesserter Kontrolle und Beratung der Geschäftsführung durch den Aufsichtsrat mit Hilfe des Wirtschaftsprüfers, AG 1995, 219.

Ruoff, Christian: Stimmrechtsvertretung, Stimmrechtsermächtigung und Proxy-System. Stimmrechtsausübung durch Intermediäre in Aktionärsversammlungen - Deutschland, Schweiz und USA im Rechtsvergleich -, München, 1999.

Saage, Gustav: Die Haftung des Aufsichtsrats für wirtschaftliche Fehlentscheidungen des Vorstands nach dem Aktiengesetz, DB 1973, 115.

Säcker, Franz Jürgen: Die Rechte des einzelnen Aufsichtsratsmitglieds, NJW 1979, 1521.
- Die Geschäftsordnung für das zur gesetzlichen Vertretung eines mitbestimmten Unternehmens befugte Organ, DB 1977,1993.

Schaefer, Hans/Missling, Patrick J.: Haftung von Vortand und Aufsichtsrat, NZG 1998, 441.

Scheel, Wolfdieter: Aufgabenorientierte Vergütung des Aufsichtsrats einer Aktiengesellschaft, Hamburg, 1974.

Scheerbarth, Hans Walter/Höffken, Heinz/Bauschke, Hans-Joachim/Schmidt, Lutz: Beamtenrecht, 6. Aufl., Siegburg; zit.: Scheerbarth u.a.

Scheffler, Eberhard: Zum Rollenverständnis der Aufsichtsräte, DB 2000, 433.
- Meinungsspiegel - Meinungen zum Thema: Reform des Aufsichtsrats, BFuP 1996, 306.
- Aufsichtsrat und Abschlußprüfer als Überwachungsorgane der Aktiengesellschaft, Lanfermann J. (Hrsg.), Internationale Wirtschaftsprüfung (FS Havermann), Düsseldorf, 1995, 651.
- Die Überwachungsaufgabe des Aufsichtsrats im Konzern, DB 1994, 793.
- Aufsichtsrat - nützlich oder überflüssig?, ZGR 1993, 63.

Schiessl, Maximilian: Ist das deutsche Aktienrecht kapitalmarkttauglich?, AG 1999, 442.

Schildbach, Thomas: Der handelsrechtliche Kozernabschluß, München, 1996.

Schilling, Florian: „Der Aufsichtsrat ist für die Katz", FAZ vom 27.08.1994, S. 11.

Schilling, Wolfgang, Das Vollmachtsstimmrecht der Aktiengesellschaft in der Hauptversammlung, in: Hefermehl u.a.(Hrsg.), Festschrift für Philipp Möhring zum 75. Geburtstag (FS Möhring), München, 1995, S. 257.
- Die Überwachungsaufgabe des Aufsichtsrats - Besprechung der gleichnamigen Schrift von Johannes Semler, AG 1981, 341.

Schindler, Joachim/Rabenhorst, Dirk: Auswirkungen des KonTraG auf die Abschlußprüfung, BB 1998, 1886 (Teil I) und 1939 (Teil II).

Schlegelberger, Franz/Quassowski, Leo: Aktiengesetz vom 30. Januar 1937, Kommentar, 3. Aufl., Berlin, 1939, zit.: AktG 1937.

Schlömer, Robert: Das aktienrechtliche Überwachungssystem unter Berücksichtigung der Besonderheiten von Unternehmenskrisen: Anforderungen, Probleme und Ansatz zur Effizienzsteigerung, Bergisch-Gladbach, 1985.

Schmid, Frank A.: Vorstandsbezüge, Aufsichtsratsvergütung und Aktionärsstruktur, ZfB 1997, 67.

Schmidt, Karsten: Gesellschaftsrecht, 3. Aufl., Köln u.a., 1997.

Schmidt, Peter-Jürgen: Der Beruf des Wirtschaftsprüfers - quo vadis?, Wpg 1998, 319.

Schmitz, Ronaldo H.: Praktische Ausgestaltung der Überwachungstätigkeit des Aufsichtsrats in Deutschland, in: Feddersen u.a., Corporate Governance, S. 234.
- Meinungsspiegel - Meinungen zum Thema: Reform des Aufsichtsrats, BFuP 1996, 309.

Schneider, Uwe H.: Aktienoptionen als Bestandteil der Vergütung von Vorstandsmitglieder. Vertragsrechtliche, gesellschaftsrechtliche und kapitalmarktrechtliche Probleme, ZIP 1996, 1769.
- Wettbewerbsverbot für Aufsichtsratsmitglieder einer Aktiengesellschaft? 12 Thesen zu einer rechtspolitischen Diskussion, BB 1995, 365.

Schneider, Uwe H./Strenger, Christian: Die „Corporate Governance-Grundsätze" der Grundsatzkommission Corporate Governance (German Panel on Corporate Governance), AG 2000, 106.

Schreib, Hans Peter: Reform des Aufsichtsrats aus der Sicht der Aktionäre, BFuP 1996, 285.

Schreyögg, Georg: Umfeld der Unternehmung, in: Wittmann u.a. (Hrsg.), Handwörterbuch der Betriebswirtschaftslehre, 3. Teilband R - Z (mit Gesamtregister), 5. Aufl., Stuttgart, 1993.

Schreyögg, Georg/Papenheim-Tockhorn, Heike: Dient der Aufsichtsrat dem Aufbau zwischenbetrieblicher Kooperationsbeziehungen, ZfB 1995, 205.

Schreyögg, Georg/ Steinmann, Horst: Strategische Kontrolle, zfbf 1985, 391.

Schubert, W./Schmiedel, B./Krampe, C., (Hrsg.): Quellen zum Handelsgesetzbuch von 1897, Frankfurt a.M., 1986ff., zit.: Quellen zum HGB 1897, Bd.

Schulte, Dieter: Reform des Aufsichtsrats aus Arbeitnehmersicht, BFuP 1996, 292.

Schulte-Matter, Hermann: Basler Vorschlag zur Erfassung und Begrenzung von Kreditrisiken, Die Bank 1999, 530.

Schulze-Osterloh, Joachim: Das deutsche Gesellschaftsrecht im Banne der Globalisierung, ZIP 2001, 1433.
- Unternehmensüberwachung und Prüfung des Jahresabschlusses durch den Aufsichtsrats, ZIP 1998, 2129.

Schwacke, Peter/Uhlig, Rolf: Juristische Methodik - Mit Technik der Fallbearbeitung und Normumsetzungslehre, 2. Aufl., Köln 1985.

Schwark, Eberhard: Zum Haftungsmaßstab der Aufsichtsratsmitglieder einer AG, in: Hadding (Hrsg.), Festschrift für Winfried Werner zum 65. Geburtstag am 17. Oktober 1984 (FS Werner), Berlin u.a., 1984, S. 841.

Schwarz, Günter/Michel, Jörg: Aktienoptionspläne: Reformvorhaben in Deutschland - Erfahrungsvorsprung in Frankreich, BB 1998, 490.

Schweitzer, Marcell: Planung und Steuerung, in: Bea/Dicht/Schweitzer (Hrsg.), Allgemeine Betriebswirtschaftslehre, Band 2: Führung, 7. Aufl., Stuttgart, 1997.

Seibert, Ulrich: Transparenz- und Publizitätsgesetz. Referentenentwurf eines Gesetzes zur weiteren Reform des Aktien- und Bilanzrechts, zu Transparenz und Publizität (TransPubG) mit einer Einführung von Ministerialrat Prof. Dr. Seibert, Berlin, ZIP 2001, 2192.
- Aktienrechtsnovelle NaStraG tritt in Kraft - Übersicht über das Gesetz und Auszüge aus dem Bericht des Rechtsausschusses, ZIP 2001, 53.
- OECD Principles of Corporate Governance - Grundsätze der Unternehmensführung und -kontrolle für die Welt, AG 1999, 337.

- Stock Options für Führungskräfte - Zur Regelung im Kontrolle- und Transparenzgesetz (KonTraG), in: Pellens (Hrsg.), Unternehmenswertorientierte Entlohnungssysteme, Stuttgart, 1998, S. 31.
- Das Gesetz zur Kontrolle und Transparenz im Unternehmensbereich (KonTraG) - Die aktienrechtlichen Regelungen im Überblick, in: Dörner, u.a., Reform des Aktienrechts, S. 1.
- Kontrolle und Transparenz im Unternehmensbereich - Die Aktienrechtsnovelle PRO und KonTraG, AG/S 1997, 65.
- Kontrolle und Transparenz im Unternehmensbereich (KonTraG) - Der Referenten-Entwurf zur Aktienrechtsnovelle, WM 1997, 1
- Aufsichtsrats-Reform in der 13. Wahlperiode, ZBB 1994, 349.

Seipp, Walter: Die Arbeit des Aufsichtsrats - Anspruch und Wirklichkeit, in: Der Rektor der Universität Passau (Hrsg.), Die deutsche Unternehmensverfassung auf dem Prüfstand - Vorstand und Aufsichtsrat in der Kritik, Passau, 1997, S. 23, zit.: Universität Passau, Unternehmensverfassung.

Semler, Johannes: Verpflichtungen der Gesellschaft durch den Aufsichtsrat und Zahlungen der Gesellschaft an seine Mitglieder, in: Martens/Westermann/Zöllner (Hrsg.), Festschrift für Carsten P. Claussen zum 70. Geburtstag (FS Claussen), Köln, 1997, S. 381.
- Leitung und Überwachung der Aktiengesellschaft, 2. Aufl., Köln u.a., 1996.
- Sind die rechtlichen Möglichkeiten der Geschäftsleitungskontrolle ausreichend?, in: Henze/Timm/Westermann (Hrsg.), RWS-Forum 8, Gesellschaftsrecht 1995, Köln, 1996, S. 179, zit.: RWS-Forum Gesellschaftsrecht 1995.
- Ausschüsse des Aufsichtsrats, AG 1988, 60.
- Unternehmensplanung in der Aktiengesellschaft - eine Betrachtung unter rechtlichen Aspekten, ZGR 1983, 1.
- Aufgaben und Funktionen des aktienrechtlichen Aufsichtsrats in der Unternehmenskrise, AG 1983, 141.
- Schwerpunkte der Unternehmensaufsicht durch den Aufsichtsrat - Öffentlichkeitsvorstellung, Gesetzesvorgabe und Alltagsanforderung, BFuP 1977, 519.

Semler, Johannes, (Hrsg.): Arbeitshandbuch für Aufsichtsratsmitglieder, München, 1999, zit.: Bearb, AR-Hdb., Rn.

Semler, Johannes: Reformbedarf im Aktienrecht - 4. Deutsch-Österreichisches u.a. (Hrsg.), Symposium zum Gesellschaftsrecht (ZGR-Sonderheft 12), Berlin, New York, 1994, zit.: Semler u.a., Reformbedarf.

Servatius, Bernhard: Ordnungsgemäße Vorstandskontrolle und vorbereitende Personalauswahl durch den Aufsichtsratsvorsitzenden, AG 1995, 223.

Shaw, John C.: The Cadbury Report, Two Years Later, in: Hopt/Wymeersch, Corporate Governance, 21.

Sieg, Rainer: Reformvorschläge für die Wahl der Arbeitnehmervertreter im Aufsichtsrat, NZA 2000, 175.

Slabschi, Peter: Die sogenannte rechtsmißbräuchliche Anfechtungsklage, Berlin, 1997.

Söllner, Helmut: Informationsprozesse zwischen Abschlußprüfer und Aufsichtsrat in deutschen Aktiengesellschaften: eine empirische Untersuchung, Frankfurt a.M. u.a., 1988.

Soergel, Th.: Kommentar zum Bürgerlichen Gesetzbuch, 12. Aufl., Stuttgart, 1988ff., zit.: Soergel/Bearb.

Steinbeck, Claudia: Überwachungspflicht und Einwirkungsmöglichkeiten des Aufsichtsrats in der Aktiengesellschaft, Berlin, 1992.

Steinitzer, Erwin: Ökonomische Theorie der Aktiengesellschaft, Leipzig, 1908.

Steinmann, Horst/Klaus, Hans: Zur Rolle des Aufsichtsrats als Kontrollorgan, AG 1987, 29.

Stenglein: Die Reform des Aktienrechts, Der Gerichtssaal, 60. Bd. (1902), 6. Heft., 433.

Stier-Somlo, F.: Die Reform des Aufsichtsraths einer Aktiengesellschaft, ZHR 1903, 20.

Stoermer, Michael: Zukunftsorientierte strategische Kontrolle, Wiesbaden, 1996.

Stoll, Hans R./Whaley, Robert E.: Futures and Options, Theory and Applications, Cincinatti, 1993.

Strieder, Thomas/Graf, Michael: Zusammenarbeit zwischen Abschlußprüfer und Aufsichtsrat, Annäherung des Aktiengesetzes an das Genossenschaftsgesetz durch den Referentenentwurf des Gesetzes zur Kontrolle und Transparenz im Unternehmensbereich (KonTraG), BB 1997, 1943.

Strenger, Christian, Corporate Governance: Die Erwartung professioneller Investoren, Die Bank 1999, 822.

Ströer, Claudia, Basel II und die Folgen, börsenmagazin Heft 04/2001, 17.

Sünner, Eckart, Effizienz von Unternehmensorganen als Grundsatz der Corporate Governance, AG 2000, 492.
- Aktionärsklage zur Kontrolle des Vorstands- und Aufsichtsratshandelns, ZHR 1999, 364.

Theisen, Manuel Rene, Reform des Aufsichtsrats, in: Dörner u.a., Reform des Aktienrechts, S. 203.
- Aufsichtsrats-Informationssysteme - Ein Instrument zur Verbesserung der Überwachungsleistung?, in: Möller/Schmidt (Hrsg.), Rechnungswesen als Instrument für Führungsentscheidungen (FS Coenenberg), Stuttgart, 1998.
- Grundsätze einer ordnungsmäßigen Information des Aufsichtsrats, 2. völlig überarbeitete und erweiterte Aufl., Stuttgart, 1996, zit.: Information.
- Meinungsspiegel - Meinungen zum Thema: Reform des Aufsichtsrats, BFuP 1996, 306.
- Grundsätze ordnungsgemäßer Kontrolle und Beratung der Geschäftsführung durch den Aufsichtsrat, AG 1995, 193.
- Diskussionsbericht in: Picot, Corporate Governance, 1995, S. 128f.
- Notwendigkeit, Chancen und Grenzen der Zusammenarbeit von Wirtschaftsprüfer und Aufsichtsrat, Wpg 1994, 809.
- Das Board-Modell: Lösungsansatz zur Überwindung der „Überwachungslücke" in deutschen Aktiengesellschafte?, AG 1989, 161.
- Überwachungsfunktion und -aufgabe des Aufsichtsrats und seiner einzelnen Mitglieder, DB 1989, 311.
- Die Überwachungsberichterstattung des Aufsichtsrats, BB 1988, 705.

Theisen, Manuel Rene/Salzberger, Wolfgang: Die Berichterstattung des Aufsichtsrats - Eine empirische Analyse der Überwachungsberichte von 1984 bis 1994, DB 1997, 105.

Thiester, Ekkehard: Kreditrating: Damoklesschwert für die Regionalbanken?, bank und markt + technik Heft 6/2001, 22.

Thomas, Heinz/Putzo, Hans: Zivilprozeßordnung: mit Gerichtsverfassungsgesetz und den Einführungsgesetzen, dem Brüsseler EWG-Übereinkommen und dem Luganer Übereinkommen über die gerichtliche Zuständigkeit und die Vollstreckung gerichtlicher Entscheidungen in Zivil- und Handelssachen sowie dem Anerkennungs- und Vollstreckungsausführungsgesetz, 22. Aufl., München, 1999.

Thümmel, Roderich C.: Aufsichtsräte in der Pflicht? - Die Aufsichtsratshaftung gewinnt Konturen, DB 1999, 885.
- Manager- und Aufsichtsratshaftung nach dem Refernetenentwurf zur Änderung des AktG und des HGB, DB 1997, 261.

Timm, Wolfram: Rechtspolitische Initiativen zur Professionalisierung der Aufsichtsratstätigkeit und Einschränkung des Depotstimmrechts der Banken - Analyse und Ausblick, in: Henze/Timm/Westermann (Hrsg.), RWS-Forum 8, Gesellschaftsrecht 1995 , 241, zit.: RWS-Forum GesR 1995.

Trescher, Karl: Aufsichtsratshaftung zwischen Norm und Wirklichkeit, DB 1995, 661.
- Die Auskunftspflicht des Aufsichtsrats in der Hauptversammlung, DB 1990, 515.
- Überwachungsberichte des Aufsichtsrats, DB 1989, 1981.

Tröndle, Herbert/Fischer, Thomas: Strafgesetzbuch und Nebengesetze, 49. Aufl., München, 1999.

Tuerks, Robin A.: Depotstimmrechtspraxis versus U.S.-proxy-systems: der Beitrag von Finanzintermediären zur Optimierung der Unternehmenskontrolle, München, 2000.

Ulmer, Peter: Die Aktionärsklage als Instrument zur Kontrolle des Vorstands- und Aufsichtsratshandelns, ZHR 1999, 290.
- Aufsichtsratsmandat und Interessenkollision, NJW 1980, 1603.

Untersuchungsausschuß „Bremer Vulkan", Bericht des Parlamentarischen Untersuchungsausschusses „Bremer Vulkan", Bremische Bürgerschaft Drucks. 14/1147, zit.: Untersuchungsausschuß „Bremer Vulkan", Bd. S.

Verhandlungen des 28. DJT: siehe Deutscher Juristentag.

Vogel, Wolfgang C.: Aktienrecht und Aktienwirklichkeit. Organisation und Aufgabenteilung von Vorstand und Aufsichtsrat: Eine empirische Untersuchung deutscher Aktiengesellschaften, Baden-Baden, 1980.

Wagner, Klaus R.: Ergebnisorientierte variable Vergütungen, BB 1997, 150.

Wagner, Jürgen: Aufgabenwahrnehmung und Vergütung des Aufsichtsrats, NZG 1999, 1092.
- Aufsichtsgremien im Gesellschaftsrecht: unter Einbeziehung des Rechts in der Schweiz und in Lichtenstein und unter besonderer Berücksichtigung des Gesetzes zur Kontrolle und Transparenz im Unternehmensbereich (KonTraG), Stuttgart u.a., 1998; zit.: Aufsichtsgremien.

Wardenbach, Frank: Interessenkonflikte und mangelnde Sachkunde als Bestellungshinderisse zum Aufsichtsrat der AG, Köln, 1996.

Warschauer, Otto: Die Reorganisation des Aufsichtsratswesens in Deutschland, Berlin, 1902.

Weber, Claus-Peter: Der Aufsichtsrat der AG und der GmbH - Reform ohne Ende oder Ende der Reform? -, in: Hommelhoff/Röhricht (Hrsg.), RWS-Forum 10, Gesellschaftsrecht 1997, Köln, 1998, S. 19, zit.: RWS-Forum GesR 1997.

Weber, Jürgen: Einführung in das Controlling, 7. Aufl., Stuttgart, 1998.

Weidenfels, Ursula: Erst komplett checken lassen - dann gibt es Geld, in: FTD vom 18.06.2001, S. 33.

Weiß, Daniel M.: Aktienoptionspläne für Führungskräfte, Köln, 1998.

Wellensiek, Jobst: Erfahrungsbericht zum Bremer Vulkan-Konkurs, ZGR 1999, 234.

Wellkamp, Ludger: Rechtliche Zulässigkeit einer aktienkursorientierten Vergütung von Aufsichtsräten, WM 2001, 489.

Wenger, Ekkehard: Stellungnahme zur Aktienrechtsreform 1997, AG/S 1997, 57.

v. Werder, Axel: Shareholder Value-Ansatz als (einzige) Richtschnur des Vorstandshandelns, ZGR 1998, 69.

- Grundsätze ordnungsgemäßer Unternehmensleitung (GoU) - Bedeutung und erste Konkretisierung von Leitlinien für das Top-Management, in: v. Werder (Hrsg.), Grundsätze ordnungsgemäßer Unternehmensführung (GoF), für die Unternehmensleitung (GoU), Überwachung (GoÜ) und Abschlußprüfung (GoA), zfbf-Sonderheft 36/1996, S. 27, zit.: zfbf-Sonderheft 36/1996.
- Management: Mythos oder regelgeleitete Kunst des Möglichen?, DB 1995, 2177.

v. Werder, Axel/Maly, Werner/Pohle, Klaus/Wolff, Gerhardt: Grundsätze ordnungsgemäßer Unternehmensleitung (GoU) im Urteil der Praxis, DB 1998, 1193.

Werner, Winfried: Aufsichtsratstätigkeit von Bankenvertretern, ZHR 1981, 252.

Werth, Heinz-Jürgen: Vorstand und Aufsichtsrat in der Aktiengesellschaft, Düsseldorf, 1960.

Westermann, Harm Peter: Anmerkung zum Urteil des LG Bielefeld, Urteil vom 16.11.1999 - 15 O 91/98, ZIP 2000, 20, ZIP 2000, 25.

- Haftung und Zurechnung im Unternehmensbereich, Karlsruher Forum 1993, 15.
- Rechte und Pflichten des mitbestimmten Aufsichtsrats und seiner Mitglieder, ZGR 1977, 219.

Wiedemann, Herbert: Aufgaben und Grenzen der unternehmerischen Mitbestimmung der Arbeitnehmer, BB 1978, 5.

Wielinger, Gerhart: Bedingungen der Vollziehbarkeit von Gesetzen, in: Öhlinger, Theo, Methodik der Gesetzgebung - Legistische Richtlinien in Theorie und Praxis, Wien, 1982, S. 154ff.

Wiese, Götz Tobias: Verantwortlichkeit des Aufsichtsrats - Aktuelle Entwicklungen im Bereich der Corporate Governance, DB 2000, 1901.

Wiethölter, Rudolf: Interessen und Organisation der Aktiengesellschaft im amerikanischen und deutschen Recht, Karlsruhe, 1961.

Wilde, Christian: Informationsrechte und Informationspflichten im Gefüge der Gesellschaftsorgane, ZGR 1998, 423.

Wilhelm, Jan: Kapitalgesellschaftsrecht, Berlin, New York, 1998.
- Selbstwahl eines Aufsichtsratsmitglieds in den Vorstand, NJW 1983, 912.
- Rechtsform und Haftung bei der juristischen Person, Berlin u.a., 1981.

Windbichler, Christine: Zur Trennung von Geschäftsführung und Kontrolle bei amerikanischen Großgesellschaften - Eine „neue" Entwicklung und europäische Regelungen im Vergleich, ZGR 1985, 50.

Witte, Eberhardt: Dialogbeitrag zu K. Bleicher/H. Paul: „Das amerikanische Board-Modell im Vergleich zur deutschen Vorstands-/Aufsichtsratsverfassung", DBW 1986, 529.
- Der Einfluß der Arbeitnehmer auf die Unternehmenspolitik. Eine empirische Untersuchung, DBW 1980, 541.

Witzorrek, Dagmar: Bericht über die Diskussion, in: Henze/Timm/Westermann Hrsg.), RWS-Forum 8, Gesellschaftsrecht 1995, Köln, 1996, S. 261, zit.: RWS-Forum GesR 1995.

Wöhe, Günter: Einführung in die allgemeine Betriebswirtschaftlehre (BWL), 20. Aufl., München, 2000.

Wolz, Matthias: Die Erwartungslücke vor und nach dem KonTraG, WPK-Mitt. 1998, 122.

Wymeersch, Eddy: Gesellschaftsrecht im Wandel: Ursachen und Entwicklungstendenzen, ZGR 2001, 294.

Zeise, Lucas: „Wer hat Angst vor Basel II?“, in: FTD vom 25.06.2001, S. 29.

Ziemons, Hildegard: Erteilung des Prüfungsauftrages an den Abschlußprüfer einer Aktiengesellschaft durch einen Aufsichtsratsausschuss?, DB 2000, 77.

Zimmer, Daniel: Das Gesetz zur Kontrolle und Transparenz im Unternehmensbereich, Ein „Omnibus-Gesetz“ bringt die Aktienrechtsnovelle 1998 und weitere wichtige Neuerungen für das Handels- und Wirtschaftsrecht, NJW 1998, 3521.

Zimmer, Lutz: Die Ausgabe von Optionsrechten an Mitglieder des Aufsichtsrats und externe Berater, DB 1999, 999.

Zippelius, Reinhold: Juristische Methodenlehre, 6. Aufl., München, 1994.

Zöllner, Wolfgang: Zur Problematik der aktienrechtlichen Anfechtungsklage, AG 2000, 145.
- Die sog. Gesellschafterklagen im Kapitalgesellschaftsrecht - Referat, ZGR 1988, 392.
- Die Ausübung des Stimmrechts für fremde Aktien durch die Aktiengesellschaft auf ihrer eigenen Hauptversammlung, in: Hefermehl u.a. (Hrsg.), Festschrift für Harry Westermann zum 65. Geburtstag (FS Harry Westermann), Karlsruhe, 1974, S. 603.

Peter Lang · Europäischer Verlag der Wissenschaften

Jutta Krawinkel

Die Neuregelung des Aufsichtsrats- und Abschlußprüferrechts nach dem Kontroll- und Transparenzgesetz

Frankfurt/M., Berlin, Bern, Bruxelles, New York, Oxford, Wien, 2000. 282 S.
Europäische Hochschulschriften: Reihe 2, Rechtswissenschaft. Bd. 2956
ISBN 3-631-36774-0 · br. € 45.50*

Aufgrund langjähriger Diskussionen in Politik und Literatur hat der Gesetzgeber das Kontroll- und Transparenzgesetz verabschiedet. Dieses Gesetz soll eine Verschärfung der Kontrollmöglichkeiten, einen transparenteren Ablauf in der Unternehmensführung und eine verbesserte Qualität der Abschlußprüfung bewirken. Anhand der in den letzten Jahren stattgefundenen Unternehmenskrisen wird in dieser Arbeit untersucht, inwieweit die vom Gesetzgeber getroffenen Regelungen den Aufsichtsrat und den Abschlußprüfer betreffend den verschiedenen Forderungen nach einer effektiveren Unternehmensüberwachung und transparenteren Geschäftsführung gerecht werden. Es wird darüber hinaus erörtert, ob die neuen Regelungen geeignet und ausreichend sind, Unternehmenskonkurse zukünftig besser zu verhindern.

Aus dem Inhalt: Reform des Aufsichtsrats · Neuregelungen nach dem Kontroll- und Transparenzgesetz · Ämterhäufung und Ausschußbildung · Abschlußprüfung nach dem KonTraG · Auswirkungen des KonTraG auf die Konzerngesellschaften · Vergleich des alten Rechts mit dem Recht nach Erlaß des KonTraG

Frankfurt/M · Berlin · Bern · Bruxelles · New York · Oxford · Wien
Auslieferung: Verlag Peter Lang AG
Jupiterstr. 15, CH-3000 Bern 15
Telefax (004131) 9402131

*inklusive der in Deutschland gültigen Mehrwertsteuer
Preisänderungen vorbehalten

Homepage http://www.peterlang.de

Kolibri 360 GmbH
Ferdinand-Jühlke-Straße 7
99095 Erfurt, Deutschland
produktsicherheit@kolibri360.de

Druck:
CPI Druckdienstleistungen GmbH
im Auftrag der
Kolibri 360 GmbH
Ferdinand-Jühlke-Str. 7
99095 Erfurt